Studien zum ausländischen und internationalen Privatrecht

509

Herausgegeben vom

Max-Planck-Institut für ausländisc.
und internationales Privatrecht

Direktoren:

Holger Fleischer und Ralf Michaels

Fabian Kratzlmeier

Die grenzüberschreitende Unternehmensrestrukturierung im europäischen Rechtsrahmen

Mohr Siebeck

Fabian Kratzlmeier, geboren 1994; Studium der Rechtswissenschaften in München, Montréal und Regensburg; 2017 Erste Juristische Prüfung; juristischer Vorbereitungsdienst in Regensburg und London; 2019 Zweite Juristische Staatsprüfung; wissenschaftlicher Mitarbeiter am Lehrstuhl für Bürgerliches Recht und Unternehmensrecht der Universität Regensburg; LL.M.-Graduiertenstudium an der University of Chicago; 2022 Promotion (Regensburg); wissenschaftlicher Referent am Max-Planck-Institut für Steuerrecht und öffentliche Finanzen.
orcid.org/0009-0003-8415-1235

ISBN 978-3-16-162134-5 / eISBN 978-3-16-162420-9
DOI 10.1628/978-3-16-162420-9

ISSN 0720-1141 / eISSN 2568-7441
(Studien zum ausländischen und internationalen Privatrecht)

Die Deutsche Nationalbibliothek verzeichnet diese Publikation in der Deutschen Nationalbibliographie; detaillierte bibliographische Daten sind über *http://dnb.dnb.de* abrufbar.

Das Buch wurde von Gulde Druck in Tübingen auf alterungsbeständiges Werkdruckpapier gedruckt und von der Buchbinderei Nädele in Nehren gebunden.

Printed in Germany.

Für Oma und Opa

Vorwort

Die vorliegende Arbeit wurde im Sommersemester 2022 von der rechtswissenschaftlichen Fakultät der Universität Regensburg als Dissertation angenommen. Sie entstand während meiner Zeit als wissenschaftlicher Mitarbeiter am dortigen Lehrstuhl für bürgerliches Recht und Unternehmensrecht sowie meines Studienaufenthalts an der University of Chicago Law School. Die Arbeit wurde vor der Drucklegung aktualisiert; Gesetzeslage, Rechtsprechung und Literatur befinden sich im Wesentlichen auf dem Stand von Oktober 2022.

„*Wissenschaft ist frei*", so lautet das unerschütterliche Credo meines verehrten Doktorvaters Herrn *Prof. Dr. Wolfgang Servatius,* an dessen Lehrstuhl für bürgerliches Recht und Unternehmensrecht ich viele Jahre tätig sein durfte. Ich bin von Herzen dankbar für den darin zum Ausdruck kommenden Vertrauensvorschuss und die Gewährung weitreichender wissenschaftlicher Freiräume, die – gepaart mit wertvollen Anregungen und Gedankenanstößen – für das Gelingen der vorliegenden Arbeit von schier unmessbarem Wert waren. Ich habe an seinem Lehrstuhl außerordentlich lehrreiche und inspirierende Jahre verbracht, die mich und mein wissenschaftliches Selbstverständnis nachhaltig geprägt haben.

Herzlichst bedanken möchte ich mich auch bei Frau *Prof. Dr. Claudia Mayer, LL.M. (Chicago),* die mir nicht nur stets in Fragen der beruflichen Entwicklung (insbesondere im Zusammenhang mit meinem LL.M. Studium) mit Rat und Tat zur Seite stand, sondern die Ausrichtung der vorliegenden Arbeit durch ihre Anregungen auch in einem frühen Stadium entscheidend beeinflusst hat und deren Anteil am Erfolg dieser Dissertationsschrift daher weitaus größer ist als die äußerst zügige Erstellung des Zweitgutachtens.

Zutiefst verbunden fühle ich mich außerdem Herrn *Prof. em. Dr. Udo Steiner, BVR a. D.*, dessen Übernahme des Vorsitzes in der mündlichen Prüfung nur eine Facette seines durch vielfältige Unterstützung und ermutigenden Zuspruch geprägten Engagements für meinen Werdegang darstellt.

Gedankt sei außerdem den Direktoren des Max-Planck-Instituts für ausländisches und internationales Privatrecht für die Aufnahme des Werks in die Reihe „Studien zum ausländischen und internationalen Privatrecht" sowie dem Arbeitskreis Wirtschaft und Recht im Stifterverband für die Deutsche Wissenschaft und der Johanna und Fritz Buch Gedächtnis-Stiftung für die großzügige Unterstützung bei der Bestreitung der Druckkosten.

Nicht unerwähnt bleiben können auch meine Weggefährten an der Fakultät in Regensburg und der Law School in Chicago, allen voran Frau *Stefanie Jahn, LL.M. (Columbia)*, Herr *Dr. Fabian Kraus*, Frau *Katharina Pregler*, Herr *Christoph Schoppe, LL.M. (Chicago)* und Herr *Lukas Seiler*, die mir während des Studiums, Referendariats und meiner Zeit als Doktorand eine wertvolle Stütze (nicht nur) in manch trüber Stunde waren und die als kritische Diskussionspartner zur Erprobung und argumentativen Schärfung vieler in dieser Arbeit geäußerter Gedanken unerlässlich waren. Größter Dank gebührt schließlich meinen Eltern, die mich seit jeher in allen Belangen unterstützen und deren liebevolle Zuneigung, grenzenlose Förderung und sicherer Rückhalt dieses Unterfangen erst ermöglicht haben, insbesondere meiner Mutter *Ute Kratzlmeier*, die auch die Mühen der abschließenden Korrekturlektüre auf sich genommen hat. Gewidmet aber ist die Arbeit meinen Großeltern, deren unendlicher Stolz mir seit jeher Tag für Tag Grund und Kraft zugleich gibt, mich immer neuen Herausforderungen zu stellen und diese mit Freude und Ehrgeiz zu verfolgen.

Regensburg im Oktober 2022 *Fabian Kratzlmeier*

Inhaltsübersicht

Inhaltsverzeichnis

Abkürzungsverzeichnis

3d Cir.	United States Court of Appeals for the Third Circuit
a. E.	am Ende
a. F.	alte Fassung
A/G/R	Ahrens/Gehrlein/Ringstmeier
aA	andere(r) Ansicht
ABl.	Amtsblatt der Europäischen Union/Amtsblatt der Europäischen Gemeinschaften
Abs.	Absatz
AEUV	Vertrag über die Arbeitsweise der Europäischen Union
AG	Aktiengesellschaft/Amtsgericht
AGB-Banken	Allgemeine Geschäftsbedingungen der deutschen Privatbanken
All ER	All England Reports
Alt.	Alternative
Am. Bankr. L. J.	American Bankruptcy Law Journal
Anm.	Anmerkung
AO	Abgabenordnung
Art.	Artikel
B.R.	Bankruptcy Reporter (Vereinigte Staaten)
Bankr. N.D. Tex.	United States Bankruptcy Court for the Northern District of Texas
BayObLG	Bayerisches oberstes Landesgericht
BB	Betriebs-Berater
BCLC	Butterworths Company Law Cases
BeckOGK	Beck-online.Großkommentar
BeckOK	Beck'scher Onlinekommentar
BeckRS	Beck-Rechtsprechung
Beil.	Beilage
BFH	Bundesfinanzhof
BGB	Bürgerliches Gesetzbuch
BGBl.	Bundesgesetzblatt
BGH	Bundesgerichtshof
BGHZ	Amtliche Entscheidungssammlung des Bundesgerichtshofs in Zivilsachen
BRAK	Bundesrechtsanwaltskammer
Brüssel-I-VO	Verordnung (EG) Nr. 44/2001 des Rates vom 22. Dezember 2000 über die gerichtliche Zuständigkeit und die Anerkennung und Vollstreckung von Entscheidungen in Zivil- und Handelssachen, ABl. vom 16. Januar 2001, L 12, S. 1

Brüssel-Ia-VO	Verordnung (EU) Nr. 1215/2012 des Europäischen Parlaments und des Rates vom 12. Dezember 2012 über die gerichtliche Zuständigkeit und die Anerkennung und Vollstreckung von Entscheidungen in Zivil- und Handelssachen, ABl. vom 20. Dezember 2012, L 351, S. 1
Brüssel-IIb-VO	Verordnung (EU) 2019/1111 des Rates vom 25. Juni 2019 über die Zuständigkeit, die Anerkennung und Vollstreckung von Entscheidungen in Ehesachen und in Verfahren betreffend die elterliche Verantwortung und über internationale Kindesentführungen, ABl. vom 02. Juli 2019, L 178, S. 1
BT-Drucks.	Bundestagsdrucksache
BVerfG	Bundesverfassungsgericht
BVerfGE	Amtliche Entscheidungssammlung des Bundesverfassungsgerichts
bzw.	beziehungsweise
C.Com	Code de Commerce (französisches Handelsgesetzbuch)
CA	Companies Act (englisches Gesetz über Kapitalgesellschaften)
Ch.	Law Reports, Chancery Division
CHF	Schweizer Franken
Chicago L. Rev.	University of Chicago Law Review
Columbia L. Rev.	Columbia Law Review
COMI	center of main interest (Mittelpunkt der hauptsächlichen Interessen)
CovInsAG	Gesetz vom 27. März 2020 zur vorübergehenden Aussetzung der Insolvenzantragspflicht und zur Begrenzung der Organhaftung bei einer durch die COVID-19-Pandemie bedingten Insolvenz, BGBl. I, S. 569
CVA	Company Voluntary Arrangement
DAJV	Deutsch-Amerikanische Juristen-Vereinigung
DB	Der Betrieb
ders./dies./dens.	derselbe/dieselbe/dieselben/denselben
DJT	Deutscher Juristentag
Dok.	Dokment
DStR	Deutsches Steuerrecht
DVBl.	Deutsches Verwaltungsblatt
DZWIR	Deutsche Zeitschrift für Wirtschafts- und Insolvenzrecht
EBDJ	Emory Bankruptcy Developments Journal
EBOR	European Business Organization Law Reviews
ECFR	European Company and Financial Law Review
ECSP-VO	Verordnung (EU) 2020/1503 des Europäischen Parlaments und des Rates vom 7. Oktober 2020 über Europäische Schwarmfinanzierungsdienstleister für Unternehmen und zur Änderung der Verordnung (EU) 2017/1129 und der Richtlinie (EU) 2019/1937, ABl. vom 20. Oktober 2020, L 347, S. 1
EGBGB	Einführungsgesetz zum Bürgerlichen Gesetzbuch
EGInsO	Einführungsgesetz zur Insolvenzordnung
EGV	Vertrag zur Gründung der Europäischen Gemeinschaft
EgzL	Ergänzungslieferung
Einl.	Einleitung
engl.	englisch

Entw.	Entwurf
ESUG	Gesetz vom 07. Dezember 2011 zur weiteren Erleichterung der Sanierung von Unternehmen, BGBl. I, S. 2582
et al.	und andere
etc.	et cetera
EU	Europäische Union
EuBvKpfVO	Verordnung (EU) Nr. 655/2014 des Europäischen Parlaments und des Rates vom 15. Mai 2014 zur Einführung eines Verfahrens für einen Europäischen Beschluss zur vorläufigen Kontenpfändung im Hinblick auf die Erleichterung der grenzüberschreitenden Eintreibung von Forderungen in Zivil- und Handelssachen, ABl. vom 27. Juni 2014, L 189, S. 59
EuErbVO	Verordnung (EU) Nr. 650/2012 des Europäischen Parlaments und des Rates vom 04. Juli 2012 über die Zuständigkeit, das anzuwendende Recht, die Anerkennung und Vollstreckung von Entscheidungen und die Annahme und Vollstreckung öffentlicher Urkunden in Erbsachen sowie zur Einführung eines Europäischen Nachlasszeugnisses, ABl. vom 27. Juli 2012, L 201, S. 107
EuGFVO	Verordnung (EG) Nr. 861/2007 des Europäischen Parlaments und des Rates vom 11. Juli 2007 zur Einführung eines europäischen Verfahrens für geringfügige Forderungen, ABl. vom 31. Juli 2007, L 199, S. 1
EuGH	Gerichtshof der Europäischen Union
EuGüVO	Verordnung (EU) 2016/1103 des Rates vom 24. Juni 2016 zur Durchführung einer verstärkten Zusammenarbeit im Bereich der Zuständigkeit, des anzuwendenden Rechts und der Anerkennung und Vollstreckung von Entscheidungen in Fragen des ehelichen Güterstands, ABl. vom 08. Juli 2016, L 183, S. 1
EuGVÜ	Übereinkommen von Brüssel vom 27. September 1968 über die gerichtliche Zuständigkeit und die Vollstreckung gerichtlicher Entscheidungen in Zivil- und Handelssachen, ABl. vom 31. Dezember 1972, L 299, S. 32
EuInsÜ	Übereinkommen über Insolvenzverfahren
EuInsVO	Verordnung (EU) 2015/848 des Europäischen Parlaments und des Rates vom 20. Mai 2015 über Insolvenzverfahren, ABl. vom 05. Juni 2015, L 141, S. 19
EuInsVO 2000	Verordnung (EG) Nr. 1346/2000 des Rates vom 29. Mai 2000 über Insolvenzverfahren, ABl. vom 30. Juni 2000, L 160, S. 1
EuMahnVO	Verordnung (EG) Nr. 1896/2006 des Europäischen Parlaments und des Rates vom 12. Dezember 2006 zur Einführung eines Europäischen Mahnverfahrens, ABl. vom 30. Dezember 2006, L 399, S. 1
EuPartVO	Verordnung (EU) 2016/1104 des Rates vom 24. Juni 2016 zur Durchführung der verstärkten Zusammenarbeit im Bereich der Zuständigkeit, des anzuwendenden Rechts und der Anerkennung und Vollstreckung von Entscheidungen in Fragen güterrechtlicher Wirkungen eingetragener Partnerschaften, ABl. vom 08. Juli 2016, L 183, S. 30
EUR	Euro
EuR	Europarecht

EuUntVO	Verordnung (EG) Nr. 4/2009 des Rates vom 18. Dezember 2008 über die Zuständigkeit, das anwendbare Recht, die Anerkennung und Vollstreckung von Entscheidungen und die Zusammenarbeit in Unterhaltssachen, ABl. vom 10. Januar 2009, L 7, S. 1
EUV	Vertrag über die Europäische Union
EuVTVO	Verordnung (EG) Nr. 805/2004 des Europäischen Parlaments und des Rates vom 21. April 2004 zur Einführung eines europäischen Vollstreckungstitels für unbestrittene Forderungen, ABl. vom 30. April 2004, L 143, S. 15
EuZVO	Verordnung (EG) Nr. 1393/2007 des Europäischen Parlaments und des Rates vom 13. November 2007 über die Zustellung gerichtlicher und außergerichtlicher Schriftstücke in Zivil- oder Handelssachen in den Mitgliedstaaten und zur Aufhebung der Verordnung (EG) Nr. 1348/2000 des Rates, ABl. vom 10. Dezmeber 2007, L 324, S. 79
EuZW	Europäische Zeitschrift für Wirtschaftsrecht
EWCA Civ	England and Wales Court of Appeal, Civil Division (Neutral Citation)
EWHC ... (Ch.)	High Court of England and Wales, Chancery Division (Neutral Citation)
EWiR	Entscheidungen zum Wirtschaftsrecht
EWS	Europäisches Wirtschafts- und Steuerrecht
EZB	Europäische Zentralbank
f.	folgende
F.3d	Federal Reporter, Third Series (Vereinigte Staaten)
FamFG	Gesetz über das Verfahren in Familiensachen und in den Angelegenheiten der freiwilligen Gerichtsbarkeit
FD-InsR	Fachdienst Insolvenzrecht
ff.	fortfolgende
FK	Frankfurter Kommentar
franz.	französisch
FS	Festschrift
Fw.	Faillissementswet (niederländische Konkursordnung)
GBP	Britisches Pfund
gem.	gemäß
GesR-RL	Richtlinie (EU) 2017/1132 des Europäischen Parlaments und des Rates vom 14. Juni 2017 über bestimmte Aspekte des Gesellschaftsrechts, ABl. vom 30. Juni 2017, L 169, S. 46
GmbHG	Gesetz betreffend die Gesellschaft mit beschränkter Haftung
GmbHR	GmbH-Rundschau
GNotKG	Gerichts- und Notarkostengesetz
GP	Gesetzgebungsperiode
GPR	Zeitschrift für die Gemeinschaftspraxis
GR-Charta	Charta der Grundrechte der Europäischen Union
GRUR Int.	Gewerblicher Rechtsschutz und Urheberrecht – Internationaler Teil
GRUR-Prax	Gewerblicher Rechtsschutz und Urheberrecht – Praxis im Immaterialgüter- und Wettbewerbsrecht
GWR	Gesellschafts- und Wirtschaftsrecht

H/C/L	Habersack/Caspar/Löbbe
HambK	Hamburger Kommentar
HGB	Handelsgesetzbuch
Hrsg.	Herausgeber/in
Hs.	Halbsatz
i. S. d.	im Sinne der/des
i. S. v.	im Sinne von
i. V. m.	in Verbindung mit
ICR	International Corporate Rescue
IDW S 6	Standard Nr. 6 des Instituts der Wirtschaftsprüfer zu Anforderungen an Sanierungsgutachten
IILR	International Insolvency Law Review
IIR	International Insolvency Review
IL&P	Insolvency Law & Practice
Ind. J. Gl. L. Stud.	Indiana Journal of Global Legal Studies
insb.	insbesondere
InsO	Insolvenzordnung
InsR	Insolvenzrecht
Intro	Introduction/Einleitung
IPR	Internationales Privatrecht
IPRax	Praxis des internationalen Privat- und Verfahrensrechts
ital.	italienisch
IWRZ	Zeitschrift für internationales Wirtschaftsrecht
IZVR	Internationales Zivilverfahrensrecht
J. Air L. & Com.	Journal of Air Law and Commerce
J. Appl. Corp. Fin.	Journal of Applied Coroprate Finance
J. L. & Econ.	Journal of Law and Economics
J. Leg. Stud.	Journal of Legal Studies
JIBL&Reg	Journal of International Banking Law & Regulation
JITE	Journal of Institutional and Theoretical Economics
JPIL	Journal of Private International Law
JuS	Juristische Schulung
JZ	Juristenzeitung
K/P/B	Kübler/Prütting/Bork
Kap.	Kapitel
KapMuG	Gesetz über Musterverfahren in kapitalmarktrechtlichen Streitigkeiten
KG	Kammergericht
KGaA	Kommanditgesellschaft auf Aktien
KO	Konkursordnung
KostO	Kostenordnung
KredReorgG	Gesetz zur Reorganisation von Kreditinstituten
krit.	kritisch
KSI	Krisen-, Sanierungs- und Insolvenzberatung
KSÜ	Haager Übereinkommen vom 19. Oktober 1996 über die Zuständigkeit, das anzuwendende Recht, die Anerkennung, Vollstreckung und Zusammenarbeit auf dem Gebiet der elterlichen Verantwortung und der Maßnahmen zum Schutz von Kindern
KSzW	Kölner Schrift zum Wirtschaftsrecht

KTS	Zeitschrift für Insolvenzrecht (ehemals Konkurs, Treuhand, Sanierung)
LG	Landgericht
lit.	littera
LMK	Lindenmaier-Möhring Fachdienst Zivilrecht (Beck)
LuftVG	Luftverkehrsgesetz
Ltd.	Limited (englische Gesellschaftsform)
LTO	Legal Tribune Online
LugÜ	Übereinkommen über die gerichtliche Zuständigkeit und die Anerkennung und Vollstreckung von Entscheidungen in Zivil- und Handelssachen (Übereinkommen von Lugano), ABl. vom 21. Dezember 2007, L. 339, S. 3
LR … QBD	Law Reports, Queen's Bench Division
m	Million
m.	mit
m. w. N.	mit weiteren Nachweisen
MDR	Monatsschrift für Deutsches Recht
MoPeG	Gesetz zur Modernisierung des Personengesellschaftsrechts
MüKo	Münchener Kommentar
n. F.	neue Fassung
NIBLeJ	Nottingham Insolvency and Business Law eJournal
NILR	Netherlands International Law Review
NIPR	Nederlands Internationaal Privaatrecht
NJW	Neue Juristische Wochenschrift
NJW-RR	Neue Juristische Wochenschrift Rechtsprechungs-Report Zivilrecht
NotBZ	Zeitschrift für die notarielle Beratungs- und Beurkundungspraxis
Notre Dame L. R.	Notre Dame Law Review
Nr.	Nummer
NZG	Neue Zeitschrift für Gesellschaftsrecht
NZI	Neue Zeitschrift für das Recht der Insolvenz und Sanierung
OGAW	Organismen zur gemeinsamen Anlage in Wertpapiere
OGH	Oberster Gerichtshof (Österreich)
OLG	Oberlandesgericht
öReO	Bundesgesetz über die Restrukturierung von Unternehmen (österreichische Restrukturierungsordnung), BGBl. I Nr. 147/2021
P/W/W	Prütting/Wegen/Weinreich
PR-InsR	Juris Praxisreport zum Insolvenzrecht
QB	Law Reports, Queen's Bench Division
RabelsZ	Rabels Zeitschrift für ausländisches und internationales Privatrecht
RegBegr.	Regierungsbegründung
RegE	Regierungsentwurf
RGBl.	Reichsgesetzblatt
RiBGH a. D.	Richter am Bundesgerichtshof außer Dienst
RIW	Recht der internationalen Wirtschaft
Rom-I-VO	Verordnung (EG) Nr. 593/2008 des Europäischen Parlaments und des Rates vom 17. Juni 2008 über das auf vertragliche Schuldverhältnisse anzuwendende Recht, ABl. vom 04. Juli 2008, L 177, S. 6

Rom-II-VO	Verordnung (EG) Nr. 864/2007 des Europäischen Parlaments und des Rates vom 11. Juli 2007 über das auf außervertragliche Schuldverhältnisse anzuwendende Recht, ABl. vom 31. Juli 2007, L 199, S. 40
Rn.	Randnummer
RNotZ	Rheinische Notar-Zeitschrift
RRL	Richtlinie (EU) 2019/1023 des Europäischen Parlaments und des Rates vom 20. Juni 2019 über präventive Restrukturierungsrahmen, über Entschuldung und über Tätigkeitsverbote sowie über Maßnahmen zur Steigerung der Effizienz von Restrukturierungs-, Insolvenz- und Entschuldungsverfahren und zur Änderung der Richtlinie (EU) 2017/1132, ABl. vom 26. Juni 2019, L 172, S. 18
Rs.	Rechtssache
Rv.	Wetboek van Burgerlijke Rechtsvordering (niederländische Zivilprozessordnung)
S.	Satz/Seite
SanB	Der Sanierungsberater
SanInsFoG	Gesetz vom 22. Dezember 2020 zur Fortentwicklung des Sanierungs- und Insolvenzrechts, BGBl. I, S. 3256
SanInsKG	Gesetz zur vorübergehenden Anpassung sanierungs- und insolvenzrechtlicher Vorschriften zur Abmilderung von Krisenfolgen, ursprünglich erlassen als Gesetz vom 27. März 2020 zur Abmilderung der Folgen der COVID-19-Pandemie im Zivil-, Insolvenz- und Strafverfahrensrecht, BGBl. I, S. 569 (CovInsAG), nunmehr umbenannt durch Gesetz vom 31. Oktober 2022 zur Abschaffung des Güterrechtsregisters und zur Änderung des COVID-19-Insolvenzaussetzungsgesetzes, BGBl. I, S. 1966
SchVG	Gesetz über Schuldverschreibungen aus Gesamtemissionen (Schuldverschreibungsgesetz)
Sec.	section
Sing. Acad. L. J.	Singapore Academy of Law Journal
Slg.	Amtliche Sammlung der Rechtsprechung des Gerichtshofes der Europäischen Union und des Gerichts Erster Instanz
sog.	sogenannte/sogenannter/sogenanntes
span.	spanisch
StaRUG	Gesetz über den Stabilisierungs- und Restrukturierungsrahmen für Unternehmen
Texas Int. L. J.	Texas International Law Journal
TVG	Tarifvertragsgesetz
u. a.	unter anderem
U. Pa. L. R.	University of Pennsylvania Law Review
U.S.C.	United States Code
UAbs.	Unterabsatz
UKlG	Unterlassungsklagengesetz
v.	von/vom
v. a.	vor allem
Var.	Variante
Verf.	Verfasser
VersR	Versicherungsrecht

vgl.	vergleiche
VID	Verband Insolvenzverwalter Deutschlands
Virg. L. R.	Virginia Law Review
Vorb.	Vorbemerkung
VW	Versicherungswirtschaft
WHOA	Wet homologatie onderhands akkoord (niederländisches Gesetz zur gerichtlichen Bestätigung privater Vergleiche)
WLR	Weekly Law Reports (Vereinigtes Königreich)
WM	Wertpapier-Mitteilungen
Yale L. J.	Yale Law Journal
z. B.	zum Beispiel
ZBB	Zeitschrift für Bankenrecht und Bankwirtschaft
ZEuP	Zeitschrift für Europäisches Privatrecht
ZfRV	Zeitschrift für Europarecht, internationales Privatrecht und Rechtsvergleichung
ZfV	Zeitschrift für Verwaltung
ZGR	Zeitschrift für Unternehmens- und Gesellschaftsrecht
ZHR	Zeitschrift für das gesamte Handels- und Wirtschaftsrecht
Ziff.	Ziffer
ZInsO	Zeitschrift für das gesamte Insolvenzrecht
ZIP	Zeitschrift für Wirtschaftsrecht
zust.	zustimmend
ZPO	Zivilprozessordnung
ZRI	Zeitschrift für Restrukturierung und Insolvenz
ZRP	Zeitschrift für Rechtspolitik
ZVG	Gesetz über die Zwangsversteigerung und die Zwangsverwaltung (Zwangsversteigerungsgesetz)
ZZP	Zeitschrift für Zivilprozess
ZZPInt	Zeitschrift für Zivilprozess International

Einführung

§ 1 Gegenstand der Untersuchung

Auf die Insolvenz eines Schuldners[1] folgt die Zerschlagung seines Unternehmens – dieser Grundsatz dominierte für Jahrhunderte den gesellschaftlichen und rechtlichen Umgang mit wirtschaftlichem Scheitern. Maßgeblich vorangetrieben durch Einflüsse aus dem angloamerikanischen Rechtskreis befindet sich die kontinentaleuropäische Insolvenzrechtswissenschaft insofern gerade inmitten eines konzeptionellen Umbruchs. Während das Insolvenzrecht in den Vereinigten Staaten schon lange als Instrument zur Erhaltung wirtschaftlich wertvoller Unternehmensstrukturen, zur Lösung von *hold out-* und *debt overhang*-Problemen sowie zur Gewährung einer zweiten Chance für den Schuldner begriffen wird, konnte sich eine solche sanierungs- und effizienzfokussierte Sichtweise in Kontinentaleuropa nur schleppend durchsetzen. Die Verabschiedung der Restrukturierungsrichtlinie (RRL)[2] 2019 und deren Umsetzung in nationales Recht markiert daher für etliche Mitgliedstaaten einen Paradigmenwechsel hin zu einer ausgeprägten Sanierungskultur. Herzstück des mindestharmonisierenden Rechtsakts ist die Einführung von Restrukturierungsrahmen, bestehend aus einer befristeten Einstellung der Zwangsvollstreckung, einem (klassenübergreifende) Mehrheitsentscheidungen ermöglichenden Restrukturierungsplan und der Privilegierung neuer Finanzierungskredite. Wirtschaftlich wertvolle Betriebseinheiten werden dadurch zusammengehalten, *hold out*-Strategien abgewendet und Fortführungsfinanzierungen durch die Ausschaltung des *debt overhang*-Problems begünstigt. Seit Ablauf der Umsetzungsfrist verfügen alle 27 Mitgliedstaaten über ein effektives Restrukturierungsinstrumentarium, das es finanziell angeschlagenen Unternehmern er-

---

[1] In der gesamten Arbeit dient die Verwendung der maskulinen Form allein der besseren Lesbarkeit des Texts und bezieht sich, soweit es sich um natürliche Personen handelt, stets gleichermaßen auf Personen jeglichen Geschlechts.

[2] Richtlinie (EU) 2019/1023 des Europäischen Parlaments und des Rates vom 20. Juni 2019 über präventive Restrukturierungsrahmen, über Entschuldung und über Tätigkeitsverbote sowie über Maßnahmen zur Steigerung der Effizienz von Restrukturierungs-, Insolvenz- und Entschuldungsverfahren und zur Änderung der Richtlinie (EU) 2017/1132 (RRL), ABl. vom 26.06.2019, L 172, S. 18.

laubt, die betrieblichen Strukturen vor einem unkoordinierten und wertzerstörenden Gläubigerzugriff abzuschirmen und die Finanzierungsstruktur an die Ertragskraft des Unternehmens anzupassen.[3] Entsprechend der Vision der Kommission[4] haben damit nunmehr alle bestandsfähigen Unternehmen in finanziellen Schwierigkeiten frühzeitig Zugang zu einem Restrukturierungsmechanismus, unabhängig davon, wo in der Union sie angesiedelt sind.

Dass ein Unternehmen – und damit auch dessen finanzielle Krise – Berührungspunkte zu mehreren Rechtsordnungen aufweist, ist längst die Regel geworden. Wirtschaftsbeziehungen und Lieferketten werden immer internationaler – ein Phänomen, das innerhalb der Europäischen Union natürlich maßgeblich auf der stetig fortschreitenden Verwirklichung des Binnenmarkts beruht, aber auch auf globaler Ebene mittlerweile zur Selbstverständlichkeit geworden ist. Die Gründe dafür sind vielfältig: Angetrieben durch fortwährende Bestrebungen immer effizienter zu wirtschaften richten Unternehmen den Blick auf der Suche nach optimalen Geschäftspartnern und Produktionsstätten zunehmend (auch) ins Ausland. Ein Trend, der nicht zuletzt durch den stetigen Abbau von Handelshemmnissen und die internationale Angleichung branchenüblicher Standards begünstigt wird. Durch den Einsatz digitaler Kommunikationsmittel und die Etablierung des Englischen als international anerkannte Handelssprache gleichen sich die Transaktionskosten für inländische und ausländische Geschäftsbeziehungen immer weiter an. Die Internationalisierung der unternehmerischen Beziehungen manifestiert sich dabei nicht nur im operativen Geschäft, sondern gleichermaßen im Hinblick auf die Finanzierungs- und Kundenstrukturen. So haben sich London und New York längst als globale Zentren für die Beschaffung großvolumiger Darlehen bzw. die Platzierung von Anleihen etabliert und bedienen damit einen Fremdkapitalmarkt, der weit über die jeweilige Jurisdiktion hinaus reicht. Onlineshops und global operierende Vermarktungsplattformen wie *Amazon Marketplace* oder *ebay* ermöglichen es Unternehmen jeglicher Größe, Kundenkreise im Ausland zu erschießen. Das Ergebnis dieser Internationalisierung unternehmerischen Handelns sind vielfältige grenzüberschreitende Verflechtungen: Vermögensbestandteile – seien es nun Produktionsmittel, Inventar, Vergütungsansprüche gegen Kunden oder

---

[3] Zum Zweitpunkt des Abschlusses des Manuskripts im Oktober 2022 hatten folgende Mitgliedsstaaten die Richtlinie noch nicht umgesetzt: Bulgarien, Luxemburg, Polen, Slowenien, Tschechien und Zypern; vgl. dazu das Register der Europäischen Kommission über die nationalen Umsetzungsmaßnahmen (<https://eur-lex.europa.eu/legal-content/FR/NIM/?uri=CELEX:32019L1023> Stand Oktober 2022) sowie die Übersicht von INSOL Europe (<https://www.insol-europe.org/download/documents/2609> Stand Oktober 2022).

[4] Vgl. dazu das von der Justizkommissarin herausgegebene Fact Sheet „Early restructuring and a second chance for entrepreneurs – A modern and streamlined approach to business insolvency" vom Juni 2019, S. 3 (abrufbar unter <https://ec.europa.eu/info/sites/default/files/factsheet_-_a_modern_and_streamlined_approach_to_business_insolvency.pdf> Stand Oktober 2022).

Anteile an ausländischen Tochtergesellschaften – sind über mehrere Jurisdiktionen verteilt; und nichts anderes gilt auf der Gläubigerseite für Lieferanten, Darlehensgeber und Anleiheinhaber – divergierende Schuldstatute und internationale Gerichtsstände inklusive.

Schwierige Vorzeichen also für ein nur mindestharmonisierend vereinheitlichtes Sanierungsverfahren, das darauf abzielt, einerseits die betriebsnotwendigen Vermögensgegenstände zusammenzuhalten und andererseits die Passivseite an die Ertragskraft des Unternehmens anzupassen – von praktischen Problemen wie der Ausübung von Gläubigerautonomie und der Koordinierung mehrerer (nationaler) Restrukturierungsverfahren über den gleichen Schuldner ganz zu schweigen. Dass die Beteiligung mehrerer Rechtsordnungen Sanierungsvorhaben bisweilen vor schwer überwindbare Herausforderungen stellen kann, ließ sich jüngst eindrucksvoll an der Reorganisation des Airline-Catering Marktführers *Gategroup* beobachten. Die Schweizer *gategroup Holding AG* war alleinige Gesellschafterin eines Finanzierungsvehikels sowie einer weiteren Tochtergesellschaft, welche die Inhaberschaft an den mehr als 200, über den gesamten Globus verteilten operativen Konzerngesellschaften vermittelte. Die Fremdkapitalstruktur der Unternehmensgruppe setzte sich im Wesentlichen zusammen aus einem Anleihen- und einem Darlehenspaket. Die von der Finanzierungsgesellschaft ausgereichten *Bonds* notierten auf eine Gesamtsumme von CHF 350m und befanden sich im Streubesitz. Das Darlehenspaket, bestehend aus einer revolvierenden EUR 350m Kreditfazilität und einem befristeten Darlehen über EUR 250m hatte die andere, an der Spitze des operativen Geschäfts angesiedelte Tochtergesellschaft bei einem Bankenkonsortium aufgenommen. Für beide Finanzierungsengagements fungierte die Muttergesellschaft als Garantiegeberin; für das Darlehenspaket zudem mehrere operative Konzerngesellschaften. Angesichts der herannahenden Fälligkeitstermine und des pandemiebedingten Einbruchs des (internationalen) Flugverkehrs – und damit auch des Umsatzes der operativen Konzerntöchter – erarbeitete die Unternehmensgruppe einen sog. *Restructuring Plan*, ein Restrukturierungsinstrument nach englischem Recht, das zur Umgestaltung von Forderungen bereits eine qualifizierte Mehrheit der betroffenen Gläubiger ausreichen lässt. Neben der Bereitstellung neuen Kapitals durch die Eigentümer sah der vorgeschlagene Plan insbesondere vor, dass sowohl die Laufzeit der Anleihen, als auch der Fälligkeitstermin des Darlehenspakets bis ins Jahr 2026 verlängert würden. Während allerdings das Darlehenspaket eine Rechtswahl zugunsten des englischen Rechts und eine (ausschließliche) Gerichtsstandsvereinbarung zugunsten der englischen Gerichte enthielt, verwiesen die Anleihebedingungen auf Schweizer Recht und beriefen ausschließlich die eidgenössischen Gerichte in Zürich. Der Fall warf demnach die bis dahin ungeklärte Frage auf, ob englische Gerichte den *Restructuring Plan* nach englischem Recht bestätigen durften. Oder anders gefragt: können in einem solchen *Restructuring Plan* auch die

Rechte der Anleihegläubiger modifiziert werden, obwohl nach den Anleihebedingungen Schweizer Recht anwendbar und Schweizer Gerichte exklusiv zuständig sein sollen? Und wenn ja: welche Wirkungen hätte eine solche Bestätigung in der Eidgenossenschaft, wenn etwa ein Anleihegläubiger nach dem ursprünglichen, aber vor dem neuen Fälligkeitstermin vor dem zuständigen Züricher Gericht Klage auf Rückzahlung erhebt?

Dieser Fall veranschaulicht nur einen kleinen Ausschnitt der Problemfelder, welche sich in grenzüberschreitenden Restrukturierungsverfahren stellen und für die die vorliegende Untersuchung eine wertungsgerechte und systemkohärente Gesamtlösung vorstellt. In einem globalisierten Wirtschaftsumfeld muss die Rechtsordnung auch und gerade für den Fall der Sanierungsbedürftigkeit international abgestimmte Regelungskonzepte bereithalten, die die Internationalisierung unternehmerischen Handelns auf Ebene der Restrukturierungsverfahren konsequent fortführen. Als Kollektivverfahren zur Erhaltung wertvoller Unternehmensstrukturen sind Reorganisationsverfahren darauf angewiesen, dass (möglichst) alle Gläubiger einbezogen werden können und die Sanierungsmaßnahmen (möglichst) in allen betriebsrelevanten Jurisdiktionen Wirkung entfalten. Eine in Deutschland erwirkte Einstellung der Zwangsvollstreckung oder gerichtlich bestätigte Forderungsmodifizierung hilft eben nicht besonders viel, wenn betroffene Gläubiger auf Nachbarländer ausweichen und dort gesamtbetriebsnotwendige Unternehmensstrukturen des Schuldners durch Pfändungen, Verwertungshandlungen und Zwangsversteigerung zum Erliegen bringen.

Ziel der vorliegenden Untersuchung ist es demnach, die neuen Restrukturierungsrahmen in den bestehenden europäischen international-zivilverfahrens- und kollisionsrechtlichen Rechtsrahmen einzuordnen. Im Zentrum stehen dabei naturgemäß die Eckpfeiler des internationalen Restrukturierungsrechts, namentlich die internationale Zuständigkeit, das anwendbare Recht und die Anerkennung von im Ausland erzielten Sanierungsergebnissen. Wie schon in der Diskussion zum englischen *Scheme of Arrangement* hat besondere Aufmerksamkeit aber auf vorgelagerter Ebene auch den jeweiligen Anwendungsbereichen der einschlägigen europäischen Rechtsakte zu gelten. Insofern erfordert die Untersuchung der internationalen Bezüge der Restrukturierungsrichtlinie bisweilen die Anknüpfung an altbekannte Dauerbrenner – Stichwort *forum shopping*. Zugleich wirft sie aber auch ganz neue, bislang weitgehend unbeleuchtete Rechtsfragen auf, von welchen an dieser Stelle nur beispielhaft einige erwähnt seien: Wie lässt sich etwa die Einleitung von – konzeptionell verfehlten und regelmäßig sanierungsfeindlichen – Sekundärrestrukturierungsverfahren vermeiden? Unter welchen Voraussetzungen können auslandsgesicherte Forderungen in einem Restrukturierungsverfahren ohne Zustimmung der betroffenen Gläubiger umgestaltet werden? Und können Mitgliedstaaten ausländischen Sanierungsergebnissen unter Berufung auf den *ordre public* die Anerkennung versagen, obwohl sich die Ausgestaltung des ausländischen Restrukturierungsrechts im Rahmen des durch die Richtlinie gewährleisteten Umsetzungsspielraums hält? Gerade die Anerkennungsfrage spielt dabei regelmäßig bereits im eigentlichen Reorganisationsstadium selbst bzw. in der vorausgehenden Planungsphase eine entscheidende Rolle. Immerhin wird ein Unternehmen den bisweilen enormen und in grenzüberschreitenden Sachverhalten nochmals gesteigerten Beratungs- und Kostenaufwand eines Sanierungsverfahrens nur dann auf sich nehmen, wenn die angestrebte Sanierung insgesamt erfolgsversprechend erscheint. Englische Gerichte machten die Bestätigung eines *Scheme of Arrangements* im Rahmen des ihnen zukommenden Entscheidungsermessen gar bisweilen davon abhängig, dass die angestrebte Sanierung auch in anderen (unternehmerisch wichtigen) Jurisdiktionen anerkannt würde.[5] Dies verdeutlicht nicht zuletzt das drängende Bedürfnis, die sich im internationalen Restrukturierungsrecht stellenden Fragen einer rechtssicheren und praxistauglichen Lösung zuzuführen.

In der vorliegenden Untersuchung wird herausgearbeitet, dass bereits der aktuelle Stand des europäischen Zivilverfahrens- und Kollisionsrechts – trotz einiger Schwachstellen – auch im grenzüberschreitenden Kontext einen wirksamen und effizienten Sanierungsrechtsrahmen gewährleistet. Die hier vorgeschlagene Lösung führt die in der Richtlinie angelegte Kollektivierung auf international-rechtlicher Ebene konsequent fort und spricht sich dabei für eine Ausweitung und Fortentwicklung des im europäischen Insolvenzrecht angelegten *COMI*-Prinzips aus. Das Ergebnis ist ein wertungsgerechtes und systemkohärentes Gesamtgefüge, das nicht nur dem Zweck und Regelungsanliegen der Restrukturierungsrichtlinie gerecht wird und übermäßigem *forum shopping* vorbeugt, sondern sich auch methodisch nahtlos in den von Richtlinie und internationalem Zivilverfahrens- und Kollisionsrecht vorgegebenen Rechtsrahmen einfügt.

§ 2 Gang der Darstellung

Teil I nähert sich dem Themengebiet zunächst durch eine ökonomische Betrachtung der Unternehmenssanierung und der sich dort für die unterschiedlichen *Stakeholder* einstellenden (Fehl-)Anreize (§ 3). Darauf aufbauend wird in

[5] Siehe dazu nur *Re Rodenstock GmbH* [2011] EWHC 1104 (Ch.) Rn. 73 ff.; *Re Colouroz Investment 2 LLC* [2020] EWHC 1864 (Ch.) Rn. 66, 117, 120; *Re Swissport Fuelling Ltd.* [2020] EWHC 1499 (Ch.) Rn. 57 f.; auch unter der Restrukturierungsrichtlinie bestünden wegen der verpflichtenden Bestandsfähigkeitsprüfung nach Art. 10 Abs. 3 RRL dogmatische Ansatzpunkte, die grenzüberschreitende Anerkennung der Sanierungsergebnisse bereits zur materiell-rechtlichen Voraussetzung für eine Planbestätigung zu erheben.

§ 4 die historische Entwicklung des Restrukturierungsrechts in Europa nachgezeichnet, die in der Verabschiedung und Umsetzung der Restrukturierungsrichtlinie ihren vorläufigen Höhepunkt gefunden hat. Dabei werden vor allem im Hinblick auf den Restrukturierungstourismus gen England und den dadurch einsetzenden Wettbewerb der Rechtsordnungen auf dem Gebiet des Sanierungsrechts bereits erste grenzüberschreitende Bezüge sichtbar. Angesichts der bereits heute kaum überschätzbaren und in Zukunft noch zunehmenden Verflechtung der internationalen Wirtschaftsbeziehungen wendet sich das fünfte Kapitel sodann auf einer abstrakten Ebene den neuralgischen Punkten im Umgang mit internationalen Restrukturierungen zu. Im Mittelpunkt steht dabei zum einen der Themenkomplex des *forum shopping*, also der Wahlmöglichkeiten zwischen verschiedenen Restrukturierungsstandorten einschließlich des dadurch jeweils zur Anwendung gelangenden Restrukturierungsrechts. Andererseits wird an die vorausgegangenen Überlegungen zur kollektivierenden Konzeption von Restrukturierungsverfahren angeknüpft und es werden die zusätzlichen Herausforderungen aufgezeigt, die ein solcher Mechanismus im internationalen Kontext mit sich bringt. Der erste Teil der Arbeit schließt mit einer Zusammenfassung der Ergebnisse und deren Implikationen für die weitere Untersuchung (§ 6).

Teil II widmet sich sodann der Reichweite der zentralen europäischen Sekundärrechtsakte auf dem Gebiet des internationalen Zivilverfahrensrechts sowie deren Anwendungsbereiche. Eingeleitet wird die Darstellung durch die vom Richtliniengeber selbst erkannten und in den Erwägungsgründen adressierten Berührungspunkte zwischen den bestehenden international-rechtlichen Regelwerken einerseits und den neu zu schaffenden Sanierungsinstrumenten andererseits (§ 7). Dabei wird sich zeigen, dass die grenzüberschreitende Dimension bei der Ausarbeitung der Richtlinie nur oberflächlich bedacht wurde und die konkrete Ausdifferenzierung eines entsprechenden Rechtsrahmens Wissenschaft und Praxis überlassen bleibt. Ausgehend von diesem Befund wendet sich die Arbeit den bestehenden international-rechtlichen Regelwerken zu. Entsprechend dem in den Mitgliedstaaten vorherrschenden und (teilweise) auch durch die Richtlinie vorgezeichneten verfahrensrechtlichen Verständnis der Restrukturierungsrahmen werden die Verordnung über Insolvenzverfahren (EuInsVO)[1] sowie die Verordnung über die gerichtliche Zuständigkeit und die Anerkennung und Vollstreckung von Entscheidungen in Zivil- und Handelssachen (Brüssel-Ia-VO)[2] beleuchtet.

---

[1] Verordnung (EU) 2015/848 des Europäischen Parlaments und des Rates vom 20.05.2015 über Insolvenzverfahren, ABl. vom 05.06.2015, L 141, S. 19.

[2] Verordnung (EU) Nr. 1215/2012 des Europäischen Parlaments und des Rates vom 12.12.2012 über die gerichtliche Zuständigkeit und die Anerkennung und Vollstreckung von Entscheidungen in Zivil- und Handelssachen (Brüssel-Ia-VO), ABl. vom 20.12.2012, L 351, S. 1.

Als *lex specialis* gegenüber der allgemeineren Brüssel-Ia-VO widmet sich das achte Kapitel zunächst dem Anwendungsbereich der EuInsVO. Dabei wird offenbar, was schon der Richtliniengeber in Erwägungsgrund 13 prophezeite: Die Anforderungen der Richtlinie stellen keineswegs sicher, dass alle nationalen Restrukturierungsrahmen der speziell auf insolvenzrechtliche Sachverhalte zugeschnittenen EuInsVO unterfallen. Vor allem das dort verankerte Erfordernis der Öffentlichkeit findet in der Richtlinie keinerlei Pendant, sodass die Verordnung – jedenfalls unmittelbar – nur für einen Teil der entsprechenden Sanierungswerkzeuge fruchtbar gemacht werden kann.

Ausgehend von diesem Ergebnis wendet sich die Untersuchung sodann dem Anwendungsbereich der Brüssel-Ia-VO als allgemein international-zivilverfahrensrechtlichem Regelwerk zu (§ 9). Im Zentrum steht dabei der sog. Konkursvorbehalt, der Konkurse, Vergleiche und ähnliche Verfahren vom Anwendungsbereich der Verordnung ausnimmt. Als Ergebnis einer umfassenden Analyse und Würdigung des Wortlauts, der Systematik, des Zwecks und der Entstehungsgeschichte dieser Bereichsausnahme wird sich zeigen, dass einer Heranziehung der Brüssel-Ia-VO für solche Restrukturierungsrahmen nichts im Wege steht, die – insbesondere mangels Öffentlichkeit – der Eingangsdefinition der EuInsVO nicht genügen.

Das zehnte Kapitel bildet den Abschluss des II. Teils, fasst die dort erarbeiteten Ergebnisse zusammen und ebnet damit die Grundlage für die folgenden Überlegungen zu konkreten Einzelaspekten des internationalen Restrukturierungsrechts.

Den Schwerpunkt der vorliegenden Abhandlung bildet sodann die konkrete Ausdifferenzierung des bestehenden europäischen Rechtsrahmens für die Bewältigung grenzüberschreitender Sanierungen und das Zusammenspiel mit den materiell-rechtlichen Vorgaben der Richtlinie (Teil III). Dabei gilt es im Wesentlichen drei zentrale Fragen zu beantworten: Erstens ist zu hinterfragen, wonach sich die internationale Zuständigkeit bestimmt, die Hoheitsträger welchen Staates also zur Durchführung des Restrukturierungsverfahrens berufen sind. Eng damit verknüpft ist zweitens der Problemkreis des anwendbaren Rechts, nach welcher Rechtsordnung sich also Ablauf, Inhalt und verfügbares Instrumentarium der angestrebten Sanierung richten. Und schließlich bedarf es drittens der Klärung, ob eine – zivilverfahrensrechtliche oder international-privatrechtliche – Anerkennung der erzielten Sanierungsergebnisse in anderen Mitgliedstaaten gewährleistet ist.

Dieser Struktur folgend wird zunächst die internationale Zuständigkeit zur Durchführung von Restrukturierungsrahmen erörtert (§ 11). Während sich diese für EuInsVO-Verfahren problemlos aus Art. 3 EuInsVO ergibt, bringt die Ermittlung des Restrukturierungsstandorts unter der Brüssel-Ia-VO vielschichtige Probleme mit sich, was vor allem darauf zurückzuführen ist, dass das Regelwerk eher ein bipolares Prozessrechtsverhältnis zwischen zwei Parteien vor

Augen haben dürfte als ein Kollektivverfahren unter Beteiligung eines (ggf. wesentlichen) Teils der Gläubiger. Die sich anschließende Analyse der unterschiedlichen, in der Verordnung vorgesehenen Gerichtsstände zieht den Befund nach sich, dass die Zuständigkeitsallokation der Brüssel-Ia-VO für Restrukturierungsrahmen nach der Restrukturierungsrichtlinie nicht geeignet ist und zu wertungswidersprüchlichen Ergebnissen führte, insbesondere die von der Richtlinie in Sanierungssituationen gerade bezweckte Verkollektivierung auf international-rechtlicher Ebene negiert würde. Darauf aufbauend schlägt die Arbeit in Anlehnung an Art. 3 EuInsVO einen einheitlichen, gesetzlichen Restrukturierungsgerichtsstand vor, der an den Mittelpunkt der hauptsächlichen Interessen des Schuldners anknüpft. Anschließend wird dieser Ansatz auf seine Konsistenz mit den Wertungen der EuInsVO und der Restrukturierungsrichtlinie hin untersucht und dadurch seine Kohärenz mit den bestehenden Regelwerken bestätigt.

Der Ort einer Restrukturierung sagt allerdings noch nicht notwendig etwas darüber aus, nach welchem Recht sie sich richtet, welcher Rechtsordnung also die Voraussetzungen und Rechtsfolgen der jeweiligen Sanierungsinstrumente zu entnehmen sind. Dieser Frage ist daher ein eigenes Kapitel gewidmet (§ 12). Nach einer kurzen Darstellung des allgemein-kollisionsrechtlichen Rahmens, insbesondere des internationalen Schuld-, Sachen- und Gesellschaftsrechts, steht zunächst das Kollisionsrecht der EuInsVO im Mittelpunkt. Beleuchtet werden die Grundanknüpfung in Art. 7 EuInsVO, ebenso wie die Sonderregelungen für dingliche Auslandssicherheiten und die Sonderanknüpfung bei Eröffnung eines Sekundärverfahrens. Für Restrukturierungsrahmen, die in den Anwendungsbereich der EuInsVO fallen, besteht damit ein fein ausjustiertes Restrukturierungskollisionsrecht, obgleich sich zeigen wird, dass das ursprünglich auf Liquidationsverfahren zugeschnittene Regime nicht bis ins letzte Detail auf vorinsolvenzliche Sanierungsverfahren abgestimmt ist. Besondere Aufmerksamkeit beanspruchen wiederum jene Restrukturierungsrahmen, die nicht unter die EuInsVO fallen und damit auch nicht unmittelbar dem darin enthaltenen Kollisionsrecht unterstehen.

Zuletzt wird der Fokus auf die Anerkennung ausländischer Sanierungsergebnisse gelegt (§ 13). Aufbauend auf den Ergebnissen in den vorangegangenen Kapiteln ist dabei grundsätzlich von einem Anerkennungsautomatismus auszugehen. Den Schwerpunkt bildet daher die Untersuchung der einzelnen Anerkennungshindernisse, die es den Mitgliedstaaten erlauben, ausländischen Sanierungsergebnissen im Inland die Geltung zu versagen. Erörtert wird insbesondere der *ordre public*-Vorbehalt, der sich sowohl in der EuInsVO als auch in der Brüssel-Ia-VO wiederfindet. Abgerundet wird der Abschnitt durch eine Diskussion der darüber hinausgehenden, in der Brüssel-Ia-VO vorgesehenen Versagungsgründe, namentlich die mangelnde internationale Zuständigkeit des ausländischen Restrukturierungsgerichts und die Verletzung des rechtlichen Gehörs – man denke an die verspätete oder gänzlich unterbliebene Benachrichtigung einzelner Sanierungsbeteiligter. Dabei wird sich zeigen, dass beide Verordnungen die Problemkreise auf unterschiedliche Weise adressieren und sich der jeweilige Mechanismus nahtlos in die Unterscheidung zwischen öffentlichen und vertraulich geführten Verfahren einfügt.

Die Arbeit schließt mit einer Zusammenfassung der Ergebnisse in Thesenform (§ 14) und einem kritischen Fazit, das auf Grundlage der Erkenntnisse der Untersuchung Vorschläge zur Anpassung des bestehenden internationalen Rechtsrahmens unterbreitet, um das internationale Privat- und Zivilverfahrensrecht passgenau auf die Herausforderungen grenzüberschreitender Restrukturierungen abzustimmen (§ 15).

Teil I:

Grundlagen der grenzüberschreitenden Restrukturierung

„Today, certain people file for bankruptcy, businesses, and individuals, and it no longer has the stigma it once had. Now it's almost considered wise, a way to regroup and come back again.“ — *David N. Dinkins*

§ 3 Unternehmenssanierung im Spannungsfeld von individuellem Beitrag und kollektivem Nutzen

I. Sanierung als ergebnismaximierende Strategie zur Krisenbewältigung

Ökonomischer Ausgangspunkt der Unternehmenssanierung ist die Erkenntnis, dass der Wert einer wirtschaftlichen Funktionseinheit (sog. Fortführungswert oder *going concern value*) höher sein kann, als der aufsummierte Erlös aller ihr angehörenden Vermögenswerte (sog. Liquidationswert oder *liquidation value*). Ist das Unternehmen in einem zukunftsträchtigen Geschäftsfeld tätig, in dem ein profitables Wirtschaften möglich erscheint, so ergibt sich der Mehrwert schon daraus, dass in dem laufenden Unternehmen die erforderlichen Betriebsmittel und -abläufe bereits vorhanden sind. Zum Aufbau des Unternehmens andernfalls anfallende Transaktionskosten werden dadurch vermieden; außerdem verfügt der Schuldner über die notwendigen Liefer- und Kundenbeziehungen und ist am Markt bereits etabliert. Der Schuldner betreibt in diesem Fall ein an sich profitables und zukunftsfähiges Unternehmen, sieht sich aber infolge einer (zu) hohen Fremdfinanzierungslast exorbitanten Zins- und Tilgungszahlungen ausgesetzt, die er zu erwirtschaften außer Stande ist.[1] Obwohl

[1] *Westpfahl/Knapp* ZIP 2011, 2033 (2034); nach *Westpfahl* ZGR 39 (2010) 385 (393) und *Siemon* NZI 2016, 57 (57) dürften gescheiterte *leveraged buyouts*, also der hochgradig fremdfinanzierte Erwerb eines operativ (nach wie vor) profitabel wirtschaftenden Unternehmens den Hauptanwendungsfall darstellen; siehe dazu auch das Interview mit *Westpfahl* bei *Reuter* INDat-Report 9/2013, 22 (25).

das Unternehmen wirtschaftlich floriert (kein *economic failure*), droht es finanziell zu scheitern (*financial failure*).[2] Übersteigen die prognostizierten, abgezinsten Erträge des Unternehmens den Erlös, der bei einer Versilberung des schuldnerischen Vermögens zu erwarten ist, führt die Fortführung im Verhältnis zur Liquidation zu einer höheren Verteilungsmasse und bietet den Gläubigern damit auch höhere Befriedigungsquoten. In diesem Fall – und nur in diesem[3] – ist eine Sanierung, also die Sicherung der Bestandsfähigkeit des Unternehmens, ökonomisch[4] sinnvoll; die Fortsetzung der schuldnerischen Wirtschaftsaktivität liegt dann im wohlverstandenen Interesse der Gläubigergemeinschaft.

Fällt ein unternehmerisch tätiger Schuldner in die Insolvenz, stehen sich hinsichtlich des weiteren Vorgehens zwei Extreme gegenüber. Auf der einen Seite steht die Stilllegung und Liquidation des Betriebs: Sämtliche Vertragsverhältnisse werden abgewickelt und beendet, Vermögensgegenstände am Markt veräußert und die Gläubiger aus dem dabei erzielten Erlös entsprechend ihres jeweilgen Rangs, ggf. quotal befriedigt. Das andere Extrem markiert die

---

[2] *Eidenmüller* ZIP 2010, 649 (650).

[3] *Eidenmüller* ZIP 2010, 649 (650, 655); *Humpenöder*, Der Sanierungsgedanke im deutschen Insolvenzrecht, S. 24; *Balz* ZIP 1988, 1438 (1440); *Jackson*, The Logic and Limits of Bankruptcy Law, S. 24 f.; *Thole* JZ 2011, 765 (771 f.); *ders.* KSzW 2012, 286 (286); der Sache nach ebenso, ein produktives Spiel fordernd, im Hinblick auf die Unternehmenssanierung aber dessen zweifelsfreie Feststellbarkeit in Frage stellend *Servatius*, Gläubigereinfluss durch Covenants, S. 179; auf die Gefahr einer sog. „Übersanierung" hat kürzlich auch *Madaus* KSzW 2015, 183 (185) hingewiesen; eine Sanierung nicht fortführungswürdiger Unternehmen würde außerdem dem Zweck der Marktbereinigung zuwiderlaufen, indem der Wettbewerb verzerrt wird und Ressourcen ineffizient gebunden bleiben; bereits nach der bisherigen Rechtslage, insbesondere im Schutzschirmverfahren ein beträchtliches Missbrauchsrisiko zur Fortführung liquidationsreifer Unternehmen ausmachend *Heese*, Die Funktion des Insolvenzrechts im Wettbewerb der Rechtsordnungen, S. 22; im U.S. amerikanischen Schrifttum wird bereits seit geraumer Zeit auf einen sog. „pro-reorganization" bzw. „pro-continuation bias" hingewiesen, vgl. dazu nur *Baird* 15 (1986) J. Leg. Stud. 127 (134); *Bris/Welch/Schwartz* 34 (2005) J. Leg. Stud. 295 (329); *Franks/Torous* 6 (1993) J. Appl. Corp. Fin. 95 (101); aA unter Anführung empirischer Daten aus der Eastern Division des Northern District of Illinois *Morrison* 50 (2007) J. L. & Econ. 381 (392 ff.).

[4] Aus einer gesellschaftspolitischen oder volkswirtschaftlichen Sicht können freilich auch von der Fortführung an sich unrentabler Unternehmen positive Effekte ausgehen, etwa der Erhalt von Arbeitsplätzen, die damit korrespondierende Entlastung der Sozialsysteme oder die Vermeidung eines schlagartigen Ausscheidens des Schuldners aus dem Markt, was zahlreiche Folgeinsolvenzen nach sich ziehen und die Branche (jedenfalls lokal) insgesamt ins Wanken bringen kann; vgl. dazu etwa *Baird/Jackson* 51 (1884) Univ. Chicago L. Rev. 97 (101 f.); *Thole* JZ 2011, 765 (771); *Warren* 54 (1987) Univ. Chicago L. Rev. 775 (787 f.); zur Einbeziehung der aktuellen Verfassung des Arbeitsmarkts in die Beurteilung der Fortführungswürdigkeit aus volkswirtschaftlicher Perspektive jüngst auch *Liscow* 116 (2016) Columbia L. Rev. 1461; zu derartigen insolvenzrechtlichen Zwecksetzungen, wie sie insbesondere im französischen Recht anzutreffen sind, siehe auch *Eidenmüller* ZIP 2010, 649 (650); *Flessner* KTS 71 (2010) 127 (130).

Fortführung des Unternehmens durch den Schuldner, wobei die Gläubiger aus den Erträgen befriedigt werden, die das Unternehmen künftig generiert. Gewissermaßen als Zwischenlösung ist die sog. übertragende Sanierung[5] zu nennen, die zwar zur Abwicklung des Schuldners führt, bei der aber gleichwohl die Betriebsstrukturen und damit der (höhere) Fortführungswert erhalten bleiben. Hier wird das Schuldnerunternehmen auf einen neuen Rechtsträger übertragen; die Befriedigung der Gläubiger erfolgt dann aus dem schuldnerseitig vereinnahmten Kaufpreis sowie ggf. aus Eigen- und Fremdkapitalpositionen an der neuen Gesellschaft.[6] Die Entscheidung zwischen einer reorganisierenden Sanierung unter Beibehaltung des bisherigen Unternehmensträgers einerseits und einer übertragenden Sanierung andererseits wird dabei maßgeblich davon abhängen, in wessen Händen das Unternehmen einen höheren (realisierbaren) Fortführungswert aufweist, wobei bei einer übertragenden Sanierung freilich die anfallenden Transaktionskosten sowie die eingeschränkte oder gar ausgeschlossene Übertragbarkeit bestimmter Unternehmensbestandteile[7] zu berücksichtigen sind.[8]

Obgleich auf dasselbe Ziel gerichtet – die Sicherung des Fortführungsmehrwerts – unterscheiden sich reorganisierende und übertragende Sanierung in ihrer Struktur doch fundamental. Während erstere auf eine Rettung des Unternehmensträgers ausgerichtet ist und vor allem eine Anpassung dessen Verbindlichkeiten an die Ertragskraft des Unternehmens zum Gegenstand hat, handelt es sich bei letzterer im Kern um ein gewöhnliches Liquidationsverfahren, im Rahmen dessen das Unternehmen als Ganzes im Wege eines *asset deals* auf

---

[5] Der Begriff der übertragenden Sanierung geht zurück auf *K. Schmidt* ZIP 1980, 328 (336).

[6] Vgl. zu diesen beiden Varianten einer externen übertragenden Sanierung, bei der das Unternehmen an außenstehende Dritte (z. B. einen Investor oder Konkurrenten) veräußert wird, und den Erwerb durch eine erst in der Krise (durch Gesellschafter, Geschäftsleiter und/oder Gläubiger) gegründete Auffanggesellschaft *Madaus*, Der Insolvenzplan, S. 30 f.

[7] Dies trifft insbesondere zu auf Schuldverträge, nicht oder nur mit Zustimmung übertragbare Lizenzen, öffentlich-rechtliche Genehmigungen und steuerliche Vorteile wie Verlustvorträge.

[8] Vgl. dazu *Eidenmüller* ZIP 2010, 649 (651, 655), der allerdings davon ausgeht, dass die rechtsträgererhaltende Sanierung nur ausnahmsweise einen höheren Erwartungswert verspricht; differenzierter hingegen *ders.*, Unternehmenssanierung zwischen Markt und Gesetz, S. 32 ff. sowie 43 ff.; siehe auch *ders.* in: MüKo-InsO, vor § 217 Rn. 7; *ders.*, Finanzkrise, Wirtschaftskrise und das deutsche Insolvenzrecht, S. 19 f.; vgl. außerdem *Bitter/Laspeyres* ZIP 2010, 1157 (1165); rechtstatsächlich von der Dominanz der übertragenden Sanierung ausgehend *Bitter* ZGR 39 (2010) 147 (155); *Madaus*, Der Insolvenzplan, S. 32 ff., der allerdings zugleich zu bedenken gibt, dass der erzielbare Kaufpreis wegen der wirtschafltichen Krise, des Zeitdrucks und der bestehenden Unsicherheiten regelmäßig (weit) unter dem Fortführungswert liegen dürfte; aus ähnlichen Erwägungen ebenfalls von einer verbreiteten Unterbewertung insolventer Unternehmen am Markt ausgehend *Balz* ZIP 1988, 1438 (1442); *Jackson*, The Logic and Limits of Bankruptcy Law, S. 218 ff.

einen neuen Rechtsträger übertragen wird. Wie bei jeder Unternehmenstransaktion können sich auch bei der übertragenden Sanierung vielfältige international-rechtliche Fragen stellen. Gleichwohl ist Gegenstand der vorliegenden Arbeit in erster Linie die reorganisierende Sanierung. Das Werk beschränkt sich damit – der praktischen Relevanz und dem Zuschnitt der Richtlinie entsprechend – auf die Untersuchung der grenzüberschreitenden Bezüge rechtsträgererhaltender Restrukturierungsverfahren.

II. Sanierungshemmende Verhaltensanreize in der Krise

Droht das schuldnerische Vermögen nicht mehr zur Befriedigung aller Verbindlichkeiten auszureichen, verbindet die Gesamtheit aller Gläubiger grundsätzlich das gemeinsame Interesse an einem größtmöglichen Schuldnervermögen.[9] Je mehr Vermögen insgesamt zur Verteilung zur Verfügung steht, desto geringer werden die Abschreibungsquoten der Gläubiger ausfallen. Es wäre jedoch, wie *Eidenmüller* zutreffend herausgestellt hat, verfehlt darauf zu vertrauen, „dass sich Lösungen, die im Interesse des Kollektivs aller Beteiligten liegen, allein auf der Grundlage eines freien Spiels der Kräfte durchsetzen würden".[10] Denn ohne entsprechenden Rechtsrahmen ergäben sich geradezu sanierungsfeindliche Verhaltensanreize, indem eigennütziges – und damit gemeinschaftsschädliches – Verhalten begünstigt wird, das die Fortführung des schuldnerischen Unternehmens trotz deren wirtschaftlicher Sinnhaftigkeit gefährdet.

1. Verweigerung eines eigenen Sanierungsbeitrags

Eine Restrukturierung erfordert im Regelfall erhebliche Zugeständnisse vonseiten der Gläubiger. Soll das Unternehmen gerettet und der Rechtsträger vor einer Liquidation bewahrt werden, sind Eingriffe in die Rechtspositionen der Gläubiger oftmals unverzichtbar, um die Schuldenlast zu reduzieren oder zumindest die Zahlungsziele zu verlängern und damit die mittel- und langfristige Bestandsfähigkeit des Schuldners sicherzustellen. Natürlich steht es einem Schuldner jederzeit offen, mit seinen Gläubigern über einen (Teil-)Erlass, eine Hinausschiebung der Fälligkeit, eine Reduzierung der geschuldeten Zinssätze und/oder die Gewährung neuer Kreditlinien zu verhandeln.[11] Allerdings macht unsere Rechts- und Wirtschaftsordnung Kürzungen und Stundungen von For-

---

[9] *Eidenmüller*, Unternehmenssanierung zwischen Markt und Gesetz, S. 18.

[10] *Eidenmüller*, Unternehmenssanierung zwischen Markt und Gesetz, S. 4; dies übersehen *Heese*, Die Funktion des Insolvenzrechts im Wettbewerb der Rechtsordnungen, S. 20 sowie *Stürner* in: MüKo-InsO, Einl. Rn. 3, wenn sie postulieren, die Sanierung solle grundsätzlich dem freien Markt überlassen werden.

[11] *Garcimartín* IILR 2011, 321 (322).

derungen, ebenso wie deren Umwandlung in Eigenkapitalbeteiligungen grundsätzlich von der Zustimmung des Berechtigten abhängig.[12] Soweit das zugrunde liegende Rechtsverhältnis nicht die Möglichkeit einer Mehrheitsentscheidung vorsieht,[13] ist damit jeder Gläubiger selbst Herr der ihm zustehenden Ansprüche gegen den Schuldner; Eingriffe in seine Rechte ohne oder gegen seinen Willen sind grundsätzlich unstatthaft.[14]

a) Das (Gefangenen-)Dilemma der Unternehmenssanierung

In der Sanierungssituation folgt aus ebendieser Rechtsmacht ein kollektives Dilemma.[15] Denn gelingt die Sanierung des Schuldners, so profitieren aus der Erstarkung dessen wirtschaftlicher Leistungsfähigkeit sämtliche Gläubiger, also auch diejenigen, die einen entsprechenden Sanierungsbeitrag verweigert haben. Damit übersteigt für jeden einzelnen Gläubiger der Erwartungswert einer (angemessenen) Beteiligung an einer (erfolgreichen) Sanierung denjenigen einer Liquidation. Ein noch besserer Prognosewert ergibt sich allerdings für eine allein durch die Beiträge anderer Gläubiger bewerkstelligte Sanierung des

---

[12] Siehe dazu nur *Madaus* KSzW 2015, 183 (185); *Garcimartín* IILR 2011, 321 (322 f.).

[13] Eine entsprechende Bindung an Mehrheitsbeschlüsse kann gem. § 5 SchVG insbesondere in den Anleihebedingungen vorgesehen sein; der Sache nach handelt es sich hier um eine – privatautonome – Unterwerfung der Anleihegläubiger unter das Mehrheitsregime und damit wiederum um eine (dann allerdings vorweggenommene) allseitige Ausübung der Vertragsfreiheit; gleiches gilt für die pratisch relevanten Majorisierungsmöglichkeiten in sog. *intercreditor agreements*.

[14] So ausdrücklich BGH, Urteil vom 12.12.1991 – IX ZR 178/91, BGHZ 116, 319 (321): „Ein außergerichtlicher Sanierungsvergleich kommt durch Vereinbarung des Schuldners mit jedem einzelnen Gläubiger zustande [und] entfaltet eine Bindungswirkung nur für diejenigen Gläubiger, die ihn geschlossen oder sich ihm angeschlossen haben.“; *Eidenmüller*, Unternehmenssanierung zwischen Markt und Gesetz, S. 608 ff. hat hingegen vorgeschlagen, auf Grundlage gesellschaftsähnlicher Verbindungen Sonderbeziehungen zu statuieren, die die Beteiligten untereinander bereits im vorinsolvenzlichen Bereich zur Kooperation verpflichten; die Änderungen durch die Schuldrechtsreform aufnehmend und nunmehr zur Begründung auf § 311 Abs. 2 Nr. 3 BGB rekurrierend *ders.* ZIP 2010, 649 (659); im Ergebnis ähnlich *Bamberger* in: Knops/Bamberger/Lieser, Recht der Sanierungsfinanzierung, § 24 Rn. 27 f.; *Becker*, Kooperationspflichten in der Konzerninsolvenz, Rn. 499 ff.; wohl auch *Schulz*, Treuepflichten unter Insolvenzgläubigern, Rn. 293 ff. sowie *Bitter* ZGR 39 (2010) 147 (177 ff.), der – ausgehend von der zwischen Verbandsmitgliedern bestehenden gesellschaftsrechtlichen Pflichtenbindung – aus der Einwirkungsmacht der Gläubiger auf die Rechtspositionen der übrigen Beteiligten ein entsprechendes Pflichtenkorsett herleiten will.

[15] *Madaus* in: K/P/B, EuInsVO Art. 1 Rn. 25; *ders.* 19 (2018) EBOR 615 (633 ff.); *ders.* in: FS Wimmer, 446 (465 ff.) spricht insofern von einem „collective action problem“, bei dem die Gefahr – anders als im klassischen Insolvenzszenario („common pool szenario“) – in erster Linie von einem unkooperativen Verhalten der Beteiligten ausgehe („Unternutzung“ oder “tragedy of anticommons“) und nicht von einem klassischen Verteilungskampf unter Mangelbedingungen; ebenso *Singer*, Vorinsolvenzlicher Restrukturierungsrahmen, S. 88.

Schuldners. Denn in diesem Fall behält der Gläubiger seinen ungekürzten und auch sonst unmodifizierten Anspruch, der sich nun aber gegen einen (wieder) bestandsfähigen und zahlungskräftigen Schuldner richtet; der Gläubiger hat nach wie vor eine Forderung in der ursprünglichen Höhe – auf die er nach der Sanierung nun auch tatsächlich mit Zahlung in voller Höhe rechnen kann. Die übrigen Gläubiger hingegen, welchen er die Vermeidung des Liquidationsverfahrens zu verdanken hat, haben womöglich auf einen wesentlichen Teil ihrer Forderungen verzichtet. Angesichts der – jedenfalls rein faktisch bestehenden – Schicksalsgemeinschaft mag man bereits bezweifeln, ob die damit verbundene, aus den Einschnitten der übrigen Gläubiger finanzierte (Wieder-)Aufwertung der Forderung grundlegenden Gerechtigkeitserwägungen standhält.[16] Viel gravierender noch aber droht ebendiese Anreizstruktur Sanierungen aus einer spieltheoretischen Betrachtung heraus generell zu torpedieren.[17] Denn einerseits wird die Sanierung und die damit einhergehende Verbesserung der Befriedigungsaussichten im Vergleich zum Liquidationsszenario regelmäßig nur gelingen, wenn sich eine große Mehrheit der Gläubiger an ihr beteiligen.[18] Andererseits ergibt sich aber für jeden einzelnen Gläubiger ein noch besserer Erwartungswert, wenn er an seiner (ungekürzten) Forderung festhält – freilich nur unter der Prämisse, dass die Rettung des Schuldners durch die Beiträge der übrigen Gläubiger gleichwohl Erfolg hat. Und in ebendieser Bedingung tritt das zugrunde liegende Dilemma offen zu Tage: sind zu viele Gläubiger auf den maximalen individuellen Vorteil bedacht und verweigern daher ihren eigenen Beitrag, ist die Sanierung insgesamt zum Scheitern verurteilt. Denn je mehr Gläubiger sich eines Beitrags enthalten, desto gewichtiger werden die Einschnitte ausfallen, derer sich die sanierungswilligen Gläubiger hinzunehmen bereit zeigen müssen; damit aber sinkt für ebendiese auch das Erwartungswert-Delta zwischen Sanierungs- und Liquidationsszenario.[19] Verweigern zu viele Gläubiger – auf den eigenen Vorteil bedacht – ihren Sanierungsbeitrag, so scheitert die Sanierung; damit lässt sich der Sanierungs(-mehr-)wert nicht mehr realisieren und alle Beteiligten – Sanierungswillige und -unwillige – fallen auf das ungünstigste Szenario der Liquidation zurück. Nicht zu unterschätzen ist außerdem die Gefahr, vor dem Hintergrund dieser Anreizstruktur keine Einigung über die Verteilung der Sanierungslasten erzielen zu können sowie das damit verbundene Trotzpotenzial der an sich sanierungswilligen Gläubiger,

---

[16] *Heilmann*, Grundzüge des Insolvenzrechts, Rn. 60 f.

[17] Zu diesem sog. Gefangenendilemma im deutschen Schrifttum wegweisend *Eidenmüller*, Unternehmenssanierung zwischen Markt und Gesetz, S. 19 ff., 346 f. sowie *ders.* ZHR 160 (1996) 343 (350 f.) und im Anschluss auch *Servatius*, Gläubigereinfluss durch Covenants, S. 176 ff.; zuvor bereits *Balz* ZIP 1988, 1438 (1439) sowie aus dem U.S.-amerikanischen Schrifttum grundlegend *Jackson*, The Logic and Limits of Bankruptcy Law, S. 10 f.

[18] *Servatius*, Gläubigereinfluss durch Covenants, S. 185 f.

[19] *Eidenmüller*, Unternehmenssanierung zwischen Markt und Gesetz, S. 348.

das letztlich auf allgemeinen Vorstellungen von Fairness und Gerechtigkeit fußt.[20] So werden sanierungswillige Gläubiger bei zu geringer Beteiligung ihrer Schicksalsgenossen bisweilen auch oberhalb der Schwelle ihres Liquidationserwartungswerts von einer kollektiv und individuell betrachtet wirtschaftlich immer noch sinnvollen Sanierung Abstand nehmen, schlicht und ergreifend weil sie nicht bereit sind, einen überproportionalen Anteil der Einschnitte zu tragen, während andere ohne (vergleichbare) eigene Zugeständnisse mitprofitieren.[21]

b) Opportunismus als Sanierungshindernis

Während also alle Beteiligten an einer Werterhaltung durch die Sanierung interessiert sind, ist gleichzeitig jeder Gläubiger bestrebt, die eigenen Verluste so gering wie möglich zu halten und dadurch am Sanierungs(-mehr-)wert mit einem möglichst großen Anteil zu partizipieren.[22] In den Verhandlungen wird mithin jeder darauf bedacht sein, gerade so viel zur Sanierung beizutragen, dass diese nicht scheitert – bis hin zur Totalverweigerung des eigenen Sanierungsbeitrags. Die Bereitschaft, eigene Beiträge zu erbringen, hängt damit wesentlich davon ab, wie der jeweilige Gläubiger den Sanierungsdruck aus der Warte seiner Schicksalsgenossen einschätzt.

Bestimmte Beteiligtengruppen können aus strukturellen Gründen ein gesteigertes Interesse am Erfolg einer angestrebten Sanierung haben.[23] Neben den (Groß-)Gläubigern, die mit besonders hohen Beträgen im Risiko stehen, gehören dazu insbesondere die Vertragspartner des Schuldners, die mit dem schuld-

---

[20] *Eidenmüller*, Unternehmenssanierung zwischen Markt und Gesetz, S. 361 f. ordnet dieses Phänomen als psychologisches Sanierungshindernis ein.

[21] Ähnlich *Lieser/Jüchser* in: Knops/Bamberger/Lieser, Recht der Sanierungsfinanzierung § 18 Rn. 18; der Sache nach handelt es sich um dasselbe Phänomen, das *Eidenmüller*, Unternehmenssanierung zwischen Markt und Gesetz, S. 357 als „Distributionsproblem" beschreibt und um die Dimension der zeitlichen Drucksituation bereichert: denn selbst wenn die Gläubiger sich letztendlich auf eine ausgewogene und konsensfähige Verteilung der Sanierungsbeiträge einigen können, geht durch die Verhandlungen wertvolle Zeit verloren, die womöglich den Sanierungsmehrwert abschmelzen lässt, oder ihn – im schlimmsten Fall – komplett aufzehrt und damit die Sanierung vereitelt.

[22] Zu diesem Spannungsfeld zwischen Wertschöpfung und Wertbeanspruchung in Sanierungssituationen eingehend *Eidenmüller*, Unternehmenssanierung zwischen Markt und Gesetz, S. 357.

[23] *Garcimartín* IILR 2011, 321 (324); ähnlich auch *Servatius*, Gläubigereinfluss durch Covenants, S. 84 ff., 172 sowie *Mankowski* in: Lutter, Das Kapital der Aktiengesellschaft in Europa, S. 496 f., der die Interessenpluralität trefflich wie folgt beschreibt: „Was für eine Bank gut ist, muss noch lange nicht für einen Verbrauchergläubiger gut sein".

nerischen Unternehmen eng verflochten und unternehmerisch auf dessen Fortbestand angewiesen sind.[24] Auch für ungesicherte (Klein-)Gläubiger, die in einem Liquidationsverfahren typischerweise allenfalls einstellige Quoten zu erwarten hätten,[25] stellt sich eine Sanierung oftmals als willkommener Ausweg dar, um die Forderung nicht (nahezu) komplett abschreiben zu müssen.[26] Dagegen blicken gesicherte Gläubiger einem potenziellen Liquidationsszenario womöglich gelassen entgegen, insbesondere bei einem wertdeckenden Sicherheitenpaket. Auch innerhalb einzelner Gläubigergruppen kann sich die Interessenlage allerdings fundamental unterscheiden.[27] So sind beispielsweise Lieferanten zwar bisweilen durch einen verlängerten Eigentumsvorbehalt gesichert; verspricht jedoch das Sicherungsgut, insbesondere halbfertige Zwischenprodukte, keinen (ausreichenden) Verwertungserlös, erweist sich auch für sie die insolvenzrechtliche Liquidation als ungünstig, sodass spiegelbildlich das Interesse an einer erfolgreichen Sanierung steigt, zumal dem Lieferanten dadurch ein Abnehmer für seine Waren erhalten bleibt.[28]

Vor diesem Hintergrund kann es sich bei der Verfolgung einer dominanten Strategie durch die Verweigerung eines eigenen Sanierungsbeitrags durchaus um eine rationale Entscheidung handeln. Dies gilt insbesondere solange die Sanierung auch ohne den eigenen Beitrag aussichtsreich erscheint.[29] Sie profitieren dann nämlich – gleich einem „Trittbrettfahrer"[30] – von den Bemühungen

---

[24] In diese Richtung auch *Lieser/Jüchser* in: Knops/Bamberger/Lieser, Recht der Sanierungsfinanzierung § 18 Rn. 16.

[25] Vgl. dazu den Bericht des Statistischen Bundesamts, Fachserie 2, Reihe 4.1.1 – Unternehmen und Arbeitsstätten: Beendete Insolvenzverfahren und Restschuldbefreiung 2018, S. 21 (abrufbar unter <https://www.statistischebibliothek.de/mir/receive/DEHeft_mods_00130327>, Stand: Oktober 2022), wonach sich für zwischen 2009 und 2018 eröffnete Insolvenzverfahren (mit drei statistischen Ausreißern) eine konstante Deckungsquote von etwa 3 bis 4 % ergab.

[26] *Braun*, Die vorinsolvenzliche Sanierung von Unternehmen, S. 42.

[27] *Braun*, Die vorinsolvenzliche Sanierung von Unternehmen, S. 42; *Klupsch/Schulz* EuZW 2017, 85 (85).

[28] *Braun*, Die vorinsolvenzliche Sanierung von Unternehmen, S. 42.

[29] Unglücklich erscheint daher die von *Madaus/Wessels* KTS 79 (2018) 247, 255 vorgenommene Einteilung in rationale und strategische *hold out*-Strategien.

[30] *Drukarczyk/Schöntag* in: Gottwald/Haas, Insolvenzrechts-Handbuch, § 3 Rn. 3; *Eidenmüller* DStR 2007, 2116 (2121); *ders.* WM 2010, 1337 (1344); *Hoegen/Kranz* NZI-Beil. 2019, 53 (54); *Singer*, Vorinsolvenzlicher Restrukturierungsrahmen, S. 87; *Westpfahl/Knapp* ZIP 2011, 2033 (2034); in Anlehnung an die nur noch selten gebräuchliche Bezeichnung einer Vereinbarung des Schuldners mit seinen Gläubigern als „Akkord" ist vielerorts auch vom „Akkordstörer" die Rede, vgl. dazu nur BGH, Urteil vom 12.12.1991 – IX ZR 178/91, BGHZ 116, 319 (322); *Eidenmüller*, Unternehmenssanierung zwischen Markt und Gesetz, S. 348; *ders.* WM 2010, 1337 (1344); *Hoegen/Kranz*, NZI-Beil. 2019, 53 (54); *Lieser/Jüchser* in: Knops/Bamberger/Lieser, Recht der Sanierungsfinanzierung § 18 Rn. 21; auch im Kontext von Restrukturierungsrichtlinie und StaRUG wird überwiegend der Begriff des „Akkordstörers" gewählt, vgl. nur *Grau/Pohlmann/Radunz* NZI 2021, 522

anderer, indem sie sich bei der Sanierung schichtweg heraushalten, sodass sich treffend von *hold out*-Strategien oder -Gläubigern sprechen lässt.[31] Die Sanierungsverhandlung wird damit zum metaphorischen Pokerspiel, bei dem zwar jeder das Gelingen der Sanierung anstrebt, gleichwohl aber stets darauf bedacht ist, den eigenen Beitrag so gering wie möglich zu halten[32] – entsprechende *bluff*-Strategien inklusive.[33] Professionelle Kapitalmarktakteure haben dieses Dilemma zum Geschäftsmodell perfektioniert: sie erwerben ganz bewusst Fremdkapitalpositionen wirtschaftlich angeschlagener Unternehmen, regelmäßig mit erheblichen Abschlägen vom Nennwert, und lassen sich ihr Blockadepotenzial gegen einen entsprechenden Lästigkeitsbonus – nicht selten gar zum Nennwert der Forderung – von sanierungswilligen (Groß-)Gläubigern abkaufen.[34]

Hold out-Strategien mögen Sanierungen erschweren und sie beizeiten auch verhindern; gleichwohl steht zu bedenken, dass der jeweilige Gläubiger letztlich lediglich auf seiner eigenen, ihm durch die Rechtsordnung zugebilligten Rechtsposition beharrt und damit von nichts geringerem Gebrauch macht als seiner verfassungsrechtlich verbürgten Privatautonomie.[35] *Hold out*-Strategien sind damit nicht *per se* verwerflich. Eine Rechtsordnung sollte sich der sanierungsfeindlichen Anreizstruktur aber bewusst sein und ihr durch effektive Mechanismen zur Verwirklichung von insgesamt ertragserhöhenden Sanierungen entgegenwirken. Denn mit einem Scheitern ist letztlich niemandem geholfen.

c) *Sonstige Gründe für die Verweigerung eines Sanierungsbeitrags*

Die strategisch-opportune Vorenthaltung des eigenen Beitrags ist gleichwohl keineswegs das einzige Hindernis einer Sanierung im freien Wirken der Kräfte. Gerade Gläubiger mit geringerem Forderungsvolumen werden an der Sanierung bereits deshalb kein Interesse haben, weil die Transaktionskosten der

---

(522 f.); *Riggert* NZI-Beil. 2021, 40 (42 f.); *Schülke* DStR 2021, 621 (621); *Wilkens* WM 2021, 573 (579).

[31] Siehe statt vieler *Madaus/Wessels* KTS 79 (2018) 247 (255 f.).

[32] *Eidenmüller*, Unternehmenssanierung zwischen Markt und Gesetz, S. 348; *Bitter* ZGR 39 (2010) 147 (149).

[33] *Eidenmüller* ZHR 160 (1996) 343 (352); *ders.*, Unternehmenssanierung zwischen Markt und Gesetz, S. 357; dort (S. 358 f.) auch zu weiteren Verhandlungstaktiken, insbesondere der Selbstbindung.

[34] *Carli/Weissinger* DB 2014, 1474 (1475); *Goetker/Schulz*, ZIP 2016, 2095 (2098); *Klupsch/Schulz* EuZW 2017, 85 (85); *Westpfahl/Knapp* ZIP 2011, 2033 (2037); vgl. auch *Singer*, Vorinsolvenzlicher Restrukturierungsrahmen, S. 87, der als weiteren sanierungsfeindlichen Aspekt zutreffend auf das fehlende Interesse der jeweiligen Akteure hingewiesen hat, eine etwaige Geschäftsbeziehung mit dem Schuldner fortzuführen.

[35] *Eidenmüller*, Unternehmenssanierung zwischen Markt und Gesetz, S. 21; *Servatius*, Gläubigereinfluss durch Covenants, S. 162.

Teilnahme ihr individuelles wirtschaftliches Risiko übersteigen.[36] Immerhin ist mit der Sanierung auch für die teilnehmenden Gläubiger ein nicht unerheblicher Informations-, Verhandlungs- und Koordinierungsaufwand verbunden. Je niedriger die ausständige Summe, umso eher wird ein Gläubiger mithin dazu neigen, die Forderung abzuschreiben und sich stattdessen wirtschaftlich bedeutenderen Angelegenheiten zuzuwenden. Dazu kommen wirtschaftlich unerfahrene (Klein-)Gläubiger, die möglicherweise die Vorteile einer einvernehmlichen Sanierung nicht überblicken, die vorgesehenen Planregelungen nicht nachvollziehen können oder subjektiv nicht an den Erfolg der Sanierung glauben. Auch der mangelnde Zugang zu Informationen über das schuldnerische Unternehmen kann dazu führen, dass Gläubiger nicht gewillt sind, sich auf eine objektiv sinnvolle Sanierung einzulassen,[37] etwa weil sie den Schuldner als leistungsstark genug erachten, sämtliche Verbindlichkeiten, jedenfalls aber einen wesentlich größeren Teil als im Plan vorgesehen zu bedienen.[38] Gerade im Kontext der vorliegenden Untersuchung erscheint dabei erwähnenswert, dass bei ausländischen Kreditgebern eine besonders starke Zurückhaltung zu beobachten ist, wenn es um die Sanierung eines inländischen Schuldnerunternehmens geht.[39] Schließlich kann sich die Motivation eines Gläubigers, an einer Sanierung nicht teilzunehmen, auch aus eigenen Zwängen ergeben, seien sie nun rechtlicher[40] oder wirtschaftlicher Natur.[41]

---

[36] *Husfeldt*, Das UK Solvent Scheme of Arrangement als Sanierungsinstrument für deutsche Gesellschaften, S. 89; *Westpfahl/Knapp* ZIP 2011, 2033 (2037).

[37] Siehe zur Informationsasymmetrie und ihrer Auswirkungen auf die Erfolgsaussichten von Sanierungsvorhaben auch *Braun*, Die vorinsolvenzliche Sanierung von Unternehmen, S. 43; *Eidenmüller*, Unternehmenssanierung zwischen Markt und Gesetz, S. 350 f.

[38] *Madaus/Wessels* KTS 79 (2018) 247 (255).

[39] *Eidenmüller*, Unternehmenssanierung zwischen Markt und Gesetz, S. 352 f. führt hier eine Vielzahl potenzieller Erklärungsansätze an, die von einer besonders starken Betroffenheit bei der Informationsasymmetrie über die Unkenntnis des deutschen Rechts(systems) und die vielseitigen (potenziellen) Wirtschaftsbeziehungen deutscher Banken mit Geschäftspartnern des Schuldners bis hin zu – eher abwegigen – Gerechtigkeitserwägungen ausländischer Kreditinstitute reichen.

[40] Nach *Wessels/Madaus*, Rescue of Business in Insolvency Law, abrufbar unter <https://www.europeanlawinstitute.eu/fileadmin/user_upload/p_eli/Publications/Instrument_INSOLVENCY.pdf>, Stand Oktober 2022, Rn. 255 ist es etwa Steuerbehörden in einigen Mitgliedstaaten verwehrt, Forderungskürzungen und -stundungen zuzustimmen; zur Möglichkeit deutscher Finanzämter und Sozialversicherungskassen, rückständige Beiträge (teilweise) nachzulassen sowie zur primärrechtlichen Beihilfenproblematik m. w. N. *Lieser/Jüchser* in: Knops/Bamberger/Lieser, Recht der Sanierungsfinanzierung § 18 Rn. 20 sowie ausführlich *Geldmacher*, Das präventive Sanierungsverfahren, S. 68 f.; auf ähnliche Probleme haben *Carli/Weissinger* DB 2014, 1474 (1475) im Zusammenhang mit sog. *collateralized loan obligations* hingewiesen.

[41] *Madaus/Wessels* KTS 79 (2018) 247 (255) etwa verweisen auf die Möglichkeit, dass der Gläubiger auf die (vollständige) Erfüllung der Forderung angewiesen ist, um seinerseits die fällig werdenden Verbindlichkeiten zu decken.

d) Das (Gefangenen-)Dilemma als Rechtsproblem

Das Dilemma, in dem sich die Gläubiger befinden, lässt sich damit wie folgt zusammenfassen: Mit der Prämisse, dass eine Sanierung wirtschaftlich sinnvoll ist, ist zugleich gesagt, dass sie für die Gläubiger einen höheren Erwartungswert verspricht als die Liquidation. Gleichzeitig besteht aber ein Anreiz, sich selbst zur Steigerung des eigenen Profits (bzw. zur Minimierung des eigenen Verlusts) eines Sanierungsbeitrags zu enthalten. Handelt also jeder Gläubiger im (vermeintlich) besten eigenen Interesse, führt dies zu einem Scheitern der Sanierung – und typischerweise mangels Alternative früher oder später zur Liquidation. Damit verlieren alle: die Gläubiger den Sanierungsmehrwert, die Gesellschafter ihre Mitgliedschaft, das Management seine Entscheidungsmacht und die Beschäftigten ihre Arbeitsplätze – von den Auswirkungen für die Allgemeinheit ganz zu schweigen.[42] Eine Rechtsordnung tut daher gut daran, die Gläubiger zu ihrem Glück (also zur Kooperation) zu zwingen, indem sie Gläubigern mit vergleichbarer Interessenlage auch einen quotal gleich großen Sanierungsbeitrag abverlangt und damit im Interesse einer insgesamt vorteilhaften Ergebnismaximierung ein individuell-opportunes Vorgehen unterbindet.[43]

2. Der Wettlauf gegen den Restrukturierungseingriff

Neben der Verweigerung notwendiger Sanierungsbeiträge birgt unkoordiniertes, eigennütziges Gläubigerhandeln allerdings noch eine zweite wesentliche Gefahr für den Erfolg einer Unternehmenssanierung. Denn je nach Ausmaß und Stadium der Krise werden die in der Kreditdokumentation regelmäßig vereinbarten finanziellen Kennzahlen (sog. *financial covenants*) bereits verfehlt worden sein oder zumindest in (naher) Zukunft nicht mehr eingehalten werden können.[44] Der Schuldner befindet sich damit im oder kurz vor einem sog. *covenant breach*, der die Darlehensgeber typischerweise nicht nur zur Gesamtfälligstellung des Finanzierungsengagements, sondern auch zur Verwertung des Sicherheitenpakets berechtigt. Insbesondere wenn das geltende Recht eine Möglichkeit vorsieht, Gläubiger dazu zu zwingen, im Rahmen der Sanierung entsprechende Einschnitte hinzunehmen, ergibt sich daher ein Anreiz, einer Einschränkung der eigenen Rechte im Restrukturierungsplan durch eine kurzfristige Befriedigung der eigenen Forderungen zuvorzukommen. Gesicherte

---

[42] Zu den Effekten einer Insolvenz auf das Unternehmensumfeld siehe etwa *Baird/Jackson* 51 (1984) Univ. Chicago L. Rev. 97 (101 f.); *Warren* 54 (1987) Univ. Chicago L. Rev. 775 (787 f.).

[43] Entsprechende Instrumente rechtspolitisch ebenfalls für angebracht erachtend BGH, Urteil vom 12.12.1991 – IX ZR 178/91, BGHZ 116, 319 (322); *Madaus* KSzW 2015, 183 (185).

[44] Grundlegend zu dieser Form der Unternehmensfremdbestimmung *Servatius*, Gläubigereinfluss durch Covenants, S. 32 ff.

Gläubiger wären geneigt, sich aus ihrem Sicherungsgut zu befriedigen; ungesicherte Gläubiger dazu verleitet, die Einzelzwangsvollstreckung zu betreiben, bevor ihnen die Sanierung eine entsprechende Forderungskürzung abnötigt.

Da sich durch ein solches Vorgehen wiederum einige Gläubiger ihres Sanierungsbeitrags entziehen, ergeben sich zunächst die bereits im Zusammenhang mit der *hold out*-Strategie dargestellten Probleme: der verwertende respektive vollstreckende Gläubiger erlangt die volle Befriedigung seiner Forderung, während sich die Haftungsmasse für die übrigen verringert; nur dass der Gläubiger hier die volle Befriedigung sofort erhält und nicht erst – als Zahlung auf die ungekürzt fortbestehende Forderung – stückweise aus den künftigen Erträgen des Unternehmens.

Die Verwertungs- und Vollstreckungsmaßnahmen einzelner Gläubiger können aber auch auf einer ganz anderen Ebene Auswirkungen auf die angestrebte Sanierung haben.[45] Denn eine Fortführung des Unternehmens setzt zwingend voraus, dass die hierfür erforderlichen unternehmerischen Strukturen erhalten bleiben. Gerade Einzelzwangsvollstreckungs- und Verwertungsmaßnahmen stellen den Fortbestand des schuldnerischen Unternehmens allerdings massiv in Frage: Der Zugriff auf das (Betriebs-)Vermögen – sei es im Wege der Vollstreckung oder der Verwertung von Sicherungsgut – entzieht dem Schuldner im besten Falle Liquidität (z. B. bei der Einziehung sicherungszedierter Forderungen), im schlimmsten Fall die unternehmerische Existenzgrundlage (z. B. bei der Verwertung von Produktionsmitteln). Steht das Unternehmen erst einmal still, wird regelmäßig nur noch die Liquidation bleiben. Die Befriedigung einiger weniger Gläubiger hat mithin nicht nur zur Folge, dass sich die Sanierungslast zuungunsten der übrigen Gläubiger verschiebt. Sie entreißt der Gläubigergemeinschaft auch den Sanierungsmehrwert, indem eine Fortführung des Unternehmens durch den Entzug betriebsnotwendigen Vermögens von vornherein vereitelt wird. Gleichwohl handelt es sich auch hierbei um ein Verhalten, das grundsätzlich mit unserer marktwirtschaftlichen Rechts- und Wirtschaftsordnung im Einklang steht. Außerhalb der Insolvenz gilt nun mal der Prioritätsgrundsatz; und einen Vollstreckungsschutz unternehmerisch notwendigen Vermögens sieht das geltende (deutsche) Recht nur punktuell vor.[46]

Aus der Perspektive ungesicherter Gläubiger erscheint ein zwangsweiser Zugriff auf das Vermögen des Schuldners, insbesondere auf die zur Unternehmensführung notwendigen Gegenstände, eher unattraktiv. Liegt noch kein Titel vor, so muss dieser erst unter Aufwendung zusätzlicher Kosten erwirkt wer-

---

[45] Auch *Bork*, Sanierungsrecht in Deutschland und England Rn. 10.3 sieht den Zweck von Moratorien weniger in der Gewährleistung des *par conditio creditorum*, sondern in erster Linie in einem Schutz des Schuldnerunternehmens.

[46] Vgl. dazu § 804 Abs. 3 sowie zum unternehmerischen Pfändungsschutz § 811 Abs. 1 Nr. 5, 7 und 9 ZPO.

den, was angesichts des engen Zeitfensters einer Sanierungsvorbereitung ohnehin allenfalls im Mahnverfahren oder Urkundenprozess möglich sein dürfte.[47] Auch die Zwangsvollstreckung als solche ist mit Gebühren verbunden, die der Gläubiger zunächst selbst zu tragen hat. Ob sich diese Investition „frischen" Kapitals lohnt oder man sprichwörtlich „dem schlechten Geld gutes hinterherwirft", hängt maßgeblich davon ab, ob mit einer hinreichenden Befriedigungsquote durch die Zwangsvollstreckung zu rechnen ist. Wittern mehrere Gläubiger ihre Chance und versuchen, im Wege der Einzelzwangsvollstreckung auf das – in der Krise für gewöhnlich sehr überschaubare – un- oder zumindest nicht wertausschöpfend besicherte Vermögen zuzugreifen, werden zwangsläufig einige leer ausgehen. Eine Vollstreckung in betriebsnotwendiges Vermögen, die eine Fortführung des Unternehmens erschwert und damit die beabsichtigte Sanierung vereitelt, birgt zudem die Gefahr, dass sich der Gläubiger in einem alsbald beantragten Insolvenzverfahren den Wirkungen der Rückschlagsperre oder der Insolvenzanfechtung ausgesetzt sieht.[48] Anreize für eine kurzfristige Vollstreckung ungesicherter Gläubiger, insbesondere in betriebsnotwendige Vermögensgegenstände, erscheinen vor diesem Hintergrund eher gering.

Anders hingegen für ihre gesicherten Schicksalsgenossen: ihnen sind feststehende Sicherungsrechte an bestimmten Vermögensgegenständen des Schuldners zugewiesen. Die Gefahr leer auszugehen besteht daher nur insoweit als der Verwertungserlös nicht zur Deckung sämtlicher Forderungen der Sicherungsnehmer ausreicht. Vor allem erstrangig gesicherte Gläubiger können daher ohne nennenswertes Risiko[49] auf das Sicherungsgut zugreifen; man denke an den Zessionar einer sicherheitshalber abgetretenen Forderung, der – den Eintritt des Sicherungsfalls vorausgesetzt – gegenüber dem Drittschuldner

---

[47] Eine Ausnahme bilden hier öffentlich-rechtliche Gläubiger, insbesondere die Steuerbehörden und Sozialversicherungsträger, die ihre Forderungen selbst (und damit kostengünstig und kurzfristig) titulieren können bzw. bereits tituliert haben.

[48] Vgl. dazu §§ 88, 141 InsO.

[49] Ob die Herausgabe und Verwertung von wertausschöpfend belasteten Gegenständen, an welchen anfechtungsfest erworbene Sicherheiten bestellt waren, eine benachteiligende Rechtshandlung im Sinne des § 129 InsO darstellen und daher grundsätzlich der Anfechtung unterliegen, ist noch nicht abschließend geklärt; jedenfalls das Entfallen der Kostenbeiträge gem. § 171 Abs. 1 und 2 InsO soll für die Annahme einer Gläubigerbenachteiligung nach BGH, Urteil vom 26.04.2012 – IX ZR 67/09, NZI 2012, 667 Rn. 28 nicht ausreichen, während die rechtliche Behandlung einer Herausgabe und Verwertung einer Sache, die für die Unternehmensfortführung benötigt wird, in Rn. 30 ausdrücklich offen gelassen wurde; insoweit für die Annahme einer objektiven Gläubigerbenachteiligung exemplarisch *Häsemeyer* Rn. 13.49 und 21.20; *Kayser/Freudenberg* in: MüKo-InsO § 129 Rn 137 m. w. N.; aA *Obermüller* DZWIR 2000, 10 (11 f.); eine vermittelnde Ansicht nehmen *Borries/Hirte* in: Uhlenbruck, § 129 Rn. 202 ein, die eine Benachteiligung allenfalls bei einer erheblichen Beeinträchtigung der Fortführung in Betracht ziehen; ausführlich zur Problematik unter Darstellung der Gesetzgebungsgeschichte auch *Eckardt* ZIP 1999, 1734 (1739 f.).

nur die Abtretung offenzulegen braucht, um Zahlung an sich selbst zu verlangen. Vor allem wenn die zu sichernde Forderung hinter dem zu erwartenden Erlös zurückbleibt, kann es sich für gesicherte Gläubiger aber auch aus einem anderen Grund lohnen, möglichst früh in der Krise auf das Sicherungsgut zuzugreifen. Fällt der Schuldner nämlich in die Insolvenz, so wird der Verwertungserlös gem. § 171 InsO mit pauschalen Abschlägen zugunsten der Insolvenzmasse belastet, die gegebenenfalls (weit) über den tatsächlich anfallenden Verwertungskosten liegen.[50] Droht das Sicherungsgut mit zunehmendem Zeitablauf an Wert zu verlieren, so ergibt sich auch daraus ein Anreiz, möglichst zeitnah auf die Gegenstände zuzugreifen und die Verwertung in die Wege zu leiten, ehe sich die Sache – und mit ihr der erzielbare Erlös – verschlechtert.[51]

Tatsächlich können sich damit insbesondere für dinglich gesicherte Gläubiger erhebliche Anreize ergeben, bei konkreten Anzeichen einer Krise von den Sicherheiten Gebrauch zu machen und dem Schuldner damit – ggf. auch betriebsnotwendiges – Vermögen zu entziehen. Für die Gläubigergemeinschaft ist dies misslich, da ihnen die Möglichkeit einer Sanierung und damit die Chance auf den im Vergleich zur Liquidation höheren Ertragswert verwehrt wird. Es sprechen daher gute Gründe dafür, rechtliche Mechanismen vorzusehen, die im Krisenfall das betriebsnotwendige Vermögen des Schuldners vor dem Zugriff einzelner Gläubiger schützen, um den Weg einer Unternehmensfortführung offen zu halten.[52]

3. Die Position der Anteilseigner

Handelt es sich beim Schuldner um eine Gesellschaft, so sind von der (drohenden) Insolvenz nicht nur die Gläubiger, sondern auch die Anteilseigner betroffen. Allerdings unterscheidet sich ihre Ausgangssituation ganz wesentlich von derjenigen der Gläubiger. In einem Liquidationsszenario würden sie als Residualberechtigte gem. § 199 S. 2 InsO nämlich nur dann eine Auszahlung erhalten, wenn sämtliche Gläubiger vollständig befriedigt sind, was in der Praxis kaum je vorkommen wird.[53] Ähnlich aussichtlos dürfte sich die Sachlage im Falle der insolvenzrechtlichen Abwicklung hinsichtlich etwaiger Gesellschafterdarlehen darstellen, die in der Rangfolge gem. § 39 Abs. 1 Nr. 5 InsO ebenfalls das Schlusslicht bilden und im Falle eines qualifizierten Rangrücktritts im Sinne des § 39 Abs. 2 InsO sogar noch weiter subordiniert sind. Der Liquidationserwartungswert der Anteilseigner beläuft sich damit regelmäßig auf null;

---

[50] *Eidenmüller*, Unternehmenssanierung zwischen Markt und Gesetz, S. 356.

[51] *Braun*, Die vorinsolvenzliche Sanierung von Unternehmen, S. 44.

[52] *Bork*, Sanierungsrecht in Deutschland und England, Rn. 10.2; *Jacoby* ZGR 39 (2010) 359 (371 ff.); in Bezug insbesondere auf die gesicherten Gläubiger auch *Balz* ZIP 1988, 1438 (1440); *Jackson*, The Logic and Limits of Bankruptcy Law, S. 59 f, 181 ff.

[53] Diese Einschätzung teilt *Eidenmüller* ZIP 2010, 649 (657).

mit anderen Worten: das eingesetzte Kapital ist bereits aufgebraucht bzw. wird spätestens bei Eintritt der – absehbaren – Insolvenz aufgebraucht sein.[54]

Auf der anderen Seite können auch Anteilseigner von einer Sanierung profitieren. Denn sind die – nach der sanierungsbedingten Reduzierung noch offenen – Verbindlichkeiten gegenüber den Gläubigern aus den fortlaufenden Erträgen des (nun wieder bestandsfähigen) Unternehmens erst einmal bestritten, gebührt ein etwaiger Überschuss wiederum den Gesellschaftern als Residualberechtigten. Die Sanierungsbeiträge der Gläubiger dienen damit zwar zunächst deren eigener Befriedigungsaussichten hinsichtlich der bestehen bleibenden Restforderungen; bei langfristigem Erfolg kommt die Wiedererstarkung der Bestandsfähigkeit allerdings den Anteilseignern zugute. Vor diesem Hintergrund – einem Liquidationserwartungswert von (nahezu) null einerseits und einer potenziellen Partizipation am (langfristigen) Sanierungsgewinn andererseits – dürften Gesellschafter regelmäßig ein nicht zu unterschätzendes Eigeninteresse an der angestrebten Sanierung haben.[55]

Es ist daher nur verständlich, dass Gläubiger oftmals nur dann zu Sanierungsbemühungen bereit sind, wenn auch die Anteilseigner einen entsprechenden Beitrag leisten oder andernfalls ihre Beteiligung an der Gesellschaft (erheblich) verringern respektive komplett aufgeben.[56] Was einen solchen möglichen Sanierungsbeitrag angeht, ist es allerdings – anders als bei den Gläubigern – mit einer schlichten Nennwertkürzung der eigenen Rechtsposition nicht getan. Immerhin ergeben sich aus der Eigenkapitalposition, die den Gesellschaftern (rechtlich) zusteht, für die Gesellschaft finanziell keinerlei (die Liquidität oder Bilanz des Unternehmens belastende) Zahlungsverpflichtungen. Die Schuldnergesellschaft ächzt gerade unter der erdrückenden Last an Verbindlichkeiten, auf die eine Reduzierung des Stamm- bzw. Grundkapitals jedoch keinerlei Auswirkung hätte. Bisweilen werden sich die Gesellschafter daher bereit zeigen, neue Eigenkapitalmittel zuzuschießen, der Gesellschaft durch

---

[54] Je weiter das Schuldnerunternehmen noch von der eigentlichen Insolvenz als ultimativem „Abrechnungstag" („wreckoning day") entfernt ist, desto größer bleibt natürlich die – wenn auch unwahrscheinliche – Möglichkeit, dass das Unternehmen aus eigenener Kraft, also ohne Modifikation der Finanzierungsstruktur fortgeführt werden kann; insofern haben moderne Restrukturierungsregime regelmäßig zur Folge, dass ebendieser „Abrechnungstag" erheblich nach vorne (nämlich auf den Zeitpunkt der Planannahme) verlegt wird und insofern die möglichen Szenarien hinsichtlich der Ertragskraft in einen einzigen statistischen Erwartungswert kollabiert werden, der dann wiederum die Grundlage der Partizipation der einzelnen Beteiligtengruppen am Unternehmenswert bildet; vgl. zur diesbezüglichen Kritik an der *absolute priority rule* etwa *Baird* 165 (2017) U. Pa. L. R. 785 (791 ff.); *Baird/Bernstein* 115 (2006) Yale L. J. 1930 (1937) sowie mit dem Vorschlag, nachrangigen Gruppen den sog. *option value* zuzusprechen *Casey* 78 (2011) Chicago L. R. 759 (764 ff.).

[55] *Braun*, Die vorinsolvenzliche Sanierung von Unternehmen, S. 41; aA *Servatius*, Gläubigereinfluss durch Covenants, S. 163, der den Eigentümern regelmäßig ein allenfalls schwaches Interesse an einer Sanierung bescheinigt.

[56] *Westpfahl/Knapp* ZIP 2011, 2033 (2036).

entsprechende Darlehen zusätzliche Liquidität zuzuführen und/oder die eigene Beteiligung zugunsten der Gläubiger zu reduzieren, die ihre Forderungen als Sacheinlage im Wege des *debt-equity swap* in die Gesellschaft einbringen.

Den Gläubigern gegenüber sind sie hierzu allerdings keineswegs verpflichtet, denn eine Pflicht, bei der Verweigerung eines eigenen Sanierungsbeitrags auszuscheiden, hat die Rechtsprechung bislang – der dogmatischen Herleitung aus der gesellschaftsrechtlichen Treuepflicht entsprechend – nur im Innenverhältnis anerkannt.[57] Damit öffnet sich im Verhältnis der Gläubiger zu den Anteilseignern eine ähnliche Anreizstruktur, wie sie bereits zwischen den Gläubigern untereinander aufgezeigt wurde. Gesellschafter können von der Sanierung als Alternative zur Liquidation profitieren, haben es aber selbst in der Hand, einen eigenen (angemessenen) Beitrag dazu zu leisten, sodass auch hier *hold out*-Strategien zu befürchten stehen,[58] die sich schnell zu einer faktischen Sanierungsblockade entwickeln können.[59] Immerhin gibt es für Anteilseigner, die nicht dazu bereit sind, dem „schlechten Geld gutes hinterherzuwerfen", keinen rationalen Grund, vollständig und ersatzlos auf die Eigenkapitalposition zu verzichten. Um ökonomisch sinnvolle Sanierungen nicht zu behindern, sollte die Rechtsordnung daher Mechanismen vorsehen, um Gesellschafter in die Sanierung mit einzubeziehen und auch gegen deren Willen eine Umgestaltung der gesellschaftsrechtlichen Struktur zu ermöglichen.

III. Die vorinsolvenzliche Sanierung

Ist der Schuldner zahlungsunfähig und/oder überschuldet und wird ein Insolvenzverfahren eröffnet, haben die Gläubiger die Wahl, ob das schuldnerische Vermögen liquidiert oder das Unternehmen durch den Schuldner fortgeführt werden soll.[60] Das Insolvenzverfahren fasst die Gläubiger mithin zu einer Schicksals- und Interessengemeinschaft zusammen und adressiert damit einige der soeben aufgeworfenen Verhaltensanreize: die Einzelzwangsvollstreckung in das Vermögen des Schuldners wird für die Dauer des Insolvenzverfahrens

---

[57] Grundlegend zur Treuepflicht zwischen Aktionären BGH, Urteil vom 20.03.1995 – II ZR 205/94, BGHZ 129, 136 (*Girmes*); explizit zur Treuebindung der Gesellschafter in Sanierungssituationen siehe BGH, Urteil vom 19. 10. 2009 – II ZR 240/08, BGHZ 183, 1 Rn. 22 ff. (*Sanieren oder Ausscheiden*).

[58] Auch im Verhältnis zwischen Gläubiger und Gesellschafter von „Trittbrettfahrern" sprechend etwa *Lorenz* NZG 2010, 1046 (1048); *Paulus* WM 2011, 2205 (2206); auf die Gefahr nicht nur individueller *hold out*-Strategien, sondern solche der gesamten Gruppe der Anteilseigner hinweisend *Veder* in: Paulus/Dammann, European Preventive Restructuring, Art. 11 Rn. 4.

[59] *Eidenmüller* ZIP 2010, 649 (652); *Westpfahl/Knapp* ZIP 2011, 2033 (2036).

[60] Vgl. dazu aus dem deutschen Insolvenzrecht exemplarisch § 160 Abs. 2 Nr. 1 Alt. 1 InsO.

untersagt;[61] Sanierungsmaßnahmen wie insbesondere Forderungskürzungen und Stundungen können durch die Annahme eines Insolvenzplans auch mit Wirkung für dissentierende Gläubiger durch Mehrheitsentscheid beschlossen werden.[62]

Bis zur Eröffnung des Insolvenzverfahrens besteht allerdings eine dritte Option, nämlich das Prinzip Hoffnung, ein schlichtes „weiter so". Obwohl die finanzwirtschaftliche Schieflage des Unternehmens(-trägers) erkannt wird, unterbleiben notwendige Sanierungsanstrengungen, was das Unternehmen weiter destabilisiert. Eine erfolgreiche (spätere) Sanierung wird dabei mit jedem ungenutzten Tag unwahrscheinlicher, da die Schuldenlast durch die fortlaufenden Zinsen weiter steigt, Liquiditätsreserven aufgezehrt werden und gleichzeitig das Zeitfenster bis zum Fälligkeitstermin der nächsten (ggf. schon kritischen, insolvenzauslösenden) Tilgungsrate schwindet. Es dürfte daher Einigkeit darüber bestehen, dass die Erfolgsaussichten einer Sanierung umso höher sind, je früher das Gespräch mit den Gläubigern gesucht und die sich abzeichnende finanzielle Überforderung des Schuldners durch entsprechende Maßnahmen adressiert wird.[63]

Ein ganz wesentlicher Vorteil der Sanierung außerhalb eines formellen Insolvenzverfahrens ist die Vermeidung indirekter Sanierungskosten. Dass die

---

[61] Vgl. § 89 InsO; im Eröffnungsverfahren ist eine Einstellung der Zwangsvollstreckung nach § 21 Abs. 2 S. 1 Nr. 3 InsO sowie bei unbeweglichem Vermögen gem. § 30d Abs. 4 ZVG möglich.

[62] Vgl. dazu §§ 217 Abs. 1 S. 1, 244 f., 254 Abs. 1 InsO.

[63] Siehe dazu nur *Eidenmüller* ZIP 2010, 649 (651); ähnlich *ders.* 20 (2019) EBOR 547 (550); *Paulus/Knecht* in: Paulus/Knecht, Gerichtliche Sanierung, § 1 Rn. 252; *Thole* in: FS Simotta, 613 (614); vgl. auch die in Erwägungsgrund (22) S. 1 zur RRL zum Ausdruck kommende Einschätzung des Richtliniengebers; nicht zu unterschätzen sind freilich auch die berechtigten Hinweise auf ein drohendes Missbrauchspotenzial ohne Zugangshürde konzipierter Sanierungsverfahren, dessen Eingriffe in die – grundrechtlich geschützten – Rechtspositionen opponierender Gläubiger wohl kaum zu rechtfertigen wären und andererseits eine erhebliche Wettbewerbsverzerrung zur Folge haben könnten; vgl. dazu *Servatius*, Gläubigereinfluss durch Covenants, S. 171; unter Heranziehung jüngerer Erfahrungen mit dem US-amerikanischen *Chapter-11*-Verfahren *Heese*, Die Funktion des Insolvenzrechts im Wettbewerb der Rechtsordnungen, S. 42 ff.; mit Nachweisen zu entsprechenden Vorbehalten gegenüber einem Insolvenzverhütungsverfahren bereits bei den Verhandlungen über die neue Insolvenzordnung *Humpenöder*, Der Sanierungsgedanke im deutschen Insolvenzrecht, S. 57; vgl. dazu insbesondere den Bericht der ersten Kommission für das Insolvenzrecht, 1985, S. 145 ff.; der Sache nach ähnlich, im Hinblick auf sanierungsrechtliche Kooperationspflichten einen rechtssicher feststellbaren Einsatzzeitpunkt fordernd *Eidenmüller* ZHR 160 (1996) 343 (358); *Siemon* NZI 2016, 57 (59) sieht die zu frühzeitige Inanspruchnahme des Verfahrens hingegen vor allem als Gefahr für den Schuldner, der damit unnötig (früh) ein negatives Signal an die übrigen Marktteilnehmer sendet, und befürchtet damit vor allem die von *K. Schmidt*, Gutachten für den 54. DJT, D 98 angesprochene „selffulfilling prophecy"; ähnlich bereits *Jaeger*, Lehrbuch des deutschen Konkursrechts, S. 216 sowie *Wittig* NZI 1998, 49 (50).

intensiven Verhandlungen über die Partizipation am verteilungsfähigen Fortführungswert, gegebenenfalls eingebettet in ein staatliches Verfahren, unmittelbare Kosten verursachen, dürfte angesichts des nicht unerheblichen (wirtschaftlichen und rechtlichen) Beratungsbedarfs und anfallender Gerichtsgebühren offensichtlich sein. Teilweise weitaus höher sind indes die indirekten Sanierungskosten,[64] also solche, die zwar nicht unmittelbar für die Sanierung zur Zahlung fällig werden, den Schuldner (und damit den Fortführungswert) aber dennoch negativ belasten. Zu denken ist insbesondere an nachteilige Reaktionen am Markt, die von der Eröffnung bzw. bereits der Beantragung eines Insolvenzverfahrens ausgehen:[65] Arbeitnehmer wechseln auf einen (vermeintlich) sicheren Arbeitsplatz bei einem Konkurrenten, Kunden decken ihre Nachfrage bei Wettbewerbern und verschreckte Lieferanten sind, so sie die Geschäftsbeziehung nicht insgesamt abbrechen, nur noch zur Leistung gegen Vorkasse bereit, was die Liquidität zusätzlich strapaziert.[66] Nicht zu unterschätzen sind außerdem die mittel- und langfristigen Folgen, selbst nach einer erfolgreichen Sanierung. Insoweit hat (Kontinental-)Europa[67] die Wahrnehmung der Insolvenz als selbstverschuldetes, wirtschaftliches (und damit auch persönliches)

[64] So jedenfalls *Drukarczyk*, Theorie und Politik der Finanzierung, S. 389 f.; *Eidenmüller* ZHR 160 (1996) 343 (348); *ders.* ZIP 2010, 649 (652); *ders.*, Unternehmenssanierung zwischen Markt und Gesetz, S. 74 ff.; *Hax* 141 (1985) JITE 80 (83).

[65] *Siemon* NZI 2016, 57 (58 f.) sieht als Ursache einer Abkehr der Marktteilnehmer vom Schuldner in erster Linie das verlorene Vertrauen in dessen Solvenz, welches in der Praxis allerdings vor allem durch die öffentlichkeitswirksame Eröffnung eines (vorläufigen) Insolvenzverfahrens schwinden dürfte, während er die gegenteilige Wahrnehmung des *Chapter-11*-Verfahrens in den Vereinigten Staaten darauf zurückführt, dass zu dessen Durchführung eben keine materielle Insolvenz nötig ist und eine Verfahrenseinleitung daher keinen Mangelfall signalisiert; ähnlich *Thole* KSzW 2012, 286 (288), der ebenfalls daran zweifelt, dass allein die Auswechslung der Verfahrensbezeichnung die Entstigmatisierung zu leisten vermag, sowie *Wimmer* PR-InsR 5/2011, Anm. 1.

[66] *Eidenmüller* ZHR 160 (1996) 343 (348); *Husfeldt*, Das UK Solvent Scheme of Arrangement als Sanierungsinstrument für deutsche Gesellschaften, S. 90 f.; *Jacoby* ZGR 39 (2010) 359 (365); *Westpfahl* ZGR 39 (2010) 385 (392); *Westpfahl/Knapp* ZIP 2011, 2033 (2036).

[67] Vgl. zum Insolvenzverständnis in den Vereinigten Staaten, wo sich die Inanspruchnahme insolvenzrechtlicher Instrumentarien als gängige Geschäftsstrategie eingebürgert hat und teilweise, insbesondere in der der Branche der Zivilluftfahrt gar als einzige Möglichkeit wahrgenommen wird, mit Wettbewerbern, die sich ihrerseits in einem Insolvenzverfahren befinden, zu konkurrieren, Bulgrin, Die strategische Insolvenz, S. 9 ff.; spezifisch zur zivilen Luftfahrtindustrie auch *Dowdell* 71 (2006) J. Air L. & Com. 669 (669 ff.); zum Verständniswandel nicht nur in der Praxis, sondern gleichsam in Wissenschaft und Lehre siehe statt vieler *Adler/Casey/Morrison*, Baird and Jackson's Bankruptcy, S. 22 f.; dazu aus dem deutschen Schrifttum exemplarisch *Balz* ZIP 1988, 1438 (1438); *Eidenmüller*, Unternehmenssanierung zwischen Markt und Gesetz, S. 29.

Scheitern und die damit verbundene Stigmatisierung[68] noch immer nicht überwunden. Mag sich auch das geltende Recht von der überkommenen Tradition persönlicher Peinigungen befreit haben – in den Köpfen der Marktteilnehmer existiert der Schuldturm bis heute.[69] Der erlittene Imageschaden einer Insolvenz wiegt schwer. Er führt zu einer nicht unerheblichen Belastung des operativen Geschäfts und damit auch des Fortführungswerts, von der sich das Unternehmen auch nach dem Wiedererstarken seiner Leistungs- und Bestandsfähigkeit nur schleppend erholt.[70]

Ob (bzw. in welcher Dimension) von präventiven Restrukturierungsmechanismen ebenfalls indirekte Kosten ausgehen werden, bleibt abzuwarten.[71] Rechtsvergleichende Erkenntnisse können hier nur sehr eingeschränkt fruchtbar gemacht werden, hängt die Wahrnehmung wirtschaftlichen Scheiterns unter den Marktteilnehmern doch wesentlich von den in der jeweiligen Gesellschaft vorherrschenden kulturellen Grundwerten und -einstellungen ab. Ohne Zweifel geht auch von der Inanspruchnahme von Sanierungsinstrumenten ein Signal der verminderten Kreditwürdigkeit aus, was das Verhalten der Transaktionspartner zumindest kurzfristig beeinflussen wird. Andererseits stehen Restrukturierungsbemühungen gerade für Kontinuität und Fortführungswürdigkeit und unterscheiden sich in der Wahrnehmung damit doch fundamental von einem Insolvenzszenario, mit dem gemeinhin in erster Linie Misswirtschaft, Geschäftsaufgabe und Liquidation assoziiert wird. Gänzlich werden sich Vertrauensverluste unter Marktteilnehmern und Imageverluste aber auch durch Restrukturierungs- statt Insolvenzverfahren nicht vermeiden lassen.

Es ist daher längst kein Geheimnis mehr, dass es für eine Sanierung von erheblichem Vorteil sein kann, die Verhandlungen vertraulich zu führen und an ihr nicht die gesamte Gläubigerschaft zu beteiligen, sondern nur ausgewählte (Finanz- bzw. Groß-)Gläubiger. So konstatierte *K. Schmidt* bereits in seinem Gutachten zum 54. DJT, dass die stille Sanierung die beste Sanierung sei.[72] Wird eine angestrebte Reorganisation entweder überhaupt nicht publik, oder erst zu einem Zeitpunkt, zu dem die Verhandlungen bereits abgeschlossen

---

[68] Siehe dazu etwa *Jacoby* ZGR 39 (2010) 359 (364 f.); *Jaffé/Friedrich* ZIP 2008, 1849 (1856); *Servatius*, Gläubigereinfluss durch Covenants, S. 168 f.; *Westpfahl* ZGR 39 (2010) 385 (392); (wohl) aus diesem Grund für eine insolvenzferne Terminologie eintretend *Jaffé* in: Kölner Schrift zur Insolvenzordnung, Kap. 23 Rn. 14.

[69] *Uhlenbruck* BB 2001, 1641 (1641) führt den radikalen gesellschaftlichen Umgang mit wirtschaftlichem Scheitern hierzulande auf Einflüsse *Adam Smith*s zurück: wirtschaftlich zu „sterben" brächte zugleich den bürgerlichen Tod mit sich.

[70] *Braun*, Die vorinsolvenzliche Sanierung von Unternehmen, S. 26; *Siemons* NZI 2016, 57 (58 f.).

[71] Dies befürchtend *Siemon* NZI 2016, 57 (58 f.); *Thole* KSzW 2012, 286 (288).

[72] Siehe dazu *K. Schmidt*, Gutachten für den 54. DJT, D 98, 133: „Die wirksamsten Unternehmenssanierungen erfolgen früh, schnell und still [...]".

und das Unternehmen in finanzieller Hinsicht auf neue (tragfähige) Füße gestellt wurde, so werden unliebsame Marktreaktionen regelmäßig ausbleiben.[73] Andererseits kann sich auch bei einer vertraulichen Sanierung im kleinen Kreis das Bedürfnis nach einem kollektivierenden Mechanismus ergeben, mittels dessen einzelne opponierende Gläubiger an einen mehrheitsfähigen Sanierungsplan gebunden werden können.

Aus einer ökonomischen Perspektive sollten daher Anreize gesetzt werden, eine Sanierung möglichst zeitnah einzuleiten, sobald sich eine bestandsgefährdende finanzwirtschaftliche Lage des Schuldners abzeichnet. Dadurch wird der andernfalls drohende Vertrauensverlust der Marktteilnehmer in das Unternehmen erheblich abgefedert, möglicherweise gar insgesamt vermieden und der verteilungsfähige Fortführungswert des Unternehmens bleibt erhalten. Allein die Bereitschaft, eine Sanierung frühzeitig anzustreben, hilft allerdings nicht viel, wenn die nötigen Instrumente fehlen, um die bereits dargestellte adverse Anreizstruktur zu überwinden. Die Rechtsordnung sollte mithin auch vor dem Eintritt der materiellen Insolvenz Mechanismen bereithalten, die geeignet sind, die in der finanziellen Krise bestehenden Fehlanreize zu opportunem Verhalten der *Stakeholder* zu minimieren und damit wirtschaftlich sinnvolle Sanierungen zu begünstigen.[74] Es kann sich dabei anbieten, diese nicht an eine Veröffentlichungspflicht zu koppeln, sondern die Instrumente auch in vertraulich geführten Sanierungsverhandlungen zur Verfügung zu stellen, wobei die Teilnahmemöglichkeit, insbesondere die Unterrichtung der betroffenen Gläubiger von dem Verfahren allerdings auf anderem Wege zuverlässig sichergestellt werden muss.

IV. Die Auflösung des sanierungsrechtlichen Spannungsverhältnisses durch das Restrukturierungsrecht

Die Auflösung ebendieses Spannungsverhältnisses zwischen individuellem Beitrag und kollektivem Nutzen leistet das moderne Restrukturierungsrecht. Es setzt vor der eigentlichen Insolvenz an – sei es durch die Bereitstellung eines vorinsolvenzlichen Präventivverfahrens oder den Verzicht auf eine materielle Zugangsschwelle, wie insbesondere im U.S.-amerikanischen *Chapter-11*-Verfahren.[75]

---

[73] *Smid/Hartmann* in: Knops/Bamberger/Lieser, Recht der Sanierungsfinanzierung, § 32 Rn. 4 geben allerdings zu bedenken, dass sich vollständige Verschwiegenheit nur in den wenigsten Fällen verwirklichen lassen dürfte.

[74] *Garcimartín* IILR 2011, 321 (324); hingegen bescheinigt *Servatius*, Gläubigereinfluss durch Covenants, S. 171 auch Insolvenzvermeidungsverfahren eine negative Wahrnehmung unter den Marktteilnehmern, weshalb er ein solches Verfahren zur Sanierung nicht für besser geeignet hält als das bestehende Insolvenzrechtsregime.

[75] Das U.S.-amerikanische Insolvenzrecht verzichtet für Eigenanträge auf eine wie auch immer geartete, auf die wirtschaftliche Situtation des Schuldners abstellende Eingangsschwelle; gleichwohl bedarf es auch zur Eröffnung eines *Chapter-11*-Verfahrens regelmäßig

Das zentrale restrukturierungsrechtliche Instrument besteht regelmäßig in einem Planverfahren, das es einer (qualifizierten) Mehrheit bei Einhaltung eines gewissen Minderheitsschutzes erlaubt, einzelne Gläubiger, teilweise auch ganze Klassen an Gläubigern an einen Sanierungsplan zu binden. Es zielt auf die Bewältigung des *hold out*-Problems ab, indem nicht länger die Zustimmung sämtlicher Parteien notwendig ist und damit das Blockadepotenzial einzelner Beteiligter ausgeschalten wird. Es obliegt zwar auch weiterhin den Gläubigern, über die Verteilung des Fortführungsmehrwerts zu verhandeln und den jeweiligen Klassen ihren Anteil daran zuzuweisen. Durch die Möglichkeit einer Majorisierung werden aber alle Parteien an den Verhandlungstisch gezwungen oder jedenfalls dem dort erzielten Kompromiss unterworfen. Die mit jedem Mehrheitsmechanismus verbundenen Missbrauchsgefahren werden regelmäßig durch ein Minderheitenschutzregime adressiert, das gleichzeitig die Verhältnismäßigkeit des Planverfahrens gewährleistet. So können Gläubigern gegen ihren Willen nur solche Einschnitte in ihre Rechtspositionen aufoktroyiert werden, die sie auch im nächstbesten Alternativszenario hinzunehmen hätten (Schlechterstellungsverbot/*worse off*-Test).[76] Verhandlungs- und Gestaltungsspielraum bleibt damit insbesondere hinsichtlich des Sanierungs*mehr*werts, wobei der Minderheitenschutz auch hier gewisse Grenzen setzt, indem sich Wertzuweisungen, um klassenübergreifend majorisierungsfähig zu sein, an den Liquidationsrangordnungen zu orientieren haben.[77] Das Restrukturierungsrecht schwächt das *hold out*-Problem damit maßgeblich ab, indem es eine Kollektivbindung der Beteiligten erzwingt und dadurch einen angemessenen Ausgleich schafft zwischen den berechtigten Individualinteressen der einzelnen Gläubiger einerseits und dem Kollektivinteresse an einer Maximierung der Haftungsmasse andererseits.

Obwohl sich auch hinsichtlich der Gesellschafter ein *hold out*-Problem ergibt, nehmen sie eine Sonderrolle ein, da sie mit dem schuldnerischen Unternehmen und dessen Rechtsträger eben nicht durch schuldrechtliche Forderungen, sondern durch gesellschaftsrechtliche Mitgliedschaften verbunden sind.

---

einer (sich zumindest anbahnenden) finanziellen Krisensituation, da sich Anträge andernfalls dem *bad faith*-Einwand ausgesetzt sehen, das Verfahren sei nicht zur Verwirklichung eines tauglichen Konkurszwecks eingeleitet worden; vgl. dazu etwa *In re Integrated Telecom Express, Inc.*, 384 F.3d 108 (3d Cir., 2004); *In re National Rifle Association of America and Sea Girt LLC,* 628 B.R. 262 (Bankr. N.D. Tex., 2021); jüngst auch – im Zusammenhang mit dem sog. *Texas-Two-Step – In re LTL Management LLC* (3d Cir., 2023), abrufbar unter <https://www2.ca3.uscourts.gov/opinarch/222003p.pdf> (Stand Februar 2023).

[76] Vgl. dazu exemplarisch Art. 10 Abs. 2 UAbs. 1 lit. d), 2 Abs. 1 Nr. 6 RRL, § 64 Abs. 1 S. 1 StaRUG sowie 11 U.S.C. § 1129(a)(7)(A)(ii).

[77] Die Extreme werden hier durch die *absolute* und *relative priority rule* markiert, wobei erstere eine Wertzuweisung an nachrangige Gruppen erst zulässt, wenn alle vorrangigen Klassen voll befriedigt werden, während die *relative priority rule* lediglich fordert, dass jeweils vorrangige Klassen eine verhältnismäßig höherwertige Wertzuweisung erhalten; vgl. dazu sogleich § 4, III., 2., d. (S. 64 ff.)

Bei wirtschaftlicher Betrachtung stehen sie in der Rangordnung allerdings nicht neben, sondern als Residualberechtigte unter den (nachrangigen) Gläubigern. Verluste gehen zunächst zu ihren Lasten, ehe die Forderungen der Gläubiger angegriffen werden. Es wäre daher kaum hinzunehmen, wenn Gesellschafter ihre Beteiligungen am krisengebeutelten Unternehmen (ungekürzt) behalten dürften, während Gläubiger sich zu Einschnitten bereit erklären oder hierzu gar durch den Plan gezwungen werden. Restrukturierungsrechtsordnungen sehen daher regelmäßig Instrumente vor, die die Einbeziehung der Gesellschafter in die Sanierungsbemühungen ermöglichen, sei es durch die Bereitstellung frischen Kapitals oder die Aufgabe ihrer Anteile.[78] Durch die Integration der gesellschaftsrechtlichen Ebene in die Reorganisation werden außerdem Umwandlungen von Fremd- in Eigenkapital möglich, die die Rückzahlungslast des Unternehmens verringern, während die betroffenen Gläubiger gleichzeitig nicht komplett auf ihre Rechtsposition gegenüber dem Schuldner verzichten müssen.

Typischerweise sehen moderne Restrukturierungsrechtsordnungen außerdem die Möglichkeit einer Aussetzung von Vollstreckungsmaßnahmen und Verwertungshandlungen vor. Der Schuldner erlangt dadurch eine „Verschnaufpause", während derer seine betriebsnotwendigen Strukturen des schuldnerischen Unternehmens vor dem Zugriff der Gläubiger geschützt sind. Dadurch wird einerseits die vorübergehende Fortführung des Unternehmens im Interesse der Werterhaltung und -maximierung gewährleistet. Zugleich nimmt der Vollstreckungs- und Verwertungsstop aber auch „Druck vom Kessel" und bietet dadurch einen angemessenen Rahmen für Verhandlungen über den möglichen Inhalt eines Sanierungsplans. Regelungstechnisch kann ein derartiges Moratorium einerseits als *automatic stay* unmittelbar an die Verfahrenseinleitung anknüpfen, wie es etwa das U.S.-amerikanische Recht vorsieht.[79] Unter dem Gesichtspunkt der Verhältnismäßigkeit vorzugswürdig erscheint es allerdings, die Wirkungen von der ursprünglichen Antragstellung abzukoppeln. Insbesondere wird dadurch eine zielgenauere Feinjustierung möglich, indem der Vollstreckungs- und Verwertungsstopp auf solche Vermögensgegenstände beschränkt werden kann, die für die Unternehmensfortführung tatsächlich notwendig sind.[80]

Zunehmend nehmen sich Restrukturierungsrechtsordnungen auch des sog. *debt overhang*-Problems an. Damit wird das Dilemma des Schuldners beschrieben, in der Krise keine liquiden Mittel mehr erlangen zu können, weil potenzielle Kreditgeber sich wegen der angeschlagenen Finanzlage mit der sehr realen Gefahr eines unzureichenden Haftungsfonds konfrontiert sehen.

---

[78] Vgl. exemplarisch Art. 13 RRL, § 2 Abs. 3 StaRUG sowie 11 U.S.C. § 1122(a), § 1123(b)(1).

[79] Vgl. 11 U.S.C. § 362(a).

[80] Vgl. in diesem Sinne auch Art. 6 Abs. 4 lit. a) RRL sowie § 51 Abs. 1 Nr. 4 StaRUG.

Schon bei der Ausgabe eines neuen Darlehens, das im gleichen Rang mit dem bereits bestehenden, erdrückenden Schuldenberg stünde, müsste der Fremdkapitalgeber einkalkulieren, nur noch „cents on the dollar“ zu bekommen. Das Ausfallrisiko der Rückzahlungsforderung wäre derart hoch, dass es durch den Zinssatz nicht mehr abgebildet werden kann. Sind die Vermögensgegenstände des Schuldners – in einer finanziellen Krise nicht unüblich – werterschöpfend besichert, wird die Aufnahme weiterer Kredite damit unmöglich; womöglich das Aus für die angestrebte Sanierung, während der nicht nur das Unternehmen am Laufen gehalten und laufende Ausgaben beglichen werden müssen, sondern auch beträchtliche Beratungskosten anfallen. Restrukturierungsrechtsordnungen reagieren darauf zunehmend durch die Privilegierung von Finanzierungsengagements zur Fortführung des angeschlagenen Unternehmens und zur Finanzierung der Sanierungskosten. Die Privilegierung kann in einem Vorrang gegenüber ungesicherten Forderungen – nach deutscher Insolvenzterminologie also einer Erhebung zu Masseverbindlichkeiten – bestehen. Gleichermaßen ist aber auch die Bestellung von sog. *priming liens* denkbar, wodurch dem neuen Financier (vorrangige) Sicherheitsrechten an bereits (wertausschöpfend) besicherten Vermögensgegenständen eingeräumt werden können.[81]

Das moderne Restrukturierungsrecht löst damit sowohl das *hold out*-, als auch das *debt overhang*-Problem und gewährleistet damit einen ausdifferenzierten Rechtsrahmen zur Erhaltung bestandsfähiger und -würdiger Unternehmensstrukturen. Ebensolche Regelungen zur präventiven, also insolvenzvermeidenden Sanierung bilden den Gegenstand der Restrukturierungsrichtlinie und damit zugleich den materiell-rechtlichen Ausgangspunkt der vorliegenden Untersuchung.

§ 4 Deutschland und Europa auf dem Weg zur „Rescue Culture“

Die Richtlinie markiert damit den vorläufigen Endpunkt einer – bisweilen schleppenden – Entwicklung der Rechtslandschaft in Europa hin zu einer ausgeprägten Sanierungskultur.[1] Befeuert durch mitgliedstaatliche Innovations-

[81] Vgl. 11 U.S.C. § 364(d).

[1] Die europäische Kommission bezweckte mit ihrem Vorschlag für die Restrukturierungsrichtlinie vom 22.11.2016 erklärtermaßen, eine Sanierungskultur in Europa zu fördern, vgl. dazu COM(2016) 723 final, S. 7 f.; zuvor hatte sie die Fortentwicklung und Modernisierung des europäischen Insolvenzrechts unter Betonung des Rettungs- und Sanierungsaspekts bereits 2012 in einem Konzeptpapier gefordert, vgl. dazu die Mitteilung der Kommission an das Europäische Parlament, den Rat und den Europäischen Wirtschafts- und Sozialausschuss – Ein neuer europäischer Ansatz zur Verfahrensweise bei Firmenpleiten und Un-

kraft im Bereich des präventiven Restrukturierungsrechts und einem zunehmenden Harmonisierungseifer auf europäischer Ebene ist der Sanierungsgedanke nunmehr in allen mitgliedstaatlichen Rechtsordnungen verankert.

I. Von der Vergleichsordnung zum ESUG: Die Entwicklung des deutschen Restrukturierungsrechts

Der deutsche Gesetzgeber stand der Einführung eines eigenständigen, präventiven Sanierungsverfahrens, das noch vor dem Eintritt der materiellen Insolvenz in Anspruch genommen werden kann und eine Sanierung außerhalb eines klassischen Insolvenzverfahrens ermöglicht, bis zuletzt kritisch gegenüber. Kein Wunder, denn historisch betrachtet hatte es der ökonomisch verstandene und auf Wertmaximierung ausgelegte Sanierungsgedanke seit jeher schwer, in das als Gesamtvollstreckung konzipierte deutsche Insolvenzrecht Einzug zu halten.

1. Der Sanierungsgedanke in Konkurs- und Vergleichsordnung

Die Erkenntnis, dass eine Sanierung ökonomisch sinnhaft sein kann, ist freilich keineswegs neu. Bereits im Vorfeld der Verhandlungen über ein gesamtdeutsches Konkursrecht für das neugegründete Deutsche Reich wurden Forderungen – unter anderem des Handels- und Juristentags – laut, dem Konkurs ein Vergleichsverfahren vorzuschalten.[2] Diesem Vorschlag folgend sah der 1873 vom Bundesrat beschlossene, später als Konkursordnung verabschiedete Entwurf für eine deutsche Gemeinschuldordnung in § 233 noch vor, dass ein unverschuldet in die Insolvenz geratener Schuldner bei Gericht die Durchführung eines Vergleichsverfahrens beantragen könne,[3] wenn auch unter vergleichsweise hohen Hürden: Während zur Eröffnung des vorgeschalteten Sanierungsverfahrens nämlich nur die Zustimmung von drei Vierteln der betroffenen Gläubiger erforderlich gewesen wäre, hätte ein konkursabwendender Vergleich nach § 250 des Entwurfs neben der gerichtlichen Bestätigung auch einer einstimmigen Annahme des Vergleichsangebots bedurft. Letztendlich konnte

ternehmensinsolvenzen vom 12.12.2012, COM(2012) 742 final, S. 3 f.; eine zwischenzeitlich ausgegebene Empfehlung der Kommission blieb weitgehend erfolglos, vgl. dazu Empfehlung 2014/135/EU vom 12.03.2014 für einen neuen Ansatz im Umgang mit unternehmerischem Scheitern und Unternehmensinsolvenzen (ABl. vom 14.03.2014, L 74, S. 65, Abschnitt III.); zur Implementierung des Sanierungsgedankens unter der EuInsVO siehe *Lieder*, Grenzüberschreitende Unternehmenssanierung im Lichte der EuInsVO, S. 15 ff.

[2] *Humpenöder*, Der Sanierungsgedanke im deutschen Insolvenzrecht, S. 30; *Eisenhardt*, Sanierung statt Liquidation, S. 61 ff.

[3] Die §§ 233 bis 256 des Entwurfs sind abgedruckt bei *Eisenhardt*, Sanierung statt Liquidation, Anhang 5, S. 343 ff.

sich der Reichsgesetzgeber jedoch noch nicht einmal zur Einführung eines solchen Konkursvermeidungsverfahrens durchringen.[4] Gesetz wurde lediglich der Zwangsvergleich nach §§ 160 ff. KO,[5] der gläubigerautonome Entscheidungen allerdings erst zwischen Prüftermin und Schlussverteilung zuließ und damit jedenfalls für eine präventive Vermeidung der Insolvenz zu spät ansetzte, regelmäßig aber auch für die Bewahrung des Schuldnervermögens vor der Liquidation unbrauchbar war.[6] Man kann daher mit Fug und Recht konstatieren, dass der Konkursordnung der Sanierungsgedanke – bis zuletzt – weitgehend fremd war.[7]

Spätestens die politischen und wirtschaftlichen Krisen und Verwerfungen während und nach dem ersten Weltkrieg offenbarten das dringende Bedürfnis nach konkursabwendenden Verfahren.[8] Auf der Grundlage der sog. Geschäftsaufsichtsverordnung, die man zur Abfederung von Kriegsfolgen und Wirtschaftskrisen und zur Vermeidung einer Konkurswelle 1914 kurzfristig eingeführt[9] und in den Folgejahren mehrfach reformiert hatte,[10] trat 1927 die Vergleichsordnung in Kraft – und mit ihr ein präventives Verfahren, in dem der Schuldner durch eine Einigung mit einer Mehrheit seiner Gläubiger den Konkurs abwenden konnte. Anfängliche „Geburtsfehler" wurden durch die Reform 1935 beseitigt, insbesondere die Wirkungen des Verfahrens zeitlich vorverlagert.[11] Die Revision brachte allerdings auch eine Erhöhung der sog. Mindestquote mit sich, also desjenigen Teils der Forderungen, der nach der Vergleichsregelung mindestens befriedigt werden musste, damit der Vergleich gerichtlich bestätigt werden konnte. Hatte man die Quote im Gesetzgebungsverfahren

---

[4] Unter grober Nachzeichnung der Entwicklung im Gesetzgebungsverfahren *Madaus*, Der Insolvenzplan, S. 60 f.

[5] Im Rahmen der Reform 1898 wurde der Regelungskomplex in die §§ 173 ff. KO verschoben.

[6] *Humpenöder*, Der Sanierungsgedanke im deutschen Insolvenzrecht, S. 31.

[7] *Humpenöder*, Der Sanierungsgedanke im deutschen Insolvenzrecht, S. 32, 45; *Thole* JZ 2011, 765 (768).

[8] *Stürner* in: MüKo-InsO, Einl. Rn. 32.

[9] Verordnung zur Anordnung einer Geschäftsaufsicht zur Abwendung des Konkurses vom 08.08.1914, RGBl. S. 363.

[10] Verordnung zur Neufassung der Anordnung einer Geschäftsaufsicht zur Abwendung des Konkurses vom 14.12.1916 (RGBl. 1363) sowie die Verordnungen zur Änderung der Geschäftsaufsichtsverordnung vom 08.02.1924 sowie vom 14.06.1924, RGBl. S. 51 und 641.

[11] Die Vorgängerregelung hatte für die Verfahrenseinleitung noch schriftliche Erklärungen einer Mehrheit der Gläubiger verlangt, ohne dem Schuldner allerdings für die Beschaffung ebendieser Erklärungen einen Schutz vor Vollstreckungsversuchen ebendieser – nun von der Krise in Kenntnis gesetzten – Gläubiger zu gewähren; vgl. dazu *Madaus*, Der Insolvenzplan, S. 62.

1927 noch von 50 auf 30 % herabgesetzt,[12] musste der unterbreitete Vergleichsvorschlag nach der Neufassung eine Befriedigungsquote von mindestens 35 % vorsehen, bei einem Zahlungszeitraum zwischen 12 und 18 Monaten sogar 40 %.[13] Das deutsche Insolvenzrecht sah mit Konkurs- und Vergleichsordnung mithin zwei Verfahren vor, die mit der maximalen Gläubigerbefriedigung zwar ein gemeinsames Ziel teilten, hinsichtlich des Mittels der Zielerreichung aber unterschiedlicher nicht hätten sein können.

Mit dem Nachlassen des wirtschaftlichen Aufschwungs, der in den Nachkriegsjahren die Insolvenzzahlen auf einem sehr niedrigen Niveau gehalten hatte,[14] offenbarten sich spätestens infolge der wirtschaftlichen Verwerfungen durch die Ölkrise in den 70er Jahren die massiven Defizite des Konkurs- und Vergleichsrechts. An der alarmierenden Entwicklung der Insolvenzstatistik manifestierte sich dabei nicht nur der bildliche „Konkurs des Konkurses“[15], der mangels Masse immer seltener eröffnet wurde,[16] sondern auch der Abstieg des kaum noch genutzten Vergleichsverfahrens – das gesamte Insolvenzrecht befand sich in der Krise.[17] Machte das Vergleichsverfahren nach seiner Einführung noch bis zu 30 % aller Insolvenzverfahren aus, war der Anteil bis Anfang der 70er Jahre bereits auf acht Prozent geschrumpft;[18] Tendenz weiter fallend. Ab 1986 rangierte die (absolute) Zahl eröffneter Vergleichsverfahren schließlich nur noch im (mittleren) zweistelligen Bereich und machte damit bis Ende der 80er Jahre nicht einmal mehr ein Prozent des gesamten Insolvenzverfahrensvolumens aus.[19] Die Vergleichsordnung als Sanierungsinstrument war gescheitert.

Der Hauptgrund für das Versagen des Vergleichsrechts wird vor allem in den überzogenen Anforderungen an die zu gewährleistenden Mindestquoten gesehen,[20] die insbesondere bei einer (zu) späten Antragstellung nur in den sel-

---

[12] *Humpenöder*, Der Sanierungsgedanke im deutschen Insolvenzrecht, S. 41 f.

[13] Vgl. § 7 Abs. 1 S. 2, Abs. 2 S. 1 VerglO.

[14] Die Zahl der eröffneten Konkurse und Vergleichsverfahren (ohne Anschlusskonkurse) nahmen von 1954 (5.489) bis 1962 (2.786) kontinuierlich ab; vgl. dazu sowie zu den folgenden Fallzahlen die jahresweise aufgeschlüsselte Insolvenzstatistik des statistischen Bundesamts (abrufbar unter <https://www.destatis.de/DE/Themen/Branchen-Unternehmen/Unternehmen/Gewerbemeldungen-Insolvenzen/Tabellen/lrins01.html#242428>, Stand Oktober 2022).

[15] So der Titel des Beitrags von *Kilger* KTS 36 (1975) 142.

[16] *Baur/Stürner*, InsR, Rn. 4.2 berichten Ende der 80er Jahre von einem Anteil masseloser Insolvenzen von ca. 80 %.

[17] Treffend daher der Titel des Aufsatzes von *Uhlenbruck* NJW 1975, 897 („Zur Krise des Insolvenzrechts“).

[18] *Baur/Stürner*, InsR, Rn. 4.2; *U. Keller*, InsR Rn. 48.

[19] *Baur/Stürner*, InsR, Rn. 4.2.

[20] *Baur/Stürner*, InsR, Rn. 4.6; *Eidenmüller* in: MüKo-InsO, vor § 217 Rn. 3; *Madaus*, Der Insolvenzplan, S. 95; *Stürner* in: MüKo-InsO, Einl. Rn. 34.

tensten Fällen erfüllt werden konnten. War zur Sanierung eine Forderungskürzung im Umfang von über 65 % oder eine über 18 Monate hinausreichende Stundung notwendig, blieb *de facto* nur das Konkursverfahren und mit ihm die Liquidation. Gleiches galt bei diversen Verfehlungen des Schuldners, die auch dann – so wollte es jedenfalls der Gesetzeswortlaut[21] – von Amts wegen zur Ablehnung des Verfahrens führten,[22] wenn die Sanierung an sich ökonomisch sinnvoll und damit im Sinne einer größtmöglichen Gläubigerbefriedigung gewesen wäre.[23] Oftmals scheiterte eine Sanierung auch am Widerstand der gesicherten Gläubiger, deren Sicherheiten durch die Eröffnung eines Konkurs- oder Vergleichsverfahrens nicht beeinträchtigt wurden.[24] Soweit der Schuldner zur Unternehmensfortführung also – was nahezu immer der Fall sein dürfte – auf das Sicherungsgut angewiesen war, kam eine Sanierung von vornherein nur in Betracht, wenn und soweit die gesicherten Gläubiger das Sanierungsvorhaben unterstützten bzw. diese voll befriedigt wurden.

2. *Die Insolvenzordnung als entscheidender Schritt ins Sanierungszeitalter?*

Bei der Einführung der Insolvenzordnung 1999 war der deutsche Gesetzgeber demnach mit dem Ziel angetreten, Schuldner im Kampf gegen masselose Insolvenzen und verschwindend geringe Deckungsquoten[25] zu einer möglichst frühen Antragstellung zu bewegen, dadurch Sanierungen zu erleichtern und damit insgesamt eine bestmögliche Gläubigerbefriedigung zu gewährleisten.[26] Die neu eingeführte Möglichkeit der Eigenverwaltung, die auf den Übergang der Verwaltungs- und Verfügungsbefugnis auf einen externen Verwalter verzichtet, sollte Schuldnern bzw. Geschäftsleitern den frühzeitigen Eintritt in ein Insolvenzverfahren schmackhaft machen; der fakultative Insolvenzgrund der drohenden Zahlungsunfähigkeit verfahrensrechtlich die Verfügbarkeit des insolvenzrechtlichen Instrumentariums schon zu Beginn der finanziellen Krise absichern. Abweichend von der bisherigen Praxis wurde das Verwertungsrecht

---

[21] Vgl. zur großzügigen Handhabung unter Betonung des Ziels der maximalen Gläubigerbefriedigung und des gesamtwirtschaftlichen Interesses mit zahlreichen weiteren Nachweisen *Baur/Stürner*, InsR, Rn. 26.9; unter Darstellung des Anwendungsbeispiels der Herstatt Bank KGaA auch *Madaus*, Der Insolvenzplan, S. 96.

[22] Vgl. dazu §§ 17 f. VerglO, wonach die Eröffnung des Verfahrens etwa abzulehnen war, wenn der Schuldner „seinen Vermögensverfall durch Unredlichkeit, Preisschleuderei oder Leichtsinn herbeigeführt" oder die Stellung des Eröffnungsantrags „nach der Auffassung des ordentlichen Geschäftsverkehrs schuldhaft verzögert hat".

[23] Dazu *Eidenmüller* in: MüKo-InsO, vor § 217 Rn. 3; *Stürner* in: MüKo-InsO, Einl. Rn. 34.

[24] *Baur/Stürner*, InsR, Rn. 4.6; *Madaus*, Der Insolvenzplan, S. 89 f., 95 f.; *Stürner* in: MüKo-InsO, Einl. Rn. 34; vgl. dazu auch §§ 26 f. VerglO.

[25] Unter Konkurs- und Vergleichsordnung wurden etwa 70 bis 80 % der beantragten Verfahren mangels Masse abgewiesen, vgl. dazu *Reinhart* MDR 1999, 203 (204).

[26] *Heckschen* NotBZ 1998, 201 (201).

für besitzlose Sicherheiten dem Insolvenzverwalter zugewiesen und ihm außerdem gestattet, die Gegenstände zur Unternehmensfortführung einzusetzen. Ähnliche Mechanismen führte das neue Recht für Grundpfandrechte ein, hinsichtlich derer aufgrund gesetzlicher Änderungen im ZVG nunmehr eine vorläufige Einstellung der Zwangsvollstreckung erwirkt werden kann, wenn das betroffene Grundstück zur Fortsetzung des Betriebs benötigt wird. Außerdem sollte mit der Einführung des Insolvenzplanverfahrens ein flexibler und effizienter rechtlicher Rahmen für eine geordnete Sanierung geschaffen werden, der eine Realisierung des Sanierungs(-mehr-)werts auch jenseits der im Vergleichsrecht vorgesehenen Mindestquoten zulässt.

Der gewünschte Erfolg allerdings blieb aus und die Sanierung unter Ausnutzung des neuen insolvenzrechtlichen Restrukturierungsinstrumentariums die absolute Ausnahme. Ein Grund hierfür waren sicher die bestehenden Vorbehalte gegenüber einem Verfahren, das dem (gescheiterten) Schuldner weiterhin das Ruder überlässt und damit – so konnte man vielerorts lesen – „den Bock zum Gärtner" mache.[27] Dazu kam, dass Insolvenzrichter das neu eingeführte, schuldnergeführte Verfahren äußerst restriktiv handhabten.[28] Damit büßte die Eigenverwaltung nicht nur an Rechtssicherheit und Planbarkeit ein, sondern verlor zugleich in erheblichem Maße an Attraktivität für den Schuldner bzw. dessen Management. Die Gefahr, sich trotz der frühzeitigen Stellung eines Antrags auf Eigenverwaltung in einer Regelinsolvenz wiederzufinden und die Kontrolle über das Unternehmen an einen gerichtlich bestellten Verwalter zu verlieren, führte dazu, dass der Weg ins Insolvenzverfahren nach wie vor eher als letzter Ausweg wahrgenommen wurde denn als zweite Chance. Der seitens des Gesetzgebers bezweckte Anreiz zu einer frühzeitigen Antragstellung wurde mithin durch die große Zurückhaltung der Gerichte und die dadurch hervorgerufenen Unsicherheiten weitgehend neutralisiert. Nach wie vor wurden Insolvenzanträge zu einem Zeitpunkt gestellt, in dem das Vermögen bereits nahezu vollständig aufgezehrt und eine Sanierung damit aussichtlos geworden war.[29] Auch das Insolvenzplanverfahren blieb – jedenfalls in den Anfangsjahren – erheblich hinter den hohen Erwartungen an die sanierungsbegünstigenden Wirkungen des neuen Insolvenzrechts zurück. Anfängliche Unsicherheiten im Umgang mit dem neuen Sanierungsinstrument mögen dabei ebenso eine Rolle gespielt haben wie die Scheu vor den anfallenden Kosten

---

[27] *Förster* ZInsO 1999, 153; *Gravenbrucher Kreis* ZIP 1994, 585 (586); *Koch*, Die Eigenverwaltung nach der Insolvenzordnung, S. 275 f.; *Leipold*, Insolvenzrecht im Umbruch, S. 165 ff.

[28] So die RegBegr. zum ESUG, BT-Drucks. 17/5712, S. 1, 17; siehe auch *Paulus/Knecht* in: Paulus/Knecht, Gerichtliche Sanierung, § 1 Rn. 255, 270, wonach zwischen 2005 und 2011 nur in 0,5 % der Unternehmensinsolvenzen Eigenverwaltung angeordnet wurde.

[29] RegBegr. zum ESUG, BT-Drucks. 17/5712, S. 1, 17.

und dem Blockade- und Verzögerungspotenzial einzelner Gläubiger, vor allem aber der Altgesellschafter.[30]

3. Die Fortentwicklung des Sanierungsinstrumentariums durch das ESUG

Diese Fehlentwicklungen suchte der Gesetzgeber 2012 durch das Gesetz zur weiteren Erleichterung der Sanierung von Unternehmen (ESUG)[31] zu beheben. Neben einer Stärkung der Gläubigerautonomie sollte vor allem bei Eigenverwaltung und Insolvenzplan nachjustiert werden. Außerdem wurde dem Schuldner mit dem neu eingeführten Schutzschirm nach § 270b InsO a. F. ein Instrument an die Hand gegeben, das es ihm erlaubt, in einem eigenverwaltenden Verfahren geschützt vor einem vorschnellen Zugriff der Gläubiger ein anschließendes Insolvenzplanverfahren vorzubereiten.[32]

Der neu eingefügte § 270a InsO a. F. gewährte dem sanierungswilligen Schuldner die notwendige Planungssicherheit, indem klare Maßstäbe für die Anordnung der vorläufigen Eigenverwaltung aufgestellt wurden. Ein Unterlaufen der Eigenverwaltung durch die Bestellung eines (ggf. sogar starken) vorläufigen Insolvenzverwalters sollte nur noch im Ausnahmefall in Betracht kommen. Außerdem wurde dem Schuldner bei (drohender) Ablehnung der eigenverwaltenden Durchführung die Möglichkeit eingeräumt, den gestellten Insolvenzantrag auf einen richterlichen Hinweis hin zurückzunehmen. Die Ratio hinter dieser Regelung könnte einleuchtender kaum sein: Wer den Insolvenzantrag entsprechend der gesetzgeberischen Intension bereits bei drohender Zahlungsunfähigkeit stellt, soll vor bösen Überraschungen, insbesondere der Bestellung eines Insolvenzverwalters und dem damit einhergehenden Verlust der Kontrolle über „sein" Unternehmen geschützt werden.[33]

Eine wesentliche Neuerung bestand außerdem darin, dass nunmehr gem. §§ 217 S. 2 a. F. und 225a InsO auch die Anteile der Gesellschafter in das Insolvenzplanverfahren einbezogen werden konnten. Der Gesetzgeber reagierte damit auf die bereits beschriebenen Fehlanreize,[34] die sich aus dem Blockadepotenzial einzelner Gruppen, insbesondere aber der wirtschaftlich nicht mehr am Schuldnerunternehmen beteiligten Anteilseigner ergeben können.[35] Zudem wurde Verzögerungstaktiken vorgebeugt, indem Einwände präkludiert und der Rechtsschutz gegen eine angebliche Schlechterstellung durch einen mehrheit-

---

[30] *Paulus/Knecht* in: Paulus/Knecht, Gerichtliche Sanierung, § 1 Rn. 264.

[31] Gesetz vom 07.12.2011 zur weiteren Erleichterung der Sanierung von Unternehmen (ESUG), BGBl. I, S. 2582.

[32] So auch die programmatische Zusammenfassung des Gesetzgebungsvorhabens in der RegBegr., BT-Drucks. 17/5712, S. 17.

[33] *Paulus/Knecht* in: Paulus/Knecht, Gerichtliche Sanierung, § 1 Rn. 271.

[34] Siehe dazu in theoretischer Hinsicht bereits oben § 3, II. (S. 23 ff.).

[35] So etwa die RegBegr. BT-Drucks. 17/5712, S. 30.

lich angenommenen Plan auf ein separates Verfahren ausgelagert werden können. Zu einer Beschleunigung trug außerdem das neu eingeführte Freigabeverfahren in § 253 Abs. 4 InsO bei.

II. Restrukturierungstourismus in Europa: Die Erfolgsgeschichte des englischen Scheme of Arrangement

Mit den Änderungen durch das ESUG reagierte der deutsche Gesetzgeber mithin punktuell auf die vielerorts geäußerte Kritik eines nicht hinreichend sanierungsfreundlich ausgestalteten Restrukturierungs- bzw. Insolvenzrechts. Nicht nur die Beratungs- und Restrukturierungspraxis erachtete das Angebot des Rechtsstandorts Deutschland seinerzeit als unzureichend; auch seitens der Wissenschaft wurde vielerorts für eine Fortentwicklung des geltenden Rechts hin zu einem moderneren Sanierungsinstrumentarium geworben.[36] Wollte man in dem anlaufenden europäischen Restrukturierungswettbewerb nicht leer ausgehen, müsse das deutsche Recht unbedingt attraktiver werden, wobei sich vor allem Rufe nach einer präventiven Alternative zum Insolvenzverfahren häuften.[37] Angestoßen wurden derartige Befürchtungen der drohenden Bedeutungslosigkeit des Sanierungsstandorts Deutschland vor allem durch einen sich

---

[36] Diesen Befund teilen *Bork*, Sanierungsrecht in Deutschland und England, Rn. 1.9 sowie – allerdings mit einer ernüchternden Erklärung für die (rückblickend wohl überdramatische) Darstellung des Restrukturierungstourismus gen England als überlegener Wettbewerber der deutschen Rechtsordnung – *Heese*, Die Funktion des Insolvenzrechts im Wettbewerb der Rechtsordnungen, S. 84 f.; zur schieren Flut an Wortmeldungen in der Literatur siehe nur die in der folgenden Fußnote angeführten Quellen; Reformbedarf erkannte im Übrigen auch der Gesetzgeber selbst, sodass die Verabschiedung des ESUG zumindest auch vor dem Hintergrund der anhaltenden Sanierungsmigration gen England zu sehen ist, vgl. dazu BT-Drucks. 17/5712 S. 1, 17.

[37] *Beissenhirtz* ZInsO 2011, 57; *Bork* ZIP 2010, 397; *ders.* ZIP 2011, 2035; *Eidenmüller,* Finanzkrise, Wirtschaftskrise und das deutsche Insolvenzrecht, S. 8, 20, 28; *ders.* ZHR 175 (2011) 11 (36); *Jacoby* ZGR 39 (2010) 359 (362 ff.); *Mankowski* WM 2011, 1201 (1209); *Paulus* NZI 2008, 1 (3 ff.); *ders.* ZIP 2011, 1077 (1083); unter Darstellung der wichtigsten europäischen Restrukturierungsinstrumente auch *ders.* RIW 2013, 577, insb. S. 583; den Restrukturierungswettbewerb jedenfalls am Rande als Argument anführend *Westpfahl* ZGR 39 (2010) 385 (386); zurückhaltender noch, den Wettbewerbsnachteil des deutschen Insolvenzrechts vor allem bei der „Vermarktung" durch die beteiligten Berufsgruppen ausmachend *Vallender* NZI 2007, 129 (137); ebenfalls für ein vorinsolvenzliches Sanierungsverfahren eintretend sodann aber *ders.* ZIP 2016, S82; aus der jüngeren Literatur auch *Lürken* NZI 2015, 3 (9); *Madaus* KSzW 2015, 183 (184); *ders.* NZI 2017, 329 (334); *Schluck-Amend* ZRP 2017, 6 (8 f.); *Singer*, Vorinsolvenzlicher Restrukturierungsrahmen, S. 95; mit umfassendem Gesetzgebungsvorschlag auch *Braun*, Die vorinsolvenzliche Sanierung von Unternehmen, S. 22 ff., 74 ff.; aA die Neuerungen des ESUG für ausreichend erachtend *Wimmer* PR-InsR 5/2011, Anm. 1; rückblickend auch *Heese*, Die Funktion des Insolvenzrechts im Wettbewerb der Rechtsordnungen, S. 81; unentschlossen, die Änderungen des ESUG in der Tendenz aber für unzureichend haltend *Westpfahl/Knapp* ZIP 2011, 2033 (2033 f.); die Ein-

abzeichnenden Restrukturierungstourismus gen England.[38] Nachdem sich die Flucht ins englische Recht zunächst auf das insolvenzrechtliche[39] Instrument des sog. *Company Voluntary Arrangement* (*CVA*) konzentriert hatte,[40] entwickelte sich nach der Finanzkrise 2008 zunehmend das sog. *Scheme of Arrangement* zum Mittel der Wahl für die Sanierung krisengebeutelter (Groß-)Unternehmen aus aller Welt.[41] Grund war vor allem, dass die englischen Gerichte

---

führung eines vorinsolvenzlichen Verfahrens auf Grundlage einer empirischen Untersuchung ebenfalls für nicht dringlich befindend *Eidenmüller/Frobenius/Prusko* NZI 2010, 545 (546, 549 f.); ähnlich *Eidenmüller* ZIP 2010, 649 (654 ff.); vgl. zur Debatte über die Notwendigkeit eines Insolvenzverhütungsverfahrens schon während der Verhandlungen über eine neue Insolvenzordnung mit entsprechenden Nachweisen *Humpenöder*, Der Sanierungsgedanke im deutschen Insolvenzrecht, S. 57; eine überblicksartige Darstellung der vorinsolvenzlichen Sanierungsverfahren anderer Industrienationen findet sich bei *Eidenmüller* ZHR 175 (2011) 11 (18 ff.) sowie bei *Uhlenbruck* BB 2001, 1641 (1642) und *Thole* KSzW 2012, 286 (287).

[38] Aus spansicher Perspektive *Garcimartín*, IILR 2011, 321 (326), der eine ähnliche Drohkulisse erkannt haben will.

[39] Beim CVA handelt es sich anerkanntermaßen um ein Insolvenzverfahren i. S. d. europäischen Zivilverfahrensrechts (siehe dazu die Nennung in Anhang A zur EuInsVO), sodass zur Inanspruchnahme durch deutsche Unternehmen eine Verlegung des COMI ins Vereinigte Königreich erforderlich war; vgl. dazu nur *Heese*, Die Funktion des Insolvenzrechts im Wettbewerb der Rechtsordnungen, S. 81; *Rumberg* RIW 2010, 358 (364); *Westpfahl/Knapp* ZIP 2011, 2033 (2037).

[40] *Husfeldt*, Das UK Solvent Scheme of Arrangement als Sanierungsinstrument für deutsche Gesellschaften, S. 46; *Paulus* ZIP 2011, 1077 (1077); *Swierczok*, Das englische Scheme of Arrangement und seine Rezeption in Deutschland, S. 25; *Weller* ZGR 37 (2008) 835 (836 f.); *Westpfahl/Knapp* ZIP 2011, 2033 (2033); als namhafte Beispiele einer Sanierung deutscher Unternehmen mittels des englischen CVA sind insbesondere der Werkstoffhersteller Deutsche Nickel und der Automobilzulieferer Schefenacker zu nennen (dazu jeweils *Husfeldt*, Das UK Solvent Scheme of Arrangement als Sanierungsverfahren für deutsche Gesellschaften, S. 48 f.; *Rumberg* RIW 2010, 358 (359 ff.) sowie *Vallender* NZI 2007, 129 (131 f.)); im Fall der Hans Brochier GmbH & Co. KG scheiterte die angestrebte Inanspruchnahme des CVA hingegen an der Widerlegung der COMI-Vermutung im Staat des Satzungssitzes (*Re Brochier* [2006] EWHC 2594 (Ch.) = NZI 2007, 187; AG Nürnberg, Beschluss vom 15.08.2006 – 8004 IN 1326 bis 1331/06, ZIP 2007, 81; 2007, 83 m. krit. Anm. *Kebekus*; dazu ferner *Andres/Grund* NZI 2007, 137 ff.; *Rumberg* RIW 2010, 358 (360)).

[41] *Derksen*, Die Unternehmenssanierung innerhalb und außerhalb der Insolvenz, S. 491; *Eidenmüller/Frobenius* WM 2011, 1210 (1211); *Schillig* in: BeckOK-InsO, Int. InsR – England, Rn. 29; *v. d. Fecht*, NZI 2011, 565 (566); mit Hinweis auf den gegenüber einem CVA immensen Kostenvorteil durch die Entbehrlichkeit einer COMI-Verlegung auch *Bork*, Sanierungsrecht in Deutschland und England, Rn. 1.9; vgl. etwa die spanischen Fälle La Seda de Barcelona (*Re La Seda de Barcelona SA* [2010] EWHC 1364 (Ch.)) und Cortifel (*Re Cortifel SA* [2012] EWHC 2998 (Ch.)) sowie die Restrukturierung der italienischen Seat Pagine Gialle SPA (*Re Seat Pagine Gialle SPA* [2012] EWHC 3686 (Ch.)), des bulgarischen Telekommunikationsdienstleisters NEF Telecom (*Re NEF Telecom Co BV* [2012] EWHC 2483 (Ch.) und [2012] EWHC 2944 (Ch.)) und des griechischen Telekommunikationsunternehmens WIND Hellas, das nur ein Jahr zuvor ein CVA durchlaufen hatte; auf die steigende

für die Zuständigkeitsbegründung – anders als zur Durchführung eines *CVA* – bereits eine sog. *sufficient connection*, also eine hinreichend enge – in der Praxis beizeiten aber auch überaus vage[42] – territoriale Verknüpfung ausreichen ließen.[43] Ihren Anfang machte die englische Erfolgsgeschichte[44] im Jahre 2010 mit der Restrukturierung des Kunststoffherstellers *La Seda de Barcelona* mit Sitz in Spanien.[45] Angezogen von der schnellen, flexiblen und rechtssicheren Durchführbarkeit[46] eines *Scheme of Arrangement*, vor allem aber der Vermei-

---

Beliebtheit des *Scheme of Arrangement* im Nachgang der Finanzkrise auch unter englischen Unternehmen hinweisend *Bork*, Sanierungsrecht in Deutschland und England, Rn. 6.4; *ders.* IILR 2012, 477 (478) sowie *Husfeldt*, Das UK Solvent Scheme of Arrangement als Sanierungsinstrument für deutsche Gesellschaften, S. 54 und *Westpfahl/Knapp* ZIP 2011, 2033 (2033), die als Grund für die Abkehr vom CVA außerdem die nur im Rahmen des *Scheme of Arrangement* eröffnete Möglichkeit eines Eingriffs in die Rechte gesicherter Gläubiger anführen (S. 2038).

[42] Vgl. dazu die eindrucksvollen Beispiele bei *Sax/Swierczok* in: Flöther, Sanierungsrecht, Rn. K.45; eine ähnliche Tendenz ausmachend *Beisenhirtz* in: Paulus/Knecht, Gerichtliche Sanierung, § 6, Rn. 206 sowie *Carli/Weissinger* DB 2014, 1474 (1475).

[43] Dazu etwa *Sax/Swierczok* in: Flöther, Sanierungsrecht, Rn. K.53 ff.; *Schillig* in: BeckOK-InsO, Int. InsR – England, Rn. 36; zur (damaligen) Europarechtswidrigkeit der damit praktizierten eigenständigen, national-autonomen Festlegung der internationalen Zuständigkeit zur Bestätigung eines *Schemes* zutreffend *Swierczok*, Das englische Scheme of Arrangement und seine Rezeption in Deutschland, S. 153 f. sowie *Husfeldt*, Das UK Solvent Scheme of Arrangement als Sanierungsinstrument für deutsche Gesellschaften, S. 104 ff.

[44] Rückblickend dürfte es sich bei der Restrukturierungsmigration nach England – wie *Eidenmüller/Frobenius/Prusko* NZI 2010, 545 (546, 549 f.) bereits 2010 mutmaßten – eher um einen vorübergehenden Trend gehandelt haben als einen echten Exportschlager, was jedenfalls in Bezug auf das *Scheme of Arrangement* nicht zuletzt auch auf das Ausbleiben einer höchstrichterlichen Entscheidung zur Anerkennungsfähigkeit und die damit verbundene Rechtsunsicherheit sowie die hohen Verfahrens- und Beratungskosten zurückzuführen sein dürfte; verhalten auch bereits *Husfeldt*, Das UK Solvent Scheme of Arrangement als Sanierungsinstrument für deutsche Gesellschaften, S. 259 sowie *Thole* KSzW 2012, 286 (289), der bereits 2012 eine merkliche Abschwächung der Nachfrage nach den – überaus beratungs- und damit kostenintensiven – *Schemes* vorhersagte; wie hier *Heese*, Die Funktion des Insolvenzrechts im Wettbewerb der Rechtsordnungen, S. 82, 85; aA nunmehr *Eidenmüller* 18 (2017) EBOR 273 (294); ähnlich *ders.* 20 (2019) EBOR 547 (548).

[45] *Re La Seda de Barcelona SA* [2010] EWHC 1364 (Ch.); auch *Eidenmüller/Frobenius* WM 2011, 1210 (1211) gehen offenbar davon aus, dass es sich dabei um den ersten (publik gewordenen) Fall eines *Schemes* über eine ausländische Gesellschaft ohne Sitz und/oder COMI im Vereinigten Königreich handelt; tatsächlich nutzten ausländische Gesellschaften das *Scheme of Arrangement* auch schon zuvor, wenn auch zu anderen Zwecken, insbesondere Versicherungen zur Abwicklung unrentabler Geschäftsmodelle, vgl. dazu etwa, einen niederländischen Konzern betreffend, *Re DAP Holding NV* [2005] EWHC 2092 (Ch.).

[46] *Carli/Weissinger* DB 2014, 1474 (1475); *Sax/Swierczok* in: Flöther, Sanierungsrecht, Rn. K.32 f.; ähnlich *Westpfahl/Knapp* ZIP 2011, 2033 (2043), die eine Restrukturierung in drei bis vier Monaten für durchaus realistisch halten; teilweise noch ambitionierter *Husfeldt*,

dung eines – in Deutschland nach wie vor stigmatisierten – Insolvenzverfahrens,[47] ließ der Einsatz auch zur Sanierung deutscher Gesellschaften nicht lange auf sich warten. Beginnend mit dem Kabelnetzbetreiber *Tele Columbus*[48] bedienten sich ab 2010 mehrere deutsche Unternehmen des englischen Reorganisationsverfahrens. Zu nennen sind insbesondere der Brillenhersteller *Rodenstock*,[49] Kabelnetzwerkbetreiber *PrimaCom*[50] und Baustoffproduzent *Monier*,[51] aber auch der Parkraumbewirtschafter *APCOA*[52], der Autoteilehändler *ATU*[53] sowie das Modeunternehmen *CBR Fashion*.[54]

I. Der Gestaltungsspielraum beim Scheme of Arrangement

Beim *Scheme of Arrangement*, das seine Rechtsgrundlage in Part 26 des *Companies Act* (CA) findet, handelt es sich im Ausgangspunkt – wie schon Sec. 895 CA zum Ausdruck bringt („compromise or arrangement“) – um eine Vereinbarung der Schuldnergesellschaft mit ihren Gläubigern und/oder Gesellschaftern zur Änderung der diesen zustehenden Rechte gegenüber der Schuldnerin, die in ihren Wirkungen allerdings weit über einen herkömmlichen Vertrag hinaus geht.[55] Der Kreis der betroffenen Gesellschafter und Gläubiger kann flexibel gewählt werden, sodass sich das Verfahren auch auf bestimmte Gruppen

---

Das UK Solvent Scheme of Arrangement als Sanierungsinstrument für deutsche Gesellschaften, S. 91, die sechs bis acht Wochen als Regeldauer nennt; aA hingegen *Bork* IILR 2012, 477 (478) sowie *ders.*, Sanierungsrecht in Deutschland und England 6.4, der auf die Unwägbarkeiten der gerechtigkeits- und fairnessgeleiteten Ermessensentscheidung hinweist und daher die Plan- und Vorhersehbarkeit des Verfahrens in Frage stellt, zugleich aber auch den hohen Zeitaufwand bemängelt; ähnliche Tendenzen finden sich auch bei *Heese*, Die Funktion des Insolvenzrechts im Wettbewerb der Rechtsordnungen, S. 85, wobei sich die Ausführungen wohl eher auf den international-rechtlichen Rahmen beziehen.

[47] *Sax/Swierczok* in: Flöther, Sanierungsrecht, Rn. K.34.

[48] *Re Tele Columbus GmbH* [2010] EWHC 1944 (Ch.).

[49] *Re Rodenstock GmbH* [2011] EWHC 1104 (Ch.) = ZIP 2011, 1017 = NZI 2011, 557.

[50] *Re Primacom Holding GmbH* [2012] EWHC 164 (Ch.) = ZIP 2012, 440; die Firma des (damals) berliner Kabelnetzbetreibers ist zu unterscheiden von dem oberbayerischen Maschinenbauer Primacon, der in der Literatur teilweise fälschlicherweise als Restrukturierungsschuldner des betreffenden Verfahrens angeführt wird.

[51] *Re Monier Group Services GmbH* [2013] EWHC 3919 (Ch.).

[52] *Re Apcoa Parking UK Ltd. et. al.* [2014] EWHC 1867 (Ch.) und *Re Apcoa Parking UK Ltd. et. al.* [2014] EWHC 3849 (Ch.) = IILR 2014, 516.

[53] *Re Christophorus 3 Limited* [2014] EWHC 1162 (Ch.).

[54] *Re CBR Fashion GmbH* [2016] EWHC 2808 (Ch.).

[55] *Derksen*, Die Unternehmenssanierung innerhalb und außerhalb der Insolvenz, S. 492, 516; *Eidenmüller/Frobenius* WM 2011, 1210 (1211); *Garcimartín* IILR 2011, 321 (324 f.); *Sax/Swierczok* in: Flöther, Sanierungsrecht, Rn. K.26; *Schlegel* WM 2010, 1337 (1340); *Braun*, Die vorinsolvenzliche Sanierung von Unternehmen, S. 60 spricht von einer „gesetzlich normierten Vereinbarung“.

beschränken kann.[56] Besteht ein nachvollziehbarer, wirtschaftlicher Grund für die damit verbundene Ungleichbehandlung, können mithin einzelne Gläubiger(-gruppen) aus dem Verfahren ausgenommen werden, mit der Folge, dass ihre Forderungen gegen das Schuldnerunternehmen unverändert bestehen bleiben.[57] Besondere Vorgaben an Ausgestaltung und Inhalt enthalten die gesetzlichen Regelungen nicht, sodass der Antragsteller insoweit – freilich im Rahmen der allgemeinen rechtlichen Grenzen – keinerlei Beschränkungen unterliegt.[58] Das *Scheme of Arrangement* zeichnet sich damit durch seine nahezu unbegrenzte Flexibilität aus, die den Beteiligten einen weitreichenden Gestaltungs- und Verhandlungsspielraum zubilligt und dadurch passgenau auf die jeweilige Ausgangslage zugeschnittene Lösungen zulässt.[59] Eine Verlängerung der Darlehenslaufzeiten ist ebenso möglich wie Forderungskürzungen, die Zuführung neuen Eigenkapitals oder zusätzlicher Liquidität, die Umgestaltung der bestehenden Sicherheitenstruktur oder Umwandlungen von Fremd- in Eigenkapital, um nur die gängigsten Maßnahmen zu nennen, die selbstverständlich auch untereinander kombiniert werden können.[60]

---

[56] *Bork*, Sanierungsrecht in Deutschland und England, Rn. 6.4; *Lüke/Scherz* ZIP 2012, 1101 (1101); *Sax/Swierczok* in: Flöther, Sanierungsrecht, Rn. K.27; *Schillig*, BeckOK-InsO, Int. InsR – England, Rn. 29 f.

[57] *Westpfahl/Knapp* ZIP 2011, 2033 (2038, 2040) sowie mit entsprechenden Nachweisen aus der englischen Judikatur *Derksen*, Die Unternehmenssanierung innerhalb und außerhalb der Insolvenz, S. 518; eine mangelnde Einbeziehung kann dabei für die Betroffenen je nach Einzelfall vorteilhaft sein (etwa für Lieferanten, Arbeitnehmer und Kunden, deren Forderungen ungekürzt fortbestehen), aber gleichfalls einen gravierenden Nachteil mit sich bringen, z. B. wenn im Rahmen des *Schemes* das Schuldnervermögen auf eine neu zu gründende Gesellschaft übertragen werden soll und nur die am Verfahren beteiligten (vorrangigen) Gläubiger durch Fremd- oder Eigenkapitalanteile an deren wirtschaftlichen Wert partizipieren, wohingegen für die nicht einbezogenen (nachrangigen) Gläubiger nur eine vermögenslose Gesellschaft als leere Hülse zurückbleibt.

[58] *Braun*, Die vorinsolvenzliche Sanierung von Unternehmen, S. 63; *Derksen*, Die Unternehmenssanierung innerhalb und außerhalb der Insolvenz, S. 493, 499 ff.; *Paulus* ZIP 2011, 1077 (1078); *Sax/Swierczok* in: Flöther, Sanierungsrecht, Rn. K.6, K.26; *Schillig* in: BeckOK-InsO, Int. InsR – England, Rn. 29; *Swierczok*, Das englische Scheme of Arrangement und seine Rezeption in Deutschland, S. 36.

[59] *Braun*, Die vorinsolvenzliche Sanierung von Unternehmen, S. 60; *Carli/Weissinger* DB 2014, 1474 (1475); *Eidenmüller/Frobenius* WM 2011, 1210 (1211); *Gullifer/Payne*, Corporate Finance Law, S. 729; *Sax/Swierczok* in: Flöther, Sanierungsrecht, Rn. K.26; *Schlegel* WM 2010, 1337 (1340); *Swierczok*, Das englische Scheme of Arrangement und seine Rezeption in Deutschland, S. 36; *Westpfahl/Knapp* ZIP 2011, 2033 (2037).

[60] *Derksen*, Die Unternehmenssanierung innerhalb und außerhalb der Insolvenz, S. 499 ff.; *Swierczok*, Das englische Scheme of Arrangement und seine Rezeption in Deutschland, S. 32 ff.

Der entscheidende Vorteil des *Scheme of Arrangement* gegenüber einer freien, außergerichtlichen Schuldenanpassung ist die Möglichkeit der Majorisierung einzelner Gruppenmitglieder.[61] Dissentierenden Gläubigern wird dadurch das im vertragsrechtlichen Konsensualprinzip begründete Blockadepotenzial genommen, wodurch insbesondere *hold out*-Strategien vorgebeugt wird.[62] Die Verfahrensbeteiligten werden der Sache nach innerhalb der jeweiligen Klasse zu Zwangsgemeinschaften zusammengefasst,[63] wie sie das deutsche Recht bislang nur im Insolvenzverfahren kannte.[64] Zu seiner Annahme bedarf der Vergleichsplan in jeder Klasse jeweils der Zustimmung einer 3/4 Mehrheit nach Nominalwert und einer einfachen Mehrheit nach Köpfen.[65] Werden diese Quoren erreicht und der Plan anschließend durch das Gericht bestätigt, sind die getroffenen Maßnahmen für sämtliche in das Verfahren einbezogenen Gläubiger und/oder Gesellschafter bindend, ungeachtet dessen, ob sie von ihrem Stimmrecht Gebrauch gemacht und wie sie abgestimmt haben.[66] Dagegen war es zumindest bislang nicht möglich, ganze Gläubigergruppen zu überstimmen.[67] Entsprechendes Gewicht kam damit der Gruppenbildung zu, die für ein Gelingen der Restrukturierung so auszutarieren war, dass in jeder Klasse eine entsprechende Mehrheit erreicht werden konnte, wobei sich insbesondere die Bildung einer einzigen Klasse bisweilen als strategisch vorteilhaft

---

[61] *Derksen*, Die Unternehmenssanierung innerhalb und außerhalb der Insolvenz, S. 492 f.; *Paulus* ZIP 2011, 1077 (1078); *Sax/Swierczok* in: Flöther, Sanierugnsrecht, Rn. K.29; *Westpfahl/Knapp* ZIP 2011, 2033 (2037); aufgrund der Einführung eines neuen Verfahrens für „companies in financial difficulties" in Part 26A CA durch den *Corporate Insolvency and Governance Act 2020* vom 26.06.2020 ist mittlerweile auch ein sog. gruppenübergreifender *Cram-down* möglich, also die Überstimmung ganzer Klassen; vgl. dazu *Hoos/Schwartz/Schlander* ZIP 2021, 2214 (2215 f.); *Schillig* in: BeckOK InsO, Internationales Insolvenzrecht – England Rn. 40 ff.; *Tashiro* NZI-Beil. 2021, 77 (77 f.).

[62] *Paulus* ZIP 2011, 1077 (1078).

[63] Insoweit ungenau *Paulus* ZIP 2011, 1077 (1078), der von einer Zwangsgemeinschaft spricht, obwohl wegen der erst 2020 durch Einführung von Sec. 901G CA geschaffenen Möglichkeit einer klassenübergreifenden Mehrheitsentscheidung bislang gerade keine Zwangsgemeinschaft aller Gläubiger bestand.

[64] *Sax/Swierczok* in: Flöther, Sanierungsrecht, Rn. K.29; *Westpfahl/Knapp* ZIP 2011, 2033 (2033); aA *Paulus* ZIP 2011, 1077 (1078), der auch im Schuldverschreibungsgesetz die Bildung einer Zwangsgemeinschaft erblicken will, was wegen der vertraglichen Grundlage der Majorisierungsmöglichkeit gem. § 5 SchVG aber gerade nicht der Fall ist; darauf zutreffend hinweisend *Lüke/Scherz* ZIP 2012, 1101 (1103).

[65] Sec. 899 (1) CA: „majority in number representing 75% in value".

[66] Sec. 899 (3) CA.

[67] *Carli/Weissinger* DB 2014, 1474 (1474); *Derksen*, Die Unternehmenssanierung innerhalb und außerhalb der Insolvenz, S. 512; *Westpfahl/Knapp* ZIP 2011, 2033 (2041).

erwiesen hat.[68] Auch diesbezüglich genießt der Vorschlagsberechtigte allerdings einen äußerst weitreichenden Spielraum, dessen Grenze erst dort erreicht ist, wo Gläubiger in einer Gruppe zusammengefasst werden, deren Forderungen gegen die Gesellschaft derart unterschiedlich sind, dass es ihnen unmöglich wäre, zusammen über ihre gemeinsamen Interessen zu beraten.[69]

Ein generelles Moratorium wurde durch den Eintritt in das *Scheme*-Verfahren nach der bisherigen Rechtslage weder automatisch ausgelöst, noch stand ein solches – etwa auf Antrag – überhaupt zur Verfügung.[70] Die Schuldnergesellschaft hatte damit einerseits zu befürchten, dass opponierende Gläubiger einer Kürzung ihrer Forderungen zuvorkommen und sich noch vor der Bestätigung des Sanierungsplans überquotal befriedigen oder ihr damit gar Vermögensgegenstände entziehen könnten, die für die Unternehmensfortführung unverzichtbar sind.[71] Andererseits bestand im Falle der bereits eingetretenen Insolvenz stets die Gefahr, dass einzelne Gläubiger ein geregeltes Insolvenzverfahren vorziehen und einer Restrukturierung im *Scheme*-Verfahren durch die Stellung eines entsprechenden Fremdantrags zuvorkommen würden.[72] Vor diesem Hintergrund wurde das Fehlen eines Moratoriums generell als (womöglich gravierendste) Schwäche des *Scheme of Arrangement* wahrgenommen,[73] was

---

[68] Vgl. *Eidenmüller/Frobenius* WM 2011, 1210 (1212); sowie, allerdings unter Hinweis auf die mit einem sog. *single class Scheme* verbundenen rechtlichen Unsicherheiten *Husfeldt*, Das UK Solvent Scheme of Arrangement als Sanierungsinstrument für deutsche Gesellschaften, S. 71, 75 und *Westpfahl/Knapp* ZIP 2011, 2033 (2041).

[69] Vgl. *Sovereign Life Assurance Co (in liquidation) v. Dodd* [1892] 2 QB 573: „[...] must be confined to those persons whose rights are not so dissimilar as to make it impossible for them to consult together with a view to their common interest"; dieselbe Aussage konnte auch dem Practice Statement (Companies: Schemes of Arrangements) [2002] 1 WLR 1345 Rn. 2 entnommen werden, das zwar mittlerweile durch das Practice Statement (Companies: Schemes of Arrangement under Part 26 and Part 26A of the Companies Act 2006), abrufbar unter <https://www.judiciary.uk/wp-content/uploads/2020/06/Schemes-Practice-Statement-FINAL-25-6-20-1.pdf>, Stand Oktober 2022 ersetzt wurde; da aber auch hier darauf Bezug genommen wurde, dass die einberufenen Versammlungen der Gläubigerklassen „properly constituted", also ordnungsgemäß konstituiert sein müssen, ist davon auszugehen, dass sich an der Abgrenzungsformel insoweit nichts geändert hat.

[70] *Bork* IILR 2012, 477 (478 f., 481); *ders.*, Sanierungsrecht in Deutschland und England, Rn. 6.4; *Carli/Weissinger* DB 2014, 1474 (1474); *Husfeldt*, Das UK Solvent Scheme of Arrangement als Sanierungsinstrument für deutsche Gesellschaften, S. 63; *Westpfahl/Knapp* ZIP 2011, 2033 (2037).

[71] *Bork*, Sanierungsrecht in Deutschland und England, Rn. 10.3.

[72] *Bork* IILR 2012, 477 (479); *Husfeldt*, Das UK Solvent Scheme of Arrangement als Sanierungsinstrument für deutsche Gesellschaften, S. 63.

[73] Siehe nur *Beissenhirtz* in: Paulus/Knecht, Gerichtliche Sanierung, § 6 Rn. 210; *Bork* IILR 2012, 477 (481); *Husfeldt*, Das UK Solvent Scheme of Arrangement als Sanierungsinstrument für deutsche Gesellschaften, S. 63; *Tashiro* NZI-Beil. 2021, 77 (78); sowie aus dem englischen Schrifttum exemplarisch *Finch/Milman*, Corporate Insolvency Law, S. 414 f.; *Gullifer/Payne*, Corporate Finance Law, S. 761.

teilweise zur Folge hatte, dass das Sanierungsverfahren mit einer insolvenzrechtlichen *Administration* kombiniert wurde.[74] Nach jahrelangen Reformbestrebungen hat der englische Gesetzgeber hier mittlerweile nachjustiert und mit dem *Corporate Insolvency and Governance Act 2020* für bestimmte, finanziell angeschlagene Unternehmen ein Moratorium zur Verfügung gestellt.[75]

2. *Der Ablauf eines Scheme of Arrangement*

Eingeleitet werden kann das Restrukturierungsverfahren englischer Façon gem. Sec. 896 (2) CA sowohl durch das Geschäftsführungsorgan der Schuldnergesellschaft, als auch durch deren Gläubiger oder Gesellschafter.[76] Dabei gilt es allerdings zu beachten, dass die Bestätigung des *Scheme* zwingend der Zustimmung der Gesellschaft bedarf.[77] Eine besondere, an die finanzielle Lage der Schuldnergesellschaft anknüpfende Zugangshürde kennt das englische Recht nicht, sodass das Sanierungsinstrument vielseitig einsetzbar ist – in und außerhalb der Insolvenz.[78] Der formellen Antragstellung beim *companies court*[79] gehen in der Praxis regelmäßig außergerichtliche Verhandlungen mit den wichtigsten Gläubigern, alternativ auch mit einem von diesen gebildeten sog. *steering committee* voraus.[80] Außerdem erfolgt im Vorfeld eine zeit-, arbeits- und beratungsintensive – und damit besonders kostenträchtige – Vorbereitung des angestrebten Sanierungsplans.[81] Kann in den Gesprächen auch unter dem Eindruck einer ansonsten drohenden Majorisierung im *Scheme*-Ver-

---

[74] *Bork*, Sanierungsrecht in Deutschland und England, Rn. 10.40, 10.43; *ders.* IILR 2012, 477 (479); *Beissenhirtz* in: Paulus/Knecht, Gerichtliche Sanierung, § 6 Rn. 210; *Husfeldt*, Das UK Solvent Scheme of Arrangement als Sanierungsinstrument für deutsche Gesellschaften, S. 63.

[75] Dazu *Stiegler* NZI 2020, 717 (718) sowie unter Gegenüberstellung mit der Stabilisierungsanordnung nach § 49 StaRUG *Tashiro* NZI-Beil. 2021, 77 (78); ähnlich – unter Einbeziehung auch des niederländischen WHOA-Instruments – *Bork*, Pre-insolvency moratoria – a legal comparison (abrufbar unter <https://eirjournal.com/content/EIRJ-2021-9>, Stand Oktober 2022).

[76] Sec. 896 (2) CA; befindet sich die Gesellschaft bereits in einem Abwicklungsverfahren, sind auch *administrator* und *liquidator* antragsbefugt.

[77] *Re Savoy Hotel Ltd.* [1981] Ch. 351 (365 f.); dazu *Bork* IILR 2012, 477 (479); näher zu diesem Erfordernis *Braun*, Die vorinsolvenzliche Sanierung von Unternehmen, S. 62.

[78] Siehe dazu noch ausführlich unten bei § 9, II., 2., a) (S. 142 ff.).

[79] Zur grundsätzlichen Zuständigkeit des *High Court of Justice* in London sowie zur alternativen Zuständigkeit der *county courts* bei Gesellschaften mit einem Stamm- bzw. Grundkapital unter GBP 120.000,- *Derksen*, Die Unternehmenssanierung innerhalb und außerhalb der Insolvenz, S. 502 in Fn. 2095.

[80] *Braun*, Die vorinsolvenzliche Sanierung von Unternehmen, S. 62 f.

[81] *Beissenhirtz* ZInsO 2011, 57 (63); *Lüke/Scherz* ZIP 2012, 1101 (1101); *Maier* NZI 2011, 305 (306); *Swierczok*, Das englische Scheme of Arrangement und seine Rezeption in Deutschland, S. 37; *Westpfahl/Knapp* ZIP 2011, 2033 (2038 f.).

fahren keine Einstimmigkeit erzielt werden, wird sodann das gerichtliche Verfahren eingeleitet und im sog. *convening hearing* die Einberufung der Klassenversammlung(en) beantragt. Den einbezogenen Gläubigern, die typischerweise bereits im Voraus durch einen sog. *practice statement letter* über das Sanierungsvorhaben informiert werden,[82] wird dort ein Forum geboten, um Einwände gegen das *Scheme* vorzubringen.[83] Zugleich wird das Gericht sich zur Durchführung der einzuberufenden Klassenversammlung(en) äußern, gegebenenfalls entsprechende Vorgaben kommunizieren und insbesondere die im *Scheme*-Vorschlag vorgenommene Einteilung in die verschiedenen Gruppen überprüfen.[84]

Entsprechend den Vorgaben des Gerichts im *convening hearing* werden sodann in einem zweiten Schritt die Versammlungen der verschiedenen Klassen abgehalten. Im Vorfeld erhalten die Beteiligten ein ausführliches *explanatory statement*,[85] das die wesentlichen Auswirkungen der Planregelungen auf die Rechtsposition der Klassenmitglieder beschreibt, bei insolvenzbedrohten Gesellschaften aber auch die hypothetischen Befriedigungsaussichten der Gläubiger in einem Liquidationsszenario darlegen muss.[86] Der Abstimmungsvorgang selbst erfolgt nach den jeweiligen Gruppen getrennt, üblicherweise unter Vorsitz eines Mitglieds des Geschäftsführungsorgans oder eines externen, unabhängigen Versammlungsleiters;[87] eine Vertretung bei der Stimmabgabe ist möglich.[88] Die Ergebnisse werden unter Protokollierung der abgegebenen

---

[82] Siehe dazu *Husfeldt*, Das UK Solvent Scheme of Arrangement als Sanierungsinstrument für deutsche Gesellschaften, S. 58 f. sowie *Westpfahl/Knapp* ZIP 2011, 2033 (2039) mit dem Hinweis, dass die Übersendung eines solchen *practice statements letter* im Rahmen des Beschleunigungsgrundsatzes eine Konzentration auslöst, wodurch opponierende Beteiligte angehalten werden, Einwände möglichst frühzeitig geltend zu machen und ggf. auch eine Präklusion möglich ist; zu letzterer auch *Derksen*, Die Unternehmenssanierung innerhalb und außerhalb der Insolvenz, S. 506 f.

[83] *Derksen*, Die Unternehmenssanierung innerhalb und außerhalb der Insolvenz, S. 505.

[84] *Bork* IILR 2012, 477 (480); *Braun*, Die vorinsolvenzliche Sanierung von Unternehmen, S. 66; *Derksen*, Die Unternehmenssanierung innerhalb und außerhalb der Insolvenz, S. 505 f.; *Garcimartín* IILR 2011, 321 (325); *Schillig* in: BeckOK-InsO, Int. InsR – England, Rn. 31; *Westpfahl/Knapp* ZIP 2011, 2033 (2042).

[85] Vgl. dazu Sec. 897 (1) und (2) CA.

[86] *Heron International NV* [1994] 1 BCLC 667 (674); außerdem sind im *explanatory statement* Sonderinteressen der Geschäftsleitung der Schuldnergesellschaft und privilegierende Nebenabreden mit einzelnen Gläubigern zu deklarieren, um den Gläubigern eine möglichst informierte Entscheidung zu ermöglichen; vgl. zum Ganzen *Derksen*, Die Unternehmenssanierung innerhalb und außerhalb der Insolvenz, S. 508; *Husfeldt*, Das UK Solvent Scheme of Arrangement als Sanierungsinstrument für deutsche Gesellschaften, S. 66; *Westpfahl/Knapp* ZIP 2011, 2033 (2039).

[87] *Derksen*, Die Unternehmenssanierung innerhalb und außerhalb der Insolvenz, S. 510.

[88] *Derksen*, Die Unternehmenssanierung innerhalb und außerhalb der Insolvenz, S. 512.

Stimmen und Enthaltungen sowie der darauf jeweils entfallenden Nennbeträge dem Gericht zugeleitet.[89]

Wurden die erforderlichen Mehrheiten erreicht, so schließt sich sodann auf einen zweiten Antrag hin das sog. *sanctioning hearing* an, in dem das Gericht über die Bestätigung des *Scheme* befindet. Auch hier nimmt sich das Gesetz mit Vorgaben zum Prüfungsmaßstab zurück; Sec. 899 (1) CA ermächtigt das Gericht lediglich, eine verbindliche Planbestätigung auszusprechen, ohne allerdings entsprechende (Mindest-)Anforderungen aufzustellen.[90] Mittlerweile ist das damit eröffnete weite Ermessen durch entsprechendes *case law* auf im Wesentlichen drei Prüfungspunkte konkretisiert worden. Das Gericht prüft, ob erstens die formalen Anforderungen eingehalten wurden, ob das *Scheme* zweitens ordnungsgemäß zustande gekommen ist, sowie drittens, ob die Planregelungen *fair* und *reasonable* sind, wobei als Maßstab die Befürwortung des Plans durch einen „intelligent and reasonable bystander“[91], also einen einsichtigen und vernünftigen objektiven Dritten,[92] herangezogen wird.[93] Im Rahmen des zweiten Prüfungspunkts wird dabei vor allem die ordnungsgemäße Bildung und Vertretung der einzelnen Klassen betrachtet. Außerdem muss die Mehrheit redlich (*bona fide*) gehandelt haben, was insbesondere dann nicht der Fall ist, wenn beim Abstimmungsverhalten einzelner Gläubiger individuelle Partikula-

---

[89] *Westpfahl/Knapp* ZIP 2011, 2033 (2042); *Derksen*, Die Unternehmenssanierung innerhalb und außerhalb der Insolvenz, S. 510.

[90] Vgl. Sec. 899 Companies Act („may [...] sanction the compromise or arrangement”); dazu *Derksen*, Die Unternehmenssanierung innerhalb und außerhalb der Insolvenz, S. 513 f.

[91] Vgl. *Re Alabama, New Orleans, Texas & Pacific Junction Railway Co* [1891] 1 Ch. 213 (247); *Re English Scottish and Australian Chartered Bank* [1893] 3 Ch. 385 (399); *Re Anglo Continental Supply Co Ltd* [1922] 2 Ch. 723 (728); *Re Dorman Long & Co Ltd* [1934] Ch. 635 (655 f.); *Re NFU Development Trust* [1972] 1 WLR 1548 (1554); *Re Abbey National Plc* [2004] EWHC 2776 (Ch.) Rn. 15.

[92] *Eidenmüller/Frobenius* WM 2011, 1210 (1212); *Paulus* ZIP 2011, 1077 (1078); vgl. auch *Westpfahl/Knapp* ZIP 2011, 2033 (2042), die den Maßstab – wohl in Anlehnung an die Formulierung in *Re Alabama, New Orleans, Texas & Pacific Junction Railway Co* [1891] 1 Ch. 213 (247) („intelligent and honest man“) – anhand einer „intelligenten und aufrichtigen Person“ konkretisieren wollen, allerdings ohne dass dabei inhaltliche Abweichungen erkennbar würden; siehe auch *Swierczok*, Das englische Scheme of Arrangement und seine Rezeption in Deutschland, S. 42, der einen vernünftigen und intelligenten Klassenangehörigen zugrunde legen will.

[93] *Eidenmüller/Frobenius* WM 2011, 1210 (1212); *Mankowski* WM 2011, 1201 (1204 f.); *Schillig* in: BeckOK-InsO, Int. InsR – England, Rn. 37 f.; *Westpfahl/Knapp* ZIP 2011, 2033 (2042 f.); dagegen wollen *Derksen*, Die Unternehmenssanierung innerhalb und außerhalb der Insolvenz, S. 514 und *Husfeldt*, Das UK Solvent Scheme of Arrangement als Sanierungsinstrument für deutsche Gesellschaften, S. 80 ff. in der englischen Judikatur noch eine vierte, als „Notwendigkeit des *Schemes*“ betitelte Kategorie ausmachen, die vor allem dann einschlägig sein soll, wenn das *Scheme* im Sitzstaat des Schuldnerunternehmens keine Aussicht auf Anerkennung hat.

rinteressen im Vordergrund standen. Im *sanctioning hearing* erhalten überstimmte Klassenmitglieder schließlich auch die Möglichkeit, konkrete Einwände gegen den Plan und seine Annahme zu erheben. Das Gericht übernimmt mithin eine aktive Rolle, indem es einerseits die Verfahrenskonformität prüft, andererseits aber auch durch eine wertende Entscheidung den Inhalt auf seine Angemessenheit hin beurteilt und damit einen gewissen Minderheitenschutz gewährleistet.[94] Wird das *Scheme of Arrangement* vom Gericht bestätigt, folgt schließlich die Einreichung beim *companies house*, mit der die Planregelungen gem. Sec. 899 (4) CA wirksam werden.

3. Das englische Scheme of Arrangement als Harmonisierungsanstoß

Wenn auch mittlerweile die rückblickende Erkenntnis Platz gewonnen hat, dass ein handfester Restrukturierungswettbewerb über den Ärmelkanal ausgeblieben ist,[95] so sind doch die weitreichenden Auswirkungen des englischen Restrukturierungstrends auf die Sanierungslandschaft in Deutschland und (Kontinental-)Europa kaum zu leugnen.[96] Einerseits manifestierte sich in *Tele Columbus*, *Rodenstock* und Co. in schier unübersehbarer und höchst publikumswirksamer Manier das praktische Bedürfnis nach einem präventiven Restrukturierungsverfahren, mit dessen Hilfe es finanziell angeschlagenen Unternehmen ermöglicht wird, die (akute) Schuldenlast zu dezimieren und dadurch langfristig ihre Bestandsfähigkeit zu sichern. Andererseits steht die Sanierungsmigration kontinentaleuropäischer Unternehmen aber auch sinnbildlich für die gravierenden unionsweiten Unterschiede im nationalen Insolvenz- und Restrukturierungsrecht – von Vorreitern wie England oder Frankreich bis hin zum offenen Reformverweigerer Deutschland.[97] Das englische

---

[94] *Westpfahl/Knapp* ZIP 2011, 2033 (2042).

[95] *Heese*, Die Funktion des Insolvenzrechts im Wettbewerb der Rechtsordnungen, S. 80 ff.; vorausschauend allerdings bereits die empirischen Erkenntnisse bei *Eidenmüller/Frobenius/Prusko* NZI 2010, 545.

[96] *Sax/Swierczok* in: Flöther, Sanierungsrecht, Rn. K.3.

[97] So jedenfalls dürfte sich die Bandbreite mitgliedstaatlicher Restrukturierungsrechtsordnungen für die europäische Kommission dargestellt haben, nachdem ihrer (gem. Art. 288 UAbs. 5 AEUV unverbindlichen) Empfehlung 2014/135/EU vom 12.03.2014 für einen neuen Ansatz im Umgang mit unternehmerischem Scheitern und Unternehmensinsolvenzen (ABl. vom 14.03.2014, L 74 S. 65, Abschnitt III.) nur schleppend gefolgt wurde; vgl. zu diesem Befund etwa den Richtlinienentwurf vom 22.11.2016, COM(2016) 723 final, S. 8 sowie die Mitteilung der Kommission an das Europäische Parlament, den Rat, den Europäischen Wirtschafts- und Sozialausschuss und den Ausschuss der Regionen über den Aktionsplan zur Schaffung einer Kapitalmarktunion vom 30.09.2015, COM(2015) 468 final, S. 28; mit ähnlichen Einschätzungen *Eidenmüller* 18 (2017) EBOR 273 (275); *ders.* 92 (2018) Am. Bankr. L. J. 53 (58); *Heese*, Die Funktion des Insolvenzrechts im Wettbewerb der Rechtsordnungen, S. 56; gleichwohl sei an dieser Stelle angemerkt, dass Deutschland im Effizienzvergleich der mitgliedstaatlichen Insolvenzrechtsordnungen keineswegs das Schlusslicht bildete, vgl. dazu das Impact Assessment zum Richtlinienvorschlag vom 22.11.2016,

Scheme of Arrangement war demnach nicht nur Anstoß zu einer europäischen Harmonisierung auf dem Bereich des Restrukturierungsrechts, sondern kann – gemeinsam mit US-amerikanischen[98] und französischen[99] Einflüssen – auch inhaltlich als Vorreiter der Restrukturierungsrichtlinie bezeichnet werden.[100]

III. Die europäische Restrukturierungsrichtlinie und ihre Auswirkungen auf den Restrukturierungswettbewerb in Europa

Die Bedeutung des Zugangs zu präventiven Restrukturierungsmechanismen als unternehmerischer Wettbewerbsvorteil und die davon ausgehenden Hemmungen grenzüberschreitender Investitionen als Störfaktor für den Binnenmarkt rief 2014 die Europäische Kommission auf den Plan.[101] Die (teils gravierenden) Unterschiede im mitgliedstaatlichen Insolvenz- und Restrukturierungsrecht wirkten sich über die zu erwartenden Befriedigungsaussichten mittelbar auf den Zugang zu zinsgünstigen Krediten und damit auf die Wettbewerbsfähigkeit der lokalen Unternehmen aus.[102] Die Wettbewerber sollten aber auf Grundlage ihrer operativen Geschäftsmodelle miteinander konkurrieren, nicht durch systembedingt besonders niedrige Finanzierungskosten.[103] Die

---

SWD(2016) 357 final, S. 15; zur offen ablehnenden Haltung der Bundesregierung gegenüber der Empfehlung vgl. nur die Rede des damaligen Bundesjustizministers *Heiko Maas* vom 03.04.2014, abgedruckt in ZInsO 2014, 819 (821).

[98] Siehe dazu nur *Eidenmüller* 18 (2017) EBOR 273 (290); *Heese*, Die Funktion des Insolvenzrechts im Wettbewerb der Rechtsordnungen, S. 50 f., 94; *Westpfahl/Knapp* in: Flöther, Sanierungsrecht, Rn. F.211.

[99] Siehe dazu *Arnold/Slawik*, NZI-Beil. 2021, 79 (80) m. w. N. aus dem französischen Schrifttum.

[100] *Sax/Swierczok* in: Flöther, Sanierungsrecht, Rn. K.2 sprechen gar davon, das englische Verfahren habe als „Blaupause“ gedient; über das Ziel hinaus schießt allerdings *Kayser* ZIP 2016, S40 (S42) wenn er dem zuständigen (englischen) Referatsleiter unterstellt, der europäische Vorstoß zur Einführung eines Restukturierungsrahmens sei möglicherweise nicht frei von Bestrebungen, das Betätigungsfeld und die Verdienstmöglichkeiten der englischen Beraterbranche zu erweitern; Unterschiede zum englischen *Scheme of Arrangement* sowie zum *französischen procédure de sauvegarde*, insbesondere die weniger stark ausgeprägte Gerichtsbeteiligung betont hingegen *Madaus*, Ein vorinsolvenzliches Sanierungsverfahren in Deutschland? – Die Diskussion ist neu entbrannt. (abrufbar unter <https://stephanmadaus.de/2016/02/25/ein-vorinsolvenzliches-sanierungsverfahren-in-deutschland-die-diskussion-ist-neu-entbrannt/>, Stand Oktober 2022); *Hoos/Schwartz/Schlander* ZIP 2021, 2214 (2216) wollen hingegen eine gegenteilige Beeinflussung ausmachen, wonach der englische Gesetzgeber sich bei Einführung des Part 26A-*Restructuring Plans* maßgeblich an den Vorgaben der RRL orientiert habe; ebenso *Herding/Kranz* ZRI 2021, 123 (123).

[101] Siehe dazu insbesondere die Erwägungsgründe (6) bis (8) sowie Erwägungsgrund (11) zur RRL; ansatzweise bereits Erwägungsgrund (4) zur Empfehlung 2014/135/EU für einen neuen Ansatz im Umgang mit unternehmerischem Scheitern und Unternehmensinsolvenzen vom 12.03.2014 (ABl. vom 14.03.2014, L 74 S. 65).

[102] Erwägungsgrund (8) S. 1 zur RRL.

[103] *Eidenmüller* 20 (2019) EBOR 547 (551).

Zersplitterung des jeweils verfügbaren Insolvenz- und Restrukturierungsinstrumentariums halte Kapitalgeber außerdem von Investitionen im Ausland ab, weil sie dafür das Insolvenz- und Ausfallrisiko für verschiedene Jurisdiktionen ermitteln müssten.[104] Ein rückständiges Insolvenz- und Restrukturierungsrecht und die damit einhergehenden Unsicherheiten und Risiken stellten demnach für die Marktteilnehmer einen Hauptgrund dar, nicht außerhalb ihres Heimatstaats zu investieren oder in Geschäftsbeziehungen zu Handelspartnern in anderen Mitgliedstaaten zu treten.[105]

Angesichts dieser Friktionen für das reibungslose Funktionieren des Binnenmarkts schritt die Kommission 2014 zur Tat und verabschiedete eine Empfehlung zur Einführung präventiver Restrukturierungsrahmen, die es finanziell angeschlagenen Unternehmern ermöglichen sollten, sich mit der Unterstützung der Gläubigermehrheit in Eigenverwaltung zu sanieren.[106] Bei den Mitgliedstaaten stieß die europäische Initiative jedoch weitgehend auf taube Ohren.[107] Der damalige deutsche Bundesjustizminister *Heiko Maas* etwa erteilte dem Vorstoß der Kommission nur wenige Wochen später in einer Rede auf dem 11. Deutschen Insolvenzrechtstag eine klare Absage,[108] hegte man doch in Deutschland die Hoffnung, das heimische Restrukturierungsrecht mit den jüngsten Anpassungen durch das ESUG ausreichend attraktiv – und damit international wettbewerbsfähig – ausgestaltet zu haben.[109] Nachdem sich auch andernorts offenbart hatte, dass die unverbindliche Empfehlung bei den Mitgliedstaaten nicht den erhofften Paradigmenwechsel bewirken würde, brachte die Kommission am 22. November 2016 den Vorschlag für eine Richtlinie über präventive Restrukturierungsrahmen, die zweite Chance und Maßnahmen zur Steigerung der Effizienz von Restrukturierungs-, Insolvenz- und Entschuldungsverfahren und zur Änderung der Richtlinie 2012/30/EU auf den Weg.[110]

---

[104] Erwägungsgrund (7) S. 1 zur RRL.

[105] Erwägungsgrund (7) S. 3 zur RRL; Erwägungsgrund (11) zur RRL betont allerdings, dass die sich ergebenden Hindernisse für die Ausübung der Grundfreiheiten keineswegs auf rein grenzüberschreitende Sachverhalte beschränkt seien, sondern sich auch bei (vermeintlich) rein nationalen Konstellationen, insbesondere entlang von Lieferketten grenzüberschreitende und damit binnenmarktrelevante Auswirkungen ergeben können.

[106] Empfehlung für einen neuen Ansatz im Umgang mit unternehmerischem Scheitern und Unternehmensinsolvenzen vom 12.03.2014 (ABl. vom 14.03.2014, L 74, S. 65); dazu *Lürken* NZI 2015, 3 ff.

[107] *Paulus* in: Paulus/Dammann, European Preventive Restructuring, Intro, Rn. 10.

[108] Abgedruckt in ZInsO 2014, 819 (821).

[109] *Sax/Ponseck/Swierczok* BB 2017, 323 (323) sowie unter Hinweis auf die Rede der damaligen Bundesjustizministerin *Sabine Leutheusser-Schnarrenberger* auf dem 9. Deutschen Insolvenzrechtstag am 21.03.2012 *Thole* KSzW 2012, 286 (287).

[110] Richtlinienentwurf vom 22.11.2016, COM(2016) 723 final.

Nach jahrelangen Verhandlungen und unzähligen Änderungen trat die Richtlinie schließlich am 16. Juli 2019 in Kraft; die Umsetzungsfrist war mit nur zwei Jahren verhältnismäßig eng bemessen[111] und endete am 17. Juli 2021.

1. Der Restrukturierungsrahmen im Überblick

Kernstück der Richtlinie und Untersuchungsgrundlage der vorliegenden Arbeit sind die Regelungen über einen präventiven Restrukturierungsrahmen, zu dessen Einführung die Mitgliedstaaten in Art. 4 Abs. 1 RRL verpflichtet werden. Schuldner müssen bei einer wahrscheinlichen Insolvenz Zugang zu angemessenen Sanierungsinstrumenten haben, die es ihnen ermöglichen, sich in Eigenverwaltung zu restrukturieren, ihre Bestandsfähigkeit zu sichern und dadurch die Insolvenz abzuwenden.

a) Der Restrukturierungsplan als zentrales Sanierungselement

Die Richtlinie setzt dabei in erster Linie auf die Annahme eines sog. Restrukturierungsplans nach Art. 8 ff. RRL.[112] Das eigenverwaltende Sanierungsverfahren ist mithin auf eine Einigung des Schuldners mit seinen Gläubigern ausgerichtet, die gem. Art. 2 Abs. 1 Nr. 1 RRL insbesondere eine Umgestaltung der Vermögenswerte (bzw. der daran bestehenden Rechtsbeziehungen), der Verbindlichkeiten und/oder der Gesellschaftsstruktur des Schuldners zum Gegenstand haben kann. Der Plan kann entweder alle Gläubiger und/oder Gesellschafter einbeziehen oder sich auf bestimmte Beteiligte beschränkten. Im letzteren Fall ist die Auswahl im Plan zu begründen und gem. Art. 9 Abs. 2

---

[111] So auch *Madaus* DB 2019, 592 (592); *Schelo* WM 2022, 556 (556) berichtet, dass bei Fristablauf nur Deutschland, Frankreich, Griechenland, Litauen, die Niederlande und Österreich die Richtlinie umgesetzt hatten; Finnland, Irland, Italien, Lettland, Polen, Portugal, die Slowakei und Spanien hätten gem. Art. 34 Abs. 2 RRL eine Verlängerung beantragt; mittlerweile haben (auch) Italien, Polen, Ungarn und Zypern neuartige Verfahren zur Aufnahme in Anhang A der EuInsVO mitgeteilt, bei welchen es sich um die Umsetzung der Richtlinie handeln dürfte, vgl. dazu die Verordnung (EU) 2021/2260 des Europäischen Parlaments und des Rates vom 15.12.2021 zur Änderung der Verordnung (EU) 2015/848 über Insolvenzverfahren im Hinblick auf die Ersetzung der Anhänge A und B, ABl. vom 20.12.2021, L 455, S. 4.

[112] Dass der (ggf. bestätigte) Restrukturierungsplan im Zentrum des Sanierungsverfahrens steht, kommt vor allem im Kommissionsvorschlag besonders zur Geltung, wenn es dort heißt: „Präventive Restrukturierungsrahmen können aus einem oder mehreren Verfahren oder Maßnahmen bestehen, sofern der Schuldner alle darin aufgeführten Elemente kombinieren kann, um einen Restrukturierungsplan wirksam auszuhandeln und anzunehmen" (COM(2016) 723 final, S. 24); mit anderen Worten: das gesamte Instrumentarium ist letztlich auf die Annahme eines Restrukturierungsplans ausgerichtet; vgl. zur dienenden Funktion einer Aussetzung der Zwangsvollstreckung auch den Wortlaut in Art. 6 Abs. 1 RRL („zur Unterstützung der Verhandlungen über einen Restrukturierungsplan"); in diesem Sinne auch *Thole* ZIP 2017, 101 (107).

UAbs. 2 RRL nur die unmittelbar Planbetroffenen stimmberechtigt. Die Abstimmung über den Plan erfolgt nach Art. 7 Abs. 4 UAbs. 1 RRL in Gruppen, die auf Grundlage unterschiedlicher Interessenlagen gebildet werden, wobei in der Regel zumindest zwischen gesicherten und ungesicherten Gläubigern zu differenzieren ist. Innerhalb jeder Gruppe sind alle Betroffenen gleich zu behandeln.[113] Gem. Art. 10 Abs. 1 lit. a) und Art. 11 Abs. 1 RRL sind Mehrheitsentscheidungen sowohl innerhalb der jeweiligen Klassen als auch gruppenübergreifend möglich, sodass einzelne widersprechende Beteiligte, gegebenenfalls auch ganze Gläubiger- oder Gesellschaftergruppen überstimmt werden können (sog. *cross-class cram-down*). In diesem Falle bedarf der Restrukturierungsplan allerdings der gerichtlichen[114] Bestätigung, die andernfalls vor allem bei einer im Plan vorgesehenen neuen Finanzierung europarechtlich zwingend vorzusehen ist. Im Rahmen seiner Entscheidung prüft das Gericht dabei insbesondere, ob der Restrukturierungsplan allen betroffenen Gläubigern ordnungsgemäß übermittelt und von einer (ggf. qualifizierten) Mehrheit angenommen wurde sowie die Klassenbildung und die Gleichbehandlung innerhalb der jeweiligen Gruppen. Rügt ein überstimmter Gläubiger einen Verstoß gegen das sog. Kriterium des Gläubigerinteresses, bestätigt das Gericht den Plan ferner nur dann, wenn der[115] Gläubiger durch den Plan nicht schlechter gestellt wird als er im Falle eines Scheiterns des Restrukturierungsplans im nächstbesten Alternativszenario stehen würde (sog. *worse off*-Test).[116] Zumindest innerhalb

[113] Richtigerweise gilt dies nur für majorisierende und damit bestätigungsbedürftige Pläne (für diese ergibt sich der Gleichbehandlungsgrundsatz dementsprechend unmittelbar aus Art. 10 Abs. 2 lit. b) RRL), während der privatautonomen Ausgestaltung bei einstimmigen Plänen insofern keinerlei Grenzen zu setzen sein dürften.

[114] Die RRL sieht als gleichberechtigte Alternative die Bestätigung durch eine Verwaltungsbehörde vor; zu den sich daraus ergebenden international-zivilverfahrensrechtlichen Folgeproblemen siehe noch § 9, IV, 3. (S. 209 ff.).

[115] Angesichts des diffusen Verhältnisses von Art. 2 Abs. 1 Nr. 6 RRL, der im Wortlaut auf alle Gläubiger abstellt („wenn kein ablehnender Gläubiger [...] schlechter gestellt wird"), und dem individuellen Rügeerfordernis in Art. 10 Abs. 2 UAbs. 2 RRL ist unklar, ob bei der Erhebung eines entsprechenden Einwands das Kriterium des Gläubigerinteresses insgesamt, also bezüglich aller Planbetroffener oder nur in Bezug auf den beanstandenden Gläubiger zu prüfen ist; ebenso wie der niederländische (vgl. Art. 384 Abs. 3 WHOA) ging offenbar auch der deutsche Umsetzungsgesetzgeber, der in § 64 Abs. 1 StaRUG insofern nur auf die Schlechterstellung des Antragstellers abstellt, von einem streng individuellen Prüfungsmaßstab aus (vgl. dazu unter Hervorhebung der Parallele zu § 251 Abs. 1 Nr. 2 InsO die Regierungsbegründung BT-Drucks. 19/24181, S. 163), etwas weiter tendenziell der österreichische Umsetzungsakt, dessen Wortlaut sich in § 30 öReO allerdings sehr eng an der Richtlinie orientiert.

[116] Nach Erwägungsgrund (52) S. 2 zur RRL steht es den Mitgliedstaaten frei, als Vergleichsszenario auf die Liquidation abzustellen oder als Maßstab die Befriedigungsaussichten im nächstbesten Alternativszenario – worin auch immer dieses im Einzelfall bestehen mag – anzulegen.

der – interessengerecht geformten – Klassen mag zwar bereits die mehrheitliche Zustimmung ein gewichtiges Indiz dafür sein, dass die Planregelungen für die Mitglieder der Gruppe wirtschaftlich sinnvoll und einer Liquidation vorzuziehen sind.[117] Gleichwohl verschafft das Kriterium des Gläubigerinteresses jedem überstimmten Gläubiger eine individuell durchsetzbare Rechtsposition, wirtschaftlich nicht schlechter gestellt zu werden. Die Richtlinie gewährleistet damit einen angemessenen Ausgleich zwischen den Interessen der die Sanierung befürwortenden Mehrheit und der majorisierten Minderheit.[118] Für die Überstimmung ganzer Gruppen muss ein Plan darüber hinaus gem. Art. 11 Abs. 1 UAbs. 1 lit. b) und c) RRL einem sog. *minimum support*-Test standhalten und die in einem Liquidationsszenario maßgebliche Rangfolge hinreichend berücksichtigen (sog. *relative* bzw. *absolute priority rule*).[119] Ein bestätigter Plan ist schließlich gem. Art. 15 RRL für alle (unmittelbar) Planbetroffenen verbindlich; er bindet also sämtliche einbezogenen Gläubiger und/oder Gesellschafter, auch wenn diese sich an der Planannahme nicht beteiligt oder gegen den Plan gestimmt haben.

b) Sanierungshilfen: Vollstreckungsstopp und Fortführungsfinanzierung

Flankiert werden die Vorschriften über den Restrukturierungsplan gem. Art. 6 RRL von einem – allgemein oder auf bestimmte Gläubiger begrenzt wirkenden – Vollstreckungsstopp. Während die Zwangsvollstreckung ausgesetzt ist, ruht gem. Art. 7 Abs. 1 RRL auch eine ansonsten ggf. im nationalen Recht vorgesehene Insolvenzantragspflicht; eingehende Fremdanträge werden nach Art. 7 Abs. 2 RRL ebenfalls zurückgestellt. (Opponierenden) Gläubigern wird damit ganz erheblich an Druckpotenzial genommen, was die Verhandlungen über den Sanierungsplan erleichtern soll.[120] Zudem wird das unternehmerische Substrat zusammengehalten und gegen einzelne Zugriffe der Gläubiger auf fortführungsrelevante Gegenstände abgeschirmt. Außerdem sieht die Richtlinie in Art. 17 und 18 eine gewisse Privilegierung für notwendige Sanierungskosten und neu gewährte (Zwischen-)Finanzierungen in einem (potenziellen) künftigen Insolvenzverfahren vor, wodurch die kurz- und mittelfristige Verfügbarkeit zusätzlicher Liquidität gewährleistet werden soll.[121]

---

[117] *Garcimartín* in: Paulus/Dammann, European Preventive Restructuring, Art. 10 Rn. 24; *Madaus* DB 2019, 592 (595).

[118] *Garcimartín* in: Paulus/Dammann, European Preventive Restructuring, Art. 10 Rn. 20.

[119] Vgl. zum Inhalt des *minimum support*-Tests und der *relative* bzw. *absolute priority rule* sowie den entsprechenden Gestaltungsmöglichkeiten der Mitgliedstaaten sogleich unter III., 2., d) (S. 63 ff.).

[120] Richtlinienvorschlag vom 22.11.2016, COM(2016) 723 final, S. 24.

[121] Erwägungsgrund (66) S. 1 zur RRL.

2. Harmonisierungsdichte und Abweichungsmöglichkeiten

Die Richtlinie wählte von Beginn an einen mindestharmonisierenden Ansatz, auf dessen Grundlage unionsweit wenn auch nicht einheitliche,[122] so aber doch zumindest vergleichbare Sanierungshilfen geschaffen werden sollten.[123] Was als schlankes, kostengünstiges und damit auch für kleine und mittelständische Unternehmen zugängliches Verfahren mit möglichst geringem Beratungsaufwand und zurückhaltender Gerichtsbeteiligung gedacht war,[124] wurde im Laufe des Gesetzgebungsverfahrens mit zunehmender Verhandlungsdauer allerdings immer komplexer.[125] Mit der Regelungsdichte mehrten sich zugleich die Ausnahmeregelungen und Abweichungsmöglichkeiten, die die Richtlinie den Mitgliedstaaten in nahezu jeglicher Hinsicht eröffnet.[126] Von der ursprünglich angestrebten Vergleichbarkeit der verfügbaren Restrukturierungsinstrumente, die unternehmerischen Wettbewerb und Auslandsinvestitionen fördern sollte, ist damit in der letztendlich verabschiedeten Richtlinie nicht mehr viel übriggeblieben. Zwar wurden bisherige Reformverweigerer dazu gezwungen, überhaupt präventive Verfahren einzuführen; von einer Gleichwertigkeit der Restrukturierungsmöglichkeiten innerhalb der EU kann indes keine Rede sein. Die Konsequenz der weitreichenden Handlungsoptionen für die nationalen Umsetzungsgesetzgeber ist unausweichlich eine nach wie vor zersplitterte Restrukturierungslandschaft in Europa mit verschieden hohen Zugangshürden, einer unterschiedlich stark ausgeprägten Eigenverwaltung, uneinheitlichen Bestimmungen über die Zusammensetzung der Klassen und divergierenden Anforderungen an (gruppenübergreifende) Mehrheitsentscheidungen – und damit aller Grund für strategisch-opportunes *forum shopping*.[127]

a) Der Zugang zum Restrukturierungsrahmen

Eines der wohl offensichtlichsten, zugleich aber auch relevantesten Felder[128] mitgliedschaftlichen Gestaltungsraums bilden die Voraussetzungen, die erfüllt sein müssen, um überhaupt in den Genuss des Restrukturierungsrahmens zu kommen. Dabei geht es nicht nur um die wirtschaftliche Lage des Schuldners, sondern ebenso um sonstige persönliche und sachliche Zugangshürden, die das

---

[122] So aber in der Tendenz *Paulus* NZI-Beil. 2017, 5 (6).

[123] *Madaus* DB 2019, 592 (592); *Skauradszun* KTS 80 (2019) 161 (163) plädiert daher dafür, das Ziel der Schaffung vergleichbarer Restrukturierungsrahmen trotz der zahlreichen Öffnungsklauseln nicht aus den Augen zu verlieren.

[124] *Thole* ZIP 2017, 101 (101).

[125] *Paulus* in: Paulus/Dammann, European Preventive Restructuring, Intro, Rn. 3; *ders.* ZIP 2020, 2363 (2363).

[126] *Pluta* NZI-Beil. 2019, 57 (58); *Freitag* ZIP 2019, 541 (542), *Kern* NZI-Beil. 2021, 74 (74) und *Skauradszun* KTS 80 (2019) 161 (162) zählen jeweils rund 70 Öffnungsklauseln.

[127] *Madaus* DB 2019, 592 (595 f.); *Klupsch/Schulz* EuZW 2017, 85 (89).

[128] So auch *Eckelt*, Der präventive Restrukturierungsrahmen, S. 261.

nationale Recht für die Inanspruchnahme des Restrukturierungsrahmens insgesamt oder einzelner Sanierungsinstrumente vorsehen kann.

Betreffend den persönlichen Anwendungsbereich des zu etablierenden Restrukturierungsrahmens enthält die Richtlinie für die Mitgliedstaaten nur teilweise zwingende Vorgaben. In positiver Hinsicht ist insoweit Art. 1 Abs. 4 UAbs. 2 RRL zu beachten, der an die Rechtsform des Schuldners anknüpft. Danach dürfen juristische Personen vom Zugang zu dem neu zu schaffenden Restrukturierungsrahmen nicht ausgeschlossen werden. Außerhalb dieser Grenzen verbleibt den Mitgliedstaaten im Hinblick auf eine rechtsformabhängige Ausgestaltung der Restrukturierungsfähigkeit ein nahezu unbegrenzter Gestaltungsspielraum. Personengesellschaften und Einzelunternehmern etwa könnte der Zugang zum Restrukturierungsrahmen *e contrario* Art. 1 Abs. 4 UAbs. 2 RRL *per se* verweigert und das Sanierungsverfahren allein juristischen Personen vorbehalten werden.[129] Dagegen sind die in Art. 1 Abs. 2 lit. a) bis f) RRL genannten Finanzdienstleister Kraft ihres Unternehmensgegenstands zwingend von den Sanierungsmechanismen auszunehmen, was maßgeblich auf die in diesem Bereich bestehenden Sonderregelungen, insbesondere die weitreichenden Befugnisse der zuständigen Aufsichtsbehörden zurückzuführen ist.[130] Gestaltungsspielraum ergibt sich für die Mitgliedstaaten wiederum für dort nicht explizit aufgeführte Finanzunternehmen, auf die der Ausschlusstatbestand erstreckt werden kann, soweit die betreffenden Unternehmen einer vergleichbaren Finanzaufsicht unterliegenden.[131]

Weitreichende Umsetzungsspielräume ergeben sich ferner im Hinblick auf die sachliche Zugangsschwelle, ab der der Restrukturierungsrahmen bzw. die unter ihm verfügbaren Instrumente ausgelöst werden können.[132] In Art. 1 Abs. 1 lit. a) und Art. 4 Abs. 1 RRL gibt die Richtlinie diese Zäsur der Sanierungsbedürftigkeit zwar abstrakt in Form der „wahrscheinlichen Insolvenz“ vor, überlässt die Interpretation und Ausgestaltung dieses Krisenstadiums jedoch, wie Art. 2 Abs. 2 lit. b) RRL ausdrücklich klarstellt, den Mitgliedstaaten.[133] Auf europäischer Ebene bleibt damit offen, ab welchem Grad der Wahrscheinlichkeit dem Schuldner die in der Richtlinie vorgesehenen Eingriffsmög-

---

[129] *Pluta* NZI-Beil. 2019, 57 (58).

[130] Erwägungsgrund (19) S. 2 zur RRL; außerdem steht in diesem Bereich ein stärker harmonisiertes spezielles Sanierungsinstrumentarium zur Verfügung, vgl. dazu die Ausführungen in § 9, II., 2., h) (S. 172 ff.).

[131] Art. 1 Abs. 3 RRL.

[132] Unzulässig wäre es allerdings, im nationalen Recht auf diese Zugangsschwelle zu verzichten, vgl. dazu *Eckelt*, Der präventive Restrukturierungsrahmen, S. 371; *Lange/Swierczok* BB 2019, 514 (515).

[133] Kritisch dazu *Bork* ZIP 2017, 1441 (1445); *Goetker* in: Flöther, Sanierungsrecht, Rn. E.54; *Klupsch/Schulze* EuZW 2017, 85 (89) sowie die Reaktion des deutschen Gesetzgebers BR-Drucks. 1/17 (Beschluss), S. 7 f.

lichkeiten in Gläubigerrechte offenstehen sollen bzw. – aus der grundrechtlichen Perspektive – ab wann den Gläubigern und Gesellschaftern solche Eingriffe zugemutet werden können.[134] Schon die lebhafte Debatte über die Umsetzung in deutsches Recht und den dort anzulegenden „richtigen" Einsatzzeitpunkt[135] hat gezeigt, welche nahezu unüberschaubare Bandbreite unterschiedlicher Regelungen hier möglich ist. Die Festlegung des Krisenausmaßes, ab dem ein Unternehmen sich der Sanierungsinstrumente bedienen kann, wird durch die Richtlinie mithin nur äußerst grob vorgezeichnet und unterliegt daher in weiten Teilen der freien Disposition des nationalen Gesetzgebers.[136] Hinzu kommen die Öffnungsklauseln in Art. 4 Abs. 2 und 4 RRL, wonach das nationale Recht für bestimmte Konstellationen Ablehnungsgründe formulieren kann. Dies betrifft insbesondere schwerwiegende Verstöße des Schuldners ge-

---

[134] *Goetker* in: Flöther, Sanierungsrecht, Rn. E.58 und *Walker/Mielke/Bombe* ZIP 2018, 815 (816) halten etwa auch eine Wahrscheinlichkeitsschwelle von nur 20 % für durchaus richtlinienkonform.

[135] Zur Wahl des Einsatzzeitpunktes im Spannungsfeld eines möglichst früh verfügbaren (und damit erfolgversprechenden) Sanierungsinstruments einerseits und den Rechtfertigungsanforderungen an zwangsweise Eingriffe in die Gläubigerpositionen andererseits sowie unter Berücksichtigung der zusätzlichen Problematik einer notwendigen Abstimmung auf die Insolvenzgründe wurden verschiedenste Lösungsansätze vertreten (vgl. zum Ganzen die umfangreiche Darstellung bei *Goetker* in: Flöther, Sanierungsrecht, Rn. E.68 ff.): So wollte *Jacobi* ZInsO 2017, 1 (6) bereits eine Strategiekrise ausreichen lassen; *Frind/Pollmächer* ZInsO 2016, 1290 (1292) stellen in Anlehnung an IDW S 6 auf eine zeitlich etwas weiter nach hinten verlagerte, aber immer noch vor der Liquiditätskrise zu verortende Erfolgs- bzw. Ergebniskrise ab; in Reaktion auf den Richtlinienentwurf, der seinerseits noch von „finanziellen Schwierigkeiten bei einer drohenden Insolvenz" sprach schlug *Hölzle* ZIP 2017, 1307 (1310 f.) hingegen eine Orientierung an der beihilferechtlichen Kategorie des „Unternehmens in Schwierigkeiten" vor; pragmatisch begegnet dem Problem *Zipperer* ZInsO 2016, 831 (834 f.), der den Zugang bei entsprechendem Reorganisationsbedarf gewähren will; in Anlehnung an die bisherige Rechtsprechung zum Eigenkapitalersatzrecht eine „rechtliche Unternehmenskrise" fordernd *Rauscher/Leichtle/Mucha/Schäffler/Wagner* ZInsO 2016, 2420 (2421) sowie *Walker/Mielke/Bombe* ZIP 2018, 815 (816); losgelöst von der Richtlinie auch *Bork* ZIP 2010, 397 (403); für die Heranziehung der Sanierungsbedürftigkeit im Sinne der Sanierungskreditrechtsprechung *Strohrer* ZInsO 2018, 660 (662); an die Bestandsgefährdung im Sinne der bilanzrechtlichen Vorschriften der §§ 321 Abs. 1 S. 3, 322 Abs. 2 S. 3 HGB anknüpfend *M. Müller* ZGR 47 (2018) 56 (63); für die Heranziehung der drohenden Zahlungsfähigkeit als maßgeblichen Einsatzzeitpunkt *Brömmerkamp* ZInsO 2016, 500 (502 f.) und *Thole* ZIP 2017, 101 (103); ebenfalls für eine Anlehnung an die drohende Zahlungsunfähigkeit plädierend, allerdings einen längeren Prognosezeitraum zugrunde legend *Dahl/Linnenbrink* NZI-Beil. 2019, 45 (46); dagegen hatten sich *Sax/Ponseck/Swierczok* BB 2017, 323 (325) sogar dafür ausgesprochen, auf eine materielle Zugangshürde insgesamt zu verzichten; kritisch gegenüber den beiden letztgenannten Vorschlägen *Freitag* ZIP 2019, 541 (546); für eine eigenständige Verankerung und Definition der „wahrscheinlichen Insolvenz" *Skauradszun* KTS 80 (2019) 161 (166).

[136] *Madaus* DB 2019, 592 (593).

gen Rechnungslegungs- oder Buchführungspflichten sowie die wiederholte Inanspruchnahme des Restrukturierungsrahmens innerhalb eines bestimmten Zeitraums. Unterschiedliche mitgliedstaatliche Regelungen können sich schließlich auch in Bezug auf die Sanierungsfähigkeit, also die Evaluierung der Erfolgsaussichten des anvisierten Sanierungsvorhabens ergeben, wobei die nationalen Unterschiede hier weniger das „ob“, sondern eher das „wann“ und „wer“ der Prüfung[137] betreffen dürften, nachdem bei mangelnder Bestandsfähigkeit gem. Art. 10 Abs. 3 RRL spätestens die Planbestätigung zu verweigern ist.[138]

b) Bestellung und Kompetenzen eines Restrukturierungsverwalters

Weitreichende Spielräume gewährt die Richtlinie den Mitgliedstaaten auch soweit es darum geht, den grundsätzlich eigenverwaltenden Charakter mit dem Bedürfnis nach hinreichendem Gläubigerschutz in Einklang zu bringen. Der Verzicht auf einen Übergang der Verwaltungs- und Verfügungsbefugnisse bringt bisweilen ökonomische Vorteile mit sich – man denke etwa an die Sachkunde und Gewandtheit des Managements in der Lenkung „seines“ Unternehmens, das möglicherweise völlig unverschuldet in die finanzielle Schieflage abgerutscht ist.[139] Vor allem aber ist für den Schuldner bzw. dessen Management ein Verfahren, in dem sie selbst das Ruder in der Hand behalten, weitaus

---

[137] Nach Art. 4 Abs. 3 RRL können die Mitgliedstaaten eine Bestandsfähigkeitsprüfung bereits zur Voraussetzung für die Inanspruchnahme des Restrukturierungsrahmens machen; optional kann das nationale Recht gem. Art. 8 Abs. 2 lit. h S. 2 RRL ein Bestandsfähigkeitstestat eines externen Experten oder ggf. des Restrukturierungsbeauftragten als Anlage zum Restrukturierungsplan vorsehen; vor dem Hintergrund des Art. 4 Abs. 3 RRL überzogen erscheint die bei *Skauradszun* KTS 80 (2019) 161 (170) anklingende Tendenz, in Art. 6 Abs. 1 RRL und die dort verankerte unterstützende Wirkung der Vollstreckungsaussetzung das Erfordernis einer – über offensichtliche Fälle hinausgehenden – Bestandsfähigkeitsprüfung hineinzulesen (dies nicht mehr aufgreifend allerdings auf S. 177).

[138] So jedenfalls – abweichend vom (nicht nur deutschen) Wortlaut, der lediglich ein gerichtliches Versagungsermessen („kann“) fordert – *Garcimartín* in: Paulus/Dammann, European Preventive Restructuring, Art. 10 Rn. 29; ebenso *Skauradszun* KTS 80 (2019) 161 (170); *Thole* ZIP 2017, 101 (109); wohl auch *Westpfahl/Knapp* in: Flöther, Sanierungsrecht, Rn. F.217; aus teleologischen und systematischen Erwägungen dürfte diese Ansicht zutreffend sein, immerhin sind die Zwangseingriffe in die Rechtsposition der Beteiligten bei fehlenden Sanierungsaussichten ungeeignet und damit vor dem Hintergrund des Art. 17 Abs. 1 GR-Charta nicht gerechtfertigt, außerdem stellt Art. 11 Abs. 1 UAbs. 1 lit. a) RRL darauf ab, dass der Plan für eine gruppenübergreifende Mehrheitsentscheidung Art. 10 Abs. 3 RRL „entsprechen“ muss, was terminologisch ebenfalls für eine echte Bestätigungsvoraussetzung spricht.

[139] *Veder* in: Paulus/Dammann, European Preventive Restructuring, Art. 5 Rn. 7; vgl. dazu auch Erwägungsgrund (30) zur RRL; oftmals hat die Geschäftsleitung freilich auch

attraktiver und begünstigt damit eine (frühe) Antragstellung.[140] Haben sie hingegen den Verlust der Kontrolle über das schuldnerische Unternehmen oder jedenfalls erhebliche Beschränkungen ihrer Entscheidungsfreiheit zu befürchten, werden sie eher zurückhaltend sein, ein entsprechendes Verfahren überhaupt erst ins Rollen zu bringen. Eigenverwaltende Verfahren werden unter den Verantwortlichen, die über die Einleitung eines Sanierungsverfahrens zu befinden haben, daher regelmäßig höher im Kurs stehen als solche, die (zwingend) die Bestellung eines – mehr oder minder starken – Verwalters mit sich bringen.

Dieser Erkenntnis folgend stellt Art. 5 Abs. 1 RRL den Grundsatz auf, dass der Schuldner während des Durchlaufens des Restrukturierungsrahmens die Verwaltungs- und Verfügungsbefugnis behält.[141] Umso bemerkenswerter erscheint es allerdings, dass die Richtlinie die Frage, wie stark die Eigenverwaltung ausgeprägt ist, der Ausgestaltung durch die Mitgliedstaaten überlässt. So ist den Anforderungen der Richtlinie nach dem eindeutigen Wortlaut des Art. 5 Abs. 1 RRL bereits dadurch Genüge getan, dem Schuldner nur teilweise die Kontrolle über seine Vermögenswerte und den täglichen Betrieb des Unternehmens zu belassen. Die Norm verbietet es lediglich, die Verwaltungs- und Verfügungsbefugnis insgesamt auf einen Verwalter zu übertragen, wohingegen unterhalb dieser Schwelle angesiedelte – wenn auch ggf. einschneidende – Einschränkungen des schuldnerischen Entscheidungsspielraums durchaus zulässig sind.[142] Während Art. 5 Abs. 3 RRL bestimmte Konstellationen nennt, in welchen ein Restrukturierungsbeauftragter stets zu bestellen ist, vor allem im Falle eines gruppenübergreifenden *cram-down*, bleibt eine entsprechende Entscheidung außerhalb dieser Situationen dem mitgliedstaatlichen Recht vorbehalten. Der nationale Gesetzgeber kann also für gewisse Sachverhalte – etwa in Abhängigkeit vom Volumen der angestrebten Sanierung, der Anzahl der beteiligten Gläubiger oder dem bisherigen (unredlichen) Verhalten des Schuldners[143] – zwingend die Bestellung eines Restrukturierungsbeauftragten vorschreiben

---

einen (erheblichen) Anteil an der Misere des Schuldnerunternehmens, sodass vor allem einflussreiche Gläubiger regelmäßig auf eine personelle Veränderung im Management des Schuldners drängen werden, vgl. dazu etwa *Pluta* NZI-Beil. 2017, 20 (20 f.).

[140] *Madaus* in: Flöther, Sanierungsrecht Rn. E.13; *Thole* ZIP 2017, 101 (104); vgl. zu den diesbezüglichen Lehren aus der deutschen Insolvenzrechtsgeschichte bereits § 4, I., 1. (S. 36 ff.).

[141] *Madaus* in: Flöther, Sanierungsrecht Rn. E.12 spricht insoweit vom „Grundsatz der unbeaufsichtigten Eigenverwaltung".

[142] *Madaus* DB 2019, 592 (593); *ders.* in: Flöther, Sanierungsrecht, Rn. E.12 sowie E.33; *Thole* ZIP 2017, 101 (105).

[143] Dass sich die Bestellung sinnvollerweise an der Gefährdung der Gläubigerinteressen orientieren sollte, ergibt sich bereits aus Art. 5 Abs. 3 lit. a) Hs. 2 RRL; im Übrigen werden bei der Frage, ob eine Bestellung erfolgen sollte, auch immer die Kosten eine Rolle spielen, sodass die Größenordnung der Sanierung durchaus als angemessene Orientierungshilfe erscheint.

und die Frage im Übrigen in das Ermessen des Gerichts stellen.[144] Ein weiter Gestaltungsspielraum kommt den Mitgliedstaaten außerdem bei der Festlegung der Kompetenzen eines Restrukturierungsbeauftragten zu.[145] Insoweit lässt Art. 2 Abs. 1 Nr. 12 RRL eine ganze Bandbreite an Tätigkeitsbeschreibungen zu, von der bloßen Unterstützung der Verhandlungsführung zwischen Gläubiger und Schuldner über die Überwachung der schuldnerischen Aktivitäten bis hin zur teilweisen Kontrolle über das Vermögen und den Geschäftsbetrieb des Schuldners.[146] Auch wie der Restrukturierungsbeauftragte zu bestimmen ist, ob etwa dem Schuldner oder den Gläubigern ein (ggf. bindendes) Vorschlagsrecht zukommt,[147] regelt die Richtlinie nicht und lässt damit der Kreativität der Mitgliedstaaten freien Lauf.[148]

c) *Klassenbildung und Mehrheitserfordernisse*

Den womöglich bedeutsamsten Gestaltungsspielraum eröffnet die Richtlinie den Mitgliedstaaten schließlich hinsichtlich der Zusammensetzung der Gläubiger- und Gesellschafterklassen sowie der zur Annahme des Plans notwendigen Mehrheitserfordernisse.[149]

---

[144] Ähnlich *Skauradszun* KTS 80 (2019) 161 (173); *Veder* in: Paulus/Dammann, European Preventive Restructuring, Art. 5 Rn. 15 geht sogar soweit, Mitgliedstaaten auf der Grundlage des Richtlinienwortlauts zuzugestehen, die zwingende Bestellung eines Restrukturierungsbeauftragten für sämtliche Verfahren vorzusehen, was allerdings kaum mit dem Geiste der Richtlinie sowie dem Wortlaut von Art. 5 Abs. 2 RRL vereinbar ist, wonach die Bestellung nur unter „bestimmten Umständen“ und damit nur in konkret definierten Konstellationen gesetzlich angeordnet werden kann; ebenfalls zurückhaltend *Madaus* in: Flöther, Sanierungsrecht, Rn. E.21 ff.

[145] *Skauradszun* KTS 80 (2019) 161 (173).

[146] Ob der Verwalter auch (gegenständlich begrenzt) ermächtigt werden kann, ohne den Schuldner für und gegen die Masse zu handeln (so zumindest in Bezug auf die Kassenführung *Madaus* in: Flöther, Sanierungsrecht Rn. E.32), oder lediglich (ggf. auch allgemeine) Zustimmungsvorbehalte möglich sind (so zum Kommissionsentwurf *Pluta* NZI-Beil. 2017, 20 (21)), ist noch nicht abschließend geklärt.

[147] Art. 26 Abs. 1 lit. d) RRL sieht zur Vermeidung von Interessenskonflikten lediglich ein Ablehnungsrecht vor.

[148] *Veder* in: Paulus/Dammann, European Preventive Restructuring, Art. 5 Rn. 25; zurückhaltender offenbar *Madaus* in: Flöther, Sanierungsrecht, Rn. E.26, der aus dem Fehlen einer Richtlinienregelung zu einem (verbindlichen) Vorschlagsrecht ableiten will, dass es ein solches (europarechtlich determiniert?) nicht geben wird; unklar auch *Sax/Ponsek/Swierczok* BB 2017, 323 (325), die den Verzicht auf ein entsprechendes Vorschlagsrecht rechtspolitisch bedauern und in der Konsequenz eine Anpassung der Richtlinie fordern – anstatt auf eine entsprechende Umsetzung im nationalen Recht zu drängen.

[149] *Thole* ZIP 2017, 101 (109) hat außerdem darauf hingewiesen, dass die in der Richtlinie aufgestellten Bestätigungsvoraussetzungen keineswegs abschließend sind, sondern das nationale Recht weitere Erfordernisse vorsehen kann; ebenso in Bezug auf die vorausgegangene Empfehlung bereits *Lürken* NZI 2015, 3 (7).

Eines der bedeutendsten Strukturmerkmale eines Restrukturierungsplans – wenn nicht sogar das Charakteristikum schlechthin – stellt die Einteilung der Restrukturierungsbeteiligten in verschiedene Klassen und das innerhalb dieser Gruppen geltende Gleichbehandlungsgebot dar.[150] Gläubiger und Gesellschafter mit gleicher oder vergleichbarer Interessenlage werden zu einer Gruppe zusammengefasst; ihre Rechte werden durch den Plan auf identische Art und Weise und in gleichem Umfang beschnitten. Eine Besser- oder Schlechterstellung bestimmter Gläubiger oder Gesellschafter erfordert mithin die Zuordnung zu einer anderen/eigenen Klasse, deren Bildung ihrerseits wiederum im Verhältnis zur Vergleichsgruppe eine abweichende, die unterschiedliche Behandlung rechtfertigende Interessenlage voraussetzt.[151] Mit der inhaltlichen Gleichbehandlung korrespondiert die Zusammenfassung zu einer Abstimmungsklasse. Da die Annahme eines Plans grundsätzlich voraussetzt, dass in jeder Klasse eine Mehrheit nach den jeweiligen Nennwerten erreicht wird, kommt der Gruppenbildung mithin auch im Hinblick auf das Zustandekommen des Plans entscheidende Bedeutung zu. Es wäre daher nicht übertrieben, die Zusammenstellung der Gruppen als die Gretchenfrage jedes Restrukturierungsplans zu bezeichnen, die nicht selten über das Schicksal der angestrebten Sanierung entscheidet.[152]

Detaillierte Vorgaben zum Zuschnitt der Gläubigerklassen sucht man in der Richtlinie allerdings vergeblich. Art. 9 Abs. 4 UAbs. 1 S. 1 RRL begnügt sich insoweit mit dem Hinweis, dass die jeweiligen Gruppenmitglieder in ausreichendem Maß durch gemeinsame Interessen verbunden sein sollen. Immerhin stellt der folgende S. 2 klar, dass gesicherte und ungesicherte Gläubiger[153] in unterschiedlichen Klassen zu behandeln sind, wobei UAbs. 3 allerdings sogleich die Umsetzungsoption für eine Rückausnahme statuiert, soweit es sich beim Schuldner um ein kleines oder mittelständisches Unternehmen handelt. Werden die Anteilseigner in den Plan mit einbezogen, so bilden diese stets

[150] Vgl. dazu nur aus dem insolvenzrechtlichen Schrifttum *Jaffé* in: FK-InsO, § 222 Rn. 2, der in der Gruppenbildung eine „Schlüsselvorschrift des gesamten Insolvenzplanverfahrens“ sieht, *Rühle* in: Nerlich/Römermann, § 222 Rn. 1 hält § 222 InsO für eine der zentralen Vorschriften des Insolvenzplanverfahrens; auch *Lüer/Streit* in: Uhlenbruck, § 222 Rn. 1 attestieren der Norm eine zentrale Bedeutung.

[151] Praktisch relevant sind hier regelmäßig Beteiligte, die den Schuldner im Rahmen der Sanierung mit frischer Liquidität („fresh money“) versorgen und im Gegenzug eine Privilegierung auch der Altforderungen fordern (z. B. durch sog. *cross-collateralization* oder *roll-up*), sowie Gläubiger, die in einer laufenden Geschäftsbeziehung mit dem Schuldner stehen, deren Fortbestand für die Fortführung des Unternehmens essenziell ist (sog. *critical vendor*); dazu *Dammann* in: Paulus/Dammann, European Preventive Restructuring, Art. 9 Rn. 45.

[152] Ähnlich *Thole* ZIP 2017, 101 (110); in Bezug auf § 9 StaRUG auch *Spahlinger* NZI-Beil. 2021, 32 (32).

[153] Nach Erwägungsgrund (44) S. 6 zur RRL kann das nationale Recht bei nicht wertdeckenden Sicherheiten den voraussichtlichen Ausfall des gesicherten Gläubigers als ungesicherte/einfache Forderung behandeln.

(mindestens) eine eigene Gruppe.[154] Eine grobe Orientierung bietet auch UAbs. 4, wonach bei der Gruppenbildung auf schutzbedürftige Gläubiger – die Richtlinie nennt als Beispiel kleinere Lieferanten – besonders Rücksicht zu nehmen ist. Im Übrigen lässt die Richtlinie den Mitgliedstaaten bei der Ausgestaltung des nationalen Rechts weitgehend freie Hand, was in den Erwägungsgründen nochmals besonders hervorgehoben wird:

„Die Mitgliedstaaten sollten [...] vorschreiben können, dass mehr als zwei Klassen von Gläubigern gebildet werden, einschließlich verschiedener Klassen ungesicherter und gesicherter Gläubiger und Klassen von Gläubigern mit nachrangigen Forderungen. [Sie] sollten auch gesonderte Klassen für andere Arten von Gläubigern ohne ausreichende gemeinsame Interessen schaffen können, wie Steuerbehörden oder Sozialversicherungsträger.“[155]

Unterfragmentierungen anhand weiterer Differenzierungskriterien sind damit ebenso möglich wie sog. *single creditor*-Klassen, die nur aus einem einzigen Gläubiger oder Gesellschafter bestehen.[156] Außerhalb der sekundärrechtlich determinierten Pflichtgruppen für gesicherte und ungesicherte Gläubiger sowie ggf. Anteilseigner steht es den Mitgliedstaaten mithin frei, anhand abstrakt festgelegter Kriterien weitere Klassen per Gesetz festzulegen oder den Zuschnitt der Gruppen – freilich unter Beachtung des erforderlichen Interessengleichlaufs – dem Planersteller, also typischerweise dem Schuldner zu überlassen. Ebenso dürfte es aber europarechtlich zulässig sein, die konkret durch die Richtlinie vorgegebenen Gläubigergruppen als abschließend in das nationale Recht umzusetzen.[157]

Den Mitgliedstaaten ist allerdings nicht nur die Zusammensetzung der einzelnen – getrennt voneinander abstimmenden – Klassen überlassen; sie entscheiden gem. Art. 9 Abs. 6 UAbs. 2 S. 1 RRL auch über die Festlegung des erforderlichen Quorums, das zur Annahme des Plans grundsätzlich in jeder Klasse erreicht werden muss. Ein gewisser Rahmen ist sicherlich auch hier europarechtlich vorgegeben. So wird man von einer Mehrheit schon rein begrifflich erst ab einer Zustimmung von über 50 % sprechen können. Außerdem darf der im nationalen Recht festgeschriebene Zustimmungswert, den es für eine Annahme des Plans zu erreichen gilt, gem. Art. 9 Abs. 6 UAbs. 2 S. 2 RRL nicht über 75 % liegen. Innerhalb dieses Korridors obliegt es allerdings den Mitgliedstaaten, das notwendige Quorum festzulegen. Darüber hinaus eröffnet ihnen Art. 9 Abs. 6 UAbs. 1 S. 2 RRL die Möglichkeit, neben einer Nennwertkumulativ auch eine – ggf. qualifizierte – Kopfmehrheit zu fordern. Die mögliche Bandbreite nationaler Regelungen ist dadurch äußerst weit: Eine einfache

---

[154] Vgl. dazu Erwägungsgrund (58) zur RRL.

[155] Erwägungsgrund (44) S. 4 und 5 zur RRL.

[156] *Dammann* in: Paulus/Dammann, European Preventive Restructuring, Art. 9 Rn. 42, 45; *Madaus* in: Flöther, Sanierungsrecht, Rn. F.182.

[157] Skeptisch offenbar *Dammann* in: Paulus/Dammann, European Preventive Restructuring, Art. 9 Rn. 45.

Mehrheit im Nennwert würde die Richtlinienvorgaben ebenso erfüllen wie eine kombinierte Nennwert- und Kopfmehrheit von je 75 %.[158]

d) *Cross-class cram-down*

Ähnlich weitreichende Spielräume eröffnet die Richtlinie schließlich bei den zusätzlichen Anforderungen an die Bestätigung eines Restrukturierungsplans, der nicht in allen Klassen eine Mehrheit gefunden hat.

Um *hold out*-Strategien nicht nur auf der Ebene individueller Beteiligter zu begegnen und (sinnvolle) Sanierungen auch gegen die Blockade ganzer Beteiligtengruppen durchsetzen zu können, sieht Art. 11 RRL die Möglichkeit eines sog. *cross-class cram-down* vor, im Rahmen dessen ganze Klassen majorisiert werden können.[159] Während allerdings innerhalb einer (ordnungsgemäß gebildeten) Gruppe bereits die gleichgerichteten Interessen der gruppeninternen Mehr- und Minderheit eine gewisse Gewähr dafür bieten, dass die überstimmten Beteiligten fair behandelt werden und die Planregelung für sie wirtschaftlich sinnvoll ist, stellt sich die Sachlage bei einer gruppenübergreifenden Mehrheitsentscheidung grundlegend anders dar. Denn jeder Beteiligte ist – verständlicherweise – darauf bedacht, sich und (wegen des gruppeninternen Gleichbehandlungsgrundsatzes) den übrigen Mitgliedern seiner Klasse einen möglichst großen Anteil am Sanierungsmehrwert[160] zu sichern. Während also die Angehörigen einer Gruppe ein gemeinsames Schicksal teilen, befinden sich die Klassen untereinander in einer Konkurrenzsituation, in der eine gesteigerte Partizipation einer Gruppe am verteilungsfähigen Fortführungswert zwangsläufig zum Nachteil einer anderen Klasse geht.

Die Richtlinie legt für die Bestätigung eines *cross-class cram-down* daher in Art. 11 RRL zusätzliche Anforderungen fest, die sicherstellen sollen, dass nicht einige, womöglich sogar nachrangige Klassen den Mehrheitsmechanismus missbrauchen, um andere Gruppen zu übervorteilen. Grundvoraussetzung für jeden klassenübergreifenden *cram-down* ist gem. Art. 11 Abs. 1 UAbs. 1 lit. d) RRL zunächst, dass keine Gruppe aufgrund des Plans Rechte erhält, die über den vollen Betrag der Forderung bzw. der Beteiligung hinausgehen. Schließlich wäre ein nur durch die (drohende) Mangelsituation gerechtfertigter

---

[158] *Jacobi* ZInsO 2017, 1 (10) mit dem Hinweis, dass darüber hinaus für den Fall eines gruppenübergreifenden *cram-downs* bis zur Höchstgrenze der 75 % auch eine Erhöhung der in jeder annehmenden Klasse erforderlichen Mehrheitserfordernisse denkbar wäre.

[159] *Veder* in: Paulus/Dammann, European Preventive Restructuring, Art. 11 Rn. 4.

[160] Art. 11 Abs. 1 UAbs. 1 lit. c) und d) RRL regelt allein die Verteilung des Sanierungs*mehr*werts, da die Beteiligung am hypothetischen Liquidationswert jedes einzelnen Gläubigers – unabhängig davon, ob er individuell oder seine ganze Gruppe überstimmt werden soll – bereits durch Art. 10 Abs. 2 lit. d) i. V. m. Art. 2 Abs. 1 Nr. 6 RRL über das gem. Art. 11 Abs. 1 UAbs. 1 lit. a) RRL auch im *cross-class cram-down* zu beachtende Kriterium des Gläubigerinteresses sichergestellt wird.

Zwangseingriff in die Rechte der Gläubiger und Gesellschafter mit einer überobligatorischen Auszahlung an einige bestimmte Klassen kaum zu vereinen. Im Verteilungskampf um den Sanierungsmehrwert steht allerdings nicht nur zu befürchten, dass einige Gläubiger den Mehrheitsmechanismus dazu ausnutzen, um sich über den (Nenn-)Wert der eigenen Forderung hinaus zu Lasten anderer Klassen zu bereichern. Auch unterhalb der jeweiligen Nennwerte eröffnet eine gruppenübergreifende Majorisierungsmöglichkeit die Gefahr, dass der Fortführungswert ungleich oder nach unsachlichen Kriterien auf die einzelnen Klassen aufgeteilt wird. Die Wertallokation ist zwar bis zur Grenze des hypothetischen Liquidationswerts durch das Kriterium des Gläubigerinteresses determiniert, da die Prioritäts- und Rangverhältnisse insoweit bereits durch Art. 10 Abs. 2 lit. d) i. V. m. Art. 11 Abs. 1 UAbs. 1 lit. a) RRL auf den Sanierungsplan durchschlagen. Im Übrigen, also hinsichtlich des Sanierungsmehrwerts bedarf es hingegen zusätzlicher Regelungen, um der Rangfolge auch im Sanierungsverfahren eine hinreichende[161] Bedeutung zu verleihen und damit eine angemessene und faire Behandlung der majorisierten Klassen zu gewährleisten.[162]

Grundsätzlich sieht Art. 11 Abs. 1 UAbs. 1 lit. c) RRL dafür die sog. *relative priority rule* (relative Vorrangregel) vor, wonach die überstimmte Klasse durch den Plan mindestens ebenso gut gestellt werden muss wie gleichrangige Klassen und besser als nachrangige Klassen. Das Gegenstück stellt die dem U.S.-amerikanischen *Chapter-11*-Verfahren entlehnte[163] und in Art. 11 Abs. 2 RRL als Umsetzungsalternative zur Verfügung gestellte sog. *absolute priority rule* (absolute Vorrangregel) dar. Nach ihr dürfen nachrangige Klassen erst dann am Sanierungswert partizipieren, wenn die ihnen im Rang vorgehenden Gruppen vollständig befriedigt sind. Der wesentliche Unterschied besteht da-

---

[161] Die Diskussion über die „richtige" Intensität der Ausstrahlwirkung der liquidationsrechtlichen Rangfolge auf den *cross-class cram-down* ist derzeit noch in vollem Gange; vgl. dazu etwa den bisweilen als Geburtsstunde der *relative priority rule* im europäischen Diskurs bezeichneten CODIRE-Report (s. 46 f.); im U.S.-amerikanischen Schrifttum wird ebenfalls über *relative priority* diskutiert, allerdings verstanden als Verteilungsmaßstab, der – als Antwort auf den im Rahmen der vorinsolvenzlichen Restrukturierung vorverlagerten „Abrechnungstag" – den Optionswert der nachrangigen Beteiligtengruppen respektiert und damit weitaus restriktiver ausgestaltet ist, als die *relative priority rule* der RRL; vgl. dazu *Baird*, 165 U. Pa. L. R. (2017), 785 (791 ff.) m. w. N.; *Casey* 78 (2011) Chicago L. R. 759 (764 ff.); kritisch gegenüber der europäischen *relative priority rule* insb. *Brinkmann*, Die relative Vorrangregel aus Art. 11 (1) (c) der Insolvenzrichtlinie: nicht nur untauglich, sondern brandgefährlich!, European Insolvency and Restructuring, TLE-009-2019 (abrufbar unter <https://www.tax-legal-excellence.com/relative-vorrangregel-art-11-1-c-insolvenzrichtlinie-brandgefaehrlich/>, Stand Oktober 2022); zu den Vor- und Nachteilen auch *Veder* in: Paulus/Dammann, European Preventive Restructuring, Art. 11 Rn. 33 ff.

[162] Erwägungsgrund (55) S. 1 zur RRL.

[163] Vgl. 11 U.S.C. § 1129(b); ebenso *Sax/Ponsek/Swierczok* BB 2017, 323 (327).

rin, dass die überstimmte Klasse einmal absolut, also mit dem gesamten Forderungsbetrag Vorrang genießt, während im anderen Fall nur eine (wie auch immer geartete) Besserstellung gegenüber den nachrangigen Gruppen erforderlich ist. Die *absolute priority rule* ist mithin erheblich strenger,[164] indem sie in Anlehnung an die im Liquidationsverfahren maßgeblichen Prioritätsregeln ein echtes Stufen- bzw. *Waterfall*-Modell etabliert, bei dem untergeordnete Stufen erst am Wert teilhaben, wenn die vorhergehenden Klassen voll befriedigt wurden oder der Wertzuweisung (jeweils gruppenweise mehrheitlich) zugestimmt haben.[165] Entscheidet sich ein Mitgliedstaat zur (ausnahmslosen) Umsetzung der *absolute priority rule*, können die Forderungen einfacher und gesicherter Gläubiger also *de facto* nur dann gegen den Willen der Anspruchsinhaber gekürzt[166] werden, wenn nachrangige Forderungen komplett erlassen und den Anteilseignern ihre Gesellschafterstellung und damit die Residualberechtigung vollständig entzogen werden.[167] Legt das nationale Recht hingegen die *relative priority rule* zugrunde, so ist – freilich unter Beachtung des Kriteriums des Gläubigerinteresses – eine Erzwingung von Sanierungsbeiträgen von einfachen und ggf. auch gesicherten Gläubigerklassen selbst dann möglich, wenn nachrangige Gläubiger einen Teil ihrer Forderungen und/oder die Anteilseigner eine (Rest-)Beteiligung an der Schuldnergesellschaft behalten; erforderlich ist lediglich, dass die Rechte der nachrangigen Beteiligten in größerem Umfang beschnitten werden, also z. B. eine Kürzung von 80 % festgelegt wird, während die Forderungen der überstimmten, vorrangigen Klasse nur zu 50 % erlassen werden. Wie Kritiker wiederholt angemerkt haben wäre der *relative priority rule* selbst dann Genüge getan, wenn gesicherte Gläubiger nach dem Plan nur einen einzigen Prozentpunkt (oder – bei gleichem Nennwert –

---

[164] Im Verhältnis gleichrangiger Gruppen untereinander bleibt die *absolute priority rule* hingegen gegenüber ihrem relativen Gegenpart zurück, da es insoweit an einer gruppenübergreifenden Betrachtung, wie sie in Art. 11 Abs. 1 UAbs. 1 lit. c) RRL verankert ist, fehlt; kritisch dazu bereits hinsichtlich des Richtlinienentwurfs, der noch alternativlos auf die absolute Vorrangregel gesetzt hatte, *Jacobi* ZInsO 2017, 1 (10 f.); *Thole* ZIP 2017, 101 (110).

[165] *Brinkmann*, Die relative Vorrangregel aus Art. 11 (1) (c) der Insolvenzrichtlinie: nicht nur untauglich, sondern brandgefährlich!, European Insolvency & Restructuring, TLE-009-2019 (abrufbar unter <https://www.tax-legal-excellence.com/relative-vorrangregel-art-11-1-c-insolvenzrichtlinie-brandgefaehrlich/>, Stand Oktober 2022).

[166] Sowohl nach seinem Wortlaut als auch nach dem dazugehörigen Erwägungsgrund (55) S. 4 und 5 macht Art. 11 Abs. 2 RRL nur die Kürzung, nicht aber eine Stundung o. ä. von der Einhaltung der *absolute priority rule* abhängig; möglich sind danach auch alternative Befriedigungsformen wie insbesondere ein *debt-equity swap*.

[167] Eine künftige Beteiligung der bisherigen Anteilseigner bleibt gleichfalls möglich, wenn und soweit diese im Rahmen der Restrukturierung neue Werte in das Unternehmen einbringen; in begründeten Ausnahmefällen ermöglicht außerdem Erwägungsgrund (56) zur RRL eine Abweichung von der *absolute priority rule*, vgl. dazu etwa die Umsetzung in § 28 Abs. 2 StaRUG.

einen einzigen Euro) mehr von ihrer Forderung behalten dürften als nachrangige Gläubiger.[168] Nicht zuletzt wegen der in Erwägungsgrund (56) eingeräumten Möglichkeit, auch bei Umsetzung der *absolute priority rule* begründete Ausnahmen vom strikten Vorrang der überstimmten Gläubigergruppe(n) vorzusehen, ist zu erwarten, dass sich die mitgliedstaatlichen Regelungen hier besonders deutlich voneinander abheben werden.[169]

Nahezu nebensächlich erscheinen vor dem Hintergrund dieser weitreichenden und höchst ergebnisrelevanten Gestaltungsmöglichkeiten schließlich die in Art. 11 Abs. 1 UAbs. 1 lit. b) und UAbs. 3 RRL eröffneten Umsetzungsoptionen zur Gewährleistung einer hinreichenden Unterstützung des vorgeschlagenen Plans unter den verschiedenen Klassen (sog. *minimum support*-Test). Auch hier werden dem nationalen Gesetzgeber zwar verschiedene Regelungsmodelle zur Verfügung gestellt; dies ist allerdings nicht zuletzt notwendige Folge der weitreichenden Freiheiten in Bezug auf den Zuschnitt der einzelnen Klassen.

3. Die Auswirkungen der Restrukturierungsrichtlinie auf den Restrukturierungswettbewerb in Europa

Die aufgezeigten Umsetzungsoptionen alleine bei den Themenbereichen Zugang, Eigenverwaltung, Klassenbildung und Majorisierungsmechanismus verdeutlichen, welche schier unüberschaubare Anzahl an Abweichungsmöglichkeiten und Gestaltungsspielräumen die Richtlinie den Mitgliedstaaten bei der Einführung der Restrukturierungsrahmen überlässt. Eine umfassende Gegenüberstellung der Umsetzungsgesetzgebung in den einzelnen Mitgliedstaaten – so vielversprechend diese aus rechtsvergleichender Perspektive auch erscheinen mag – kann an dieser Stelle zwar nicht geleistet werden. Feststehen dürfte aber, dass angesichts der über 70 – teilweise für eine Restrukturierung höchst bedeutsamen und damit ergebniswirksamen – Öffnungsklauseln kaum ein nationaler Restrukturierungsrahmen dem anderen gleichen wird. Vor diesem

---

[168] *Richter/Thery*, INSOL Europe Guidance Note, Rn. 132; *Veder* in: Paulus/Dammann, European Preventive Restructuring, Art. 11 Rn. 35; eine Grenze des Gestaltungsspielraums bildet freilich auch hier das Kriterium des Gläubigerinteresses gem. Art. 11 Abs. 1 UAbs. 1 lit. a) i. V. m. Art. 10 Abs. 2 lit. d) RRL, nach dem gesicherten Gläubigern mindestens dasjenige verbleiben muss, was sie in einem Liquidationsszenario beanspruchen könnten.

[169] Während sich Deutschland (vgl. §§ 27 f. StaRUG) und die Niederlande (vgl. dazu Art. 384 Abs. 4 lit. b) WHOA) für eine (modifizierte) absolute Priorisierung entschieden haben, berichtete *Mohr*, INDat Report, 8/2018, 20 (27) aus den Trilog-Verhandlungen von einem großen Interesse zahlreicher Mitgliedstaaten an der *relative priority rule*.

Hintergrund muten Bestrebungen, durch eine umsichtige und auf andere Mitgliedstaaten abgestimmte Umsetzung ein *level playing field* zu schaffen,[170] gerade auch angesichts des sich abzeichnenden Restrukturierungswettbewerbs[171] eher naiv als ehrgeizig an.[172] Spätestens seit dem Ablauf der (ggf. um ein Jahr verlängerten) Umsetzungsfrist steht in der EU also eine Vielzahl an unterschiedlich ausgestalteten Restrukturierungsmechanismen zur Verfügung, die auf ihre Erprobung in der – auch grenzüberschreitenden – Praxis warten.

Ob damit das erklärte Ziel der Richtlinie erreicht wurde, durch eine Harmonisierung des mitgliedstaatlichen Insolvenz- und Restrukturierungsrecht die Finanzierungskosten anzugleichen und dadurch den unternehmerischen Wettbewerb im Binnenmarkt zu stärken,[173] darf bezweifelt werden.[174] Jedenfalls hat die europarechtlich verordnete Einführung präventiver Restrukturierungsrahmen in allen Mitgliedstaaten aber dazu geführt, dass sanierungsbedürftige Unternehmen sich auf der Suche nach dem *perfect fit* künftig nicht mehr (nur) nach England orientieren werden, zumal das *Scheme of Arrangement* infolge des Austritts Großbritanniens aus der EU ohnehin erheblich an Attraktivität eingebüßt hat.[175] Damit bleibt festzuhalten: Auch wenn der große Ansturm auf die neu etablierten Sanierungsinstrumente bisher ausgeblieben ist,[176] hat doch

---

[170] So in Bezug auf die Anforderungen an einen gruppenübergreifenden *cram-down* *Skauradszun* KTS 80 (2019) 161 (189).

[171] Vgl. dazu nur *Fritz/Scholtis* BB 2019, 2051 (2052); *Kern* NZI-Beil. 2021, 74 (74); *Parzinger* ZIP 2019 1748 (1757); *J. Schmidt* ZInsO 2021, 654 (654).

[172] Im StaRUG jedenfalls der Sache nach eine weitgehende Nachbildung des niederländischen Modells erblickend *Bork*, Pre-insolvency moratoria – a legal comparison (abrufbar unter <https://eirjournal.com/content/EIRJ-2021-9>, Stand Oktober 2022); *Kern* NZI-Beil. 2021, 74 (76).

[173] Erwägungsgrund (8) S. 1 zur RRL.

[174] Kritisch auch *Eckelt*, Der präventive Restrukturierungsrahmen, S. 140.

[175] Seit dem endgültigen Vollzug des *Brexit* kommt eine Anerkennung des *Schemes* auf der Ebene des IZVR mangels einer entsprechenden Regelung im Handelsabkommen nur noch auf Grundlage des nationalen Rechts in Betracht, aus deutscher Perspektive also nach § 328 ZPO bzw. § 343 InsO; dazu *Schillig*, BeckOK-InsO, Int. InsR – England, Rn. 191; sowie ausführlich *Sax/Swierczok* ZIP 2017, 601 (601 ff.); *Ch. Keller* ZInsO 2022, 733 (735 ff.); zum damit einhergehenden Bedeutungsverlust des *Schemes* im internationalen Restrukturierungswettbewerb siehe etwa *Heese*, Die Funktion des Insolvenzrechts im Wettbewerb der Rechtsordnungen, S. 86; *Hoffmann/Giancristofano* ZIP 2016, 1951 (1951); *Paulus* ZIP 2020, 2363; *Schlegel* in: FS Graf-Schlicker, 381 (383), Fn. 10; *Singer*, Vorinsolvenzlicher Restrukturierungsrahmen, S. 96 f.; *Walker/Mielke/Bombe* ZIP 2018, 815 (820); vgl. aber aus deutscher Sicht das Abkommen vom 14. Juli 1960 zwischen der Bundesrepublik Deutschland und dem Vereinigten Königreich über die gegenseitige Anerkennung und Vollstreckung von gerichtlichen Entscheidungen in Zivil- und Handelssachen (BGBl. 1961 II S. 301 ff.); siehe zu dessen Heranziehung *post Brexit* allgemein *Sturm/Schulz* ZRP 2019, 71 (72).

[176] Dieses Bild zeichnet sich insbesondere im Vergleich mit der Nachfrage nach dem neuen englischen PArt. 26A Restrukturierungsplan, der sich schon in den ersten Monaten

der Wettbewerb der Restrukturierungsorte in der EU längst Fahrt aufgenommen.

Schon früh wussten insbesondere die Niederlande sich in dem durch *Brexit* und Restrukturierungsrichtlinie erschütterten europäischen[177] Restrukturierungsmarkt in Position zu bringen. Nur gut ein Jahr nach Annahme der Richtlinie verabschiedete der niederländische Gesetzgeber mit dem *wet homologatie onderhands akkoord* (WHOA)[178] Regelungen über ein vorinsolvenzliches Restrukturierungsverfahren, die zum Jahreswechsel 2020/2021 – und somit zeitgleich mit dem deutschen StaRUG – in Kraft traten.[179] Auch wenn die Verabschiedung des sog. *Dutch Scheme* damit den Anschein eines rekordverdächtigen Blitzstarts erweckt, begannen die Vorarbeiten zum WHOA, das ursprünglich als selbstverordnete Reform des traditionell eher sanierungsfeindlich ausgestalteten niederländischen Insolvenzrechts gedacht war, tatsächlich bereits weit vor den ersten europäischen Impulsen für ein modernes Restrukturierungsrecht.[180]

Inhaltlich setzt das niederländische Recht – ebenso wie das StaRUG – auf eine zweigleisige Umsetzung der Richtlinie, wobei die entsprechenden Regelungen – anders als im deutschen Recht – in die konkursrechtliche Kodifikation, die *Faillissementswet* (Fw.) integriert wurden. Angeboten wird neben einem öffentlich bekanntzumachenden Restrukturierungsrahmen – entsprechend den Bedürfnissen der Praxis – auch ein vertraulich geführtes Verfahren.[181] Ersteres sollte[182] in den Anhang A zur EuInsVO aufgenommen und den dortigen

nach seiner Einführung reißender Beliebtheit erfreute, vgl. dazu mit entsprechenden Nachweisen *Sax/Berkner/Saed* NZI 2021, 517 (518).

[177] Auch über die europäischen Grenzen hinaus wird das niederländische Restrukturierungsrecht offenbar als besonders attraktiv wahrgenommen; vgl. dazu exemplarisch die Warnungen vor einer Abwanderung der Restrukturierungspraxis aus U.S.-amerikanischer Sicht bei *Casey/Macey* 37 (2021) EBDJ 463 (468).

[178] *Wet van 7 oktober 2020 tot wijziging van de Faillissementswet in verband met de invoering van de mogelijkheid tot homologatie van een onderhands akkoord* (Gesetz vom 07.10.2020 zur Änderung der Konkursordnung und zur Einführung der Bestätigungsmöglichkeit für außergerichtliche Vergleiche), niederländisches Staatsblad 2020, Nr. 414.

[179] Inkraftgesetzt wurde das Gesetz aufgrund einer in Art. III. WHOA enthaltenen Ermächtigung durch einen Erlass vom 03.11.2020, Staatsblad 2020, Nr. 415.

[180] Laut der Gesetzesbegründung geht die Regelung auf eine Reforminitiative vom 26. November 2012 zurück; *Kern* NZI-Beil. 2021, 74 (74 f.) nennt insoweit vor allem eine starke Rechtsposition der gesicherten Gläubiger sowie das Fehlen eines eigenverwaltenden Verfahrensmodells als Gründe für die bereits Anfang der 2010er Jahre erkannte Reformbedürftigkeit des niederländischen Rechts.

[181] Art. 369 Abs. 6 WHOA.

[182] Mittlerweile sind sowohl die niederländische als auch die deutsche öffentlich bekanntzumachende Verfahrensvarianten in den Anhang A zur EuInsVO aufgenommen worden, vgl. dazu die Verordnung (EU) 2021/2260 des Europäischen Parlaments und des Rates vom 15.12.2021 zur Änderung der Verordnung (EU) 2015/848 über Insolvenzverfahren im Hinblick auf die Ersetzung der Anhänge A und B, ABl. vom 20.12.2021, L 455, S. 4.

Zuständigkeits- und Anerkennungsregelungen unterworfen werden,[183] wie es der deutsche Gesetzgeber auch für das Verfahren nach §§ 84 ff. StaRUG vorgesehen hat.[184] Für das vertrauliche Verfahren hingegen regelt das niederländische Recht die internationale Zuständigkeit in Art. 369 Abs. 7 lit. b) Fw.[185] autonom. In Anlehnung an die Handhabung der internationalen Zuständigkeit durch die englischen Gerichte soll hierfür bereits eine hinreichende Verknüpfung (*sufficient connection*) zu den Niederlanden ausreichen, zu deren Bejahung es nicht (notwendig) auf den schuldnerischen COMI ankommt.[186] Ausreichen soll nach der Gesetzesbegründung bereits die Unterhaltung einer Niederlassung, die Belegenheit substanzieller Vermögenswerte, oder die (ggf. prorogierte) Zuständigkeit der niederländischen Gerichte bzw. die Anwendbarkeit niederländischen Rechts auf einen hinreichenden Teil der zu restrukturierenden Forderungen.[187] Ferner sollen die niederländischen Gerichte in Konzernsachverhalten international zuständig sein, wenn mindestens eine der gruppenzugehörigen Gesellschaften ihren COMI oder eine Niederlassung im Königreich unterhält oder der Schuldner für einen Dritten mithaftet, für den seinerseits die niederländischen Gerichte zuständig sind.[188] Schließlich zeigt sich zumindest der Wortlaut durchaus offen für eine noch weitergehende Auslegung, die es erlauben würde, die Niederlande bereits dann als Restrukturie-

---

[183] Vgl. die Gesetzesbegründung zum WHOA (*Memorie van toelichting bij wetsvoorstel homologatie onderhands akkoord*), Kamerstukken II 2018/19, 35249, Nr. 3, S. 32; eine (inoffizielle) englische Übersetzung ist abrufbar unter <https://dwbxnuhxoazve.cloudfront.net/20190910-Unofficial-translation-of-CERP-explantory-memorandum.PDF>, Stand Oktober 2022, dort S. 36.

[184] Vgl. dazu die RegBegr., BT-Drucks. 19/24181, S. 178.

[185] Die Norm verweist auf Art. 3 der niederländischen Zivilprozessordnung (*Wetboek van Burgerlijke Rechtsvordering* (Rv.)), der es in lit. c) für die Begründung der internationalen Zuständigkeit ausreichen lässt, dass die Rechtssache hinreichend mit der Rechtsphäre der Niederlande verbunden ist.

[186] Vgl. zur weitreichenden Ausgestaltung der internationalen Zuständigkeit durch das niederländische Recht auch *Kern* NZI-Beil. 2021, 74 (76); *Madaus*, Die Niederlande beginnen mit der Umsetzung – das „Dutch Scheme" ist im Gesetzgebungsverfahren (abrufbar unter <https://stephanmadaus.de/2019/07/12/die-niederlande-beginnen-mit-der-umsetzung-das-dutch-scheme-ist-im-gesetzgebungsverfahren/>, Stand Oktober 2022); eine derart weitreichende Ausgestaltung der internationalen Zuständigkeit auch für das deutsche (autonome) Recht fordernd *Paulus* ZIP 2020, 2363; kritisch gegenüber dem restriktiven internationalen Anwendungsbereich nach § 35 StaRUG (analog) auch *Madaus* ZIP 2022, 1233 (1244).

[187] Vgl. die Gesetzesbegründung zum WHOA (*Memorie van toelichting bij wetsvoorstel homologatie onderhands akkoord*), Kamerstukken II 2018/19, 35249, Nr. 3, S. 32; eine (inoffizielle) englische Übersetzung ist abrufbar unter <https://dwbxnuhxoazve.cloudfront.net/20190910-Unofficial-translation-of-CERP-explantory-memorandum.PDF>, Stand Oktober 2022, dort S. 35 f.; im Ergebnis ebenso *Hoos/Schwartz/Schlander* ZIP 2021, 2214 (2215); *Kaubisch/Riewe/Hilpert* SanB 2021, 13 (14).

[188] *Kaubisch/Riewe/Hilpert* SanB 2021, 13 (14).

rungsforum zu wählen, wenn nur ein einziger Gläubiger mit Wohn- oder gewöhnlichem Aufenthaltsort innerhalb des Königreichs in das Verfahren einbezogen wird.[189]

Neben der frühzeitigen Verabschiedung der Umsetzungsgesetzgebung und der – jedenfalls im Verhältnis zu § 35 StaRUG (analog) – überaus großzügigen Ausgestaltung der internationalen Zuständigkeit versuchen sich die Niederlande vor allem durch institutionelle Strukturmaßnahmen an die Spitze des Restrukturierungswettbewerbs zu stellen. Zu nennen ist hier insbesondere die beabsichtigte Sonderzuweisung an eine – wiederum der *Chancery Division* am *High Court* nachempfundene – mit besonders sachkundigen und erfahrenen Richtern besetzte Spruchkammer, die eine zügige, zuverlässige und professionelle Abwicklung von Unternehmensrestrukturierungen verspricht.[190] Nicht zu unterschätzen ist aber auch die – vor allem für ausländische Unternehmen und/oder Großgläubiger attraktive – Möglichkeit, das Verfahren am 2019 etablierten Handelsgerichtshof (*Netherlands Commercial Court*) vollständig auf Englisch durchzuführen.[191] International ausgerichtete Anwaltssozietäten werben bereits damit, dass das *Dutch Scheme* als bahnbrechende Neuerung sowohl niederländischen als auch ausländischen Schuldnern die Möglichkeit böte, den Fortbestand des Unternehmens zum gemeinsamen Vorteil aller Beteiligten zu

[189] Vgl. dazu den in Art. 369 Abs. 7 lit. b) Fw. in Bezug genommenen Art. 3 lit. a) Rv., wonach die internationale Zuständigkeit wahlweise auf den Wohn- bzw. gewöhnlichen Aufenthaltsort des Antragstellers, oder aber eines im verfahrenseinleitenden Schriftstück genannten Antragsgegners gestützt werden kann; etwas zurückhaltender offenbar *Kern* NZI-Beil. 2021, 74 (76), der der Gesetzesbegründung immerhin das Erfordernis der Ansässigkeit eines substanziellen Teils der Gläubiger entnehmen will; *Thole* ZIP 2021, 2153 (2156) geht offenbar davon aus, dass der Wohnort eines Gläubigers nicht ausreichen solle.

[190] *Wessels* 29 (2020) IIR 393 (410).

[191] Die Durchführung am *Netherlands Commercial Court* bedarf allerdings einer entsprechenden Gerichtsstandsvereinbarung, vgl. dazu insgesamt *Wessels* 29 (2020) IIR 393 (410); *Madaus*, Die Niederlande beginnen mit der Umsetzung – das „Dutch Scheme“ ist im Gesetzgebungsverfahren (abrufbar unter <https://stephanmadaus.de/2019/07/12/die-niederlande-beginnen-mit-der-umsetzung-das-dutch-scheme-ist-im-gesetzgebungsverfahren/>, Stand Oktober 2022); vgl. zu jüngsten Entwicklungen im deutschen Recht mit der Bestrebung, die Attraktivität des Justizstandorts Deutschland in wirtschaftsrechtlichen Streitigkeiten auch für ausländische Rechtssuchende zu stärken, insbesondere durch die Einrichtung von Kammern für internationale Handelssachen an den Landgerichten sowie die Schaffung erstinstanzlicher *Commercial Courts* an den Oberlandesgerichten, den Entwurf des Bundesrats für ein Gesetz zur Stärkung der Gerichte in Wirtschaftsstreitigkeiten, BR-Drucks. 79/22 (Beschluss); auf dem Gebiet des Sanierungsrechts dürfte die gesetzliche Neuerung wegen des auf Handelssachen beschränkten Zuständigkeitsbereichs der neuen Spruchkörper allerdings keine direkten Auswirkungen haben, zumal Restrukturierungssachen gem. § 34 StaRUG ohnehin den – durch die örtliche Konzentration hochspezialisierten – Amtsgerichten zugewiesen sind.

sichern.[192] Das zeigt, dass nicht zuletzt die hochdotierte und am Erfolg des eigenen Rechts als Produkt[193] interessierte Beratungspraxis bereitsteht, um sanierungsbedürftigen Unternehmen Zugang zum jeweils vorteilhaftesten Restrukturierungsinstrumentarium zu verschaffen.[194]

§ 5 Die Restrukturierung im internationalen Kontext

Umso drängender stellt sich vor diesem Hintergrund die Frage nach dem geltenden Rechtsrahmen, innerhalb dessen der Wettbewerb der Restrukturierungsrechtsordnungen einzuordnen ist und dem damit auch die – für jeden funktionierenden Wettbewerb erforderlichen – rechtlichen Grenzen zu entnehmen sind. Eben diesem Unterfangen widmet sich die vorliegende Untersuchung.

I. Die grenzüberschreitende Restrukturierung als Regelfall

Unabhängig davon, ob man dem Wettbewerb der Rechtsordnungen und dem dadurch evozierten Restrukturierungstourismus nun aufgeschlossen oder kritisch gegenübersteht,[1] wäre es allerdings verfehlt, die internationale Dimension des Restrukturierungsrechts allein auf diese beiden Aspekte zu reduzieren. Denn eine Restrukturierung wirft nicht nur dann eine Vielzahl an internationalprivat- und -zivilverfahrensrechtlichen Fragen auf, wenn der Schuldner sich in Anbetracht seiner Sanierungsbedürftigkeit auf die Suche nach dem „besten" Restrukturierungsrecht begibt. Sie stellen sich ebenso in vermeintlich eindeutigen und auf den ersten Blick problemlos erscheinenden Fällen, wie die StaRUG-Restrukturierung einer deutschen GmbH mit Hauptniederlassung, Satzungssitz und COMI in Deutschland. Die vom europäischen Binnenmarktgedanken getragene zunehmende Verschränkung der Handelsbeziehungen zwischen den Mitgliedstaaten bringt es mit sich, dass nicht nur die unternehmeri-

---

[192] So etwa das Versprechen von *De Brauw, Blackstone & Westbroek*, die auf ihrer Website die relevanten Legislativdokumente auch in englischer Sprache zum Abruf anbieten (abrufbar unter <https://www.debrauw.com/articles/new-dutch-scheme-the-act-on-court-confirmation-of-extrajudicial-restructuring-plans>, Stand Oktober 2022); die internationale Bewerbung des eigenen Rechtsregimes gerade auf dem international ausgerichteten Restrukturierungsmarkt als Selbstverständlichkeit ansehend *Paulus* ZIP 2020, 2363.

[193] Vgl. dazu allgemein bereits *Eidenmüller* JZ 2009, 641; *ders.* 18 (2011) Ind. J. Gl. L. Stud. 707; speziell zum Insolvenz- und Restrukturierungsrecht auch *Eidenmüller/Frobenius* WM 2011, 1210 (1210).

[194] Eine ähnliche Entwicklung sieht *Reinhart* in: MüKo-InsO, EuInsVO Art. 1 Rn. 19.

[1] Letztendlich lässt sich ein Wettbewerb der Rechtsordnungen stets als effizienzsteigernder Heilsbringer oder als missbrauchsanfälliger „race to the bottom" zeichnen; vgl. dazu nur *Casey/Macey* 37 (2021) EBDJ 463 (474).

schen Geschäftsbeziehungen – und damit die Gläubigerstrukturen – immer internationaler werden, sondern auch das Vermögen der Unternehmen längst nicht mehr ausschließlich in einem einzigen Staat belegen ist.[2] Dabei muss es sich noch nicht einmal um ausländische Tochtergesellschaften, (rechtlich unselbstständige) Niederlassungen oder sonstige gefestigte Unternehmensstrukturen handeln; es genügen schon offene Forderungen gegen im Ausland ansässige Kunden, um aus dem nationalen einen internationalen Restrukturierungsfall zu machen. Selbst bei territorial beschränkten Geschäftsmodellen werden sich – zumindest ab einer bestimmten Unternehmensgröße – ausländische Gläubiger (Lieferanten, Dienstleister, Kreditgeber, etc.) und Drittschuldner (v. a. Kunden) kaum vermeiden lassen.[3] Großunternehmen finanzieren sich mittlerweile ohnehin regelmäßig durch die Emission weltweit gehandelter Anleihen oder nehmen von international besetzten Konsortien begebene Kredite in Anspruch – nicht selten auch beides.[4] Begreift man die internationale Restrukturierung mithin als solche, in der zumindest ein (einzubeziehender) Gläubiger oder ein (fortführungsrelevanter) Vermögensgegenstand im Ausland ansässig respektive belegen ist, so wird die grenzüberschreitende Restrukturierung eher den Regelfall als die Ausnahme bilden.[5]

Es stellen sich hier – wie bei jedem grenzüberschreitenden Sachverhalt – zusätzliche, international-rechtliche Fragen: Können und/oder müssen ausländische Gläubiger am inländischen Sanierungsverfahren teilnehmen? Beziehen sich im Inland erwirkte Restrukturierungsmaßnahmen auch auf im Ausland belegene Vermögensgegenstände? Und wie haben die betroffenen Drittstaaten

---

[2] Eine illustrative Darstellung häufiger internationaler Bezüge einer Restrukturierung findet sich bei *Schlöder/Parzinger/Knebel* ZIP 2021, 1041 (1041).

[3] (Jedenfalls) für größere Kapitalgesellschaften geht auch *Eidenmüller*, Unternehmenssanierung zwischen Markt und Gesetz, S. 351, 921 davon aus, dass die Beteiligung mindestens eines ausländischen Kreditgebers der absolute Regelfall sein dürfte.

[4] *Eidenmüller*, Unternehmenssanierung zwischen Markt und Gesetz, S. 921; *Servatius*, Gläubigereinfluss durch Covenants, S. 35.

[5] Ebenso *Beisenhirtz* in: Paulus/Knecht, Gerichtliche Sanierung, § 6 Rn. 1 f.; auch *Paulus* ZIP 2020, 2363 attestiert der Restrukturierung, sie sei „eingebettet in einen geradezu globalen Kontext"; siehe ferner *Skauradszun* in: BeckOK-StaRUG, § 84 Rn. 2; basierend auf Zahlen aus dem Jahre 2014 ging die Kommission allerdings davon aus, dass (nur) bei etwa einem Viertel aller Unternehmensinsolvenzen Berührungen zu mehr als einem Mitgliedstaat bestehen, vgl. dazu das Impact Assessment zur Empfehlung der Kommission zu einem neuen Ansatz zum Umfang mit unternehmerischem Scheitern und Unternehmensinsolvenzen vom 12.03.2014, SWD(2014) 61 final, S. 2 und 6 sowie den Kommissionsvorschlag zur RRL vom 22.11.2016, COM(2016) 723 final, S. 3; siehe auch das von der Justizkommissarin herausgegebene Fact Sheet „Early restructuringand a second chance for entrepreneurs – A modern and streamlined approach to business insolvency" vom Juni 2019, S. 3 (abrufbar unter <https://ec.europa.eu/info/sites/default/files/factsheet_-_a_modern_and_streamlined_approach_to_business_insolvency.pdf>, Stand Oktober 2022).

mit den aus ihrer Perspektive fremden restrukturierungsrechtlichen Anordnungen und Entscheidungen umzugehen? Könnte etwa, um das obige Beispiel aufzugreifen, der Gläubiger einer deutschen GmbH trotz einer nach § 49 Abs. 1 Nr. 1 StaRUG angeordneten Aussetzung der Einzelzwangsvollstreckung in ausländisches Vermögen vollstrecken, z. B. durch französische Vollstreckungsorgane die Maschinen in einer französischen Zweigniederlassung des Schuldners pfänden lassen? Und würde es für die Beantwortung dieser Frage einen Unterschied machen, ob der betreffende Vollstreckungsgläubiger in Deutschland oder in Frankreich ansässig ist? Gläubiger, deren Sicherungsrechte sich auf ausländische Vermögensgegenstände des Schuldners (oder eines gruppenangehörigen Dritten[6]) beziehen, werden sich fragen, ob auch sie durch eine Verwertungssperre in der Durchsetzung ihrer Rechte beschränkt werden und – wenn ja – nach welcher Rechtsordnung sich etwaige Entschädigungsansprüche[7] bestimmen. Ähnliche Probleme ergeben sich im Hinblick auf die Wirkungen eines (bestätigten) Restrukturierungsplans. Kann etwa ein Gläubiger vor einem – für die Streitsache international zuständigen – ausländischen Gericht die volle Forderungssumme einklagen, obwohl zuvor im Inland (ohne seine Zustimmung) ein Restrukturierungsplan angenommen und gerichtlich bestätigt wurde, der eine hälftige Kürzung seines Anspruchs vorsieht? Darf bzw. muss das Streitgericht hier die Umgestaltung der Forderung berücksichtigen und die Klage in Höhe der erlassenen Hälfte abweisen?[8] Kann der Gläubiger hiergegen womöglich einwenden, dass nach seinem Heimatrecht oder der anwendbaren *lex contractus* eine Umgestaltung der Forderung gar nicht, nicht in diesem Umfang oder nur mit einer höheren Zustimmungsquote möglich gewesen wäre? Wie ist mit dem Einwand umzugehen, der ausländische Gläubiger hätte von dem Verfahren keine (hinreichende und/oder rechtzeitige) Kenntnis erlangt und daher keine Möglichkeit gehabt, an der Entscheidung über die Planannahme mitzuwirken oder im Restrukturierungsverfahren Einwände geltend zu machen? Und vor allem: welches Recht entscheidet über die grenzüberschreitende Anerkennung von Sanierungsergebnissen?

---

[6] Vgl. zur Möglichkeit einer Verwertungssperre auch für Sicherheiten an Vermögensgegenständen verbundener Gruppenunternehmen § 49 Abs. 3 i. V. m. § 2 Abs. 4 StaRUG; zu dieser Sonderthematik, auch unter Beleuchtung der sich stellenden international-rechtlichen Fragen *Westpfahl/Dittmar* NZI-Beil. 2021, 46 ff.

[7] Ausgleichs- und Zinsansprüche für die Dauer einer Verwertungssperre werden von der Richtlinie nach deren Erwägungsgrund (37) S. 1 nicht geregelt, sondern fallen in den Zuständigkeitsbereich der Mitgliedstaaten; das StaRUG sieht entsprechende Zahlungspflichten in § 54 Abs. 1 vor.

[8] Kann der Restrukturierungsplan – wie nach deutschem Recht (vgl. § 71 StaRUG) – als Vollstreckungstitel genutzt werden, müsste die Klage bei gewährleisteter Anerkennung und Vollstreckbarkeit ggf. mangels Rechtsschutzbedürfnis sogar insgesamt, also auch hinsichtlich des noch bestehenden Forderungsteils abgewiesen werden.

All diese Fragen gilt es im Rahmen der vorliegenden Untersuchung zu beantworten. Der vorstehende Aufriss steckt damit einerseits die drängendsten Problembereiche des internationalen Restrukturierungsrechts ab, die nachfolgend aufgegriffen und einer argumentativen und in sich schlüssigen Klärung zugeführt werden sollen. Er veranschaulicht aber zugleich, welch immense Bedeutung den internationalen Bezügen des Restrukturierungsrechts zukommt und verdeutlicht damit das praktische wie wissenschaftliche Bedürfnis nach einer umfassenden Bearbeitung der vorliegenden Forschungsfrage.

II. Das Kollektivierungsproblem im internationalen Bezugsrahmen

In § 3 wurde bereits in die adverse Anreizstruktur eingeführt, die sich in Sanierungssituationen für die betroffenen Gläubiger und Gesellschafter ergibt und die *hold out*-Strategien als individuell rationales Verhalten begünstigen kann – stets mit der Gefahr, dass dadurch eine wirtschaftlich sinnvolle Sanierung insgesamt scheitert. Nichts anderes gilt im internationalen Kontext. Auch hier kann es sich für einzelne Beteiligte günstiger darstellen, auf die Sanierung durch die Masse zu vertrauen und daher in der Hoffnung auf eine – durch andere Gläubiger finanzierte – Wiedererstarkung des Schuldners einen eigenen Sanierungsbeitrag zu verweigern. Dieser Anreiz, sich der Sanierung zu enthalten, mag gerade bei ausländischen Gläubigern durch weitere Aspekte, wie eine misstrauische Grundeinstellung gegenüber fremden Rechts- und Justizsystemen oder die Befürchtung einer Übervorteilung durch die – im eigenen Rechts- und Wirtschaftsraum versierten – ortsansässigen Gläubiger verstärkt werden.[9] Die konkrete Motivation, sich an einer ökonomisch sinnvollen Sanierung nicht zu beteiligen, ändert indes nichts am Grundproblem: Nehmen sich zu viele Gläubiger zurück, scheitert das Unterfangen insgesamt, mit der Folge, dass alle Beteiligten auf den niedrigeren Liquidationswert zurückfallen – von den Folgen für die Allgemeinheit, insbesondere den Arbeitsplatzverlusten, ganz zu schweigen.[10]

---

[9] Siehe dazu *Eidenmüller*, Unternehmenssanierung zwischen Markt und Gesetz, S. 352 f., 924, der als weitere Gründe für die Zurückhaltung ausländischer Kreditgeber die teilweise vorherrschenden Vorstellungen anführt, eine Sanierung erfolge primär im nationalen Interesse des Heimatstaats, die inländischen Banken hätten das (sich nun realisierte) Risiko besser einschätzen können (und daher nunmehr einen höheren Teil des Schadens zu tragen) oder die beteiligten inländischen Kreditinstitute hätten ein höheres Interesse am Fortbestehen des Unternehmens als Geschäftspartner anderer (potenzieller) Kunden der betreffenden Kreditgeber.

[10] Tendenziell aA *Servatius*, Gläubigereinfluss durch Covenants, S. 180 f., 198, der in einem sanierungsfeindlichen individuellen Gläubigerinteresse ein Manko des Verständnisses einer Sanierung als Gefangenendilemma erkennen will.

1. Das universell wirkende Einheitsverfahren als Ideal

Auch in internationalen Konstellationen tut eine Rechtsordnung daher gut daran, am kollektiven Charakter des Restrukturierungsmechanismus festzuhalten, im Rahmen dessen Gläubigern mit vergleichbarer Interessenlage – ungeachtet deren Ansässigkeit – jeweils gleiche Sanierungsbeiträge abverlangt werden. Andererseits sollte die vorschnelle Vollstreckung in fortführungsrelevantes Vermögen sowie die Verwertung betriebsnotwendiger Sicherungsgegenstände nicht nur im Inland, sondern zur Sicherung der Bestandsfähigkeit des schuldnerischen Unternehmens möglichst in sämtlichen Jurisdiktionen verhindert werden. Denn bei einem multinational tätigen Unternehmen mit grenzüberschreitenden Lieferketten kann bereits die vollstreckungsbedingte Erlahmung einer einzigen Niederlassung erhebliche Einschränkungen des gesamten Betriebsablaufs nach sich ziehen. Damit schwinden nicht nur Ertragskraft und Liquidität, sondern auch der Fortführungswert – und mit ihm die Wahrscheinlichkeit einer erfolgreichen Sanierung.

Um die Sanierungschancen zu erhöhen sollten daher einerseits möglichst alle Gläubiger des Schuldners in das Verfahren einbezogen werden (können) und sich die Sanierungsergebnisse andererseits auf sämtliche Vermögensgegenstände des Schuldners unabhängig von ihrer Belegenheit erstrecken. Damit sind zwei zentrale Fragen des internationalen Restrukturierungsrechts aufgeworfen, namentlich diejenigen der internationalen Zuständigkeit und der Anerkennung bzw. Wirkungserstreckung im Ausland.[11] Wer sanierungsfeindliches Verhalten unterbinden will und daher in persönlicher Hinsicht an einer möglichst weitreichenden Wirkung von Verfahrensergebnissen interessiert ist, der tut gut daran sicherzustellen, dass auch möglichst alle relevanten Personen an dem betreffenden Verfahren teilnehmen. Das setzt voraus, dass die Gerichtspflichtigkeit der Gläubiger für ein Restrukturierungsverfahren nicht auf mehrere Jurisdiktionen zersplittert, sondern eine zentrale Zuständigkeit eröffnet ist. Denn ein Restrukturierungsverfahren, in das (bestimmte) ausländische Gläubiger mangels internationaler Zuständigkeit nicht einbezogen werden können, kann deren Rechtspositionen schon aus rechtsstaatlichen Gründen nicht beeinträchtigen. Sogar im Restrukturierungsstaat selbst müsste Klagen und Vollstreckungsersuchen, die auf die volle Summe gerichtet sind, stattgegeben werden, wenn der Kläger in das Restrukturierungsverfahren mangels Zuständigkeit nicht einbezogen ist.

---

[11] Soweit die Rechtsfolgen nach dem nationalen Umsetzungsrecht nicht aufgrund einer gerichtlichen Entscheidung, sondern Kraft Gesetzes oder aufgrund einer verwaltungsbehördlichen Entscheidung eintreten, stellen sich zwar im Kern dieselben Fragen, nämlich in persönlicher Hinsicht die der Gläubigereinbeziehung und in territorialer Hinsicht die der Wirkungserstreckung; Mittel der Wahl ist hier allerdings mangels eines gerichtlichen Verfahrens in erster Linie das Kollisionsrecht.

Andererseits ist mit der Einbeziehung sämtlicher Gläubiger in ein einziges Verfahren noch nicht viel gewonnen, solange der dort bestätigte Sanierungsplan seine Wirkungen nur im Ausgangsstaat entfaltet, während die bisherige – bestandgefährdende – Rechtslage im Ausland fortbesteht. Gläubiger könnten weiter vor (kompetenten) ausländischen Gerichten die ungekürzte Forderungssumme geltend machen und anschließend vollstrecken. Ein kollektiver Mechanismus, der auch im internationalen Kontext adversen Verhaltensanreizen vorbeugen und dissentierende Beteiligte an die erzielten Ergebnisse binden will, braucht deshalb beides: eine zentralisierte Zuständigkeit, die die Einbeziehung aller relevanten Gläubiger ermöglicht, und eine flächendeckende Wirkungserstreckung, die auch ausländisches Vermögen während und nach der Restrukturierung vor dem Zugriff der Gläubiger schützt. Nur wenn beide Voraussetzungen erfüllt sind, werden *hold out*-Strategien effektiv vermieden und das schuldnerische Unternehmen mit all seinen betrieblichen Strukturen vollumfänglich geschützt.

2. *Nachteile und Risiken einer Verfahrensaufspaltung*

Zu einem gewissen Grad ließen sich solch nachteilige Entwicklungen freilich auch durch die Durchführung mehrerer, in Bezug auf die teilnehmenden Gläubiger und/oder das erfasste Vermögen territorial begrenzter Parallelverfahren verhindern. Um hier sowohl die gesamte internationale Gläubigerschaft einzubeziehen als auch die Wirksamkeit der Sanierungsergebnisse in allen Belegenheitsstaaten sicherzustellen, bedürfte es allerdings je nach der internationalen Tragweite des Unternehmens einer Vielzahl von Verfahren. Die Aufsplitterung der Gläubiger auf verschiedene Verfahren brächte es außerdem mit sich, dass an sich homogene Gläubigergruppen qua Zuständigkeit auseinander gerissen werden und sich damit die Stimm- und Machtverhältnisse verschieben. Schließlich ginge mit der Durchführung paralleler Verfahren auch eine erhebliche Mehrbelastung an Verfahrens- und Koordinierungskosten einher, die ein krisengebeuteltes Unternehmen nur selten wird aufbringen können und die den verteilungsfähigen Fortführungswert zusätzlich schmälern. Ein gewisses Maß an Konzentration erscheint daher zur Bewältigung internationaler Restrukturierungen unverzichtbar.

Vor allem die gravierenden Nachteile einer territorialen Aufspaltung nach der Vermögensbelegenheit, die bisweilen die gesamte Sanierung in Frage stellen, lassen sich eindrucksvoll am Beispiel des Sekundärverfahrens unter der EuInsVO darstellen.[12] Wird in einem Mitgliedstaat ein Sekundärinsolvenzverfahren eröffnet, so zeitigt das Hauptverfahren dort gem. Art. 20 Abs. 1 EuInsVO a. E. grundsätzlich keine Wirkungen mehr; es erfolgt eine territorial-

---

[12] Vor dem Hintergrund der nur modifizierten Universalität daher vor einer unreflektierten Einbeziehung von vorinsolvenzlichen Sanierungsverfahren in den Anwendungsbereich der EuInsVO warnend *Thole* KSzW 2012, 286 (290 f.).

gegenständliche Spaltung der Restrukturierung. Während es im Hauptverfahren bei der Anwendbarkeit der *lex fori concursus* bleibt, richtet sich das Sekundärverfahren und seine Durchführung nach dem örtlichen Insolvenz- bzw. Restrukturierungsrecht, der sog. *lex fori concursus secundarii*. Der Schuldner ist mithin Partei in zwei parallelen, grundsätzlich selbstständigen Verfahren, die sich jeweils auf unterschiedliche Vermögensmassen beziehen und unterschiedlichen Rechtsordnungen unterfallen. Die mit der Eröffnung des Sekundärverfahrens eintretende territoriale Begrenzung beider Verfahren betrifft allerdings allein die Aktiva, nicht auch die Passivseite. Das Hauptverfahren erstreckt sich also nicht (mehr) auf Vermögen, das sich zur Zeit der Verfahrenseröffnung im Hoheitsgebiet des Sekundärverfahrensstaats befindet; spiegelbildlich erfasst das Sekundärverfahren ausschließlich dort belegene Vermögensgegenstände. Auf der Passivseite, also im Hinblick auf die Verbindlichkeiten des Schuldners erfolgt hingegen keine Aufspaltung zwischen Haupt- und Sekundärverfahren; Forderungen können vielmehr gem. Art. 45 Abs. 1 EuInsVO in beiden Verfahren parallel geltend gemacht werden.

a) Die Aussetzung der Zwangsvollstreckung

Im Hinblick auf den in Art. 6 RRL vorgesehenen Vollstreckungsstopp hat eine solche verfahrensrechtliche Unterteilung der Aktiva zur Folge, dass ausgehend vom Belegenheitsort eines jeden Vermögensgegenstands zu bestimmen ist, in welches der beiden Verfahren dieser einbezogen ist. Eine im Hauptverfahren ergangene Aussetzungsverfügung des Restrukturierungsgerichts schützt den Schuldner ab der in einem anderen Mitgliedstaat erfolgten Eröffnung eines Sekundärverfahrens nicht mehr vor dort ausgebrachten Einzelzwangsvollstreckungsmaßnahmen.[13] Beantragt etwa eine GmbH mit COMI in Oberbayern beim AG München eine Stabilisierungsanordnung nach §§ 49 ff., 84 StaRUG, so erstreckt sich deren – grundsätzlich universelle – Wirkung nicht auf im österreichischen Staatsgebiet belegene Vermögensgegenstände, wenn dort ein Sekundärrestrukturierungsverfahren eröffnet wird. Eine Pausierung der Vollstreckung in das österreichische Vermögen würde daher eine entsprechende Anordnung der örtlichen Gerichte im Sekundärverfahren nach österreichischem Recht (§ 19 öReO[14]) voraussetzen. Für die Komponente des Vollstreckungsstopps nach Art. 6 RRL, mit dem gerade der Zugriff auf das schuldnerische Aktivvermögen vorübergehend untersagt wird, führt die territoriale Aufspaltung des Schuldnervermögens auf mehrere Parallelverfahren demzufolge

---

[13] AA wohl *Koller* IPRax 2014, 490 (492 f.), der insoweit – allerdings in Bezug auf eine entsprechende Planregelung – eine Fortgeltung der im Hauptverfahren bereits verfügten Vollstreckungs- und Verwertungssperre annimmt.

[14] Bundesgesetz über die Restrukturierung von Unternehmen (Restrukturierungsordnung), öBGBl. I Nr. 147/2021.

zwar zu einem zusätzlichen Koordinierungs- und Kostenaufwand, bereitet im übrigen aber kaum Probleme.

b) Die Annahme eines Restrukturierungsplans

Ganz anders hingegen im Hinblick auf die eigentliche Restrukturierung mit Hilfe des Sanierungsplans nach Art. 8 ff. RRL: Wie vor allem *Reinhart* treffend herausgearbeitet hat, ergeben sich hier aus der Beschränkung der Verfahrenswirkungen auf bestimmte territoriale Vermögensmassen erhebliche Komplikationen.[15]

(1) Die Restrukturierung als Umgestaltung der Passivseite

Die Aufspaltung in territorial begrenzte Vermögensmassen ist zugeschnitten auf klassische Liquidationsverfahren, in deren Mittelpunkt gerade die schuldnerischen Aktiva als verteilungsfähiger Befriedigungsfonds stehen.[16] Ein solches, auf die Abwicklung des Schuldners gerichtetes Verfahren beinhaltet die Verwertung des schuldnerischen Vermögens und die anschließende Verteilung des Erlöses auf die Gläubiger. Die Befriedigungsaussichten der Gläubiger bemessen sich mithin danach, welche Erträge aus der Versilberung der Aktivmasse erzielt werden können, sei es durch eine Zerschlagung oder im Wege der übertragenden Sanierung. Die gegenüberstehenden Verbindlichkeiten des Schuldners treten hingegen weitgehend in den Hintergrund, wenn man von der Stimmrechtsallokation im Rahmen der Gläubigerautonomie und den festgestellten Forderungsnennwerten als Grundlage der prorataischen Verteilung einmal absieht. Da das Liquidationsverfahren gerade auf der Aktivseite ansetzt, bereitet eine territoriale Untergliederung nach der Belegenheit der einzelnen Vermögensgegenstände zwar bei der Verwertung bisweilen wirtschaftliche,[17] aber jedenfalls keine konstruktiven Schwierigkeiten.[18]

Anders hingegen im Sanierungsszenario, in dessen Zentrum weniger die Aktiv-, als vielmehr die Passivseite steht, also die Verbindlichkeiten des

---

[15] *Reinhart*, Sanierungsverfahren im internationalen Insolvenzrecht, S. 299 ff.; die ebenfalls (S. 146 ff., 285 ff.) geäußerte Befürchtung eines umfangreichen Koordinationsbedürfnisses zur Fortführung eines auf mehrere Foren aufgeteilten Verfahrens (durch unterschiedliche Verwalter) stellt sich angesichts moderner Sanierungsinstrumente in Eigenverwaltung (vgl. Art. 5 RRL) wohl nur noch am Rande; ähnlich *Brinkmann* KTS 75 (2014) 381 (389) sowie *Thole* ZEuP 2014, 39 (51) und *Undritz* in: FS Vallender, 745 (770).

[16] Besonders deutlich wurde dies unter der EuInsVO 2000, nach deren Art. 3 Abs. 3 S. 2 und 27 S. 2 Sekundärverfahren noch zwingend als Liquidationsverfahren zu eröffnen waren.

[17] Man denke etwa an eine übertragende Sanierung oder die ertragsmaximierende Veräußerung eines Unternehmensteils mit Betriebsstätten in mehreren Mitgliedstaaten, mitunter auch im Sekundärverfahrensstaat; vgl. dazu etwa *Schumann*, Virtuelle Sekundärinsolvenzverfahren im europäischen Insolvenzrecht, S. 222.

[18] *Fehrenbach*, Haupt- und Sekundärinsolvenzverfahren, S. 350.

Schuldners und die Mitgliedschaftsrechte seiner Anteilseigner.[19] Natürlich kann eine Restrukturierung auch eine Neuordnung der Vermögensstruktur beinhalten, insbesondere eine Anpassung der Kreditsicherheiten oder die Veräußerung einzelner Unternehmensteile.[20] In erster Linie dient der Restrukturierungsrahmen allerdings dazu, die Forderungen der Gläubiger durch einen Sanierungsplan umzugestalten, sei es durch eine Kürzung, Stundung oder eine Umwandlung in Eigenkapital. Den Nagel auf den Kopf trifft damit *Reinhart*, wenn er konstatiert, dass „im Liquidationsverfahren auf das Vermögen des Schuldners zugegriffen wird, während in Sanierungsverfahren die Forderungen dem Zugriff [...] unterliegen".[21]

Wie lässt sich nun aber die Restrukturierung vor allem der Passivseite des Schuldners in Einklang bringen mit einer territorial-gegenständlichen Untergliederung, die sich allein auf die Aktiva des Schuldners bezieht?[22] Zur Beantwortung dieser Frage ist zunächst festzuhalten, dass die Forderungen gegen ein bestimmtes Rechtssubjekt einerseits und dessen Vermögen andererseits nicht isoliert nebeneinander stehen, sondern durch das Konzept der (Vermögens-)Haftung verbunden sind. Allein das Bestehen einer Forderung gibt noch keinen Aufschluss darüber, welche Vermögensmasse dem Gläubiger zu ihrer Realisierung zur Verfügung steht. Dies ist eine Frage der Haftung, wobei nach dem Prinzip der unbeschränkten Vermögenshaftung davon auszugehen ist, dass die Gläubiger zur Durchsetzung ihrer Forderungen grundsätzlich auf das gesamte Vermögen des Schuldners zugreifen können.[23] Eine Beschränkung der obligatorischen Gläubigerrechte kann mithin auf zweierlei Ebenen erfolgen.[24] Einerseits kann der gegen den Schuldner gerichtete Anspruch selbst gekürzt, gestundet oder sonst modifiziert werden, sodass eine Durchsetzung der Forderung in ihrer ursprünglichen Form bereits an deren materiell-rechtlichen Bestand scheitert.[25] Eine Einschränkung der Gläubigerrechte kann sich aber an-

---

[19] *Dammann* in: Bork/van Zwieten, EIR, Rn. 47.21.

[20] *Dammann* in: Bork/van Zwieten, EIR, Rn. 47.21.

[21] *Reinhart*, Sanierungsverfahren im internationalen Insolvenzrecht, S. 148 vgl. dazu jüngst auch *Madaus* in: FS Paulus, S. 472 (480).

[22] Diese Problematik ebenfalls anreißend *Thole* ZEuP 2014, 39 (51); ganz ähnlich fragt *Paulus*, EuInsVO, Art. 47 Rn. 14 danach, was der Umfang einer Forderung mit der Belegenheit von Vermögensgegenständen zu tun habe.

[23] Vgl. dazu BGH, Urteil vom 28.02.1989 – IX ZR 130/88, NJW 1989, 1276 (1278); *Mansel* in: Jauernig, vor § 145 Rn. 8 bezeichnet den Grundsatz der unbeschränkten Vermögenshaftung als Kehrseite der Vertragsfreiheit.

[24] *Herchen* in: Pannen, EuInsVO, Art. 34 Rn. 48; ähnlich *Wenner/Schuster* in: FK-InsO, § 355 Rn. 5.

[25] Diesen Weg einer materiell-rechtlichen Umgestaltung beschreitet auch das deutsche Insolvenzrecht, das insoweit zwar nach herrschender Meinung nicht das Erlöschen zur Folge hat, sondern nur die Durchsetzbarkeit der betroffenen Forderungen ausschließt, sodass der gekürzte Teil, wie sich aus § 254 Abs. 3 InsO ergibt, als Naturalobligation fortbesteht, vgl.

dererseits auch daraus ergeben, dass die Haftung des schuldnerischen Vermögens für die Forderung des Gläubigers zeitlich, summenmäßig oder in sonstiger Weise beschränkt wird.[26] Der Bestand des Anspruchs gegen den Schuldner als Rechtssubjekt wird dabei nicht angetastet. Materiell-rechtlich kann der Gläubiger vom Schuldner zum vereinbarten Fälligkeitszeitpunkt nach wie vor die volle Summe beanspruchen. Nur die zwangsweise Durchsetzung des Anspruchs im Wege eines Zugriffs auf das schuldnerische Vermögen wird insoweit ausgeschlossen. Wirtschaftlich sind die beiden Eingriffe in die Gläubigerrechte weitgehend identisch: Hier wie dort kann der Gläubiger die ihm ursprünglich gebührende Leistung vom Schuldner gegen dessen Willen nicht mehr erlangen.[27] Sie haben aber eine unterschiedliche Wirkungsweise. Während materiell-rechtliche Forderungsmodifikationen allein die Passivseite betreffen und sich im Hinblick auf das Vermögen des Schuldners damit als indifferent erweisen, betrifft die Beschränkung der Haftung die Schnittstelle zwischen Verbindlichkeit und Vermögen.

Für die Gestaltung durch Sanierungspläne in territorial begrenzt wirkenden Restrukturierungsverfahren ergibt sich damit folgendes Bild: Regelungen, die die Haftung des schuldnerischen Vermögens für die – unverändert fortbestehenden – Forderungen der Gläubiger beschränken, betreffen gerade die Verknüpfung zwischen Aktiva und Passiva des Schuldners und sind daher als territorial wirkende Maßnahmen durchaus denkbar.[28] Dass ein Haftungsausschluss nur bestimmte Vermögensmassen eines Rechtsträgers betrifft, ist nicht nur problemlos konstruierbar, sondern auch im geltenden Recht vielfach anzutreffen. Eine Einschränkung der Vermögenshaftung ist allerdings nicht für alle

---

dazu nur BGH, Urteil vom 19.05.2011 – IX ZR 222/08, NJW-RR 2011, 1142 Rn. 8 mit umfangreichen Nachweisen; aA *Dellit/Hamann* ZIP 2015, 308 (312 ff.); die Regelung setzt damit aber gleichwohl auf materiell-rechtlicher Ebene an und schränkt nicht erst die Haftung des schuldnerischen Vermögens ein; gleiches gilt für die Wirkungen des Restrukturierungsplans nach dem StaRUG.

[26] Insoweit von der „Haftungsrealisierung" sprechend *Herchen* in: Pannen, EuInsVO, Art. 34 Rn. 48; mit rechtsvergleichenden Hinweisen auf die unterschiedliche Konzeption der Forderungseinschränkung *Reinhart*, Sanierungsverfahren im internationalen Insolvenzrecht, S. 302; der Sache nach auch *Hübler* in: Vallender, EuInsVO, Art. 47 Rn. 12; *Lüke* ZZP 111 (1998) 275 (308); *Mankowski* in: Mankowski/M. F. Müller/J. Schmidt, EuInsVO, Art. 47 Rn. 18; *Wenner/Schuster* in: FK-InsO, § 355 Rn. 5.

[27] Unterschiede ergeben sich folglich insbesondere bei freiwilligen Leistungen des Schuldners, wobei hier auch das deutsche Recht – obwohl auf materiell-rechtlicher Ebene ansetzend – zu einem Kondiktionsausschluss gelangt (vgl. § 254 Abs. 3 InsO und § 67 Abs. 4 StaRUG), sowie in Aufrechnungskonstellationen.

[28] *Herchen* in: Pannen, EuInsVO, Art. 34 Rn. 50; *Reinhart*, Sanierungsverfahren im internationalen Insolvenzrecht, S. 302; kritisch dazu im Hinblick auf die Aufhebung der unterschiedlichen Vermögensmassen durch die Verfahrensbeendigung *Fehrenbach*, Haupt- und Sekundärinsolvenzverfahren, S. 351 in Fn. 220.

typischerweise in Restrukturierungsplänen vorgesehenen Eingriffstypen geeignet. Vergleichsweise einfach umsetzen lässt sich noch eine „Forderungskürzung", indem für den gekürzten Teil der zwangsweise Vermögenszugriff schlicht dauerhaft versagt wird; gleiches gilt für „Stundungen", welche sich durch eine zeitweise Suspendierung der Haftungsverwirklichung erreichen lassen.[29] Bereits bei der bloßen Einschränkung der Forderungsrechte durch eine Beschränkung der Haftung bedarf es allerdings zusätzlicher Mechanismen, die eine Selbstexekution des Gläubigers, etwa durch eine Aufrechnung ausschließen. Unüberwindbare konstruktive Schwierigkeiten erheben sich indes bei gesellschaftsrechtlichen Maßnahmen, insbesondere der Umwandlung von Fremd- in Eigenkapital.[30] Denn diese ist allenfalls teilweise, nämlich in Bezug auf den Verlust der Fremdkapitalposition durch eine Haftungsbeschränkung abbildbar;[31] im Übrigen bedarf es zu ihrer Umsetzung einer Umgestaltung der materiellen Rechtslage. Viel gravierender aber ist, dass die Restrukturierungsrichtlinie die Ausdifferenzierung der Gestaltungswirkungen eines Restrukturierungsplans den Mitgliedstaaten überlässt, sodass die Rechtsordnung auch für eine materiell-rechtliche Umgestaltung einen hinreichenden internationalen Rechtsrahmen bereitzuhalten hat.

Eingriffe in den materiell-rechtlichen Bestand von Forderungen oder die Gesellschaftsstruktur weisen allerdings keinen unmittelbaren Bezug zur Aktivseite auf. Werden in den Parallelverfahren jeweils Restrukturierungspläne angenommen und bestätigt, die im Hinblick auf Forderungen einer bestimmten Gläubigergruppe materiell-rechtlich unterschiedliche Regelungen vorsehen, wäre eine gespaltene Rechtslage unvermeidbar. Wie aber wäre beispielsweise damit umzugehen, wenn die Forderungen in einem Verfahren um 50 %, im anderen aber nur um 30 % gekürzt werden? Ähnlich absurde Ergebnisse ergeben sich, wenn lediglich in einem Verfahren ein Sanierungsplan zustande kommt, während es im anderen beim unveränderten Fortbestand der ursprünglichen Ansprüche bleibt. Dabei kommt es übrigens, worauf *Reinhart* zutreffend hingewiesen hat, nicht darauf an, ob der Plan im Haupt- oder Sekundärverfah-

---

[29] Offenbar enger *Reinhart*, Sanierungsverfahren im internationalen Insolvenzrecht, S. 303, der die Vollstreckungssperre nur bei quotenmäßigen Forderungskürzungen als gangbaren Weg erachtet; tendenziell weiter *Lüke* ZZP 111 (1998) 275 (308).

[30] *Reinhart*, Sanierungsverfahren im internationalen Insolvenzrecht, S. 303; *Lüke* ZZP 111 (1998) 275 (308); ausführlich dazu auch *Fehrenbach*, Haupt- und Sekundärinsolvenzverfahren, S. 351 f.

[31] Nachdem der *debt-equity swap* regelmäßig dadurch vollzogen werden soll, dass die Forderung des Gläubigers als Sacheinlage auf die gesellschaftsrechtliche Einlagepflicht geleistet wird, wird allein die Durchbrechung der Haftung in aller Regel nicht zum gewünschten Ergebnis führen; es bedarf einer Umgestaltung der materiellen Rechtslage, nämlich einer Übertragung der Forderung auf die Gesellschaft.

ren angenommen wurde, denn beide haben insoweit gemein, dass sie nur bezüglich einer Teilvermögensmasse des Schuldners wirken.[32] Eine derartige territoriale Spaltung des Bestands von Forderungen ist weder sinnhaft noch praktikabel und daher abzulehnen.[33] Die Leistungsansprüche der Gläubiger richten sich eben gegen den Schuldner als Rechtssubjekt, nicht gegen sein Vermögen, und erst recht nicht gegen unterschiedliche Vermögensmassen, die mit Beendigung der Verfahren ohnehin wieder zusammengeführt werden![34] Über ihren Fortbestand ist daher zwingend einheitlich zu entscheiden.[35] Oder um es mit den in diesem Zusammenhang vielzitierten Worten *Flessners* auszudrücken: „Forderungen gegen den Schuldner [...] haben keine physische, territorial beschränkte Existenz".[36]

(2) Hinkende Rechtsverhältnisse als Folge unkoordinierter Parallelverfahren

Die Folge einer Annahme von divergierenden Sanierungsplänen in beiden Verfahren – oder auch nur in einem – wäre damit die mannigfaltige Schaffung sog. hinkender Rechtsverhältnisse.[37] Gemeint sind damit Rechtsbeziehungen, die unter einer bestimmten Rechtsordnung bestehen, während sie aus der Perspektive einer anderen Rechtsordnung nicht oder nicht mit gleichem Inhalt anerkannt werden. Sie sind letztendlich Ausprägung staatlicher Souveränität: Jeder Staat entscheidet selbst, also unter Anwendung seines eigenen internationalen Rechts, ob er ausländische Entscheidungen anerkennt und welche Rechtsordnung für die Gültigkeit bestimmter Rechtsvorgänge maßgeblich ist. Man denke an eine Forderung, die in Übereinstimmung mit dem vor Ort geltenden (und anwendbaren) Recht wirksam begründet wurde, deren Entstehung sich aus der Sicht des Zweitstaats aber kollisionsrechtlich nach einer anderen *lex contractus* richtet, deren Anforderungen nicht eingehalten wurden. Die unterschiedliche Anknüpfung hat zur Folge, dass die Forderung aus der Sicht des Erststaats besteht, während sie vom Standpunkt des Zweitstaats aus nicht existiert. Gleiches gilt für gerichtliche Entscheidungen, die als Ausfluss hoheitlicher Gewalt

---

[32] *Reinhart*, Sanierungsverfahren im internationalen Insolvenzrecht, S. 301; *ders.* in: MüKo-InsO, EuInsVO Art. 41 Rn. 29.

[33] *Delzant* in: Braun, InsO, EuInsVO Art. 47 Rn. 6; *Kolmann/Ch. Keller* in: Gottwald/Haas, Insolvenzrechts-Handbuch, § 130 Rn. 181; *Reinhart* in: MüKo-InsO, EuInsVO Art. 47 Rn. 10; *Wenner/Schuster* in: FK-InsO, EuInsVO Art. 47 Rn. 5; unentschlossen *Hermann* in: Uhlenbruck, EuInsVO Art. 47 Rn. 9; *Mankowski* in: Mankowski/M. F. Müller/J. Schmidt, EuInsVO, Art. 47 Rn. 17.

[34] *Flessner* in: Stoll, Stellungnahmen und Gutachten, S. 201 (205).

[35] *Herchen* in: Pannen, EuInsVO, Art. 34 Rn. 51; in der Sache auch *Delzant* in: Braun, InsO, EuInsVO Art. 47 Rn. 6; *Kolmann/Ch. Keller* in: Gottwald/Haas, Insolvenzrechts-Handbuch, § 130 Rn. 181; *Reinhart* in: MüKo-InsO, EuInsVO Art. 47 Rn. 10.

[36] *Flessner* in: Stoll, Stellungnahmen und Gutachten, S. 201 (205).

[37] Vgl. zum Begriff statt vieler *v. Bar/Mankowski*, IPR I, § 1 Rn. 16.

selbstverständlich im Erlassstaat Wirkung entfalten, möglicherweise in anderen Ländern aber weder verfahrensrechtlich (als Entscheidung) noch materiellrechtlich (unter kollisionsrechtlicher Würdigung des zugrundeliegenden Sachverhalts) anerkannt werden. Nicht anders würde es sich bei unterschiedlichen Sanierungsergebnissen in territorial-gegenständlich aufgespaltenen Parallelverfahren verhalten, die jeweils einem anderen Restrukturierungsrecht unterfallen. Während die Forderung eines bestimmten Gläubigers in einem Staat hälftig gekürzt wäre, gälte sie in einem anderen Staat (nur) als um ein Jahr gestundet; in einem dritten Staat, in dem die Planannahme gescheitert ist, bestünde sie hingegen unverändert fort. Natürlich werden die Planregelungen kaum je in einem solchen Maße divergieren; insoweit dient die Darstellung in erster Linie der Illustration des Problemkreises. Das Scheitern der Planannahme in einer der betroffenen Jurisdiktionen bei Annahme eines Plans in einem anderen Mitgliedstaat erschiene allerdings durchaus im Rahmen des Vorstellbaren.

Mit dem Selbstbild der Europäischen Union, die sich nicht nur als Wirtschafts-, sondern auch als Rechtsgemeinschaft verstanden wissen will, ist eine solche territorial gespaltene Rechtslage nicht vereinbar. Ein Gemeinwesen, das einen freien Verkehr aller Produktionsfaktoren anstrebt und grenzüberschreitende Geschäftsaktivitäten fördern will, muss durch die Etablierung eines angemessenen Rechtsrahmens auch die damit einhergehenden rechtlichen Koordinationsprobleme adressieren.[38] Nicht umsonst hat sich die Union in Art. 3 Abs. 2 EUV der justiziellen Zusammenarbeit in Zivilsachen verschrieben und von dem entsprechenden Kompetenztitel in Art. 81 AEUV bereits durch eine Vielzahl an Sekundärrechtsakten Gebrauch gemacht. Das internationale Privatrecht wurde in ganz wesentlichen Teilen harmonisiert, sodass durch die Vereinheitlichung der jeweiligen Anknüpfungsmomente hinkende Rechtsverhältnisse vermieden werden. Zugleich wurde das europäische Zivilverfahrensrecht besonders anerkennungsfreundlich ausgestaltet und damit die Wirkungserstreckung gerichtlicher Entscheidungen auch außerhalb des Erlassstaats gewährleistet. Das gemeinsame Ziel hinter diesen Rechtsakten ist es, die Anerkennung von Rechtsverhältnissen und Entscheidungen unionsweit sicherzustellen.[39] Diesem Anliegen würde eine restrukturierungsbedingt gespaltene Rechtslage diametral entgegenstehen. Verbindliche Schlussfolgerungen lassen sich allein aus diesem Befund freilich noch nicht ableiten. Denn die bloße programmatische Ausrichtung der europäischen Verträge sagt nichts darüber aus, ob die hier zu betrachtende Materie tatsächlich dem europäischen Sekundärrecht unterfällt, oder ob mangels Harmonisierung das mitgliedstaatliche Recht

---

[38] Vgl. dazu nur Erwägungsgrund (1) zur Rom-I-VO oder Erwägungsgrund (4) zur Brüssel-Ia-VO.

[39] Vgl. dazu exemplarisch Erwägungsgrund (6) zur Rom-I-VO sowie Erwägungsgrund (6) zur Brüssel-Ia-VO.

über die kollisions- und verfahrensrechtliche Anerkennung entscheidet. Dies soll an anderer Stelle beleuchtet werden.[40]

Jedenfalls insoweit als der international-rechtliche Rechtsrahmen für grenzüberschreitende Restrukturierungen dem europäischen Sekundärrecht entspringt, sind hinkende Rechtsverhältnisse allerdings soweit wie möglich zu vermeiden. Hinkende Rechtsverhältnisse sind als Ausfluss staatlicher Souveränität, wie sie sich insbesondere im Erlass des autonomen internationalen Privat- und Zivilverfahrensrechts durch den Anerkennungsstaat zeitigt, hinzunehmen. Entstammt der international-rechtliche Rechtsrahmen indes einer supranationalen Rechtsordnung, so greift dieses Argument nur bedingt. Auch hier haben die Mitgliedstaaten natürlich ein berechtigtes Interesse daran, die Anerkennung in eng begrenzten Ausnahmefällen zu verweigern, etwa bei einem erheblichen und offensichtlichen Verstoß gegen die eigenen verfassungsrechtlich garantierten Grundwerte (sog. *ordre public*). Die Etablierung eines Rechtsrahmens, der die Entstehung hinkender Rechtsverhältnisse aktiv fördert, wäre von dem binnenmarktorientierten und vom Anerkennungsgedanken getragenen Rechtssetzungsauftrag in Art. 67 Abs. 4, 81 AEUV allerdings nicht mehr gedeckt. Hinkende Rechtsverhältnisse wären aber die unvermeidbare Konsequenz einer territorialen Spaltung der Restrukturierungsverfahren, wenn nicht die bestätigten Pläne untereinander koordiniert und aufeinander abgestimmt werden.

Zur Veranschaulichung sei auch hier wieder auf das Verhältnis von Haupt- und Sekundärinsolvenzverfahren nach der EuInsVO verwiesen. Wie bereits gezeigt wurde, führt die Eröffnung des Sekundärinsolvenzverfahrens zu einer territorial-gegenständlichen Spaltung des schuldnerischen Vermögens. Sowohl im Haupt- als auch im Sekundärverfahren würde die jeweils anwendbare Rechtsordnung und damit auch der jeweils angenommene Plan also gar keine absolute Geltung beanspruchen. Das metaphorische „Hinken" des Rechtsverhältnisses entstünde nicht erst durch die verweigerte kollisions- oder zivilverfahrensrechtliche Anerkennung aus der Perspektive des Zweitstaats, sondern ergäbe sich bereits aus der Warte des Erststaats.[41] Die Rechtswirkungen im Ausland würden nicht nur – rein faktisch – an der mangelnden Anerkennung scheitern, sondern bereits daran, dass die Rechtswirkungen des Plans von Grund auf nur das vom jeweiligen Verfahren erfasste Vermögen binden. Sollen also die Restrukturierungsgerichte befugt sein, selbst eine gespaltene Rechtslage zu schaffen, indem sie Pläne bestätigen, deren Inhalte sich nicht mit den

[40] Siehe dazu umfassend §§ 8 bis 10.

[41] Auf diesen Unterschied ebenfalls hinweisend *Reinhart*, Sanierungsverfahren im internationalen Insolvenzrecht, S. 302.

Ergebnissen eines Parallelverfahrens decken? Dies wird bislang zutreffend einhellig verneint,[42] was jedoch richtigerweise gleichermaßen für Haupt- und Sekundärverfahren gelten muss, da beide nur ein Teilvermögen des Schuldners betreffen.[43] Hinkende Rechtsverhältnisse sind als Ausfluss staatlicher Souveränität und Regelungshoheit des Zweitstaats hinzunehmen, insbesondere soweit sie aus der unkoordinierten Anwendung unterschiedlicher Rechtsordnungen resultieren. Darüber hinaus, also insbesondere aus der Perspektive ein und derselben, in diesem Fall supranationalen Rechtsordnung, kann und muss das Bestehen einer Forderung aber grundsätzlich einheitlich beurteilt werden.

Speziell im Verhältnis des Haupt- zum Sekundärverfahren ergeben sich dabei freilich zusätzliche Probleme, die dem Zuschnitt der jeweiligen Vermögensmassen geschuldet sind. Während sich bei herkömmlichen hinkenden Rechtsverhältnissen die Aufspaltung nämlich – vermittelt durch die gerichtlichen Zuständigkeitsbereiche – entlang der Landesgrenzen vollzieht, bestimmte sich die Trennlinie bei der Forderungsmodifizierung in parallelen Restrukturierungsverfahren anhand der nach Art. 20 Abs. 2, 34 S. 3 EuInsVO abzugrenzenden Vermögensmassen. Maßgeblich wird damit die Belegenheit im Zeitpunkt der Eröffnung des Sekundärverfahrens. Für die Dauer der laufenden Verfahren mag sich hier ein Gleichlauf mit dem jeweiligen Hoheitsgebiet ergeben. Allerdings bringt es die Aufhebung der Restrukturierungsverfahren mit sich, dass auch die Unterteilung in die territorial abgegrenzten Vermögensmassen wieder entfällt; es gibt dann nur noch ein einheitliches Schuldnervermögen. Dem Schuldner ist es ab diesem Zeitpunkt auch unbenommen, einzelne Vermögensgegenstände zwischen den Mitgliedstaaten zu transferieren, sodass das vom Sekundärinsolvenzverfahren erfasste Vermögen theoretisch schon kurze Zeit später in einen anderen Mitgliedstaat verbracht werden kann.[44] Ebenso ist es möglich, dass nach dem Abschluss der Verfahren Vermögen, das ursprünglich dem Hauptverfahren unterfallen ist, in den Sekundärverfahrensstaat verschoben wird. Wie aber würde sich eine solche Vermischung der – ohnehin zwischenzeitlich wiedervereinigten – Vermögensmassen auf die Begründetheit von Gläubigerklagen auswirken? Wie hätten etwa die Gerichte eines Staates, in dem ein Sekundärverfahren ohne Sanierungsvergleich beendet wurde, über eine Klage zu entscheiden, mit der ein opponierender Gläubiger seinen vollen[45]

---

[42] *Lüke* ZZP 111 (1998) 275 (308); *Reinhart*, Sanierungsverfahren im internationalen Insolvenzrecht, S. 301 f.

[43] So wohl auch *Reinhart*, Sanierungsverfahren im internationalen Insolvenzrecht, S. 301; *ders.* in: MüKo-InsO, EuInsVO Art. 41 Rn. 29.

[44] Ähnliche Bedenken finden sich bei *Fehrenbach*, Haupt- und Sekundärinsolvenzverfahren, S. 351 in Fn. 220.

[45] Sieht das Restrukturierungsrecht im Hauptverfahren – wie z. B. § 71 StaRUG – die Titulierung der Forderungen vor und ist insoweit die Anerkennung und Vollstreckbarkeit gesichert, so wird sich die Klage freilich nur auf den Restbetrag beziehen, da im Übrigen das Rechtsschutzbedürfnis fehlen dürfte.

Forderungsbetrag geltend macht, obwohl ihm nach dem im Hauptverfahren beschlossenen Sanierungsvergleich nur 50 % der Summe zusteht?[46] Müsste man die Entscheidung womöglich davon abhängig machen, ob das im Inland belegene Vermögen seit Eröffnung des Sekundärverfahrens (im Wesentlichen?) unverändert geblieben ist? Immerhin bezieht sich die Territorialität des Sekundärverfahrens eben nicht auf das Staatsgebiet des Eröffnungsstaats *per se*, sondern dient nur als Umschreibung des erfassten Vermögens, für das es wiederum auf den Zeitpunkt der Eröffnung ankommt.[47] Die in Art. 34 S. 3 EuInsVO vorgesehene Abgrenzung zwischen Haupt- und Sekundärverfahren ist damit eigentlich nicht in einem territorialen, sondern einem sachlich-gegenständlichen Sinne zu verstehen, wobei die Belegenheit in einem bestimmten Staatsgebiet zum Zeitpunkt der Eröffnung lediglich als Abgrenzungskriterium herangezogen wird.[48] Eine nach Abschluss des Restrukturierungsverfahrens angestrengte Klage ist aber nicht notwendigerweise auf bestimmte Vermögensgegenstände gerichtet, sondern kann sich gleichermaßen – und das wird eher Regel als Ausnahme sein – auf vertretbare Gegenstände oder auf Geldleistungen beziehen.[49] Daran wird deutlich, dass eine rechtliche Aufspaltung der Existenz einer Forderung – zumal anhand eines völlig losgelösten Kriteriums wie der Vermögensbelegenheit zu einem bestimmten Zeitpunkt – weder sinnhaft noch praktikabel ist.[50]

Die EuInsVO versucht sich mit Art. 47 Abs. 2 EuInsVO zu behelfen, der die Zulässigkeit von Eingriffen in die Rechte der Gläubiger durch einen Sanie-

---

[46] Für den Fall zweier sich widersprechender Insolvenzpläne in Haupt- und Sekundärverfahren wurde teilweise vertreten, dass sich das inländische Verfahren durchsetzt, vgl. *Flessner* in: Stoll, Stellungnahmen und Gutachten, S. 201 (206); aA *Reinhart*, Sanierungsverfahren im internationalen Insolvenzrecht, S. 307 f. sowie *ders.* in: MüKoInsO, § 355 Rn. 14, der dem betroffenen Gläubiger eine Berufung auf die ihm vorteilhafteste Planregelung zugesteht.

[47] *Duursma-Kepplinger* in: Duursma-Kepplinger/Duursma/Chalupsky, EuInsVO, Art. 27 Rn. 71; *Kindler* in: MüKo-BGB, EuInsVO Art. 34 Rn. 27; *ders.* in: Kindler/Nachmann/Bitzer, Insolvenzrechts-Handbuch, § 3 Rn. 117; *Mäsch* in: Rauscher, EuZPR-EuIPR, EuInsVO Art. 27 Rn. 19; *Reinhart* in: MüKo-InsO, EuInsVO Art. 34.

[48] *Duursma-Kepplinger* in: Duursma-Kepplinger/Duursma/Chalupsky, EuInsVO Art. 27 Rn. 71.

[49] Zutreffend sehen daher *Lüke* ZZP 111 (1998) 275 (307) und *Mankowski* in: Mankowski/M. F. Müller/J. Schmidt, EuInsVO, Art. 47 Rn. 18 die Konsequenz unterschiedlicher Planregelungen darin, dass es für den Bestand der Forderung darauf ankomme, aus welchem Vermögen Befriedigung verlangt werde (nicht: in welchem Mitgliedstaat auf Befriedigung geklagt wird), obgleich das bei der Entscheidung des Gerichts über die Begründetheit der Klage noch nicht feststehen dürfte.

[50] *Delzant* in: Braun, InsO, EuInsVO Art. 47 Rn. 6; *Kolmann/Ch. Keller* in: Gottwald/Haas, Insolvenzrechts-Handbuch, § 130 Rn. 181; *Mankowski* in: Mankowski/M. F. Müller/J. Schmidt, EuInsVO, Art. 47 Rn. 17; *Reinhart* in: MüKo-InsO, EuInsVO Art. 47 Rn. 10; unentschlossen *Hermann* in: Uhlenbruck, EuInsVO Art. 47 Rn. 9.

rungsplan im Rahmen eines Sekundärinsolvenzverfahrens hohen Hürden unterstellt.[51] Die Wirkungen des Plans müssen grundsätzlich auf das vom Sekundärverfahren erfasste Vermögen beschränkt sein.[52] Andernfalls, wenn sich also auch Auswirkungen auf das sonstige, dem Hauptverfahren unterliegende Vermögen ergeben (sollen), bedarf der Sanierungsplan der Zustimmung aller[53] betroffenen Gläubiger.[54] Das Problem der hinkenden Rechtsverhältnisse wird dadurch freilich nicht gelöst, da die Norm gerade einen ausschließlich das Inlandsvermögen bindenden Vergleich zulässt und sich im Übrigen auch nicht zur Möglichkeit einer Planannahme (nur) im Hauptverfahren verhält, die aber ebenfalls zu einer gespaltenen Rechtslage führte. In echten Insolvenzverfahren, wenn also der Schuldner ein Stadium der Krise erreicht hat, in der neben der Sanierung auch eine (zwangsweise) Liquidation in Betracht käme, kann man sich damit behelfen, dass das Sekundärverfahren schlicht als Liquidationsverfahren fortgeführt wird.[55] Kommt eine Sanierung im Sekundärverfahren wegen Art. 47 Abs. 2 EuInsVO nicht in Betracht, so wird dem Insolvenzverwalter meist nichts anderes überbleiben, als das Vermögen im Niederlassungsstaat – ggf. sogar durch Veräußerung an den Hauptinsolvenzverwalter – zu verwerten.

---

[51] Vgl. dazu auch die deutsche Ausführungsvorschrift in Art. 102c § 15 EGInsO, die zwar dem Wortlaut nach noch weitergehend jeglichen nicht einstimmig angenommenen Sanierungsvergleich im (deutschen) Sekundärverfahren verbietet, ausweislich der Materialien (BT-Drucks. 18/154 S. 32) aber auch andere territorial beschränkbare Maßnahmen als die in S. 2 ausgenommene, praxisrelevanteste Konstellation der Gestaltung inländischer Sicherungsrechte nicht ausschließt, vgl. dazu *Swierczok* in: Kayser/Thole, InsO, Art. 102c § 15 EGInsO Rn. 3; in der Umgestaltung dinglicher Rechte lediglich ein Anwendungsbeispiel sehend und damit Raum für eine extensivere Auslegung lassend *Wimmer* PR-InsR 11/2017, Anm. 1; im Ergebnis wohl auch *Reinhart* in: MüKo-InsO, EGInsO Art. 102c § 15 Rn. 3 der die Norm andernfalls gar für unionsrechtswidrig hielte; in dieselbe Richtung auch *Madaus* NZI 2017, 203 (203) und *Skauradszun* DB 2016, 2165 (2166).

[52] Sieht das nationale Recht als Mittel zur Beschneidung der Gläubigerrechte eine Beschränkung der Haftung vor, so ist eine solche Wirkung nur auf inländisches Vermögen problemlos möglich; anders hingegen bei einer materiell-rechtlichen Forderungsmodifikation, bei der es zwangsläufig zu hinkenden Rechtsverhältnissen kommt; vgl. dazu ausführlich *Herchen* in: Pannen, EuInsVO, Art. 34 Rn. 51 ff.

[53] Es besteht allerdings Einigkeit, dass die Norm dahingehend auszulegen ist, dass – schon aus praktischen Erwägungen – nur die Zustimmung der am Haupt- oder Sekundärverfahren beteiligten Gläubiger erforderlich ist, da es dem Insolvenzgericht andernfalls unmöglich wäre, die Voraussetzung zu überprüfen, vgl. dazu *Brinkmann* in: K. Schmidt, InsO, EuInsVO § 34 Rn. 7; *Hermann* in: Uhlenbruck, EuInsVO Art. 47 Rn. 10.

[54] Während Art. 47 Abs. 2 EuInsVO die *ex post* Perspektive einnimmt und die Wirkungen eines im Sekundärverfahrens angenommenen und bestätigten Plans auf das Inlandsvermögen beschränkt, wirkt die deutsche Ausführungsvorschrift des Art. 102c § 15 S. 1 EGInsO bereits *ex ante* und statuiert eine entsprechende Bestätigungsvoraussetzung, vgl. dazu *Commandeur/Hübler* in: Nerlich/Römermann, InsO, EGInsO Art. 102c § 15 Rn. 5.

[55] So *Fehrenbach*, Haupt- und Sekundärinsolvenzverfahren, S. 434; *Schumann*, Virtuelle Sekundärinsolvenzverfahren im europäischen Insolvenzrecht, S. 157.

Die Masse des Sekundärverfahrens wird dadurch bereinigt; der Schuldner verfügt nur noch über das vom Hauptverfahren erfasste Vermögen und ein dort angenommener Sanierungsplan bringt keine Gefahr mit sich, hinkende Rechtsverhältnisse zu schaffen.[56] Im hier interessierenden Bereich der vorinsolvenzlichen Sanierung erscheint dieser Lösungsansatz allerdings nicht gangbar, da im Sekundärverfahren mangels materieller Insolvenz regelmäßig kein Liquidationsmechanismus zur Verfügung stehen wird.[57] Dem Schuldner bliebe also nichts anderes übrig, als die (erfolglose) Beendigung des Sekundärrestrukturierungsverfahrens abzuwarten, die die Wiedervereinigung der Vermögensmassen mit sich bringt – Zeit, die er in einer angespannten finanziellen Lage möglicherweise nicht hat.[58]

(3) Die Annahme einheitlicher Restrukturierungspläne als Ausweg?

Entgehen könnte man dem Dilemma restrukturierungsbedingt hinkender Rechtsverhältnisse nur durch die Annahme einheitlicher Restrukturierungspläne in allen betroffenen Jurisdiktionen, wie es auch unter der EuInsVO als Lösungsweg vorgeschlagen wird.[59] Durch die Bestätigung identischer Pläne in sämtlichen Verfahren würde eine einheitliche Behandlung der Verbindlichkeiten des Schuldners gewährleistet. Aus der Perspektive aller beteiligten Mitgliedstaaten würde sich unterschiedslos dieselbe Rechtslage ergeben, sodass auch die mit der Beendigung der Verfahren bewirkte Zusammenführung der Vermögensmassen auf keinerlei konstruktive Probleme stieße.

---

[56] *Fehrenbach*, Haupt- und Sekundärinsolvenzverfahren, S. 433.

[57] Ähnliche Probleme ergeben sich im Übrigen auch in Mitgliedstaaten, die – entgegen der deutschen Rechtslage – kein einheitliches Liquidations- und Sanierungsverfahren vorsehen, sodass eine Liquidation im Sekundärverfahren nur möglich ist, wenn der Hauptinsolvenzverwalter zuvor gem. Art. 51 EuInsVO die Umwandlung in ein Liquidationsverfahren beantragt.

[58] Ähnliche Erwägungen finden sich bei *Fehrenbach*, GPR 2017, 38 (42 f.).

[59] Vgl. dazu *Reinhart* in: MüKo-InsO, EuInsVO Art. 47 Rn. 19; *Wenner/Schuster* in: FK-InsO, Art. 102c § 15 EGInsO Rn. 4; zur entsprechenden Vorschrift im EuInsÜ *Gottwald*, Grenzüberschreitende Insolvenzen, S. 44; im Ergebnis identisch zur Parallelnorm des § 355 Abs. 2 InsO im deutschen autonomen Insolvenzrecht *Kindler* in: MüKo-BGB, InsO § 355 Rn. 5; *Liersch* NZI 2003, 302 (309); *Paulus* in: K/P/B, InsO § 355 Rn. 7; *Wenner/Schuster* in: FK-InsO, § 355 Rn. 8; sowie mit umfassender Würdigung des historischen Hintergrunds *Delzant* in: Braun, InsO, § 355 Rn. 17; der Sache nach wohl auch *Reinhart* in: MüKo-InsO, § 355 Rn. 10; aA *Brinkmann* in: K. Schmidt, InsO, § 355 Rn. 6; *Lüer/Knof* in: Uhlenbruck, § 355 Rn. 11; wohl auch *Dahl* in: Andres/Leithaus, InsO, § 355 Rn. 2; unklar *Weissinger* in: BeckOK-InsO, § 355 Rn. 9.1, der zwar aufeinander abgestimmte Insolvenzpläne ablehnt, einheitliche aber in Rn. 9.2 zulassen will.

Auf dem Gebiet des Insolvenzrechts konnten durch solche einheitliche Insolvenzpläne zwar bereits vereinzelt Erfolge verzeichnet werden.[60] Überwiegend wurde der Weg allerdings als besonders misslich und wenig praxistauglich wahrgenommen, setzt die Annahme einheitlicher Sanierungspläne doch voraus, dass das zugrundeliegende Restrukturierungsrecht aller beteiligten Verfahrensstaaten insoweit kompatibel ist.[61] Mit Blick auf die nunmehr erfolgte Mindestharmonisierung auf dem Gebiet des Restrukturierungsrechts mögen sich diese Bedenken zwar etwas zerstreut haben. Immerhin verfügt nunmehr jeder Mitgliedstaat in seinem Recht über ein – jedenfalls in den Grundzügen – vergleichbares vorinsolvenzliches Sanierungsverfahren, im Rahmen dessen Mehrheitsentscheidungen auch gruppenübergreifend getroffen werden können. Gebannt ist die Gefahr inkompatibler Anforderungen an den jeweiligen Rahmen im nationalen Recht dadurch hingegen keineswegs. Hinsichtlich vieler Bestätigungsvoraussetzungen wird sich schlicht das strengere Recht durchsetzen. Legt auch nur ein Mitgliedstaat die *absolute priority rule* zugrunde, kann der einheitliche Plan dort – und damit überhaupt – nur angenommen werden, wenn die Planregelungen dieser genügen.[62] Ist in einem beteiligten Mitgliedstaat eine doppelte 75 % Nennwert- und Kopfmehrheit erforderlich, so muss der Plan zwar nicht in allen Verfahren, wohl aber in diesem Mitgliedstaat eine entsprechende Unterstützung finden, um insgesamt Erfolg zu haben. Schließt das Restrukturierungsrecht einer beteiligten Jurisdiktion die

[60] Zu nennen ist vor allem die Vorgehensweise im Fall *Maxwell Communications Corp.*, in dem ein englisches und ein U.S.-amerikanisches *Chapter-11*-Verfahren durch die Annahme eines einheitlichen Insolvenzplans koordiniert wurden, wobei es sich allerdings (nach heutigem Verständnis) um zwei Hauptverfahren handelte und – jedenfalls im englischen Verfahren – eine Veräußerung der verschiedenen Unternehmensteile beabsichtigt war; dazu umfassend *Reinhart*, Sanierungsverfahren im internationalen Insolvenzrecht, S. 270 ff.

[61] Vgl. insb. *Eidenmüller*, Unternehmenssanierung zwischen Markt und Gesetz, S. 927; *Fehrenbach*, Haupt- und Sekundärinsolvenzverfahren, S. 353; *Reinhart*, Sanierungsverfahren im internationalen Insolvenzrecht, S. 310; *ders.* in: MüKo-InsO, EuInsVO Art. 41 Rn. 30, der daher eine Reduzierung des Prüfungsmaßstabs im Sekundärinsolvenzverfahren vorschlägt, die in der *lex lata* allerdings keinerlei Stütze findet; zutreffend für die Anwendung der *lex fori concursus secundarii* daher *Schumann*, Virtuelle Sekundärinsolvenzverfahren im europäischen Insolvenzrecht, S. 157; ansatzweise zu den Problemen eines einheitlichen Sanierungsplans auch *Lieder*, Grenzüberschreitende Unternehmenssanierung im Lichte der EuInsVO, S. 87; auf die Abstimmungsproblematik zwischen Haupt- und Sekundärverfahren haben in ihren Bericht bereits *Virgós/Schmit*, Erläuternder Bericht, Rn. 221 hingewiesen; siehe auch *Hanisch* in: Stoll, Vorschläge und Gutachten, S. 202 (215); *Schumann*, Virtuelle Sekundärinsolvenzverfahren im europäischen Insolvenzrecht, S. 222; bildlich treffend von einem „Flickenteppich" spricht *Undritz* in: FS Vallender 2015, 745 (759).

[62] Legt ein anderer beteiligter Mitgliedstaat die *relative priority rule* zugrunde, so gilt zudem ein strenges Gleichbehandlungsgebot mit gleichrangigen Gläubigergruppen und damit im Ergebnis eine Kombination von *relative* und *absolute priority rule*, die die Richtlinie in dieser Strenge überhaupt nicht kennt.

Gestaltung von bestimmten Forderungskategorien aus, so sind diese einer Modifikation in dem einheitlichen Sanierungsplan insgesamt unzugänglich. Auch in Bezug auf zusätzliche Genehmigungsanforderungen, die Art. 10 Abs. 2 RRL ausdrücklich zulässt, können sich aus jeder beteiligten Rechtsordnung zusätzliche Anforderungen ergeben, die sodann in allen Restrukturierungsplänen einzuhalten wären. Dass es die Kompromissfindung nicht gerade einfacher gestaltet, wenn sich jeweils der strengste Maßstab durchsetzt und damit die bestehenden Handlungsspielräume zunehmend verkürzt werden, liegt auf der Hand. Die in sich jeweils ausgewogenen Restrukturierungsrechtsordnungen würden sich gegenseitig überlagern und damit allein wegen der internationalen Ausrichtung des schuldnerischen Unternehmens zu einem vergleichsweise sanierungsfeindlichen Kombinationsregime führen. Schon aus diesem Grund dürfte die Eröffnung mehrerer Parallelverfahren die Annahme eines (einheitlichen) Restrukturierungsplans bisweilen – je nach den inhaltlichen Abweichungen von der *lex fori concursus* – praktisch nahezu unmöglich machen. Noch gravierendere Probleme können sich allerdings ergeben, wenn und soweit die maßgeblichen Restrukturierungsrahmen miteinander schlechthin unvereinbare Regelungen enthalten. Möglich erscheint dies insbesondere in Bezug auf den Zuschnitt der einzelnen Gruppen, da hier – wie aufgezeigt – den Mitgliedstaaten ein weiter Gestaltungsspielraum offensteht.[63] Sieht etwa eine beteiligte Rechtsordnung eine abschließende Aufzählung der zu bildenden Gruppen vor, kann es schnell zur Unvereinbarkeit kommen, wenn nach einem anderen beteiligten Restrukturierungsrahmen verpflichtend eine weitere Gruppe auszuweisen ist. Eine ähnliche Patt-Situation kann sich ergeben, wenn einerseits bestimmte Gläubiger zwingend in einer *Single Creditor*-Klasse zu behandeln sind, aus einem einzigen Gläubiger bestehende Gruppen aber in einer anderen beteiligten Jurisdiktion *per se* unstatthaft sind. Schließlich steht zu bedenken, dass die Restrukturierungsrichtlinie es den Mitgliedstaaten überlässt, eine Einbeziehung der Gesellschafter in den Plan zuzulassen oder wahlweise durch andere Mechanismen sicherzustellen, dass diese weder die Annahme und Bestätigung noch die Umsetzung grundlos verhindern oder erschweren. Auch hier ergeben sich bei auseinanderfallenden Regelungen daher komplexe und nur schwer aufzulösende Abstimmungsprobleme.

3. Zwischenergebnis

Die koordinierte Annahme eines einheitlichen Plans in zwei oder mehr Parallelverfahren wäre demnach teilweise bereits konstruktiv undurchführbar, aber auch im Übrigen praktisch kaum umsetzbar. Soweit die beteiligten Restruktu-

[63] Bereits in Bezug auf Insolvenzpläne die Gruppenbildung als besonders komplikationsträchtig identifizierend *Reinhart*, Sanierungsverfahren im internationalen Insolvenzrecht, S. 310 f.

rierungsrechtsordnungen überhaupt kompatibel sind, schränkt die Mehrfachbelastung durch die jeweils strengste Norm den vorhandenen Verhandlungsspielraum zunehmend ein und erschwert dadurch die Erzielung eines mehrheitsfähigen Kompromisses. Nicht zu unterschätzen sind auch die erheblichen Mehrkosten, die die Ausarbeitung eines solchen, an mehreren Rechtsordnungen zu messenden Plans mit sich bringt sowie der nicht unerhebliche Koordinationsaufwand. Die Umgestaltung der Passivseite durch die Annahme eines einheitlichen Restrukturierungsplans in mehreren Parallelverfahren wird damit nur in den seltensten Fällen gelingen, was das bereits herausgearbeitete Konzentrationsgebot nochmals unterstreicht.

III. Restrukturierungstourismus und forum shopping

Das internationale Restrukturierungsrecht ist nach dem Vorgesagten zunächst einmal eine notwendige Folge der zunehmenden Verflechtungen der (europäischen) Volkswirtschaften untereinander. Es zwingt die Beteiligten auch über Ländergrenzen hinweg zur Kooperation und fördert dadurch wirtschaftlich sinnvolle Sanierungen. Ist also das „ob" der international koordinierten Restrukturierung bejahend beantwortet, stellt sich sogleich die Frage nach dem „wo". Dies gilt natürlich zunächst vor allem für solche Schuldner, die zu mehreren Rechtsordnungen in einer engen Verbindung stehen, sei es durch die Gründungsrechtsordnung, den Mittelpunkt der wirtschaftlichen Aktivität oder die Ansässigkeit einer (zumindest relativen) Mehrheit der Gläubiger. Sie stellt sich aber ebenso für Unternehmen, für die zwar alle soeben genannten Verbindungslinien bei einem Staat zusammenlaufen, die das dort verfügbare Sanierungsinstrumentarium allerdings als unzureichend oder unpassend empfinden und sich daher nach alternativen Restrukturierungsforen umsehen. Aufgabe des internationalen Restrukturierungsrechts ist es demzufolge, das maßgebliche Anknüpfungsmoment für die Bestimmung des zuständigen Restrukturierungsstandorts und des anwendbaren Restrukturierungsrechts festzulegen und zugleich den Rechtsrahmen vorzugeben, innerhalb dessen eine (gezielte) Beeinflussung ebendieses Anknüpfungsmoments möglich ist.

Die Intensität des vielerorts heraufbeschworenen Restrukturierungswettbewerbs hängt maßgeblich davon ab, wie das restrukturierungsrechtliche Anknüpfungsmoment ausgestaltet ist und wo die rechtlichen Grenzen eines zulässigen *forum shopping* gezogen werden.[64] Denn jeder Wettbewerb setzt denknotwendig Wahlmöglichkeiten voraus; nur wenn sich die Nachfrager zwischen verschiedenen Produkten entscheiden können, kann sich schlussendlich der Wettbewerber mit dem am besten auf die Bedürfnisse des Marktes abgestimmten Angebot gegenüber seinen Konkurrenten durchsetzen.[65] Ein Rechtswettbe-

---

[64] In diese Richtung auch *J. Schmidt* ZInsO 2021, 654 (654).

[65] *Eidenmüller/Frobenius* WM 2011, 1210 (1210).

werb auf dem Gebiet des Restrukturierungsrechts, in dem sich jeder Mitgliedstaat als Anbieter seines Restrukturierungsrahmen der europäischen Konkurrenz stellen muss, kann daher von vornherein nur dann zustande kommen, wenn die Nachfrager zwischen den nationalen Restrukturierungsrahmen (rechtssicher) wählen können. Grundsätzlich wäre dabei einerseits eine unmittelbare Entscheidungsmöglichkeit in Form einer – gegenüber allgemeinen Anknüpfungsmomenten vorrangigen – Rechtswahl denkbar, wie sie das geltende Recht etwa im internationalen Schuldrecht,[66] der Sache nach aber auch im europäischen Gesellschaftsrecht kennt.[67] Andererseits könnte sich das internationale Restrukturierungsrecht aber ebenso zugunsten eines wandelbaren Anknüpfungsmoments entscheiden, sodass der Nachfrager durch die Veränderung der maßgeblichen tatsächlichen Verhältnisse mittelbar eine Wahlmöglichkeit erhält. Schließlich ergeben sich für diesen auch dann Handelsoptionen, wenn das Recht mehrere alternative Anknüpfungsmomente zur Verfügung stellt und in das Belieben des Nachfragers stellt, vor welchem der eröffneten Foren er die Durchführung des Verfahrens initiiert. Es liegt mithin in der Hand des (europäischen[68]) Gesetzgebers selbst, den Restrukturierungswettbewerb durch die Option einer unmittelbaren Rechtswahl oder die Eröffnung einfach auszuübender mittelbarer Wahlmöglichkeiten zu befeuern oder ihm umgekehrt durch die Formulierung eines einzigen, nicht oder nur schwer veränderlichen Anknüpfungsmoments Einhalt zu gebieten. Das internationale Restrukturierungsrecht ist demnach – wenn und soweit es dem europäischen (Sekundär-)Recht zu entnehmen ist – untrennbar mit dem Wettbewerb der Rechtsordnungen verknüpft: es fungiert einerseits als Instrument der Marktregulierung, indem es dem freien Wettbewerb bestimmte rechtliche Grenzen auferlegt und zugleich einheitliche Bedingungen hinsichtlich des Marktzugangs schafft; andererseits ist es aber auch das (europäische) internationale Restrukturierungsrecht, das durch die sichergestellte Anerkennung der Sanierungsergebnisse erst den Weg ebnet für einen echten Wettbewerb, indem Nachfrager rechtssicher zwischen verschiedenen Sanierungsrechten wählen und auch „fremde" Restrukturierungsrechtsordnungen in die eigene Jurisdiktion „importieren" können.

Nachfrager – das sind im Kontext des Restrukturierungsrechts diejenigen, die über die Einleitung eines Sanierungsverfahrens entscheiden, denn sie be-

---

[66] Vgl. dazu Art. 3 Rom-I-VO, Art. 14 Rom-II-VO und Art. 42 EGBGB; weitere Beispiele einer – allerdings nur beschränkten – Rechtswahlmöglichkeit finden sich etwa im internetionalen Erb- (Art. 22 EuErbVO), Güterstands- (Art. 22 EuGüVO, Art. 22 EuPartVO) und Ehescheidungsrecht (Art. 5 Rom-III-VO).

[67] So ausdrücklich *Klöhn* RabelsZ 76 (2012) 276 (291).

[68] Die Zuständigkeit der EU ergibt sich aus der Kompetenz auf dem Gebiet der justiziellen Zusammenarbeit in Zivilsachen gem. Art. 81 Abs. 2 lit. c) Hs. 2 AEUV; vgl. zum Bedürfnis einer europarechtlich-autonomen Zuständigkeitsbestimmung trotz Fehlens einer ausdrücklichen (und sachgerechten) Regelung § 11, II., 5. (S. 260 ff.).

stimmen damit zugleich das angerufene Forum. Konzeptionell weist die Restrukturierungsrichtlinie die Initiierung des Restrukturierungsverfahrens – aus rechtsvergleichender Perspektive keineswegs ungewöhnlich[69] – dem Schuldner selbst zu.[70] Handelt es sich dabei um eine Gesellschaft, so entscheiden über die Einleitung eines entsprechenden Verfahrens mithin – je nach der organisationsverfassungsrechtlichen Zuständigkeitsverteilung – die Geschäftsleiter oder die Gesellschafter.[71] Rechtstatsächlich werden der formellen Antragstellung allerdings in aller Regel – insoweit parallel zur bisherigen Praxis beim *Scheme of Arrangement* – intensive Gespräche mit den Großgläubigern vorausgehen, will sich der Schuldner doch im Vorfeld darüber versichern, dass er bei einer späteren Planabstimmung auf ihr (beachtliches) Stimmgewicht vertrauen kann (sog. *pre-arranged* oder *pre-packaged plan*).[72] Berücksichtigt man zudem, dass es oftmals ebendiese Großgläubiger sein werden, die sich bereit erklären, den Schuldner bis zur Annahme des Plans, ggf. auch darüber hinaus mit

---

[69] So steht dem Schuldner etwa gem. 11 U.S.C. § 1121 während der ersten 120 Tage im U.S.-amerikanischen *Chapter-11*-Verfahren grundsätzlich ein exklusives Planvorschlagsrecht zu; im deutschen Insolvenzrecht erfolgt eine Eröffnung im Stadium einer nur drohenden Zahlungsunfähigkeit gem. § 18 InsO nur auf Eigenantrag des Schuldners, das Schutzschirmverfahren gem. § 270d InsO steht ohnehin nur auf Antrag des Schuldners zur Verfügung; verwiesen sei an dieser Stelle auch auf das englische *Scheme of Arrangement*, das zwar auch von Gesellschaftern und Gläubigern eingeleitet werden kann, dessen Bestätigung (und damit Erfolg) aber von der Zustimmung des Schuldners abhängt; siehe zu der beim Schuldner konzentrierten Initiativberechtigung zur Einleitung französischer Sanierungsverfahren auch *Arnold/Slawik* NZI-Beil. 2021, 79 (80).

[70] Art. 4 Abs. 7 RRL; als Gestaltungsoptionen für die Mitgliedstaaten kann der Restrukturierungsrahmen außerdem nach Art. 4 Abs. 8 RRL auf Antrag der Gläubiger oder Arbeitnehmervertreter zur Verfügung gestellt werden; ein Planvorschlagsrecht muss gem. Art. 9 Abs. 1 RRL stets dem Schuldner zukommen, das nationale Recht kann es nach Abs. 2 auch Gläubigern oder einem etwaigen Restrukturierungsbeauftragten gewähren; unklar ist die Rechtslage hingegen hinsichtlich der Beantragung einer Aussetzung der Einzelzwangsvollstreckung, da sich Art. 5 Abs. 1 RRL insoweit lediglich auf den Antrag des Schuldners bezieht, damit aber zugleich offen lässt, ob ein Vollstreckungsstopp auch auf Antrag anderer Beteiligter europarechtlich zulässig wäre.

[71] Ob die Geschäftsleiter ein Sanierungsverfahren – ohne größeres eigenes Haftungsrisiko – auch ohne oder gar gegen den Willen der (Mehrheit der) Gesellschafter initiieren können, ist nach wie vor ungeklärt, vgl. dazu *Balthasar* NZI-Beil. 2021, 18 (20 ff.); *Rauhut* NZI-Beil. 2021, 52 (53 f.); *Skauradszun* KTS 82 (2021) 1 (49 f.); instruktiv auch *Kolmann/Kurz*, Neues Sanierungsrecht – Das Dilemma zwischen Gesellschafter und Gläubiger bleibt (abrufbar unter <https://www.lto.de/recht/kanzleien-unternehmen/k/starug-regelung-unternehmenssanierung-insolvenz-interesse-gesellschafter-glaeubiger-ausgleich-dilemma/?ref=https://kjk-law.com>, Stand Oktober 2022); zur damit verwandten Fragestellung bezüglich der Beantragung eines Insolvenzverfahrens durch Eigenantrag der Geschäftsleiter bei drohender Zahlungsunfähigkeit vgl. nur den Überblick bei *K. Schmidt* in: K. Schmidt, InsO, § 18 Rn. 31; jüngst auch *Schäfer* ZIP 2020, 1950 (1951 ff.).

[72] Vgl. für diesen rechtspraktischen Befund exemplarisch *v. d. Fecht* in: Knecht/Hommel/Wohlenberg, Handbuch Unternehmensrestrukturierung, S. 2134.

frischer Liquidität zu unterstützen, wird deutlich, dass auch sie regelmäßig ein gehöriges Wort mitzureden haben werden. Es sind mithin Geschäftsleiter, Gesellschafter und besonders einflussreiche Gläubigergruppen, die im Restrukturierungsrechtsmarkt als Nachfrager auftreten, während die übrigen Gläubiger – ohne auf das „ob" und das „wo" eines Restrukturierungsverfahrens maßgeblich Einfluss zu haben – von diesem ebenso betroffen werden (können). Dass andererseits eine *ex ante* vorgenommene Bewertung des Insolvenz- und Ausfallrisikos, die regelmäßig als Unterlage für die (Preis-)Gestaltung der Geschäftsbeziehung dienen wird, durch eine opportune Wahl des Restrukturierungsstandorts durch eben jene Hauptakteure schnell frustriert werden kann, liegt auf der Hand.[73] Das mag nicht grundlegend gegen die Zulassung eines liberalen Restrukturierungswettbewerbs sprechen, sollte bei der Ausdifferenzierung des international-privat- und -zivilverfahrensrechtlichen Rechtsrahmens allerdings bedacht sein.[74]

Aufseiten der Geschäftsleiter hingegen dürfte regelmäßig ein gehöriges Interesse bestehen, auch weiterhin möglichst ohne Einschränkungen die Kontrolle über das schuldnerische Unternehmen auszuüben. Bei entsprechenden Handlungsalternativen wird das Management mithin jene Restrukturierungsrahmen präferieren, deren Eröffnung keine Bestellung eines Verwalters, oder jedenfalls nur eines äußerst zurückhaltend mit Kompetenzen ausgestatteten Aufsichtsorgans nach sich ziehen. Die Gesellschafter wiederum werden die Restrukturierung unter demjenigen Rechtsregime anstreben, das ihnen als Klasse(n) die beste Verhandlungs- und Rechtsposition einräumt.[75] Müssen sie unter einer bestimmten Restrukturierungsrechtsordnung schwerwiegende Eingriffe bis hin zum vollständigen Verlust ihrer Beteiligung an der Schuldnergesellschaft befürchten, insbesondere weil die Mitgliedschaftsrechte in das Verfahren mit einbezogen werden und ihre Inhaber mit vergleichsweise niedrigen Hürden majorisiert werden können (oder nach der *absolute priority rule* sogar müssen), werden die Anteilseigner die Beantragung dieses Verfahrens eher scheuen.[76] Letztlich – und das muss man sich stets bewusst machen – liefern

---

[73] *Garcimartín* IILR 2011, 321 (333).

[74] Unentschlossen etwa *Garcimartín* IILR 2011, 321 (333); einen regulierten Wettbewerb ebenfalls nicht *per se* ausschließend *Thole* KSzW 2012, 286 (290, 291).

[75] Die Richtlinie erlaubt es den Mitgliedstaaten, die Anteilseigner in den Plan mit einzubeziehen und ihre Anteilsrechte den Planregelungen zu unterwerfen, lässt in Art. 12 Abs. 1 und 2 RRL alternativ aber auch zu, dass die Mitgliedstaaten – insoweit äußerst schwammig formuliert – „auf andere Weise sicher[stellen], dass [die] Anteilseigner die Annahme und Bestätigung eines Restrukturierungsplans [und dessen Umsetzung] nicht grundlos verhindern oder erschweren".

[76] Kritisch zu entsprechenden gesellschaftsrechtlichen Zustimmungserfordernissen sowie der Streichung des § 2 RegE-StaRUG, der bei drohender Zahlungsunfähigkeit noch einen sog. *shift of fiduciary duties* zugunsten der Gläubiger vorgesehen hatte, daher *Balthasar* NZI-Beil. 2021, 18 (20 ff.); dazu auch *Kolmann/Kurz*, Neues Sanierungsrecht – Das Dilemma zwischen Gesellschafter und Gläubiger bleibt (abrufbar unter <https://www.lto.de/

die Restrukturierungsrahmen eben nichts anderes als eine rechtliche Struktur für Verhandlungen und Kompromisslösungen über die Verteilung des Sanierungsmehrwerts unter den Beteiligten, wobei die Verhandlungsmacht maßgeblich davon abhängt, wie und zugunsten welcher Akteure das jeweilige Restrukturierungsrecht Majorisierungsmöglichkeiten und Blockadepotenzial gegeneinander austariert.

Die Beteiligten, die über die Einleitung der Restrukturierung und damit auch den Restrukturierungsstandort entscheiden, werden daher stets dazu neigen, den Restrukturierungsrahmen in Anspruch zu nehmen, der ihren eigenen Interessen und/oder den Interessen besonders einflussreicher und damit fortführungsrelevanter Gläubiger am ehesten entspricht. Es ergeben sich allerdings drei entscheidende Einschränkungen: Erstens kommt ein derartiger Restrukturierungstourismus von vornherein nur in Betracht, wenn und soweit ihn der bestehende international-privat- und -zivilverfahrensrechtliche Rechtsrahmen auch zulässt, also unmittelbare oder mittelbare Wahlmöglichkeiten eröffnet. Zweitens werden die Entscheidungsträger fremde Restrukturierungsrahmen nur dann in Anspruch nehmen, wenn die Vorteile, die sie sich daraus für sich selbst oder für ihnen nahestehende Beteiligte erhoffen, die zur Erlangung des fremden Restrukturierungsrechts erforderlichen (auf sie entfallenden) Transaktionskosten übersteigen.[77] Schließlich können – drittens – auch bestehende Rechtsunsicherheiten in Bezug auf Durchführung, Umsetzung und vor allem Anerkennung der Sanierungsergebnisse in den für das Unternehmen maßgeblichen Jurisdiktionen dazu führen, dass an sich attraktiv ausgestaltete Restrukturierungsrahmen fremder Rechtsordnungen auf der Suche nach dem optimalen Restrukturierungsforum ausgeschieden werden.[78] Gerade auch vor dem Hintergrund dieses letztgenannten Aspekts erscheint die vorliegend unternommene Untersuchung des internationalen Restrukturierungsrechts und die Ent-

---

recht/kanzleien-unternehmen/k/starug-regelung-unternehmenssanierung-insolvenz-interesse-gesellschafter-glaeubiger-ausgleich-dilemma/?ref=https://kjk-law.com>, Stand Oktober 2022).

[77] Plastischstes (und bisher praxisrelevantestes) Beispiel dürfte hier die Verlagerung des schuldnerischen COMI in einen anderen Mitgliedstaat sein, um dessen Insolvenzinstrumentarium nutzen zu können; vgl. dazu die oben angeführten Beispiele im Zusammenhang mit dem englischen CVA.

[78] In diese Richtung auch *Madaus*, Rechtsunsicherheit als Restrukturierungshindernis – Wettbewerbsnachteile der neuen Restrukturierungsoptionen in Deutschland und den Niederlanden gegenüber England, European Insolvency & Restructuring, TLE-008-2021 (abrufbar unter <https://www.tax-legal-excellence.com/rechtsunsicherheit-restrukturierungsoptionen-deutschland-niederlande-england/>, Stand Oktober 2022); *Walker/Mielke/Bombe* ZIP 2018, 815 (820).

wicklung eines wertungsgerechten und systemkohärenten Konzepts zur rechtssicheren Ausgestaltung grenzüberschreitender Sanierungsvorhaben unerlässlich.[79]

§ 6 Ergebnisse und Folgerungen für den Fortgang der Untersuchung

Eine Sanierung ist immer dann sinnvoll, wenn durch sie im Verhältnis zum nächstbesten Vergleichsszenario – regelmäßig der Abwicklung – Werte geschaffen werden bzw. erhalten bleiben, der Fortführungswert also über dem Liquidationswert liegt. Der Sanierungsmehrwert kann allerdings nur erzielt werden, wenn die Beteiligten miteinander kooperieren, was durch adverse Anreizstrukturen, insbesondere *hold out*-Strategien und bestandsgefährdende Vollstreckungs- und Verwertungsmaßnahmen in Frage gestellt wird. Die Restrukturierungsrichtlinie beschreitet daher einen begrüßenswerten Weg, indem sie die Mitgliedstaaten dazu verpflichtet, einen Regelungsrahmen zur Bewältigung ebendieses Kollektivierungsproblems zu etablieren.[1] Schuldnern wird mit dem Restrukturierungsplan ein wertvolles Instrument an die Hand gegeben, um einzelne Gläubiger(gruppen) durch Mehrheitsentscheidungen auch gegen ihren Willen zu Sanierungsbeiträgen zu zwingen, wobei das Kriterium des Gläubigerinteresses und die *relative* bzw. *absolute priority rule* Gewähr dafür leisten, dass jeder Planbetroffene mindestens mit dem auf ihn entfallenden Liquidationswert bedacht und auch der Sanierungsmehrwert nach sachgerechten Gesichtspunkten fair unter den Beteiligten aufgeteilt wird.

Die Richtlinie basiert mithin auf der Grundüberlegung, dass es zur Verhinderung sanierungsschädlicher *hold out*-Strategien und fortführungsgefährdender Vollstreckungsmaßnahmen im Interesse aller Betroffenen möglich sein sollte, (nahezu[2]) sämtliche Gläubiger dem Restrukturierungsrahmen zu unterwerfen. Das Spannungsverhältnis zwischen der kollektiven Konservierung des

---

[79] Dem gegenwärtigen Stand des europäischen Restrukturierungsrechts ebenfalls ein ungenügendes Zeugnis ausstellend, insbesondere das Fehlen klarer und rechtssicherer Regeln des Wettbewerbs kritisierend *Singer*, Vorinsolvenzlicher Restrukturierungsrahmen, S. 421; jedenfalls in Bezug auf die RRL auch *J. Schmidt* ZInsO 2021, 654 (654).

[1] Ebenfalls das Hauptziel der Richtlinie in der Bewältigung des *hold out*-Problems sehend *Skauradszun* KTS 82 (2021) 1 (7); *Brinkmann* NZI-Beil. 2019, 27 (29); in Bezug auf den Restrukturierungsplan jedenfalls auch *Eckelt*, Der präventive Restrukturierungsrahmen, S. 801 f.; vgl. außerdem *Eidenmüller* 18 (2017) EBOR 273 (289 f.), der dem Entwurf für die RRL allerdings in Sachen Bewältigung des *hold out*-Problems ein ernüchterndes Zeugnis ausstellt.

[2] Eine fakultative Ausnahme sieht Art. 1 Abs. 5 und 6 RRL aus sozialpolitischen Gründen vor allem zugunsten von (ehemaligen) Arbeitnehmern vor.

Sanierungsmehrwerts und der Verweigerung eines individuellen Sanierungsbeitrag wird dabei zugunsten ersterer aufgelöst. Das Restrukturierungsrecht reagiert damit auf die mit der finanziellen Krise des Schuldners veränderte wirtschaftliche Realität, in der die *Stakeholder* angesichts des abschmelzenden Haftungsfonds nicht mehr unverbunden nebeneinander stehen, sondern sich das Verhalten des einen mittelbar auch auf die Rechtsposition des anderen auswirkt. Als Antwort auf die erweiterten (mittelbaren) Einwirkungsmöglichkeiten werden die Beteiligten einem ausgleichenden Regelungsgefüge unterworfen, das die rein faktisch bestehende Schicksalsgemeinschaft auch rechtlich anerkennt.

Auf materiell-rechtlicher Ebene wird ebendiese Kollektivierung bereits weitgehend durch die Richtlinienvorgaben und die sie umsetzenden nationalen Reorganisationsgesetze bewerkstelligt. Bei internationalen Sachverhalten droht das Instrumentarium des Restrukturierungsrechts jedoch zu scheitern, wenn aus kompetenziellen Gründen bestimmte Gläubiger nicht in das Verfahren einbezogen und damit auch nicht an die dort erzielten Ergebnisse gebunden werden können. Selbst bei Einbeziehung aller Gläubiger könnte eine Restrukturierung aber auch dadurch unterlaufen werden, dass einzelne Beteiligte ihre Forderungen im Ausland durchsetzen, wenn und soweit der Schuldner dort über Vermögen verfügt und die Restrukturierungsmaßnahmen in der jeweiligen Jurisdiktion nicht anerkannt werden. Das verdeutlicht, was eigentlich selbstverständlich ist, dass nämlich die ökonomischen Überlegungen, die letztlich hinter dem Sanierungsgedanken und dem geltenden Restrukturierungsrecht stehen, nicht an der Staatsgrenze Halt machen. Operiert ein Unternehmen international, so muss dies ebenso für die Antwort auf seine finanzielle Krise gelten.

Die Richtlinie vermochte allerdings kaum etwas an der höchst heterogenen Restrukturierungslandschaft in Europa zu ändern. Positiv hervorzuheben ist die Einführung vorinsolvenzlicher Sanierungsinstrumente in Ländern, die sich derartigen Rechtsentwicklungen bisher noch verweigert hatten. Der mindestharmonisierte Ansatz der Richtlinie und die mannigfaltigen Umsetzungsoptionen und Abweichungsmöglichkeiten haben allerdings zur Folge, dass das Restrukturierungsrecht der Mitgliedstaaten nach wie vor in vielerlei Hinsicht divergiert. Für den Fortgang der Untersuchung lassen sich daraus zwei wesentliche Schlussfolgerungen ableiten.

Erstens sind Mittel der Wahl zur Ausgestaltung des internationalen Rechtsrahmens zur Bewältigung grenzüberschreitender Unternehmenskrisen auch weiterhin die Werkzeuge der justiziellen Zusammenarbeit. Aufgabe und Ziel des internationalen Restrukturierungsrechts muss es daher sein, die neuen Sanierungsmechanismen in ein geschlossenes kollisions- und international-zivilverfahrensrechtliches System einzugliedern. Internationale Zuständigkeit, anwendbares Recht und Anerkennung sind so auszudifferenzieren und aufeinander abzustimmen, dass grenzüberschreitende Unternehmenskrisen trotz der

Unterschiede im nationalen Recht rechtssicher und effizient durchgeführt werden können. Konzeptionell sollte das internationale Restrukturierungsrecht daher einen Rechtsrahmen bieten, der sich des Kollektivierungsproblems annimmt und es unter Abwägung der relevanten schutzwürdigen Interessen auf Grundlage der bestehenden international-privat- und -zivilverfahrensrechtlichen Regelungen einer kohärenten Lösung zuführt. Jedenfalls zu einem gewissen Grad erscheint eine sanierungs- und damit auch kollektivierungsfreundliche Ausgestaltung dabei unumgänglich, wenn man bedenkt, dass die grenzüberschreitende Restrukturierung – zumindest ab einer gewissen Unternehmensgröße – die absolute Regel sein dürfte. Andernfalls würden die in der Richtlinie vorgesehenen Instrumente in der praktischen Anwendung erheblich an Wirksamkeit einbüßen und die Richtungsentscheidung des Richtliniengebers damit *de facto* leerlaufen. Insofern ist bei der Ausdifferenzierung des international-rechtlichen Rahmens sowohl die persönliche Reichweite – vermittelt insbesondere durch die internationale Zuständigkeit – als auch der gegenständliche Wirkungsbereich der Restrukturierungsinstrumente – effektuiert durch die grenzüberschreitende Anerkennung – maßgeblich an dem Ziel auszurichten, der Richtlinie auch im grenzüberschreitenden Kontext zu voller Wirksamkeit (*effet utile*) zu verhelfen.

Als zweite Erkenntnis lässt sich festhalten, dass krisenkonfrontierte Unternehmen das vielfältige Angebot europäischer Restrukturierungsrechtsordnungen aller Voraussicht nach ausnutzen werden, um in den Genuss des vermeintlich „besten" Sanierungsrechts zu kommen. Insofern ist jedenfalls bei großvolumigen Sanierungen zu erwarten, dass Restrukturierungsschuldner den erhöhten Beratungsaufwand einer Restrukturierung nach ausländischem Recht in Kauf nehmen und sich auf der Suche nach dem *perfect fit* auch außerhalb ihres Heimatrechts umsehen. Wie insbesondere das Beispiel des englischen *Scheme of Arrangement* gezeigt hat, kann man einen solchen Wettbewerb der mitgliedstaatlichen Restrukturierungsrechtsordnungen durchaus als Chance begreifen, zwingt er die nationalen Gesetzgeber doch zur stetigen Selbstkontrolle und fördert damit die effizienzgeleitete Anpassung der bestehenden Instrumente an praktische Bedürfnisse und neuere Entwicklungen. Gerade im Bereich des Restrukturierungsrechts als Instrument der Haftungsverwirklichung bedeutet (unbeschränktes) *forum shopping* allerdings auch immer enttäuschtes Vertrauen. Gläubiger richten ihre vertraglichen Konditionen – einschließlich der zugrunde liegenden Analyse eines möglichen Ausfallrisikos und der darauf aufbauenden Preiskalkulation – oftmals an einer bestimmten Haftungsordnung aus und verlassen sich für den Ernstfall auf deren Anwendbarkeit. Es ist daher kein Zufall, dass das europäische Sekundärrecht für Insolvenzverfahren keine unmittelbare Rechtswahl zulässt und mit dem COMI ein nicht ohne Weiteres manipulierbares Anknüpfungsmoment gewählt hat. Es gilt demnach abzuwägen zwischen einem konstruktiven Wettbewerb der Rechtsordnungen einerseits und dem berechtigten Vertrauen der betroffenen Gläubiger auf die Anwendung eines bestimmten Haftungsrechts andererseits. Aufgabe und Ziel des internationalen Restrukturierungsrechts ist es daher, die Grenzen eines zulässigen *forum shopping* festzulegen, im Rahmen derer der Restrukturierungsstandort (frei) gewählt werden kann, und damit einerseits die Leitplanken eines europäischen Restrukturierungswettbewerbs zu definieren und andererseits Rechtsunsicherheiten für Schuldner und Gläubiger gleichermaßen vorzubeugen.

Ein austariertes und funktionales internationales Restrukturierungsrecht muss sich beiden Herausforderungen stellen. Es muss einen rechtssicheren und praktikablen international-rechtlichen Rahmen zur Bewältigung grenzüberschreitender Unternehmenssanierungen bieten und zugleich durch eine behutsame Ausgestaltung insbesondere der internationalen Zuständigkeit die Grenzen eines zulässigen *forum shopping* vorgeben, um damit den Rahmen für den Wettbewerb der Rechtsordnung abzustecken.

Teil II:

Einbettung der grenzüberschreitenden Unternehmensrestrukturierung in das internationale Privat- und Zivilverfahrensrecht

„Sovereignty is both too weak and too strong to provide an effective principle for allocating power in international insolvency law. Sovereignty is too weak because no one nation has enough sovereign power to bring together an insolvent multinational enterprise's assets and claims, scattered across many territories, as is necessary to effectuate the essential compromise of insolvency administration; that is, equitable distribution of value and loss among all creditors in a collective proceeding administering a common pool of assets. At the same time, sovereignty is too strong because it ignores this limitation on its effectiveness and overstates its own power to force national solutions on international problems.“ — *Bob Wessels, Bruce Markell, and Jason Kilborn*[1]

§ 7 Das international-rechtliche Defizit der Restrukturierungsrichtlinie

Dass das Wirtschaftsleben innerhalb der Europäischen Union und weltweit zunehmend grenzüberschreitende Bezüge aufweist, ist bei weitem keine neue Entwicklung. Schon lange Zeit vor der Verabschiedung der Restrukturierungsrichtlinie und ihrer Umsetzung in nationales Recht warf ein immer internationaler ausgerichteter Handelsverkehr neben materiell-rechtlichen vermehrt auch international-privat- und -zivilverfahrensrechtliche Fragen auf. Aufgrund der nicht zu unterschätzenden Binnenmarktrelevanz unvereinheitlichter Regelungen im Umgang mit grenzüberschreitenden Sachverhalten ließ die europäische Harmonisierung der betreffenden Rechtsvorschriften denn auch nicht lange auf sich warten. Entsprechend des seinerzeitigen Kompetenzrahmens schlossen die Mitgliedstaaten zunächst völkerrechtliche Abkommen, die nach Inkrafttreten der Amsterdamer Verträge nach und nach in Verordnungen überführt wurden. Seither verfügt die Europäische Union über ein ausgeprägtes, mittlerweile nahezu alle Rechtsbereiche erfassendes internationales Privat-

[1] *Wessels/Markell/Kilborn*, International Cooperation in Bankruptcy, S. 46.

und Zivilverfahrensrecht, obgleich einzelne Gebiete nach wie vor der Ausgestaltung durch die nationalen Gesetzgeber überlassen bleiben. Die Ausdifferenzierung des internationalen Restrukturierungsrechts als international-rechtlicher Rahmen zur Bewältigung grenzüberschreitender Restrukturierungen kann und muss daher in erster Linie anhand des bestehenden internationalen Privat- und Zivilverfahrensrechts erfolgen.

Dies gilt umso mehr, als die Restrukturierungsrichtlinie selbst zur international-rechtlichen Einordnung der einzuführenden Restrukturierungsrahmen nur höchst unvollständig Stellung nimmt. Im Gegensatz zu den beiden bereichsspezifischen Richtlinien, die für Kreditinstitute und Versicherungsunternehmen schon bislang besondere Sanierungsverfahren vorsahen,[2] enthält die Restrukturierungsrichtlinie in ihrem regelnden Teil keinerlei Vorschriften zur internationalen Reichweite der neu zu schaffenden Restrukturierungsinstrumente. Während die bereichsspezifischen Richtlinien sowohl die internationale Zuständigkeit,[3] als auch das anwendbare Recht[4] und die grenzüberschreitende Anerkennung und Wirkungserstreckung[5] detailliert festschreiben, sucht man derartige – jedenfalls ausdrückliche – Regelungen in der Restrukturierungsrichtlinie vergebens.[6] Allein Art. 6 Abs. 8 UAbs. 2 RRL nimmt auf den Anwendungsbereich der EuInsVO und den dort als Anknüpfungsmoment gewählten COMI Bezug:

> „Haben sich Mitgliedstaaten dafür entschieden, diese Richtlinie im Wege eines oder mehrerer Verfahren beziehungsweise einer oder mehrerer Maßnahmen umzusetzen, die die Bedingungen für die Mitteilung nach Anhang A der Verordnung (EU) 2015/848 nicht erfüllen, so ist die Gesamtdauer der Aussetzung im Rahmen dieser Verfahren auf höchstens vier Monate begrenzt, wenn der Mittelpunkt der hauptsächlichen Interessen des Schuldners innerhalb eines Zeitraums von drei Monaten vor Einreichung eines Antrags auf Eröffnung eines präventiven Restrukturierungsverfahrens in einen anderen Mitgliedstaat verlegt wurde."

---

[2] Art. 267 ff. der RL 2009/138/EG des Europäischen Parlaments und des Rates vom 25.11.2009 betreffend die Aufnahme und Ausübung der Versicherungs- und der Rückversicherungstätigkeit (Solvabilität-II-RL) sowie RL 2001/24/EG des Europäischen Parlaments und des Rates vom 04.04.2001 über die Sanierung und Liquidation von Kreditinstituten; zu etwaigen Rückschlüssen hieraus auf das geltende internationale Insolvenzrecht siehe noch § 9, III., 2., h) (S. 172 ff.).

[3] Für die Durchführung des Sanierungsverfahrens international zuständig ist gem. Art. 269 Abs. 1 Solvabilität-II-RL bzw. Art. 3 Abs. 1 RL 2001/24/EG jeweils der Herkunftsmitgliedstaat.

[4] Anwendbar ist – vorbehaltlich einiger Sonderanknüpfungen – das Recht des Herkunftsmitgliedstaats, vgl. dazu Art. 269 Abs. 3, 285 ff. Solvabilität-II-RL, Art. 3 Abs. 2 UAbs. 1, Art. 20 ff. RL 2001/24/EG.

[5] Vgl. dazu Art. 269 Abs. 4 und 5 Solvabilität-II-RL sowie Art. 3 Abs. 2 UAbs. 2 und 3 RL 2001/24/EG.

[6] So auch *J. Schmidt* ZInsO 2021, 654 (654); insb. Art. 15 Abs. 1 RRL ist keinerlei international-rechtliche Dimension zu entnehmen, siehe dazu noch eingehend § 9, II., 3., f) (S. 164 ff.).

Auch wenn der Norm unmittelbar keinerlei international-privat- oder -zivilverfahrensrechtlicher Regelungsgehalt zu entnehmen ist, stellt sie gleichwohl eine wertvolle Erkenntnisquelle zur internationalen Einordnung der Restrukturierungsrichtlinie dar.[7] Immerhin ergibt sich aus ihr einerseits, dass durchaus Umsetzungsgestaltungen möglich sind, für die eine Aufnahme in Anhang A zur EuInsVO und damit eine Erstreckung des Anwendungsbereichs der Verordnung ausscheidet. Andererseits folgt aus der tatbestandlichen Verweisung auf den schuldnerischen COMI zwingend, dass ebendiese genuin international-insolvenzrechtliche Kategorie auch im Hinblick auf solche Sanierungsinstrumente Geltung beansprucht, die nicht unmittelbar unter die EuInsVO fallen. Gleichwohl bleibt der ernüchternde Befund, dass der regelnde Teil der Richtlinie kaum Aufschluss gibt über ihre internationale Reichweite.

Damit fällt der Fokus auf die der Richtlinie vorangestellten Erwägungsgründe (12) bis (14), die immerhin begrenzte Einblicke darüber zulassen, wie der europäische Gesetzgeber die neuen Sanierungsinstrumente in den bestehenden international-rechtlichen Rahmen eingeordnet wissen wollte.[8] Erwägungsgrund (12) stellt zunächst die gegenüber der 2015 reformierten EuInsVO neue Herangehensweise heraus und betont, dass die Richtlinie über den dort verfolgten zivilverfahrensrechtlichen Ansatz hinausgehe und nunmehr materielle Mindeststandards für präventive Restrukturierungsrahmen festlege.[9] Zugleich wird hervorgehoben, dass sich der Anwendungsbereich der EuInsVO mitunter auf präventive Verfahren erstrecke, die die Rettung wirtschaftlich angeschlagener, aber bestandsfähiger Schuldner fördern.[10] Gleichwohl folgt umgehend die Einsicht, dass längst nicht alle Sanierungsverfahren dem selbstgesteckten Geltungsbereich der Verordnung unterfallen, sondern es – nach wie vor – Sache der Mitgliedstaaten sei, die Verfahren des nationalen Rechts auszugestalten; und zwar unabhängig davon, ob dadurch die Voraussetzungen für die Anwendbarkeit der Verordnung erfüllt würden oder eben nicht.[11] Nichts

---

[7] Zu den Folgerungen, die sich aus Art. 6 Abs. 8 UAbs. 2 RRL für die internationale Reichweite des Restrukturierungsrahmens ergeben, siehe ausführlich noch § 11, II., 5., b), (6) (S. 279 ff.).

[8] Der Kommissionsentwurf hatte sich auf einen einzigen Erwägungsgrund (10) zum Verhältnis der Richtlinie zur EuInsVO beschränkt, der inhaltlich dem heutigen Erwägungsgrund (12) zur RRL entspricht, und sich im übrigen nur oberflächlich zur grenzüberschreitenden Dimension geäußert, vgl. COM(2016) 723 final S. 10, 30; eine weitere Schnittstelle zur EuInsVO, die im vorliegenden Kontext allerdings keinerlei zusätzliche Erkenntnisse bietet, findet in Erwägungsgrund (87) S. 5 zur RRL Erwähnung, wonach die im eigenständigen Titel IV. der Richtlinie verorteten Regelungen zur Steigerung der Effizienz von Restrukturierungs-, Insolvenz- und Entschuldungsverfahren (insb. Art. 26 f. RRL) sich auch auf Verwalter im Sinne des Art. 2 Nr. 5 EuInsVO beziehen sollen.

[9] Erwägungsgrund (12) S. 5 zur RRL; ähnlich Erwägungsgrund (13) S. 1 zur RRL.

[10] Erwägungsgrund (12) S. 2 zur RRL.

[11] Erwägungsgrund (13) S. 2 zur RRL.

anderes gelte für die nun einzuführenden Restrukturierungsrahmen nach der Restrukturierungsrichtlinie.[12]

Die Erwägungsgründe lassen allerdings durchaus erkennen, dass sich der europäische Gesetzgeber wohl bewusst war, welche Vorteile die Anwendung der EuInsVO mit sich brächte.[13] Erwähnung finden einerseits die dort etablierten Regelungen gegen missbräuchliches *forum shopping*,[14] andererseits wird aber auch das Thema der automatischen Anerkennung und Wirkungserstreckung aufgegriffen.[15] In beiderlei Hinsicht sieht der Unionsgesetzgeber die klaren Vorteile der EuInsVO und konstatiert, dass auch bei nicht unter die Verordnung fallenden Restrukturierungsrahmen entsprechende Mechanismen notwendig bzw. wünschenswert seien.[16]

Trotz dieser programmatischen Zielbeschreibung in den Erwägungsgründen bleibt das (Gesamt-)Konzept des europäischen Gesetzgebers zum Umgang mit dem grenzüberschreitenden Einsatz der nationalen Restrukturierungsrahmen gleichwohl diffus.[17] Insbesondere findet sich im Richtlinientext kein Hinweis darauf, welches Regelwerk für Restrukturierungsrahmen gelten soll, die nicht unter die EuInsVO fallen. Es wird noch nicht einmal klar, in welcher Rechtsordnung – der europäischen oder den national-autonomen – nach entsprechenden Vorgaben zu suchen ist. In der Literatur wurde der Richtlinie daher zurecht

[12] Erwägungsgrund (13) S. 3 zur RRL.

[13] *Eckelt*, Der präventive Restrukturierungsrahmen, S. 220.

[14] Erwägungsgrund (14) S. 1 zur RRL.

[15] Erwägungsgrund (13) S. 3 zur RRL.

[16] So in Bezug auf die Gefahr des *forum shopping*, gewisse Beschränkungen anmahnend Erwägungsgrund (14) S. 2 zur RRL sowie hinsichtlich der Anerkennung und Vollstreckbarkeit von – terminologisch zweifelhaft – „Urteilen" (besser wohl: Entscheidungen) Erwägungsgrund (13) S. 3 zur RRL, wonach die Richtlinie auch bezüglich der nicht unter die EuInsVO fallenden Verfahren anstrebt, die Anerkennung zu erleichtern; dies als Auslegungs-, ggf. auch als Rechtsfortbildungsauftrag interpretierend *Kern* NZI-Beil. 2021, 74 (74).

[17] Kritisch auch *Paulus* in: Paulus/Dammann, European Preventive Restructuring, Intro Rn. 15; *Reinhart* in: MüKo-InsO, EuInsVO Art. 1 Rn. 18; die mangelnde Berücksichtigung im Gesetzgebungsverfahren konstatieren auch *Hoos/Schwartz/Schlander* ZIP 2021, 2214 (2214) und *Schlöder/Parzinger/Knebel* ZIP 2021, 1041 (1042); siehe ferner *Skauradszun* in: BeckOK-StaRUG, Einl. Rn. 30; § 2 Rn. 12; *ders.* ZIP 2019, 1501 (1507); *Madaus*, Rechtsunsicherheit als Restrukturierungshindernis – Wettbewerbsnachteile der neuen Restrukturierungsoptionen in Deutschland und den Niederlanden gegenüber England, European Insolvency & Restructuring, TLE-008-2021 (abrufbar unter <https://www.tax-legal-excellence.com/rechtsunsicherheit-restrukturierungsoptionen-deutschland-niederlande-england/>, Stand Oktober 2022) sowie *ders.* ZIP 2022, 1233 (1233), dessen Erklärungsansatz, der europäische Gesetzgeber habe sich auf eine flächendeckende Anwendbarkeit der EuInsVO verlassen, allerdings im offenen Widerspruch zu Erwägungsgrund (13) S. 2 und 3 zur RRL steht.

eine „stiefmütterliche Behandlung“ der internationalen Komponente attestiert;[18] andernorts war sogar davon die Rede, die international-zivilverfahrensrechtlichen Bezüge seien regelrecht „verschwitzt“ worden.[19] Es bleibt also der Rechtswissenschaft überlassen, die neuen Restrukturierungsrahmen in das bestehende System des internationalen Privat- und Zivilverfahrensrechts einzuordnen und daraus ein in sich stimmiges und sachgerechtes Lösungskonzept zu entwickeln. Dass der EuInsVO dabei maßgebliche Bedeutung zukommt, hat der Unionsgesetzgeber in den Erwägungsgründen eigens klargestellt; es hätte sich wegen ihres Anwendungsvorrangs vor nationalem Recht und allgemeineren sekundärrechtlichen Regelungen aber ohnehin von selbst verstanden. Im Übrigen stehen zur Ausgestaltung grenzüberschreitender Restrukturierungen zahlreiche weitere Regelwerke des – europäischen, theoretisch aber auch des subsidiären national-autonomen – internationalen Privat- und Zivilverfahrensrechts zur Verfügung, die es im Folgenden auf ihre Geeignetheit und Systemkonformität zu untersuchen gilt.

§ 8 Die EuInsVO als internationaler Rechtsrahmen für öffentliche Restrukturierungsverfahren

Entsprechend den Vorstellungen des Richtliniengebers soll auch diese Untersuchung im Ausgangspunkt an den Regelungen der EuInsVO ansetzen und deren Anwendungsbereich abgesteckt werden. Die Verordnung ist als Maßnahme auf dem Gebiet der justiziellen Zusammenarbeit in Zivilsachen konzipiert und knüpft daher an die durch nationales Recht konturierten Verfahren an.[1] Vorangetrieben durch die Einführung immer liberalerer Insolvenzverfahren auf Ebene der Mitgliedstaaten sah sich der europäische Gesetzgeber 2015 im Zuge der – ohnehin anstehenden[2] – Evaluation zu einer erheblichen Ausweitung des Anwendungsbereichs der EuInsVO veranlasst.[3] Hintergrund war die stetige

---

[18] *Madaus*, Rechtsunsicherheit als Restrukturierungshindernis – Wettbewerbsnachteile der neuen Restrukturierungsoptionen in Deutschland und den Niederlanden gegenüber England, European Insolvency & Restructuring, TLE-008-2021 (abrufbar unter <https://www.tax-legal-excellence.com/rechtsunsicherheit-restrukturierungsoptionen-deutschland-niederlande-england/>, Stand Oktober 2022).

[19] So der Titel des Beitrags von *Skauradszun* ZIP 2019, 1501 sowie dessen Fazit auf S. 1507; vgl. zu dem in der Sache ähnlich ausfallenden Urteil im Hinblick auf die internationale Dimension des StaRUG auch *ders.* NZI 2021, 568 (568).

[1] Erwägungsgrund (12) S. 5 zur RRL.

[2] Vgl. Art. 46 EuInsVO 2000.

[3] Kommissionsentwurf vom 12.12.2012, COM(2012) 744 final, S. 6; Bericht der Kommission an das Europäische Parlament, den Rat und den europäischen Wirtschafts- und Sozialausschuss über die Anwendung der Verordnung (EG) Nr. 1346/2000 des Rates vom 29.05.2000 über Insolvenzverfahren vom 12.12.2012, COM(2012) 743 final, S. 4 f.

und weitreichende Fortentwicklung, die sich im Bereich der nationalen Insolvenzrechtsordnungen seit der Verabschiedung der Verordnung im Jahre 2000 vollzogen hatte. Insbesondere neu eingeführte, fortschrittliche Verfahren zur frühzeitigen Sanierung von Unternehmen und der Restrukturierung existenzgefährdender Schuldenlasten (sog. *pre-insolvency proceedings*) fielen nicht unter den bisherigen Geltungsbereich der Verordnung.[4] Gleiches galt für Verfahren, die in Eigenverwaltung durchgeführt werden konnten (sog. *hybrid proceedings*).[5] Insgesamt 19[6] solcher mitgliedstaatlicher Verfahren hatte der europäische Gesetzgeber im Blick, als er Art. 1 EuInsVO im Rahmen der Reform 2015 neu fasste und für Eigenverwaltungs- und Sanierungsverfahren öffnete, darunter etwa das spanische Vergleichsverfahren und das italienische Reorganisations-Planverfahren.[7] Mittlerweile dürften es aufgrund des anhaltenden Trends zu sanierenden Instrumenten noch einmal deutlich mehr sein, zumal – wie sogleich zu zeigen ist – auch nationale Restrukturierungsrahmen nach der Restrukturierungsrichtlinie unter die (reformierte) EuInsVO fallen können. Dies gilt allerdings, wie die Richtlinie in ihrem Erwägungsgrund (13) eigens hervorhebt, bei weitem nicht für alle mitgliedstaatlichen Restrukturierungsverfahren. Damit ist Art. 1 Abs. 1 UAbs. 1 EuInsVO angesprochen, wonach die Verordnung anwendbar ist auf

„[...] öffentliche Gesamtverfahren einschließlich vorläufiger Verfahren, die auf der Grundlage gesetzlicher Regelungen zur Insolvenz stattfinden und in denen zu Zwecken der Rettung, Schuldenanpassung, Reorganisation oder Liquidation
a) dem Schuldner die Verfügungsgewalt über sein Vermögen ganz oder teilweise entzogen und ein Verwalter bestellt wird,
b) das Vermögen und die Geschäfte des Schuldners der Kontrolle oder Aufsicht durch ein Gericht unterstellt werden oder
c) die vorübergehende Aussetzung von Einzelvollstreckungsverfahren von einem Gericht oder kraft Gesetzes gewährt wird, um Verhandlungen zwischen dem Schuldner und seinen Gläubigern zu ermöglichen, sofern das Verfahren, in dem die Aussetzung gewährt wird, geeignete Maßnahmen zum Schutz der Gesamtheit der Gläubiger vorsieht und in dem Fall,

---

[4] Kommissionsvorschlag vom 12.12.2012, COM(2012) 744 final, S. 2; Impact Assessment zum Kommissionsvorschlag für eine Neufassung der EuInsVO, SWD(2012) 416 final, S. 11.

[5] Kommissionsvorschlag vom 12.12.2012, COM(2012) 744 final, S. 2; Impact Assessment zum Kommissionsvorschlag für eine Neufassung der EuInsVO, SWD(2012) 416 final, S. 11.

[6] Zum Zeitpunkt des Berichts über die EuInsVO 2000 identifizierte die Kommission bereits 15 solcher Verfahren, vgl. Bericht der Kommission an das Europäische Parlament, den Rat und den Europäischen Wirtschafts- und Sozialausschuss über die Anwendung der Verordnung (EG) Nr. 1346/2000 des Rates vom 29.05.2000 über Insolvenzverfahren vom 12.12.2012, COM(2012) 743 final, S. 5 ff.

[7] Pressemitteilung der Europäischen Kommission vom 04.12.2014 zur Einigung der Justizminister über moderne Regelungen von Insolvenzverfahren, abrufbar unter <https://ec.europa.eu/commission/presscorner/api/files/document/print/de/ip_14_2322/IP_14_2322_DE.pdf>, Stand Oktober 2022.

dass keine Einigung erzielt wird, einem der in den Buchstaben a oder b genannten Verfahren vorgeschaltet ist.“

Die Bedeutung dieser Norm in ihrem eigentlichen Regelungsanliegen, das die amtliche Überschrift mit „Anwendungsbereich“ betitelt, ist freilich – um es wohlwollend auszudrücken – überschaubar. Die aus Gründen der Rechtssicherheit durchaus nachvollziehbare Katalogisierungslösung der Verordnung bringt es mit sich, dass ihr Anwendungsbereich weniger durch die ausdifferenzierte Regelung des Art. 1 Abs. 1 UAbs. 1 EuInsVO definiert wird, als vielmehr durch die erschöpfende Aufzählung in Anhang A, der regelmäßig an Änderungen und Novellierungen in den mitgliedstaatlichen Rechtsordnungen angepasst wird.[8] Dies war bereits zur alten Fassung der Verordnung – jedenfalls im deutschen Schrifttum – anerkannt und wurde seitens des Gesetzgebers im Zuge der Reform 2015 ausdrücklich klargestellt.[9] So fügte man einerseits Art. 1 Abs. 1 UAbs. 3 EuInsVO ein, wonach die in den UAbs. 1 und 2 umschriebenen Verfahren in besagtem Anhang aufgelistet sind. In seiner Klarheit kaum zu übertreffen ist jedoch vor allem der neue Erwägungsgrund (9), nach dessen Sätzen 3 und 4 es den Gerichten untersagt ist, die Auflistung in Anhang A – positiv wie negativ – anhand der Voraussetzungen des Art. 1 Abs. 1 UAbs. 1 und 2 EuInsVO nachzuprüfen. Auf ein in Anhang A genanntes Verfahren findet die Verordnung daher stets Anwendung – ohne Rücksicht darauf, ob Art. 1 EuInsVO tatsächlich erfüllt ist. Spiegelbildlich sind die Gerichte an einer (unmittelbaren) Anwendung der Verordnung auf Verfahren gehindert, die nicht mit in den Anhang aufgenommen wurden, und zwar auch dann, wenn das Verfahren nach Ansicht des Gerichts allen Voraussetzungen des Art. 1 EuInsVO genügen würde. Für neuartige Verfahren ist die diesbezügliche Ergänzung des Anhangs A, die – nachdem das vereinfachte Verfahren[10] bedauerlicherweise der Reform 2015 zum Opfer gefallen ist – einer Änderungsverordnung im ordentlichen Gesetzgebungsverfahren bedarf, mithin konstitutiv. Für einen Übergangszeitraum fallen die neu zu schaffenden Restrukturierungsrahmen bereits aus diesem Grund nicht unter die Verordnung, was den deutschen Gesetzgeber dazu bewogen hat, das öffentliche StaRUG-Verfahren nach den §§ 84 ff. StaRUG überhaupt erst ab dem 17. Juli 2022 zur Verfügung zu stellen.[11] Da die unionsrechtliche Anpassung der Verordnung, insbesondere des Anhang A, an die Ausgestaltung und Umsetzung der Restrukturierungsrichtlinie auf nationaler Ebene anknüpft und aus diesem Grunde noch nicht

[8] Vgl. dazu zuletzt Verordnung (EU) 2021/2260 des Europäischen Parlaments und des Rates vom 15.12.2021 zur Änderung der Verordnung (EU) 2015/848 über Insolvenzverfahren im Hinblick auf die Ersetzung der Anhänge A und B, ABl. vom 20.12.2021, L 455, S. 4.

[9] Siehe dazu nur *Thole* ZEuP 2014, 39 (43) mit umfangreichen Nachweisen zum Meinungsbild unter der EuInsVO 2000.

[10] Vgl. Art. 45 EuInsVO 2000.

[11] Vgl. Art. 25 Abs. 3 Nr. 1 SanInsFoG sowie die Regierungsbegründung, die maßgeblich auf die technische Umsetzung abstellt, BT-Drucks. 19/24181, S. 224.

abgeschlossen ist, bietet es sich an, die Regelungen der Richtlinie auf ihre Vereinbarkeit mit den abstrakten Anwendungsvoraussetzungen des Art. 1 Abs. 1 UAbs. 1 und 2 EuInsVO zu überprüfen.

I. Die Beschränkung auf Gesamtverfahren

Die EuInsVO ist nur auf Gesamtverfahren anwendbar, setzt also den kollektiven Charakter des Verfahrens voraus. Der Begriff des Gesamtverfahrens wird in Art. 2 Nr. 1 EuInsVO legaldefiniert und durch Erwägungsgrund (14) zusätzlich konkretisiert. Er bezieht sich auf die persönliche Reichweite des Verfahrens und erfordert, dass alle Gläubiger oder jedenfalls ein wesentlicher Teil der Gläubiger beteiligt werden. Die damit statuierte Wesentlichkeitsschwelle darf allerdings nicht im Sinne eines rein quantitativen Merkmals verstanden werden. Auch die Einbeziehung nur einer Handvoll Gläubiger kann das Kriterium des Gesamtverfahrens erfüllen, wenn deren Forderungen einen nicht unerheblichen Teil der ausstehenden Verbindlichkeiten des Schuldners ausmachen.[12] Die EuInsVO zeigt sich damit vor allem offen für Sanierungsvorhaben im kleinen Kreis nur unter Beteiligung der Großgläubiger oder der finanziellen Gläubiger des Schuldners.[13] Im Umkehrschluss ist es demnach unschädlich, wenn bestimmte Gläubigergruppen[14] oder Forderungskategorien[15] von dem Verfahren ausgenommen werden. Handelt es sich um solch ein unechtes Gesamtverfahren, werden also nicht alle Gläubiger erfasst, dürfen die Forderungen der unbeteiligten Gläubiger allerdings gem. Art. 2 Nr. 1 EuInsVO nicht berührt werden. Darauf bezieht sich richtigerweise auch der bisweilen als eigenständige Voraussetzung missverstandene[16] Erwägungsgrund (14) S. 3, wonach ein Verfahren, das nicht alle Gläubiger mit einschließt, auf die Sanierung des Schuldners gerichtet sein muss, um der EuInsVO zu unterfallen. Dahinter steht letztlich die Erwägung, dass die Forderungen der außenstehenden Gläubiger durch eine Liquidation des Schuldners und die anschließende Verteilung des Vermögens auf die Verfahrensbeteiligten zwar nicht unmittelbar beeinträchtigt, aber doch mittelbar massiv betroffen würden.[17] Immerhin bliebe für diese nur noch eine leere Hülse ohne Vermögen, sodass die Ansprüche gegen den Schuldner zwar fortbestünden; sie wären aber noch nicht einmal mehr das Papier wert, auf dem sie gedruckt sind.

Begreift man den Restrukturierungsrahmen als ein auf die Annahme eines Restrukturierungsplans gerichtetes Sanierungsverfahren, erscheint die Einordnung als Gesamtverfahren auf den ersten Blick weitgehend unproblematisch.

---

[12] Erwägungsgrund (14) S. 1 zur EuInsVO.

[13] Erwägungsgrund (14) S. 2 zur EuInsVO.

[14] *Van Zwieten* in: Bork/van Zwieten, EIR, Rn. 1.18.

[15] Vgl. dazu Erwägungsgrund (14) S. 5 EuInsVO.

[16] Vgl. nur *J. Schmidt* in: Mankowski/M. F. Müller/J. Schmidt, EuInsVO, Art. 1 Rn. 15.

[17] In diese Richtung auch *van Zwieten* in: Bork/van Zwieten, EIR, Rn. 1.19.

Dass die Richtlinie Forderungen auf eine betriebliche Altersvorsorge der Gestaltung im Rahmen des Restrukturierungsplans vorenthält, steht nach dem oben Gesagten der Bejahung eines Gesamtverfahrens nicht entgegen. Auch wenn und soweit sich die Mitgliedstaaten entscheiden, von den Umsetzungsoptionen des Art. 1 Abs. 5 RRL Gebrauch zu machen und, wie etwa das deutsche Recht, arbeitsrechtliche Ansprüche auszunehmen, ändert dies nichts am Gesamtverfahrenscharakter des jeweiligen Restrukturierungsrahmens. Allerdings hat es der Planersteller nach Art. 8 RRL selbst in der Hand, den Kreis der Planbetroffenen festzulegen. Die Regelungen über den notwendigen Planinhalt enthalten insoweit keinerlei konkrete Anhaltspunkte, welche Beteiligten (mindestens) von der vorgeschlagenen Restrukturierung erfasst sein sollen. Vielmehr beschränken sich Art. 8 Abs. 1 lit. c) und e) RRL auf die rein formalen Vorgaben, dass sowohl die betroffenen als auch die nicht betroffenen Parteien genannt oder umschrieben werden müssen und die Gründe anzugeben sind, die für die Auswahl der betroffenen Gläubiger ausschlaggebend waren. Allerdings dürfte das Zusammenspiel der Zugangshürde in Form der wahrscheinlichen Insolvenz und der gem. Art. 10 Abs. 3 RRL durchzuführenden Bestandsfähigkeitsprüfung im Rahmen der Planbestätigung Gewähr dafür tragen, dass die einbezogenen und umgestalteten Forderungen von nicht nur untergeordnetem Gewicht sind. Denn ein Plan, der nur einen kleinen Teil der ausständigen Verbindlichkeiten einbezieht, wird – so sich das Unternehmen überhaupt schon in einer bestandsgefährdenden Lage befindet und damit der Gang zum Restrukturierungsrichter eröffnet ist – in den seltensten Fällen ebendiese Bestandsgefährdung beseitigen. Zumindest aus praktischer Sicht werden die finanziellen Gläubiger daher an nahezu jeder Restrukturierung teilnehmen, sodass zumindest ein unechtes Kollektivverfahren vorliegt.

Bleibt also als weitere Voraussetzung des Art. 2 Nr. 1 EuInsVO, dass Forderungen unbeteiligter Gläubiger durch das Verfahren nicht berührt werden dürfen. Diese Einschränkung will verhindern, dass Verfahrensergebnisse ihre Wirkungen auch zu Lasten unbeteiligter Dritter entfalten und ist damit letztlich Ausprägung des Rechtsstaatsgrundsatzes sowie des Grundsatzes rechtlichen Gehörs.[18] Die Unberührtheitsgarantie hat daher nur für solche Gläubiger zu gelten, die von vornherein nicht in das Verfahren einbezogen werden, wohingegen die Bindung opponierender oder dem Verfahren aus eigenem Entschluss fernbleibender Gläubiger für die Qualifizierung als Gesamtverfahren unschädlich ist.[19] Blickt man auf die Richtlinie, so fällt der Fokus zunächst auf Art. 15 Abs. 2 RRL, der recht lapidar bestimmt, dass „Gläubiger, die an der Annahme eines Restrukturierungsplans nach nationalem Recht nicht beteiligt waren, von dem Plan nicht beeinträchtigt werden" dürfen. Unmittelbar nachteilige Wirkungen des Restrukturierungsplans auf die am Verfahren nicht beteiligten

[18] *Thole* in: MüKo-InsO, EuInsVO Art. 2 Rn. 5.
[19] *Thole* in: MüKo-InsO, EuInsVO Art. 2 Rn. 5.

Gläubiger sind damit kategorisch ausgeschlossen. Mittelbare Auswirkungen des Sanierungsplans auch auf außenstehende Gläubiger werden von der Richtlinie dagegen keineswegs unterbunden, sondern, wie an anderer Stelle noch zu zeigen ist, vor allem in Bezug auf die Privilegierung neuer Finanzierungsengagements sogar aktiv ermöglicht.[20] Allerdings erschiene es überzogen, rein mittelbare Folgen für nicht einbezogene Gläubiger ausreichen zu lassen, um das jeweilige Verfahren dem Anwendungsbereich der EuInsVO zu entziehen. Die abstrakte Einordnung der Verfahren unter Art. 1 EuInsVO, die nicht nur das Bedürfnis der Normunterworfenen an Rechtssicherheit gebietet, sondern auch die Katalogisierung nach Anhang A nahelegt, streitet insofern für die Berücksichtigung nur unmittelbarer Einwirkungsmöglichkeiten auf unbeteiligte Gläubiger. Überdies hat der Unionsgesetzgeber mit der Liquidation nur die gravierendste mittelbare Entwertung der Forderungen außenstehender Gläubiger ausdrücklich missbilligt, sodass im Übrigen *e contrario* indirekte Auswirkungen für die Einordnung als Gesamtverfahren unschädlich sein dürften.[21] Bei dem eigentlichen restrukturierungsrechtlichen Planverfahren nach der Restrukturierungsrichtlinie, also der (gerichtlich durchgeführten) Abstimmung über den Sanierungsplan, einer vorausgehenden Vorprüfung oder der schlussendlichen Bestätigung wird es sich damit in aller Regel um ein Gesamtverfahren handeln.[22] Dies gilt jedenfalls dann, wenn entweder (nahezu) alle Gläubiger oder jedenfalls die finanziellen Gläubiger, also Darlehensgeber und Anleihegläubiger in die Restrukturierung einbezogen werden.

Zum gleichen Ergebnis muss man für die Einordnung eines Vollstreckungsstopps nach Art. 6 Abs. 1 RRL kommen.[23] Auch insoweit handelt es sich richtigerweise um ein Gesamtverfahren und zwar selbst dann, wenn das mitgliedstaatliche Recht entsprechend dem von *Madaus* geprägten Vertragshilfemodell[24] auf eine Einbettung in ein einheitliches Verfahren verzichtet.[25] Gem. Art. 6 Abs. 2 RRL muss zumindest die Möglichkeit bestehen, einen generellen, alle Gläubiger umfassenden Vollstreckungsstopp zu erwirken. Allerdings sieht Art. 6 Abs. 3 UAbs. 1 RRL vor, dass der Vollstreckungsstopp nicht nur auf einzelne Gläubigergruppen, sondern sogar auf einzelne Gläubiger beschränkt

---

[20] Siehe dazu die Ausführungen unter § 11, II., 5., c), (2) (S. 306 f.).

[21] Im Ergebnis ebenso *Van Zwieten* in: Bork/van Zwieten, EIR, Rn. 1.18.

[22] Diese Einschätzung teilend *Reinhart* in: MüKo-InsO, EuInsVO Art. 1 Rn. 12; *J. Schmidt* ZInsO 2021, 654 (655); im Hinblick auf das deutsche StaRUG auch *Skauradszun* in: BeckOK-StaRUG, § 84 Rn. 37, allerdings ohne zwischen Restrukturierungsplan und Stabilisierungsanordnung zu differenzieren.

[23] Ohne den Gesamtverfahrenscharakter überhaupt zu problematisieren *Reinhart* in: MüKo-InsO, EuInsVO Art. 1 Rn. 12.

[24] *Madaus* DB 2019, 592 (594 f.).

[25] Jedenfalls *de lege ferenda* gegen eine Anwendung der EuInsVO *Madaus* in: K/P/B, EuInsVO Art. 1 Rn. 26.

werden kann. So kann es in der Praxis durchaus vorkommen, dass der Schuldner nur bei einigen wenigen Gläubigern eine (besonders) sanierungsfeindliche Haltung vermutet und daher nur insoweit eine Vollstreckungssperre beantragt. Allein der Blick auf die Aussetzung der Zwangsvollstreckung trägt die Bejahung eines Gesamtverfahrens im Sinne des Art. 2 Nr. 1 EuInsVO in einem solchen Fall nicht. Zur Anwendbarkeit der EuInsVO gelangte man mithin nur, wenn man den Vollstreckungsstopp als Teil eines kollektiv angelegten Sanierungsmechanismus begreift, der bestimmungsgemäß in die Annahme eins – einen wesentlichen Teil der Gläubiger einbeziehenden – Restrukturierungsplans mündet. Nun könnte man dieser Sichtweise freilich die von Art. 4 Abs. 5 RRL gedeckte Ausgestaltung des Restrukturierungsrahmens als grundsätzlich selbstständige und unabhängig voneinander aktivierbare Sanierungsinstrumente entgegenhalten, wie sie – obgleich durch die Anzeige der Restrukturierungssache als verfahrensrechtliche Bündelung relativiert – auch das StaRUG zugrunde legt. Dabei würde allerdings verkannt, dass eine Stabilisierungsanordnung, auch wenn sie nicht in ein einheitliches Verfahren eingebettet ist, doch stets auf die (spätere) Annahme eines kollektiven Restrukturierungsplans gerichtet ist. Sowohl nach deutschem als auch nach europäischem Recht stehen Plan und Vollstreckungsstopp damit in einem besonders engen inneren Zusammenhang zueinander, dem eine verfahrensrechtliche Differenzierung fundamental widerspräche.[26]

Gleiches muss schließlich gelten, wenn das mitgliedstaatliche Recht – auch das erlaubt die Richtlinie – neben den Pflichtinstrumenten des Plans und der Aussetzung der Einzelzwangsvollstreckung noch weitere Sanierungshilfen vorsieht. Erwähnenswert erscheint hier insbesondere die Vertragsbeendigung bzw. -anpassung, die zwar im deutschen Gesetzgebungsverfahren gestrichen wurde,[27] in den Niederlanden aber im Rahmen des WHOA-Verfahrens als Sanierungsinstrument zur Verfügung steht.[28] Bereits konzeptionell richtet sich dieses Restrukturierungstool nur gegen ausgewählte Gläubiger und wird damit regelmäßig kein kollektives Moment aufweisen.[29] Allerdings stand die Vertragsbeendigung nach dem Gesetzesentwurf der Bundesregierung gem. § 52 Abs. 1 S. 2 RegE-StaRUG nur gemeinsam mit einer Planbestätigung zur Verfügung. Gleiches gilt für die niederländische Parallelregelung in Art. 373

---

[26] Vgl. dazu §§ 49 Abs. 1, 51 Abs. 1, 3, 59 Abs. 4 StaRUG und Art. 6 Abs. 1 RRL sowie in systematischer Hinsicht die Überschrift des zweiten Kapitels der RRL („Erleichterung der Verhandlungen über präventive Restrukturierungspläne“).

[27] Bericht zur Beschlussempfehlung des Rechtsausschusses, BT-Drucks. 19/25353, S. 8 f.

[28] Art. 373 (1) und (2), 383 (7), 384 (1) Fw.; siehe dazu auch *Kern* NZI-Beil. 2021, 74 (76).

[29] Eine gewisse Verkollektivierung sah freilich § 54 Abs. 3 S. 2 RegE-StaRUG vor, wonach die Ansprüche der Vertragsgegner wegen Nichterfüllung im Plan zu einer Gruppe zusammenzufassen waren.

Abs. 1 Fw., wonach die Vertragsaufhebung oder -änderung ebenfalls nur bei gleichzeitiger Planbestätigung statthaft ist. Bei einer solchen Plan-akzessorischen Ausgestaltung des mitgliedstaatlichen Rechts wird man die Umgestaltung von – auch individuellen – Vertragsverhältnissen daher als Teil eines kollektiven Sanierungsverfahrens auffassen und auch insoweit ein Gesamtverfahren bejahen müssen.

II. Die insolvenzrechtliche Natur des Restrukturierungsrahmens

Ebenfalls keine (nennenswerten) Probleme bei der Einordnung der mitgliedstaatlichen Restrukturierungsrahmen unter die sekundärrechtlichen Vorgaben in Art. 1 Abs. 1 EuInsVO dürften sich im Hinblick auf die insolvenzrechtliche Natur der Sanierungsinstrumente ergeben.[30] Ausgangspunkt ist die Formulierung, dass das jeweilige Verfahren auf der Grundlage gesetzlicher Regelungen zur Insolvenz und zum Zweck der Rettung, Schuldenanpassung, Reorganisation oder Liquidation stattfinden muss. Mit hineinzulesen in diese Bestimmung ist insofern der etwas verklausuliert abgefasste Art. 1 Abs. 1 UAbs. 2 EuInsVO, wonach auch Insolvenzvermeidungsverfahren erfasst werden, die nicht erst bei eingetretener, sondern bereits im Stadium der bloßen Wahrscheinlichkeit der Insolvenz greifen.

Die Parallele zur „wahrscheinlichen Insolvenz“ im Sinne von Art. 1 Abs. 1 lit. a) und 4 Abs. 1 RRL ist bestechend. Hier wie dort wird auf einen Zustand abgestellt, dem die – wenn auch noch entfernte – Gefahr einer Insolvenz immanent ist, bei dem also ohne das Ergreifen von Gegenmaßnahmen der Eintritt der materiellen Insolvenz zu befürchten ist. Die marginale Abweichung im deutschen Wortlaut, der einmal auf die „wahrscheinliche Insolvenz“, einmal auf die „Wahrscheinlichkeit einer Insolvenz“ abstellt, erweist sich dabei als bloße Übersetzungsungenauigkeit.[31] Ihr ist daher keinerlei inhaltliche Unterscheidung zu entnehmen, sodass die materiell-rechtlichen Vorgaben der Richtlinie und die international-zivilverfahrensrechtlichen Anforderungen der Verordnung insoweit deckungsgleich sind. Dass Art. 2 Abs. 2 lit. b) RRL die Definition der wahrscheinlichen Insolvenz den Mitgliedstaaten überlässt,[32]

---

[30] Ebenso *Reinhart* in: MüKo-InsO, EuInsVO Art. 1 Rn. 14; im Ergebnis auch *J. Schmidt* ZInsO 2021, 654 (655); *Skauradszun* in: BeckOK-StaRUG, § 84 Rn. 38.

[31] Vgl. dazu etwa die englische („likelihood of insolvency“), französische („probabilité d'insolvabilité“) und italienische („probabilità di insolvenza“) Sprachfassung; abweichend hingegen die spanische („insolvencia inminente“/„probabilidad de insolvencia“) und niederländische („kans op insolventie“/„risico op insolventie“) Sprachfassung.

[32] Kritisch dazu Stellungnahme der EZB zum Vorschlag für eine Restrukturierungsrichtlinie vom 07.06.2017, CON//2017/22, S. 4; vgl. dazu auch den Standpunkt des Rechtsausschusses des Europäischen Parlaments vom 21.08.2018, A8-0269/2018, S. 42 mit dem Vorschlag, die drohende Insolvenz in Art. 2 als Situation zu definieren, „in der der Schuldner nach nationalem Recht nicht zahlungsunfähig ist, doch tatsächlich und ernsthaft Gefahr

spricht dem nicht entgegen.[33] Denn auch Art. 1 Abs. 1 UAbs. 2 EuInsVO nimmt insoweit auf den Regelungsspielraum der Mitgliedstaaten Bezug, als es sich um eine international-zivilverfahrensrechtliche Norm handelt, die *per definitionem* an bestehende Verfahrensarten des nationalen Rechts anknüpft. Sowohl in der Richtlinie als auch in der Verordnung wird mit der Verwendung des Begriffs daher kein konkret definiertes Krisenstadium vorausgesetzt. Das Tatbestandmerkmal dient vielmehr der jeweiligen äußeren Begrenzung der Regelung. Insoweit ist unbestritten, dass ohne einen hinreichenden Insolvenzbezug kraft sekundärrechtlicher Vorgaben weder der Zugang zum Restrukturierungsrahmen nach der Restrukturierungsrichtlinie eröffnet sein darf,[34] noch das jeweilige Verfahren unter das Regelungsregime der EuInsVO fällt.[35] Im Hinblick sowohl auf Art. 1 Abs. 1 UAbs. 2 EuInsVO als auch auf Art. 1 Abs. 1 Nr. 1, 4 Abs. 1 RRL kommt den Umsetzungsgesetzgebern damit ein weitreichendes, der Kontrolle des EuGH nur beschränkt unterliegendes Ermessen zu. Beide Normen setzen diesem Spielraum allerdings Grenzen, die dann überschritten sind, wenn das nationale Recht eine Ausgestaltung wählt, die sich von der gängigen Definition einer sich anbahnenden Krise derart weit entfernt, dass unter keinem Gesichtspunkt mehr von einer „wahrscheinlichen Insolvenz" oder der „Wahrscheinlichkeit der Insolvenz" die Rede sein kann. Insofern kommt die weitreichende Parallelität der beiden Begrifflichkeiten nicht nur in den übrigen Sprachfassungen, sondern auch teleologisch klar zum Ausdruck. Nur die Rechtsfolge unterscheidet sich: während eine Überschreitung des Gestaltungsspielraums im Anwendungsbereich der Richtlinie einen Verstoß gegen Europarecht darstellt, bewirkt sie im Hinblick auf die Verordnung nur deren Unanwendbarkeit – und wenn das Verfahren in Anhang A aufgeführt ist, noch nicht einmal das.

Ob die jeweiligen nationalen Regelungen im Insolvenz-, Gesellschafts- oder einem eigenständigen Restrukturierungsrecht verortet sind, ist für die international-zivilverfahrensrechtliche Einordnung unter der EuInsVO ohne Belang.[36] Insoweit stellt Erwägungsgrund (16) ausdrücklich klar, dass eine systematische Stellung im mitgliedstaatlichen Gesellschaftsrecht nichts an der Anwend-

---

läuft, künftig seine Schulden bei Fälligkeit nicht mehr begleichen zu können"; kritisch auch *Paulus* in: Paulus/Dammann, European Preventive Restructuring Art. 2 Rn. 63.

[33] AA *Eckelt*, Der präventive Restrukturierungsrahmen, S. 374 f., der aus dem Fehlen einer Art. 2 Abs. 2 lit. b) RRL entsprechenden Regelungen in der EuInsVO ein eng europarechtlich-autonomes Verständnis folgert.

[34] *Eckelt*, Der präventive Restrukturierungsrahmen, S. 371; *Lange/Swierczok* BB 2019, 514 (515).

[35] Erwägungsgrund (16) S. 2 zur EuInsVO; es sei allerdings nochmals ausdrücklich auf die verbindliche Aufzählung in Anhang A zur EuInsVO hingewiesen.

[36] Ebenso in Bezug auf den neu eingeführten englischen *Restructuring Plan* nach Part 26A CA *Re Gategroup Guarantee Ltd.* 2021 [EWHC] 304 (Ch.) Rn. 120.

barkeit der EuInsVO ändert. Ausgeschlossen ist diese nur, wenn das entsprechende Verfahren inhaltlich dem allgemeinen Gesellschaftsrecht zuzuordnen ist, also keinerlei Insolvenzbezug aufweist.[37]

III. Das Erfordernis der Vermögenssicherung

Eine weitere, auch im Bezug auf die nun zu schaffenden Restrukturierungsrahmen nicht gänzlich unwesentliche Verengung des Anwendungsbereichs der EuInsVO ergibt sich aus der erforderlichen Vermögenssicherung gem. Art. 1 Abs. 1 UAbs. 1 lit. a) bis c). Während die erste Tatbestandsalternative auf klassische Insolvenzverfahren zugeschnitten ist, soll lit. b) vor allem eigenverwaltende Sanierungsverfahrensarten erfassen, die unter gerichtlicher Überwachung oder Aufsicht stattfinden. Nach lit. c), die auf spanische Initiative in den Normtext aufgenommen wurde,[38] fallen schließlich auch solche Sanierungsverfahren unter die Verordnung, die weder die Bestellung eines Verwalters und einen Insolvenzbeschlag, noch die Kontrolle durch ein Gericht zum Gegenstand haben. Voraussetzung ist allerdings, dass eine Einstellung der Zwangsvollstreckung gewährt wird, Schutzmechanismen zugunsten der Gläubigergemeinschaft vorgesehen sind und das Verfahren einem solchen nach lit. a) oder b) vorgeschalten ist. Die drei Tatbestandsalternativen der lit. a) bis c) stehen dabei – obwohl sie in ihrer Intensität doch erheblich voneinander abweichen – gleichberechtigt nebeneinander. Ausreichend, aber auch erforderlich ist demnach, dass eine der drei Arten des Vermögensschutzes erfüllt ist.[39]

1. Vermögensbeschlag und Verwalterbestellung

Art. 1 Abs. 1 UAbs. 1 lit. a) EuInsVO erfasst tradtionelle Insolvenzverfahren mit klassischem Insolvenzbeschlag. Erforderlich ist danach, dass dem Schuldner die Verfügungsmacht über die Insolvenzmasse ganz oder teilweise entzogen und ein Insolvenzverwalter bestellt wird. Art. 1 Abs. 1 UAbs. 1 lit. a) EuInsVO setzt also kumulativ einen (teilweisen) Vermögensbeschlag und die Bestellung eines Verwalters voraus. Letzterer ist in Art. 2 Nr. 5 EuInsVO legaldefiniert, wonach u. a. dann von einem Insolvenzverwalter im Sinne der Verordnung gesprochen werden kann, wenn dieser die Gesamtinteressen der Gläubiger zu vertreten (Ziff. ii), die Insolvenzmasse – auch nur teilweise – zu

---

[37] Erwägungsgrund (16) S. 2 zur EuInsVO.

[38] Proposal from the Spanish delegation on Art. 1, 2 (c) and 27, 28646/EU XXV GP, Dok. 10310/14; *Vallender* in: Vallender, EuInsVO, Art. 1 Rn. 42.

[39] Ebenso *J. Schmidt* ZInsO 2021, 654 (655); wohl auch *Eidenmüller* 92 (2018) Am. Bankr. L. J. 53 (59); aus unerfindlichen Gründen aA und damit in Widerspruch zum insoweit eindeutigen Wortlaut *Skaruadszun* in: BeckOK-StaRUG, § 84 Rn. 36 mit der Annahme, keiner der alternativen Tatbestände des Art. 1 Abs. 1 UAbs. 1 lit. a bis c EuInsVO sei erforderlich.

verwalten (Ziff. iii) oder die Geschäftstätigkeit des Schuldners zu überwachen hat (Ziff. v).

Die hier zu untersuchenden Restrukturierungsrahmen nach der Restrukturierungsrichtlinie bringen weder das eine, noch das andere notwendig mit sich.[40] Im Gegenteil scheidet ein kompletter Verlust sämtlicher Verwaltungs- und Verfügungsrechte in dem eigenverwaltend konzipierten Restrukturierungsverfahren nach Art. 5 Abs. 1 RRL bereits von vornherein aus. Möglich bleibt lediglich ein teilweiser Vermögensbeschlag, der dem Schuldner die Kontrolle über sein Unternehmen im Übrigen belässt. Und auch die Bestellung eines Verwalters, für dessen Tätigkeitsbeschreibung Art. 2 Abs. 1 Nr. 12 RRL ohnehin einen weiten Spielraum lässt, stellt die Richtlinie überwiegend ins Ermessen des Umsetzungsgesetzgebers bzw. gem. Art. 5 Abs. 3 lit. c) RRL in den Willen der Beteiligten. Nur für die besonders einschneidende Maßnahme des sog. *cross-class cram-down* ist die zwingende Bestellung gem. Art. 5 Abs. 3 lit. b) RRL europarechtlich determiniert. Welche Aufgaben und Kompetenzen dem Restrukturierungsbeauftragten in diesem Fall zukommen, überlässt die Richtlinie allerdings in weiten Teilen wiederum der Ausgestaltung auf der nationalen Ebene. Insoweit orientieren sich Art. 2 Abs. 1 Nr. 12 lit. b) und c) RRL zwar an den bereits aus Art. 2 Nr. 5 Ziff. v) und iii) EuInsVO bekannten Tätigkeitsfeldern, sodass eine Einordnung unter den Begriff des Insolvenzverwalters im Sinne der Verordnung keine Probleme bereiten dürfte.[41] Ob indes die in Art. 2 Abs. 1 Nr. 12 lit. a) RRL genannte Unterstützung der Beteiligten bei der Aushandlung und/oder Ausarbeitung eines Restrukturierungsplans ausreicht, um in der Tätigkeit des Restrukturierungsbeauftragten die Wahrnehmung der Gesamtinteressen der Gläubiger zu erblicken und ihn daher gem. Art. 2 Nr. 5 Ziff. ii) als Insolvenzverwalter zu qualifizieren, erscheint zweifelhaft.[42] In aller Regel wird es bei einem solchen Tätigkeitsprofil allerdings ohnehin an einer (auch nur marginalen) Einschränkung der schuldnerischen Verwaltungs- und Verfügungsbefugnis als zweiter Voraussetzung des Art. 1 Abs. 1 UAbs. 1 lit. a) EuInsVO fehlen.

Ob die mitgliedstaatlichen Restrukturierungsrahmen unter Art. 1 Abs. 1 UAbs. 1 lit. a) EuInsVO fallen, wird demnach ganz wesentlich davon abhängen, welchen Raum das nationale Recht dem in Art. 5 Abs. 1 RRL vorgegebenen Grundsatz der Eigenverwaltung einräumt. Angesichts der eigenverwal-

---

[40] *Dammann* in: Paulus/Dammann, European Preventive Restructuring, Art. 1 Rn. 72; *Reinhart* in: MüKo-InsO, EuInsVO Art. 1 Rn. 16.

[41] Restriktiv dagegen *Eckelt*, Der präventive Restrukturierungsrahmen, S. 250, der sich insbesondere an der zeitlich begrenzten Dauer des Amts eines Restrukturierungsbeauftragten und dem Fehlen einer Insolvenzmasse stört, damit aber letztlich der mit der Reform 2015 bezweckten Öffnung der Verordnung gerade für präventive Sanierungsverfahren jegliche Bedeutung abspricht.

[42] Im Ergebnis ebenso *Eckelt*, Der präventive Restrukturierungsrahmen, S. 250.

tungsfreundlichen Konzeption der Richtlinie ist jedoch zu erwarten, dass zahlreiche Mitgliedstaaten dieser Ausrichtung folgen und sowohl Einschränkungen der schulderischen Rechtsmacht als auch die Bestellung eines Restrukturierungsbeauftragten tendenziell eher restriktiv handhaben werden.[43]

2. Gerichtliche Kontrolle oder Aufsicht

Umso mehr Aufmerksamkeit gebührt daher der auf eigenverwaltende Verfahren zugeschnittenen Alternative des Art. 1 Abs. 1 UAbs. 1 lit. b) EuInsVO. Danach ist die Verordnung auch auf Verfahren anwendbar, im Rahmen derer das Vermögen und die Geschäfte des Schuldners der Kontrolle oder Aufsicht durch ein Gericht unterstellt werden. Diese Tatbestandsalternative wird zutreffend weit ausgelegt. Während der gerichtlichen Aufsicht wohl begrifflich eine engmaschige Prüfung der schuldnerischen Aktivitäten sowie ein – ggf. auch *ex ante* einsetzbares – Weisungsrecht immanent ist, trüge die alternativ genannte gerichtliche Kontrolle auch ein eher passives Aufgabenverständnis. Eine Kontrolle des Schuldners erfordert damit im Ausgangspunkt nicht viel mehr als die laufende oder in gewissen (Zeit-)Abschnitten vorzunehmende Ermittlung und Bewertung des schuldnerischen Geschäftsgebarens, vorausgesetzt dem Gericht stehen im Falle eines Verstoßes gegen die – vor allem gläubigerschützenden – Regelungen hinreichende Sanktionsmöglichkeiten zur Verfügung.[44] Ganz in diesem Sinne will auch Erwägungsgrund (10) S. 5 die Kontrolle i. S. d. Art. 1 Abs. 1 UAbs. 1 lit. b) EuInsVO verstanden wissen, wonach es bereits ausreichen soll, dass das Gericht ausschließlich aufgrund eines eingelegten Rechtsbehelfs eines Verfahrensbeteiligten tätig wird. Der Verordnungsgeber erachtet daher augenscheinlich nicht einmal eine Befugnis zum Einschreiten von Amts wegen für erforderlich, sondern lässt es sogar genügen, dass das Gericht nur auf Antrag tätig wird. Insgesamt ist daher festzustellen, dass an die Erfüllung der Vorgaben des Art. 1 Abs. 1 UAbs. 1 lit. b) EuInsVO keine allzu hohen Anforderungen zu stellen sind.[45] Erforderlich ist aber zumindest, dass das Gericht bei Fehlentwicklungen – wenn auch nur auf entsprechenden Antrag hin – in der Lage sein muss, einzugreifen und ggf. gewährte Restrukturierungsinstrumente zurückzunehmen oder ein (fortgesetztes) gläubigerschädliches Verhalten des Schuldners durch andere Sanktionsmechanismen zu unterbinden.

Die Restrukturierungsrichtlinie lässt dem nationalen Recht zwar vielfältig Raum für derartige Kompetenzen der staatlichen Restrukturierungsorgane,

---

[43] Skeptisch mit Blick auf die deutsche Umsetzung durch § 80 StaRUG hingegen *Paulus* ZIP 2020, 2363, mit der Befürchtung, die Bestellung eines Restrukturierungsbeauftragten durch das Restrukturierungsgericht von Amts wegen werde in Deutschland die Regel.

[44] So zu verstehen ist wohl auch *Madaus* in: K/P/B, EuInsVO Art. 1 Rn. 13, der von gerichtlicher *ex post*-Kontrolle spricht.

[45] Zum gleichen Ergebnis kommt *Justice Zacaroli* in *Re Gategroup Guarantee Ltd.* [2021] EWHC 304 (Ch.) Rn. 129.

schreibt eine *ex post* Kontrolle des Schuldners aber nicht zwingend vor.[46] So ist es den Mitgliedstaaten unbenommen, zusätzlich zu dem in Art. 10 RRL umrissenen Prüfungsumfang als weitere Bestätigungsvoraussetzung zu statuieren, dass der Schuldner seine restrukturierungsrechtlichen Pflichten nicht (gröblich) verletzt hat. Gleiches gilt für die Aussetzung der Einzelzwangsvollstreckung, deren Fortdauer das nationale Recht ebenfalls von der Einhaltung gewisser gläubigerschützender Verhaltenspflichten abhängig machen kann. Als treffliches Beispiel einer effektiven gerichtlichen Kontrolle sei etwa auf die deutsche Umsetzung verwiesen.[47] Gem. §§ 33 Abs. 2 S. 1 Nr. 3 und 59 Abs. 1 Nr. 2 Alt. 2 StaRUG kann das Restrukturierungsgericht auf (schwerwiegende) Verstöße des Schuldners gegen die gläubigerschützenden Pflichten aus § 32 StaRUG reagieren und die Restrukturierungssache aufheben. Damit entfallen nicht nur die Wirkungen einer vorausgegangenen Stabilisierungsanordnung, sondern es wird gem. § 31 Abs. 1, 4 Nr. 3 StaRUG auch der Zugang zu weiteren Restrukturierungsinstrumenten, insbesondere der Planbestätigung versperrt.

Die Richtlinie sieht allerdings auch explizit Umsetzungsoptionen vor, die einer effektiven Kontrolle des Schuldners von vornherein zuwiderlaufen. Nach Art. 6 Abs. 9 UAbs. 2 RRL etwa kann das nationale Recht vorsehen, dass die Aufhebung eines Vollstreckungsstopps präkludiert ist, wenn die Gläubiger vor der Gewährung der Vollstreckungssperre die Möglichkeit hatten, etwaige Bedenken geltend zu machen. Ebenso von der Richtlinie gedeckt wäre eine mitgliedstaatliche Regelung, wonach eine Aussetzung der Zwangsvollstreckung für einen Zeitraum von bis zu vier Monaten schlechthin nicht zurückgenommen werden kann (vgl. Art. 6 Abs. 9 UAbs. 3 RRL). Macht ein Mitgliedstaat hiervon Gebrauch,[48] so wäre keine Kontrolle durch ein Gericht gewährleistet, sondern diese im Gegensatz rechtlich geradezu unmöglich. Selbst wenn der Schuldner sich entgegen der Interessen der Gläubigergemeinschaft verhielte und gegen seine Pflichten verstieße, wären dem Gericht weitreichend die Hände gebunden.

Ob ein mitgliedstaatlicher Restrukturierungsrahmen unter die Definition des Art. 1 Abs. 1 UAbs. 1 lit. b) EuInsVO subsumiert werden kann, hängt damit maßgeblich davon ab, welche Befugnisse dem Restrukturierungsgericht im

---

[46] So zu verstehen sind wohl auch die Ausführungen bei *Reinhart* in: MüKo-InsO, EuInsVO Art. 1 Rn. 16.

[47] Die Effektivität des deutschen Modells angesichts des Informationsdefizits des Restrukturierungsrichters vor allem in teilkollektiven StaRUG-Verfahren anzweifelnd hingegen *Skauradszun* KTS 82 (2021) 1 (40 f.).

[48] Die diesbezügliche Abweichung des beschlossenen Richtlinientexts von dem ursprünglichen Kommissionsentwurf deutet darauf hin, dass einige Mitgliedstaaten an derartigen Umsetzungsoption interessiert sind.

Falle gläubigerschädlichen oder sonst pflichtwidrigen Verhaltens des Schuldners zustehen.[49] Besondere Bedeutung erlangen dabei die Gestaltungsoptionen des Art. 6 Abs. 9 UAbs. 2 und 3 RRL, die dem Schuldner durch die Garantie des Fortbestehens des Vollstreckungsstopps einen regelrechten Freifahrtschein zugestehen, ohne dass das Gericht auf Fehlentwicklungen reagieren könnte.

3. Vorgeschaltete Präventivverfahren

Damit fällt der Blick auf die dritte, erst im Rahmen der Reform 2015 neu eingeführte Alternative des Schutzschirms nach lit. c). Danach ist das Erfordernis der Vermögenssicherung erfüllt, wenn dem Schuldner zur Ermöglichung von Verhandlungen mit seinen Gläubigern eine Aussetzung der Einzelzwangsvollstreckung gewährt wird, soweit hinreichende Mechanismen zum Schutz der Gläubiger vorgesehen sind und das Verfahren einem Insolvenzverfahren im Sinne des Art. 1 Abs. 1 UAbs. 1 lit. a) oder b) EuInsVO vorgeschaltet ist. Allerdings sehen sowohl die europäischen Vorgaben als auch die deutsche Umsetzung nur eine fakultative Aussetzung der Zwangsvollstreckung vor.[50] Der Wortlaut stellt indes nicht auf die reine Möglichkeit ab, einen Vollstreckungsstopp zu erwirken, sondern erfordert diesen zwingend, damit der Anwendungsbereich der EuInsVO eröffnet ist. Ob ein Restrukturierungsrahmen diese Voraussetzung erfüllt, hängt mithin maßgeblich von der Ausgestaltung des restrukturierungsrechtlichen Vollstreckungsschutzes im nationalen Recht ab. Richtigerweise scheitert die Tatbestandsalternative der lit. c) indes bereits an anderer Stelle.[51] Denn nach Art. 7 Abs. 7 RRL ist ein Automatismus, nachdem ein erfolgloser Restrukturierungsrahmen ohne Weiteres in ein reguläres Insolvenzverfahren umgewandelt wird, gerade untersagt. Die Richtlinie schließt es damit kategorisch aus, dass ein Restrukturierungsrahmen einem klassischen Insolvenzverfahren vorgeschaltet ist, jedenfalls soweit es dort zur Liquidation kommen kann. Zwar ist *Dammann* darin zuzustimmen, dass im Falle eines Scheiterns der Restrukturierung oftmals über kurz oder lang nur noch der Gang zum Insolvenzrichter bleiben wird.[52] Er verkennt allerdings, dass es sich dabei um ein neues, eigenständiges Verfahren handelt, das durch eine erfolgreiche

---

[49] Zu undifferenziert daher *J. Schmidt* ZInsO 2021, 654 (655).

[50] Das Merkmal der Einzelzwangsvollstreckungsaussetzung dennoch für alle Restrukturierungsrahmen für erfüllt ansehend *Reinhart* in: MüKo-InsO, EuInsVO Art. 1 Rn. 17; implizit auch *J. Schmidt* ZInsO 2021, 654 (655); wohl auch *Eidenmüller* 92 (2018) Am. Bankr. L. J. 53 (59).

[51] *Bornemann* in: Graf-Schlicker, InsO, EuInsVO Art. 1 Rn. 43; *Reinhart* in: MüKo-InsO, EuInsVO Art. 1 Rn. 17; aA *Dammann* in: Paulus/Dammann, European Preventive Restructuring, Art. 1 Rn. 72 dort Fn. 105 sowie *Kindler* in: MüKo-BGB, EuInsVO Art. 1 Rn. 12 und *J. Schmidt* ZInsO 2021, 654 (655).

[52] *Dammann* in: Paulus/Dammann, European Preventive Restructuring, Art. 1 Rn. 72 dort Fn. 105.

Sanierung im vorausgegangenen Restrukturierungsrahmen zwar möglicherweise hätte vermieden werden können, mit dessen Inanspruchnahme aber in keinerlei unmittelbarer rechtlicher Beziehung steht. Ein rein rechtstatsächlicher Zusammenhang zwischen dem Scheitern des vorgeschalteten Präventivrahmens und der Einleitung eines nachfolgenden Insolvenzverfahrens reicht für die Bejahung der Tatbestandsalternative der lit. c) jedoch nicht aus.[53] Es kann damit dahinstehen, ob bereits die Richtlinie hinreichende anderweitige Mechanismen zum Schutz der Gläubigerinteressen vorsieht, oder jedenfalls einzelne mitgliedstaatliche Restrukturierungsrahmen insoweit die Anforderungen des Art. 1 Abs. 1 UAbs. 1 lit. c) EuInsVO erfüllen. Eine Subsumption eines mitgliedstaatlichen Restrukturierungsrahmens unter ebendiese Tatbestandsalternative muss *per definitionem* ausscheiden, da das Erfordernis der verfahrensrechtlich verfestigten Überleitung in ein Insolvenzverfahren mit den Richtlinienvorgaben schlechterdings unvereinbar ist.

IV. Die Öffentlichkeit des Verfahrens

Als besonders brisant im Hinblick auf die Anwendbarkeit der EuInsVO auf nationale Restrukturierungsrahmen nach der Restrukturierungsrichtlinie hat sich die ebenfalls von Art. 1 Abs. 1 UAbs. 1 EuInsVO aufgestellte Voraussetzung der Öffentlichkeit des Verfahrens erwiesen.[54] *Karsten Schmidt* prägte einst den vielzitierten Satz, die Erfolgsaussichten einer Sanierung seien umso höher, je früher, schneller und stiller sie angestrengt werde.[55] Die Praxis scheint ihm Recht zu geben, erfreuten sich in der jüngeren Vergangenheit unter den Beteiligten doch vor allem vertraulich geführte Restrukturierungen reißender Beliebtheit – allen voran das englische *Scheme of Arrangement*. Die Vertraulichkeit ist dabei nicht notwendig im Sinne einer strikten Geheimhaltung zu verstehen, sondern bildet vielmehr das Gegenstück zur Bekanntmachung des Verfahrens in öffentlichen Blättern oder Registern, wie man es von klassischen Insolvenzverfahren kennt.[56] Um in den Anwendungsbereich der EuInsVO zu fallen, muss das mitgliedstaatliche Recht eine entsprechende Bekanntmachung vorsehen. Daran anknüpfend gewährleistet sodann Art. 24 EuInsVO, dass die wesentlichen Informationen über die Eröffnung des Verfahrens und die darin verfügten Maßnahmen unionsweit über ein vernetztes Insolvenzregister abrufbar sind. Dieser Öffentlichkeitsgrundsatz soll mithin

---

[53] Ebenfalls eine verfahrensrechtlich gewährleistete Überleitung fordernd *Reinhart* in: MüKo-InsO, EuInsVO Art. 1 Rn. 10; *J. Schmidt* in: Mankowski/M. F. Müller/J. Schmidt, EuInsVO, Art. 1 Rn. 30; aA aber dann offenbar *dies.* ZInsO 2021, 654 (655); allein die Verfügbarkeit von entsprechenden Anschlussverfahren als ausreichend erachtend *Madaus* in: K/P/B, EuInsVO Art. 1 Rn. 14.

[54] Siehe dazu nur *Schlöder/Parzinger/Knebel* ZIP 2021, 1041 (1041).

[55] *K. Schmidt*, Gutachten für den 54. DJT, D 98, 133.

[56] Erwägungsgrund (12) zur EuInsVO.

dafür Sorge tragen, dass die betroffenen Gläubiger zuverlässig von der Verfahrenseröffnung Kenntnis erlangen, und zwar auch dann, wenn sich ihr Sitz und Tätigkeitsmittelpunkt im Ausland befindet – so jedenfalls die Theorie.[57] Der Öffentlichkeit ist damit eine gewisse Verbindungslinie zum Gesamtverfahrenscharakter immanent. Denn vertraulich geführte Verfahren bezwecken gerade die Vermeidung indirekter Insolvenzkosten. Diese aber können nicht nur durch klassische Insolvenzverfahren, sondern auch durch Sanierungsverfahren ausgelöst werden, wenn durch sie Unruhe und Misstrauen unter den Marktteilnehmern aufkommt. An vertraulichen Restrukturierungen werden daher oftmals nur bestimmte (Groß-)Gläubiger beteiligt, da diese über die finanzielle Lage des Schuldners ohnehin bestens informiert sind, zugleich aber mit ihrem hohen Forderungsvolumen auch alleine eine Sanierung bewirken können.

Die Richtlinie statuiert weder eine Veröffentlichungspflicht, noch schließt sie eine solche aus.[58] Es bleibt damit den Mitgliedstaaten überlassen, die nationalen Restrukturierungsrahmen als öffentlich bekanntzumachende oder vertrauliche Verfahren auszugestalten. Eine Andeutung enthält lediglich Art. 6 Abs. 3 UAbs. 2 RRL, wonach die von einer beschränkt wirkenden Einzelzwangsvollstreckungsaussetzung betroffenen Gläubiger hiervon in Kenntnis zu setzen sind. Man kann die Richtlinie hier durchaus so verstehen, dass in diesem Falle eine individuelle Zustellung an die von der Maßnahme erfassten Gläubiger notwendig ist, ggf. zusätzlich zu einer öffentlichen Bekanntmachung.[59] Es liegt daher der Umkehrschluss nahe, dass im Übrigen eine öffentliche Bekanntmachung, etwa im internetbasierten Insolvenzregister ausreicht; eine entsprechende Pflicht zur Veröffentlichung ergibt sich aber an keiner Stelle. Im Gegenteil bringt Erwägungsgrund (13) S. 2 klar zum Ausdruck, dass es den Mitgliedstaaten vorbehalten bleiben soll, eine öffentliche Bekanntmachung vorzusehen oder darauf zu verzichten. Dort heißt es insoweit wörtlich, die Mitgliedstaaten dürften „Verfahren beibehalten oder einführen [...], die nicht die Bedingungen der öffentlichen Bekanntmachung für die Mitteilung nach Anhang A [...] erfüllen". Die ausdrückliche Bezugnahme gerade auf die Voraussetzung der Öffentlichkeit verdeutlicht damit zweierlei. Einerseits war sich der Richtliniengeber offensichtlich darüber im Klaren, dass die Richtlinie die Einführung vertraulicher Verfahren ohne Weiteres zulässt. Andererseits kann die explizite Erwähnung aber auch als Zeichen für ein entsprechendes

---

[57] Erwägungsgründe (12) und (13) S. 1 zur EuInsVO.

[58] *Reinhart* in: MüKo-InsO, EuInsVO Art. 1 Rn. 13.

[59] Auch der deutsche Gesetzgeber sah eine individuelle Zustellung offenbar als erforderlich an, um die – europarechtlich gebotene – Inkenntnissetzung der betroffenen Gläubiger von der Stabilisierungsanordnung sicherzustellen, so sich diese nicht gegen alle Gläubiger (gestaltbarer Forderungen) richtet, vgl. dazu § 51 Abs. 4 StaRUG sowie die RegBegr BT-Drucks. 19/24181, S. 156.

Bewusstsein dafür interpretiert werden, dass angesichts des praktischen Bedürfnisses nach einer stillen Sanierung längst nicht alle Verfahren eine öffentliche Bekanntmachung vorsehen werden.

Mit dieser Einschätzung sollte der Richtliniengeber Recht behalten. So hat sich der deutsche Umsetzungsgesetzgeber – ebenso wie unsere niederländischen und österreichischen Nachbarn – dazu entschlossen, die Restrukturierungsrichtlinie durch ein Verfahren mit fakultativer öffentlicher Bekanntmachung umzusetzen. Gem. § 84 Abs. 1 S. 1 StaRUG steht es dem Schuldner offen, eine öffentliche Restrukturierungssache zu beantragen, was die entsprechenden Eintragungen in das Insolvenzregister[60] und die Prüfung und Begründung der internationalen Zuständigkeit des angerufenen Gerichts anhand von Art. 3, 4 Abs. 1 EuInsVO im Rahmen seiner ersten Entscheidung zur Folge hat.[61] Es besteht also ein Wahlrecht des Schuldners.[62] Der deutsche Gesetzgeber geht allerdings – angesichts des praktischen Bedürfnisses an vertraulich geführten Sanierungsverhandlungen wohl zutreffend – davon aus, dass die große Mehrheit der Restrukturierungssachen in nicht-öffentlichen Verfahren abgewickelt wird.[63] Aus den genannten Gründen ist daher zu erwarten, dass die Entscheidung zwischen vertraulichen und öffentlichen Verfahrensformen stets auch davon abhängen wird, ob das Sanierungsvorhaben die Mitwirkung einer breiten Masse an Gläubigern erfordert oder sich auf einen verhältnismäßig kleinen Kreis der wichtigsten Gläubiger beschränkt.

V. Ausblick auf die Änderung des Anhang A zur EuInsVO

Wie bereits eingangs festgestellt wurde, tendiert die praktische Bedeutung der in Art. 1 UAbs. 1 und 2 EuInsVO enthaltenen Definition – jedenfalls für die Absteckung des sachlichen Anwendungsbereichs der EuInsVO[64] – gen Null. Die in Art. 1 Abs. 1 UAbs. 3 und Art. 2 Nr. 4 EuInsVO zum Ausdruck kommende Katalogisierungslösung bringt es mit sich, dass der Geltungsbereich der Verordnung nicht anhand der detailreich ausdifferenzierten Umschreibung tauglicher Insolvenz- und Restrukturierungsverfahren in Art. 1 Abs. 1 UAbs. 1 und 2 EuInsVO zu ermitteln ist, sondern unter Zuhilfenahme der abschließenden Aufzählung in Anhang A.[65] Der künftige Anwendungsbereich der EuInsVO im Hinblick auf die nationalen Restrukturierungsrahmen wird sich

---

[60] Gem. Art. 7 SanInsFoG wurde die bereits existierende Verordnung zu öffentlichen Bekanntmachungen in Insolvenzverfahren im Internet entsprechend geändert.

[61] Vgl. § 84 Abs. 2 Nr. 1 StaRUG; anwendbar sind außerdem die entsprechenden Ausführungsvorschriften des Art. 102c EGInsO.

[62] *J. Schmidt* ZInsO 2021, 654 (655); *Skauradszun* NZI 2021, 568 (568 f.).

[63] RegE BT-Drucks. 19/24181, S. 179.

[64] Zur Relevanz im Hinblick auf den Anwendungsbereich der Brüssel-Ia-VO vgl. sogleich § 9, II. (S. 136 ff., insb. S. 152 ff.).

[65] Vgl. Erwägungsgrund (9) S. 2 bis 4 zur EuInsVO.

daher weniger danach richten, wie die Mitgliedstaaten die Richtlinie innerstaatlich umgesetzt haben, sondern vor allem das Ergebnis politischer Kompromisse bei der Änderung der Anhänge sein.[66] Die hier vorgenommene Einordnung der Richtlinienvorgaben unter Art. 1 EuInsVO versteht sich daher zuvörderst als Mahnung in Richtung der europäischen Entscheidungsträger, sich bei der Aufnahme neuer Verfahren maßgeblich am selbstgesteckten Anwendungsbereich zu orientieren. Hinzuweisen ist dabei insbesondere darauf, dass sich nicht nur aus dem – in Erwägungsgrund (13) zur RRL angesprochenen – Öffentlichkeitserfordernis Einschränkungen des Anwendungsbereichs der Verordnung erheben können. Anwendungslücken sind vielmehr ebenso im Bereich der erforderlichen Vermögenssicherung im Sinne der lit. a) bis c) möglich, insbesondere wenn Mitgliedstaaten auf Sanktionierungsmechanismen verzichten und dem Schuldner bestimmte Maßnahmen (für eine bestimmte Zeit) vorbehaltlos zusichern. Dies gilt es bei der (weiteren[67]) Anpassung des Anhang A zu beachten und entsprechenden Verfahren im Interesse einer in sich kohärenten Regelung eine Aufnahme in den Annex zu verweigern. Gleichwohl dürfte das Öffentlichkeitskriterium die bei Weitem gewichtigste Einschränkung des Geltungsbereichs der EuInsVO für Restrukturierungsrahmen nach der Restrukturierungsrichtlinie bedingen.[68] Sie soll daher auch bei der weiteren

---

[66] *Eckelt*, Der präventive Restrukturierungsrahmen, S. 83 f. könnte man damit entgegenhalten, dass die Rechtssetzung nicht nur aus den zwei Ebenen der Richtlinienannahme und der Umsetzung in nationales Recht besteht, sondern mit der Aufnahme der nationalen Restrukturierungsrahmen in die EuInsVO noch eine dritte Ebene hinzutritt.

[67] Mittlerweile hat der europäische Gesetzgeber Fakten geschaffen und durch die Verordnung (EU) 2021/2260 des Europäischen Parlaments und des Rates vom 15.12.2021 zur Änderung der Verordnung (EU) 2015/848 über Insolvenzverfahren im Hinblick auf die Ersetzung der Anhänge A und B (ABl. vom 20.12.2021, L 455, S. 4) Restrukturierungsverfahren aus den Mitgliedstaaten Deutschland, Italien, Litauen, Österreich, Polen, Ungarn und Zypern in den Anhang A aufgenommen; Irland hatte sich gem. Art. 1, 2 und 4a Absatz 1 des dem Vertrag über die Europäische Union und dem Vertrag über die Arbeitsweise der Europäischen Union beigefügten Protokolls Nr. 21 über die Position des Vereinigten Königreichs und Irlands hinsichtlich des Raums der Freiheit, der Sicherheit und des Rechts ursprünglich nicht angeschlossen (vgl. Erwägungsgrund (3) zur VO (EU) 2021/2260), ist mittlerweile aber aufgrund einer entsprechenden Mitteilung vom 31.05.2022 und der Bestätigung durch die Kommission vom 30.08.2022 nunmehr ebenfalls an die geänderten Anhänge gebunden, vgl. dazu den Beschluss (EU) 2022/1437 der Kommission vom 30.08.2022 zur Bestätigung der Beteiligung Irlands an der Verordnung (EU) 2021/2260 des Europäischen Parlaments und des Rates zur Änderung der Verordnung (EU) 2015/848 über Insolvenzverfahren im Hinblick auf die Ersetzung der Anhänge A und B, ABl. vom 31.08.2022, L 225, S. 3.

[68] *Schlöder/Parzinger/Knebel* ZIP 2021, 1041 (1043) hingegen schlagen vor, auch nichtöffentliche Restrukturierungsrahmen in Anhang A mit aufzunehmen, was dem Unionsgesetzgeber natürlich freistünde, im Interesse der inneren Kohärenz allerdings allenfalls gemeinsam mit einer Abänderung des Art. 1 Abs. 1 UAbs. 1 EuInsVO erfolgen sollte.

Betrachtung und der Untersuchung alternativer international-rechtlicher Regelungsrahmen zur Ausgestaltung grenzüberschreitender Restrukturierungen im Fokus stehen.

§ 9 Die internationale Restrukturierung als Regelungsgegenstand der Brüssel-Ia-VO

Für Restrukturierungsrahmen, auf die die EuInsVO mangels Auflistung in Anhang A nicht anwendbar ist, rückt vor allem die Brüssel-Ia-VO in den Fokus. Entsprechend dem ihr zugrunde liegenden Kompetenztitel in Art. 81 Abs. 1, 2 lit. a) und c) Var. 2 AEUV regelt sie die internationale Zuständigkeit und Entscheidungsanerkennung in Zivil- und Handelssachen und erfasst damit gleich zwei wesentliche Aspekte einer internationalen Restrukturierung. Art. 1 Abs. 2 Brüssel-Ia-VO nimmt allerdings einige Rechtsbereiche ausdrücklich vom Anwendungsbereich der Verordnung aus, darunter auch die in lit. b) genannten Konkurse, Vergleiche und ähnlichen Verfahren. Mitunter deshalb ist die Anwendbarkeit der Brüssel-Ia-VO auf vorinsolvenzliche Sanierungsverfahren in der Vergangenheit bisweilen grundlegend in Frage gestellt worden. Im Folgenden gilt es daher, die vorgebrachten Gegenargumente zu würdigen und kritisch zu hinterfragen, wobei sich zeigen wird, dass die Brüssel-Ia-VO im Ausgangspunkt durchaus auf Restrukturierungsrahmen nach der Restrukturierungsrichtlinie Anwendung finden kann, wenn eine Heranziehung der EuInsVO scheitert. Es soll daher herausgearbeitet werden, dass es sich – erstens – bei den Restrukturierungsrahmen um eine Zivilsache handelt, dass – zweitens – die Bereichsausnahme für Konkurse, Vergleiche und ähnliche Verfahren nicht betroffen wird und sich – drittens – auch aus den sonstigen Regelungen keine Einschränkung der Anwendbarkeit der Verordnung auf gerichtliche Restrukturierungsverfahren nach der Restrukturierungsrichtlinie ergeben.[1]

I. Zivil- und Handelssache

Art. 1 Abs. 1 Brüssel-Ia-VO eröffnet den Anwendungsbereich der Verordnung für sämtliche Zivil- und Handelssachen, ungeachtet des Rechtswegs, dem ein

[1] Ebenfalls die Anwendbarkeit der Brüssel-Ia-VO befürwortend *J. Schmidt* ZInsO 2021, 654 (657); *Skauradszun* in: K/P/B, EuInsVO Art. 32 Rn. 11; *ders.* ZIP 2019, 1501 (1503); *ders.* in: BeckOK-StaRUG, § 84 Rn. 62; *Skauradszun/Nijnens* ICR 2019, 193 (196 ff.); *dies.* 7 (2019) NIBLeJ 1 (13 f.); ablehnend hingegen *Thole* ZIP 2021, 2153 (2154); zweifelnd bereits *ders.* in: Brünkmans/Thole, Handbuch Insolvenzplan, § 40 Rn. 73; auch *Westpfahl/Dittmar* NZI-Beil. 2021, 46 (46 f.) und *Hoegen/Kranz* NZI 2021, 105 (109); die Geltung der Brüssel-Ia-VO nur für die Bestätigung eines Restrukturierungsplans, nicht aber für andere Restrukturierungsmaßnahmen annehmend *Freitag* ZIP 2019, 541 (548).

bestimmter Rechtsstreit nach der mitgliedstaatlichen Gerichtsorganisation zugewiesen ist. Die Norm geht damit von einem weiten Geltungsbereich der Verordnung aus,[2] den es durch eine einheitliche, europarechtlich-autonome Auslegung zu ermitteln gilt.[3] Bei der Konkretisierung des Begriffs „Zivilsache" als Eingangsvoraussetzung des harmonisierten europäischen IZVR[4] sind daher, um es mit den Worten des EuGH auszudrücken, maßgeblich „die Zielsetzungen und die Systematik der Verordnung sowie die allgemeinen Rechtsgrundsätze, die sich aus der Gesamtheit der innerstaatlichen Rechtsordnungen ergeben", zu berücksichtigen.[5] Der ausdrücklichen Erstreckung auf Handelssachen

---

[2] Erwägungsgrund (10) zur Brüssel-Ia-VO; vgl. dazu etwa *Hess*, Europäisches Zivilprozessrecht, Rn. 6.5; *Nagel/Gottwald*, IZPR, Rn. 3.28; *Schulze* in: Wieczorek/Schütze, ZPO, Brüssel-Ia-VO Art. 1 Rn. 19; *Wagner* in: Stein/Jonas, EuGVVO Art. 1 Rn. 2; vgl. auch EuGH, Urteil vom 10.09.2009, Rs. C-292/08, *German Graphics*, Slg. 2009, I-8424 Rn. 23 = NZI 2009, 741; EuGH Urteil vom 28.02.2019, Rs. C-579/17, *BUAK Abfertigungskasse*, IPRax 2021, 77 Rn. 47.

[3] EuGH, Urteil vom 14.10.1976, Rs. 29/76, *LTU*, Slg. 1976, 1541 Rn. 3 = NJW 1977, 489; Urteil vom 22.02.1979, Rs. 133/78, *Gourdain/Nadler*, Slg. 1979, 733 Rn. 3 = RIW 1979, 273; Urteil vom 16.12.1980, Rs. 814/79, *Rüffer*, Slg. 1980, 3807 Rn. 7 = IPRax 1981, 154; Urteil vom 21.04.1993, Rs. C-172/91, *Sonntag*, Slg. 1993, I-1963 Rn. 18 = NJW 1993, 2091; Urteil vom 14.11.2002, Rs. C-271/00, *Baten*, Slg. 2002, I-10489 Rn. 28 = EuZW 2003, 30; Urteil vom 15.05.2003, Rs. C-266/01, *Préservatrice foncière TIARD*, Slg. 2003, I-4867 Rn. 20 = IPRax 2003, 528; Urteil vom 15.02.2007, Rs. C-292/05, *Eirini Lechouritou*, Slg. 2007, I-1519 Rn. 29 = EuZW 2007, 252; Urteil vom 09.03.2017, Rs. C-551/15, *Pula Parking*, EuZW 2017, 686 Rn. 33; Urteil vom 07.05.2020, Rs. C-641/18, *Tribunale di Genova*, EuZW 2020, 898 Rn. 30; vgl. dazu nur *Schulze* in: Wieczorek/Schütze, ZPO, Brüssel-Ia-VO Art. 1 Rn. 18; *Stadler* in: Musielak/Voit, ZPO, EuGVVO Art. 1 Rn. 1 sowie mit umfangreichen weiteren Literaturnachweisen *Gottwld* in: MüKo-ZPO, Brüssel-Ia-VO Art. 1 Rn. 1; ebenso und daher kritisch gegenüber neueren Judikaten *Kohler* IPRax 2015, 52 (53 ff.), der in EuGH, Urteil vom 11.04.2013, Rs. C-645/11, *Sapir*, IPRax 2014, 167 und Urteil vom 12.09.2013, Rs. C-49/12, *Sunico*, EuZW 2013, 828 eine Tendenz zur alleinigen Orientierung an der mitgliedstaatlichen Zuordnung des Rechtsstreits zu bestimmten Gerichtszweigen bzw. Rechtsgebieten erkennen will.

[4] Vgl. die Parallele in Art. 2 Abs. 1 EuVTVO, Art. 2 Abs. 1 EuMahnVO, Art. 2 Abs. 1 EuGFVO sowie Art. 2 Abs. 1 EuBvKpfVO; für – zumindest mittelbare – Zwischenwirkungen hinsichtlich der jeweiligen Auslegung der Anwendungsbereiche *Kohler* IPRax 2015, 52 (52 f.).

[5] EuGH, Urteil vom 14.10.1976, Rs. 29/76, *LTU*, Slg. 1976, 1541 Rn. 3 = NJW 1977, 489; ähnlich Urteil vom 22.02.1979, 133/78, *Gourdain/Nadler*, Slg. 1979, 733 Rn. 3 = RIW 1979, 273; Urteil vom 16.12.1980, Rs. 814/79, *Rüffer*, Slg. 1980, 3807 Rn. 7 = = IPRax 1981, 154; Urteil vom 21.04.1993, Rs. C-172/91, *Sonntag*, Slg. 1993, I-1963 Rn. 18 = NJW 1993, 2091; Urteil vom 14.11.2002, Rs. C-271/00, *Baten*, Slg. 2002, I-10489 Rn. 28 = EuZW 2003, 30; Urteil vom 15.05.2003, Rs. C-266/01, *Préservatrice foncière TIARD*, Slg. 2003, I-4867 Rn. 20 = IPRax 2003, 528; Urteil vom 15.02.2007, Rs. C-292/05, *Eirini Lechouritou*, Slg. 2007, I-1519 Rn. 29 = EuZW 2007, 252; Urteil vom 09.03.2017, Rs. C-551/15, *Pula Parking*, EuZW 2017, 686 Rn. 33; Urteil vom 07.05.2020, Rs. C-641/18, *Tribunale di Genova*, EuZW 2020, 898 Rn. 30.

dürfte dabei nicht nur nach deutschem, sondern gleichfalls nach autonom-europäischem Verständnis keine eigenständige Bedeutung zukommen.[6] Es handelt sich insoweit wohl um ein Relikt der vormaligen Fassung des Kompetenztitels, der in Art. 65 EGV ebenfalls noch von „Zivil- und Handelssachen" sprach, durch die reformbedingte Verkürzung auf „Zivilsachen" allerdings keinerlei Einschränkungen erfahren sollte.[7] Öffentlich-rechtliche Streitigkeiten fallen dagegen nicht unter den Begriff der Zivilsachen; sie bilden vielmehr deren Gegenstück, von denen sie gerade abzugrenzen sind.[8] Art. 1 Abs. 1 S. 2 Brüssel-Ia-VO enthält insofern eine beispielhafte Aufzählung öffentlich-rechtlicher und somit nicht von der Verordnung erfasster Bereiche. An Kontur gewinnen die beiden Begriffe dadurch allerdings kaum.[9] Wie auch im nationalen Recht kann die Abgrenzung von Privat- und öffentlichem Recht in Randbereichen schwer fallen,[10] zumal die Trennlinie aus mitgliedstaatlich-rechtsvergleichender Perspektive durchaus unterschiedlich gezogen wird; teilweise ist eine entsprechende Differenzierung gar gänzlich unbekannt.[11]

1. Der Restrukturierungsrahmen als Zivilsache

Im Kontext des englischen *Scheme of Arrangement* wurde mitunter vertreten, dass es sich bei der Bestätigung eines Sanierungsplans nicht um eine zivilrechtliche Entscheidung handele, sondern um eine solche des öffentlichen Rechts.[12] Das Gericht verfolge bei der Bestätigung von Sanierungsvergleichen im Wesentlichen öffentlich-rechtliche Zwecke, indem im Wege einer präventiven Kontrolle die gesetzlichen Grenzen privatrechtlicher Gestaltung gewährleistet

---

[6] *Arnold* ZEuP 2012, 315 (317); *Antomo* in: BeckOK-ZPO, Brüssel-Ia-VO Art. 1 Rn. 39; *Kropholler/v. Hein*, EuZPR, EuGVO Art. 1 Rn. 1; *Mankowski* in: Rauscher, EuZPR-EuIPR, EuGVVO Art. 1 Rn. 1; *Schulze* in: Wieczorek/Schütze, ZPO, Brüssel-Ia-VO Art. 1 Rn. 19; *Wagner* in: Stein/Jonas, EuGVVO Art. 1 Rn. 10.

[7] *Leible* in: Streinz, EUV/AEUV, AEUV Art. 81 Rn. 10; *Wagner* RabelsZ 79 (2015) 521 (532); im Ergebnis ebenso *Rossi* in Calliess/Ruffert, EUV/AEUV, AEUV Art. 81 Rn. 10.

[8] *Gottwald* in: MüKo-ZPO, Brüssel-Ia-VO Art. 1 Rn. 5.

[9] *Rauscher*, IPR und IZVR, Rn. 1746; *Kropholler/v. Hein*, EuZPR, EuGVO Art. 1 Rn. 2.

[10] Diese Einschätzung teilt selbst der EuGH, Urteil vom 11.06.2015, Rs. C-226/13 et. al., *Fahnenbrock*, EuZW 2015, 633 Rn. 42.

[11] *Antomo* in: BeckOK-ZPO, Brüssel-Ia-VO Art. 1 Rn. 44; *Kohler* IPRax 2015, 52 (54); *Kropholler/v. Hein*, EuZPR, EuGVO Art. 1 Rn. 4; *Schlosser* in: Schlosser/Hess, EuZPR, EuGVVO Art. 1 Rn. 3; *Wagner* in: Stein/Jonas, EuGVVO Art. 1 Rn. 1; siehe auch bereits *Schlosser*, Bericht zum EuGVÜ, Rn. 23 f.

[12] *Lüke/Scherz* ZIP 2012, 1101 (1108); zudem will *Burger* in: FS Elsing, 771 (781) ähnliche Tendenzen bei *Bormann* NZI 2011, 892 (896) ausgemacht haben, was allerdings nicht vollends nachvollviehbar erscheint; aA für eine Einordnung als Zivil- und Handelssache etwa *Carli/Weissinger* DB 2014, 1474 (1476); *Garcimartín* IILR 2011, 321 (328); *Husfeldt*, Das UK Solvent Scheme of Arrangement als Sanierungsinstrument für deutsche Gesellschaften, S. 103; *Swierczok*, Das englische Scheme of Arrangement und seine Rezeption in Deutschland, S. 176; *Thole* ZGR 42 (2013) 109 (121).

würden.[13] Hinter dem Erfordernis einer gerichtlichen Planbestätigung stünden letztlich allgemeine rechtsstaatliche Interessen. Zum Schutze der betroffenen Gläubiger solle insbesondere einer Missachtung der Verfahrensregelungen und der Überschreitung der inhaltlichen Grenzen der Sanierungsinstrumente vorgebeugt werden.[14] Führte man diese Ansicht konsequent fort, so müsste man wohl auch die Restrukturierungsrahmen nach der Restrukturierungsrichtlinie, jedenfalls aber die Planbestätigung nach Art. 10 Abs. 1, 11 Abs. 1 RRL vom Anwendungsbereich der Brüssel-Ia-VO ausnehmen. Zwar lässt die Richtlinie auch Restrukturierungspläne zu, die ohne gerichtliche Bestätigung wirksam werden. Dies gilt allerdings nur, wenn ausschließlich zustimmende Parteien durch den Plan gebunden werden, keine neue Finanzierung vorgesehen ist und kein erheblicher Arbeitsplatzverlust droht. Folglich sieht die Richtlinie eine gerichtliche Bestätigung zum einen für Fälle vor, welche erhebliche Auswirkungen auf den Arbeitsmarkt haben können und damit naturgemäß einen gewichtigen öffentlichen Belang betreffen. Hinsichtlich der anderen beiden Alternativen erklärt sich das Erfordernis einer gerichtlichen Bestätigung hingegen aus den möglicherweise gravierenden Folgen für aktuelle und künftige Gläubiger, indem die Wirkungen auf nicht zustimmende Gläubiger erstreckt werden oder Finanzierungen im späteren Insolvenzfall gewisse Privilegien genießen. Damit sind die in der Richtlinie vorgesehenen zwingenden Bestätigungserfordernisse zweifelsohne auf eine besondere Schutzwürdigkeit von Allgemein-, aber auch bestimmten Individualinteressen zurückzuführen.

Daraus kann allerdings nicht abgeleitet werden, dass es sich bei Sanierungsverfahren um öffentlich-rechtliche Streitigkeiten handele, die außerhalb des sachlichen Anwendungsbereichs der Brüssel-Ia-VO stünden.[15] Denn die Überwindung der Interessentheorie[16] hin zu einer fortschrittlicheren Ausdifferenzierung der Abgrenzungskriterien beruht auf der zutreffenden Erkenntnis, dass Privatrecht sehr wohl öffentlichen Zwecken dienen kann.[17] Die Beispiele dafür sind vielfältig und reichen von der zivilrechtlichen Negierung gesetzlich verbotener Rechtsgeschäfte[18] über Verbandsklagen zum Schutz der Allgemeinheit

---

[13] *Lüke/Scherz* ZIP 2012, 1101 (1108).

[14] *Lüke/Scherz* ZIP 2012, 1101 (1108 f.).

[15] So aber – jedenfalls in Bezug auf die Entscheidungsanerkennung eines englischen *Scheme of Arrangements* – *Lüke/Scherz* ZIP 2012, 1101 (1108 f.).

[16] Diese, dem römischen Juristen *Ulpian* zugeschriebene Abgrenzungsformel setzte im Wesentlichen (überwiegendes) öffentliches Interesse mit öffentlichem Recht und (überwiegendes) privates Interesse mit Privatrecht gleich; vgl. dazu sowie zu den Unzulänglichkeiten der Theorie nur *Ipsen*, Allgemeines Verwaltungsrecht, Rn. 16 ff. m. w. N.

[17] Zutreffend *Dutta* ZZPInt 11 (2006) 208 (212); der Interessentheorie hingegen eine richtungsweisende Bedeutung zuschreibend *Schulze* in: Wieczorek/Schütze, ZPO, Brüssel-Ia-VO Art. 1 Rn. 28; *Roth* IPRax 2018, 41 (42).

[18] Dieses Beispiel ebenfalls anführend *Swierczok*, Das englische Scheme of Arrangement und seine Rezeption in Deutschland, S. 176 sowie *Thole* ZGR 42 (2013) 109 (129).

vor missbräuchlichen Vertragsklauseln[19] bis hin zur Wiederherstellung des – volkswirtschaftlich erstrebenswerten – fairen Wettbewerbs durch die schadensersatzrechtliche Kompensation von Kartellverstößen.[20] In all diesen Fällen üben die Gerichte Hoheitsgewalt aus, wenn sie Rechtssätze auf den ihnen zugetragenen Sachverhalt anwenden und schließlich ein für die Parteien verbindliches, ggf. auch erzwingbares Urteil sprechen. Die Abgrenzung zwischen öffentlichem Recht und Privatrecht hat damit nichts zu tun.[21] Im Übrigen sei bemerkt, dass auch jenseits der konkret in Rede stehenden Rechtsmaterie zivilrechtliche Rechtsstreitigkeiten stets öffentlichen Belangen dienen, verfolgt doch bereits bestimmungsgemäß jedes Gerichtsverfahren – zumindest auch – öffentliche Zwecke, und sei es nur die Garantie eines fairen Verfahrens und die Erfüllung des mit dem staatlichen Gewaltmonopol korrespondierenden Justizgewähranspruchs.[22] Der Verweis auf die Kontrollfunktion eines Gerichts zur Einhaltung allgemeinwohlorientierter gesetzlicher Grenzen im Rahmen eines Sanierungsverfahrens ist daher unbrauchbar. Dass eine Partei (mitunter) im Allgemeininteresse tätig wird oder das Verfahren insgesamt auch Gemeinwohlinteressen dient, schließt eine zivilrechtliche Einordnung demnach keineswegs aus.[23]

Der EuGH richtet die Abgrenzung zwischen Zivilsache und öffentlich-rechtlicher Streitigkeit an dem zentralen Merkmal der Ausübung hoheitlicher Befugnisse aus.[24] Es ist mithin danach zu fragen, ob der Rechtsstreit gerade

---

[19] Zur Anwendbarkeit des EuGVÜ auf Klagen nach dem UKlG EuGH, Urteil vom 01.10.2002, Rs. C-167/00, *Henkel*, Slg. 2002, I-8111 Rn. 30 = NJW 2002, 3617.

[20] Zur Anwendbarkeit der Brüssel-Ia-VO auf Schadensersatzforderungen in Folge von Wettbewerbsverstößen, EuGH, Urteil vom 23.10.2014, Rs. C-302/13, *flyLAL*, GRUR Int. 2014, 1172 Rn. 29; Urteil vom 29.7.2019, C-451/18, *DAF Trucks*, EuZW 2019, 792, Rn. 24; ebenso BayObLG, Beschluss vom 30.04.2019 – 1 AR 30/19, BeckRS 2019, 7913 Rn. 12; in Abgrenzung dazu sind Geldbußen und Erstattungsansprüche im Zusammenhang mit der behördlichen Ahndung von Wettbewerbsverstößen öffentlich-rechtlich zu qualifizieren, vgl. *Schulze* in: Wieczorek/Schütze, ZPO, Brüssel-Ia-VO Art. 1 Rn. 30; EuGH, Urteil vom 28.07.2016, Rs. C-102/15, *Gazdasági Versenyhivatal*, EuZW 2016, 782 Rn. 34.

[21] Treffend *Thole* ZGR 42 (2013) 109 (129); zust. *Swierczok*, Das englische Scheme of Arrangement und seine Rezeption in Deutschland, S. 176.

[22] *Burger* in: FS Elsing, 771 (782).

[23] *Dutta* ZZPInt 11 (2006) 208 (212).

[24] Besonders instruktiv etwa EuGH, Urteil vom 14.11.2002, Rs. C-271/00, *Baten* Slg. 2002, I-10508 Rn. 31 ff. = EuZW 2003, 30; siehe auch Urteil vom 16.12.1980, Rs. 814/79, *Rüffer*, Slg. 1980, 3807 Rn. 8 = IPRax 1981, 154; Urteil vom 21.04.1993, Rs. C-172/91, *Sonntag*, Slg. 1993, I-1963 Rn. 12 = NJW 1993, 2091; Urteil vom 15.05.2003, Rs. C-266/01, *Préservatrice foncière TIARD*, Slg. 2003, I-4867 Rn. 22 = IPRax 2003, 528; Urteil vom 15.02.2007, Rs. C-292/05, *Eirini Lechouritou*, Slg. 2007, I-1519 Rn. 31 = EuZW 2007, 252; Urteil vom 28.04.2009, Rs. C-420/07, *Apostolides*, Slg. 2009, I-3571 Rn. 43 ff. = BeckRS 2009, 70441; Urteil vom 19.07.2012, Rs. C-154/11, *Mahamdia*, BeckRS 2012, 81474 Rn. 56; Urteil vom 11.04.2013, Rs. C-645/11, *Sapir*, NJW 2013, 1661 Rn. 33 ff.; Urteil vom 12.09.2013, Rs. C-49/12, *Sunico*, EuZW 2013, 828 Rn. 34 ff.; Urteil vom 23.10.2014, Rs.

solche Rechtspositionen zum Gegenstand hat, die eine Ausübung hoheitlicher Befugnisse darstellen oder ihr entspringen.[25] Teilweise wurde daraus gar abgeleitet, es müsse stets eine Zivilsache vorliegen, wenn an dem Rechtsstreit keine Behörde beteiligt ist, sondern es sich um ein Verfahren zwischen Privatpersonen handelt.[26] Ob diese Aussage in ihrer Allgemeinheit tatsächlich Geltung beanspruchen kann, darf wohl – man denke nur an die Fallgruppe der Beliehenen[27] – bezweifelt werden.[28] Immerhin betont der EuGH regelmäßig die besondere Bedeutung nicht nur des Gegenstands des Rechtsstreits, sondern auch der zugrundeliegenden Rechtsbeziehung samt seiner materiell-rechtlichen Grundlage,[29] und zwar selbst dann, wenn an dem konkreten Rechtsstreit ausschließlich Privatpersonen beteiligt sind.[30] Maßgeblich ist dabei in erster Linie,

---

C-302/13, *flyLAL*, EuZW 2015, 76 Rn. 30 ff.; Urteil vom 07.05.2020, Rs. C-641/18, *Rina*, EuZW 2020, 898 Rn. 33 ff.; wegweisend auch Urteil vom 03.09.2020, Rs. C-186/19, *Supreme Headquarters Allied Powers Europe*, BeckRS 2020, 21406 Rn. 55 ff., insb. Rn. 57, wonach „[d]ie Wahrnehmung von Hoheitsrechten durch eine der Parteien des Rechtsstreits [...] einen solchen Rechtsstreit nämlich von den ‚Zivil- und Handelssachen' [ausschließt]".

[25] *Schulze* in: Wieczorek/Schütze, ZPO, Art. 1 Brüssel-Ia-VO, Rn. 29.

[26] So ausdrücklich *Antomo* in: BeckOK-ZPO, Brüssel-Ia-VO Art. 1 Rn. 48; *Mankowski* in: Rauscher, EuZPR-EuIPR, EuGVVO Art. 1 Rn. 37; *Schlosser* in: Schlosser/Hess, EuZPR, EuGVVO Art. 1 Rn. 10; in diese Richtung auch *Rauscher*, IPR und IZVR, Rn. 1747; wohl tatsächlich in diesem Sinne zu verstehen EuGH, Urteil vom 01.10.2002, Rs. C-167/00, *Henkel*, Slg. 2002, I-8111 Rn. 26 = NJW 2002, 3617.

[27] Bezüglich eines (deutschen) Notars unter Verweis auf die Titulierungsmöglichkeit gem. § 155 KostO a. F., nunmehr §89 GNotKG, für eine Einordnung als öffentlich-rechtliche Streitigkeit plädierenden *Kropholler/v. Hein*, EuZPR, EuGVO Art. 1 Rn. 7 und *Wagner* in: Stein/Jonas, Art. 1 EuGVVO Rn. 21; im Ergebnis ebenso *Schlosser* in: Schlosser/Hess, EuZPR, EuGVVO Art. 1 Rn. 12; ähnlich, die Qualifizierung von Streitigkeiten unter der Beteiligung Beliehener von der Möglichkeit einer Selbsttitulierung abhängig machend Hoge Raad NIPR 2001, 344 f.

[28] So auch *Schulze* in: Wieczorek/Schütze, ZPO, Brüssel-Ia-VO Art. 1 Rn. 27; *Wagner* in: Stein/Jonas, EuGVVO Art. 1 Rn. 10.

[29] EuGH, Urteil vom 14.10.1976, Rs. 29/76, *Eurocontrol*, Slg. 1976, 1541 Rn. 4 = NJW 1977, 489; Urteil vom 16.12.1980, Rs. 814/79, *Rüffer*, Slg. 1980, 3807 Rn. 8, 14 = IPRax 1981, 154; Urteil vom 01.10.2002, Rs. C-167/00, *Henkel*, Slg. 2002, I-8111 Rn. 29 = NJW 2002, 3617; Urteil vom 14.11.2002, Rs. C-271/00, *Gemeente Steenbergen*, Slg. 2002, I-10489 Rn. 29 = EuZW 2003, 30; Urteil vom 15.03.2003, Rs. C-266/01, *TIARD*, Slg. 2003, I-4867 Rn. 22 f. = IPRax 2003, 528; Urteil vom 18.05.2006, Rs. C-343/04, *ČEZ*, Slg. 2006, I-4557 Rn. 22 = EuZW 2006, 435; Urteil vom 15.02.2007, Rs. C-292/05, *Lechouritou*, Slg. 2007, I-1540 Rn. 30 f. = EuZW 2007, 252.

[30] Vgl. dazu vor allem EuGH, Urteil vom 05.02.2004, Rs. C-265/02 *Frahuil SA/Assitalia SpA*, Slg. 2004, I-1546 Rn. 20 f. = EuZW 2004, 351, wo der Gerichtshof in Bezug auf die Regressklage eines Bürgen über einen mittels Legalzession auf diesen übergegangenen Einfuhrzollanspruch zu befinden hatte und trotz der ausschließlichen Beteiligung von Privatrechtssubjekten am Rechtsstreit auf die Natur und Grundlage des Rechtsverhältnisses abstellte.

ob das Verfahren in seinem Kern Rechtswirkungen zum Gegenstand hat, die Ausprägung eines Über-/Unterordnungsverhältnisses sind.

Vor diesem Hintergrund sprechen die besseren Gründe für eine Subsumtion der Restrukturierungsrahmen nach der Restrukturierungsrichtlinie unter den Begriff der Zivilsache,[31] werden dadurch doch in erster Linie die Rechtsbeziehungen zwischen Privatpersonen betroffen, ohne dass eine Seite hoheitliche Befugnisse ausüben würde. Als Bestandteil eines allgemein zugänglichen Sanierungsinstrumentariums beruht die Erwirkung eines Moratoriums und die Umgestaltung der Rechtsbeziehungen zu den Gläubigern gerade nicht auf der einseitigen Ausübung hoheitlicher Befugnisse. Der Schuldner bedient sich keinerlei Sonderrechte, sondern schlicht eines allgemeinen Instituts der Zivilrechtsordnung.

Insofern bietet sich eine Gegenüberstellung zur Umschuldung griechischer Staatsanleihen sowie eine Analyse der in diesem Zusammenhang ergangenen höchstrichterlichen Rechtsprechung an. Hintergrund der Judikate war die Einführung eines neuen Gesetzes zur Sanierung des griechischen Staatshaushalts, durch das eine in den Anleihebedingungen nicht vorgesehene Mehrheitsentscheidung eingeführt und die Möglichkeit geschaffen wurde, die mehrheitliche Zustimmung sodann per Ministerratsbeschluss für alle Anleihegläubiger verbindlich zu erklären. In der Folge hatten deutsche Gerichte über Klagen inländischer Anleihegläubiger zu befinden, die der Umschuldung nicht zugestimmt hatten und den griechischen Staat wegen der Zwangsumschuldung auf Schadensersatz in Anspruch nahmen. Der BGH ging insoweit von einem hoheitlichen Charakter aus und verneinte auf dieser Grundlage die deutsche Gerichtsbarkeit, sodass er zwar zur Anwendbarkeit der Brüssel-Ia-VO nicht mehr Stellung beziehen musste; die Argumentation lässt sich jedoch ohne Weiteres übertragen.[32] Zur Begründung führte der Senat aus, dass zwar die Kapitalaufnahme

[31] Ebenso *Madaus* ZIP 2022, 1233 (1236); *Singer*, Vorinsolvenzlicher Restrukturierungsrahmen, S. 408 f.; *Skauradszun* in: BeckOK-StaRUG, § 84 Rn. 62 sowie ausführlich in Rn. 62.1; *ders.* ZIP 2019, 1501 (1503); *ders.* in: K/P/B, EuInsVO Art. 32 Rn. 11; maßgeblich auf die Qualifikation der Restrukturierungsrahmen als Materie als Gesellschafts- bzw. Insolvenzrecht und ihre im Wesentlichen vertrags-, sachen- und gesellschaftsrechtlichen Wirkungen abstellend *Skauradszun/Nijnens* ICR 2019, 193 (196 f.); *dies.* 7 (2019) NIBLeJ 1 (14); implizit wohl auch *J. Schmidt* ZInsO 2021, 654 (657).

[32] BGH, Urteil vom 08.03.2016 – VI ZR 516/14, NJW 2016, 1659 Rn. 11; ausdrücklich zur Anwendbarkeit der Brüssel-Ia-VO OLG München, Urteil vom 08.12.2016 – 14 U 4840/15, BeckRS 2016, 112651 Rn. 115; besonders anschaulich auch OLG Schleswig, Urteil vom 07.07.2016 – 5 U 84/15, WM 2017, 285 (291); die Anwendbarkeit der Brüssel-Ia-VO bejahend hingegen OLG Köln, Urteil vom 12.05.2015 – 8 U 44/15, WM 2016, 1590 (1596); zum Zusammenhang zwischen Staatenimmunität und dem Anwendungsbereich der Brüssel-Ia-VO siehe nunmehr auch EuGH, Urteil vom 07.05.2020, Rs. C-641/18, *Rina*, EuZW 2020, 898 Rn. 56 ff.; Urteil vom 03.09.2020, Rs. C-186/19, *Supreme Headquarters Allied Powers Europe*, BeckRS 2020, 21406 Rn. 59 ff.

souveräner Staaten am Kapitalmarkt durch die Ausgabe von Staatsanleihen privatrechtlicher Natur sei.[33] Gegenstand des Rechtsstreits sei allerdings in erster Linie nicht der zugrundeliegende Anspruch aus den emittierten Wertpapieren, sondern deren Nennwertkürzung und Stundung durch die Umschuldung als ersatzpflichtiges Ereignis.[34] In diesem Zusammenhang stellte der BGH sodann fest, dass es sich bei der Allgemeinverbindlichkeitserklärung um einen Rechtsetzungsakt eigener Art und somit um einen "staatlichen Hoheitsakt" handelte.[35] Dies gelte unabhängig davon, dass auch das neu eingeführte Gesetz, das die Beschneidung von Anleiherechten erst ermöglichte, eine hoheitliche Maßnahme darstelle; alleine die Erstreckung der Mehrheitsentscheidung auf sämtliche Anleihegläubiger durch den entsprechenden Beschluss reiche für die Qualifikation als hoheitliche Maßnahme aus.[36] Allerdings begründete der BGH dies vor allem damit – und insoweit unterscheidet sich der Fall von der Bestätigung eines Restrukturierungsplans – dass „ohne die hoheitlichen Maßnahmen [...] eine Mehrheitsentscheidung der Gläubiger für die überstimmte Minderheit privatrechtlich wirkungslos geblieben“ wäre. Vielmehr sei „in einer rein zivilrechtlichen Beziehung unter Privatrechtssubjekten [...] eine solche einseitige

---

[33] BGH, Urteil vom 08.03.2016 – VI ZR 516/14, NJW 2016, 1659 Rn. 17 = IWRZ 2016, 170 m. zust. Anm. *Weller/Fischer* (172 f.); ebenso BGH, Urteil vom 19.12.2017 – XI ZR 217/16, BeckRS 2017, 140489 Rn. 23; OLG Oldenburg, Urteil vom 18.04.2016 – 13 U 43/15, WM 2016, 1878 (1880); OLG Schleswig, Urteil vom 07.07.2016 – 5 U 84/15, WM 2017, 285 (287); OLG Köln, Urteil vom 12.05.2015 – 8 U 44/15, WM 2016 1590 (1594) m. w. N.; ähnlich zur Anwendbarkeit der EuZVO EuGH, Urteil vom 11.06.2015, Rs. C-226/13 et al, *Fahnenbrock*, EuZW 2015, 633 Rn. 53.

[34] BGH, Urteil vom 08.03.2016 – VI ZR 516/14, NJW 2016, 1659 m. zust. Anm. *M. Müller* (1662) und *Kräft* (GWR 2016, 189); OLG Schleswig, Urteil vom 07.07.2016 – 5 U 84/15, WM 2017, 285 (287 f.); OLG München, Urteil vom 08.12.2016 – 14 U 4840/15, BeckRS 2016, 112651 Rn. 104; ebenso BGH, Urteil vom 19.12.2017 – XI ZR 217/16, BeckRS 2017, 140489 Rn. 25; aA OLG Oldenburg, Urteil vom 18.04.2016 – 13 U 43/15, WM 2016, 1878 (1881).

[35] BGH, Urteil vom 08.03.2016 – VI ZR 516/14, NJW 2016, 1659 Rn. 21 unter Hinweis auf die Rechtsprechung des BVerfG zur Einordnung von Allgemeinverbindlichkeitserklärungen nach § 5 Abs. 1 TVG sowie EuGH, Urteil vom 03.12.1987, 136/86, *BNIC/Aubert*, Slg. 1987, 4789 Rn. 22 = RIW 1989, 915, wo die Allgemeinverbindlichkeitserklärung im Zusammenhang mit der Anwendbarkeit des Kartellverbots in Art. 85 EGV (nunmehr Art. 101 AEUV) ebenfalls als Hoheitsakt bezeichnet wird.

[36] So ausdrücklich BGH, Urteil vom 08.03.2016 – VI ZR 516/14, NJW 2016, 1659 Rn. 21 a. E.; zur Qualifikation der Gesetzesverabschiedung vgl. Rn. 20; wohl ebenso, von hoheitlichen Maßnahmen (im Plural) sprechend OLG Schleswig, Urteil vom 07.07.2016 – 5 U 84/15, WM 2017, 285 (288); zur Anwendbarkeit der EuZVO tendenziell aA EuGH, Urteil vom 11.06.2015, Rs. C-226/13 et al, *Fahnenbrock*, EuZW 2015, 633 Rn. 56.

Abänderung von Vertragsbedingungen *ohne gesetzliche Grundlage* nicht möglich".[37] Die Argumentation beruht mithin maßgeblich darauf, dass die Möglichkeit der Bindung opponierender Gläubiger explizit nur für die Umschuldung des griechischen Staatshaushalts geschaffen wurde und es sich dabei mithin nicht um ein allgemeines Instrument handele, das auch unter Privaten Anwendung findet. Dies liegt auf einer Linie mit der Rechtsprechung des EuGH, der sich auf Vorlage des österreichischen OGH in einem Parallelverfahren ebenfalls mit der Problematik zu befassen hatte. Danach sei für die Ausgrenzung des Rechtsstreits aus dem Anwendungsbereich der Brüssel-Ia-VO entscheidend,[38] dass es sich bei dem Restrukturierungsmechanismus um eine extraordinäre Ausnahmeregelung für den hellenischen Staat handele, die das griechische Recht zuvor nicht kannte.[39] Die Einordnung als öffentlich-rechtlich beruhte mithin im Kern darauf, dass der griechische Staat ein gerade von dem allgemeinen Zivilrecht abweichendes, gezielt auf die Sanierung des Staatshaushalts zugeschnittenes Restrukturierungsinstrument geschaffen und eingesetzt hatte.[40] Eine verallgemeinerungsfähige Regel, wonach die Bindung opponierender Gruppen(-mitglieder) an Mehrheitsentscheide durch staatliche Organe stets öffentlich-rechtlicher Natur sei, lässt sich aus dieser Rechtsprechung daher gerade nicht ableiten. Im Gegenteil sprechen die Ausführungen der Obergerichte *e contrario* für eine zivilrechtliche Einordnung von Restrukturierungsmechanismen, die nicht nur für den Fiskus zugänglich sind, sondern allgemein Geltung beanspruchen.[41]

---

[37] BGH, Urteil vom 08.03.2016 – VI ZR 516/14, NJW 2016, 1659 Rn. 22 – Hervorhebung durch den Verf.; diese Formulierung aufnehmend OLG München, Urteil vom 08.12.2016 – 14 U 4840/15, BeckRS 2016, 112651 Rn. 110.

[38] Vgl. aber auch EuGH, Urteil vom 11.06.2015, Rs. C-226/13 et al., *Fahnenbrock*, EuZW 2015, 633 Rn. 58, worin der Gerichtshof die – ebenfalls auf Zivilsachen beschränkte – EuZVO auf weitere Parallelverfahren für anwendbar befand, gleichwohl unter der Prämisse, dass hier nach der Wertung des Art. 6 Abs. 3 EuZVO die Anwendbarkeit erst dann ausgeschlossen sei, wenn *offensichtlich* keine Zivilsache vorläge; jedenfalls bezüglich der Methodik kritisch *Wagner* EuZW 2015, 636 (637).

[39] EuGH, Urteil vom 15.11.2018, Rs. C-308/17, *Kuhn*, RIW 2019, 44 Rn. 37 f.

[40] OLG München, Urteil vom 08.12.2016 – 14 U 4840/15, BeckRS 2016, 112651 Rn. 108 formuliert insofern zutreffend: „Nutzt der emittierende Staat seine Hoheitsgewalt aber dazu, durch eine spezielle und konkrete Norm die Ausgestaltung der emittierten Schuldverschreibungen gezielt zu beeinträchtigen, so kann sein Handeln in Ausübung hoheitlicher Rechte nicht von seinem Handeln als Vertragspartei getrennt werden.".

[41] Vgl. dazu die Rechtsprechungslinie in EuGH, Urteil vom 28.04.2009, Rs. C-420/07, *Apostolides*, Slg. 2009, I-3571 Rn. 44 = BeckRS 2009, 70441; Urteil vom 07.05.2020, Rs. C-641/18, *Rina*, EuZW 2020, 898 Rn. 34 ff.; Urteil vom 03.09.2020, Rs. C-186/19, *Supreme Headquarters Allied Powers Europe*, BeckRS 2020, 21406 Rn. 57, wonach ein Rechtsstreit dann als öffentlich-rechtlich zu qualifizieren und daher aus dem Anwendungsbereich der Brüssel-Ia-VO auszuscheiden ist, wenn „[eine] Partei Befugnisse ausübt, die von den im Verhältnis zwischen Privatpersonen geltenden allgemeinen Regeln abweichen".

Die Restrukturierungsrichtlinie mag somit durchaus (auch) Allgemeinwohlinteressen dienen, indem wirtschaftlich bestandsfähige Unternehmen fortbestehen, Arbeitsplätze erhalten bleiben und durch die Reduktion notleidender Kredite Risiken im Finanzwesen abgebaut werden.[42] Dies führt allerdings keineswegs dazu, dass das Verfahren zu einer öffentlich-rechtlichen Streitigkeit würde, das jenseits des Anwendungsbereichs der Brüssel-Ia-VO stünde.[43] Entscheidend ist vielmehr, dass im Rahmen eines Restrukturierungsrahmens keine der Parteien hoheitliche Befugnisse für sich in Anspruch nimmt, sondern das Verfahren als Teil des Zivilrechts gerade die Rechtsbeziehungen unter den Privatrechtssubjekten regelt.

2. *Kein Ausschluss öffentlich-rechtlicher Forderungen*

Eine andere Frage ist, ob die Verordnung stets auf sämtliche Verbindlichkeiten des Schuldners Anwendung findet, oder mit Blick auf Art. 1 Brüssel-Ia-VO die internationalen Aspekte der Gestaltung öffentlich-rechtlicher Forderungen von der Verordnung ausgenommen sind. Mit anderen Worten: gilt die Verordnung für zivilrechtliche Restrukturierungsverfahren nur insoweit, als durch diese auch privatrechtliche Forderungen gestaltet werden?[44]

Betroffen wären hiervon insbesondere Steuerrückstände,[45] aber ebenso aufgelaufene Verwaltungsgebühren oder verwirkte Geldstrafen und Ordnungsgelder. Nach § 4 S. 1 Nr. 3 StaRUG i. V. m. § 39 Abs. 1 Nr. 3 InsO sind Letztere freilich von den Wirkungen eines deutschen Restrukturierungsplans ohnehin

---

[42] Vgl. zu diesen Zielsetzungen die Erwägungsgründe (2), (3) und (16) zur RRL.

[43] Die Restrukturierungsrahmen nach der Restrukturierungsrichtlinie ebenfalls als Zivilsachen im Sinne der Brüssel-Ia-VO einordnend *Madaus* ZIP 2022, 1233 (1236); *Singer*, Vorinsolvenzlicher Restrukturierungsrahmen, S. 408 f.; *Skauradszun* ZIP 2019, 1501 (1503); *ders.* in: K/P/B, EuInsVO Art. 32 Rn. 11; *ders.* in: BeckOK-StaRUG, § 84 Rn. 62 sowie *Skauradszun/Nijnens* ICR 2019, 193 (196 f.); *dies.* (2019) 7 NIBLeJ 1 (13 f.); implizit wohl auch *J. Schmidt* ZInsO 2021, 654 (657); sowohl das englische *Scheme of Arrangement*, als auch den englischen *Restructuring Plan* nach Part 26A CA als Zivilsache einordnend *Re Virgin Atlantic Airways Ltd.* [2020] EWHC 2191 (Ch.) Rn. 58; *Re DeepOcean 1 UK Ltd.* [2020] EWHC 3549 (Ch.) Rn. 37; vgl. im Hinblick auf den gleichlautenden Wortlaut des LugÜ auch *Re Gategroup Guarantee Ltd.* [2021] EWHC 304 (Ch.) Rn. 56.

[44] Dafür haben sich insbesondere *Kahlert/Schumann* DStR 2021, 2741 (2748) ausgesprochen; ansatzweise *Mankowski* RIW 2017, 93 (93), der die Einbeziehung auch öffentlicher Gläubiger in Verfahren nach der EuInsVO gerade gegenüber der Brüssel-Ia-VO kontrastiert, dabei aber freilich nicht die – zugegebenermaßen eher die Ausnahme bildende – Anwendung der Brüssel-Ia-VO auf (restrukturierungsrechtliche) Kollektivverfahren vor Augen gehabt haben dürfte; wie hier hingegen *Madaus* ZIP 2022, 1233 (1236); *Skauradszun* in: BeckOK-StaRUG, § 84 Rn. 62.1; ähnlich *Skauradszun/Nijnens* ICR 2019, 193 (196).

[45] Zur Gestaltbarkeit von Steuerforderungen *Thole* ZIP 2020, 1985 (1988) sowie ausführlich, auch zur Rechtslage unter der EuInsVO *Kahlert/Schumann* DStR 2021, 2741.

ausgenommen. Trotz ihrer rechtspolitischen Berechtigung[46] kann man die Europarechtskonformität dieser Bereichsausnahme jedoch durchaus als fragwürdig bezeichnen, sieht doch Art. 1 Abs. 5 RRL einen abschließenden Katalog an Forderungskategorien vor, die die Mitgliedstaaten von den Wirkungen des Restrukturierungsrahmens befreien können. Die Gesetzesbegründung beruft sich insoweit auf einen Erst-Recht-Schluss gegenüber den in Art. 1 Abs. 5 lit. c) RRL genannten vorsätzlich begangenen unerlaubten Handlungen.[47] Die Belastbarkeit dieser Argumentation muss allerdings angesichts der unzähligen Fahrlässigkeitstatbestände im geltenden Straf- und Ordnungswidrigkeitenrecht ernsthaft bezweifelt werden. Zumindest soweit die Restrukturierungsrahmen anderer Mitgliedstaaten einen entsprechenden Ausschluss nicht enthalten, wird sich aber die Frage nach der internationalen Behandlung derartiger Forderungen des Fiskus stellen. Und ohnehin scheinen Steuerrückstände und offene Forderungen der Sozialversicherungsträger in der Praxis die weitaus wichtigere Rolle zu spielen. Auch für Sozialversicherungsbeiträge, die nach deutschem Verständnis bereits dem öffentlichen Recht zuzuschlagen sind, ergeben sich mit Blick auf die Brüssel-Ia-VO allerdings Ungereimtheiten. Denn ungeachtet dessen, ob man sie entsprechend dem deutschen Verständnis bereits dem öffentlichen Recht zuschlägt, sind Fragen der sozialen Sicherheit jedenfalls nach Art. 1 Abs. 2 lit. c) Brüssel-Ia-VO von der Verordnung ausgenommen.[48] Trotz der Selbsttitulierungs- und -vollstreckungsmöglichkeiten von Fiskus und Sozialversicherungsträgern sowie der entsprechenden straf- und gewerberechtlichen Risiken machen Zahlungsrückstände gegenüber öffentlichen Kassen bei krisengebeutelten Unternehmen regelmäßig einen nicht unerheblichen Teil der Gesamtverbindlichkeiten aus.[49] Soll der Kreis der am Restrukturierungsverfahren beteiligten Gläubiger weiter gezogen werden als bloß die finanziellen Gläubiger, kann der Erfolg einer Sanierung daher auch von der – grenzüberschreitend wirksamen – Gestaltbarkeit der Verpflichtungen gegenüber öffentlich-rechtlichen Gläubigern abhängen.

---

[46] So auch *Esser* in: Braun, StaRUG, § 4 Rn. 10.

[47] BT-Drucks. 19/24181, S. 115.

[48] Vgl. zur Ausgrenzung von Sozialversicherungsbeiträgen aus dem Begriff der Zivil- und Handelssachen EuGH, Urteil vom 28.02.2019, Rs. C-579/17, *BUAK Abfertigungskasse*, IPRax 2021, 77 Rn. 50 ff., wonach Zahlungen an Sozialversicherungsträger zwar als Arbeitsentgelt und damit grundsätzlich zivilrechtlich einzuordnen sein können (Rn. 54), jedenfalls die Möglichkeit der Selbsttitulierung durch die Behörde (Rn. 55) oder eine der gerichtlichen Nachprüfung entzogene Berechnung aber eine Ausübung hoheitlicher Befugnisse darstellt und daher bereits auf Ebene der Zivil- und Handelssache zur Unanwendbarkeit der Brüssel-Ia-VO führt (Rn. 61 f.).

[49] Davon scheint auch der deutsche Gesetzgeber auszugehen, sehen doch §§ 50 Abs. 3 Nr. 1 und 51 Abs. 2 S. 1 Nr. 1 StaRUG Regelungen gerade für den Fall vor, dass gegenüber Steuerbehörden oder Sozialversicherungsträgern erhebliche Zahlungsrückstände aufgelaufen sind; für England explizit *Bork*, Sanierungsrecht in Deutschland und England, Rn. 21.10.

Richtigerweise steht der Anwendbarkeit der Brüssel-Ia-VO auch insoweit nichts entgegen, als durch die – wie gezeigt dem Zivilrecht zuzurechnende – Restrukturierung öffentlich-rechtliche Forderungen betroffen werden. Dafür spricht zunächst die Ratio hinter der Herausnahme öffentlich-rechtlicher Streitigkeiten aus dem Anwendungsbereich der Verordnung. Sie folgt letztlich der historisch bestehenden Grundannahme, dass öffentliches Recht extraterritorial weder anwendbar noch durchsetzbar sein sollte.[50] Angesichts der stetig fortschreitenden Harmonisierung, auch und gerade im Bereich der Verwaltungszusammenarbeit, erscheint die Befürchtung, verwaltungsrechtliche Ansprüche könnten mittels der Verordnung unionsweit durchgesetzt werden, deutlich an Bedrohlichkeit verloren zu haben.[51] Ungeachtet dessen würde sie im Kontext der Unternehmensrestrukturierung allerdings auch nicht aktuell. Denn die Einbeziehung öffentlich-rechtlicher Verbindlichkeiten in ein Sanierungsverfahren dient nicht so sehr der Durchsetzung, sondern vielmehr gerade der Umgestaltung der jeweiligen Forderung. Mag die Durchführung einer Restrukturierung – wie etwa nach deutschem Recht[52] – auch eine Titulierung zur Folge haben, ist es doch gerade der Schuldner, der das Verfahren vorantreibt – und nicht etwa die Behörde. Das Verfahren selbst kann während seiner Dauer sogar dazu genutzt werden, potenzielle Vollstreckungsmaßnahmen abzuwehren. Bereits der teleologische Hintergrund der Beschränkung auf Zivilverfahren wird im Hinblick auf die Einbeziehungsfähigkeit öffentlich-rechtlicher Forderungen daher nicht aktuell.

Nun beruhte die Beschränkung der Brüssel-Ia-VO auf Zivilsachen freilich in erster Linie nicht auf dem Willen des Verordnungsgebers, sondern auf den primärrechtlichen Vorgaben des Art. 81 Abs. 2 AEUV.[53] Denn ausgehend vom Grundsatz der begrenzten Einzelermächtigungen wird der EU darin lediglich die Kompetenz zum Erlass harmonisierender Rechtsakte auf dem Gebiet des Zivilrechts eingeräumt. Der Kompetenztitel ist auf die Entwicklung einer justiziellen Zusammenarbeit in Zivilsachen beschränkt und ermächtigt den Unionsgesetzgeber nur in diesem Bereich dazu, die Zuständigkeits-, Anerkennungs- und Vollstreckbarkeitsregelungen zu vereinheitlichen. Allerdings findet die EuInsVO ihre Rechtsgrundlage ebenfalls in Art. 81 Abs. 2 AEUV. Diese trifft hinsichtlich der international-zivilverfahrensrechtlichen Behandlung jedoch keinerlei Unterscheidung zwischen zivil- und öffentlich-rechtlichen Forderungen. Nach deutschem Recht etwa sind Steuerrückstände grund-

[50] *Schlosser* in: Schlosser/Hess, EuZPR, EUGVVO Art. 1 Rn. 3; *Wagner* in: Stein/Jonas, EuGVVO Art. 1 Rn. 1.

[51] In diese Richtung auch *Schlosser* in: Schlosser/Hess, EuZPR, EuGVVO Art. 1 Rn. 3; *Wagner* in: Stein/Jonas, EuGVVO Art. 1 Rn. 1.

[52] Vgl. insoweit den § 257 InsO nachgebildeten § 71 StaRUG.

[53] *Schulze* in: Wieczorek/Schütze, ZPO, Brüssel-Ia-VO Art. 1 Rn. 6.

sätzlich als einfache Insolvenzforderungen im Sinne des § 38 InsO einzuordnen.[54] Eine im vorläufigen Insolvenzverfahren angeordnete oder nach der Verfahrenseröffnung gem. § 89 InsO kraft Gesetzes geltende Einstellung der Zwangsvollstreckung bindet daher, was § 251 Abs. 2 S. 1 AO ausdrücklich klarstellt, auch die Finanzbehörden.[55] Ebenso können Steuerforderungen durch einen Insolvenzplan gestaltet werden, was wiederum die implizite Bezugnahme in § 251 Abs. 2 S. 2 AO auf die Titelfunktion des bestätigten Insolvenzplans belegt.[56] Nachdem § 38 InsO von einem universellen Konkursverständnis ausgeht,[57] gelten diese Einschränkungen auf sachrechtlicher Ebene allerdings nicht nur für Steuerforderungen des deutschen Fiskus, sondern gleichermaßen für öffentlich-rechtliche Forderungen anderer Staaten.[58] Das deutsche materielle Insolvenzrecht beansprucht folglich für sich, dass seine Wirkungen – sei es nun eine Vollstreckungssperre oder eine Forderungsumgestaltung – auch im Ausland Geltung entfalten und Beachtung finden. Ob das tatsächlich der Fall ist, ist demgegenüber eine Frage des internationalen Zivilverfahrensrechts dieser Staaten, die innerhalb ihres Geltungsbereichs anhand der EuInsVO zu beantworten ist. Wie sich zweifelsfrei aus Art. 2 Nr. 12 EuInsVO ergibt, gilt die in Art. 19 Abs. 1 bzw. 32 Abs. 1 UAbs. 1 S. 1 EuInsVO angeordnete Wirkungserstreckung für sämtliche Gläubiger, insbesondere die explizit genannten ausländischen Steuerbehörden und Sozialversicherungsträger. Auch soweit öffentlich-rechtliche Forderungen von einem Insolvenz(-plan-)verfahren betroffen werden, sind die Verfahrenswirkungen demnach in anderen Mitgliedstaaten anzuerkennen. Gleiches gilt im Übrigen – auch ohne entsprechende Verweisung in der Abgabenordnung – für öffentlich bekanntzumachende Restrukturierungssachen im Sinne der §§ 84 ff. StaRUG, für das nach dem oben Gesagten die EuInsVO gilt. Nun beruhen sowohl EuInsVO als auch Brüssel-Ia-VO auf dem Kompetenztitel des Art. 81 Abs. 2 AEUV. Wenn aber erstere – soweit ersichtlich unstreitig – öffentlich-rechtliche Forderungen erfasst, so steht jedenfalls primärrechtlich einer Anwendung der Brüssel-Ia-VO auch auf öffentlich-rechtliche Forderungen im Rahmen einer

---

[54] *Büteröwe* in: K. Schmidt, InsO, § 38 Rn. 22; *Leithaus* in: Andres/Leithaus, InsO, § 38 Rn. 4; *Frotscher/Schulze* in: Gottwald/Haas, Insolvenzrechts-Handbuch, § 124 Rn. 4; *Bäuerle* in: Braun, InsO, § 38 Rn. 37; *Bork*, Sanierungsrecht in Deutschland und England, Rn. 21.3.

[55] BFH, Beschluss vom 30.08.2010 – VII B 83/10, BeckRS 2010, 25016544 Rn. 10; *Schmittmann* in: K. Schmidt, InsO, Anhang Steuerrecht Rn. 47 f.; *Frotscher/Schulze* in: Gottwald/Haas, Insolvenzrechts-Handbuch, § 124 Rn.17.

[56] *Geiwitz/von Danckelmann* in: BeckOK-InsO, § 224 Rn. 6; *Rühle* in: Nerlich/Römermann, § 224 Rn. 2; *Bork*, Sanierungsrecht in Deutschland und England, Rn. 21.5; eingehend *Breuer* in: MüKo-InsO, § 224 Rn. 8; im Ergebnis auch BFH, Beschluss vom 15.11.2018 – XI B 49/18, NZI 2019, 239 Rn. 18.

[57] *Kolmann/Ch. Keller* in: Gottwald/Haas, Insolvenzrechts-Handbuch, § 130 Rn. 87.

[58] Vgl. dazu *Kindler* in: MüKo-BGB, EuInsVO Art. 7 Rn. 37; *M. F. Müller* in: Mankowski/M. F. Müller/J. Schmidt, EuInsVO, Art. 7 Rn. 49.

(vertraulichen) Restrukturierung nach der Restrukturierungsrichtlinie nichts entgegen. Begreift man das Merkmal der Zivilsache in Art. 1 Abs. 1 Brüssel-Ia-VO vor allem als primärrechtlich gebotene Begrenzung des Rechtsakts auf den Kompetenzbereich der Union, ergibt sich hieraus kein Grund, innerhalb eines Restrukturierungsverfahrens öffentlich-rechtliche Forderungen von den Wirkungen der Verordnung auszunehmen.

Spätestens nach einer nochmaligen Analyse der höchstrichterlichen Rechtsprechung zur Sanierung von Staatshaushalten verbleiben keinerlei Zweifel, dass die Brüssel-Ia-VO im Rahmen einer Restrukturierung auch auf öffentlich-rechtliche Forderungen anwendbar ist. Denn in ihren Entscheidungen stellten sowohl BGH als auch EuGH klar, dass das Merkmal der Ausübung hoheitlicher Gewalt sich in Sanierungssituationen nicht auf den zugrundeliegenden Anspruch bezieht, sondern auf das Sanierungsinstrument. Obwohl es sich bei den emittierten Staatsanleihen und mithin auch bei den daraus erwachsenden Zahlungsansprüchen unstreitig um privatrechtliche Verbindlichkeiten gehandelt hatte, kamen beide Gerichte zu dem Ergebnis, die Umschuldung sei dem öffentlichen Recht zuzuordnen.[59] Damit knüpfen die Judikate an eine bestehende Tendenz in der Rechtsprechung des EuGH an, wonach im Zweifel die rechtliche Grundlage eines Anspruchs hinter den Umständen des konkret geltend gemachten Rechtschutzanliegens des Klägers zurücktritt. So findet die Brüssel-Ia-VO selbst auf die Geltendmachung einer ursprünglich öffentlich-rechtlichen Forderung Anwendung, solange dem Anspruchsteller – *in concreto* handelte es sich um einen Regress nehmenden Bürgen – keine hoheitlichen Privilegien zuteil werden.[60] Auch die auf sozialrechtlichen Regelungen beruhende Regressklage einer Sozialhilfebehörde gegen einen Unterhaltsschuldner hat der EuGH als eine – nicht von Art. 1 Ab. 2 lit. c) Brüssel-Ia-VO erfasste – Zivilsache eingestuft, solange die Behörde nicht von Sonderbefugnissen Gebrauch mache, die der ursprünglichen Unterhaltsgläubigerin nicht zur Verfügung gestanden wären.[61]

Einer Anwendung der Brüssel-Ia-VO auf die internationalen Aspekte eines Restrukturierungsverfahrens nach der Restrukturierungsrichtlinie steht damit auch insoweit nichts entgegen, als öffentlich-rechtliche Forderungen betroffen werden; gleiches gilt für Verbindlichkeiten gegenüber Sozialversicherungsträgern im Sinne des Art. 1 Abs. 2 lit. c) Brüssel-Ia-VO.

---

[59] EuGH, Urteil vom 15.11.2018, Rs. C-308/17, *Kuhn*, RIW 2019, 44 Rn. 37; BGH, Urteil vom 08.03.2016 – VI ZR 516/14, NJW 2016, 1659 Rn. 21.

[60] EuGH, Urteil vom 05.02.2004, Rs. C-265/02 *Frahuil SA/Assitalia SpA*, Slg. 2004, I-1546 Rn. 21 = EuZW 2004, 351.

[61] EuGH, Urteil vom 14.11.2002, Rs. C-271/00, *Baten*, Slg. 2002, I-10489 Rn. 35 f. = EuZW 2003, 30.

II. Der Konkursvorbehalt des Art. 1 Abs. 2 lit. b) Brüssel-Ia-VO

Genauere Betrachtung verdient allerdings die Bereichsausnahme des Art. 1 Abs. 2 lit. b) Brüssel-Ia-VO. Danach sind vom Anwendungsbereich der Verordnung Konkurse, Vergleiche und ähnliche Verfahren explizit ausgenommen. Die mitgliedstaatlichen Restrukturierungsrahmen nach der Restrukturierungsrichtlinie können daher von vornherein nur dann der Brüssel-Ia-VO unterfallen, wenn sie nicht als derartige Verfahren zu qualifizieren sind.[62]

1. Die Begriffe „Konkurs", „Vergleich" und „ähnliche Verfahren"

Der Wortlaut des Art. 1 Abs. 2 lit. b) Brüssel-Ia-VO nimmt Konkurse, Vergleiche und ähnliche Verfahren vom Anwendungsbereich der Verordnung aus. Die Bereichsausnahme bezieht sich demnach insgesamt auf insolvenzbezogene Verfahrensarten. Für den Konkurs ergibt sich dies bereits aus dem allgemeinen Wortsinn, der maßgeblich durch das überkommene Konkursrecht geprägt wurde. Erfasst sind daher insbesondere kollektive Liquidationsverfahren, die

---

[62] Für eine Anwendung der Brüssel-Ia-VO auf vertrauliche Restrukturierungsverfahren – und damit das Eingreifen der Bereichsausnahme ablehnend – *Antomo* in: BeckOK-ZPO, Brüssel-Ia-VO Art. 1 Rn. 79a; *Kaubisch/Riewe/Hilbert* SanB 2021, 13 (18); *Schlosser* in: Schlosser/Hess, EuZPR, EuGVVO Art. 1 Rn. 20; *J. Schmidt* ZInsO 2021, 654 (657); *Skauradszun* ZIP 2019, 1501 (1503); *ders.* in: BeckOK-StaRUG, § 84 Rn. 63; *ders.* in: K/P/B, EuInsVO Art. 32 Rn. 11; *Skauradszun/Nijnens* ICR 2019, 193 (197 f.); *dies.* 7 (2019) NIBLeJ 1 (14); *Stadler* in: Musielak/Voit, ZPO[18], EuGVVO Art. 1 Rn. 6; mit Einschränkungen auch *Freitag* ZIP 2019, 541 (548); aA *Abel/Herbst* in: Morgen, StaRUG § 86 Anh. Rn. 20; *Bornemann* in: Graf-Schlicker, InsO, EuInsVO Art. 1 Rn. 48; *Cranshaw* ZInsO 2021, 2345 (2354); *Cranshaw/Portisch* ZInsO 2020, 2561 (2567); *Kahlert/Schumann* DStR 2021, 2741 (1749); *Laroche* in: Flöther, StaRUG, § 35 Rn. 5; *Riedemann* in: Pannen/Riedemann/Smid, StaRUG, vor § 84 Rn. 7; *Schinkel* in: HambK-Restrukturierung, § 84 Rn. 53 sowie *Thole* ZIP 2021, 2153 (2154 f.); zurückhaltender, aber ebenfalls in diese Richtung bereits *ders.* ZIP 2020, 1985 (1998); *ders.* in: MüKo-InsO, EuInsVO Art. 19 Rn. 7; *Paulus/Bähr/Hackländer* ZIP 2021, 1085 (1089 f.); ebenfalls zweifelnd *Dammann* in: Paulus/Dammann, European Preventive Restructuring, Art. 1 Rn. 83; *Fritz* in: Thierhoff/Müller, Unternehmenssanierung, Kap. 9 Rn. 118; *Hoegen/Kranz* NZI 2021, 105 (109); *Hoos/Schwartz/Schlander* ZIP 2021, 2214 (2219) sowie *Madaus*, nach dessen Einschätzung der Gesetzgeber allerdings von einer Anwendbarkeit der Brüssel-Ia-VO auf das vertrauliche StaRUG-Verfahren ausging (vgl. Stellungnahme zum RegE zum SanInsFoG vom 12.11.2020 vor dem Rechtausschuss des Deutschen Bundestags, S. 10, abrufbar unter <https://www.bundestag.de/resource/blob/806302/5235168ddc676b9436c8540322e53865/madaus-data.pdf>, Stand Oktober 2022); großzügiger hingegen noch *ders.* DB 2019, 592 (598); nunmehr entschlossen für die Anwendbarkeit der Brüssel-Ia-VO eintretend *ders.* ZIP 2022, 1233 (1236 f.) sowie *ders.* in: K/P/B, EuInsVO Art. 1 Rn. 21; unentschlossen *Schlöder/Parzinger/Knebel* ZIP 2021, 1041 (1046); *Hochdorfer/Biendl* in: Desch, Das neue Sanierungsrecht, § 2 Rn. 62; eine Zwischenlösung vertritt *Schelo* WM 2022, 556 (559 f.), der (dem Anerkennungsregime) der Brüssel-Ia-VO jedenfalls solche („fast track"-)Restrukturierungsverfahren unterwerfen will, die ohne Aussetzung der Zwangsvollstreckung auskommen und daher nur eine Bestätigungsentscheidung beinhalten.

als Gegenmodell zur Einzelzwangsvollstreckung konzipiert sind und im Rahmen derer das Schuldnervermögen im Mangelfall unter staatlicher Aufsicht und unter Beachtung des Gleichbehandlungsgrundsatzes auf die Gläubigergemeinschaft verteilt wird.

Aber auch soweit die Norm Vergleiche vom Anwendungsbereich der Verordnung ausnimmt, kann sich dies nur auf kollektive (Zwangs-)Vergleiche im Insolvenzkontext beziehen.[63] Der Wortlaut der Norm ist zwar insoweit unspezifisch und würde auch eine Einbeziehung freiwilliger gerichtlicher oder außergerichtlicher Vergleiche erlauben. Aus der Regelung in Art. 59 Brüssel-Ia-VO, welche sich mit der grenzüberschreitenden Vollstreckbarkeit von gerichtlichen Vergleichen befasst, ergibt sich allerdings, dass aus freien Stücken geschlossene Vergleiche sehr wohl von der Verordnung erfasst werden.[64] Für ein insolvenzrechtliches Verständnis des Begriffs des Vergleichs in Art. 1 Abs. 2 lit. b) Brüssel-Ia-VO spricht überdies die Nennung im unmittelbaren Nachgang zum – zweifellos insolvenzbezogenen – Konkurs sowie die Erweiterung der Aufzählung um „ähnliche Verfahren".[65] Denn wie sollte man andernfalls ebensolche ähnliche Verfahren identifizieren, wenn schon die vorgenannten Begriffe keinerlei Parallelen aufweisen? Die Einordnung ähnlicher Verfahrensarten unter die Bereichsausnahme setzt vielmehr voraus, dass die als Vergleichsmaßstab heranzuziehenden Ausgangsbegriffe „Konkurs" und „Vergleich" auf einen gemeinsamen Nenner verallgemeinert werden können: den Insolvenzbezug. Zur Untermauerung dieses Auslegungsergebnisses hat *Mankowski* überzeugend herausgearbeitet, dass auch die verschiedenen Sprachfassungen zweifelsfrei belegen, dass es sich bei dem in Art. 1 Abs. 2 lit. b) Brüssel-Ia-VO genannten Vergleich nur um einen solchen nach dem Vorbild der Vergleichsordnung (und ihrer Äquivalente in anderen Mitgliedstaaten) handeln kann.[66] So weist das Mittelglied der Bereichsausnahme („Vergleiche") sowohl in der spanischen als auch in der italienischen und portugiesischen Fassung jeweils einen starken insolvenzrechtlichen Bezug auf, sei es durch die Spezifikation, dass es sich um einen Vergleich des „*Insolvenz*schuldners" mit seinen Gläubigern handeln müsse,[67] oder eine besondere terminologische Nähe zu einem in Anhang

---

[63] *Cranshaw* DZWIR 2012, 223 (229); *Husfeldt*, Das UK Solvent Scheme of Arrangement als Sanierungsinstrument für deutsche Gesellschaften, S. 101.

[64] *Jenard*, Bericht zum EuGVÜ, S. 12; *Kropholler/v. Hein*, EuZPR, EuGVO Art. 1 Rn. 34; zur Abgrenzung gegenüber dem Begriff der gerichtlichen Entscheidung siehe noch § 13, II., 2., a) (S. 381 ff.).

[65] *Fischer* in: FS Vallender, 137 (141); *Husfeldt*, Das UK Solvent Scheme of Arrangement als Sanierungsinstrument für deutsche Gesellschaften, S. 101; *Mankowski* WM 2011, 1201 (1203).

[66] *Mankowski* WM 2011, 1201 (1203).

[67] *Mankowski* WM 2011, 1201 (1203) mit dem Hinweis, dass „quebrado" für den Insolvenzschuldner stehe (vgl. dazu die spanische Sprachfassung des Art. 1 Abs. 2 lit. b) Brüssel-Ia-VO: „la quiebra, los convenios entre quebrado y acreedores y demás procedimientos

A aufgeführten Verfahrenstypus.[68] Die englische Sprachfassung, die in Art. 1 Abs. 2 lit. b) Brüssel-Ia-VO neben „bankruptcy" und „proceedings relating to the winding-up of insolvent companies" auch „judicial arrangements" und „compositions" auflistet, ist damit wohl etwas zu weit geraten, was auch das fehlende anfängliche Problembewusstsein der englischen Gerichte[69] erklären könnte.[70] Die gesamte Bereichsausnahme ist daher – was sich nicht zuletzt auch aus ihrer Entstehungsgeschichte ergibt – auf insolvenzbezogene Verfahren zugeschnitten.[71]

Davon geht auch der EuGH aus, der allerdings nicht zwischen den einzelnen Alternativen differenziert, sondern Art. 1 Abs. 2 lit. b) Brüssel-Ia-VO einen einheitlichen Ausschlusstatbestand entnimmt. Die nach wie vor relevante Abgrenzungsformel geht auf die wegweisende Entscheidung in der Rechtssache *Gourdain/Nadler* zurück, die noch die Auslegung des Brüsseler Übereinkommens als Vorgänger der gleichnamigen Verordnung(en) betraf. Danach unterfallen der Bereichsausnahme solche Verfahren, die

> „auf der Zahlungseinstellung, der Zahlungsunfähigkeit oder der Erschütterung des Kredits des Schuldners beruhen und ein Eingreifen der Gerichte beinhalten, das in eine zwangsweise kollektive Liquidation der Vermögenswerte des Schuldners oder zumindest in eine Kontrolle durch die Gerichte mündet".[72]

Diese vergleichsweise konservative,[73] dem damaligen Verständnis des Insolvenzrechts aber durchaus gerecht werdende Umschreibung hatten zuvor bereits

---

análogos", zu Deutsch: „der Konkurs, Vergleiche zwischen dem Insolvenzschuldner und Gläubigern und außerdem ähnliche Verfahrensarten").

[68] *Mankowski* WM 2011, 1201 (1203) unter Hinweis auf das in Anhang A zur EuInsVO genannte italienische „concordato preventivo" (vgl. dazu die italienische Sprachfassung des Art. 1 Abs. 2 lit. b) Brüssel-Ia-VO: „i fallimenti, i concordati e la procedure affini") sowie das portugiesische „a concordata" (vgl. dazu die portugiesische Sprachfassung des Art. 1 Abs. 2 lit. b) Brüssel-Ia-VO: „Às falências, concordatas e processos análogos").

[69] *Re DAP Holdings NV* [2005] EWHC 2092 (Ch.) Rn. 14; *Re La Mutuelles du Mans Assurances IARD* [2005] EWHC 1599 (Ch.) Rn. 10; kritisch zur mangelnden Prüfungsintensität im Hinblick auf europäische Sekundärrechtsakte *Ho* 22 (2006) IL&P 145 (147 f.); offen gelassen in *Re Sovereign Marine & General Insurance* [2006] EWHC 1335 (Ch.) Rn. 65.

[70] *Carli/Weissinger* DB 2014, 1474 (1477); *Laier* GWR 2011, 252 (254); *Mankowski* WM 2011, 1201 (1203).

[71] *Laier* GWR 2011, 252 (254); ebenso unter Berufung auf eine Stellungnahme von RiBGH a. D. *Hans-Peter Kirchhof Re Rodenstock GmbH* [2011] EWHC 1104 (Ch.) Rn. 48.

[72] EuGH, Urteil vom 22.02.1979, Rs. 133/78, *Gourdain/Nadler*, Slg. 1979, 733 Rn. 4 = RIW 1979, 273.

[73] Ebenso zu Art. 1 Abs. 1 EuInsVO 2000 die resümierende Bewertung der Kommission, Bericht der Kommission an das Europäische Parlament, den Rat und den Europäischen Wirtschafts- und Sozialausschuss über die Anwendung der Verordnung (EG) Nr. 1346/2000 des Rates vom 29. Mai 2000 über Insolvenzverfahren vom 12.12.2012, COM(2012) 743 final,

Jenard und *Schlosser* in ihren Berichten zum Brüsseler Übereinkommen zugrunde gelegt.[74] Im Wesentlichen werden mithin – von der erforderlichen Befassung eines Gerichts abgesehen[75] – drei zentrale Voraussetzungen statuiert: eine wirtschaftliche Krise des Schuldners als Auslöser, die kollektive Wirkung des Verfahrens und schließlich eine Sicherung des schuldnerischen Vermögens. Nach der traditionellen Definition schließt Art. 1 Abs. 2 lit. b) Brüssel-Ia-VO die Anwendung der Verordnung daher für Verfahren aus, die – erstens – auf einer wirtschaftlichen Krise des Schuldners beruhen, zweitens als Kollektivverfahren ausgestaltet sind und – drittens – zu einer Sicherung des Schuldnervermögens führen.

Ausgehend von dieser Trias soll nun der Blick auf die hier interessierenden Restrukturierungsrahmen nach der Restrukturierungsrichtlinie gerichtet werden. Im Zentrum steht dabei die Frage, ob Sanierungsverfahren der Bereichsausnahme unterfallen, mit der Folge, dass die Brüssel-Ia-VO auf derartige Verfahren insgesamt keine Anwendung fände. Gänzlich abwegig erscheint dies freilich nicht, bedarf es doch nach der vorstehenden Definition des EuGH nicht unbedingt einer Zahlungseinstellung oder -unfähigkeit des Schuldners. Vielmehr wird neben diesen klassischen Insolvenzgründen[76] als dritte Alternative die Erschütterung des Kredits genannt, die problemlos auch in einem weiteren, das vorinsolvenzliche Stadium mit einschließenden Sinne verstanden werden könnte.[77] Insoweit erschiene es durchaus vertretbar, die wahrscheinliche Insolvenz, wie sie in Art. 1 Abs. 1 Nr. 1 und 4 Abs. 1 RRL als Zugangsschwelle für die Inanspruchnahme des Restrukturierungsrahmens vorausgesetzt wird, als eine solche Erschütterung des Kredits zu begreifen.

S. 4; vgl. auch *Madaus/Wessels*, Report on cross-border effects in European preventive restructuring, CERIL Collection I, S. 223 (233), die ein Abstimmungsdefizit sowohl gegenüber der EuInsVO als auch dem UNCITRAL model law on Cross-border Insolvency ausmachen.

[74] *Jenard*, Bericht zum EuGVÜ, S. 11; *Schlosser*, Bericht zum EuGVÜ, Rn. 54; vgl. auch *Kropholler/v. Hein*, EuZPR, EuGVO Art. 1 Rn. 32.

[75] Siehe dazu § 9, IV. (S. 204 ff.).

[76] Im deutschen Recht wirkt die Zahlungseinstellung freilich nicht als eigenständiger Insolvenzgrund, sondern begründet gem. § 17 Abs. 2 S. 2 InsO lediglich die Vermutung der Zahlungsunfähigkeit; das französische Insolvenzrecht stellt dagegen in Art. L.631-1 Satz 1 C.Com. – jedenfalls dem Wortsinn nach – auf die Einstellung der Zahlungen ab („cessation des paiements"), obgleich inhaltlich weitreichende Parallelen zur deutschen Zahlungsunfähigkeit bestehen, vgl. dazu *Dammann* in: BeckOK InsO, Internationales Insolvenzrecht – Frankreich Rn. 281, 285 sowie *ders.* in: MüKo-InsO, Länderberichte – Frankreich Rn. 129 f. und *Merle*, Insolvenzzwecke in Deutschland und Frankreich, S. 79, 355 ff.; das niederländische Recht stellt in Art. 1 Abs. 1 Fw. als Insolvenzgrund ebenfalls auf die Zahlungseinstellung ab, wobei diese nach dem objektiven Erscheinungsbild zu ermitteln ist und daher auch die Zahlungsunwilligkeit mit umfasst; vgl. dazu *Kern* NZI-Beil. 2021, 74 (74).

[77] So zum *Scheme of Arrangement Cranshaw* DZWIR 2012, 223 (230), der die Erschütterung des Kredits mit der drohenden Zahlungsunfähigkeit gleichsetzen will; kritisch dazu *Thole* ZGR 42 (2013) 109 (117).

Das Erfordernis des Vermögensbeschlags ist in der Definition des EuGH ebenfalls vergleichsweise offen formuliert. So genügt anstelle einer zwangsweisen Liquidation des Schuldnervermögens auch die – in ihrer Intensität und Effektivität nicht näher spezifizierte – gerichtliche Kontrolle. Der Wortsinn reicht daher ähnlich weit, wie die explizit auf die Eigenverwaltung zugeschnittene Variante in Art. 1 Abs. 1 UAbs. 1 lit. b) EuInsVO, sodass auch insoweit Raum verbliebe, vorinsolvenzliche Sanierungsinstrumente wie die mitgliedstaatlichen Restrukturierungsrahmen unter die Bereichsausnahme zu subsumieren.[78]

Was schließlich den Gesamtverfahrenscharakter angeht, so ist festzustellen, dass die Restrukturierungsrahmen je nach Ausgestaltung im nationalen Recht bzw. abhängig von der Auswahl der betroffenen Gläubiger durch den Schuldner durchaus als echte Kollektivverfahren ausgestaltet sein können. Bemerkenswert erscheint dabei, dass die vorgenannte Definition das Erfordernis der kollektiven Wirkung – jedenfalls bei rein semantischer Betrachtung – nur auf das Liquidationsverfahren bezieht, während für zweite Variante (der gerichtlichen Kontrolle) eine solche Einschränkung nicht vorgesehen ist. Ob die Verfasser damit tatsächlich zum Ausdruck bringen wollten, dass andere Verfahrensarten als zwangsweise Liquidationsverfahren mit vollständigem Vermögensbeschlag von der Verordnung auch dann ausgeschlossen sein sollten, wenn es ihnen am (echten) kollektiven Charakter fehlt und es insoweit nur auf die gerichtliche Kontrolle ankommen solle, erscheint zwar etwas zweifelhaft. Gleichwohl bleibt festzuhalten, dass die historisch gewachsene Definition der Bereichsausnahme durchaus Angriffspunkte liefern würde, um die Unanwendbarkeit der Brüssel-Ia-VO auf Restrukturierungsrahmen nach der Restrukturierungsrichtlinie zu begründen.

2. *Rückschlüsse aus der Einordnung des englischen Scheme of Arrangement*

Die Diskussion um die Reichweite des Art. 1 Abs. 2 lit. b) Brüssel-Ia-VO im Hinblick auf vorinsolvenzliche Unternehmenssanierungen ist keineswegs neu. Bislang entzündete sich die Kontroverse vor allem an der Behandlung des englischen *Scheme of Arrangement*, auf dessen Beliebtheit auch unter kontinentaleuropäischen Unternehmen bereits hingewiesen wurde.

---

[78] In diese Richtung *Cranshaw* DZWIR 2012, 223 (230), der im Zusammenhang mit dem englischen *Scheme of Arrangement* maßgeblich auf die Gerichtsbeteiligung im Rahmen der Planbestätigung abstellt; kritisch dazu *Thole* ZGR 42 (2013) 109 (117).

a) Die international-rechtliche Behandlung des englischen Scheme of Arrangement

Während Einigkeit darüber herrschte, dass das Verfahren – schon mangels Nennung in Anhang A[79] – nicht unter die EuInsVO fallen konnte, gab es durchaus Stimmen in der Literatur,[80] mitunter sogar englische Gerichtsentscheidungen,[81] die die Bereichsausnahme für einschlägig und daher die Brüssel-Ia-VO

---

[79] Vorrangig darauf abstellend *Cranshaw* DZWIR 2012, 223 (229); *Gebler* NZI 2010, 665 (668); *Hoffmann/Giancristofano* ZIP 2016, 1151 (1152); *Mankowski* WM 2011, 1201; *Prager/Ch. Keller* WM 2015, 805 (806); *Sax/Swierczok* in: Flöther, Sanierungsrecht, Rn. K.39; *Schümann-Kleber* IILR 2011, 447 (449); *Skauradszun/Nijnens* ICR 2019, 193 (197); *Thole* ZGR 42 (2013) 109 (114); (1202); *van Zwieten* in: Bork/Van Zwieten, EIR, Rn. 1.54; *v. d. Fecht* in: Knecht/Hommel/Wohlenberg, Handbuch Unternehmensrestrukturierung, S. 2133; *Westpfahl/Knapp* ZIP 2011, 2033 (2044); eine Anwendbarkeit der EuInsVO sowohl nach Art. 1 EuInsVO 2000 als auch deren Anhang verneinend *Bormann* NZI 2011, 892 (896); *Burger* in: FS Elsing, 771 (776); *Carli/Weissinger* DB 2014, 1474 (1476); *Eidenmüller/Frobenius* WM 2011, 1210 (1214); *Fischer* in: FS Vallender, 137 (139); *Freund*, Die Sanierung der Kapitalgesellschaft, S. 185; *Garcimartín* IILR 2011, 321 (329); *Husfeldt*, Das UK Solvent Scheme of Arrangement als Sanierungsinstrument für deutsche Gesellschaften, S. 95; *Petrovic* ZInsO 2010, 265 (267); *Schaloske* VersR 2009, 23 (27); *Schopper* in: FS Torggler, 1091 (1095); *Swierczok*, Das englische Scheme of Arrangement und seine Rezeption in Deutschland, S. 80 ff.; ohne weitere Begründung *Bork* IILR 2012, 477 (488); *Sax/Swierczok* ZIP 2016, 1945 (1946); *Schlegel* in: FS Graf-Schlicker, 381 (382); ebenfalls auf Anhang A abstellend, allerdings – insoweit fragwürdig – in Zusammenhang mit einer Anerkennung nach § 343 InsO *Laier* GWR 2011, 252 (254); für eine Subsumption unter § 343 InsO LG Rottweil, Urteil vom 17.05.2010 – 3 O 2/08, ZIP 2010, 1964; das *Scheme* als Insolvenzverfahren i. S. d. Neufassung von Art. 1 Abs. 1 EuInsVO einstufend, gleichwohl aber die Auslassung in Anhang A begrüßend *Parzinger* NZI 2016, 63 (65); ebenfalls eine Erfassung durch die reformierte EuInsVO bejahend *Husfeldt*, Das UK Solvent Scheme of Arrangement als Sanierungsinstrument für deutsche Gesellschaften, S. 99; *Prager/Ch. Keller* NZI 2013, 57 (58); zweifelnd hingegen *Thole* ZEuP 2014, 39 (47); verneinend *Madaus* KSzW 2015, 183 (190); vgl. zum Sonderfall des Einsatzes eines *Schemes* zur Beendigung einer *Administration* etwa *Gebler* NZI 2010, 665 (668) sowie ausführlich *Swierczok*, Das englische Scheme of Arrangement und seine Rezeption in Deutschland, S. 233 ff.; gegen eine (wegen des *Brexit* ohnehin nur noch während einer kurzen Übergangsphase in Betracht kommende) Anwendung der EuInsVO auf den 2020 neu eingeführten und finanziell angeschlagenen Unternehmen vorbehaltenen gruppenübergreifenden *cram-down* nach Part 26A CA ferner *Stiegler* NZI 2020, 717 (718).

[80] *Geimer* in: Zöller, ZPO, EuGVVO Art. 1 Rn. 43; *Lüke/Scherz* ZIP 2012, 1101 (1105); in der Tendenz wohl auch *Cranshaw* DZWIR 2012, 223 (230); *Heese*, Die Funktion des Insolvenzrechts im Wettbewerb der Rechtsordnungen, S. 83; *Schilling* in: BeckOK-InsO, Int. InsR – England Rn. 191.

[81] *Re DAP Holding NV* [2005] EWHC 2092 (Ch.) Rn. 14; *Re La Muttelles du Mans Assurances IARD* [2005] EWHC 1599 (Ch.) Rn. 10; aA *Re Rodenstock GmbH* [2011] EWHC 1104 (Ch.) Rn. 47 ff.; die konkursrechtliche Bereichsausnahme für den kürzlich eingeführten *Restructuring Plan* nach Part 26A CA für einschlägig haltend *Re Gategroup Guarantee Ltd.* [2021] EWHC 304 (Ch.) Rn. 102 f.

für unanwendbar hielten. Die herrschende Meinung sprach sich freilich für eine Anwendung der Brüssel-Ia-VO und – damit einhergehend[82] – für eine Anerkennung der Verfahrensergebnisse diesseits des Ärmelkanals qua europäischen IZVR aus.[83]

Argumentativ wurde dafür in erster Linie der gerade nicht insolvenz-, sondern gesellschaftsrechtliche Charakter des *Scheme of Arrangement* betont. Der Fokus lag ausgehend von der bereits dargestellten Umgrenzung der Bereichsausnahme in der Rechtssache *Gourdain/Nadler*[84] sowie den Berichten von *Jenard* und *Schlosser*[85] auf der ersten Voraussetzung der „Zahlungseinstellung, der Zahlungsunfähigkeit oder der Erschütterung des Kredits"; es fehlte an der wirtschaftlichen Krise des Schuldners als bestimmungsgemäßem Auslöser des Verfahrens. Diese Position wurde zwar teilweise noch durch den Hinweis untermauert, dass es sich mangels notwendiger Einbeziehung sämtlicher Gläubiger nicht um ein Kollektivverfahren handele.[86] Kernargument für eine Anwendbarkeit war jedoch, dass das *Scheme of Arrangement* gerade keine Insolvenz voraussetzt, was letztlich sogar in der Namensgebung („solvent Scheme") Niederschlag fand.[87]

Relativierend wurde bisweilen zu Bedenken gegeben, dass das englische *Scheme of Arrangement* keineswegs nur solventen Rechtsträgern offen stehe, sondern ebenso – vergleichbar dem hiesigen Insolvenzplanverfahren – einen Weg aus der materiellen Insolvenz bieten kann.[88] Selbst bei einem bereits anhängigen Insolvenzverfahren (z. B. einer sog. *Administration*) könne das

[82] Zum Erfordernis einer Entscheidung i. S. d. Art. 2 lit. a) Brüssel-Ia-VO siehe unten § 13, II., 2. (S. 380 ff.).

[83] *Carli/Weissinger* DB 2014, 1474 (1476); *Dammann* in: Paulus/Dammann, European Preventive Restructuring, Art. 1 Rn. 83; *Nagel/Gottwald*, IZPR, Rn. 3.32; *Parzinger* NZI 2016, 63 (65); *Schaloske* VersR 2009, 23 (27); *Skauradszun/Nijnens* ICR 2019, 193 (197); *Thole* ZGR 42 (2013) 109 (116); ohne weitere Begründung *Antomo* in: BeckOK-ZPO, Brüssel-Ia-VO Art. 1 Rn. 79; *Eidenmüller/Frobenius* WM 2011, 1210 (1214); *Garcimartín* IILR 2011, 321 (328); *Husfeldt*, Das UK Solvent Scheme of Arrangement als Sanierungsinstrument für deutsche Gesellschaften, S. 101; *Pfeiffer* in: Prütting/Gehrlein, Brüssel-Ia-VO Art. 1 Rn. 15; ausdrücklich nur die Qualifizierung als Vergleich i. S. d. Art. 1 Abs. 2 lit. b) Brüssel-I-VO ablehnend *Westpfahl/Knapp* ZIP 2011, 2033 (2044); implizit auch *Sax/Swierczok* ZIP 2016, 1945 (1946).

[84] EuGH, Urteil vom 22.02.1979, Rs. 133/78, *Gourdain/Nadler*, Slg. 1979, 733 Rn. 4 = RIW 1979, 273.

[85] *Jenard*, Bericht zum EuGVÜ, S. 11; *Schlosser*, Bericht zum EuGVÜ, Rn. 54.

[86] *Eidenmüller/Frobenius* WM 2011, 1210 (1214); in diese Richtung für den Begriff des Vergleichs i. S. d. Art. 1 Abs. 2 lit. b) Brüssel-Ia-VO auch *Lüke/Scherz* ZIP 2012, 1101 (1105).

[87] *Gottwald* in: MüKo-ZPO[5], Brüssel-Ia-VO Art. 1 Rn. 19; *Parzinger* NZI 2016, 63 (65); *Pfeiffer* in: Prütting/Gehrlein, Brüssel-Ia-VO Art. 1 Rn. 15; neben weiteren Erwägungen auch *Eidenmüller/Frobenius* WM 2011, 1210 (1214); *Mankowski* WM 2011, 1201 (1201).

[88] *Bork* ZEuP 2013, 136 (137); ebenso *Garcimartín* IILR 2011, 321 (325); unklar dagegen *Mankowski* WM 2011, 1201, der zwar einerseits explizit die Antragstellung durch den

Scheme of Arrangement noch eingesetzt und dadurch die Insolvenz überwunden werden.[89] Soweit zum Gelingen der angestrebten Restrukturierung ein Beitrag der Anteilseigner erforderlich war, insbesondere weil die Gläubiger nur unter dieser Voraussetzung ihrerseits bereit wären, Einschnitte hinzunehmen, seien *Scheme* und *Administration* häufig parallel angewandt worden, da – nach damaliger Rechtslage – nur letztere eine Einbeziehung der Mitgliedschaftsrechte gegen den (mehrheitlichen) Willen der Gesellschafter zuließen.[90] Der häufige Einsatz zur Sanierung bestandsgefährdeter Schuldner war dabei nicht nur der Beratungspraxis geschuldet, die das *Scheme* als Restrukturierungstool für (nicht nur englische) krisengebeutelte Unternehmen erkannt hatte. Sie ist in gewisser Weise auch durch die Bestätigungsvoraussetzungen determiniert. So wird die wirtschaftliche Lage der Gesellschaft vor allem bei der Beantwortung der Frage eine Rolle spielen, ob der Sanierungsplan „fair and reasonable" ist.[91] Denn warum sollte man die rechtmäßigen Forderungen der Gläubiger – und seien es nur die einer opponierenden Minderheit – gegen deren Willen beschneiden, solange der Schuldner keinerlei wirtschaftliche Schwierigkeiten zu befürchten hat?[92] Immerhin verlangen die englischen Gerichte für die Bestätigung des Plans regelmäßig unter anderem, dass ein „intelligent and reasonable bystander"[93], also ein einsichtiger und vernünftiger objektiver Dritter das *Scheme of Arrangement* befürworten würde.[94] Andererseits ist das

---

Administrator erwähnt (1202), andererseits aber davon ausgeht, Subjekt eines *Schemes* könne nur eine solvente, keine insolvente Gesellschaft sein (1203).

[89] *Bork* ZEuP 2013, 132 (137); *Eidenmüller/Frobenius* WM 2011, 1210 (1211); wohl auch *Mankowski* WM 2011, 1201 (1202); vgl. dazu auch das Antragsrecht des *Administrators* oder *Liquidators* einer sich bereits im Abwicklungsstadium befindlichen Gesellschaft in Sec. 896 (2)(c) und (d) CA.

[90] *Westpfahl/Knapp* ZIP 2011, 2033 (2038).

[91] Zu diesem Erfordernis etwa *Eidenmüller/Frobenius* WM 2011, 1210 (1212); wie hier *Braun*, Die vorinsolvenzliche Sanierung von Unternehmen, S. 605; ansatzweise auch *Petrovic* ZInsO 2010, 265 (267).

[92] Mit ähnlichen Erwägungen *Steffek*, Gläubigerschutz in der Kapitalgesellschaft, S. 138; in dieselbe Richtung, außerhalb einer Krise die Konsensfähigkeit unter den Gläubigern in Frage ziehend *Bork* ZIP 2017, 1441 (1448) und *Husfeldt*, Das UK Solvent Scheme of Arrangement als Sanierungsinstrument für deutsche Gesellschaften, S. 151; *Derksen*, Die Unternehmenssanierung innerhalb und außerhalb der Insolvenz, S. 514 will sogar einen eigenständigen Prüfungspunkt der Erforderlichkeit des *Schemes* ausmachen, wonach einem „unnötigen" *Scheme* in der Regel die Bestätigung zu versagen wäre.

[93] Vgl. *Re Alabama, New Orleans, Texas & Pacific Junction Railway Co* [1891] 1 Ch. 213 (247); *Re English Scottish and Australian Chartered Bank* [1893] 3 Ch. 385 (399); *Re Anglo Continental Supply Co Ltd* [1922] 2 Ch. 723 (728); *Re Dorman Long & Co Ltd* [1934] Ch. 635 (655 f.); *Re NFU Development Trust* [1972] 1 WLR 1548 (1554); *Re Abbey National Plc* [2004] EWHC 2776 (Ch.) Rn. 15.

[94] *Eidenmüller/Frobenius* WM 2011, 1210 (1212); *Paulus* ZIP 2011, 1077 (1078); vgl. auch *Swierczok*, Das englische Scheme of Arrangement und seine Rezeption in Deutschland, S. 42, sowie *Westpfahl/Knapp* ZIP 2011, 2033 (2042); hierzulande hat die angeblich allzu

Scheme of Arrangement keineswegs auf die Restrukturierung wirtschaftlich angeschlagener Unternehmen begrenzt, auch wenn darin der praktische Hauptanwendungsfall bestehen mag.[95] Denn es kann durchaus andere legitime Gründe dafür geben, die Rechte der Gläubiger auf eine neue, rechtssichere Grundlage zu stellen, wie es etwa bei gesellschaftsrechtlichen Umstrukturierungen der Fall ist.[96] Eine Insolvenz setzt das englische *Scheme of Arrangement* insofern nicht voraus, auch nicht eine nur wahrscheinliche.[97]

Anders hingegen der 2020 neu eingeführte *Restructuring Plan* nach Part 26A CA. Er steht nach Sec. 901A (1) und (2) CA nur zur Verfügung, wenn sich die Schuldnergesellschaft in finanziellen Schwierigkeiten befindet, die ihre Fähigkeit zur Fortführung des Unternehmens gefährden (könnten), oder der Eintritt einer solchen Lage in der Zukunft wahrscheinlich ist.[98] In der ersten Entscheidung zur international-zivilverfahrensrechtlichen Einordnung des *Restructuring Plans* – es wird angesichts des Vollzugs des *Brexit* wohl auch die einzige bleiben – wurde die konkursrechtliche Bereichsausnahme daher für einschlägig erachtet.[99] Maßgeblich war für *Justice Zacaroli* dabei nicht zuletzt

---

bestätigungsfreundliche Handhabung der gerichtlichen Prüfungskompetenz allerdings bisweilen scharfe Kritik hervorgerufen, so etwa bei *Lüke/Scherz* ZIP 2012, 1101 (1109), die in der Praxis der englischen Gerichte – jedenfalls auf Grundlage der veröffentlichten Entscheidungen – eine zu starke Fokussierung auf Verfahrensverstöße ausmachen wollen; ebenfalls eine Zurückhaltung bei der Genehmigungsverweigerung konstatierend, allerdings ohne daran Kritik zu äußern *Bork*, Sanierungsrecht in Deutschland und England, Rn. 17.64; *ders.* IILR 2012, 477 (486) sowie *Husfeldt*, Das UK Solvent Scheme of Arrangement als Sanierungsinstrument für deutsche Gesellschaften, S. 81; zu neueren Tendenzen hin zu einem strengeren Prüfungsmaßstabs unter dem Einfluss des 2015 zur *Chancery Division* am *High Court* ernannten Richters *Snowden* siehe *Hoffmann/Giancristofano* ZIP 2016, 1151 (1153) mit Verweis auf dessen Ausführungen in *Re Van Gansewinkel Groep* [2015] EWHC 2151 (Ch.) Rn. 24; dies relativierend dagegen *Sax/Swierczok* ZIP 2016, 1945 (1947 ff.).

[95] *Eidenmüller/Frobenius* WM 2011, 1210 (1211); *Westpfahl/Knapp* ZIP 2011, 2033 (2037); unklar dagegen *Mankowski* WM 2011, 1201, der zwar einerseits betont, dass ein Insolvenzgrund nicht vorliegen muss (1201), das Ziel des *Schemes* aber andererseits darin sieht, die Verbindlichkeiten zu senken und eine Insolvenz zu vermeiden (1203).

[96] *Bork* ZEuP 2013, 132 (137) mit beispielhaftem Verweis auf *Re Halcrow Holdings Ltd* [2011] EWHC 3662 (Ch); ausführlich *Gullifer/Payne*, Corporate Finance Law, S. 746 ff.; *Schillig* in: BeckOK-InsO, Int. InsR – England, Rn. 29; *Westpfahl/Knapp* ZIP 2011, 2033 (2037).

[97] *Carli/Weissinger* DB 2014, 1474 (1474); *Eidenmüller/Frobenius* WM 2011, 1210 (1212, 1214); *Mankowski* WM 2011, 1201 (1201); *Westpfahl/Knapp* ZIP 2011, 2033 (2037); vgl. nunmehr in Abgrenzung zum neuen *Restructuring Plan* nach PArt. 26A CA auch *Re Gategroup Guarantee Ltd.* [2021] EWHC 304 (Ch.) Rn. 120.

[98] Im Wortlaut fordert die Norm folgende Krisensituation: „the company has encountered, or is likely to encounter, financial difficulties that are affecting, or will or may affect, its ability to carry on business as a going concern".

[99] *Re Gategroup Guarantee Ltd.* [2021] EWHC 304 (Ch.) Rn. 137; am Rande befassten sich auch schon die Entscheidungen *Re DeepOcean 1 UK Ltd.* [2020] EWHC 3549 (Ch.) Rn. 36 ff. und *Virgin Re Atlantic Airways Ltd.* [2020] EWHC 2376 (Ch.) Rn. 57 ff. mit der

das materiell-rechtliche Erfordernis einer gewissen Insolvenznähe, die den *Restructuring Plan* seiner Ansicht nach entscheidend vom *Scheme of Arrangement* nach Part 26 CA abhebe.[100]

b) Übertragung auf den Restrukturierungsrahmen?

Vor allem *Skauradszun* hat sich in Anlehnung an die Vorarbeiten zum englischen *Scheme of Arrangement* dafür ausgesprochen, Restrukturierungsrahmen nach der Restrukturierungsrichtlinie, soweit diese außerhalb der EuInsVO liegen, nicht unter die Bereichsausnahme des Art. 1 Abs. 2 lit. b) Brüssel-Ia-VO zu fassen; die Brüssel-Ia-VO wäre danach anwendbar.[101] Der Restrukturierungsrahmen setze keine Insolvenz voraus, sondern strebe gerade deren Verhinderung an.[102] Außerdem sei eine Restrukturierung, wie sie in Art. 2 Abs. 1 Nr. 1 RRL umschrieben ist, im Wesentlichen unternehmensrechtlicher Natur.[103] Ein Plan könne überdies auch gerichtsfrei verabschiedet werden, wodurch eine besondere Nähe zum Vertragsrecht offenbar werde.[104] Das alles lässt sich letztlich zu einem zentralen Argument zusammenfassen: der Restrukturierungsrahmen nach der Restrukturierungsrichtlinie weise nicht den erforderlichen Insolvenzbezug auf, auf den Art. 1 Abs. 2 lit. b) Brüssel-Ia-VO abstellt. Angesichts der bestechenden Ähnlichkeiten zwischen *Scheme of Arrangement* und Restrukturierungsrichtlinie – manche Autoren sprechen gar davon, ersteres habe der Kommission als Blaupause gedient[105] – war die Übertragung der Argumentation auf die neuartigen Restrukturierungsrahmen zu erwarten. Dass diese Parallele erwogen wird, ist denn auch grundsätzlich zu begrüßen, da in der damaligen Debatte wertvolle Vorarbeiten geleistet wurden, die nun auch im Hinblick auf die grenzüberschreitende Dimension der neuartigen Restrukturierungsrahmen fruchtbar gemacht werden können. Dabei darf allerdings nicht übersehen werden, dass die Restrukturierungsrichtlinie sich an einigen Stellen doch recht grundlegend von der englischen Spielart vorinsolvenzlicher Unternehmensrestrukturierungen unterscheidet und zudem die international-

---

internationalen Zuständigkeit englischer Gerichte für die Durchführung eines *Restructuring Plans* nach Part 26A CA.

[100] *Re Gategroup Guarantee Ltd.* [2021] EWHC 304 (Ch.) Rn. 120.

[101] *Skaudaszun* ZIP 2019, 1501 (1503); ähnlich *Skauradszun/Nijnens* ICR 2019, 193 (197); ebenfalls die Parallele zum *Scheme of Arrangement* ziehend, aber ohne eindeutiges Ergebnis *Schlöder/Parzinger/Knebel* ZIP 2021, 1041 (1043).

[102] *Skaudaszun* ZIP 2019, 1501 (1503); *ders.* in: BeckOK-StaRUG, § 84 Rn. 66; *Skauradszun/Nijnens* ICR 2019, 193 (197); *dies.* 7 (2019) NIBLeJ 1 (14).

[103] *Skaudaszun* ZIP 2019, 1501 (1503); siehe auch *Skauradszun/Nijnens* ICR 2019, 193 (197): „The framework [...] seems to be more of a corporate law procedure than an insolvency law one".

[104] *Skaudaszun* ZIP 2019, 1501 (1503); *ders.* in: BeckOK-StaRUG, § 84 Rn. 70.

[105] *Sax/Swierczok* ZIP 2016, 1945 (1945); *dies.* in: Flöther, Sanierungsrecht, Rn. K.2; ähnlich *dies.* ZIP 2017, 601 (601).

zivilverfahrensrechtliche Landschaft in der Zwischenzeit eine nicht unerhebliche Umgestaltung erfahren hat. Es scheint daher eine differenziertere Betrachtung notwendig.[106]

(1) *Ausgestaltung der Restrukturierungsinstrumente*

Zunächst ist festzustellen, dass der Restrukturierungsrahmen inhaltlich an einigen Stellen weit über das unter einem *Scheme of Arrangement* verfügbare Sanierungsinstrumentarium hinausgeht. Dies gilt insbesondere für die in Art. 6 Abs. 1 RRL vorgesehene Aussetzung von Einzelzwangsvollstreckungsmaßnahmen sowie die Möglichkeit der Überstimmung nicht nur einzelner opponierender Gläubiger, sondern ganzer Klassen im Wege des sog. *cross-class cram-down.* Während jüngst auch im englischen Recht entsprechende Mechanismen eingeführt wurden,[107] konnten sie bislang im Rahmen eines *Scheme of Arrangement* nicht in Anspruch genommen werden, ohne das Restrukturierungsverfahren mit einem Insolvenzverfahren zu verbinden, was wiederum die Anwendbarkeit der vorrangigen EuInsVO zur Folge hatte.[108] Vor allem die Verfügbarkeit eines Moratoriums unter dem Restrukturierungsrahmen weckt dabei zweifellos Assoziationen zum Ablauf eines klassischen Insolvenzverfahrens. Aber auch die kollektive Bindung aller (beteiligten) Gläubiger(gruppen) durch Mehrheitsentscheid rückt das Restrukturierungsverfahren wesentlich näher an die von der EuInsVO erfassten Gesamtverfahren, als dies bislang für das englische *Scheme of Arrangement* der Fall war. Insofern lassen sich Restrukturierungsrahmen und *Scheme of Arrangement* bereits im Hinblick auf ihre Rechtsfolgen nur bedingt miteinander vergleichen.

(2) *Die wahrscheinliche Insolvenz als Zugangsschwelle*

Betrachtet man nun die Eingangsvoraussetzung, so ist die Restrukturierungsrichtlinie wesentlich enger gefasst als das englische *Scheme of Arrangement.* Während letzteres an die wirtschaftliche Situation des Unternehmens keinerlei

---

[106] Ebenfalls Vorbehalte gegenüber einer pauschalen Übertragung äußernd *Schlöder/Parzinger/Knebel* ZIP 2021, 1041 (1043).

[107] Vgl. zur Einfügung des sog. *Restructuring Plan* als vorinsolvenzliche Spielart des *Scheme of Arrangement* in Part 26A CA, der im Falle von „financial difficulties" die Überstimmung von Gläubigergruppen („cross-class cram-down") sowie die Ausschließung von Anteilseignern oder Gläubigergruppen erlaubt, die aufgrund ihrer Stellung in einem Liquidationsverfahren kein echtes wirtschaftliches Interesse am Unternehmen mehr haben, sowie zur Einführung eines entsprechenden Moratoriums durch den *Corporate Insolvency and Governance Act 2020 Tashiro* NZI-Beil. 2021, 77 (77 f.); *Stiegler* NZI 2020, 717 (718); zu letzterem auch *Bork*, Pre-insolvency moratoria – a legal comparison (abrufbar unter <https://eirjournal.com/content/EIRJ-2021-9>, Stand Oktober 2022).

[108] Siehe nur *Köth*, Vorinsolvenzliches Sanierungsverfahren und alternative Reformmodelle, S. 368; *Tashiro* NZI-Beil. 2021, 77 (77).

konkrete Anforderungen stellt, eröffnet Art. 4 Abs. 1 RRL den Zugang zu den Sanierungsinstrumenten nur in einer wirtschaftlichen Krise, namentlich bei einer wahrscheinlichen Insolvenz. Es soll an dieser Stelle freilich nicht unterschlagen werden, dass die Richtlinie aufgrund ihres mindestharmonisierenden Ansatzes die Mitgliedstaaten keineswegs daran hindert, Reorganisationsverfahren auch ohne materielle Zugangsschwelle anzubieten, was Art. 4 Abs. 5 RRL eigens klarstellt.[109] Gleichwohl ist der Restrukturierungsrahmen anders als das *Scheme of Arrangement* nicht vielseitig einsetzbar, sondern auf einen konkreten Zweck limitiert: er dient in einer wirtschaftlichen Krise des Schuldners der Abwendung einer ansonsten drohenden materiellen Insolvenz, wobei es nach Art. 2 Abs. 2 lit. b) RRL den Mitgliedstaaten obliegt, den Begriff der wahrscheinlichen Insolvenz auszufüllen.

Der deutsche Gesetzgeber hat sich diesbezüglich für die drohende Zahlungsunfähigkeit entschieden, von der gem. § 29 Abs. 1 StaRUG die Inanspruchnahme der Restrukturierungsinstrumente abhängt.[110] Als Eintrittsschwelle in das präventive Restrukturierungsverfahren wurde damit ein Zustand gewählt, der bislang als nahezu[111] ausschließlich insolvenzrechtliche Kategorie galt und dem nach wie vor eine nicht unerhebliche Bedeutung innerhalb des Insolvenzrechts zukommt. So ist die drohende Zahlungsunfähigkeit gem. § 18 InsO bei einem Eigenantrag Insolvenzgrund und öffnet damit den Zugang zum Insolvenzverfahren.[112] Strebt der Schuldner ein Schutzschirmverfahren nach § 270d InsO n. F. an, darf nur eine Überschuldung oder drohende, nicht aber eine eingetretene Zahlungsunfähigkeit vorliegen. Gleichzeitig wird die drohende Zahlungsunfähigkeit auch innerhalb des Insolvenzanfechtungsrechts relevant, da

---

[109] *H.-F. Müller* ZGR 47 (2018) 56 (63); dies rechtspolitisch befürwortend *Eidenmüller* KTS 75 (2014) 401 (413 f.); in diese Richtung auch *Sax/Ponseck/Swierczok* BB 2017, 323 (325).

[110] Ob dies auch für die außergerichtliche Annahme von Restrukturierungsplänen nach den §§ 2 ff. StaRUG gilt, muss in systematischer wie auch teleologischer Hinsicht bezweifelt werden; die in § 14 Abs. 1 StaRUG normierte Pflicht des Schuldners, zu bescheinigen, dass durch den Plan die drohende Zahlungsunfähigkeit beseitigt werde, stellt demnach wohl ein Redaktionsversehen seitens des Gesetzgebers dar; wie hier wohl im Ergebnis auch *Pluta* NZI-Beil. 2021, 22 (23).

[111] Hingewiesen sei allerdings auf die Rechtsprechungslinie „Sanieren oder Ausscheiden", im Rahmen derer dem Stadium der drohenden Zahlungsunfähigkeit ebenfalls entscheidende Bedeutung zukommen soll, da sich aus ihr für eine Zustimmungspflicht erforderliche Sanierungsbedürftigkeit der Gesellschaft ableiten lässt; vgl. dazu BGH, Urteil vom 25.01.2011 – II ZR 122/09, NJW 2011, 1667 Rn. 24 sowie Urteil vom 09.06.2015 – II ZR 420/13, NJW 2015, 2882 Rn. 18.

[112] Zur Europarechtskonformität der drohenden Zahlungsunfähigkeit als Zugangsschwelle zum Restrukturierungsrahmen und zugleich als Insolvenzgrund vgl. mit Hinweis auf Art. 4 Abs. 5 RRL *Haffa/Schuster* in: Braun, StaRUG, § 29 Rn. 20 ff; kritisch hingegen *Hölzle* ZIP 2017, 1307 (1310); *H.-F. Müller* ZGR 47 (2018) 56 (62); *Sax/Ponseck/Swierczok* BB 2017, 323 (325).

deren Kenntnis gem. § 133 Abs. 1 S. 2 InsO der Kenntnis des Benachteiligungsvorsatzes des Schuldners gleichsteht. Insoweit lässt sich die Behauptung, die Inanspruchnahme des Restrukturierungsrahmens setze gerade keine Insolvenz voraus, nur dann aufrechterhalten, wenn man unter letzterer einen Zustand versteht, in dem der Schuldner gegen seinen eigenen Willen in ein Insolvenzverfahren gedrängt werden kann – sei es durch einen Gläubigerantrag oder eine entsprechende Antragspflicht.[113]

Auf Grundlage von Art. 1 Abs. 1 lit. a) und Art. 4 Abs. 1 RRL erscheint eine solche Interpretation noch durchaus konsequent, sollen durch den Restrukturierungsrahmen doch präventive Mechanismen eingeführt werden, die Schuldnern in finanziellen Schwierigkeiten bei einer wahrscheinlichen Insolvenz zur Verfügung stehen, um die Insolvenz zu verhindern. Immerhin könnte ein rechtliches Instrument, dessen Inanspruchnahme an einen Zustand der Insolvenz geknüpft ist, nicht der präventiven Abwendung, sondern allenfalls der nachträglichen Beseitigung ebendieser Insolvenz dienen. Die Richtlinie geht demnach offenbar davon aus, dass sich die wahrscheinliche von der tatsächlichen Insolvenz unterscheidet,[114] ihr mithin zeitlich und qualitativ vorgelagert ist.[115] Andererseits scheint die Richtlinie ein weitreichenderes Insolvenzverständnis vorauszusetzen. So formuliert Erwägungsgrund (24) S. 2:

> „Ein Restrukturierungsrahmen sollte zur Verfügung stehen, bevor ein Schuldner nach nationalem Recht insolvent wird, das heißt, bevor der Schuldner nach nationalem Recht die Voraussetzungen für die Eröffnung eines Gesamtverfahrens erfüllt, das die Insolvenz des Schuldners voraussetzt und in der Regel den vollständigen Vermögensbeschlag gegen den Schuldner sowie die Bestellung eines Verwalters zur Folge hat".

Von Antragspflicht oder Fremdantrag ist hier – jedenfalls ausdrücklich – keine Rede.[116] Abgestellt wird auf den Zeitpunkt, ab dem ein Eintritt ins Insolvenzverfahren möglich ist, und das ist nach deutschem Recht eben schon bei der drohenden Zahlungsunfähigkeit der Fall. Ist die deutsche Umsetzung also am Ende richtlinienwidrig? Diese Diskussion ist – nicht zuletzt wegen der Überschneidungen zwischen drohender Zahlungsunfähigkeit und Überschuldung – zu vielschichtig, um sie an dieser Stelle umfassend auszubreiten.

Jedenfalls Art. 4 Abs. 5 RRL aber weist in eine andere Richtung. Denn wenn es den Mitgliedstaaten gestattet ist, neben dem Restrukturierungsrahmen in Umsetzung der Richtlinie auch anderweitige Sanierungsverfahren vorzuhalten,

---

[113] So wohl, die drohende Zahlungsunfähigkeit als Vorfeldtatbestand zur eigentlichen Insolvenz bezeichnend *Freitag* ZIP 2019, 541 (546); *K. Schmidt* in: K. Schmidt, InsO, § 18 Rn. 5; aA *H.-F. Müller* ZGR 47 (2018) 56 (62).

[114] Daraus ein Abstandsgebot ableitend *Freitag* ZIP 2019, 541 (546); ähnlich *Pluta* NZI-Beil. 2021, 22 (22).

[115] In diese Richtung auch *Flöther/Wilke* NZI-Beil. 2019, 80 (80); *Haffa/Schuster* in: Braun, StaRUG, § 29 Rn. 11.

[116] Ebenso *Goetker* in: Flöther, Sanierungsrecht, Rn. E.67.

kann es nicht darauf ankommen, ob diese begrifflich als Insolvenzverfahren gelten und/oder systematisch der Insolvenzgesetzgebung entspringen. Die Richtlinie zielt darauf ab, dem Schuldner ein bestimmtes Verfahren zur Verfügung zu stellen, das in Eigenverwaltung durchgeführt werden kann, unter dem ein Vollstreckungsstopp offensteht und in dem Gläubiger durch Mehrheitsentscheid Restrukturierungspläne annehmen können. Dem Schuldner soll damit ein Instrumentarium an die Hand gegeben werden, mittels dessen er sein Unternehmen sanieren kann, ehe eine Liquidation unausweichbar wird. Art. 4 Abs. 5 RRL kann mithin nur dahingehend verstanden werden, dass die Mitgliedstaaten durchaus auch andere Sanierungsverfahren anbieten können, die den Anforderungen der Richtlinie nicht genügen. Insoweit ist jedenfalls die Verfügbarkeit der Eigenverwaltung sowie des Schutzschirmverfahrens zur Vorbereitung eines Insolvenzplans bei drohender Zahlungsunfähigkeit – zumal eine Eröffnung nur auf Eigenantrag erfolgt – europarechtlich unproblematisch. Denn hier hat der Schuldner weiterhin die Wahl, auf den Restrukturierungsrahmen nach der Restrukturierungsrichtlinie zurückzugreifen, oder die herkömmlichen Instrumente des nationalen Insolvenzrechts zu nutzen. Überdies wäre eine solche Interpretation auch ohne Weiteres mit dem soeben erwähnten Erwägungsgrund (24) S. 2 vereinbar. Denn ein Verfahren in Eigenverwaltung hat gerade nicht den vollständigen Vermögensbeschlag zur Folge, sondern nur eine Beschränkung der schuldnerischen Befugnisse. Außerdem könnte man der Formulierung „gegen den Schuldner" durchaus auch ein Element der Fremdbestimmung entnehmen. Das umschriebene und vermeidungswürdige Szenario der Insolvenz bestünde dann in einer Lage, in der entweder Fremdanträge zulässig oder die Mitglieder der Geschäftsleitung zum Eigenantrag verpflichtet sind. Insoweit spricht einiges dafür, den Begriff der Insolvenz im Kontext des Art. 4 Abs. 1 RRL vergleichsweise eng zu verstehen und ihn gerade vom vorinsolvenzlichen Bereich abzugrenzen. Das von *Skauradszun* vorgebrachte Argument, der Restrukturierungsrahmen setze gerade keine Insolvenz voraus,[117] ist aus dieser Perspektive durchaus zutreffend.

Andererseits lässt Art. 1 Abs. 1 UAbs. 2 EuInsVO bereits die wahrscheinliche Insolvenz genügen, um von einem Insolvenzverfahren zu sprechen. Insofern werden dort wahrscheinliche und eingetretene Insolvenz für die international-verfahrensrechtliche Einordnung – und um nichts anderes geht es vorliegend – gleichgesetzt. Im Übrigen wird man unter teleologischen Gesichtspunkten sogar innerhalb der Richtlinie dazu gelangen müssen, dass der Terminus der „Insolvenz" nicht einheitlich, sondern nach dem jeweiligen Regelungszusammenhang auszulegen ist. Zwar mag die materielle Insolvenz in Art. 4 Abs. 1 RRL das *worst case*-Szenario umschreiben, das zur zwangsweisen, also fremdbestimmten Liquidation des Schuldners führen würde und das es daher

---

[117] *Skaudaszun* ZIP 2019, 1501 (1503); *Skauradszun/Nijnens* ICR 2019, 193 (197); *dies.* 7 (2019) NIBLeJ 1 (14).

zur Bewahrung bestandfähiger Unternehmen zu vermeiden gilt. Zugleich dient das Merkmal der Insolvenz in Art. 7 Abs. 9 UAbs. 1 lit. d) RRL aber als Zumutbarkeitsgrenze, bis zu der Gläubiger die Aussetzung von Einzelzwangsvollstreckungsmaßnahmen hinzunehmen haben. In Art. 20 RRL wiederum ist die Insolvenz Voraussetzung, um in den Genuss einer Entschuldung zu gelangen. Die unterschiedlichen Schutzrichtungen legen ein auf das jeweilige Regelungsanliegen abgestimmtes Begriffsverständnis nahe, sodass es der Verwendung in unterschiedlichen Kontexten innerhalb der Richtlinie entsprechen dürfte, den Begriff der Insolvenz nicht – wie es Art. 2 Abs. 2 lit. a) RRL suggerieren mag – einheitlich, sondern differenziert zu interpretieren.[118] Solche unterschiedlichen Ausprägungen des Insolvenzbegriffs innerhalb des europäischen Sekundärrechts, ja sogar innerhalb der Richtlinie, relativieren die pauschale Aussage, ein Restrukturierungsrahmen erfordere keine – wie auch immer verstandene – Insolvenz des Schuldners.

Die Behauptung, der Restrukturierungsrahmen setze eine Insolvenz nicht voraus, mag daher unter dem Blickwinkel des Art. 4 Abs. 1 RRL, der gerade eine Vermeidung der Insolvenz anstrebt, einiges für sich haben. Bereits bei der Betrachtung der Verwendung des Terminus „Insolvenz" an anderen Stellen der Richtlinie ergeben sich am Mehrwert dieser Feststellung allerdings erhebliche Zweifel. Spätestens die Heranziehung der Wertungen der EuInsVO macht schließlich deutlich, dass der Anknüpfung an die wahrscheinliche anstatt die materielle Insolvenz als sachrechtliche Zugangsschwelle auf international-privatverfahrensrechtlicher Ebene keine durchschlagende Bedeutung zukommen kann.[119]

(3) Die Rechtsnatur des Restrukturierungsrahmens

Eng mit der Frage nach der Auslösungsschwelle des Restrukturierungsverfahrens verbunden ist dessen Einordnung in ein bestimmtes Rechtsgebiet. Das englische *Scheme of Arrangement* wird wegen seiner systematischen Verortung in Part 26 des *Companies Act* und nicht zuletzt auch aufgrund der vielsei-

---

[118] In diese Richtung auch *Eckelt*, Der präventive Restrukturierungsrahmen, S. 571, 573, der es für die Aufhebung der Vollstreckungssperre ausreichen lassen will, dass die Fortsetzung bei dem betroffenen Gläubiger eine „veritable Unternehmenskrise [hervorrufen würde], die zu seiner Insolvenz führen kann", was letztlich eher der wahrscheinlichen als der eingetretenen Insolvenz entspräche; für den Begriff der „Wahrscheinlichkeit der Insolvenz" hingegen eine (für Art. 3, 4 und 19 RRL) einheitliche Auslegung innerhalb der Richtlinie befürwortend *Goetker* in: Flöther, Sanierungsrecht, Rn. E.59.

[119] Ebenfalls kritisch *Schlöder/Parzinger/Knebel* ZIP 2021, 1041 (1043).

tigen Einsatzmöglichkeiten teilweise als gesellschaftsrechtliches Institut aufgefasst.[120] Zugleich wird unter Hinweis auf die notwendige Zustimmung der Gläubigermehrheit vielerorts die besondere Nähe zum Vertragsrecht hervorgehoben.[121] Für den Restrukturierungsrahmen liegen die Dinge freilich ungleich komplizierter. Soweit vereinzelt diesbezüglich eine unternehmensrechtliche Qualifikation vorgeschlagen wurde,[122] entlarvt sich dies wohl eher als Pseudo-Argument, handelt es sich bei der Kategorie des Unternehmensrechts doch um eine Schnittmenge verschiedenster Rechtsbereiche, etwa des Handels-, Gesellschafts- und Kapitalmarkt-, aber eben auch des Unternehmensinsolvenzrechts. Für die Frage, welchem dieser Gebiete der Restrukturierungsrahmen nun konkret zuzuordnen ist, liefert die Qualifikation als Materie des Unternehmensrechts keine Antwort. Die europäischen Vorgaben sind insoweit ohnehin indifferent, macht es doch gerade das Wesen einer Richtlinie aus, den Mitgliedstaaten die Umsetzung und Ausgestaltung des Rechts zu überlassen, was letztlich auch durch Art. 4 Abs. 5 RRL bestätigt wird.[123] Die Frage der Einordnung des Restrukturierungsrahmens in ein bestimmtes Rechtsgebiet soll an dieser Stelle daher nicht weiter vertieft werden. Schließlich ergäbe sich aus einer solchen Qualifikation für die international-zivilverfahrensrechtliche Behandlung des Restrukturierungsrahmens keinerlei Mehrwert.

(4) Die Umgestaltung des international-zivilverfahrensrechtlichen Referenzrahmens durch die Reform der EuInsVO 2015

Die Untersuchung der Reichweite des Konkursvorbehalts und dessen Auswirkungen auf die international-rechtliche Behandlung der nationalen Restrukturierungsrahmen nach der Restrukturierungsrichlinie sollte sich daher von den einzelnen zum *Scheme of Arrangement* vorgebrachten Argumenten lösen und eine gesamtheitliche Lösung suchen. Dabei wollen vor allem die zwischenzeitlichen Änderungen der EuInsVO gerade mit Blick auf vorinsolvenzliche Sanierungsverfahren und ihre Implikationen für die Auslegung der Brüssel-Ia-VO bedacht werden.[124] Immerhin wurde der Anwendungsbereich der EuInsVO

---

[120] *Skauradszun/Nijnens* ICR 2019, 193 (198); für die Gesellschafter einbeziehende *Schemes* auch *Eidenmüller/Frobenius* WM 2011, 1210 (1215); vgl. ferner zur teilweise befürworteten Heranziehung des gesellschaftsrechtlichen Gerichtsstandes in Art. 24 Nr. 2 Brüssel-Ia-VO noch § 11, II., 4. (S. 246 ff.).

[121] *Eidenmüller/Frobenius* WM 2011, 1210 (1216); *Paulus* ZIP 2011, 1077 (1081); *Petrovic* ZInsO 2010, 265 (271); vgl. auch *Mankowski* WM 2011, 1201 (1207 f.).

[122] *Skaudaszun* ZIP 2019, 1501 (1503); kritisch auch *Schlöder/Parzinger/Knebel* ZIP 2021, 1041 (1044).

[123] Für die Qualifikation als unternehmensrechtliches Institut dagegen auf Ebene der Richtlinie, insbesondere der Vorgaben des Art. 2 Abs. 1 lit. a) RRL ansetzend *Skaudaszun* ZIP 2019, 1501 (1503).

[124] Darauf zutreffend mit Nachdruck hinweisend *Thole* in: Brünkmans/Thole, Handbuch Insolvenzplan, § 40 Rn. 73

und damit mittelbar auch die Bedeutung des Begriffs eines Insolvenzverfahrens im europäischen IZVR durch die Reform 2015 erheblich erweitert, sodass nunmehr – wie bereits am Beispiel der öffentlich bekanntzumachenden Restrukturierungsrahmen gezeigt wurde – auch Eigenverwaltungs- und Sanierungsverfahren mit einbezogen sind. Die Stellungnahmen zur Einordnung des englischen *Scheme of Arrangement* stammen hingegen mehrheitlich aus der Zeit vor 2015 und konnten die sich dadurch ergebenden Implikationen daher noch nicht berücksichtigen. Eine Untersuchung des bestehenden europäischen Rechtsrahmens für grenzüberschreitende Restrukturierungen muss sich damit insbesondere mit dem Verhältnis der beiden Regelwerke zueinander und den gegenseitigen Implikationen auseinandersetzen. Dabei wird sich zeigen, dass der Regelung des Art. 1 Abs. 1 UAbs. 1 und 2 EuInsVO bei der Auslegung des Art. 1 Abs. 2 lit. b) Brüssel-Ia-VO eine kaum überschätzbare Bedeutung zukommt.

3. Die Negativabgrenzung anhand von Art. 1 Abs. 1 UAbs. 1 und 2 EuInsVO

Nach den Vorstellungen des Unionsgesetzgebers sollten sich EuInsVO und Brüssel-Ia-VO in ihren Anwendungsbereichen derart ergänzen, dass Rechtslücken zwischen den beiden Regelwerken so weit als möglich vermieden werden.[125] In der Literatur wird dieser Zusammenhang zwar vielfach zur Ermittlung der Reichweite der konkursrechtlichen Bereichsausnahme herangezogen.[126] Zumeist wird jedoch nur schlagwortartig auf die Vermeidung von Lücken im europäischen IZVR hingewiesen, ohne eine tiefere Auseinandersetzung mit den Wechselwirkungen zwischen Art. 1 Abs. 2 lit. b) Brüssel-Ia-VO einerseits und dem Anwendungsbereich der EuInsVO andererseits erkennen zu lassen.[127] Ausgehend von der historischen Konzeption des Konkursvorbehalts wird daher im Folgenden aufgezeigt, dass dieser durch Inkrafttreten der EuInsVO als *lex specialis* zur Brüssel-Ia-VO erheblich an Bedeutung verloren hat. Anschließend soll der Fokus der Untersuchung auf das Verhältnis zwischen Anhang A, Art. 1 Abs. 1 EuInsVO und Art. 1 Abs. 2 lit. b) Brüssel-Ia-VO gelenkt werden. Dabei wird sich offenbaren, dass der Konkursvorbehalt nur im Sinne eines Verweises auf die Definition des Insolvenzverfahrens in Art. 1 Abs. 1 UAbs. 1 und 2 EuInsVO verstanden werden kann, mithin eben jene Verfahren aus dem Anwendungsbereich der Brüssel-Ia-VO ausgeschieden

---

[125] Erwägungsgrund (7) S. 3 zur EuInsVO.

[126] Vgl. dazu im vorliegenden Kontext nur *Antomo* in: BeckOK-ZPO, Brüssel-Ia-VO Art. 1 Rn. 79a; *J. Schmidt* ZInsO 2021, 654 (657); *Singer*, Vorinsolvenzlicher Restrukturierungsrahmen, S. 411; *Skauradszun* ZIP 2019, 1501 (1503); am Rande auch *Stadler* in: Musielak/Voit, ZPO[18], EuGVVO Art. 1 Rn. 6.

[127] Kritisch auch *Schlöder/Parzinger/Knebel* ZIP 2021, 1041 (1043); *Thole* ZIP 2021, 2153 (2155); implizit durch Betonung von Erwägungsgrund (7) S. 4 zur EuInsVO auch *Paulus/Bähr/Hackländer* ZIP 2021, 1085 (1089 f.).

werden, die – ob in Anhang A genannt oder nicht – die Definition des Insolvenzverfahrens in der EuInsVO erfüllen.[128]

a) Historische Konzeption als „Platzhalter" für ein Konkursabkommen

Historisch geht die Bereichsausnahme für Konkurse, Vergleiche und ähnliche Verfahren zurück auf die parallel laufenden Verhandlungen unter den Mitgliedstaaten der EU über ein allgemein zivilverfahrensrechtliches sowie ein speziell insolvenzrechtliches Übereinkommen. Ursprünglich sollte durch das Brüsseler Übereinkommen über die gerichtliche Zuständigkeit und die Vollstreckung gerichtlicher Entscheidungen in Zivil- und Handelssachen (EuGVÜ)[129] als Vorläufer der namensgleichen Verordnungen[130] auch das Konkurs- und Vergleichsrecht international-verfahrensrechtlich vereinheitlicht werden.[131] Es wurde allerdings alsbald deutlich, dass ein politischer Konsens diesbezüglich in absehbarer Zeit nicht erreicht werden würde.[132] Ging man anfangs noch davon aus, dass auf dem Gebiet des internationalen Insolvenzrechts ebenfalls die Klärung der internationalen Zuständigkeit sowie die Etablierung eines gemeinschaftsweiten Anerkennungs- und Vollstreckbarkeitssystems genügte, kristallisierte sich im Rahmen der Verhandlungen schon früh heraus, dass eine entsprechende Übereinkunft auch kollisionsrechtliche Fragen klären müsste.[133] Außerdem ist die Anerkennung eines ausländischen Insolvenzverfahrens, zu dem zwangsläufig auch die hoheitlich-legitimierten Befugnisse des Insolvenzverwalters zu zählen sind, mit weitaus tieferen Einschnitten in die mitgliedstaatliche Souveränität verbunden, als dies bei der Anerkennung sonstiger Entscheidungen der Fall ist, die typischerweise durch eigene Vollstreckungsorgane des ersuchten Mitgliedstaats exekutiert werden. 1963 wurde daher die Erarbeitung eines eigenständigen europäischen Insolvenzübereinkommens (EuInsÜ) auf einen gesonderten Ausschuss übertragen, um die Arbeiten am EuGVÜ nicht unnötig aufzuhalten.[134] Anstatt die internationalen Bezüge des Konkurses im Brüsseler Übereinkommen mit zu regeln, wurde eine entsprechende Negativabgrenzung aufgenommen.

---

[128] Nunmehr mit dem gleichen Ansatz *Re Gategroup Guarantee Ltd.* [2021] EWHC 304 (Ch.) Rn. 104 ff.; *Madaus* ZIP 2022, 1233 (1237); *ders.* in: K/P/B, EuInsVO Art. 1 Rn. 21; *Singer*, Vorinsolvenzlicher Restrukturierungsrahmen, S. 413.

[129] Übereinkommen von Brüssel vom 27.09.1968 über die gerichtliche Zuständigkeit und die Vollstreckung gerichtlicher Entscheidungen in Zivil- und Handelssachen, ABl. vom 31.12.1972, L 299, S. 32.

[130] Erwägungsgründe (5) und (6) zur Brüssel-I-VO sowie (7) und (8) zur Brüssel-Ia-VO.

[131] *Pannen/Riedemann* in: Pannen, EuInsVO, Einl. Rn. 3.

[132] *Pannen/Riedemann* in: Pannen, EuInsVO, Einl. Rn. 3; *Paulus*, EuInsVO, Einl. Rn. 3; *Wenner/Schuster* in: FK-InsO, EuInsVO Vorb. Rn. 6.

[133] *Wenner/Schuster* in: FK-InsO, EuInsVO Vorb. Rn. 4.

[134] *Bork/v. Zwieten* in: Bork/van Zwieten, EIR, Rn. 0.14.

Man kann die Bereichsausnahme daher gewissermaßen als Platzhalter verstehen, der die Anwendung des EuGVÜ auf insolvenzrechtliche Verfahren zugunsten eines noch auszuhandelnden Schwesterabkommens ausschließen sollte. Bereits aus diesem Grunde steht Art. 1 Abs. 2 lit. b) Brüssel-Ia-VO in einem engen Verhältnis zur EuInsVO, was sich bis heute in deren Erwägungsgrund (7) widerspiegelt. Danach sollen eben jene Verfahren unter die EuInsVO fallen, die von der Anwendbarkeit der Brüssel-Ia-VO ausgenommen sind.[135] Insofern kommt dem Geltungsbereich der EuInsVO für die Reichweite des Art. 1 Abs. 2 lit. b) Brüssel-Ia-VO eine entscheidende Bedeutung zu. Es ist im Sinne des Verordnungsgebers, die beiden Regelwerke so auszulegen, dass möglichst keine Regelungslücken verbleiben.[136] Dies entspricht dem Ziel, nationale Regelungen über die internationale Zuständigkeit sowie im mitgliedstaatlichen Recht vorgesehene Anerkennungs- und Vollstreckbarkeitshindernisse soweit wie möglich zurückzudrängen, um dadurch einen reibungslosen grenzüberschreitenden Entscheidungsverkehr zu gewährleisten.[137] Soweit möglich, sollten die beiden Verordnungen mithin hinsichtlich ihres Anwendungsbereichs nahtlos ineinandergreifen. Ein Automatismus ist damit allerdings nur in eine Richtung verbunden: Jedes Verfahren, welches in Anhang A zur EuInsVO aufgenommen wurde und daher unter diese Verordnung fällt,[138] ist damit zugleich vom Geltungsbereich der Brüssel-Ia-VO ausgeschlossen.[139]

b) Ablösung durch die Subsidiaritätsklausel des Art. 67 Brüssel-Ia-VO

Dies bedürfte allerdings keiner speziellen Anordnung, ergäbe es sich doch bereits aus dem grundlegenden Prinzip der Normenhierarchie *lex specialis derogat legi generali*, das überdies in Art. 67 Brüssel-Ia-VO explizit aufgegriffen wird.[140] Danach lässt die Verordnung Bestimmungen unberührt, die in sonstigen Rechtsakten der Union enthalten sind oder zur Umsetzung solcher Rechtsakte von den Mitgliedstaaten erlassen wurden und die die internationale Zuständigkeit und/oder die Entscheidungsanerkennung und -vollstreckung für besondere Gebiete speziell regeln. Gleichwohl war die Normierung der konkursrechtlichen Bereichsausnahme historisch gesehen keineswegs überflüssig.

---

[135] Erwägungsgrund (7) S. 2 zur EuInsVO.

[136] Erwägungsgrund (7) S. 3 zur EuInsVO.

[137] Erwägungsgrund (6) zur Brüssel-Ia-VO.

[138] Vgl. zur konstitutiven Wirkung der Aufführung in Anhang A Erwägungsgrund (9) S. 3 und 4 zur EuInsVO.

[139] *Antomo* in: BeckOK-ZPO, Brüssel-Ia-VO Art. 1 Rn. 77; *Geimer* in: Geimer/Schütze, EuZVR, A.1 Art. 1 Rn. 128; *Madaus* in: K/P/B, EuInsVO Art. 1 Rn. 20; wohl auch *Eidenmüller/Frobenuis* WM 2011, 1210 (1213 f.).

[140] So auch *Schwarz* NZI 2002, 290 (292); ebenfalls auf das Verhältnis als *leges generalis* und *specialis* abstellend, allerdings ohne dabei Art. 67 Brüssel-Ia-VO im Blick zu haben *Haubold* IPRax 2002, 157, (161); *Nerlich/Hübler* in: Nerlich/Römermann, InsO, EuInsVO Art. 1 Rn. 7; *Skaudaszun/Nijnens* ICR 2019, 193 (201).

Eine Art. 67 Brüssel-Ia-VO vergleichbare Subsidiaritätsklausel war zwar bereits in Art. 57 Abs. 1 EuGVÜ enthalten. Mangels Verabschiedung eines entsprechenden Übereinkommens zum Insolvenzrecht konnte sie diesbezüglich allerdings noch keine Wirkung entfalten, sodass es der Negativabgrenzung durch Art. 1 Abs. 2 Nr. 2 EuGVÜ bedurfte. Mit Inkrafttreten der EuInsVO dürfte der Hauptzweck der Norm demzufolge weggefallen sein, da sich nunmehr die Nichtanwendbarkeit bereits aus dem Vorrang des insolvenzrechtlichen Schwesterrechtsakts ergibt. Seither dient die insolvenzrechtliche Bereichsausnahme damit in erster Linie der Klarstellung – ebenso wie Vorbehalte für das Ehescheidungs-, Güter-, Unterhalts- und Erbrecht, die durch das Inkraftsetzen entsprechender Regelwerke dasselbe Schicksal ereilte.[141]

c) Die Übergangszeit bis zur Aufnahme neuer Verfahren in Anhang A

Mag Art. 1 Abs. 2 lit. b) Brüssel-Ia-VO dementsprechend im Vergleich zur Ära vor Inkrafttreten der EuInsVO auch keine durchschlagende Relevanz mehr aufweisen, hat sie ihre Bedeutung dennoch nicht gänzlich verloren. Denn nur weil auf ein bestimmtes Verfahren nicht die Regelungen der EuInsVO anwendbar sind, kann daraus – wie in den Erwägungsgründen eigens klargestellt wird – nicht abgeleitet werden, dass automatisch die Brüssel-Ia-VO gälte.[142] Dies ist vor allem vor dem Hintergrund der allzu formalistischen und damit schwerfälligen Konzeption der EuInsVO zu sehen.[143] Denn nach dem Willen des Verordnungsgebers sollen die mitgliedstaatlichen Gerichte nicht befugt sein, die Anwendungsvoraussetzungen des Art. 1 Abs. 1 EuInsVO eigenständig zu prüfen. Sie sind vielmehr – positiv wie negativ – an die erschöpfende Aufzählung tauglicher Verfahren im Anhang A nach Art. 1 Abs. 1 UAbs. 3, Art. 2 Nr. 4 EuInsVO gebunden.[144] Den Gerichten ist es mithin verwehrt, die Verordnung auf ein mitgliedstaatliches Verfahren anzuwenden, das nicht in den Anhang aufgenommen wurde – mag es auch an sich die Voraussetzungen hierzu erfüllen.

Zugleich wurde im Zuge der Reform 2015 allerdings das noch in Art. 45 EuInsVO 2000[145] enthaltene vereinfachte Verfahren abgeschafft, wonach die Anhänge durch qualifizierten Ratsbeschluss auf Vorschlag der Kommission oder eines Ratsmitglieds geändert werden konnten. Sah der Reformentwurf mit

---

[141] Konstitutive Bedeutung kommt den Bereichsausnahmen weiterhin vor allem im Hinblick auf solche Rechtsgebiete zu, deren spezielle international-zivilverfahrensrechtliche Sekundärrechtsakte nicht für alle an die Brüssel-Ia-VO gebundenen Mitgliedstaaten in Kraft getreten sind, seit dem Austritt des Vereinigten Königreichs insbesondere also noch im Verhältnis zu Irland; zur Sonderrolle Dänemarks vgl. im Folgenden § 9, II., 4., b) (S. 178 ff.).

[142] Erwägungsgrund (7) S. 4 zur EuInsVO.

[143] Erwägungsgrund (9) S. 3 und 4 zur EuInsVO.

[144] Erwägungsgrund (9) S. 2 zur EuInsVO.

[145] Verordnung (EG) Nr. 1346/2000 des Rates vom 29.05.2000 über Insolvenzverfahren (EuInsVO 2000), ABl. vom 30.06.2000, L 160, S. 1.

einer Ermächtigung der Kommission zu Durchführungsrechtsakten sogar noch eine weitere Absenkung der Anforderungen an eine Änderung des Anhangs vor,[146] findet sich im letztlich beschlossenen Verordnungstext nun keinerlei Privilegierung mehr wieder. Zur Aufnahme neuer mitgliedstaatlicher Verfahren bedarf es daher nunmehr eines ordentlichen Gesetzgebungsverfahrens.[147] Dies nimmt nicht nur erheblich mehr Zeit in Anspruch;[148] auch die Gefahr politischer Patt-Situationen mag bedacht sein.[149] Es ist daher wohl kein Zufall, dass Erwägungsgrund (7) S. 4, der die fortwährende Bedeutung des Art. 1 Abs. 2 lit. b) Brüssel-Ia-VO betont, just ebenfalls im Rahmen der Reform 2015 eingeführt wurde.[150] Auch das Verbot der – positiven wie negativen – Nachprüfung des Abhangs A anhand der Kriterien in Art. 1 Abs. 1 UAbs. 1 EuInsVO wurde erst im Rahmen der Neufassung in die EuInsVO aufgenommen, obgleich dies freilich auch vor 2015 bereits der einhelligen Meinung – zumindest im deutschsprachigen Schrifttum[151] – entsprach. Insgesamt könnte

---

[146] Vgl. Art. 45 ff. des Kommissionsentwurfs vom 12.12.2012, COM(2012) 744 final, S. 36.

[147] *Kolmann/Ch. Keller* in: Gottwald/Haas, Insolvenzrechts-Handbuch, § 129 Rn. 9; *Skaudaszun* ZIP 2019, 1501 (1502); kritisch dazu *Parzinger* NZI 2016, 63 (64 f.).

[148] So etwa *Dammann* in: Paulus/Dammann, European Preventive Restructuring, Art. 1 Rn. 80; *Parzinger* NZI 2016, 63 (65); *Skaudaszun* ZIP 2019, 1501 (1502) hält dabei unter Verweis auf das (langwierige) Verfahren zur Aufnahme eines polnischen Verfahrens durch VO (EU) 2017/353 ein bis zwei Jahre für nicht unrealistisch; vgl. auch den Hinweis bei *Skaudaszun/Nijnens* ICR 2019, 193 (201), Fn. 69; bereits zum alten (vereinfachten) Verfahren *Thole* ZGR 42 (2013) 109 (153); ebenfalls auf den Zeitraum zwischen Einführung des neuen Verfahrens und Aufnahme in den Anhang hinweisend *Re Gategroup Guarantee Ltd.* [2021] EWHC 304 (Ch.) Rn. 79 mit der beispielhaften Erwähnung der kroatischen Verfahren, die erst 18 Monate nach dem Beitritt des Balkanstaats im Annex gelistet wurden; die ersten mitgliedstaatlichen Restrukturierungsrahmen sind durch VO (EU) 2021/2260 vom 15.12.2021 in den Anhang aufgenommen worden und damit teilweise – wie im Falle des im Oktober 2020 angenommenen und zum 01.01.2021 in Kraft getretenen niederländischen WHOA-Verfahrens – erst nach einem Jahr; eine „zweite Aufnahmewelle" steht noch aus.

[149] Dazu im Hinblick auf die mitgliedstaatlichen Restrukturierungsrahmen *Skaudaszun* ZIP 2019, 1501 (1502).

[150] Vgl. dazu Erwägungsgrund (7) zur EuInsVO 2000, der sich lediglich auf die heute in Erwägungsgrund (7) S. 1 zur EuInsVO wiederzufindende Feststellung beschränkt, dass Konkurse, Vergleiche und ähnliche Verfahren vom Anwendungsbereich des Brüsseler Übereinkommens ausgenommen sind.

[151] So unter Berufung auf Art. 2 lit. a) EuInsVO 2000 etwa *Duursma-Kepplinger* in: Duursma-Kepplinger/Duursma/Chalupsky, EuInsVO, Art. 2 Rn. 2; *Gruber/Schulz* in: A/G/R, EuInsVO a. F, Art. 2 Rn. 2; *Riedemann* in: Pannen, EuInsVO Art. 2 Rn. 3 m. w. N.; zur außerdeutschen Perspektive vgl. bereits *Virgós/Schmit* Rn. 62 sowie *Wessels*, International Insolvency Law Rn. 10518; dagegen Auslegungsschwierigkeiten und Anpassungsbedarf ausmachend der Bericht der Kommission an das Europäische Parlament, den Rat und den Europäischen Wirtschafts- und Sozialausschuss über die Anwendung der Verordnung (EG) Nr. 1346/2000 des Rates vom 29.05.2000 über Insolvenzverfahren vom 12.12.2012, COM(2012) 743 final, S. 7.

man Erwägungsgrund (7) S. 3 zur EuInsVO durchaus in dem Sinne verstehen, dass er allein auf die Übergangszeit zwischen der Einführung oder Änderung mitgliedschaftlicher Insolvenzverfahren und deren Aufnahme in Anhang A zugeschnitten ist.[152] Denn eine ausdrückliche Absage an einen blinden, unreflektierten Rückgriff auf die Brüssel-Ia-VO wird darin nur für den Fall erteilt, dass das entsprechende Verfahren (noch?) nicht in den Anhang A aufgenommen wurde.[153]

Daraus folgt, dass die Gerichte bei der Ermittlung der Reichweite der konkursrechtlichen Bereichsausnahme jedenfalls nicht auf eine negative Abgrenzung anhand des Anhangs A zur EuInsVO beschränkt sind.[154] Nur weil ein Verfahren dort nicht genannt wird, kann nicht ohne weitere inhaltliche Prüfung ein Eingreifen des Art. 1 Abs. 2 lit. b) abgelehnt und damit unreflektiert die Brüssel-Ia-VO herangezogen werden.[155] Dies gilt allerdings nicht nur in unmittelbar zeitlichem Zusammenhang zur Einführung oder Neuausrichtung eines mitgliedstaatlichen Verfahrens. Denn in Anbetracht der dargestellten Schwerfälligkeit des Verfahrens zur Änderung der Anhänge lässt sich keine konkrete zeitliche Grenze bezogen auf die Einführung des entsprechenden Verfahrens ziehen, bis zu der die Gerichte zu einer autonomen Prüfung des Art. 1 Abs. 2 lit. b) Brüssel-Ia-VO berechtigt wären. Woran sollte man festmachen, ob eine Aufnahme in den Anhang überhaupt nicht geplant ist, oder sich die Ergänzung des Annex – aus welchen Gründen auch immer – nur verzögert?[156] Ab wann dürfte oder müsste man davon ausgehen, dass ein Verfahren willentlich nicht in den Anhang aufgenommen wird und es daher – qua gesetzgeberischen Willens[157] – nicht unter die EuInsVO fällt? Wäre der Schluss, das betreffende Verfahren sei absichtlich im Anhang A ausgelassen worden, gar erst nach einer gescheiterten Änderungsinitiative der Kommission bzw. einem erfolglosen (informellen[158]) Aufnahmegesuch des betreffenden Mitgliedstaats an

[152] Für die Maßgeblichkeit auch der Nichtaufnahme eines Verfahrens in den Anhang A etwa *Schlosser* in: Schlosser/Hess, EuZPR, EuGVVO, Art. 1 Rn. 20.

[153] In der Sache ebenso *Thole* in: MüKo-InsO, EuInsVO Art. 19 Rn. 7.

[154] Im Ergebnis wohl ebenso *Madaus* in: K/P/B, EuInsVO Art. 1 Rn. 21 sowie *Thole* in: MüKo-InsO, EuInsVO Art. 19 Rn. 7; *ders.* ZIP 2021, 2153 (2154 f.) mit der überzeugenden Feststellung, allein die unterlassene Aufnahme eines (dem Verordnungsgeber möglicherweise überhaupt nicht bekannten) Verfahrens in Anhang A dürfe nicht dahingehend interpretiert werden, der Verordnungsgeber habe sich positiv für die Anwendbarkeit der Brüssel-Ia-VO ausgesprochen.

[155] Nunmehr ebenso *Singer*, Vorinsolvenzlicher Restrukturierungsrahmen, S. 411 ff.

[156] Ein Beispiel mag die bei *Thole* ZIP 2021, 2153 (2155) angesprochene mangelnde Kenntnis des Verordnungsgebers von der Existenz neuer oder der Änderung bestehender mitgliedstaatlicher Verfahren sein.

[157] Erwägungsgrund (9) S. 4 zur EuInsVO.

[158] Ein echtes indirektes Initiativrecht haben nach Art. 225, 241 AEUV lediglich der Rat und das Parlament; den einzelnen Mitgliedstaaten steht ein solches nach Art. 135 AEUV nur in eng begrenzten Fällen im Zusammenhang mit der Wirtschafts- und Währungspolitik zu;

die Kommission zulässig? Und existiert eine absolute Zeitspanne, nach der die fehlende Aufführung im Anhang A als endgültig begriffen werden darf bzw. muss? All dies legt nahe, dass die Gerichte bei der Bestimmung der Reichweite der Bereichsausnahme – anders als zur Ermittlung der Anwendbarkeit der EuInsVO – unter keinen Umständen an ein Schweigen des Anhangs gebunden sind.[159] Ihnen steht demzufolge ein zeitlich unbeschränktes, materielles Prüfungsrecht zu, ob ein dort nicht genanntes Verfahren dennoch als Konkurs, Vergleich oder ein ähnliches Verfahren zu qualifizieren ist und damit aus dem Geltungsbereich der Brüssel-Ia-VO herausfällt.

Bleibt also die Frage, ob die Bereichsausnahme, wenn schon nicht streng kongruent zum Anhang A, so doch wenigstens in Gleichlauf mit der Definition des Art. 1 Abs. 1 UAbs. 1 und 2 EuInsVO auszulegen ist. Konkret: ist der Konkursvorbehalt des Art. 1 Abs. 2 lit. b) Brüssel-Ia-VO inhaltlich deckungsgleich mit der Umschreibung des Insolvenzverfahrens in Art. 1 EuInsVO?

d) Das Verhältnis von Art. 1 EuInsVO und Art. 1 Abs. 2 lit. b) Brüssel-Ia-VO: die Auslegungsrichtung im Wandel des europäischen IZVR

Die Rechtsprechung des EuGH kann durchaus im Sinne einer solchen Kongruenz zwischen dem Anwendungsbereich der EuInsVO und der Bereichsausnahme des Art. 1 Abs. 2 lit. b) Brüssel-Ia-VO interpretiert werden. Die Rechtsprechungspraxis hat bislang vor allem die Einordnung sogenannter Annexverfahren beschäftigt, für die es ebenfalls einer Abgrenzung von EuInsVO und Brüssel-Ia-VO bedarf. Allerdings hält die EuInsVO für derartige Einzelverfahren keine allgemeine Umschreibung des Geltungsbereichs bereit, sodass sich die relevanten Fragen stets auf der Ebene der individuellen Normanwendung stellen, in der Regel im Zusammenhang mit der internationalen Zuständigkeit oder der Anerkennung und Vollstreckbarkeit. Der EuGH betont dabei stets den

---

aA offenbar *Singer*, Vorinsolvenzlicher Restrukturierungsrahmen, S. 402, der dem jeweiligen Mitgliedstaat ein Antragsmonopol für die Aufnahme entsprechender Verfahren zubilligen möchte, das allerdings weder im geltenden Sekundärrecht eine hinreichende Stütze erfährt (Erwägungsgrund (13) zur RRL spricht insoweit nur von einer „Mitteilung"), noch mit den primärrechtlichen Kompetenzzuweisungen vereinbar sein dürfte.

[159] Ähnlich *Thole* in: MüKoInsO, EuInsVO Art. 19 Rn. 7; *ders.* ZIP 2153 (2154 f.); relativierend hingegen *Re Gategroup Guarantee Ltd.* [2021] EWHC 304 (Ch.) Rn. 84 wo der fehlenden Nennung des neuen englischen *Restructuring Plans* nach Part. 26A CA im Anhang A zur EuInsVO nur deshalb keine durschlagende Bedeutung („probative value") für die Bestimmung der Reichweite des Konkursvorbehalts zugeschrieben wird, weil das Vereinigte Königreich bei Einführung des neuen Verfahrens bereits kein Mitglied der EU mehr war, obgleich die EuInsVO freilich bis zum Auslaufen der Übergangsregelung zum 31.12.2020 noch Anwendung fand und eine Aufnahme in den Anhang (theoretisch) noch möglich gewesen wäre.

Willen des Verordnungsgebers sowie den entsprechenden Auslegungsauftrag,[160] Rechtslücken zwischen den Verordnungen so weit wie möglich zu vermeiden, was nur durch ein lückenloses Ineinandergreifen der beiden Regelungskomplexe gewährleistet werden könne.[161] Er schloss dabei bislang regelmäßig von der Einschlägigkeit der Bereichsausnahme der Brüssel-Ia-VO auf die Anwendbarkeit der EuInsVO, insbesondere auf die Zuständigkeitseröffnung in dem Staat, in dem der COMI im Sinne von Art. 3 EuInsVO belegen ist, den er für Annexverfahren analog heranzog.[162]

Ihren Ursprung findet diese Herangehensweise wohl wiederum in der Entscheidung des Gerichtshofs in der Rechtssache *Gourdain/Nadler*.[163] Darin hatte der EuGH über die Exequatur eines französischen Urteils in Deutschland zu befinden, durch das ein faktischer Geschäftsführer zur Zahlung der Verbindlichkeiten einer in Frankreich in Konkurs gefallenen Gesellschaft verurteilt wurde. Kern des Rechtsstreits bildete die Frage, ob diese sog. *action en comblement du passiv*[164] wegen ihres engen Konkursbezugs der Bereichsausnahme des Art. 1 Abs. 2 Nr. 2 EuGVÜ unterfalle und damit nicht das EuGVÜ, sondern – mangels Verabschiedung eines EuInsÜ – das national-autonome IZVR über die Vollstreckbarkeit entscheide. Zunächst stellte der EuGH dabei fest, dass die Begriffe des Konkurses, Vergleichs und ähnlicher Verfahren zwar vage blieben, die Bestimmung aber europa- bzw. völkerrechtlich-autonom auszulegen sei.[165] Anschließend postulierte er den Grundsatz, dass der Bereichsausnahme neben den jeweiligen Stammverfahren nur solche Verfahren unterfallen, die „unmittelbar aus diesem [Stamm-]Verfahren hervorgehen und

---

160 Erwägungsgrund (7) S. 3 zur EuInsVO.

161 EuGH Urteil vom 04.09.2014, Rs. C-157/13, *Nickel & Goeldner*, NZI 2014, 919 Rn. 21; Urteil vom 09.11.2017, C-641/16, *Tünkers Maschinenbau GmbH*, NZI 2018, 45 Rn. 17; Urteil vom 20.12.2017, Rs. C-649/16, *Valach/Waldviertler Sparkasse*, EuZW 2018, 94 Rn. 24; Urteil vom 04.10.2018, Rs. C-337/17, *Feniks*, NZI 2019, 134 Rn. 30; Urteil vom 06.02.2019, Rs. C-535/17, *NK*, NZI 2019, 302 Rn. 24; Urteil vom 18.09.2019, Rs. C-47/18, *Riel*, NZI 2019, 861 Rn. 33.

162 EuGH Urteil vom 04.09.2014, Rs. C-157/13, *Nickel & Goeldner*, NZI 2014, 919 Rn. 21; Urteil vom 09.11.2017, C-641/16, *Tünkers Maschinenbau GmbH*, NZI 2018, 45 Rn. 17; Urteil vom 20.12.2017, Rs. C-649/16, *Valach/Waldviertler Sparkasse*, EuZW 2018, 94 Rn. 24; Urteil vom 04.10.2018, Rs. C-337/17, *Feniks*, NZI 2019, 134 Rn. 30; Urteil vom 06.02.2019, Rs. C-535/17, *NK*, NZI 2019, 302 Rn. 24; Urteil vom 18.09.2019, Rs. C-47/18, *Riel*, NZI 2019, 861 Rn. 33; entgegengesetzt, die Anwendbarkeit der Brüssel-Ia-VO aus der Unanwendbarkeit des Art. 3 EuInsVO folgernd EuGH, Urteil vom 19.04.2012, Rs. C-213/10, *F-Tex*, NZI 2012, 469 Rn. 48.

163 EuGH, Urteil vom 22.02.1979, Rs. 133/78, *Gourdain/Nadler*, Slg. 1979, 733 = RIW 1979, 273.

164 Art. 99 des französischen Gesetzes vom 13.07.1967; nunmehr Art. L.651-2 C.Com.; dazu sowie allgemein zur Haftung von Geschäftsleitern nach französischem Recht *Klein* RIW 2010, 352 (356).

165 EuGH, Urteil vom 22.02.1979, Rs. 133/78, *Gourdain/Nadler*, Slg. 1979, 733 Rn. 3 = RIW 1979, 273.

sich eng innerhalb des Rahmens eines Konkurs- oder Vergleichsverfahrens" halten. Zur Ausfüllung dieses – nur unwesentlich bestimmteren – Rechtsbegriffs zog der EuGH sodann unter anderem die in der *lex fori concursus* vorgesehene Sonderzuständigkeit der Insolvenzgerichte, die ausschließliche Aktivlegitimation des Insolvenzverwalters sowie die mit der Regelung verfolgten Zwecke der Massemehrung und der Gläubigergleichbehandlung heran. Ein Rückgriff auf Wertungen eines vereinheitlichten internationalen Insolvenzrechts war dabei angesichts der stagnierenden Verhandlungen zum EuInsÜ allenfalls am Rande möglich.[166]

Im Gegenteil: die Entscheidung zum EuGVÜ hatte ihrerseits Auswirkungen auf die weiteren Arbeiten an einem entsprechenden konkursrechtlichen Übereinkommen. So beschränkte sich sowohl der Entwurf für ein EuInsÜ aus dem Jahre 1970, als auch derjenige von 1980 zur Definierung der Reichweite der Anerkennungsfähigkeit gerichtlicher Entscheidungen auf die unscharfe Umschreibung der „Entscheidung"[167] bzw. der „Entscheidung über die Eröffnung und Abwicklung"[168]. Demgegenüber fand sich im Entwurf 1995 erstmals die noch heute in Art. 32 Abs. 1 UAbs. 2 EuInsVO verwendete Formulierung, dass auch Entscheidungen, die „unmittelbar aufgrund des Insolvenzverfahrens ergehen und in engem Zusammenhang damit stehen" nach dem insolvenzrechtlichen Regime anzuerkennen sind. Bei der angestrebten lückenlosen Ergänzung des allgemeinen IZVR mit den besonderen Regelungen für grenzüberschreitende Insolvenzszenarien handelt es sich demnach nicht nur um ein Lippenbekenntnis des Unionsgesetzgebers, sondern um ein nachhaltig verfolgtes Ziel, das sich auch anhand handfester Gesetzgebungsakte nachweisen lässt. Dies kann auch an der Genese des heutigen Art. 6 EuInsVO festgemacht werden, der die internationale Zuständigkeit für insolvenzrechtliche Annexklagen im oben bezeichneten Sinne den Gerichten des COMI-Staats zuweist. Im Rahmen der Reform 2015 übernahm der Gesetzgeber insofern nach entsprechenden Vorarbeiten des EuGH die in der Rechtssache *Gourdain/Nagler* für die Anerkennung entwickelte Konnexitätsformel auch in das internationale Zuständigkeitsrecht. Damit wurde eine weitere Lücke geschlossen, die auf die Bereichsausnahme zurückzuführen war.

Historisch ging die Rechtsentwicklung demnach aufgrund der Verzögerungen bei der Aushandlung eines insolvenzrechtlichen Abkommens von Art. 1 Abs. 2 Nr. 2 EuGVÜ aus, dessen Wertungen im Zusammenhang mit Annex-

[166] Darauf rekurrierend etwa die Stellungnahme der Kommission, abgedruckt in EuGH, Urteil vom 22.02.1979, Rs. 133/78, *Gourdain/Nadler*, Slg. 1979, 733 (739).

[167] Art. 50 des Vorentwurfes eines Übereinkommens über den Konkurs, Vergleiche und ähnliche Verfahren von 1970, abgedruckt bei *Kegel/Thieme*, Vorschläge und Gutachten, S. 18.

[168] Art. 56 des Entwurfes eines Übereinkommens über den Konkurs, Vergleiche und ähnliche Verfahren von 1980, abgedruckt bei *Kegel/Thieme*, Vorschläge und Gutachten, S. 64.

verfahren sodann für die EuInsVO übernommen und darin schrittweise kodifiziert wurden.[169] Im Hinblick auf die Begründung der internationalen Zuständigkeit überzeugte diese Herangehensweise des EuGH, zunächst von der Bereichsausnahme auf die Anwendbarkeit der Zuständigkeitsvorschriften der EuInsVO zu schließen.[170] Denn erst die Bereichsausnahme bzw. die dadurch entstandene Regelungslücke rechtfertigte den Analogieschluss zu Art. 3 Abs. 1 EuInsVO. Spätestens seit der Etablierung des Annexgerichtsstands in Art. 6 EuInsVO wird man jedoch die dort zugrunde gelegte Definition heranziehen müssen, um von ihr auf die Reichweite der Brüssel-Ia-VO rückzuschließen. Die Übernahme der konkreten Abgrenzungsformel in kodifiziertes Recht hat mithin für Einzelverfahren eine Umkehr der Auslegungsrichtung bewirkt, indem nunmehr die Reichweite der Brüssel-Ia-VO negativ durch die Anwendbarkeit der (spezielleren und detaillierter geregelten) Art. 6 und 32 Abs. 1 UAbs. 2 EuInsVO zu ermitteln ist.

Dies hat umso mehr für die Einordnung von Gesamt- bzw. Stammverfahren zu gelten, für die Art. 1 Abs. 1 EuInsVO bereits seit der Jahrtausendwende eine gesetzliche Definition enthält. Auch hier mag es zwar rein historisch zutreffen, dass durch Schaffung der EuInsVO gezielt die von Art. 1 Abs. 2 Nr. 2 EuGVÜ hinterlassene Lücke geschlossen werden sollte.[171] Der Anwendungsbereich der EuInsVO wurde indes seither durch zahllose Gerichtsentscheidungen und wissenschaftliche Beiträge konkretisiert und 2015 im Zuge der Reform an die veränderten Rahmenbedingungen in den mitgliedstaatlichen Rechtsordnungen angepasst. Warum aber sollte man dann für die Abgrenzung der beiden Verordnungen weiterhin die unscharfen – und in der deutschen Sprachfassung noch

---

[169] Vgl. dazu *Haubold* IPRax 2002, 157 (161), der es als geradezu paradox bezeichnet, dass die Abgrenzung zwischen EuGVÜ und EuInsVO auch nach Inkrafttreten eines insolvenzrechtlichen Regelwerks weiterhin anhand des allzu abstrakten Wortlauts in Art. 1 Abs. 2 Nr. 2 EuGVÜ erfolgen sollte, immerhin hätte die Verabschiedung der EuInsVO nicht nur die Möglichkeit geboten, hier für Klarheit zu sorgen; ein Spezialgesetz müsse es auch für sich beanspruchen, die Abgrenzungslinie zur subsidiären *lex generalis* selbst vorzunehmen.

[170] EuGH Urteil vom 09.11.2017, C-641/16, *Tünkers Maschinenbau GmbH*, NZI 2018, 45 Rn. 17; siehe auch EuGH, EuGH Urteil vom 04.09.2014, Rs. C-157/13, *Nickel & Goeldner*, NZI 2014, 919 Rn. 21; Urteil vom 20.12.2017, Rs. C-649/16, *Valach/Waldviertler Sparkasse*, EuZW 2018, 94 Rn. 24; Urteil vom 04.10.2018, Rs. C-337/17, *Feniks*, NZI 2019, 134 Rn. 30; Urteil vom 06.02.2019, Rs. C-535/17, *NK*, NZI 2019, 302 Rn. 24; Urteil vom 18.09.2019, Rs. C-47/18, *Riel*, NZI 2019, 861 Rn. 33 allerdings jeweils unter nachfolgender Artikulierung auch des spiegelbildlichen Verhältnisses, dass nämlich „Klagen, die nicht in den Anwendungsbereich von Art. 3 I [EuInsVO] fallen, in den Anwendungsbereich der [Brüssel-Ia-VO fallen]"; entgegengesetzt, die Anwendbarkeit der Brüssel-Ia-VO aus der Unanwendbarkeit des Art. 3 EuInsVO folgernd EuGH, Urteil vom 19.04.2012, Rs. C-213/10, *F-Tex*, NZI 2012, 469 Rn. 48.

[171] Vgl. Erwägungsgrund (7) S. 1 und 2 zur EuInsVO.

dazu veralteten – Begriffe des Konkurses, Vergleichs oder des – noch abstrakteren – ähnlichen Verfahrens heranziehen, die ursprünglich lediglich als Verweis auf ein noch abzuschließendes Schwesterabkommen konzipiert waren? Überzeugend ist es im Gegenteil, gerade von der fortwährenden Modernisierung und den in diesem Zusammenhang erfolgten Veränderungen im Bereich des internationalen Insolvenzrechts auf die Bedeutung und Reichweite der Bereichsausnahme in Art. 1 Abs. 2 lit. b) Brüssel-Ia-VO rückzuschließen.[172]

e) Zurückdrängung des nationalen IZVR

Bei dem derzeitigen Stand der Harmonisierung und Modernisierung des europäischen IZVR im Allgemeinen und des internationalen Insolvenzrechts im Besonderen spricht nach alledem einiges dafür, die Reichweite der Bereichsausnahme in Kongruenz zur Definition des Insolvenzverfahrens in Art. 1 Abs. 1 UAbs. 1 und 2 EuInsVO zu begreifen. Dies bringt den Vorteil, dass die drängendsten internationalen Aspekte des Zivilverfahrensrechts möglichst flächendeckend auf europäischer Ebene geregelt sind, sodass – positive wie negative – Kompetenzkonflikte vermieden werden und Entscheidungen in den Genuss unionsweiter Freizügigkeit gelangen. In diesem Zusammenhang sollte man sich bewusst sein, dass jeder Vorstoß für eine extensive Auslegung des Konkursvorbehalts ohne spiegelbildliche Anwendbarkeit der EuInsVO dazu führt, dass mangels unionsrechtlicher Regelungen das mitgliedstaatliche IZVR zur Geltung gelangt.[173] Die Folge wären weitreichende Unterschiede, etwa im internationalen Zuständigkeitsrecht. Während beispielsweise niederländische Gerichte ihre Zuständigkeit bereits dann annähmen, wenn eine hinreichend enge Verbindung zum Staatsgebiet des Königsreichs i. S. d. Art. 3 Rv. besteht,[174] könnte das deutsche Restrukturierungsverfahren nach § 35 StaRUG analog nur von Schuldnern mit COMI in der Bundesrepublik in Anspruch genommen werden. Wählen mehrere Mitgliedstaaten ähnlich enge, aber unterschiedliche Anknüpfungsmomente zur Bestimmung der internationalen Zuständigkeit (z. B. COMI einerseits und Satzungssitz andererseits), wäre es durchaus denkbar, dass einigen Unternehmen überhaupt kein Restrukturierungsrahmen offensteht, weil in keinem Mitgliedstaat das jeweiligs zugrunde gelegte Zuständigkeitskriterium erfüllt ist. Das aber stünde in diametralem Widerspruch zum programmatischen Ziel der Kommission, mit der Restrukturierungsrichtlinie einen Sanierungsrahmen zur Verfügung zu stellen, der nicht

---

[172] Ebenfalls zugunsten einer Orientierung an der EuInsVO und für eine Loslösung von den in der Entscheidung *Gourdain/Nadler* aufgestellten Kriterien plädierend *Schlöder/Parzinger/Knebel* ZIP 2021, 1041 (1044); aA offenbar *Schelo* WM 2022, 556 (558 f.).

[173] Vgl. dazu *Skauradszun/Nijnens* ICR 2019, 193 (198).

[174] Dies aufgreifend *J. Schmidt* ZInsO 2021, 654 (657); die daraus folgende ausufernde Zuständigkeit niederländischer Restrukturierungsgerichte wurde bereits aufgezeigt, siehe dazu bereits § 4, III., 3. (S. 68 ff.).

von der Ansässigkeit des Schuldners abhängt.[175] Umgekehrt wären aber auch positive Kompetenzkonflikte nicht auszuschließen. Insbesondere bei einer Beteiligung von Rechtsordnungen, die den Restrukturierungsrahmen nicht nur auf Antrag des Schuldners, sondern auch auf Initiative anderer *Stakeholder* zur Verfügung stellen, stünde die parallele Beantragung mehrerer Verfahren in unterschiedlichen Jurisdiktionen zu befürchten.[176] Schließlich wäre auch die Anerkennung in den übrigen Mitgliedstaaten weder einheitlich handhabbar, noch überhaupt sichergestellt. Die aus deutscher Perspektive gegenüber Drittstaaten geltenden Versagungsgründe nach § 328 Nr. 1 und 5 ZPO[177] geben dabei nur einen kleinen Vorgeschmack denkbarer Anerkennungsbarrieren.[178] Das Ziel der Verordnungen, das reibungslose Funktionieren des Binnenmarkts und die justizielle Zusammenarbeit auf dem Gebiet des Zivilrechts zu gewährleisten,

---

[175] Vgl. dazu das von der Justizkommissarin herausgegebene Fact Sheet „Early restructuring and a second chance for entrepreneurs – A modern and streamlined approach to business insolvency“ vom Juni 2019, S. 3 (abrufbar unter <https://ec.europa.eu/info/sites/default/files/factsheet_-_a_modern_and_streamlined_approach_to_business_insolvency.pdf> Stand Oktober 2022).

[176] Vgl. zur in Deutschland befürworteten analogen Anwendung von § 261 Abs. 3 Nr. 1 ZPO *Rauscher*, IPR und IZVR, Rn. 2385 ff.; zur EuInsVO, die allerdings bereits durch die ausschließliche Zuständigkeit am COMI positive Zuständigkeitskonflikte weitgehend vermeidet, in der Sache ebenfalls ein antragsakzessorisches Prioritätsregime etablierend nunmehr EuGH, Urteil vom 24.03.2022, Rs. C-723/20, *Galapagos*, ZIP 2022, 698 Rn. 40; dazu auch *Kratzlmeier* ZIP 2023, 455 (456 ff.).

[177] Ob nicht-öffentliche, ggf. teilkollektive Präventivverfahren – die Unanwendbarkeit der Brüssel-Ia-VO unterstellt – aus der Perspektive des deutschen IZVR als Insolvenzverfahren zu qualifizieren sind (mit der Folge der Anerkennung über § 343 InsO) oder als sonstige Entscheidung i. S. v. § 328 ZPO dem dortigen Anerkennungsregime unterliegen, ist umstritten; vgl. zur Einordnung der Restrukturierungsrahmen *Schlöder/Parzinger/Knebel* ZIP 2021, 1041 (1046 f.) und – § 38 StaRUG insoweit einen Verweis auf §§ 722 f. (gemeint ist wohl insb. § 328) ZPO entnehmend – *Riedemann* in: Pannen/Riedemann/Smid, StaRUG, vor § 84 Rn. 8 sowie *Skauradszun* ZIP 2019, 1501 (1503), der eine Einordnung unter § 343 InsO mit dem Argument ablehnt, es handele sich nicht um ein Gesamtbefriedigungsverfahren, und außerdem das Fehlen einer echten insolvenzrechtlichen Zugangsschwelle moniert; nach BGH, Urteil vom 13.10.2009 – X ZR 79/06, NZI 2009, 859 ist das U.S.-amerikanische *Chapter-11*-Verfahren, das ebenfalls keinen Insolvenzgrund voraussetzt und in erster Linie als Instrument der Schuldnerrettung verstanden wird, allerdings als Insolvenzverfahren i. S. d. § 343 InsO zu qualifizieren; vereinzelt wurde sogar das englische *Scheme of Arrangement* unter § 343 InsO subsumiert, vgl. dazu LG Rottweil, Urteil vom 17.05.2010 – 3 O 2/08, ZIP 2010, 1964; aA OLG Celle, Urteil vom 08.09.2009 – 8 U 46/09, ZIP 2009, 1968 (1970); LG Potsdam, Urteil vom 22.10.2008 – 2 O 501/07, BeckRS 2011, 15245; *Laier* GWR 2011, 252 (254); *Mankowski* WM 2011, 1201 (1202); *Paulus* ZIP 2011, 1077 (1080).

[178] So berichten etwa *Gottwald/Nagel*, IZVR, Rn. 12.119 davon, dass es immer noch Staaten gäbe, die ausländische Entscheidungen überhaupt nicht anerkennen – obgleich es sich dabei kaum um Mitgliedstaaten der EU handeln dürfte; skeptisch auch Madaus/Wessels, Report on cross-border effects in European preventive restructuring, CERIL Collection I, S. 223 (241).

würde damit ebenso verfehlt, wie das Regulierungsanliegen der Richtlinie, europäischen Unternehmen ein effizientes und wirksames Restrukturierungsinstrumentarium zur Verfügung zu stellen – ungeachtet dessen, wo das jeweilige Unternehmen in der Union angesiedelt ist. Außerdem widerspräche eine rein im mitgliedstaatlichen Ermessen stehende Anerkennung ausländischer Sanierungsergebnisse dem in Erwägungsgrund (13) S. 3 zum Ausdruck kommenden Willen des Richtliniengebers, auch außerhalb der EuInsVO eine Anerkennung zu erleichtern.

Im Interesse einer möglichst lückenlos ineinander greifenden Verzahnung von EuInsVO und Brüssel-Ia-VO erscheint es daher geboten, den Konkursvorbehalt anhand der Definition des Insolvenzverfahrens in Art. 1 Abs. 1 UAbs. 1 und 2 EuInsVO zu konkretisieren. Unter der Prämisse, dass in Anhang A all jene Verfahren aufgenommen werden, die ebendiese Voraussetzungen erfüllen, ergäbe sich dadurch ein nahtloses unionsrechtliches System des internationalen Zivilverfahrensrechts, das nationalen Alleingängen jeglichen Boden entzöge.

f) Implizite Richtlinienvorgaben zur international-rechtlichen Behandlung von Restrukturierungsrahmen nach nationalem IZVR?

Gerade mit Blick auf die Anerkennung böte sich freilich noch ein anderer Weg, um eine Wirkungserstreckung in den übrigen Mitgliedstaaten zu gewährleisten. Wollte der Unionsgesetzgeber diese Frage nicht den Mitgliedstaaten überlassen, wäre es ihm offen gestanden, mit der Richtlinie zwingende Vorgaben für die Ausgestaltung des nationalen IZVR zu etablieren. Der Wortlaut ließe eine solche Auslegung durchaus zu.[179] Statuiert etwa Art. 5 Abs. 2 RRL eine sekundärrechtlich determinierte Wirkungserstreckung, wenn die Mitgliedstaaten darin verpflichtet werden zu gewährleisten, dass eine Aussetzung der Einzelzwangsvollstreckung alle Gläubiger erfassen kann? Immerhin betrifft ein Vollstreckungsstopp eben *de facto* nicht alle Gläubiger, wenn es in anderen Mitgliedstaaten als dem Ausgangsstaat keine Wirkung zeitigt. Noch offener in dieser Richtung erweist sich der Wortlaut des Art. 15 Abs. 1 RRL, wonach die Mitgliedstaaten sicherzustellen haben, dass bestätigte Restrukturierungspläne für alle betroffenen Parteien verbindlich sind. Ausdrückliche Hinweise darauf, dass es sich um eine rein materielle Anforderung handelt, sich die Regelung also nur auf Restrukturierungspläne bezieht, die von eigenen Behörden des jeweiligen Mitgliedstaats bestätigt wurden, sucht man hier vergeblich.

Gleichwohl sprechen die besseren Gründe dafür, den Anerkennungsappell in Erwägungsgrund (13) S. 3 als einen Verweis auf die Brüssel-Ia-VO zu verstehen. Dafür spricht vor allem ein systematischer Vergleich mit den Richtli-

---

[179] Im Ergebnis gleichwohl zutreffend ablehnend *Blankenburg* in: Morgen, StaRUG, § 35 Rn. 26.

nien zu Sanierungs- und Liquidationsmechanismen für Versicherungsunternehmen[180] und Kreditinstitute[181]. Neben einer Zuständigkeitskonzentration im Herkunftsland des jeweiligen Unternehmens sehen die Richtlinien ausdrücklich die grenzüberschreitende Anerkennung der jeweiligen Verfahren vor. So bestimmt Art. 269 Abs. 4 Solvabilität-II-RL explizit, dass Sanierungsverfahren über Versicherungsunternehmen in den übrigen Mitgliedstaaten automatisch anzuerkennen sind:

„Nach den Rechtsvorschriften des Herkunftsmitgliedstaats eingeleitete Sanierungsmaßnahmen sind in der gesamten Gemeinschaft ohne weitere Formalität uneingeschränkt wirksam, und zwar auch gegenüber Dritten in anderen Mitgliedstaaten, selbst wenn nach den Rechtsvorschriften dieser anderen Mitgliedstaaten solche Maßnahmen nicht vorgesehen sind oder aber ihre Durchführung von Voraussetzungen abhängig gemacht wird, die nicht erfüllt sind.“

Gleiches gilt für Liquidationsverfahren, welche nach Art. 273 Abs. 2 Solvabilität-II-RL ebenfalls ohne Formalitäten unionsweit Wirkung entfalten. Entsprechende Regelungen finden sich für Sanierungs- und Liquidationsverfahren über Kreditinstitute in den Art. 3 Abs. 2 UAbs. 2 und 9 Abs. 1 UAbs. 2 RL 2001/24/EG. Der europäische Gesetzgeber weiß sich also durchaus klar auszudrücken, wenn er den Mitgliedstaaten die Etablierung eines bestimmten Anerkennungsregimes im nationalen Recht aufgeben will. Mangels näherer Vorgaben bliebe im Hinblick auf die Restrukturierungsrichtlinie im Übrigen völlig offen, wie derartige Regelungen im mitgliedstaatlichen IZVR auszugestalten wären, insbesondere welche Anerkennungshindernisse europarechtlich hinnehmbar wären. Nähme man den Wortlaut eines als international-rechtliche Regelung verstandenen Art. 15 Abs. 1 RRL ernst, so müssten die Mitgliedstaaten wohl eine grenzenlose Wirkungserstreckung sicherstellen, wie sie im Bereich der Finanzdienstleister auch durch die oben genannten Richtlinien gewährleistet wird; immerhin ließe die Formulierung keinerlei Ausnahmen zu. Ein solch weitreichender Anerkennungsautomatismus aber kann kaum gewollt sein. Denn insoweit ergäbe sich ein im Verhältnis zu Art. 19 EuInsVO anerkennungsfreundlicheres Regime, was im offenen Widerspruch zum Willen des

[180] Richtlinie 2001/17/EG des Europäischen Parlaments und des Rates vom 19. März 2001 über die Sanierung und Liquidation von Versicherungsunternehmen, mittlerweile abgelöst durch die Richtlinie 2009/138/EG des Europäischen Parlaments und des Rates vom 25. November 2009 betreffend die Aufnahme und Ausübung der Versicherungs- und der Rückversicherungstätigkeit (Solvabilität II).

[181] Richtlinie 2001/24/EG des Europäischen Parlaments und des Rates vom 4. April 2001 über die Sanierung und Liquidation von Kreditinstituten.

Gesetzgebers stünde, der selbst gegenüber einer Anerkennung vertraulich geführter Verfahren nach EuInsVO-Grundsätzen erhebliche Bedenken artikulierte.[182]

Damit steht fest, dass die Auslegung der Bereichsausnahme in Art. 1 Abs. 2 lit. b) Brüssel-Ia-VO sich maßgeblich an der abstrakten Umschreibung des Insolvenzverfahrens in Art. 1 Abs. 1 UAbs. 1 und 2 EuInsVO zu orientieren hat. Dieser Ansatz entspricht nicht nur dem erklärten Willen des Unionsgesetzgebers, wie er an verschiedenen Stellen in EuInsVO und Restrukturierungsrichtlinie zum Ausdruck gekommen ist. Er vermag auch dem regelmäßig als Gegenargument[183] angeführten Erwägungsgrund (7) S. 3 zur EuInsVO einen sinnhaften Regelungsgehalt zuweisen und fügt sich zudem nahtlos in die sekundärrechtliche Gesamtrechtsordnung ein, was im Folgenden anhand einiger besonders virulenter Zusammenhänge näher beleuchtet werden soll.

g) *Die systematische Kohärenz mit Art. 32 Abs. 2 EuInsVO*

Zunächst ist das hier vertretene Verständnis der konkursrechtlichen Bereichsausnahme ohne Weiteres mit Art. 32 Abs. 2 EuInsVO in Einklang zu bringen. Insbesondere kann aus dieser Norm nicht abgeleitet werden, dass Art. 1 Abs. 2 lit. b) Brüssel-Ia-VO eine über die Definition des Art. 1 Abs. 1 UAbs. 1 und 2 EuInsVO hinausgehende Bedeutung zukäme, die einem kongruenten Verständnis des Insolvenzverfahrens im Sinne der EuInsVO einerseits und der konkursrechtlichen Bereichsausnahme andererseits entgegenstünde.

Entsprechend der systematischen Stellung im Kapitel II. betrifft Art. 32 EuInsVO die Anerkennung und Vollstreckbarkeit von Entscheidungen, die im Zusammenhang mit ausländischen Insolvenzverfahren nach der EuInsVO ergangen sind. Während die Wirkungserstreckung der eigentlichen Eröffnungsentscheidung ausführlich in den Art. 19 ff. EuInsVO geregelt wird, befasst sich Art. 32 EuInsVO gemäß der amtlichen Überschrift mit der Anerkennung und Vollstreckbarkeit sonstiger Entscheidungen. Abs. 1 UAbs. 1 betrifft dabei Entscheidungen des Eröffnungsgerichts selbst, die im Rahmen des weiteren Verlaufs des Verfahrens, also zu dessen Durchführung oder Beendigung ergehen. Die Wirkungen solcher Entscheidungen werden nach dem – im Verhältnis zur Brüssel-Ia-VO besonders anerkennungsfreundlichen – Regime der EuInsVO

[182] Vgl. Erwägungsgrund (13) S. 2 zur EuInsVO; noch weitergehend *Thole* ZIP 2021, 2153 (2155), der der Formulierung einen ausdrücklichen Willen des Verordnungsgebers dahingehend entnehmen will, vertrauliche Sanierungsverfahren generell nicht an einer unionsweiten Wirkungserstreckung teilnehmen zu lassen.

[183] *Dammann* in: Paulus/Dammann, European Preventive Restructuring, Art. 1 Rn. 82; *Schlöder/Parzinger/Knebel* ZIP 2021, 1041 (1043); *Thole* ZIP 2021, 2153 (2155); *ders.* in: MüKo-InsO, EuInsVO Art. 19 Rn. 7.

im EU-Ausland anerkannt. Die Vollstreckung aus diesen Titeln, sofern sie einen vollstreckungsfähigen Inhalt aufweisen, richtet sich grundsätzlich nach den Regelungen der EuInsVO, wobei allerdings gem. Art. 32 Abs. 1 UAbs. 1 S. 2 EuInsVO zudem die formellen und verfahrensrechtlichen Vorgaben der Art. 39 bis 44 und 47 bis 57 Brüssel-Ia-VO zu beachten sind. Es gelten damit insbesondere nicht die Versagungsgründe der Brüssel-Ia-VO, sondern insoweit ausschließlich der international-insolvenzrechtliche *ordre public*-Vorbehalt des Art. 33 EuInsVO.[184]

Dieses Regime erweitert Abs. 1 UAbs. 2 auf Entscheidungen, die unmittelbar aufgrund des Insolvenzverfahrens ergehen und in engem Zusammenhang dazu stehen. Letztlich wird dadurch für Annexverfahren ein Gleichlauf von internationaler Zuständigkeit nach Art. 6 EuInsVO und deren unionsweiter Anerkennung sichergestellt.[185] Allerdings regelt Art. 6 EuInsVO weder die sachliche noch die örtliche Zuständigkeit, sodass insoweit die mitgliedstaatliche Zuständigkeitsverteilung Platz greift, die teilweise – wie etwa nach deutschem Recht – keine *vis attractiva concursus* kennt.[186] Folgerichtig erfasst Art. 32 Abs. 1 UAbs. 2 EuInsVO nicht nur Entscheidungen des eröffnenden Gerichts, sondern auch anderer Gerichte des Eröffnungsstaats.[187] Dies gilt allerdings nur, wenn die jeweilige Streitigkeit einen besonders engen Insolvenzbezug aufweist. Andere, nur mittelbar mit einer Insolvenz zusammenhängende Entscheidungen unterfallen der EuInsVO indes nicht.[188] Für solche nur entfernt mit der Insolvenz verbundene Streitigkeiten fällt der Blick hinsichtlich der internationalen Zuständigkeit und der Wirkungserstreckung in anderen Mitgliedstaaten damit naturgemäß auf die Brüssel-Ia-VO als *lex generalis*. Wie oben bereits dargestellt, ergäbe sich selbiges nach Art. 67 Brüssel-Ia-VO bereits daraus, dass in Ermangelung der Anwendbarkeit von speziellen, insolvenzspezifischen Normen subsidiär die allgemeinen Regelungen des IZVR zur Geltung gelangen. Für den Bereich der Entscheidungsanerkennung und -vollstreckbarkeit spricht dies Art. 32 Abs. 2 EuInsVO – insofern vordergründig rein deklaratorisch[189] – explizit aus: soweit weder Art. 19 ff. noch Art. 32 Abs. 1

---

[184] *Mankowski* NZI 2010, 508 (509); *Skauradszun* in: K/P/B, EuInsVO Art. 32 Rn. 17 f.

[185] *Wenner/Schuster* in: FK-InsO, EuInsVO Art. 32 Rn. 4.

[186] *Reuterhan* in: Vallender, EuInsVO, Art. 32 Rn. 12.

[187] *Skauradszun* in: K/P/B, EuInsVO Art. 32 Rn. 24.

[188] *Mankowski* NZI 2020, 123 (126) spricht insoweit von „entfernteren Annexentscheidungen"; vgl. dazu auch seine Einteilung in Insolvenzeröffnungsentscheidungen (Art. 3, 19 EuInsVO), Entscheidungen im eröffneten Insolvenzverfahren (Art. 32 Abs. 1 UAbs. 1 EuInsVO), insolvenznahe Annexentscheidungen (Art. 6, 32 Abs. 1 UAbs. 2 EuInsVO), entferntere Annexentscheidungen (Art. 32 Abs. 2 EuInsVO) sowie von vornherein nicht insolvenzbezogene Entscheidungen.

[189] In diese Richtung *Mankowski* NZI 2010, 508 (509) („deklaratorische[r] Charakter als klarstellende Hinweisnorm"); *Hermann* in: Uhlenbruck, EuInsVO Art. 32 Rn. 8; *Skauradszun* in: K/P/B, EuInsVO Art. 32 Rn. 41 (jeweils „deklaratorische Natur"); *Nerlich/Hübler* in: Nerlich/Römermann, InsO, EuInsVO Art. 32 Rn. 20; *Reutershan* in: Vallender,

EuInsVO greifen, unterliegt die grenzüberschreitende Anerkennung von Entscheidungen den Regelungen der Brüssel-Ia-VO. Interessant erscheint nun in diesem Zusammenhang die im Wortlaut angelegte Einschränkung, wonach dies nur gilt, „sofern jene Verordnung anwendbar ist". Art. 32 Abs. 2 EuInsVO setzt demnach einerseits voraus, dass eine bestimmte Entscheidung nicht unter die EuInsVO fällt, deren Anwendungsbereich also nicht eröffnet ist. Andererseits scheint es keine Selbstverständlichkeit zu sein, dass in diesem Falle die Brüssel-Ia-VO Anwendung findet, was letztlich nur einen Schluss zulässt: es gibt Streitigkeiten, die weder unter die eine, noch unter die andere Verordnung fallen.[190] Zu diesem Ergebnis kommt in Bezug auf die hier in erster Linie interessierenden Stammverfahren zwar auch die vorliegende Untersuchung, nämlich für den Fall, dass ein Verfahren, das die Voraussetzungen des Art. 1 Abs. 1 UAbs. 1 und 2 EuInsVO erfüllt, nicht in den Anhang A aufgenommen wurde. In Bezug auf die von Art. 32 Abs. 2 EuInsVO betroffenen Annexverfahren kann die Katalogisierungslösung allerdings nicht (unmittelbar) als Erklärungsansatz herangezogen werden. Denn für derartige Einzelverfahren definiert die EuInsVO weder einen allgemeinen Anwendungsbereich, noch hält sie einen abschließenden Katalog bereit.

Einen zwingenden Rückschluss auf die Reichweite des Art. 1 Abs. 2 lit. b) Brüssel-Ia-VO lässt dieser Befund gleichwohl nicht zu. Denn die Formulierung in Art. 32 Abs. 2 EuInsVO bezieht sich keineswegs ausschließlich auf den Konkursvorbehalt, sondern auf die Verordnung insgesamt. An der Anwendbarkeit der Brüssel-Ia-VO könnte es jedoch gleichermaßen fehlen, wenn etwa schon keine Zivil- oder Handelssache in Frage steht.[191] Man denke an die Geltendmachung von staatshaftungsrechtlichen Ansprüchen des Schuldners durch den Insolvenzverwalter. Ebenso sind Konstellationen denkbar, in denen zwar einerseits ein gewisser (mittelbarer) Insolvenzbezug besteht, aber zugleich anderweitige Bereichsausnahmen eingreifen. Die Norm ist daher vor allem in ihrem historischen Kontext zu sehen, stellt sie doch mit der Verweisung auf die Anwendungsvoraussetzungen der Brüssel-Ia-VO etwas klar, was zur Vorgängervorschrift des Art. 32 EuInsVO im Entwurf für ein EuInsÜ aus dem Jahre 1980 noch für Verwirrung und Diskussion sorgte.[192] Insofern lässt sich aus

---

EuInsVO, Art. 32 Rn. 20 („keine eigenständige Bedeutung"); ebenso *Brinkmann* in: K. Schmidt, InsO, Art. 25 EuInsVO Rn. 20.

[190] EuGH, Urteil vom 10.09.2009, Rs. C-292/08, *German Graphics*, Slg. 2009, I-8424 Rn. 17 = EuZW 2009, 785; *Wenner/Schuster* in: FK-InsO, EuInsVO Art. 32 Rn. 8; in der Tendenz – wenn auch zurückhaltend – *Skauradszun* in: K/P/B, EuInsVO Art. 32 Rn. 41 sowie *Mankowski* NZI 2010, 508 (509).

[191] *Schlosser* in: Schlosser/Hess, EuZPR, EuGVVO Art. 1 Rn. 21d mit dem Verweis auf verwaltungsrechtliche, steuerrechtliche, oder schiedsgerichtliche Entscheidungen; ebenso *Brinkmann* in: K. Schmidt, InsO, EuInsVO Art. 25 Rn. 20.

[192] Vgl. zu Art. 67 EuInsÜ-Entw. (1980) etwa *Spellenberg* in: Kegel/Thieme, Vorschläge und Gutachten, 391 (393 ff.).

Art. 32 Abs. 2 EuInsVO keine Schlussfolgerung dahingehend ableiten, wie sich Art. 1 Abs. 1 UAbs. 1 und 2 EuInsVO und Art. 1 Abs. 2 lit. b) Brüssel-Ia-VO zueinander verhalten.[193] Die Norm ist damit ohne Weiteres mit dem hier vertretenen Ansatz vereinbar.

h) Rückschlüsse aus anderen Rechtsetzungsvorhaben

Entgegen teilweise geäußerter Bedenken zwingen auch Erkenntnisse aus den Reformbestrebungen 2015 sowie der insolvenzrechtlichen Harmonisierung auf dem Gebiet der Versicherungs- und Finanzdienstleister nicht dazu, von diesem Lösungsmodell abzuweichen.

Orientiert man sich zur Ausdifferenzierung der Trennungslinie zwischen den beiden Verordnungen an den insoweit spezielleren und detaillierteren Vorgaben des Art. 1 Abs. 1 UAbs. 1 und 2 EuInsVO, stellt man fest, dass die Reichweite des Art. 1 Abs. 2 lit. b) Brüssel-Ia-VO über die Jahre einer fortschreitenden Entwicklung unterlag. Denn wie bereits dargestellt sind zumindest jene Verfahren von der Bereichsausnahme umfasst,[194] die in den Anwendungsbereich der EuInsVO fallen. Gleichzeitig brachte die Revision der EuInsVO mitunter eine Neuausrichtung ihres Anwendungsbereichs mit sich. Die Anknüpfung an klassische, eine materielle Insolvenz voraussetzende und einen Vermögensbeschlag bewirkende Gesamtverfahren wurde zugunsten eines moderneren Ansatzes überwunden.[195] Erfasst sind nunmehr auch Verfahren in Eigenverwaltung sowie vorinsolvenzliche Sanierungsverfahren. Die Einbeziehung nur einzelner Gläubigergruppen steht einer Anwendung der EuInsVO ebenfalls nicht entgegen. Mit dieser Ausweitung des Anwendungsbereichs der EuInsVO ging damit denknotwendig auch eine Zurückdrängung des Geltungsbereichs der Brüssel-Ia-VO einher – so diese denn zuvor auf die entsprechenden Verfahren überhaupt anwendbar war. Das genau aber ist letztlich die Gretchenfrage: Greift der Konkursvorbehalt weiter als die EuInsVO damals reichte bzw. heute reicht?

Man würde annehmen, dass mit der Erweiterung der EuInsVO – gleichsam als spiegelbildliches Gegenstück – eine Verengung des Konkursvorbehalts in

---

[193] Anders wohl *M. F. Müller* in: Mankowski/M. F. Müller/J. Schmidt, EuInsVO, Art. 32 Rn. 39, der die Norm als gesetzgeberische Reaktion auf das herrschende Lückenlosigkeitsdogma einstuft, wobei er freilich zugleich – von der persönlichen Bereichsausnahme in Art. 1 Abs. 2 EuInsVO abgesehen – von einer vollständigen Schließung dieser Lücke durch die Neufassung des Art. 1 EuInsVO ausgeht.

[194] Obgleich die Regelung in Art. 1 Abs. 2 lit. b) Brüssel-Ia-VO wie bereits dargestellt wegen des Vorrangs der EuInsVO als *lex specialis* mittlerweile weitgehend überflüssig sein dürfte, spricht gleichwohl nichts dagegen, die Unanwendbarkeit der Brüssel-Ia-VO auf in Anhang A aufgeführte Verfahren *auch* an der Bereichsausnahme festzumachen.

[195] Kritisch allerdings wegen der diffusen und zusammenhangslosen Voraussetzungen *Madaus* in: K/P/B, EuInsVO Art. 1 Rn. 23.

der Brüssel-Ia-VO einherging. Es wäre die logische Konsequenz des lückenlosen Ineinandergreifens, dass der Anwendungsbereich der einen Verordnung schwindet, wenn der Geltungsbereich ihres Gegenparts ausgedehnt wird. Umso verblüffender wird man sich gegenüber den Motiven des Unionsgesetzgebers zeigen, die für die Ausdehnung von Art. 1 EuInsVO angeführt wurden. So machte die Kommission den Reformbedarf vor allem darin aus, dass vorinsolvenzliche und in Eigenverwaltung durchgeführte Verfahren nicht von einer unionsweiten Anerkennung profitierten.[196] Die von den Verfahren anvisierten Sanierungserfolge könnten daher durch die fehlende Wirkungserstreckung in Frage gestellt werden.[197] Vor allem *hold out*-Gläubiger, die sich in der Hoffnung höherer Erträge nicht an dem Sanierungsverfahren beteiligten, könnten durch (Zwangsvollstreckungs-)Maßnahmen in anderen Mitgliedstaaten die Sanierung des Schuldners unterlaufen.[198] Bereits im Vorfeld von Restrukturierungsverfahren würde durch diese Möglichkeit der Forderungsdurchsetzung im Ausland die Verhandlungsposition des Schuldners erheblich geschwächt.[199] Im Übrigen könnten derartige Sondervorteile einzelner Gläubiger auch dazu führen, dass die Sanierung insgesamt scheitert: sei es, weil der Rest der Gläubigerschaft unter diesen Umständen ihrerseits nicht zu den notwendigen Einschnitten bereit ist oder die Vollstreckung Vermögensgegenstände betrifft, die für den Betrieb des schuldnerischen Unternehmens unverzichtbar sind.[200] Insgesamt sei aufgrund der vorstehenden Risiken davon auszugehen, dass die fehlende Wirkungserstreckung die Parteien generell davon abhalte, Sanierungsmaßnahmen überhaupt einzuleiten.[201] Die Revision des Anwendungsbereichs

---

[196] Impact Assessment zum Kommissionsvorschlag für eine Neufassung der EuInsVO vom 12.12.2012, SWD(2012) 416 final, S. 12; so auch der Befund von *Kolmann/Ch. Keller* in: Gottwald/Haas, Insolvenzrechts-Handbuch, § 129 Rn. 12; weniger eindeutig dagegen die Formulierung im Kommissionsvorschlag für eine Neufassung der EuInsVO vom 12.12.2012, COM(2012) 744 final, der auf S. 6 die Erweiterung des Anwendungsbereichs damit begründet, dass Eigenverwaltungs- und vorinsolvenzliche Sanierungsverfahren dadurch die „*durch die[se] Verordnung* bewirkte EU-weite Anerkennung" (Hervorhebung durch den Verf.) zugute kommen würde, was auch als Abgrenzung zum – etwas weniger anerkennungsfreundlichen – Regime der Brüssel-Ia-VO verstanden werden könnte.

[197] Bericht der Kommission an das Europäische Parlament, den Rat und den Europäischen Wirtschafts- und Sozialausschuss über die Anwendung der Verordnung (EG) Nr. 1346/2000 des Rates vom 29.05.2000 über Insolvenzverfahren vom 12.12.2012, COM(2012) 743 final, S. 7.

[198] Impact Assessment zum Kommissionsvorschlag für eine Neufassung der EuInsVO, SWD(2012) 416 final S. 12.

[199] Zur Relevanz der Schuldnerposition in formellen Verfahren vorausgehenden Gläubigerverhandlungen unter dem Eindruck des StaRUG vgl. etwa *Paulus* NZI-Beil. 2021, 9 (10).

[200] Impact Assessment zum Kommissionsvorschlag für eine Neufassung der EuInsVO, SWD(2012) 416 final, S. 12.

[201] Bericht der Kommission an das Europäische Parlament, den Rat und den Europäischen Wirtschafts- und Sozialausschuss über die Anwendung der Verordnung (EG) Nr. 1346/2000 des Rates vom 29.05.2000 über Insolvenzverfahren vom 12.12.2012, COM(2012) 743 final,

der Verordnung war daher in erster Linie dadurch motiviert, Eigenverwaltung und vorinsolvenzliche Sanierungsverfahren mit zu erfassen und diese somit den einheitlichen Regelungen über grenzüberschreitende Anerkennung zu unterwerfen. Daraus könnte man schließen, dass die Anwendbarkeit der Art. 36 ff. Brüssel-Ia-VO für die Kommission offenbar so fern lag, dass sie sie in ihrem Problemaufriss noch nicht einmal erwähnte. Muss man der Kommission also unterstellen, dass nach ihrer Auffassung die insolvenzrechtliche Bereichsausnahme weit über den (damaligen) Anwendungsbereich der EuInsVO 2000 hinausging, insbesondere also präventive Sanierungsverfahren nicht von der Brüssel-Ia-VO erfasst waren?[202]

Zwingend erscheint dies keineswegs. Denn sanierungsschädliche Risiken sah die Kommission vor allem in der nur territorialen Wirkung von Vollstreckungsstopps. Oder wie es das *Impact Assessment* der Kommission ausdrückt: Verfahren hätten „no EU-wide recognition of their effects, notably the stay of individual enforcement actions".[203] Die Aussetzung der Einzelzwangsvollstreckung nimmt aber, worauf an anderer Stelle noch einzugehen sein wird, eine gewisse Sonderrolle ein. Selbst auf der Grundlage der Brüssel-Ia-VO führte die ausschließliche Zuständigkeit nach deren Art. 24 Nr. 5 nämlich bei wortlautgetreuer Anwendung dazu, dass derartige Anordnungen stets auf das Hoheitsgebiet des erlassenden Mitgliedstaats begrenzt wären. Restrukturierungsgerichte müssten ausländisches Vermögen daher bereits aus kompetenziellen Gründen von den verhängten Maßnahmen ausnehmen; kompetenzwidrig auslandswirksame Maßnahmen würden nach Art. 45 Abs. 1 lit. e) Ziff. ii) Brüssel-Ia-VO nicht anerkannt. Die international wirksame Verhängung vorläufiger Maßnahmen wäre daher auch auf Grundlage der Brüssel-Ia-VO nicht problemlos gewährleistet gewesen. Insofern wird man allein aus dem Konzeptpapier der Kommission nicht ableiten können, dass die Bereichsausnahme wesentlich weiter reicht(e), als der (damalige) Anwendungsbereich der EuInsVO, zumal auch der Kommissionsvorschlag in Erwägungsgrund (7) bereits einen angefügten Satz 3 vorsah, der – bis heute – die möglichst lückenlose Auslegung der beiden Verordnungen anmahnt.[204]

S. 7; ebenso *Kolmann/Ch. Keller* in: Gottwald/Haas, Insolvenzrechts-Handbuch, § 129 Rn. 12.

[202] So in der Tendenz, allerdings auf Art. 25 Abs. 2 EuInsVO 2000 rekurrierend *M. F. Müller* in: Mankowski/M. F. Müller/J. Schmidt, EuInsVO, Art. 32 Rn. 39.

[203] Impact Assessment zum Kommissionsvorschlag für eine Neufassung der EuInsVO, SWD(2012) 416 final, S. 12.

[204] Kommissionsvorschlag vom 12.12.2012, COM(2012) 744 final, S. 16.

Allerdings wollen *Lüke* und *Scherz* im Zusammenhang mit den bereits an anderer Stelle erwähnten Richtlinien zu Liquidations- und Sanierungsverfahren für Versicherungsunternehmen[205] und Kreditinstitute[206] ähnliche Tendenzen ausgemacht haben.[207] Konzeptioneller Ausgangspunkt der Richtlinien ist, dass die EuInsVO gemäß ihres Art. 1 Abs. 2 auf Liquidationsverfahren über das Vermögen von Versicherungsunternehmen respektive Kreditinstitute keine Anwendung findet.[208] Eine automatische Anerkennung über den Mechanismus der Art. 19 ff. EuInsVO[209] kommt folglich nicht in Betracht. Es bedürfe daher – so die in den Erwägungsgründen der Richtlinien zum Ausdruck kommende Motivation des Gesetzgebers – eines harmonisierten Regimes zur unionsweiten Wirkungserstreckung von Liquidationsverfahren sowie eines entsprechenden Antragsmonopols bei den Aufsichtsbehörden des Herkunftsstaats.[210] Nun sehen die Richtlinien aber auch die Möglichkeit von Sanierungsmaßnahmen vor, um wirtschaftlich angeschlagene Versicherer oder Kreditinstitute vor einer Insolvenz zu bewahren. Explizit genannt werden dabei etwa eine Aussetzung von Zahlungen, die Aussetzung der Einzelzwangsvollstreckung oder eine Kürzung von Forderungen, also just jene Instrumentarien, die auch die Restrukturierungsrichtlinie vorschreibt.[211] Auch insoweit – und das ist nun der Ansatzpunkt von *Lüke* und *Scherz*[212] – sah der Gesetzgeber aber offensichtlich die Notwendigkeit, in den Richtlinien selbst international-zivilverfahrensrecht-

---

[205] Richtlinie 2001/17/EG des Europäischen Parlaments und des Rates vom 19.03.2001 über die Sanierung und Liquidation von Versicherungsunternehmen, mittlerweile abgelöst durch die Richtlinie 2009/138/EG des Europäischen Parlaments und des Rates vom 25.11.2009 betreffend die Aufnahme und Ausübung der Versicherungs- und der Rückversicherungstätigkeit (Solvabilität II).

[206] Richtlinie 2001/24/EG des Europäischen Parlaments und des Rates vom 04.04.2001 über die Sanierung und Liquidation von Kreditinstituten.

[207] *Lüke/Scherz* ZIP 2012, 1101 (1105 f.) mit der Schlussfolgerung, die Brüssel-Ia-VO könne sich nur auf kontradiktorische Verfahren beziehen; kritisch *Swierczok*, Das englische Scheme of Arrangement und seine Rezeption in Deutschland, S. 92 ff.; *Thole* ZGR 42 (2013) 109 (124 f.).

[208] So ausdrücklich Erwägungsgrund (2) S. 2 zur RL 2001/17/EG.

[209] Sowohl die Richtlinien als auch der Beitrag von *Lüke/Scherz* beruhen freilich noch auf der EuInsVO 2000 und der Brüssel-I-VO, ohne dass sich daraus allerdings relevante Unterschiede ergäben.

[210] Erwägungsgründe (9), (10) und (11) zur RL 2001/17/EG; Erwägungsgründe (14) S. 2 und (16) zur RL 2001/24/EG; vgl. nunmehr auch Erwägungsgründe (117) sowie (123) S. 2 zur RL 2009/138/EG.

[211] Art. 2 lit. c) RL 2001/17/EG; Art. 2 RL 2001/24/EG; vgl. für Versicherungsunternehmen mittlerweile Art. 268 Abs. 1 lit. c) RL 2009/138/EG.

[212] *Lüke/Scherz* ZIP 2012, 1101 (1105 f.).

liche Regelungen aufzunehmen, die die Anerkennung ebendieser Sanierungsmaßnahmen in den übrigen Mitgliedstaaten gewährleisten.[213] Daraus wollen sie folgern, dass entsprechende kollektive, vorinsolvenzliche Sanierungsinstrumente nicht von der Brüssel-Ia-VO erfasst sein könnten, da andernfalls eine unionsweite Anerkennung bereits auf Grundlage der Art. 36 ff. Brüssel-Ia-VO gewährleistet gewesen sei.[214] Einer entsprechenden sektorspezifischen Regelung mittels Richtlinien hätte es aber nicht bedurft, wenn die Anerkennung bereits ganz allgemein gewährleistet gewesen sei. Dies lasse nur den Schluss zu, dass kollektive Schuldenanpassungsverfahren – *in concreto* ging es um das englische *Scheme of Arrangement* – außerhalb des Anwendungsbereichs der Verordnung lägen.[215]

Diese Schlussfolgerung greift freilich zu kurz.[216] So finden sich bereits in den Erwägungsgründen zu beiden Richtlinien gewichtige Anhaltspunkte dafür, dass dem Unionsgesetzgeber die – durchaus bestehenden – Anerkennungsregime für Sanierungsmaßnahmen schlicht nicht weit genug gingen. Für die systemrelevanten Branchen der Versicherungs- und Kreditwirtschaft sollte ein gegenüber den allgemeinen Regelungen anerkennungsfreundlicheres und daher universeller wirkendes Regime etabliert werden. Besonders augenfällig wird dies in der Begründung, die insoweit zwischen Liquidations- und Sanierungsverfahren differenziert. Während für Liquidationsverfahren über Versicherungsunternehmen überhaupt erst auf das Bedürfnis einer Koordinierung auf Gemeinschaftsebene verwiesen wird,[217] strebt die Richtlinie für Sanierungsmaßnahmen eine „*uneingeschränkte*" gemeinschaftsweite Wirkung an.[218] Bei Kreditinstituten seien „Bestimmungen zur gegenseitigen Anerkennung von Liquidationsverfahren und ihrer Wirkungen innerhalb der Gemeinschaft vorzusehen",[219] wohingegen die Wirkungserstreckung von Sanierungsmaßnahmen in allen Mitgliedstaaten „*unbedingt* sicherzustellen" ist.[220] Hinsichtlich der Liquidationsverfahren, deren Anerkennung bisher wegen Art. 1 Abs. 2 EuInsVO gänzlich den Mitgliedstaaten überlassen war, wurde mithin allgemein – als

---

[213] Erwägungsgründe (3) und (9) zur RL 2001/17/EG; Erwägungsgründe (6) und (7) zur RL 2001/24/EG; für Versicherungsunternehmen nunmehr Erwägungsgrund (117) und (118) zur RL 2009/138/EG.

[214] *Lüke/Scherz* ZIP 2012, 1101 (1105 f.).

[215] *Lüke/Scherz* ZIP 2012, 1101 (1105 f.).

[216] So im Ergebnis auch *Swierczok*, Das englische Scheme of Arrangement und seine Rezeption in Deutschland, S. 93 f.; *Thole* ZGR 42 (2013) 109 (124 f.).

[217] Erwägungsgrund (2) S. 3 zur RL 2001/17/EG; etwas konkreter, aber in der Intensität immer noch hinter den entsprechenden Ausführungen zu Sanierungsmaßnahmen zurückbleibend nunmehr Erwägungsgrund (123) S. 2 zur RL 2009/138/EG.

[218] Erwägungsgrund (3) S. 1 zur RL 2001/17/EG; siehe mittlerweile – insoweit gleichlautend – Erwägungsgrund (118) zur RL 2009/138/EG.

[219] Erwägungsgrund (14) S. 2 zur RL 2001/24/EG.

[220] Erwägungsgrund (7) zur RL 2001/24/EG.

grundlegende Neuerung – auf das Bedürfnis eines Anerkennungsregimes hingewiesen. Dagegen betrafen die Feststellungen in Bezug auf Sanierungsverfahren nicht das ob, sondern das Ausmaß der Wirkungserstreckung, was einen schon bestehenden Anerkennungsmechanismus impliziert. Im Bereich der Sanierungsverfahren ging es dem Richtliniengeber damit nicht um die erstmalige Schaffung, sondern um die Verbesserung der grenzüberschreitenden Anerkennung. Tatsächlich sind die Vorgaben der Richtlinien denn auch erheblich anerkennungsfreundlicher ausgestattet, als die Art. 36 ff. Brüssel-Ia-VO.[221] Insbesondere suspendieren die Richtlinien den ansonsten stets geltenden *ordre public*-Vorbehalt,[222] der es den Mitgliedstaaten erlauben würde, ausländische Verfahren unter Hinweis auf kollidierende Grundwerte des heimischen Rechtssystems zu ignorieren. Außerdem schließen sie die Eröffnung von Sekundär- und Partikularinsolvenzverfahren aus und gewährleisten damit eine uneingeschränkte Wirkungserstreckung.[223] Im Bereich der Liquidationsverfahren über Versicherungsunternehmen und Kreditinstitute bewirkten die Richtlinien mithin, dass es überhaupt erstmals ein Anerkennungsregime gab. Auf dem Gebiet der Sanierungsverfahren führten sie hingegen durch die Harmonisierung des mitgliedstaatlichen IZVR zu einem Maß an Universalität, wie sie unter der Brüssel-Ia-VO – und selbst unter der EuInsVO – nicht möglich gewesen wäre. Aus dem Erlass besonderer Bestimmungen für die unionsweite Anerkennung von Sanierungsmaßnahmen über Versicherungsunternehmen oder Kreditinstitute kann damit nicht abgeleitet werden, dass kollektive Sanierungsverfahren *per se* außerhalb der Brüssel-Ia-VO stünden.[224] Ganz im Gegenteil belegen die Erwägungsgründe, dass der Richtliniengeber offenbar davon ausging, dass für Sanierungsverfahren auch schon vor Inkrafttreten (bzw. Umsetzung) der Richtlinien durchaus ein (allgemeines) Anerkennungsregime verfügbar war, wofür schlechthin nur die Brüssel-Ia-VO in Betracht kommen kann. Auch dies spricht dafür, die konkursrechtliche Bereichsausnahme im Einklang mit der Insolvenzverfahrensdefinition der EuInsVO auszulegen und vorinsolvenzliche Sanierungsverfahren damit der Brüssel-Ia-VO zu unterwerfen, wenn und soweit die Voraussetzungen des Art. 1 Abs. 1 UAbs. 1 und 2 EuInsVO nicht erfüllt sind.

---

[221] Darauf rekurrierend *Thole* ZGR 42 (2013) 109 (125).

[222] Dieser findet sich sowohl in Art. 45 Abs. 1 lit. a) Brüssel-Ia-VO als auch in Art. 33 EuInsVO.

[223] Vgl. für Versicherungsunternehmen § 312 Abs. 2 S. 2 VAG sowie für Kreditinstitute § 46e Abs. 1 S. 2 KWG; dazu *Redenius-Hövermann* in: Luz/Neus/Schaber/Scharpf/Schneider/Weber, KWG § 46e Rn. 2; *Herweg/Willemer* in: Schwennicke/Auerbach, KWG, § 46e Rn. 13; siehe auch die Regierungsbegründung zum deutschen Umsetzungsgesetz BT-Drucks. 15/1653 S. 33.

[224] *Thole* ZGR 42 (2013) 109 (124 f.); *Swierczok*, Das englische Scheme of Arrangement und seine Rezeption in Deutschland, S. 93 f.

4. Die Orientierung an Art. 1 Abs. 1 UAbs. 1 und 2 EuInsVO als systemkohärente Gesamtlösung

Das vorstehend entwickelte Verständnis der konkursrechtlichen Bereichsausnahme als impliziter Verweis auf die Definition des Insolvenzverfahrens in Art. 1 Abs. 1 UAbs. 1 und 2 EuInsVO ist als konzeptionelle Gesamtlösung zu begreifen. Sie beansprucht damit auch in solchen Fällen Geltung, in welchen zwar die Brüssel-Ia-VO, nicht aber die EuInsVO anwendbar ist und fügt sich damit nahtlos in das international-zivilverfahrensrechtliche Gesamtkonzept ein. Insofern ergeben sich auch an den Randbereichen der EuInsVO keinerlei systematische Brüche, weder im Hinblick auf deren eingeschränkten persönlichen, noch auf den begrenzten territorialen Anwendungsbereich der EuInsVO.

a) Verfahren über Kreditinstitute, Versicherungs- und Wertpapierunternehmen sowie Organismen für gemeinsame Anlagen in Wertpapiere

Betrachtet man zunächst den persönlichen Geltungsbereich der EuInsVO, so ist festzustellen, dass bestimmte Finanzunternehmen vom Geltungsbereich der Verordnung ausgenommen sind. Insolvenzverfahren über das Vermögen von Versicherungsunternehmen, Kreditinstitute, Wertpapierfirmen und Organismen für gemeinsame Anlagen in Wertpapiere (OGAW) fallen ausweislich des Art. 1 Abs. 2 EuInsVO nicht unter das Regime der EuInsVO. Wäre dann aber nicht auch eine Heranziehung der in der EuInsVO enthaltenen Definition des Insolvenzverfahrens zur Ausfüllung anderer konkretisierungsbedürftiger Rechtsakte wie der Brüssel-Ia-VO verwehrt, soweit es um Verfahren geht, die ebensolche Finanzunternehmen betreffen – mit der Folge einer gespaltenen Auslegung des Konkursvorbehalts, die sich (zurecht) der Kritik einer systematischen Inkonsistenz ausgesetzt sähe?

Zunächst wird das Problem bereits insoweit abgeschwächt, als es ohnehin nur Verfahren über OGAW beträfe. Für die übrigen in Art. 1 Abs. 2 EuInsVO genannten Finanzunternehmen erlangt nämlich die Bereichsausnahme des Art. 1 Abs. 2 lit. b) Brüssel-Ia-VO von vornherein keine entscheidende Bedeutung. Denn die Anwendung der Brüssel-Ia-VO scheidet für Versicherungsunternehmen, Kreditinstitute und Wertpapierunternehmen bereits deshalb aus, weil insoweit das nationale IZVR Vorrang beansprucht. Gleichwohl weisen gerade Insolvenzen in ebendiesem Unternehmenszweig regelmäßig zahlreiche internationale Berührungspunkte auf, sodass das Bedürfnis einheitlicher Regelungen durchaus besteht.[225] Warum also nimmt sich die EuInsVO insoweit durch Beschränkung ihres persönlichen Anwendungsbereichs zurück? Dies beruht nicht etwa auf der Illusion des Verordnungsgebers, derartige Unternehmen

[225] *Kindler* in: MüKo-BGB, EuInsVO Art. 1 Rn. 18; *Leipold* in: Stoll, Vorschläge und Gutachten, S. 186 (189).

wären durch die staatliche Aufsicht vor dem Risiko der Insolvenz gefeit.[226] Die Bereichsausnahme geht aber insoweit auf die in der Finanzdienstleistungsbranche vorgesehenen behördlichen Aufsichtsbefugnisse zurück, als man das dringende Bedürfnis einer engen Abstimmung des Insolvenz- und Sanierungsrechts auf das jeweilige Aufsichtsrecht auszumachen meinte.[227] Wie bereits gezeigt, wurde das mitgliedstaatliche Zuständigkeits-, Kollisions- und Anerkennungsrecht für Versicherungsunternehmen und Kreditinstitute daher bereits zur Jahrtausendwende harmonisiert, wobei sich ähnliche Ergebnisse wie unter Geltung der EuInsVO ergeben: eine Konzentration der Eröffnungskompetenz (bei den Behörden des Heimatstaats), die kollisionsrechtliche Berufung dessen Rechts sowie ein Mechanismus zur automatischen unionsweiten Anerkennung des Verfahrens und seiner Wirkungen. Ein entscheidender Unterschied ergibt sich daraus, dass die Zielvorstellung der Einheit und Universalität des Abwicklungsverfahrens konsequent durchgesetzt wird, indem die Eröffnung von Sekundär- und Partikularinsolvenzverfahren ebenso ausgeschlossen wurde, wie der *ordre public*-Vorbehalt.[228] Entgegen einer teilweise im insolvenzrechtlichen Schrifttum vertretenen Meinung[229] sind von dieser Regulierung mittlerweile auch Wertpapierfirmen erfasst, soweit sie durch Art. 1 Abs. 2 lit. c) von der EuInsVO ausgenommen werden.[230] Für sie gilt daher ebenfalls ein zwar

[226] *Braun/Heinrich* NZI 2005, 578 (579) mit Hinweis auf *Huber* ZBB 1998, 193 (194), der das Aufsichtsrecht als kreditinstitutsspezifisches Insolvenzverhinderungsrecht auffasst.

[227] Erwägungsgrund (19) zur EuInsVO; vgl. auch *Husfeldt*, Das UK Solvent Scheme of Arrangement als Sanierungsinstrument für deutsche Gesellschaften, S. 94; *Knof* in: Uhlenbruck, EuInsVO Art. 1 Rn. 37; *Thole* ZGR 42 (2013) 109 (124); sowie bereits *Virgós/Schmit*, Erläuternder Bericht, Rn. 54; kritisch dazu etwa *Braun/Heinrich* NZI 2005, 578 (580); *Gruber/Schulz* in: A/G/R, EuInsVO a. F. Art. 1 Rn. 15; *Wenner/Schuster* in: FK-InsO, EuInsVO Art. 1 Rn. 12; zumindest für OGAW keinen (dringenden) Harmonisierungsbedarf ausmachend Bericht der Kommission an das Europäische Parlament, den Rat und den Europäischen Wirtschafts- und Sozialausschuss über die Anwendung der Verordnung (EG) Nr. 1346/2000 des Rates vom 29.05.2000 über Insolvenzverfahren vom 12.12.2012, COM(2012) 743 final, S. 9.

[228] § 46e Abs. 2 KWG, § 312 Abs. 3 VAG; vgl. auch *Knof* in: Uhlenbruck, EuInsVO Art. 1 Rn. 37; *Nerlich/Hübler* in: Nerlich/Römermann, InsO, EuInsVO Art. 1 Rn. 20; *Reinhart* in: MüKo-InsO, EuInsVO Art. 1 Rn. 21; *Vallender* in: Vallender, EuInsVO, Art. 1 Rn. 59; ausführlich, auch zu Einschränkungen der Universalität durch Sonderanknüpfungen *Braun/Heinrich* NZI 2005, 578 (579 f.).

[229] Vgl. nur *Kindler* in: MüKo-BGB, EuInsVO Art. 1 Rn. 18; *Mock* in: BeckOK-InsO, EuInsVO Art. 1 Rn. 15; missverständlich auch *Ehret* in: Braun, InsO, EuInsVO Art. 1 Rn. 29; zutreffend dagegen *Madaus* in: K/P/B, EuInsVO Art. 1 Rn. 34 und *Nerlich/Hübler* in: Nerlich/Römermann, InsO, EuInsVO Art. 1 Rn. 21 sowie *Vallender* in: Vallender, EuInsVO, Art. 1 Rn. 60.

[230] Art. 1 Abs. 3 RL 2001/24/EG, deren Anwendungsbereich durch die Änderungsbestimmungen der RL 2014/59/EG auf Wertpapierfirmen im Sinne von Art. 4 Abs. 1 Nr. 2 der Verordnung (EU) Nr. 575/2013 erweitert wurde, die ihrerseits auf Art. 4 Abs. 1 Nr. 1 der Richtlinie 2004/39/EG (MiFiD I), nunmehr abgelöst durch Richtlinie 2014/65/EU (MiFiD

europarechtlich harmonisiertes, allerdings auf Ebene der Mitgliedstaaten verortetes Anerkennungsregime.[231] Ein Anwendungsfall des Art. 1 Abs. 2 lit. b) Brüssel-Ia-VO ergibt sich aus alledem jedoch nicht. Denn auch in Bezug auf Versicherungsunternehmen, Kreditinstitute und Wertpapierfirmen folgt die Unanwendbarkeit der Brüssel-Ia-VO bereits aus der Subsidiaritätsklausel des Art. 67 Brüssel-Ia-VO.[232] Diese räumt nämlich nicht nur solchen speziellen Regelungen auf dem Gebiet des IZVR Vorrang ein, die – wie Verordnungsrecht – in den Mitgliedstaaten unmittelbar gelten, sondern gleichermaßen nationalen Vorschriften, soweit diese europarechtlich harmonisiert sind. Da die in §§ 335 ff. InsO sowie den jeweiligen Spezialgesetzen vorgesehenen Regelungen der international-rechtlichen Aspekte einer Banken-, Wertpapierfirmen- oder Versicherungsinsolvenz auf europäischen Richtlinien beruhen, mithin Ausfluss vereinheitlichenden Sekundärrechts sind, gehen die nationalen Regelungen insoweit vor. Auf Art. 1 Nr. 2 lit. b) Brüssel-Ia-VO kommt es damit nicht mehr an.

Raum für eine eigenständige Bedeutung des Konkursvorbehalts bleibt allerdings im Hinblick auf entsprechende Verfahren über das Vermögen von OGAW. Obgleich der Unionsgesetzgeber die Anlagevehikel ebenfalls mit Blick auf eine zukünftige, spezialgesetzliche Regulierung vom persönlichen Anwendungsbereich der EuInsVO ausgenommen hat, ist eine solche Harmonisierung bislang nicht erfolgt.[233] Angesichts der offensichtlichen internationalen Bezüge gerade dieser Tätigkeiten ist dies misslich, zumal eine Harmonisierung des internationalen Insolvenzrechts auf diesem Bereich bereits seit den

---

II; zur dynamischen Verweisung vgl. Art. 94 UAbs. 3), verweist; siehe auch die Anpassung des deutschen Rechts, das in Umsetzung der RL 2014/59/EG mittlerweile in § 46e KWG auf „CRR-Institute" (zuvor „CRR-Kreditinstitute") abstellt, worunter gem. § 1 Abs. 3d S. 2 und 3 KWG auch gewisse Wertpapierfirmen fallen; vgl. zur Harmonisierung des internationalen Insolvenzrechts für Wertpapierfirmen auch die Stellungnahme der Kommission im Bericht der Kommission an das Europäische Parlament, den Rat und den Europäischen Wirtschafts- und Sozialausschuss über die Anwendung der Verordnung (EG) Nr. 1346/2000 des Rates vom 29.05.2000 über Insolvenzverfahren vom 12.12.2012, COM(2012) 743 final, S. 9.

[231] Vereinheitlicht ist allerdings lediglich die internationale Zuständigkeit für Eröffnung und Durchführung des Insolvenzverfahrens sowie die grenzüberschreitende Anerkennung, sodass insbesondere hinsichtlich der internationalen Zuständigkeit von Annexverfahren nicht harmonisiertes, nationales IZVR Anwendung findet; vgl. etwa OLG Frankfurt a. M., Urteil vom 17.12.2012 – 1 U 17/11, ZIP 2013, 277.

[232] Die Regelungen der Richtlinien ebenfalls als „Sonderregeln" bezeichnend *Vallender* in: Vallender, EuInsVO, Art. 1 Rn. 58.

[233] *Ehret* in: Braun, InsO, EuInsVO Art. 1 Rn. 30; *Kindler* in: MüKo-BGB, EuInsVO Art. 1 Rn. 18; *Vallender* in: Vallender, EuInsVO, Art. 1 Rn. 61.

90er Jahren angestrebt wurde.[234] Die grenzüberschreitenden Aspekte diesbezüglicher Insolvenzverfahren unterfallen daher nach wie vor dem national-autonomen internationalen Insolvenzrecht, in Deutschland den §§ 3 (analog) und 335 ff. InsO.[235] Art. 67 Brüssel-Ia-VO greift allerdings mangels europäischer Harmonisierung des national-autonomen internationalen Insolvenzrechts in diesem Bereich nicht. Zur Geltung des deutschen internationalen Insolvenzrechts gelangt man daher erst aufgrund der insolvenzrechtlichen Bereichsausnahme. Insofern kommt Art. 1 Abs. 2 lit. b) Brüssel-Ia-VO in diesem Zusammenhang durchaus eigenständige Bedeutung zu, indem der Anwendungsbereich des – grundsätzlich Anwendungsvorrang genießenden – europäischen IZVR zugunsten des national-autonomen internationalen Insolvenzrechts zurückgedrängt wird. Damit bedarf der Konkursvorbehalt in Art. 1 Abs. 2 lit. b) Brüssel-Ia-VO auch insoweit der Konkretisierung, als OGAW betroffen sind, auf die die EuInsVO aber gerade nicht anwendbar ist.

Allerdings steht einem diesbezüglichen Rückgriff auf die Definition des Art. 1 Abs. 1 UAbs. 1 und 2 EuInsVO nichts im Wege. Denn Art. 1 Abs. 2 EuInsVO verweist in seinem Einleitungssatz ausdrücklich auf „Verfahren nach Abs. 1“ und bringt damit klar zum Ausdruck, dass die dort niedergelegte Definition auch insoweit Geltung beansprucht, als die nachfolgend genannten Unternehmen von der Verordnung ausgenommen sind. Die Herausnahme bestimmter Finanzunternehmen steht einem einheitlichen, an Art. 1 Abs. 1 UAbs. 1 und 2 EuInsVO orientierten Verständnis der konkursrechtlichen Bereichsausnahme damit nicht entgegen.

b) Die Unanwendbarkeit der EuInsVO im Verhältnis zu Dänemark

Gleiches gilt im Ergebnis hinsichtlich der Unanwendbarkeit der EuInsVO im Verhältnis zum Königreich Dänemark, das auf dem Gebiet der justiziellen Zu-

---

[234] Vgl. bereits die Ausführungen von *Virgós/Schmit*, Erläuternder Bericht, Rn. 54; die Kommission rechtfertigt dies mit der geringen Insolvenzanfälligkeit von derartigen Anlagevehikeln, vgl. Bericht der Kommission an das Europäische Parlament, den Rat und den Europäischen Wirtschafts- und Sozialausschuss über die Anwendung der Verordnung (EG) Nr. 1346/2000 des Rates vom 29.05.2000 über Insolvenzverfahren vom 12.12.2012, COM(2012) 743 final, S. 9; RL 2009/65/EG des Europäischen Parlaments und des Rates vom 13. Juli 2009 zur Koordinierung der Rechts- und Verwaltungsvorschriften betreffend bestimmte Organismen für gemeinsame Anlagen in Wertpapieren nur äußerst punktuelle insolvenzrechtliche Regelungen für OGAW, insbesondere in Art. 102 Abs. 5 lit. b) und 103 Abs. 1 lit. a) eine Befreiung von der Geheimhaltungspflicht gegenüber den beteiligten staatlichen Stellen.

[235] *Braun/Heinrich* NZI 2005, 578 (582); *Gruber/Schulz* in: A/G/R, EuInsVO a. F. Art. 1 Rn. 15.

sammenarbeit in Zivilsachen – gemeinsam mit Irland und bislang dem Vereinigten Königreich[236] – seit jeher eine Sonderrolle einnimmt.[237] Nach Art. 1 Abs. 1 S. 1 des Protokolls Nr. 22 zu den Europäischen Verträgen über die Position Dänemarks beteiligt sich das Königreich grundsätzlich nicht an der Annahme von Maßnahmen der EU auf dem Gebiet der justiziellen Zusammenarbeit in Zivilsachen. Entsprechende Rechtsakte sind – ebenso wie dazu ergehende Entscheidungen des EuGH – für Dänemark daher nicht bindend.[238] Das Königreich kann sich aber durch rechtzeitige Mitteilung an die Ratspräsidentschaft an einzelnen Rechtsakten auf diesem Gebiet beteiligen, mit der Folge, dass die entsprechenden Maßnahmen auch für Dänemark verbindlich werden.[239]

Von dieser Möglichkeit hat Dänemark weder hinsichtlich der Brüssel-Verordnungen, noch in Bezug auf die EuInsVO Gebrauch gemacht.[240] Auch ohne eine klarstellende Regelung, wie sie noch Art. 1 Abs. 3 Brüssel-I-VO[241] enthalten hatte, gilt gegenüber Dänemark daher keine der genannten Verordnungen, jedenfalls nicht unmittelbar.[242] Da das Königreich allerdings Mitglied im EuGVÜ war, galt dieses im Verhältnis zu den übrigen Vertragsstaaten zunächst fort.[243] 2006 schlossen das Königreich Dänemark und die EU sodann ein völkerrechtliches Abkommen, durch das die Regelungen der Brüssel-I-VO auf das Königreich erstreckt wurden.[244] Auf Grundlage von Art. 3 Abs. 2 dieses Ab-

---

[236] Vgl. dazu das Protokoll Nr. 21 zu den Europäischen Verträgen über die Position des Vereinigten Königreichs und Irlands hinsichtlich des Raums der Freiheit, der Sicherheit und des Rechts; dazu *Hess* in: Grabitz/Hilf/Nettesheim, Das Recht der EU, AEUV Art. 81 Rn. 58; vgl. spezifisch zu den hier interessierenden international-verfahrensrechtlichen Regelwerken auch Erwägungsgrund (87) zur EuInsVO sowie Erwägungsgrund (40) Brüssel-Ia-VO.

[237] Dazu etwa, unter Darstellung der historischen Entwicklung, *Hess* in: Grabitz/Hilf/Nettesheim, Das Recht der EU, AEUV Art. 81 Rn. 59 f.

[238] Art. 2 des Protokolls Nr. 22 zu den Europäischen Verträgen über die Position Dänemarks.

[239] Art. 3 des Anhangs zum Protokoll Nr. 22 über die Position Dänemarks.

[240] Erwägungsgrund (21) zur Brüssel-I-VO; Erwägungsgrund (41) zur Brüssel-Ia-VO; Erwägungsgrund (88) zur EuInsVO.

[241] Verordnung (EG) Nr. 44/2001 des Rates vom 22.12.2000 über die gerichtliche Zuständigkeit und die Anerkennung und Vollstreckung von Entscheidungen in Zivil- und Handelssachen (Brüssel-I-VO), ABl. vom 16.01.2001, L 12, S. 1.

[242] *Kropholler/von Hein*, EuZPR, EuGVO Einl. Rn. 42.

[243] Erwägungsgrund (22) zur Brüssel-I-VO.

[244] Beschluss des Rates vom 27.04.2006 über den Abschluss des Abkommens zwischen der Europäischen Gemeinschaft und dem Königreich Dänemark über die gerichtliche Zuständigkeit und die Anerkennung und Vollstreckung von Entscheidungen in Zivil- und Handelssachen, ABl. vom 05.05.2006, L 120, S. 22 sowie – unter Wiedergabe des Wortlauts des Abkommens – Beschluss des Rates vom 20.09.2005 über die Unterzeichnung – im Namen

kommens setzte Dänemark schließlich 2013 durch eine entsprechende Mitteilung an die Kommission die mit der Neufassung der Verordnung einhergegangenen Veränderungen auch im Verhältnis zu Dänemark in Kraft.[245] Die Brüssel-Ia-VO gilt damit *de facto* auch für Dänemark, allerdings nicht unmittelbar, sondern lediglich über den Umweg eines völkerrechtlichen Vertrags. Demgegenüber hat sich das Königreich hinsichtlich der EuInsVO nie zu einer – wie auch immer gearteten – Teilnahme an der justiziellen Zusammenarbeit durchringen können. Gegenüber Dänemark kommt daher kein vereinheitlichtes, sondern das autonome internationale Insolvenzrecht der Mitgliedstaaten zur Anwendung, aus deutscher Perspektive mithin die §§ 3 (analog) und 335 ff. InsO.[246] Die Subsidiaritätsklausel des Art. 67 Brüssel-Ia-VO[247] läuft damit mangels (anwendbarer) europarechtlich harmonisierter Sonderregelungen ins Leere. Dadurch erlangt die konkursrechtliche Bereichsausnahme an Bedeutung, da sie die Trennungslinie zwischen (völkerrechtlich vermittelt) europäisch harmonisiertem und national-autonomen IZVR austariert.

Insoweit erscheint es allerdings nicht gänzlich unproblematisch, zur Ausfüllung des Konkursvorbehalts auf die Definition des Art. 1 EuInsVO zurückzugreifen – immerhin findet diese gegenüber Dänemark gerade keine Anwendung.[248] Zwingt die Unverbindlichkeit der EuInsVO im Verhältnis zu Dänemark also zu einer eigenständigen Auslegung der Bereichsausnahme? Art. 6 Abs. 2 des Erstreckungsabkommens weist hier in eine andere Richtung. Danach sind die dänischen Gerichte verpflichtet, bei Gültigkeits- oder Auslegungsfragen den EuGH entsprechend den primärrechtlichen Vorgaben um Vorabentscheidung zu ersuchen sowie dessen im Zusammenhang mit den Brüssel-Verordnungen ergangenen Entscheidungen angemessen Rechnung zu

der Europäischen Gemeinschaft – des Abkommens zwischen der Europäischen Gemeinschaft und dem Königreich Dänemark über die gerichtliche Zuständigkeit und die Anerkennung und Vollstreckung von Entscheidungen in Zivil- und Handelssachen, ABl. vom 16.11.2005, L 299, S. 61; vgl. dazu auch Erwägungsgrund (8) S. 2 zur Brüssel-Ia-VO; zum Ganzen *Jayme/Kohler*, IPRax 2005, 481 (485f.); *Nielsen* IPRax 2007, 506; *Wagner* EuZW 2006, 424 (426).

[245] ABl. vom 21.03.2013, L 79, S. 4.

[246] Siehe nur *Dahl* in: Andres/Leithaus, InsO, vor § 335 Rn. 12 m. w. N., auch zur Ausdehnung einiger Regelungen der EuInsVO auf das Verhältnis zu Drittstaaten, insbesondere in Bezug auf Annexverfahren; vgl. dazu auch die Ausführungen zur Drittstaatenproblematik in EuGH, Urteil vom 16.01.2014, Rs. C-328/12, *Schmid*, NZI 2014, 134 Rn. 19 ff., die gleichermaßen für Mitgliedstaaten gelten dürften, auf die der jeweilige Rechtsakt keine Anwendung findet.

[247] Tatsächlich handelt es sich um Art. 67 des gleichlautenden, völkerrechtlichen Abkommens zwischen Dänemark und der EU, dazu sogleich.

[248] Unklar insoweit *Skauradszun* ZIP 2019, 1501 (1502), wonach für Restrukturierungsverfahren in oder mit Bezug zu Dänemark kein Weg an der Brüssel-Ia-VO vorbei führe, jedoch ohne zur Reichweite der Bereichsausnahme in Bezug auf solche Verfahren Stellung zu beziehen.

tragen. Immerhin soll diese Bestimmung die einheitliche Anwendung der im Wortlaut (nahezu) übereinstimmenden Regelwerke sicherstellen.[249]

Die Frage kann an dieser Stelle allerdings letztlich offenbleiben. Denn mögen die Regelungen auch gleichlautend sein, gilt im Verhältnis zu Dänemark eben doch nicht die Brüssel-Ia-VO selbst, sondern – vergleichbar mit dem Übereinkommen von Lugano[250] – lediglich ein völkerrechtliches Parallelwerk.[251] Damit ist freilich nicht ausgeschlossen, dass im Interesse einer einheitlichen Rechtsprechung die Interpretation und Entwicklung der jeweiligen Vorschriften – ausdrücklich oder auch nur der Sache nach – aufeinander abgestimmt werden.[252] Zwingende Implikationen auf die Auslegung des in der Verordnung enthaltenen Konkursvorbehalts ergeben sich aus der Unanwendbarkeit der EuInsVO im Verhältnis zu Dänemark allerdings nicht.[253] Insbesondere steht sie nicht der Konkretisierung des Art. 1 Abs. 2 lit. b) Brüssel-Ia-VO unter Heranziehung der Definition in Art. 1 Abs. 1 UAbs. 1 und 2 EuInsVO entgegen.

5. Das Merkmal der Vertraulichkeit: Auswirkungen der Reform der EuInsVO

Es bleibt also dabei: Bei der Ausfüllung der Bereichsausnahme ist vor allem die Wechselwirkung mit dem Anwendungsbereich der EuInsVO in den Blick zu nehmen.[254] Soweit letzterer reicht, das betreffende Verfahren also in Anhang A genannt ist, wird die Brüssel-Ia-VO nach deren Art. 67 ohnehin durch die vorrangige *lex specialis* verdrängt. Findet sich ein Gesamtverfahren dort nicht wieder, so ist für die Frage, ob es sich dabei dennoch um einen Konkurs,

---

[249] Vgl. zu einer entsprechenden Klausel im Protokoll Nr. 2 zum LugÜ über die einheitliche Auslegung des Übereinkommens und den ständigen Ausschuss *Gottwald* in: MüKo-ZPO, LugÜ Präambel Rn. 3 sowie ausführlich *Kropholler/von Hein*, EuZPR, EuGVO Einl. Rn. 108 ff.

[250] Diesbezüglich hat *Justice Zacaroli* in *Re Gategroup Guarantee Ltd.* [2021] EWHC 304 (Ch.) Rn. 81 darauf hingewiesen, dass eine Auslegung des Konkursvorbehalts in Art. 1 Abs. 2 lit. b) LugÜ anhand des Anhang A zur EuInsVO bereits daran scheitere, dass diese für einige Vertragsstaaten weder bindend sei, noch dort die entsprechenden Verfahren, *in casu* etwa diejenigen des Vereinigten Königreichs und der Schweiz, aufgeführt würden.

[251] So auch die Terminologie des Erstreckungsabkommens in Art. 2 Abs. 1, wonach die Regelungen der Verordnung „nach dem Völkerrecht auf die Beziehungen zwischen der Gemeinschaft und Dänemark anwendbar" sind; vgl. auch Art. 3 Abs. 6.

[252] So zum Verhältnis der Brüssel-I-VO zum LugÜ siehe etwa *Kropholler/v. Hein*, EuZPR, EuGVO Einl. Rn. 108 ff.

[253] Ebenfalls zurückhaltend hinsichtlich Schlussfolgerungen in Bezug auf die Reichweite der konkursrechtlichen Bereichsausnahme etwa *Kropholler/v. Hein*, EuZPR, EuGVO Art. 1 Rn. 31.

[254] *Kropholler/v. Hein*, EuZPR, EuGVO Art. 1 Rn. 31; *Schwarz* NZI 2002, 290 (291).

Vergleich oder ein ähnliches Verfahren im Sinne des Art. 1 Abs. 2 lit. b) Brüssel-Ia-VO handelt, die Definition des Art. 1 Abs. 1 UAbs. 1 und 2 EuInsVO heranzuziehen.[255]

Wie bereits dargestellt, unterlag diese in den vergangenen Jahren weitreichenden Veränderungen. Die traditionelle, restriktive und vor allem auf Liquidationsverfahren zugeschnittene Konzeption der EuInsVO 2000 wurde zugunsten eines moderneren, sanierungsfreundlicheren Ansatzes aufgegeben. Gegenüber ihrer Vorgängernorm erfuhr Art. 1 Abs. 1 EuInsVO im Rahmen der Reform hinsichtlich aller drei Eingangsvoraussetzungen eine merkliche Abschwächung. Kamen bislang als Stammverfahren nur solche in Betracht, die auf einer Insolvenz beruhen, kollektiv wirken und zu einem Vermögensbeschlag führen, bedarf es nunmehr für die Anwendbarkeit der Verordnung weder einer materiellen Insolvenz noch der Einbeziehung aller Gläubiger in das Verfahren. Ausreichend sind gem. Art. 1 Abs. 1 UAbs. 2 EuInsVO auch Verfahren, die in einer wirtschaftlichen Krise des Schuldners der Abwendung einer Insolvenz dienen. Ebenso erfasst die Verordnung nach der Legaldefinition des Art. 2 lit. a) EuInsVO Verfahren, die nur einen Teil der Gläubiger einbeziehen, etwa die sog. finanziellen Gläubiger.[256] Schließlich kann auch auf einen Vermögensbeschlag verzichtet werden, solange einem Gericht bestimmte Aufsichts- oder Kontrollbefugnisse zustehen oder die Einzelzwangsvollstreckung vorübergehend ausgesetzt wird, um Verhandlungen zwischen Schuldner und Gläubiger zu ermöglichen, und hinreichende Schutzmaßnahmen zugunsten der Gläubiger vorgesehen werden. Die Folge war mithin eine erhebliche – mit der Reform ja gerade auch beabsichtigte – Ausdehnung des Geltungsbereichs der EuInsVO. Insgesamt kann man daher feststellen, dass zwar an den traditionellen Voraussetzungen der wirtschaftlichen Krise, der kollektiven Wirkung und des Vermögensbeschlags festgehalten wurde, die diesbezüglichen Anforderungen aber jeweils erheblich abgesenkt wurden. Damit sind mittlerweile Verfahren, die auch vor einer materiellen Insolvenz zur Verfügung stehen und/oder

[255] Im Ergebnis ebenso *Madaus* ZIP 2022, 1233 (1237); *ders.* in: K/P/B, InsO, EuInsVO Art. 1 Rn. 21; *Singer*, Vorinsolvenzlicher Restrukturierungsrahmen, S. 413.

[256] Erwägungsgrund (14) S. 2 zur EuInsVO; damit verliert das von *Eidenmüller/Frobenius* WM 2011, 1210 (1214) vorgebrachte Argument an Gewicht, Sanierungsinstrumente wie das *Scheme of Arrangement* könnten unter anderem deshalb nicht unter die konkursrechtliche Bereichsausnahme fallen, weil sie typischerweise nur einen Teil der Gläubiger beträfen und es ihnen daher am für ein Insolvenzverfahren gerade prägenden Gesamtverfahrenscharakter fehle; zu dieser Thematik im Zusammenhang mit den Restrukturierungsrahmen nach der Restrukturierungsrichtlinie nun *Skauradszun* in: BeckOK-StaRUG, § 84 Rn. 68, 68.1, der es als misslich ansieht, dass nach der gegenwärtigen Rechtslage echte Kollektivverfahren und nur teilkollektive Sanierungsrahmen sowohl unter die EuInsVO als auch unter die Brüssel-Ia-VO fallen können.

in Eigenverwaltung des Schuldners durchgeführt werden können, grundsätzlich von der EuInsVO erfasst, sodass spiegelbildlich eine Anwendung der Brüssel-Ia-VO ausscheiden muss.

Allerdings ergab sich im Rahmen der Neufassung auch eine zusätzliche Einschränkung, die sich gerade im Kontext der Unternehmensrestrukturierung nunmehr als springender Punkt erweist: Die EuInsVO gilt seither nur noch für *öffentliche* Gesamtverfahren. Ihre Anwendbarkeit setzt voraus, dass das Verfahren öffentlich bekannt gemacht wird, wohingegen vertrauliche Verfahren nicht (mehr) unter die Verordnung fallen. Es drängt sich mithin die Frage auf, ob diese Zurücknahme des insolvenzverfahrensrechtlichen Regelwerks spiegelbildlich wiederum die Ausweitung des Anwendungsbereichs der Brüssel-Ia-VO zur Folge hatte. Oder anders ausgedrückt: unterfallen der konkursrechtlichen Bereichsausnahme vertrauliche Sanierungsverfahren, die hinsichtlich aller drei klassischen Voraussetzungen eines Insolvenzverfahrens die gegenwärtigen Anforderungen des Art. 1 EuInsVO erfüllen, also die (wahrscheinliche) Insolvenz voraussetzen, als (zumindest unechtes) Gesamtverfahren konzipiert sind und eine gewisse Sicherung des Schuldnervermögens bewirken? Immerhin sieht das deutsche Recht seit dem 17. Juli 2022 zwei nahezu identische Restrukturierungsverfahren vor, die sich allein im Hinblick auf die öffentliche Bekanntmachung nach den §§ 84 ff. StaRUG unterscheiden. Kann also tatsächlich ein Sanierungsverfahren in den Anwendungsbereich der Brüssel-Ia-VO fallen, dessen Zwillingsbruder – mit dem einzigen Unterschied der öffentlichen Bekanntmachung – ein Insolvenzverfahren im Sinne der EuInsVO darstellt und daher dieser unterfällt?[257]

a) Gründe für die Herausnahme vertraulicher Verfahren

Um dies zu beantworten ist zunächst auf den Zweck abzustellen, den der europäische Normgeber bei der Herausnahme vertraulicher Verfahren aus dem Anwendungsbereich der EuInsVO verfolgte. Ausweislich des Erwägungsgrunds

[257] Diese Frage ebenfalls aufwerfend, in der Tendenz wohl gegen eine Anwendung der Brüssel-Ia-VO *Hoegen/Kranz* NZI 2021, 105 (109); ebenso, eine Anwendung des nationalautonomen internationalen Insolvenzrechts erwägend *Westpfahl/Dittmar* NZI-Beil. 2021, 46 (46 f.), die vor allem auf die Nähe zum Insolvenzplanverfahren hinweisen; in dieselbe Richtung gehen die Bedenken von *Hoos/Schwartz/Schlander* ZIP 2021, 2214 (2219); *Paulus/Bähr/Hackländer* ZIP 2021, 1085 (1089); *Schinkel* in: HambK-Restrukturierung, § 84 Rn. 53 und *Thole* ZIP 2021, 2153 (2154), wenn sie danach fragen, warum allein die fehlende Öffentlichkeitswirkung aus einem Insolvenzverfahren, auf das die EuInsVO Anwendung findet, ein Nicht-Insolvenzverfahren machen solle, das dem Anwendungsbereich der Brüssel-Ia-VO unterfällt; bei *Schlöder/Parzinger/Knebel* ZIP 2021, 1041 (1042 ff.) finden sich ähnliche Erwägungen, wenn dort darauf hingewiesen wird, dass es sich bei der Öffentlichkeit nur um ein bedingt geeignetes Differenzierungskriterium handele, erhielten die Beteiligten doch in öffentlichen und vertraulichen Verfahren grundsätzlich die gleichen Informationen; diese Kritik aufgreifend auch *Hoos/Schwartz/Schlander* ZIP 2021, 2214 (2217).

(12) zur EuInsVO zielt die Einschränkung in erster Linie darauf ab, die Gläubigerbeteiligung im Verfahren sicherzustellen. Wegen des kollektiven Charakters komme es entscheidend darauf an, dass die betroffenen Gläubiger von der Durchführung eines Insolvenzverfahrens erfahren.[258] Nur so sei es ihnen möglich, ihre Forderungen anzumelden, die Zuständigkeit des Gerichts nachprüfen zu lassen und sonstige Rechte im Verfahren auszuüben.[259] Dagegen sei es bei vertraulich geführten Verfahren nicht gewährleistet – Erwägungsgrund (13) spricht sogar von „unmöglich" – dass Gläubiger in anderen Mitgliedstaaten Kenntnis von dem Verfahren erlangten. Dem europäischen Gesetzgeber erschien es daher mit Rücksicht auf die Interessen uninformierter ausländischer Gläubiger als schwierig (nicht: unangemessen oder gar unmöglich!), derartigen Verfahren eine unionsweite Anerkennung zu verschaffen.[260] Andererseits befürchtete man aber auch Verwerfungen innerhalb der europäischen Rechtspflege, da die Anerkennung von Entscheidungen zwangsläufig voraussetze, dass sie den Gerichten anderer Mitgliedstaaten bekannt würden.[261] Dementsprechend sprach sich der Kommissionsentwurf auch noch dafür aus, eine Anerkennung (nach der EuInsVO) zu ermöglichen, sobald ein an sich vertraulich geführtes Sanierungsverfahren – etwa in einem späteren Verfahrensstadium – publik gemacht wird.[262]

b) *Keine Kenntnis ausländischer Gläubiger von vertraulichen Verfahren*

Nun würden allerdings auch die Art. 36 ff. Brüssel-Ia-VO bereits ab der Verfahrenseinleitung zu einer weitreichenden Anerkennung in den Mitgliedstaaten führen. Vor diesem Hintergrund mag man auf dem ersten Blick dazu geneigt

[258] Erwägungsgrund (12) zur EuInsVO; Impact Assessment zum Kommissionsvorschlag für eine Neufassung der EuInsVO, SWD(2012) 416 final, S. 25 ff.

[259] Erwägungsgrund (12) zur EuInsVO; Impact Assessment zum Kommissionsvorschlag für eine Neufassung der EuInsVO, SWD(2012) 416 final, S. 26.

[260] Erwägungsgrund (13) S. 2 zur EuInsVO; Kommissionsentwurf vom 12.12.2012, COM(2012) 744 final, S. 6; ob damit eine Anerkennung Kraft europäischem IZVR insgesamt in Frage gestellt werden soll (dafür *Thole* ZIP 2021, 2153 (2155)) oder der Verordnungsgeber nur einen derart weitreichenden Anerkennungsautomatismus, wie ihn die EuInsVO – im Verhältnis zur Brüssel-Ia-VO – gewährleistet, für unangebracht hielt, ergibt sich aus dem Wortlaut nicht.

[261] Erwägungsgrund (13) S. 2 zur EuInsVO; Kommissionsentwurf vom 12.12.2012, COM(2012) 744 final, S. 6.

[262] Kommissionsentwurf vom 12.12.2012, COM (2012) 744 final, S. 6; *Ehret* in: Braun, InsO, EuInsVO Art. 1 Rn. 9; *Knof* in: Uhlenbruck, EuInsVO Art. 1 Rn. 19; *Reinhart* in: MüKo-InsO, EuInsVO Art. 1 Rn. 6; *J. Schmidt* in: Mankowski/M. F. Müller/J. Schmidt, EuInsVO, Art. 1 Rn. 18; kritisch gegenüber dieser Formulierung etwa *Thole* ZEuP 2014, 39 (48), der für eine nachträgliche Anwendbarkeit an einen formalen Akt anknüpfen will.

sein, die Anwendbarkeit der Verordnung unter Berufung auf die konkursrechtliche Bereichsausnahme insgesamt abzulehnen.[263] In der Konsequenz käme nationales IZVR zur Anwendung, sodass das jeweilige mitgliedstaatliche Recht darüber zu befinden hätte, ob die Ergebnisse vertraulich geführter Sanierungsverfahren in ihrem Hoheitsgebiet verfahrensrechtlich Geltung beanspruchen könnten oder nicht. Zu befürchten wären weitreichende Anerkennungsvorbehalten, wie sie bereits an anderer Stelle dargestellt wurden. Wegen der gänzlichen Ausgliederung aus der Brüssel-Ia-VO wäre das nationale Recht darüber hinaus auch zur Regelung der internationalen Zuständigkeit seiner Gerichte für derartige Verfahren berufen. In einigen Mitgliedstaaten scheint man hiervon zumindest im Ergebnis auszugehen, wie es bereits am Beispiel der niederländischen Umsetzung illustriert wurde. Überzeugender ist es allerdings, vorinsolvenzliche Sanierungsinstrumente, insbesondere die Restrukturierungsrahmen nach der Restrukturierungsrichtlinie dennoch den Regelungen der Brüssel-Ia-VO zu unterwerfen. Denn die Brüssel-Ia-VO – wie im Übrigen auch die Richtlinie selbst[264] – enthält sachgerechte Mechanismen um gerade denjenigen Gefahren wirksam zu begegnen, die den Unionsgesetzgeber zu einer Herauslösung vertraulicher Verfahren aus dem Anwendungsbereich der EuInsVO bewogen haben.

Vergleicht man den Anerkennungsmechanismus der EuInsVO mit demjenigen der Brüssel-Ia-VO, so stellt man fest, dass letztere einen ganzen Katalog – wenn auch eng begrenzter – Versagungsgründe vorhält. Außerhalb des internationalen Insolvenzrechts kann die Anerkennung einer EU-Auslandsentscheidung daher nicht nur am *ordre public* des Anerkennungsstaats scheitern.[265] Vorliegend von Interesse sind dabei insbesondere die Versagungsgründe des Art. 45 Abs. 1 Nr. 2 und 5 Brüssel-Ia-VO, deren umfassende Behandlung einem eigenen Kapitel vorbehalten bleibt.[266] So ist die Anerkennung wegen Verstoßes gegen das rechtliche Gehör auf Antrag zu versagen, wenn dem Beklagten das verfahrenseinleitende Schriftstück nicht zugestellt worden ist, sich dieser auf das Verfahren nicht eingelassen hat und keine Möglichkeit zur Einlegung von Rechtsmitteln hatte. Die Norm sichert mithin auf der Ebene der Anerkennung ab, was die EuInsVO bereits bei der Festlegung ihres Anwendungsbereichs adressiert: Die Wirkungen eines gerichtlichen Verfahrens, von dem

---

[263] So vor allem *Thole* ZIP 2021, 2153 (2155).

[264] Vgl. dazu insbesondere die Mitteilungspflicht in Art. 6 Abs. 3 UAbs. 2 RRL sowie die Bestätigungsvoraussetzung in Art. 10 Abs. 2 UAbs. 1 lit. c) RRL, wonach der Restrukturierungsplan allen Beteiligten ordnungsgemäß übermittelt werden muss.

[265] Vgl. zum *ordre public*-Vorbehalt Art. 45 Abs. 1 lit. 1) Brüssel-Ia-VO sowie Art. 33 EuInsVO.

[266] § 13, insb. III. (S. 395 ff.).

eine Partei keine hinreichende Kenntnis hat, sollen nicht zu ihren Lasten unionsweit erstreckt werden.[267] Eine ähnliche Parallele ergibt sich im Zusammenhang mit der internationalen Zuständigkeit. Im Anwendungsbereich der EuInsVO ist diese nach Art. 4 Abs. 1 von dem angerufenen Gericht vor der Eröffnungsentscheidung zu prüfen und zu begründen. Darauf aufbauend gewährleistet Art. 5 Abs. 1 EuInsVO, dass jedem Betroffenen ein Rechtsbehelf gegen die Annahme der internationalen Zuständigkeit offensteht. Das Erfordernis der Öffentlichkeit des Verfahrens stellt mithin sicher, dass Gläubiger nicht nur von dem Verfahren rechtzeitig Kenntnis erlangen, sondern ermöglicht ihnen damit zugleich, die Zuständigkeit des eröffnenden Gerichts zu überprüfen und gegebenenfalls anzufechten.[268] Bei vertraulich geführten Verfahren wären derartige Rechtsbehelfe für Gläubiger, die wegen ihrer Ansässigkeit im Ausland von der Verfahrenseröffnung nicht rechtzeitig erfahren, jedoch nur von sehr begrenztem Nutzen, was der Verordnungsgeber mitunter zum Anlass genommen hat, die EuInsVO auf derartige Verfahren für nicht anwendbar zu erklären.[269] Die Brüssel-Ia-VO begegnet der Frage der internationalen Zuständigkeit hingegen wiederum auf der Ebene der Entscheidungsanerkennung: wird gegen ausschließliche Zuständigkeitsvorschriften verstoßen, ist eine Anerkennung der Entscheidung gem. Art. 45 Abs. 1 lit. e) Brüssel-Ia-VO auf Antrag zu versagen.[270]

Die Brüssel-Ia-VO sieht demzufolge hinreichende Mechanismen zum Schutz ausländischer Gläubiger bei nicht öffentlich bekanntzumachenden Verfahren vor, indem die Wirkungserstreckung auf andere Mitgliedstaaten insoweit versagt wird, als der betreffende Gläubiger von dem Verfahren keinerlei Kenntnis erlangt hat oder das Gericht gegen zwingende Zuständigkeitsvorschriften verstoßen hat. Während die EuInsVO der Problematik auf der kollektiven Ebene begegnet und vertrauliche Verfahren generell von ihrem Anwendungsbereich (und damit auch von der nahezu ausnamslos gewährleisteten Wirkungserstreckung nach den Art. 19 ff. EuInsVO) ausnimmt, wählt die Brüssel-Ia-VO durch die Adressierung auf Anerkennungsebene eine individuelle Betrachtung. Wichtig aber ist, in welcher Hinsicht sich die Regelwerke gleichen: sie schützen ausländische Gläubiger davor, außerhalb des Restrukturierungsstaats an Sanierungsmaßnahmen gebunden zu werden, von welchen sie nicht in Kenntnis gesetzt wurden, oder die von einem unzuständigen Gericht erlassen wurden. Mit Blick auf die Interessen ausländischer Gläubiger steht der

[267] *Stadler* in: Musielak/Voit, ZPO, EuGVVO Art. 45 Rn. 6; *Gottwald* in: MüKo-ZPO, Brüssel-Ia-VO Art. 45 Rn. 22.

[268] Erwägungsgrund (12) zur EuInsVO.

[269] Erwägungsgrund (12) zur EuInsVO.

[270] Dazu, dass es sich bei der internationalen Zuständigkeit für die Durchführung von Restrukturierungsverfahren in der Regel um eine ausschließliche handelt, siehe unten § 11, II., 5., c) (S. 302 ff.).

Anwendung des Anerkennungsregimes der Art. 36 ff. Brüssel-Ia-VO auf vertraulich geführte Sanierungsverfahren daher nichts entgegen. Vielmehr sieht Art. 45 Brüssel-Ia-VO ausreichende Schutzmechanismen vor, um die Wirkungen des Sanierungsverfahrens gegenüber bestimmten Gläubigern im Einzelfall auf den Ausgangsstaat zu beschränken.

c) Keine Kenntnis ausländischer Gerichte von vertraulichen Verfahren

Neben dem Schutz ausländischer Gläubiger sollte die Beschränkung des Anwendungsbereichs auf öffentlich bekanntzumachende Verfahrensarten allerdings auch die bessere Abstimmung der mitgliedstaatlichen Justizorgane in grenzüberschreitenden Insolvenzfällen bezwecken.[271] Der Vorstoß zur Einfügung der Voraussetzung eines öffentlichen Gesamtverfahrens ist daher im Kontext eines der Kernreformanliegen zu sehen, namentlich der Verbesserung der Informationslage über in anderen Mitgliedstaaten eröffnete Verfahren.[272] Dahinter steht letztlich die Erkenntnis, dass die Einheit des Insolvenzverfahrens nur dann gewährleistet werden kann, wenn nicht nur die Beteiligten, sondern auch ausländische Gerichte von der Eröffnung eines Verfahrens zügig Kenntnis erlangen bzw. sich diese zumindest zuverlässig verschaffen können. Denn andernfalls käme die Sperrwirkung des Art. 19 EuInsVO nur zeitverzögert zur Geltung, wenn etwa in einem zweiten Mitgliedstaat ebenfalls ein (Haupt-)Insolvenzverfahren eröffnet wurde und dieses nachträglich in Anwendung des Prioritätsgrundsatzes – vgl. dazu Art. 102c § 2 Abs. 1 S. 2 EGInsO – eingestellt bzw. in ein Sekundärinsolvenzverfahren überführt werden müsste. Selbst in einer solchen, zeitlich begrenzten Durchführung paralleler Verfahren erblickte der Verordnungsgeber daher eine nicht hinnehmbare Quelle von Rechtsunsicherheit und unnötigen Kosten.[273] Hinzu tritt das Risiko einer schnellen Verwertung der schuldnerischen Vermögensgegenstände in dem fälschlicherweise eröffneten Hauptverfahren, wodurch die Erfolgsaussichten einer Sanierung erheblich geschmälert werden können.[274]

Während die Einrichtung nationaler und grenzüberschreitend vernetzter Insolvenzregister hier sicher geeignet ist, Abhilfe zu schaffen, greift die Beschränkung des Anwendungsbereichs der EuInsVO diesbezüglich jedoch etwas zu kurz. Denn dadurch wird die Gefahr entgegenstehender Entscheidungen

---

[271] Erwägungsgrund (13) S. 2 zur EuInsVO.

[272] *Garcimartín* ZEuP 2015, 694 (698).

[273] Impact Assessment zum Kommissionsvorschlag für eine Neufassung der EuInsVO, SWD(2012) 416 final, S. 24 f.

[274] In diese Richtung auch Impact Assessment zum Kommissionsvorschlag für eine Neufassung der EuInsVO, SWD(2012) 416 final, S. 25; ähnliche Probleme können sich ergeben, wenn zwar kein Haupt-, aber ein selbstständiges Partikularverfahren als Liquidationsverfahren eröffnet wird, obwohl infolge der Eröffnung des Hauptverfahrens in einem anderen Mitgliedstaat nur noch ein Sekundärinsolvenzverfahren statthaft gewesen wäre; vgl. dazu Art. 3 Abs. 3 EuInsVO.

schlicht in andere Regime des internationalen Zivilverfahrensrechts verlagert. Ungeachtet dessen, ob hier auf europäisches oder nationales Recht zurückzugreifen ist, sieht man sich weiterhin damit konfrontiert, dass vertrauliche Verfahren eben genau das sind, was ihr Name verspricht: vertraulich. Die Grundproblematik, dass ausländische Gerichte natürlich nur solche Entscheidungen anerkennen können, die ihnen bekannt sind – sei es nun aufgrund eines Hinweises der Parteien, durch den Blick in ein Entscheidungsregister oder aus anderen Quellen – bleibt hier wie dort dieselbe.[275] Die Ausgrenzung vertraulicher Verfahren mag für die EuInsVO daher politische Wunschvorstellung und praktische Rechtswirklichkeit angleichen; bezogen auf das IZVR insgesamt handelt es sich hierbei hingegen um reine Kosmetik. Dass verschiedene Spruchkörper zur Berücksichtigung der Ergebnisse anderweitiger Verfahren auf entsprechende Hinweise durch die Parteien angewiesen sind, ist im Übrigen keineswegs ein Phänomen des internationalen (Insolvenz-)Verfahrensrechts, sondern gilt ebenso für Gerichte ein und desselben Mitgliedstaats; ja, sogar desselben Bundeslands.

Aus der Ausgliederung vertraulich geführter Verfahren aus dem Anwendungsbereich der EuInsVO kann nach alledem kein Argument dafür hergeleitet werden, derartige Verfahren auch der Brüssel-Ia-VO zu entziehen. Vielmehr hält letztere in den Art. 29 ff., 45 Abs. 1 lit. c) detaillierte Vorschriften zum Umgang mit konkurrierenden Verfahren bzw. Entscheidungen vor. Das Problem des potenziellen Informationsdefizits löst dies zwar nicht; auch die Anwendung nationalen IZVRs würde in dieser Hinsicht jedoch keinerlei Abhilfe versprechen.

Eine vorsichtige Relativierung des Öffentlichkeitsgrundsatzes – selbst innerhalb der EuInsVO – ist im Übrigen auch der Entscheidung des EuGH in der Rechtsache *Galapagos* zu entnehmen. Darin urteilten die luxemburger Richter, dass sich eine Prioritätssperre zur Eröffnung eines (vorläufigen) Insolvenzverfahrens nicht erst aus einer konkurrierenden (anerkennungspflichtigen) Eröffnungsentscheidung ergebe, sondern hierfür bereits die zeitlich frühere Antragstellung genüge.[276] Maßgeblich für den Einsatzzeitpunkt der Eröffnungssperre für andere Gerichte ist damit ein Ereignis, von dem außer Antragsteller und angerufenem Gericht zunächst einmal niemand erfährt. Denn anders als die (ggf. vorläufige) Eröffnungsentscheidung ist die Antragstellung gerade nicht veröffentlichungspflichtig und daher auch nicht ins Insolvenzregister nach Art. 24 EuInsVO aufzunehmen. Jedenfalls für die mitgliedstaatlichen Gerichte ist die damit bewirkte Vorverlagerung der Sperrwirkung auf die Antragstellung daher misslich, da sie über keine verlässliche Quelle verfügen, um sich über etwaige konkurrierende Anträge bei den Gerichten anderer Mitgliedstaaten zu

---

[275] Ebenso *Singer*, Vorinsolvenzlicher Restrukturierungsrahmen, S. 417.

[276] EuGH, Urteil vom 24.03.2022, Rs. C-723/20, *Galapagos*, ZIP 2022, 698 Rn. 40.

unterrichten.[277] Selbst innerhalb der auf Publizität bedachten EuInsVO scheint es damit für den EuGH vertretbar, den Gerichten *de facto* die Anerkennung eines nicht öffentlich bekanntzumachenden Verfahrensakts aufzuerlegen – denn um nichts anderes handelt es sich bei der Implementierung eines antragsakzessorischen Prioritätsregimes. Auch darin wird deutlich, dass der in Art. 1 Abs. 1 UAbs. 1 EuInsVO zugrunde gelegte Öffentlichkeitsgrundsatz die Anerkennung nicht veröffentlichungspflichtiger insolvenz- oder restrukturierungsrechtlicher Verfahren keineswegs kategorisch ausschließt.[278]

d) Gesetzgeberischer Appell zur Anerkennung von Restrukturierungsverfahren

Mithin lassen sich aus den Motiven des Verordnungsgebers zur Herausnahme vertraulich geführter Sanierungsverfahren aus dem Anwendungsbereich der EuInsVO keinerlei Gründe für eine Unanwendbarkeit auch der Brüssel-Ia-VO herleiten.[279] Vielmehr entspricht es dem erklärten gesetzgeberischen Willen, die Wirkung von Maßnahmen nach der Restrukturierungsrichtlinie möglichst weitreichende Wirkungen auch außerhalb des Ursprungsstaates zukommen zu lassen. So ergibt sich aus Erwägungsgrund (13) S. 3 zur RRL eindeutig, dass eine unionsweite Anerkennung auch für solche Restrukturierungsrahmen angestrebt wurde, die die Voraussetzungen für die Aufnahme in Anhang A nicht erfüllen. Zugleich war dem Unionsgesetzgeber die Unanwendbarkeit der EuInsVO, insbesondere seines Anerkennungsregimes auf nicht öffentlich bekanntzumachende Verfahren durchaus bewusst. Dies tritt nicht nur in Erwägungsgrund (13) S. 2 zur RRL, in dem die öffentliche Bekanntmachung eigens genannt wird, offen zu Tage, sondern gleichermaßen im Bericht des Wirtschafts- und Währungsausschusses. Dieser plädierte in einem Änderungsantrag noch dafür, den heutigen Erwägungsgrund (12) S. 2 zur RRL um die Bemerkung zu ergänzen, dass die EuInsVO auf vertraulich geführte Verfahren nicht anwendbar sei.[280] Insofern muss sich das Bekenntnis zur Gewährleistung einer grenzüberschreitenden Anerkennung des Restrukturierungsrahmens in Erwägungsgrund (13) S. 3 zur RRL zuvörderst auf vertraulich geführte Sanie-

---

[277] Dazu kritisch *Kratzlmeier* ZIP 2023, 455 (457, 459 f.); auch für betroffene Gläubiger besteht insoweit zwar ein Informationsdefizit, das mitunter zur Tragung eines erhöhten Kostenrisikos führen kann (siehe dazu ebenfalls *Kratzlmeier* ZIP 2023, 455 (460)); die seitens des Gesetzgebers gerade bei der Eingrenzung der EuInsVO auf öffentlich bekanntzumachende Verfahren verfolgten Schutzanliegen (rechtliches Gehör und Nachprüfung der internationalen Zuständigkeit) werden dabei allerdings nicht aktuell.

[278] Siehe dazu bereits *Kratzlmeier* ZIP 2023, 455 (462).

[279] Gegen eine Anerkennung – allerdings von einer Anwendung des nationalen IZVR ausgehend – *Garcimartín* ZEuP 2015, 694 (698 f.).

[280] Änderungsantrag 8, Stellungnahme des Ausschusses für Wirtschaft und Währung vom 07.12.2017, AD/2017/608079, S. 8.

rungsverfahren beziehen. Der Unionsgeber strebt damit die Anerkennung vertraulicher Verfahren selbst an, was die vorstehend entwickelte Anwendbarkeit der Brüssel-Ia-VO zusätzlich untermauert.

6. Conclusio: Restrukturierungsrahmen und die konkursrechtliche Bereichsausnahme

Zusammenfassend bleibt festzuhalten, dass die Frage, ob Restrukturierungsrahmen nach der Restrukturierungsrichtlinie als Konkurse, Vergleiche oder ähnliche Verfahren zu qualifizieren sind und damit aus dem Anwendungsbereich der Brüssel-Ia-VO herausfallen, in enger Anlehnung an die Definition des Insolvenzverfahrens in Art. 1 Abs. 1 UAbs. 1 und 2 EuInsVO zu beantworten ist.[281] Den Ausgangspunkt bildet dabei die Erkenntnis, dass der europäische Normgeber das national-autonome IZVR weitestgehend zurückdrängen wollte. Die EuInsVO sollte gerade die Lücke schließen, die die Ausgliederung der Materie aus den Verhandlungen zum Brüsseler Übereinkommen hinterlassen hatte. Der Wortlaut des Art. 1 Abs. 2 lit. b) Brüssel-Ia-VO ist unspezifisch und eröffnet dem Rechtsanwender bei der Konkretisierung der Norm daher einen weitreichenden Spielraum. Dabei ist vor allem der in Erwägungsgrund (7) S. 2 zur EuInsVO enthaltene Auslegungsauftrag zu berücksichtigen, wonach sich die beiden Verordnungen – soweit möglich – nahtlos ergänzen sollen. Dementsprechend ist die insolvenzrechtliche Bereichsausnahme spiegelbildlich anhand von Art. 1 Abs. 1 UAbs. 1 und 2 EuInsVO zu konkretisieren. Handelt es sich danach um ein Insolvenzverfahren, ist die Bereichsausnahme einschlägig und die Anwendbarkeit der Brüssel-Ia-VO abzulehnen.[282] Ist das Verfahren im Anhang A aufgeführt, gilt die EuInsVO, während die Brüssel-Ia-VO bereits nach deren Art. 67 gesperrt ist. Andernfalls ist für Fragen der internationalen Zuständigkeit sowie der Entscheidungsanerkennung und -vollstreckung auf nationales IZVR zurückzugreifen. Letzteres betrifft folglich solche Stammverfahren, die zwar nach der Definition des Art. 1 Abs. 1 UAbs. 1 und 2 EuInsVO als Insolvenzverfahren zu qualifizieren sind, aber (noch) nicht in deren Anhang A aufgenommen wurden. Insofern greift – entsprechend der gesetzgeberischen

---

[281] Eine ähnliche Position hat jüngst auch *Justice Zacaroli* in *Re Gategroup Guarantee Ltd.* [2021] EWHC 304 (Ch.) Rn. 104 ff. eingenommen.

[282] Dies übersehen *Skauradszun* ZIP 2019, 1501 (1502) und *Kaubisch/Riewe/Hilpert* SanB 2021, 13 (16), die für die Übergangszeit bis zur Ergänzung des Anhang A mit den (aufnahmefähigen) neuen Restrukturierungsrahmen einen Rückgriff auf die Brüssel-Ia-VO vorschlagen sowie *Schlöder/Parzinger/Knebel* ZIP 2021, 1041 (1042), wenn sie davon ausgehen, dass ein öffentlicher Restrukturierungsrahmen nach §§ 84 ff. StaRUG bis zur Aufnahme in den Anhang A nach denselben Maßstäben wie sein vertraulicher Gegenpart, also nach der Brüssel-Ia-VO zu behandeln gewesen wäre, wenn die Änderung des Annexes auf europäischer Ebene erst nach dem 17.07.2022 gelungen wäre; wie hier offenbar *Madaus* in: K/P/B, EuInsVO Art. 1 Rn. 21; siehe dazu auch *Madaus/Wessels*, Report on cross-border effects in European preventive restructuring, CERIL Collection I, S. 223 (234 f.).

Intension[283] – kein Automatismus dergestalt, dass bei Unanwendbarkeit der EuInsVO automatisch auf die Brüssel-Ia-VO zurückgegriffen werden könnte. Die konkursrechtliche Bereichsausnahme erfasst daher alle öffentlichen Gesamtverfahren, die auf der eingetretenen oder wahrscheinlichen Insolvenz des Schuldners beruhen und eine Sicherung dessen Vermögens in der in Art. 1 Abs. 1 UAbs. 1 lit. a) bis c) EuInsVO bezeichneten Art nach sich zieht. Dabei ist die Brüssel-Ia-VO auch dann anwendbar, wenn eine Qualifikation als Insolvenzverfahren im Sinne des Art. 1 Abs. 1 UAbs. 1 und 2 EuInsVO allein wegen der Vertraulichkeit des Verfahrens scheitert, alle anderen Voraussetzungen hingegen erfüllt wären.[284]

Bezogen auf die Restrukturierungsrahmen nach der Restrukturierungsrichtlinie ergibt sich daraus Folgendes: Die mitgliedstaatliche Ausgestaltung der jeweiligen Sanierungsverfahren ist am Maßstab des Art. 1 Abs. 1 UAbs. 1 und 2 EuInsVO zu analysieren. Werden alle Voraussetzungen erfüllt, so scheidet eine Anwendung der Brüssel-Ia-VO von vornherein aus,[285] sei es aufgrund der konkursrechtlichen Bereichsausnahme oder – bei Aufnahme in Anhang A – wegen des Vorrangs der EuInsVO nach Art. 67 Brüssel-Ia-VO. Genügt das Verfahren den Anforderungen des Art. 1 Abs. 1 UAbs. 1 und 2 EuInsVO hingegen nicht, insbesondere weil es nicht öffentlich bekannt zu machen ist, so steht die Bereichsausnahme des Art. 1 Abs. 2 lit. b) Brüssel-Ia-VO einer Anwendung ebendieser Verordnung nicht entgegen. Für nicht-öffentliche Restrukturierungssachen nach dem StaRUG, bei denen der Schuldner sein Wahlrecht nach § 84 Abs. 1 S. 1 also nicht ausübt, ergeben sich für die Anwendbarkeit der Brüssel-Ia-VO mithin keinerlei Einschränkungen; gleiches gilt für das vertrauliche *Dutch Scheme*.

III. Kontradiktorisches Verfahren

Betrachtet man die einzelnen Regelungen der Brüssel-Ia-VO, so drängt sich unweigerlich die Beobachtung auf, dass die Rollenbezeichnungen „Kläger“ und „Beklagter“ dort allgegenwärtig sind. Teilweise wurden daraus Einschränkungen hinsichtlich des Geltungsbereichs der Verordnung für (teil-)kollektive

---

[283] Erwägungsgrund (7) S. 4 zur EuInsVO.

[284] Diese Erwägung lässt *Justice Zacaroli* in *Re Gategroup Guarantee Ltd.* [2021] EWHC 304 (Ch.) Rn. 134 vermissen, wenn er aus der Anwendbarkeit der EuInsVO auf die öffentliche Verfahrensvariante des *Dutch Scheme* folgert, dass auch der – vertraulich geführte – *Restructuring Plan* nach dem neu eingeführten Part 26A CA als Insolvenzverfahren im Sinne des Art. 1 Abs. 1 UAbs. 1 und 1 EuInsVO zu qualifizieren wäre und daher außerhalb des Anwendungsbereichs der Brüssel-Ia-VO bzw. des LugÜ läge; eine Übernahme der Entscheidung durch andere europäische Gerichte und den EuGH daher bezweifelnd *Schlöder/Parzinger/Knebel* ZIP 2021, 1041 (1044 f.).

[285] So explizit auch *Abel/Herbst* in: Morgen, StaRUG, StaRUG § 86 Anh. Rn. 22 sowie *Bornemann* in: Graf-Schlicker, InsO, EuInsVO Art. 1 Rn. 45, aber offensichtlich ohne die Bedeutung des Konkursvorbehalts hierauf begrenzen zu wollen.

Verfahrensformen abgeleitet, wobei die Kontroverse sich wiederum insbesondere in Zusammenhang mit der Behandlung des englischen *Scheme of Arrangement* entzündet hatte.[286]

Die Einordnung dieses Problemkreises wird sehr unterschiedlich vorgenommen. Während manche Autoren den kontradiktorischen Charakter des Verfahrens bereits für die Anwendbarkeit der gesamten Verordnung für unverzichtbar halten,[287] wollen andere darin nur eine notwendige Voraussetzung für eine Entscheidung im Sinne des Art. 2 lit. a) Brüssel-Ia-VO erblicken.[288] Letztere Ansicht hätte freilich zur Folge, dass bei nicht-kontradiktorischen Verfahren lediglich den Vorschriften über die Entscheidungsanerkennung, nicht aber jenen über die internationale Zuständigkeit die Anwendbarkeit versagt wäre – ein Ergebnis, das von den Vertretern dieser Meinung nur allzu selten ausgesprochen wird, letztlich aber denklogisch zwingend ist.[289] Demgegenüber neigten vor allem englische Gerichte zu der Annahme, lediglich die Vorschriften des Kapitel II. über die internationale Zuständigkeit setzten ein kontradiktorisches Verfahren voraus.[290] Daraus folgerten sie teilweise, dass es ihnen zwar einerseits europarechtlich gestattet sei, ihre internationale Zuständigkeit für die

[286] Für Bejahung eines kontradiktorischen Verfahrens BGH, Urteil vom 15.02.2012 – IV ZR 194/09, NJW 2012, 2113 Rn. 26; *Burger* in: FS Elsing 771 (782); *Carli/Weissinger* DB 2014, 1474 (1479); *Fischer* in: FS Vallender 137 (143); *Mankowski* WM 2011, 1201 (1204); *Westpfahl/Knopp* ZIP 2011, 2033 (2045); dagegen OLG Celle, Urteil vom 08.09.2009 – 8 U 46/09, ZIP 2009, 1968 (1971); *Bormann* NZI 2011, 892 (896); *Garcimartín* IILR 2011, 321(328); *Gebler* NZI 2010, 665 (668); *Lüke/Scherz* ZIP 2012, 1101 (1106, 1108); unentschieden *Cranshaw* DZWIR 2012, 223 (231).

[287] OLG München, Beschluss vom 12.09.2011 – 29 W 1634/11, GRUR-RR 2012, 228 (228 f.); *Garcimartín* IILR 2011, 321 (328); *Stadler* in: Musielak/Voit, ZPO, EuGVVO vor Art. 1 Rn. 7; wohl auch *Lüke/Scherz* ZIP 2012, 1101 (1106, 1108); *Sax/Swierczok* in: Flöther, Sanierungsrecht, Rn. K.42 sowie *Swierczok*, Das englische Scheme of Arrangement und seine Rezeption in Deutschland, S. 97 ff. und S. 169 ff.

[288] So im Ausgangspunkt OLG Celle, Urteil vom 08.09.2009 – 8 U 46/09, ZIP 2009, 1968 (1971), allerdings mit dem nachfolgenden Hinweis, in Ermangelung eines kontradiktorischen Verfahrens sei auch die Anwendbarkeit der Zuständigkeitsvorschriften zweifelhaft (insoweit nicht abgedruckt, siehe dazu BeckRS 2009, 25777); ebenfalls am Begriff der Entscheidung ansetzend BGH, Beschluss vom 21.12.2006 – IX ZB 150/05, NJW-RR 2007, 1573 Rn. 7; *Bormann* NZI 2011, 892 (896); *Burger* in: FS Elsing, 771 (780, 782); *Cranshaw* DZWIR 2012, 223 (230 f.); *Fischer* in: FS Vallender, 139 (141 ff.); *Gebler* NZI 2010, 665 (668); *Mankowski* WM 2011, 1201 (1204 f.); *Westpfahl/Knopp* ZIP 2011, 2033 (2045); ebenso wohl *van Zwieten* in: Bork/van Zwieten, EIR, Rn. 1.54; ansatzweise auch BGH, Urteil vom 15.02.2012 – IV ZR 194/09, NJW 2012, 2113 Rn. 26.

[289] Konsequent dagegen die Erwägungen zur Anwendbarkeit der Regelungen über die internationale Zuständigkeit in OLG Celle, Urteil vom 08.09.2009 – 8 U 46/09, BeckRS 2009, 25777 unter II. 1. b) dd) (b), insoweit nicht in ZIP 2009, 1968 abgedruckt.

[290] *Re Rodenstock GmbH* [2011] EWHC 1104 (Ch.) Rn. 60 f. einerseits und Rn. 74 f. andererseits, zugleich allerdings mit der Einsicht, dass der durch die Verordnung geschaffene Anerkennungsmechanismus nicht zuletzt darauf beruht, dass einheitliche Regelungen

Durchführung eines *Scheme of Arrangement* dem autonomen, englischen Recht zu entnehmen, die darin erzielten und durch das Gericht bestätigten Sanierungsergebnisse allerdings sehr wohl nach der Brüssel-Ia-VO unionsweit Anerkennung beanspruchten.

1. Anforderungen an ein kontradiktorisches Verfahren

Nach dem allgemeinen Wortsinn stehen sich Kläger und Beklagter in einem Rechtsstreit diametral gegenüber. Ersterer begehrt durch die Anrufung des Gerichts einen Entscheidungsausspruch, der ihm gegenüber dem Beklagten einen vollstreckbaren Leistungstitel gewährt, die Rechtslage in seinem Sinne umgestaltet oder die erwünschte Feststellung ausspricht.[291] Gerade diese bipolare Konfrontation macht ein kontradiktorisches Verfahren aus. Das Regime der Brüssel-Ia-VO scheint damit auf den ersten Blick unpassend für Verfahren, bei welchen alle Parteien auf derselben Seite stehen, sie mithin keine gegensätzlichen Positionen vertreten, sondern identische.[292] Denn dort gibt es in dem Sinne keinen Kläger, der einen bestimmten Entscheidungsausspruch gegen den Widerstand des Beklagten herbeiführen will. Gerade einen solchen Streitpunkt, den es durch die gerichtliche Entscheidung auszuräumen gilt, setzt die Verordnung allerdings voraus,[293] obgleich es nicht darauf ankommt, dass der gegenüberstehenden Partei formell die Rolle eines Beklagten eingeräumt wird.[294] Ausreichend, aber auch erforderlich ist, dass an dem Verfahren eine weitere Partei teilnimmt, deren Interessen zumindest abstrakt dem Rechtsschutzziel des Antragstellers gegenläufig sein können.[295]

---

zur internationalen Zuständigkeit geschaffen wurden (Rn. 57); *Re Primacon Holding GmbH* [2012] EWHC 164 (Ch.) Rn. 13 und 19; den Aspekt des kontradiktorischen Verfahrens ebenfalls nur auf Zuständigkeitsebene diskutierend *Eidenmüller/Frobenius* WM 2011, 1210 (1214).

[291] Zu eng daher *Swierczok*, Das englische Scheme of Arrangement und seine Rezeption in Deutschland, S. 97, der nur solche Rechtschutzbegehren als Klage im Sinne der Verordnung einordnen will, die den Beklagten zu einem bestimmten Verhalten oder Unterlassen zwingen.

[292] OLG München, Beschluss vom 12.09.2011 – 29 W 1634/11, GRUR-RR 2012, 228 (228 f.); *Stadler* in: Musielak/Voit, ZPO, EuGVVO vor Art. 1 Rn. 7; vgl. auch *Schlosser* in: Schlosser/Hess, EuZPR, EuGVVO Art. 1 Rn. 2; relativierend allerdings in Rn. 6: „Selbst Verfahren, die sich nicht gegen einen Antragsgegner richten oder sonst „streitig" sind, unterfallen der EuGVVO".

[293] EuGH, Urteil vom 02.06.1994, Rs. C-414/92, *Solo Kleinmotoren*, Slg. 1994, I-2247 Rn. 17 = NJW 1995, 38.

[294] BGH, Beschluss vom 24.09.2019 – VI ZB 39/18, NJW 2020, 536 Rn. 20 f., der insoweit in Rn. 22 einen *acte éclairé* annimmt.

[295] BGH, Beschluss vom 24.09.2019 – VI ZB 39/18, NJW 2020, 536 Rn. 20 f.; tendenziell strenger hingegen OLG München, Beschluss vom 12.09.2011 – 29 W 1634/11, GRUR-RR 2012, 228 (228), allerdings im Zusammenhang mit einer richterlichen Zustimmung zur Herausgabe von Verkehrsdaten; kritisch hierzu *Eifinger* GRUR-Prax 2011, 474 (474).

Ob es im konkreten Rechtsstreit zu einem offenen Schlagabtausch der Parteien kommt, steht bei der Einleitung eines Verfahrens nicht immer fest.[296] Die mitgliedstaatlichen Prozessordnungen halten insoweit durchaus Regelungen vor, die gerade in dem Fall gelten, dass das Verfahren durch eine gerichtliche Entscheidung abgeschlossen wird, ohne dass der Beklagte dem Begehren des Klägers entgegen getreten wäre. Ein Anerkenntnisurteil etwa kommt nur in Betracht, wenn der Beklagte den Anspruch anerkennt, sich also mit der Titulierung ohne Begründetheitsprüfung des Gerichts einverstanden erklärt. Der Erlass eines Versäumnisurteils[297] im schriftlichen Vorverfahren oder frühen ersten Termin wird zwar selten dem Willen des Beklagten entsprechen, es ergeht aber eben auch nicht gegen seinen erklärten Willen. Insofern ist der herrschenden Meinung in Rechtsprechung und Lehre darin zuzustimmen, dass es nicht darauf ankommen kann, ob das konkrete Verfahren kontradiktorische Züge aufweist.[298] Dafür spricht im Übrigen auch, dass mit Art. 45 Abs. 1 lit. b) Brüssel-Ia-VO ein Extremfall der unterbliebenen Verteidigung des Beklagten eigens als Grund für die Versagung von Anerkennung und Vollstreckbarkeit normiert wurde. Der Unionsgesetzgeber scheint mithin durchaus davon auszugehen, dass der Anwendungsbereich der Verordnung auch dann eröffnet sein kann, wenn der Beklagte sich nicht gegen den Antrag des Klägers verteidigt hat. Insgesamt ist wegen der anerkennungsfreundlichen Konzeption der Brüssel-Ia-VO bei den Anforderungen an das Vorliegen einer Entscheidung im Sinne der Verordnung ohnehin Zurückhaltung geboten, insbesondere hinsichtlich solcher Erfordernisse, die an den konkreten Verfahrensablauf im Ausgangsstaat anknüpfen, eröffnete doch jede zusätzliche, eingrenzende Voraussetzung dem Gericht im ersuchten Mitgliedstaat die Möglichkeit, eine Aner-

[296] Zu eng daher *Eidenmüller/Frobenius* WM 2011, 1210 (1214), wonach die Beklagtenrolle durch einen Widerstand gegen die Inanspruchnahme gekennzeichnet sei.

[297] Vgl. zu deren Einbeziehung in den Anwendungsbereich der Brüssel-Ia-VO etwa EuGH, Urteil vom 02.04.2009, Rs. C-394/07, *Gambazzi*, Slg. 2009, I-2582 Rn. 24 = NJW 2009, 1938; Urteil vom 06.09.2012, Rs. C-619/10, *Trade Agency*, EuZW 2012, 912 Rn. 32; BGH, Beschluss vom 21.12.2006 – IX ZB 150/05, NJW-RR 2007, 1573 Rn. 7; zum Mahnbescheid EuGH Urteil vom 13.07.1995, C-474/93, *Hengst Import*, Slg. 1995, I-2113 Rn. 14 ff = BeckRS 2004, 77423.

[298] EuGH, Urteil vom 21.05.1980, 125/79, *Denilauler*, Slg. 1980, 1553 Rn. 13 f. = BeckRS 2004, 71433; Urteil vom 14.10.2004, C-39/02, *Mærsk*, Slg. 2004, I-9686 Rn. 50 = BeckRS 2004, 78089; *Mankowski* WM 2011, 1201 (1204); in die gleiche Richtung – in der Sache zwar zur EuErbVO, insoweit aber verallgemeinerungsfähig – EuGH, Urteil vom 23.05.2019, Rs. C-658/17, *W.B.*, NJW 2019, 2293 Rn. 55, grundsätzlich auch OLG Celle, Urteil vom 08.09.2009 – 8 U 46/09, ZIP 2009, 1968 (1971); kritisch hierzu *Lüke/Scherz* ZIP 2012, 1101 (1106); vgl. im Übrigen auch bereits *Jenard*, Bericht zum EuGVÜ, S. 9), wonach das EuGVÜ sowohl auf streitige Verfahren anwendbar sein sollte als auch auf Verfahren der freiwilligen Gerichtsbarkeit.

kennung im Ergebnis auch außerhalb des eng begrenzten Katalogs an Versagungsgründen zu verweigern.[299] Tatsächlich wird man das Erfordernis des kontradiktorischen Verfahrens daher abstrakt verstehen müssen. Damit kommt es nicht darauf an, ob sich *in concreto* eine Partei gegen den vom Kläger beantragten Entscheidungsausspruch zur Wehr setzt.[300] Entscheidend ist vielmehr, ob das Verfahren derart konzipiert ist, dass eine Entscheidung gegen den Willen eines der übrigen Beteiligten *ergehen kann*. Außerdem wird man als Wesenselement des kontradiktorischen Verfahrens verlangen müssen, dass für die weiteren Beteiligten die Möglichkeit besteht, etwaige Einwendungen geltend zu machen.[301] Auch hier ist indes aus den genannten Gründen wiederum abstrakt auf die Verfahrensart abzustellen;[302] ob rechtliches Gehör auch im Einzelfall gewährt wurde, ist und bleibt eine Frage der Anerkennungsversagung.

Mit Blick auf die Stellung der Beteiligten stellt die Brüssel-Ia-VO damit implizit zwei Voraussetzungen auf, die es im Grundsatz auseinanderzuhalten gilt. Einerseits ist die Verordnung auf Verfahren ausgelegt, in welchen – zumindest potenziell – gegensätzliche Positionen der Beteiligten aufeinander treffen. Andererseits ist ungeschriebene Voraussetzung, dass das Verfahren zumindest abstrakt so ausgestaltet sein muss, dass den „beklagten“ Beteiligten die Möglichkeit eingeräumt wird, zum Verfahrensgegenstand Stellung zu nehmen und dem Gericht ihre Sicht der Dinge sowie etwaige Einwendungen zu Gehör zu bringen.

2. Die Bestätigung des Restrukturierungsplans als kontradiktorisches Verfahren

Für Sanierungsverfahren wie das englische *Scheme of Arrangement* war dies richtigerweise zu bejahen;[303] und nichts anderes gilt nunmehr für die insoweit strukturell verwandte gerichtliche Planbestätigung nach der Restrukturierungsrichtlinie.

---

[299] EuGH, Urteil vom 15.11.2012, Rs. C-456/11, *Gothaer Allgemeine Versicherung*, EuZW 2013, 60 Rn. 25 ff., insb. Rn. 31; ähnlich auch *Burger* in: FS Elsing, 771 (782); *Mankowski* WM 2011, 1201 (1204).

[300] Demgegenüber am Erfordernis einer echten Gegenpartei festhaltend, ohne dies allerdings näher zu konkretisieren *Lüke/Scherz* ZIP 2012, 1101 (1106, 1108).

[301] EuGH, Urteil vom 14.10.2004, Rs. C-39/02, *Mærsk*, Slg. 2004, I-9686 Rn. 50 = BeckRS 2004, 78089.

[302] Missverständlich daher BGH, Beschluss vom 21.12.2006 – IX ZB 150/05, NJW-RR 2007, 1573 Rn. 7.

[303] BGH, Urteil vom 15.02.2012 – IV ZR 194/09, NJW 2012, 2113 Rn. 26; LG Potsdam, Urteil vom 22.10.2008 – 2 O 501/07, BeckRS 2011, 15245; *Fischer* in: FS Vallender, 139 (142); aA OLG Celle, Urteil vom 08.09.2009 – 8 U 46/09, ZIP 2009, 1968 (1971); *Gebler* NZI 2010, 665 (668); sympathisierend auch *Freund*, Die Sanierung der Kapitalgesellschaft, S. 186.

Denn eine der zentralen Wirkungen dieser Verfahren ist die Bindung opponierender Gläubiger an den Sanierungsplan. Nach Art. 10 Abs. 1 lit. a) und Art. 11 Abs. 1 RRL ist die Möglichkeit der gerichtlichen Planbestätigung vor allem für den Fall vorzusehen, dass durch ihn Forderungen oder Mitgliedschaftsrechte ablehnender Beteiligter bzw. ganzer solcher Gruppen betroffen werden. Das Verfahren zielt mithin gerade darauf ab, den Restrukturierungsplan auch gegen den Willen opponierender Gläubiger(gruppen) durchzusetzen. Damit nehmen bei einer Umsetzung der Restrukturierungsrichtlinie im Vergleichsverfahrensmodell zunächst alle betroffenen Gläubiger die formelle Rolle eines (potenziellen) Beklagten ein; im Verhandlungshilfemodell[304] zumindest jene, die den Plan bisher blockieren und gegen die die Verhandlungshilfe daher begehrt wird.[305] Abstrakt betrachtet handelt es sich um ein kontradiktorisch ausgerichtetes Verfahren, dessen Ergebnisse dem Willen einzelner Beteiligten widersprechen können. In der Praxis ist es zwar durchaus nicht unüblich, dass einige (Groß-)Gläubiger bereits vor Initiierung des Verfahrens ihre Zustimmung signalisiert oder gar verbindlich zugesagt haben. Auch soweit eine solche Zusicherung eines bestimmten Abstimmungsverhaltens überhaupt Rechtswirkungen begründet und damit ein absprachewidriges Verhalten im eigentlichen Abstimmungstermin ausgeschlossen sein sollte, ändert dies allerdings nichts an der abstrakten Eignung des Verfahrens, dem Willen der Planbetroffenen zuwiderzulaufen. Auf die individuellen Gegebenheiten des Einzelfalls kann es damit ebenso wenig ankommen wie auf das gängige praktische Vorgehen.

Wie Art. 10 Abs. 2 UAbs. 2 RRL belegt, kommt allen betroffenen Gläubigern ferner ein Beanstandungsrecht zu, mittels dessen sie im laufenden Bestätigungsverfahren etwaige Einwendungen gegenüber dem Gericht geltend machen können. Insofern geht die Richtlinie offenbar von einem abstrakt kontradiktorischen Verfahren aus, in dem einerseits rechtliches Gehör gewährt wird und andererseits durch die richterliche Entscheidung Rechtswirkungen eintreten können, die dem Willen einzelner Betroffener widersprechen. Damit kommt es für den abstrakt kontradiktorischen Charakter nicht mehr darauf an, ob das jeweilige mitgliedstaatliche Recht[306] – wie etwa § 60 StaRUG – einen

---

[304] Grundlegend zu den Umsetzungsoptionen *Madaus* DB 2019, 592 (594 f.).

[305] So zum englischen *Scheme of Arrangement Thole* ZGR 42 (2013) 109 (119); enger hingegen, auf die letztlich opponierenden Gläubiger abstellend *Eidenmüller/Frobenius* WM 2011, 1210 (1214); ähnlich, allerdings bezogen auf den Gerichtsstand der passiven Streitgenossenschaft nunmehr für die Restrukturierungsrichtlinie *Madaus* ZIP 2022, 1233 (1234).

[306] Richtigerweise schreibt Art. 16 Abs. 1 RRL eine Rechtsbehelfsmöglichkeit nur für solche Restrukturierungspläne vor, die von einer Verwaltungsbehörde bestätigt wurden (vgl. Erwägungsgrund (65) S. 1 und 2 zur RRL); unentschlossen *Paulus* in: Paulus/Dammann, European Preventive Restructuring, Art. 16 Rn. 1, der einerseits aus Wortlaut und Erwägungsgrund (65) S. 3 zur RRL folgern will, dass Rechtebehelfe nicht zwingend vorzusehen

Rechtsbehelf gegen die Planbestätigung vorsieht.[307] Ferner steht es der Annahme des kontradiktorischen Charakters nicht entgegen, dass nicht ausgeschlossen werden kann, dass einige Gläubiger trotz einer entsprechenden Benachrichtigungsobliegenheit des Restrukturierungsschuldners gem. Art. 10 Abs. 2 lit. c) RRL keine Kenntnis von dem Verfahren erlangen, aber dennoch an die Sanierungsergebnisse gebunden sind.[308] Allein die grundsätzliche – abstrakte – Möglichkeit dissentierender Beteiligter, Einwendungen gegen die begehrte Planbestätigung zu erheben, reicht insoweit aus.

Auch der gelegentlich erhobene Einwand, im Sanierungsverfahren stünden keine Ansprüche der einzelnen Gläubiger gegen den restrukturierungswilligen Schuldner in Frage, über die das Gericht durch eine rechtliche Würdigung der unstreitigen oder durch Beweiserhebung ermittelten Tatsachengrundlage zu befinden hätte,[309] verfängt nicht. Diese Feststellung ist zwar insofern zutreffend, als die Verbindlichkeiten des Schuldners nicht individuell im Zentrum des Verfahrens stehen, sondern vielmehr die erdrückende Last der Gesamtheit an Forderungen den Ausgangspunkt der Restrukturierung bildet. Warum dies allerdings gegen den kontradiktorischen Charakter eines solchen Sanierungsverfahrens sprechen soll, bleibt unklar. Die Brüssel-Ia-VO ist gerade nicht auf Leistungsklagen beschränkt, sondern erfasst, wie sich zweifellos aus dem Katalog des Art. 24 Brüssel-Ia-VO ergibt, gleichermaßen Feststellungs- und Gestaltungsklagen.[310] Gerade letzteren ist allerdings eigentümlich, dass nicht über eine bestehende Leistungspflicht zu befinden ist, sondern durch den Richterspruch eine Änderung der Rechtslage herbeigeführt werden soll. Dabei beruhen derartige Begehren ganz typischerweise auf vorbestehenden rechtlichen Beziehungen zwischen den Betroffenen, die durch die Gerichtsentscheidung aufgehoben, angepasst oder inhaltlich ausgefüllt werden sollen, ohne dass das zugrundeliegende Rechtsverhältnis dem Grunde nach in Streit stünde.

---

sind, sich aber gleichwohl dafür ausspricht, aus Art. 16 RRL ein solches sekundärrechtliches Gebot herzuleiten.

[307] Unter anderem darauf abstellend EuGH Urteil vom 14.10.2004, Rs. C-39/02, *Mærsk*, Slg. 2004, I-9686. Rn. 50 = BeckRS 2004, 78089.

[308] In diese Richtung aber OLG Celle, Urteil vom 08.09.2009 – 8 U 46/09, ZIP 2009, 1968 (1972) sowie *Schnepp/Janzen* VW 2007, 1057.

[309] So für das englische *Scheme of Arrangement* OLG Celle, Urteil vom 08.09.2009 – 8 U 46/09, ZIP 2009, 1968 (1971); in diesem Sinne sind wohl auch die Bemerkungen von *Bormann* NZI 2011, 892 (896) sowie *Schnepp/Janzen* VW 2007, 1057 zu verstehen, es müsse sich für ein kontradiktorisches Verfahren um einen Streit des Restrukturierungsschuldners mit seinen Gläubigern handeln und nicht um dessen Wunsch nach einer Sanierung; ähnlich auch *Garcimartín* IILR 2011, 321 (328).

[310] Zur Vorgängernorm des Art. 29 Brüssel-Ia-VO *GA Léger*, Schlussanträge vom 13.07.2004, Rs. C-39/02, *Mærsk*, Slg. 2004, I-9657 Rn. 30; zu eng daher *Swierczok*, Das englische Scheme of Arrangement und seine Rezeption in Deutschland, S. 97, der nur solche Rechtschutzbegehren als Klage im Sinne der Verordnung einordnen will, die den Beklagten zu einem bestimmten Verhalten oder Unterlassen zwingen.

Schließlich greift auch das wiederum im Zusammenhang mit dem englischen *Scheme of Arrangement* gelegentlich vorgebrachte Argument nicht durch, das Gericht wirke am Restrukturierungsverfahren lediglich als Kontrollinstanz mit.[311] Es entspricht vielmehr gerade dem Charakter einer Gestaltungsklage, dass das Gericht die Voraussetzungen für die begehrte Umgestaltung der materiellen Rechtslage prüft und sodann eine entsprechende Entscheidung ausspricht. Insoweit ist es unschädlich, dass die Ausarbeitung des Restrukturierungsplans und die sich anschließende Abstimmung in erster Linie von den Parteien gesteuert und beeinflusst wird. Diesbezüglich ist vor allem daran zu erinnern, dass es auch in herkömmlichen kontradiktorischen Verfahren nach der das Zivilverfahren prägenden Verhandlungsmaxime gerade Sache der Parteien ist, über den Prozessstoff zu bestimmen.[312] Im Übrigen ist nicht zu erkennen, in welchem Zusammenhang das Ausmaß der gerichtlichen Verfahrenssteuerung und Entscheidungsgewalt mit dem kontradiktorischen Charakter eines Verfahrens stehen soll.[313] Dieser Aspekt mag für die Abgrenzung der hoheitlichen Gerichtsentscheidung zu einem parteiautonomen Vergleich von Nutzen sein; er soll daher im Zusammenhang mit der Anerkennung erörtert werden.[314] Für das Verhältnis der an einem Verfahren Beteiligten untereinander ist die Frage der Kontrolldichte und des Ermessensspielraums indes unbrauchbar, geht doch auch einem klassischen Prozessvergleich in der Regel ein streitiges, kontradiktorisches Verfahren voraus.

Die hier vertretene Auffassung liegt auf einer Linie mit der bisher ergangenen Rechtsprechung des EuGH, insbesondere der Entscheidung in der Rechtsache *Mærsk*.[315] Dort hatte der Gerichtshof über die Anerkennungsfähigkeit einer Entscheidung niederländischer Gerichte zu befinden, die die Errichtung eines Schiffshaftungsfonds zum Gegenstand hatte. Hintergrund war die Beschädigung in der Nordsee verlegter Öl- und Gas-Leitungen durch ein im niederländischen Groningen registriertes Hochseeschiff. Dessen Eigentümer beantragten vor niederländischen Gerichten die Errichtung eines Schiffshaftungs-

---

[311] So OLG Celle, Urteil vom 08.09.2009 – 8 U 46/09, ZIP 2009, 1968 (1971 f.); ähnlich *Bormann* NZI 2011, 892 (896); *Lüke/Scherz* ZIP 2012, 1101 (1106).

[312] *Burger* in: FS Elsing, 771 (782).

[313] Diesen Aspekt daher zutreffend von der Frage des kontradiktorischen Verfahrens trennend *Mankowski* WM 2011, 1201 (1204); *Swierczok*, Das englische Scheme of Arrangement und seine Rezeption in Deutschland, S. 169 ff.; aA, unter den Begriff des kontradiktorischen Verfahrens neben dem Verfahrensablauf auch die Rolle des Gerichts fassend *Fischer* in: FS Vallender 137 (142 f.).

[314] Zutreffend daher die Verortung seitens *Eidenmüller/Frobenius* WM 2011, 1210 (1217); siehe dazu noch § 13, II, 2., a) (S. 381 ff.).

[315] EuGH, Urteil vom 14.10.2004, Rs. C-39/02, *Mærsk*, Slg. 2004, I-9686 = BeckRS 2004, 78089.

fonds nach dem Übereinkommen über die Beschränkung der Haftung der Eigentümer von Seeschiffen von 1957.[316] Das Abkommen sieht unter gewissen Umständen die Beschränkbarkeit der Haftung auf einen von der Tonnage des betroffenen Schiffs abhängenden Betrags vor, wobei im Mangelfall eine prorataische Befriedigung der betroffenen Gläubiger aus dem zu bildenden Fonds erfolgt.[317]

Das niederländische Recht, nach dem sich die Errichtung des Haftungsfonds richtete, sah hierfür ein dreistufiges Verfahren vor:[318] In einem ersten Schritt bestellt das Gericht auf den Antrag des Schuldners hin einen beauftragten Richter sowie einen Verwalter; es setzt vorläufig den einzubezahlenden Betrag fest und ordnet die Benachrichtigung der Gläubiger an. Bereits auf dieser ersten Stufe steht den betroffenen Gläubigern ein Rechtsmittel zu, mit dem etwa die Unzuständigkeit des Gerichts geltend gemacht werden kann. Hiervon machte die Eigentümerin der beschädigten Rohre (*Mærsk*) zwar Gebrauch, blieb vor dem Beschwerdegericht allerdings erfolglos. In einem zweiten Verfahrensstadium werden die Gläubiger sodann aufgefordert, ihre Forderungen anzumelden; sie erhalten allerdings auch die Möglichkeit, Einwendungen gegen die Haftungsbeschränkung geltend zu machen, und zwar sowohl dem Grunde als auch der Höhe nach. Anstatt die Schadensersatzansprüche anzumelden, beteiligte *Mærsk* sich nicht weiter an dem Verfahren, sondern machte die Forderung – in vollem Umfang – vor einem dänischen Gericht geltend. Zum dritten (Verteilungs-)Stadium kam es im Verfahren vor den niederländischen Gerichten daher nicht mehr. Nachdem das dänische Gericht in erster Instanz die von *Mærsk* angestrengte Schadensersatzklage unter Verweis auf die entgegenstehende Rechtshängigkeit der Errichtung des Schiffshaftungsfonds abgewiesen hatte, hatte sich der EuGH auf Vorlage des dänischen Rechtsmittelgerichts unter anderem mit der Frage zu befassen, ob die Entscheidung des niederländischen Gerichts auf Grundlage des EuGVÜ anzuerkennen sei.

Obgleich die diesbezüglichen Rechtsausführungen vergleichsweise knapp gehalten sind, lassen sich daraus doch wertvolle Rückschlüsse auf die international-zivilverfahrensrechtliche Behandlung von bestätigten Restrukturierungsplänen ziehen. Denn sowohl bei der Errichtung eines Schiffshaftungsfonds als auch bei der gerichtlichen Bestätigung eines Sanierungsplans handelt es sich nicht um die Entscheidung über eine konkrete Forderung. Zweck des kollektiv angelegten Verfahrens ist vielmehr die Begrenzung der betroffenen

---

[316] Dem Abkommen ist auch Deutschland beigetreten, BGBl. 1972 II S. 637 ff.; mittlerweile wurde es allerdings durch das Übereinkommen von London vom 19.11.1976 abgelöst (vgl. dessen Art. 17 Abs. 4), BGBl. 1986 II S. 786 ff.

[317] Vgl. Art. 1 Abs. 1 des Übereinkommens; spezielle Vorschriften gelten beim Zusammenfall von Sach- und Personenschäden, wobei für Letztere eine Sondermasse gebildet wird, vgl. Art. 3 Abs. 1 lit. c), Abs. 2.

[318] Vgl. hierzu anschaulich *GA Léger*, Schlussanträge vom 13.07.2004, Rs. C-39/02, *Mærsk*, Slg. 2004, I-9657 Rn. 7 ff.

Forderungen, um eine wirtschaftliche Überforderung des Schuldners zu vermeiden.[319] Die Ausführungen von Generalanwalt *Léger* zum Rechtschutzbegehren der Haftungsbeschränkung ließ den Gerichtshof offensichtlich nicht an der Qualifizierung als zumindest potenzielles kontradiktorisches Verfahren zweifeln. So stellte der Generalanwalt in seinen Schlussanträgen fest:

> „Ein Verfahren zur Beschränkung der Haftung dagegen hat zum Ziel, zu erreichen, dass die Haftung [...] auf einen gemäß dem Übereinkommen von 1957 festgesetzten Betrag beschränkt wird. [...] Wesentliches Ziel des Antragstellers ist es, in den Genuss der durch dieses Übereinkommen vorgesehenen Höchstbeträge zu kommen. Ziel des Verfahrens ist es somit nicht, das Bestehen dieser Haftung in Frage zu stellen."[320]

Der EuGH verliert in seinem Urteil hierzu kein Wort.[321] Er führte im Anschluss an seine vorangegangene Rechtsprechung lediglich aus, für die Anerkennungsfähigkeit komme es alleine darauf an, dass die Entscheidung Gegenstand einer kontradiktorischen Erörterung sein könnte.[322] Unter Bezugnahme auf das zweite Stadium zur Einrichtung des Schiffshaftungsfonds verwies der Gerichtshof sodann darauf, dass betroffene Gläubiger zuvor zu benachrichtigen seien und Einwände sowohl gegen die Beschränkung der Haftung insgesamt als auch gegen deren Höhe geltend machen könnten.[323] Außerdem stehe den Gläubigern bereits im ersten Verfahrensabschnitt ein Rechtsmittel zur Verfügung.[324]

Resümierend lässt sich aus dem Urteil in der Rechtssache *Mærsk* damit zweierlei ableiten. Die erste Aussage des EuGH bezieht sich auf die Verteidigungsmöglichkeiten der Verfahrensbeteiligten; es handelt sich dabei im Kern allerdings weniger um eine neue Erkenntnis als vielmehr um eine Bestätigung vorangegangener Entscheidungen: Die Brüssel-Ia-VO setzt voraus, dass das Verfahren zumindest die abstrakte Möglichkeit für die Beteiligten vorsieht, etwaige Einwände geltend zu machen.[325] Soweit, so gut. Wegweisender ist die

---

[319] *GA Léger* sieht das Telos der Haftungsbeschränkung im Schiffsverkehr in den potenziell ausufernden Haftungsrisiken und der mangelnden Versicherungsfähigkeit dieses Risikos, vgl. Schlussanträge vom 13.07.2004, Rs. C-39/02, *Mærsk*, Slg. 2004, I-9657 Rn. 3.

[320] *GA Léger*, Schlussanträge vom 13.07. 2004, Rs. C-39/02, *Mærsk*, Slg. 2004 I-9657 Rn. 42.

[321] Allenfalls ansatzweise, allerdings ebenfalls im Kontext der entgegenstehenden Rechtshängigkeit EuGH, Urteil vom 14.10.2004, Rs. C-39/02, *Mærsk*, Slg. 2004, I-9686 Rn. 35 = BeckRS 2004, 78089.

[322] EuGH, Urteil vom 14.10.2004, Rs. C-39/02, *Mærsk*, Slg. 2004, I-9686 Rn. 50 = BeckRS 2004, 78089.

[323] EuGH, Urteil vom 14.10.2004, Rs. C-39/02, *Mærsk*, Slg. 2004, I-9686 Rn. 51 = BeckRS 2004, 78089.

[324] EuGH, Urteil vom 14.10.2004, Rs. C-39/02, *Mærsk*, Slg. 2004, I-9686 Rn. 51 = BeckRS 2004, 78089.

[325] EuGH, Urteil vom 14.10.2004, Rs. C-39/02, *Mærsk*, Slg. 2004, I-9686 Rn. 50 = BeckRS 2004, 78089, unmittelbar allerdings lediglich zur Qualifizierung als Entscheidung im Sinne der Verordnung.

Entscheidung demgegenüber hinsichtlich der tauglichen Verfahrensgegenstände, was der Gerichtshof allerdings nicht explizit ausspricht, sondern nur implizit voraussetzt. Dem Erfordernis des kontradiktorischen Verfahrens genügt eine Umgestaltung bestehender Forderungen, ohne dass über deren Bestand selbst gestritten oder entschieden werden müsste. Übertragen auf den Restrukturierungsrahmen kann es daher als gesichert angesehen werden, dass der Anwendungsbereich der Brüssel-Ia-VO auch für solche Verfahren eröffnet ist, im Rahmen derer nicht über konkrete Forderungen der Gläubiger zu befinden ist. Die Verordnung gilt vielmehr ebenso für gerichtliche Sanierungsinstrumente, die – wie die Restrukturierungsrichtlinie – auf einer nachgelagerten Ebene ansetzen, indem Forderungen gegen einen Schuldner vorausgesetzt und die Haftungsmodalitäten gegenüber den einbezogenen Gläubigern umgestaltet werden. Andererseits genügt die Möglichkeit der betroffenen Gläubiger, Einwendungen im Rahmen einer gerichtlichen Planabstimmung[326] oder der isolierten Planbestätigung[327] geltend zu machen. Auf die Möglichkeit, Rechtsmittel einzulegen, kommt es daher nicht an. Die diesbezüglichen Ausführungen des EuGH waren vielmehr den Besonderheiten des niederländischen Rechts geschuldet, das auf der ersten Stufe bereits die Beschwerdemöglichkeit vorgesehen hatte, andererseits aber auch auf der zweiten Stufe die Erhebung von Einwendungen zuließ.

3. *Die Einstellung der Zwangsvollstreckung als kontradiktorisches Verfahren*

Schwieriger erscheint hingegen die Einordnung der in Art. 6 Abs. 1 RRL vorgesehenen Aussetzung der Einzelzwangsvollstreckung. Man wird hier zwar noch problemlos sämtliche von der Anordnung erfasste Gläubiger als Beklagte einordnen können. Dafür kommt es nicht darauf an, ob der jeweilige Gläubiger im relevanten Zeitraum tatsächlich eine zwangsweise Durchsetzung seiner Forderungen beabsichtigt hatte. Entscheidend ist, dass ein Vollstreckungs- respektive Verwertungsstopp abstrakt betrachtet alle davon betroffenen Forderungsinhaber bzw. Sicherungsnehmer einschränkt und damit jedenfalls generell geeignet ist, deren Willen zu widersprechen.

Allerdings geht die Richtlinie davon aus, dass eine Anhörung der betroffenen Gläubiger unterbleiben kann.[328] Aus dem Blickwinkel des Sekundärrechts

---

[326] Vgl. § 45 StaRUG; in diesem Fall ist die Anhörung im späteren Planbestätigungsverfahren fakultativ, dazu *Fendel* in: Braun, StaRUG, § 61 Rn. 2.

[327] Vgl. § 61 S. 2 StaRUG; in diesem Fall handelt es sich um eine obligatorische Anhörung; dazu *Fendel* in: Braun, StaRUG, § 61 Rn. 3.

[328] *E contrario* Art. 6 Abs. 9 UAbs. 2 sowie Erwägungsgrund (36) S. 3 zur RRL, die als Fallgruppe für eine vorzeitige Aufhebung des Vollstreckungsstopps explizit die mangelnde Gelegenheit der Gläubiger nennen, sich zuvor zu äußern; vgl. dazu auch die RegBegr. zum StaRUG, BT-Drucks. 19/24181, S. 154.

erscheint die Gewährung rechtlichen Gehörs vor der Anordnung einer Aussetzung der Einzelzwangsvollstreckung daher nicht obligatorisch. Auch das deutsche Recht macht eine Stabilisierungsanordnung des Restrukturierungsgerichts nicht von einer vorherigen Anhörung der betroffenen Gläubiger abhängig.[329] Die Gesetzesbegründung zieht insoweit den Vergleich zu sichernden Maßnahmen des Insolvenzgerichts im Eröffnungsverfahren gem. § 21 Abs. 2 Nr. 3 und 5 InsO, die ebenfalls keine Konsultation der Gläubiger voraussetzen.[330] Als Kompensation stehe diesen jederzeit die Möglichkeit offen, die Aufhebung der Anordnung zu beantragen.[331] Die Aussetzung der Zwangsvollstreckung nach Art. 6 Abs. 1 RRL setzt mithin nicht notwendigerweise ein kontradiktorisches Verfahren voraus, da die Mitgliedstaaten von einer Anhörung der Gläubiger absehen können.

Der Anwendungsbereich der Brüssel-Ia-VO ist gleichwohl auch für derartige Einstellungsanordnungen eröffnet. Denn die Aussetzung der Zwangsvollstreckung kann insoweit als einstweilige Maßnahme begriffen werden,[332] dient sie doch der Absicherung – Art. 6 Abs. 1 RRL spricht von „Unterstützung“ – bestehender Restrukturierungsvorhaben. Nach der durch den EuGH geprägten und in der Literatur übernommenen Definition sind einstweilige Maßnahmen im Sinne der Verordnung dadurch gekennzeichnet, dass sie „eine Sach- oder Rechtslage erhalten sollen, um Rechte zu sichern, deren Anerkennung im übrigen bei dem in der Hauptsache zuständigen Gericht beantragt wird.“[333] Hauptcharakteristikum der einstweiligen Maßnahme ist dabei deren vorläufige Natur.[334] An dieser kann jedoch bezüglich der Aussetzung der Zwangsvollstreckung angesichts der bereits in Art. 6 Abs. 6 RRL vorgesehenen Befristung

---

[329] *Riggert* in: Braun, StaRUG, § 49 Rn. 10.

[330] BT-Drucks. 19/24181, S. 154; konsequent daher deren Gleichsetzung in § 50 Abs. 3 Nr. 2 StaRUG.

[331] BT-Drucks. 19/24181, S. 154.

[332] Die RegBegr. zu § 49 StaRUG (BT-Drucks. 19/24181, S. 154) spricht insoweit von einer „Eilmaßnahme“; aA, allerdings in anderem Zusammenhang, *Madaus* ZIP 2022, 1233 (1238).

[333] EuGH, Urteil vom 26.03.1992, Rs. C-261/90, *Reichert/Dresdner Bank*, Slg. 1992, I-2149 Rn. 34 = EuZW 1992, 447; in der Formulierung leicht abweichend Urteil vom 17.11.1998, Rs. C-391/95, *Van Uden Maritime*, Slg. 1998, I-7091 Rn. 37 = EuZW 1999, 413 sowie Urteil vom 28.04.2005, C-104/03 *St. Paul Dairy Industries*, Slg. 2005, I-3497 Rn. 13 = EuZW 2005, 401; zust. *Dörner* in: Saenger, ZPO, EuGVVO Art. 35 Rn. 4; *M. Keller* in: BeckOK-ZPO, Brüssel-Ia-VO Art. 35 Rn. 6; *Kropholler/v. Hein*, EuZPR, EuGVO Art. 31 Rn. 5; *E. Peiffer/M. Peiffer* in: Geimer/Schütze, Int. Rechtsverkehr, B Vor I 7, Art. 35 Rn. 13; *Stadler* in: Musielak/Voit, ZPO, EuGVVO Art. 35 Rn. 2; *Wagner* in: Stein/Jonas, ZPO, EuGVVO Art. 31 Rn. 14; etwas verkürzt, in der Sache jedoch identisch *Gottwald* in: MüKo-ZPO, Brüssel-Ia-VO Art. 35 Rn. 2.

[334] *Dörner* in: Saenger, ZPO, EuGVVO Art. 35 Rn. 4; *Kropholler/v. Hein*, EuZPR, EuGVO Art. 31 Rn. 5; *E. Peiffer/M. Peiffer* in: Geimer/Schütze, Int. Rechtsverkehr, B Vor I 7, Art. 35 Rn. 14.

und den nur begrenzten Verlängerungsmöglichkeiten kein Zweifel bestehen. Der Vollstreckungsstopp bezweckt gerade die Erhaltung des *Status quo* bis zum Abschluss des Restrukturierungsverfahrens. Dass die Bestätigung eines Restrukturierungsplans – jedenfalls im engeren Wortsinn – kein „Recht" darstellt, das durch den Vollstreckungsstopp gesichert werden könnte, ist dabei unschädlich. Denn immerhin liegt die Aussetzung der Zwangsvollstreckung im Interesse des – in aller Regel auch das Restrukturierungsverfahren betreibenden – Antragstellers, dient sie doch dazu, eine zwischenzeitliche Befriedigung einzelner Gläubiger zu verhindern, durch die die jeweiligen Forderungen der Gestaltbarkeit entzogen würden und dadurch – je nach Ausmaß – die angestrebte Sanierung insgesamt in Frage gestellt würde. Auf Richtlinienebene kommt dieses Ziel in Art. 6 Abs. 4 lit. a) RRL besonders deutlich zur Geltung, wonach die Mitgliedstaaten unter wohldefinierten Umständen bestimmte Forderungskategorien von den Wirkungen eines solchen Vollstreckungsstopps aussetzen können, wenn die Restrukturierung des Unternehmens hierdurch nicht gefährdet wird. Im deutschen Recht wird in § 51 Abs. 1 S. 1 Nr. 4 StaRUG die fehlende Erforderlichkeit der Stabilisierungsanordnung für das Gelingen des Restrukturierungsvorhabens sogar zum Erlasshindernis erhoben. Daraus wird deutlich: die Einstellung der Zwangsvollstreckung dient der einstweiligen Sicherung des Schuldnervermögens für einen Übergangszeitraum bis zum Abschluss der – in der Hauptsache angestrebten – Restrukturierung im eigentlichen Sinn, sei es durch einen außergerichtlichen Sanierungserfolg oder die Bestätigung des Restrukturierungsplans. Dass die Umgestaltung der Forderungen daher streng semantisch kein „Recht" des Antragstellers darstellt, ist mit Blick auf die Ratio der Gewährleistung von Eilrechtsschutz im europäisch-grenzüberschreitenden Kontext nicht entscheidend. Die Aussetzung der Einzelzwangsvollstreckung kann folglich als Regelungsverfügung eigener Art durchaus unter den Begriff der einstweiligen Maßnahme im Sinne der Brüssel-Ia-VO subsumiert werden.

Folgt man dieser Einordnung, so relativieren sich hierdurch auch die Anforderungen, die mit Blick auf die Brüssel-Ia-VO hinsichtlich des Gehörs der betroffenen Gläubiger zu stellen sind. Denn für einstweilige Maßnahmen einschließlich Sicherungsmaßnahmen hält die Brüssel-Ia-VO in Art. 2 lit. a) UAbs. 2 eine Sonderregelung vor, aus der sich ergibt, dass die Gewährung richterlichen Gehörs nur für die Vollstreckbarkeit an Bedeutung erlangt. Im Umkehrschluss steht daher fest, dass es hierauf im Übrigen, insbesondere im Hinblick auf den allgemeinen Anwendungsbereich der Verordnung gerade nicht ankommt.[335] Einstweilige Maßnahmen fallen daher grundsätzlich auch

[335] So zu Art. 24 EuGVÜ EuGH, Urteil vom 21.05.1980, 125/79, *Bernard Denilauler*, Slg. 1980, 1554 Rn. 15 ff. = GRUR Int 1980, 512; vgl. auch *Eichel* in: Wieczorek/Schütze, ZPO, Brüssel-Ia-VO Art. 35 Rn. 46.

dann unter die Regelungen der Brüssel-Ia-VO, wenn das jeweilige Verfahrensrecht dem Antragsgegner nicht die Möglichkeit einräumt, vor der Verfügung der Maßnahme Stellung zu nehmen und Einwendungen geltend zu machen.

Zusammenfassend ist daher festzuhalten, dass es sich bei dem Restrukturierungsrahmen nach der Restrukturierungsrichtlinie um ein kontradiktorisches Verfahren handelt[336] und die Brüssel-Ia-VO daher grundsätzlich Anwendung findet.

IV. Der erforderliche Gerichtsbezug unter der Brüssel-Ia-VO

Einschränkungen ergeben sich für den Anwendungsbereich der Brüssel-Ia-VO auf vertrauliche Restrukturierungsmaßnahmen aber aus einem ganz anderen Grund. Denn das internationale Zivilverfahrensrecht regelt – wie schon der Begriff vermuten lässt – gerichts-verfahrensbezogene Rechtsfragen im grenzüberschreitenden Kontext.[337] Eine Heranziehung der entsprechenden Regelungen setzt damit grundsätzlich die Beteiligung eines Gerichts voraus:[338] Die internationale Zuständigkeit konkretisiert die Entscheidungskompetenz der Gerichte eines bestimmten Staats in grenzüberschreitenden Sachverhalten; Anerkennung und Vollstreckbarkeit beziehen sich in erster Linie auf gerichtliche Entscheidungen und die davon ausgehenden Wirkungen.[339]

1. Die besondere Relevanz des Gerichtsbezugs unter der Brüssel-Ia-VO

Dieses Erfordernis eines rechtsförmigen, gerichtlichen Verfahrens betrifft zwar im Ausgangspunkt jedes international-zivilverfahrensrechtliche Regelwerk. Im Vergleich zur EuInsVO wird die Voraussetzung aber deshalb besonders relevant, weil einerseits ein sehr viel engeres Gerichtsverständnis zugrunde gelegt wird, andererseits aber schon das Öffentlichkeitskriterium der EuInsVO eine gewisse Institutionalisierung bedingt.

Unter die EuInsVO fallen nur Verfahren, die nach dem nationalen Recht öffentlich bekannt zu machen sind. Damit wird in aller Regel die Befassung eines professionellen Akteurs verbunden sein, der die entsprechende Veröffentlichung vornehmen oder zumindest in die Wege leiten kann – sei es nun ein Gericht, eine Verwaltungsbehörde oder ein bestimmter Berufsträger. Insoweit begünstigen bereits die Anforderungen, die ein Verfahren erfüllen muss,

---

[336] Im Ergebnis ebenso *Hoos/Schwartz/Schlander* ZIP 2021, 2214 (2218); *Schinkel* in: HambK-Restrukturierung, § 84 Rn. 53; *Singer*, Vorinsolvenzlicher Restrukturierungsrahmen, S. 404.

[337] *Rauscher*, IPR und IZVR, Rn. 1610 f.

[338] Ebenso *Schulze* in: Wieczorek/Schütze, ZPO, Brüssel-Ia-VO Art. 1 Rn. 24, der die Beteiligung eines staatlichen Gerichts als ungeschriebene Voraussetzung des sachlichen Anwendungsbereichs der Verordnung ansieht.

[339] Eine Ausnahme ergibt sich hinsichtlich der Vollstreckbarkeit öffentlicher Urkunden nach Art. 58 Brüssel-Ia-VO.

um überhaupt in den Anwendungsbereich der EuInsVO zu fallen, dass es sich um ein rechtsförmiges Verfahren handelt.

Hinzu kommt, dass die EuInsVO einen weitaus offeneren Gerichtsbegriff zugrunde legt als die Brüssel-Ia-VO. So ergibt sich für die beiden zentralen Regelungsbereiche der internationalen Zuständigkeit und Entscheidungsanerkennung zwar aus dem Wortlaut der Art. 3 ff., 19 ff. EuInsVO das Erfordernis eines gerichtlichen Verfahrens.[340] Damit ist aber entgegen der insoweit missverständlichen Terminologie nicht zwangsläufig das Eingreifen eines Justizorgans verbunden. Gem. Art. 2 Nr. 6 EuInsVO geht die Bedeutung der Bezeichnung „Gericht“ weit über klassische Justizorgane hinaus und erfasst alle nach dem mitgliedstaatlichen Recht für die Einleitung eines Insolvenzverfahrens zuständigen Stellen.[341] Neben in den Instanzenzug eingebundene Rechtsprechungsorgane fallen darunter insbesondere auch sonstige staatliche Behörden, welchen nach dem nationalen Recht die Verfahrenseröffnung obliegt. Entscheidend ist letztlich, dass das Verfahren auf gesetzlichen Regelungen beruht und unter Beteiligung einer dort bezeichneten und zu derartigen Verfahren ermächtigten Institution durchgeführt wird. Darüber hinaus hält die Verordnung in Art. 4 Abs. 2 EuInsVO eine Sondervorschrift für sog. *out of court*-Verfahren bereit, in welchen die Prüfung der Eröffnungszuständigkeit mangels Beteiligung eines staatlichen Gerichts dem Insolvenzverwalter zugewiesen ist. Folgerichtig fallen daher auch Verfahren in den Anwendungsbereich der Verordnung, die nicht durch ein Justizorgan, sondern im Einklang mit dem mitgliedstaatlichen Recht durch bestimmte Personen oder Stellen eröffnet werden.[342] Man wird allerdings fordern müssen, dass der in diesem Sinne zur Eröffnung von Insolvenzverfahren ermächtigte Personenkreis (eng) umgrenzt und hoheitlich bestimmt ist, beispielsweise insolvenz- bzw. sanierungsnahe Berufsträger (*insolvency practicioner*).[343] Ferner müssen, um dem Anwendungsbereich der EuInsVO zu unterfallen, gesetzlich festgelegte Formalitäten eingehalten werden, damit der Verfahrenscharakter nicht verloren geht.[344] Daraus, sowie aus dem Bestreben der Verordnung, Interessenskonflikte des Insolvenzverwalters zu vermeiden,[345] folgt zugleich, dass ein Schuldner nie „Richter in eigener Sache“ sein kann. Insgesamt bleibt aber festzuhalten, dass der Begriff des Gerichts im Sinne der EuInsVO sehr weit gefasst ist.

---

340 Die Frage, ob auch die dritte Säule der Verordnung, namentlich das Insolvenzkollisionsrecht, von der Durchführung eines rechtsförmigen Verfahrens abhängig ist, soll an dieser Stelle noch nicht vertieft und für ein späteres Kapitel zurückgestellt werden, siehe dazu § 12, III., 3. (S. 359 ff.).

341 Erwägungsgrund (20) zur EuInsVO.

342 Erwägungsgrund (20) zur EuInsVO.

343 Erwägungsgrund (21) S. 2 zur EuInsVO.

344 Erwägungsgrund (20) S. 3 zur EuInsVO.

345 Erwägungsgrund (21) S. 3 zur EuInsVO; vgl. auch Art. 26 Abs. 1 lit. d) RRL.

2. Die erforderliche Gerichtsbeteiligung unter der Brüssel-Ia-VO

Wesentlich enger ist der Begriff des „Gerichts" hingegen in der Brüssel-Ia-VO ausgestaltet, woraus sich ein nicht zu unterschätzendes Anwendbarkeitsdefizit der Verordnung ergeben kann. Denn wie bereits der amtliche Titel der Brüssel-Ia-VO nahe legt, setzen die hier besonders interessierenden Regelungen der Kapitel II. und III. der Verordnung allesamt voraus, dass gerichtliche Verfahren bzw. gerichtliche Entscheidungen in Rede stehen. Auch der Wortlaut in Art. 4 ff. Brüssel-Ia-VO lässt keinen Zweifel, dass dort lediglich die internationale Zuständigkeit der mitgliedstaatlichen Gerichte geregelt wird.[346] Gleiches gilt für die nach Art. 36 und 39 Brüssel-Ia-VO gewährleistete Anerkennung und Vollstreckung ausländischer Entscheidungen, die wiederum in Art. 2 lit. a) Brüssel-Ia-VO als solche eines mitgliedstaatlichen Gerichts definiert werden. Die Brüssel-Ia-VO setzt daher – soweit es sich nicht um die Anerkennung öffentlicher Urkunden handelt – ein gerichtliches Verfahren voraus.

Allerdings legt die Brüssel-Ia-VO ein vergleichsweise enges Verständnis des gerichtlichen Verfahrens zugrunde. Anders als etwa Art. 2 Abs. 2 Nr. 1 Brüssel-IIb-VO[347] oder Art. 62 LugÜ[348] enthält die Verordnung selbst zwar keine eigenständige allgemeine Definition des Begriffs.[349] Das den Mitgliedstaaten abverlangte gegenseitige Vertrauen bei der Anerkennung und Vollstreckung ausländischer Entscheidungen verlangt jedoch im Interesse einer zügigen Vollstreckbarkeit, dass die Gerichte eines Mitgliedstaats einfach und eindeutig zu identifizieren sind.[350] Eine weitreichende Erstreckung des Anwendungsbereichs der Verordnung steht insoweit in einem offensichtlichen Span-

---

[346] Vgl. auch Erwägungsgrund (4) zur Brüssel-Ia-VO („gerichtliche Zuständigkeit").

[347] Verordnung (EU) 2019/1111 des Rates vom 25.06.2019 über die Zuständigkeit, die Anerkennung und Vollstreckung von Entscheidungen in Ehesachen und in Verfahren betreffend die elterliche Verantwortung und über internationale Kindesentführungen (Brüssel-IIb-VO), ABl. vom 02.07.2019, L 178, S. 1.

[348] Übereinkommen von Lugano über die gerichtliche Zuständigkeit und die Anerkennung und Vollstreckung von Entscheidungen in Zivil- und Handelssachen (LugÜ), ABl. vom 21.12.2007, L 339, S. 3.

[349] Daher verfehlt der Verweis von *Antomo* in: BeckOK-ZPO, Brüssel-Ia-VO Art. 3 Rn. 6.1 auf die Anerkennung schweizerischer Schlichtungsbehörden als Gericht im Sinne des LugÜ durch EuGH, Urteil vom 20.12.2017, C-467/16, *Schlömp/Landratsamt Schwäbisch Hall*, BeckRS 2017, 135796 Rn. 55 ff.; ebenfalls in diese Richtung, Art. 3 Brüssel-Ia-VO und Art. 62 LugÜ gleichstellend *Gottwald* in: MüKo-ZPO, Brüssel-Ia-VO Art. 3.

[350] EuGH, Urteil vom 09.03.2017, Rs. C-551/15, *Pula Parking*, EuZW 2017, 686 Rn. 54; *GA Bobek*, Schlussanträge vom 27.10.2016, Rs. C-551/15, *Pula Parking*, BeckRS 2016, 82566 Rn. 88; ähnlich zur EuVTVO EuGH, Urteil vom 09.03.2017, Rs. C-484/15, *Zulfikarpašić/Gajer*, EuZW 2017, 689 Rn. 43.

nungsverhältnis mit dem Ziel der Verordnung, eine möglichst zügige Vollstreckung im ersuchten Mitgliedstaat zu gewährleisten.[351] Es ist zugunsten letzteren aufzulösen. Der Begriff des Gerichts ist demnach anhand der institutionellen und organisatorischen Einordnung in das Gerichtssystem des Ursprungsstaates zu bestimmen. Dies bringt den Vorteil mit sich, dass die Ermittlung, ob eine Entscheidung im Sinne der Verordnung vorliegt, keinerlei aufwändiger Nachforschungen bedarf. Gericht ist danach ein Rechtsprechungsorgan, das innerhalb der Gerichtsorganisation des Ursprungsstaats als solches anerkannt ist.[352] Maßgeblich ist, dass es sich um die Entscheidung eines Gerichts im formalen Sinne handelt; die konkrete Stellung des Entscheidungsträgers ist insoweit irrelevant, wie die Einbeziehung einfacher Gerichtsbediensteter in Art. 2 lit. a) Brüssel-Ia-VO belegt.[353] Auch auf inhaltliche Aspekte wie die Unparteilichkeit oder die Gewährung rechtlichen Gehörs im konkreten Fall kann es nicht entscheidend ankommen.[354] Solche Einwände bleiben vielmehr den Versagungsgründen des *ordre public* oder des Art. 45 Abs. 1 lit. b) Brüssel-Ia-VO vorbehalten. Legt man dieses Gerichtsverständnis zugrunde, ist eine Vollstreckung durch den ersuchten Mitgliedstaat stets zügig möglich, da das Prüfprogramm des Vollstreckungsorgans auf formelle Aspekte beschränkt wird. Das Bedürfnis einer formalen, typisierten und institutionellen Betrachtung besteht seit Abschaffung des Exequaturverfahrens mehr denn je, wäre es doch regelmäßig nicht mehr der Richter, sondern der Gerichtsvollzieher, Rechtspfleger oder Grundbuchbeamte, dem andernfalls die Einzelfallprüfung auferlegt würde.

Dieser von der Verordnung angestrebten raschen Vollstreckbarkeit ausländischer Entscheidungen widerspräche letztlich ein funktionaler Gerichtsbegriff, wie er der Brüssel-IIb-VO, dem LugÜ oder der EuErbVO[355] zugrunde

---

[351] Vgl. Erwägungsgrund (4) zur Brüssel-Ia-VO („rasche und unkomplizierte Anerkennung und Vollstreckung“).

[352] In diesem Sinne *GA Bobek*, Schlussanträge vom 27.10.2016, C-551/15, *Pula Parking*, BeckRS 2016, 82566 Rn. 85; vgl. auch EuGH, Urteil vom 02.06.1994, C-414/92, *Solo Kleinmotoren*, Slg. 1994, I-2237 Rn. 16 f. = NJW 1995, 38; *Mankowski* WM 2011, 1201 (1205).

[353] *Antomo* in: BeckOK-ZPO, Brüssel-Ia-VO Art. 3 Rn. 7; *Dörner* in: Saenger, ZPO, EuGVVO Art. 3 Rn. 2; *GA Bobek*, Schlussanträge vom 27.10.2016, Rs. C-551/15, *Pula Parking*, BeckRS 2016, 82566 Rn. 91.

[354] *Roth* IPRax 2018, 41 (43) aA *Nagel/Gottwald*, IZPR Rn. 12.6; unentschlossen, jedoch in der Subsumption maßgeblich auf die genannten Kriterien abstellend EuGH, Urteil vom 09.03.2017, Rs. C-551/15, *Pula Parking*, EuZW 2017, 686 Rn. 54 ff.; ähnlich zur EuVTVO EuGH, Urteil vom 09.03.2017, Rs. C-484/15, *Zulfikarpašić/Gajer*, EuZW 2017, 689 Rn. 43 ff.

[355] Verordnung (EU) Nr. 650/2012 des Europäischen Parlaments und des Rates vom 04.07.2012 über die Zuständigkeit, das anzuwendende Recht, die Anerkennung und Vollstreckung von Entscheidungen und die Annahme und Vollstreckung öffentlicher Urkunden in Erbsachen sowie zur Einführung eines Europäischen Nachlasszeugnisses (EuErbVO), ABl. vom 27.07.2012, L 201, S. 107.

liegt. Art. 3 Abs. 2 EuErbVO etwa geht von einem außerordentlich weiten Gerichtsbegriff aus, der auch sonstige Behörden oder Angehörige von Rechtsberufen umfasst, soweit diese in unabhängiger Weise tätig werden und den Betroffenen rechtliches Gehör gewährleisten.[356] Auch die EuErbVO adressiert allerdings das Bedürfnis einer schnellen und rechtssicheren Ermittlung, ob es sich bei der ausländischen Stelle, die die anzuerkennende oder zu vollstreckende Entscheidung erlassen hat, um ein Gericht handelt. Zu diesem Zweck sieht Art. 79 EuErbVO eine Meldepflicht der Mitgliedstaaten vor, auf deren Grundlage die Kommission eine stets zu aktualisierende Liste von Behörden und Rechtsberufen erstellt und veröffentlicht, die unter Art. 3 Abs. 2 EuErbVO fallen.[357] Die Rechtsunsicherheit, die ein funktional verstandener Gerichtsbegriff mit sich bringt, wird dadurch maßgeblich relativiert. Für den Geltungsbereich der Brüssel-Ia-VO existiert ein vergleichbarer Mechanismus allerdings nicht, was entscheidend gegen eine funktionale Interpretation des Gerichtsbegriffs spricht.

Zudem ergibt sich aus Art. 3 Brüssel-Ia-VO *e contrario*, dass die Verordnung offensichtlich zwischen Gerichten einerseits und sonstigen Behörden andererseits differenziert und die Regelungen der Verordnung nur auf erstere anwendbar sein sollen.[358] Insbesondere rechtlich versierte Berufsgruppen – etwa der (ungarische) Notar – und staatliche Verwaltungsbehörden wie das (schwedische) Amt für Beitreibung fallen offenbar nicht unter den allgemeinen Begriff des Gerichts, sodass es zu ihrer Einbeziehung einer speziellen Regelung in Art. 3 Brüssel-Ia-VO bedurfte.

Schließlich spricht auch die historische Auslegung gegen eine funktionale Bestimmung des Gerichtsbegriffs.[359] Denn die im Rahmen der letzten Revision vorgeschlagene Definition des Gerichts als „Behörde, die ein Mitgliedstaat als für einen in den Anwendungsbereich [der] Verordnung fallenden Sachverhalt zuständig bezeichnet“[360] hat der europäische Gesetzgeber letztendlich nicht

---

[356] Einschränkend allerdings EuGH, Urteil vom 23.05.2019, Rs. C-658/17, *W.B.*, NJW 2019, 2293 Rn. 55 ff., wonach ein polnischer Notar, der nach den einschlägigen gesetzlichen Vorschriften eine Urkunde über die Erschaftsstellung nur auf einstimmigen Antrag aller Erben und unbeschadet etwaiger Rechte Dritter auszustellen befugt ist, keine gerichtliche Funktion ausübt.

[357] Der Auflistung kommt jedoch – in positiver wie negativer Hinsicht – lediglich eine Indizwirkung zu, sodass es maßgeblich auf die in Art. 3 Abs. 2 EuErbVO genannten Merkmale ankommt, vgl. dazu EuGH, Urteil vom 23.05.2019, Rs. C-658/17, *W.B.*, NJW 2019, 2293 Rn. 38 ff., insb. Rn. 43 und 47.

[358] So auch *GA Bobek*, Schlussanträge vom 27.10.2016, Rs. C-551/15, *Pula Parking*, BeckRS 2016, 82566 Rn. 74.

[359] So auch EuGH, Urteil vom 09.03.2017, Rs. C-551/15, *Pula Parking*, EuZW 2017, 686 Rn. 55.

[360] Vgl. Art. 2 lit. c) des Kommissionsentwurfs vom 14.12.2010, COM(2010) 748 final, S. 24.

umgesetzt. Mag man das Ergebnis auch für antiquiert halten und – in Übereinstimmung mit den übrigen international-verfahrensrechtlichen Regelwerken – rechtspolitisch eine funktionale Interpretation befürworten,[361] kommen doch nach geltendem Recht alle Auslegungsmethoden zur selben Schlussfolgerung: einem formalen Verständnis des Gerichtsbegriffs. Folglich beziehen sich die Zuständigkeitsvorschriften der Brüssel-Ia-VO von vornherein nicht auf Entscheidungen von Verwaltungsbehörden; ebenso wenig können solche auf Grundlage der Verordnung in anderen Mitgliedstaaten anerkannt oder vollstreckt werden.[362] Dies gilt auch dann, wenn Gegenstand solcher Entscheidungen zivilrechtliche Angelegenheiten sind.[363]

3. Gestaltungsspielraum nach der Richtlinie

Hinsichtlich der organisationellen Verankerung der Restrukturierungsrahmen lässt die Restrukturierungsrichtlinie den Mitgliedstaaten allerdings einen erheblichen Gestaltungsspielraum. Sie enthält für die institutionelle Ausgestaltung des Restrukturierungsrahmens nur wenige Vorgaben. Ausgangspunkt ist dabei Art. 4 Abs. 5 UAbs. 1 RRL, wonach der zu schaffende Restrukturierungsrahmen aus einem oder mehreren Verfahren, Maßnahmen oder Bestimmungen bestehen kann, von denen einige auch außergerichtlich durchgeführt werden können. Zugleich sind die Mitgliedstaaten bei der Etablierung hinreichender Schutzmechanismen gem. Art. 4 Abs. 6 RRL dazu berechtigt, die Beteiligung von Behörden und Gerichten auf ein erforderliches und angemessenes Maß zu beschränken. Eine Beteiligung von staatlichen Einrichtungen setzt die Richtlinie nur für bestimmte Maßnahmen voraus, etwa gem. Art. 10 Abs. 1 RRL für die Bestätigung eines Restrukturierungsplans. Im Übrigen bleibt es den Mitgliedstaaten überlassen, ob sie eine Beteiligung von Justiz- oder Verwaltungsbehörden vorschreiben. Entgegen einer vereinzelt geäußerten Ansicht beschränken sich Restrukturierungsinstrumente, die ohne staatliche Mitwir-

---

[361] Kritisch etwa *Antomo* in: BeckOK-ZPO, Brüssel-Ia-VO Art. 3 Rn. 6.1.

[362] Zur Anerkennung eines Entschuldungsverfahrens EuGH, Urteil vom 08.11.2012, Rs. C-461/11, *Radziejewski*, EuZW 2013, 72 Rn. 25; vgl. auch, ausdrücklich die Anwendbarkeit der gesamten Verordnung ablehnend, die entsprechenden Schlussanträge von *GA Sharpston* vom 13.09.2012, Rs. C-461/11, *Radziejewski*, BeckRS 2012, 81896 Rn. 41; allgemein *Antomo* in: BeckOK-ZPO, Brüssel-Ia-VO Art. 3 Rn. 5; *Dörner* in: Saenger, ZPO, EuGVVO Art. 3 Rn. 2; *Roth*, IPRax 2018, 41 (42 f.) siehe auch *Kropholler/v. Hein*, EuZPR, EuGVO Art. 32 Rn. 9 unter Hinweis auf den erfolglosen Vorstoß des Europäischen Wirtschafts- und Sozialausschusses zur Einbeziehung von Verwaltungsentscheidungen im Rahmen der letzten Revision der Verordnung (Art. 1 Rn. 2); im Zusammenhang mit dem Entscheidungsbegriff des Art. 45 Abs. 1 Nr. 3 Brüssel-Ia-VO tendenziell weiter, auch die Entscheidung eines Justizministers erfassend OLG Hamm, Beschluss vom 29.07.1981 – 20 W 28/79, MDR 1982, 504.

[363] *Kropholler/v. Hein*, EuZPR, EuGVO Art. 32 Rn. 9.

kung denkbar sind, allerdings nicht auf die einstimmige, einvernehmliche Neuordnung der schuldnerischen Angelegenheiten.[364] Zwar ist zuzugeben, dass die Richtlinie für zentrale Maßnahmen eine Beteiligung von Justiz- oder Verwaltungsbehörden vorschreibt. So ist unter bestimmten Umständen durch eine staatliche Stelle ein Restrukturierungsbeauftragter zu bestellen (Art. 5 Abs. 2 und 3 RRL). Ebenso bedürfen Restrukturierungspläne der Bestätigung durch ein Gericht oder eine Behörde, wenn sie besonders bedeutsame Regelungen enthalten oder auch für ablehnende Beteiligte oder ganze Klassen verbindlich werden sollen (Art. 10 Abs. 1, 11 Abs. 1 RRL). Hingegen kann eine Aussetzung der Einzelzwangsvollstreckung nicht nur durch eine staatliche Anordnung, sondern auch durch einen gesetzlichen Automatismus eingeleitet werden.[365] Der Wortlaut des Art. 6 Abs. 1 RRL spricht insoweit lediglich davon, dass dem Schuldner ein solcher Vollstreckungsstopp zur Verfügung stehen muss. Wie sich aus Art. 2 Abs. 1 Nr. 4 sowie Erwägungsgrund (32) zur RRL ergibt, würde den Richtlinienvorgaben demnach auch eine kraft Gesetzes einsetzende Aussetzung der Zwangsvollstreckung genügen, wie sie z. B. das U.S.-amerikanische Insolvenzrecht unmittelbar an die Antragstellung – auch eines *Chapter-11*-Verfahrens – knüpft.[366] Derselbe Mechanismus wäre auf Grundlage der Restrukturierungsrichtlinie möglich, sodass etwa das mitgliedstaatliche Recht für die Aussetzungswirkung auf die förmliche Anordnung durch ein Gericht verzichten und allein auf eine entsprechende Antragstellung abstellen könnte. Für vertrauliche Verfahren, die typischerweise nur einen Teil der Gläubiger erfassen, dürfte sich ein solcher Automatismus allerdings kaum eignen, denn wie sollte hier die Reichweite des Moratoriums bestimmt und die betroffenen Gläubiger in Kenntnis gesetzt werden? Durchaus denkbar wäre allerdings, dass einige Mitgliedstaaten den Vollstreckungsstopp an eine bestimmte Handlung ausgewählter Berufsträger (*insolvency* oder *restructuring practitioner*) knüpfen. Das Restrukturierungsinstrument der Aussetzung der Einzelzwangsvollstreckung stellte sich in diesem Fall als rein außergerichtliche Maßnahme dar, für die die Brüssel-Ia-VO von vornherein nicht passt.

Im Übrigen definiert die Richtlinie mit der Aussetzung der Einzelzwangsvollstreckung und der Verabschiedung eines Restrukturierungsplans lediglich ein Mindestmaß an Restrukturierungsinstrumenten. Der Begriff des Restrukturierungsrahmens, wie er Schuldnern gem. Art. 4 Abs. 1 RRL zur Verfügung zu stellen ist, ist hierauf keineswegs beschränkt. Wie sich insbesondere aus Art. 4

---

[364] So aber *Freitag* ZIP 2019, 541 (545); in der Sache ähnlich wohl *Sax/Ponseck/Swierczok* BB 2017, 323 (325), die für die Aussetzung der Einzelzwangsvollstreckung als praktisch wichtigsten Fall einer Restrukturierungsmaßnahme ohne (notwendige) Behörden- oder Gerichtsbeteiligung aus der Eingriffsintensität ein zwingendes Anordnungserfordernis durch das Gericht oder die Behörde ableiten wollen.

[365] So auch die Regierungsbegründung zum StaRUG, BT-Drucks. 19/24181, S. 154.

[366] Vgl. zum sog. *automatic stay* 11 U.S.C. § 362(a).

Abs. 5 RRL ergibt, kommt den Mitgliedstaaten bei der Ausgestaltung der Sanierungsinstrumente ein weitreichender Gestaltungsspielraum zu, solange zumindest die durch die Richtlinie vorgegebenen Maßnahmen für den Schuldner zugänglich sind. So hatte auch der deutsche Regierungsentwurf zur Umsetzung der Richtlinie in Anlehnung an die bestehenden insolvenzrechtlichen Regelungen noch die Möglichkeit vorgesehen, unvorteilhafte Verträge zu beenden, ohne dass die Richtlinie dies zwingend vorgegeben hätte.[367] Auch wenn das Instrument der Vertragsbeendigung nach dem Entwurf eine Gerichtsbeteiligung vorausgesetzt hätte,[368] erschiene eine Ausgestaltung als außergerichtliches Sanierungsinstrument konstruktiv ebenso umsetzbar, etwa als vorinsolvenzliches Sonderkündigungs- bzw. Vertragsanpassungsrecht. Dass Vertragsbeendigungstatbestände auch ohne gerichtliche Beteiligung möglich sind, zeigt etwa die Rechtsfigur der Störung der Geschäftsgrundlage, die – insofern ähnlich dem § 51 RegE-StaRUG – einer Vertragspartei unter gewissen Umständen ebenfalls ein einseitiges Vertragsanpassungs- oder Lösungsrecht zuspricht.[369]

Selbst bei Restrukturierungsinstrumenten, die nach der Richtlinie notwendigerweise die Beteiligung einer staatlichen Instanz verlangen, gestatten es die jeweiligen Regelungen dem Mitgliedstaat, diese Aufgaben entweder einer Justiz- oder einer Verwaltungsbehörde zuzuweisen. Durch die Ausgestaltung im nationalen Recht kann mithin sowohl die Bestellung eines Restrukturierungsbeauftragten nach Art. 5 Abs. 2 und 3 RRL als auch die Bestätigung eines Restrukturierungsplans nach Art. 10 Abs. 1, 11 Abs. 1 RRL wahlweise der Zuständigkeit der Gerichte oder einer Verwaltungsbehörde unterstellt werden.

Die Restrukturierungsrahmen müssen daher keineswegs durch ausschließlich gerichtliche Verfahren ins nationale Recht umgesetzt werden. Während für zentrale Bausteine des Restrukturierungsrahmens, wie der Bestellung eines Restrukturierungsbeauftragten oder die Bestätigung eines Restrukturierungsplans die Beteiligung einer staatlichen Instanz europarechtlich determiniert ist, lässt die Richtlinie im Übrigen Raum für außergerichtliche und -behördliche Instrumente. Dies gilt einerseits für die Aussetzung der Zwangsvollstreckung, die nicht notwendig durch ein Gericht gewährt werden muss, sowie für europarechtlich nicht zwingend vorgeschriebene Sanierungsinstrumente, zu deren

---

[367] Vgl. § 31 Abs. 2 Nr. 3, 51 ff. RegE-StaRUG (BT-Drucks. 19/24181, S. 24, 31 f.).

[368] Vgl. §§ 51 Abs. 1, 52 Abs. 1 RegE-StaRUG (BT-Drucks. 19/24181, S. 31 f.); gleiches gilt für das – tatsächlich in Kraft getretene – niederländische Pendant, siehe dazu Art. 373 Abs. 1 Fw.

[369] Besonders vorteilhaft waren/sind die im StaRUG-Enwurf und Art. 373 Abs. 1 Fw. vorgesehenen Lösungsmechanismen freilich vor allem wegen der Möglichkeit, durch die Beendigung der Vertragsbeziehung evozierte Schadensersatzforderungen sogleich im Sanierungsplan zu modifizieren, sodass ein außergerichtliches Instrumentarium, um eine ähnliche Wirkung zu erzielen, die Geltendmachung derartiger Schadensersatzansprüche auf materiell-rechtlicher Ebene beschränken müsste.

Aufnahme in den Restrukturierungsrahmen sich Mitgliedstaaten durchaus entschließen können. Selbst soweit die Mitwirkung staatlicher Stellen sekundärrechtlich vorgegeben wird, folgt daraus überdies nicht, dass notwendigerweise ein Gericht mit der Sache befasst wird, da die Richtlinie auch die Zuweisung an Verwaltungsbehörden zulässt.

4. Anwendbarkeitsdefizite der Brüssel-Ia-VO

Im Hinblick auf die Brüssel-Ia-VO ergeben sich daraus diverse von der Richtlinie gedeckte Ausgestaltungsmöglichkeiten, die der Verordnung nicht unterfielen. Dies gilt einerseits für Verfahren, die – jedenfalls in der Einleitungsphase (z. B. bei der Verhängung eines Vollstreckungsstopps) – nicht durch eine staatliche Institution, sondern beispielsweise durch einen *insolvency* bzw. *restructuring practitioner* geführt werden. Denn nach dem Vorgesagten sind die Angehörigen der jeweiligen Rechtsberufe, mögen sie im Einzelfall auch gerichtsähnlich tätig werden, gerade keine Gerichte im Sinne der Verordnung.

Als besonders brisant erweist sich in diesem Zusammenhang allerdings der Verweis auf die Beteiligung einer Justiz- *oder Verwaltungs*behörde, der sich konsequent durch die gesamte Richtlinie zieht.[370] Nimmt die Richtlinie eine staatliche, an der Restrukturierung zu beteiligende Stelle in Bezug, spricht sie durchgehend von „Justiz- oder Verwaltungsbehörden". Dass es sich dabei nicht um einen besonders weit gefassten Einheitsbegriff handelt, der nur um der Unterschiede in den mitgliedstaatlichen Behördenstrukturen Willen gewählt wurde, belegt Art. 16 RRL. Die sich mit Rechtsbehelfen gegen die Planbestätigung und -abweisung befassende Norm differenziert nämlich danach, ob die Entscheidung durch eine Justiz- oder eine Verwaltungsbehörde getroffen wurde.[371] Wird ein Rechtsbehelf eingelegt, beruft Art. 16 Abs. 1 UAbs. 1 RRL im ersteren Falle eine höhere Justizbehörde zur Entscheidung, während bei der Planbestätigung oder -abweisung durch eine Verwaltungsbehörde gem. Art. 16 Abs. 1 UAbs. 2 RRL im Rechtsbehelfsverfahren erstmals eine Justizbehörde tätig wird.

Durch die Zuweisung des Rechtsbehelfs zur nächsthöheren Justizbehörde von Art. 16 Art. 1 UAbs. 1 RRL setzt die Richtlinie implizit die Einbindung

[370] Vgl. Erwägungsgründe (4), (29), (31), (32), (35), (36), (46), (48), (49), (50), (53), (57), (63), (65), (68), (69), (71), (76), (79), (80), (82), (85), (86), (87), (88), (90) sowie Art. 2 Abs. 1 Nr. 4 und 12, Art. 4 Abs. 6, Art. 5 Abs. 2 und 3, Art. 6 Abs. 1, 6 und 9, Art. 7 Abs. 3, Art. 8 Abs. 1, Art. 9 Abs. 5, Art. 10 Abs. 1 bis 5, Art. 11 Abs. 1, Art. 13 Abs. 1, Art. 14 und Art. 15 Abs. 1, Art. 17 Abs. 2, Art. 18 Abs. 2 und 5, Art. 21 Abs. 1 und 2, Art. 22 Abs. 2, Art. 23 Abs. 3 und 6, Art. 25, Art. 26 Abs. 1 sowie Art. 28 RRL.

[371] Vgl. dazu auch Erwägungsgrund (65) zur RRL, der ebenfalls eine entsprechende Differenzierung enthält.

der Justizbehörde in den Instanzenzug voraus.[372] Es wird sich daher regelmäßig um ein in das Gerichtssystem des Mitgliedstaats integriertes Rechtsprechungsorgan handeln, sodass eine Subsumierung unter den Gerichtsbegriff der Brüssel-Ia-VO problemlos möglich ist. Dass Erwägungsgrund (89) in anderem Zusammenhang ausdrücklich von einer „*Gerichts*- oder Verwaltungsbehörde" statt einer „*Justiz*- oder Verwaltungsbehörde" spricht, steht dem nicht entgegen.[373] Wie ein Vergleich mit anderen Sprachfassungen belegt,[374] ist diese terminologische Differenzierung vielmehr auf eine ungenaue Übersetzung zurückzuführen, als dass der Verordnungsgeber damit zum Ausdruck bringen wollte, bei Justizbehörden im Sinne der Richtlinie handele es sich nicht um Gerichte. Sieht das jeweilige mitgliedstaatliche Recht für eines oder mehrere Restrukturierungsinstrumente indes die Ausgangszuständigkeit einer Verwaltungsbehörde vor, so würde eine (unmittelbare) Anwendung der Brüssel-Ia-VO bereits hieran scheitern. Weder könnte der Verordnung dann die internationale Zuständigkeit entnommen werden, noch wäre eine unionsweite Anerkennung der Entscheidungen europarechtlich gewährleistet.

Daraus ergibt sich, dass die Brüssel-Ia-VO die Restrukturierungsinstrumente nach der Restrukturierungsrichtlinie – trotz ihrer grundsätzlichen Anwendbarkeit auf Sanierungskonstellationen – nur lückenhaft erfasst. Nicht einbezogen sind mangels Gerichtsbeteiligung sowohl solche Instrumente, die kraft Gesetzes ohne staatliche Beteiligung konzipiert sind, als auch Verfahren, die nach dem nationalen Recht vor einer Verwaltungsbehörde anzustrengen sind. Hier scheitert daher das internationale Zivilverfahrensrecht, sodass die internationale Verfügbarkeit der jeweiligen Restrukturierungsinstrumente und die Anerkennung ihrer Wirkungen in den übrigen Mitgliedstaaten grundsätzlich unter Heranziehung des Kollisionsrechts zu ermitteln sind.

§ 10 Ergebnisse: Die Restrukturierungsrichtlinie zwischen EuInsVO und Brüssel-Ia-VO

Gegenstand der Restrukturierungsrichtlinie ist die materiell-rechtliche Vereinheitlichung der mitgliedstaatlichen Restrukturierungsrechtsordnungen. Damit betritt der europäische Gesetzgeber Neuland, nachdem bisherige Harmonisierungsvorhaben auf dem Gebiet des Insolvenzrechts stets auf eine Verbesserung

[372] In diese Richtung auch *Paulus* in: Paulus/Dammann, European Preventive Restructuring, Art. 16 Rn. 3, der zwischen Entscheidungen „made within a court structure" (Justizbehörde) und solchen „outside of a court structure" (Verwaltungsbehörde) differenziert.

[373] Hervorhebungen durch den Verf.

[374] So spricht die englische Fassung einheitlich von „judicial authority", die spanische von „autoridad judicial", die französische von „autorité judiciaire", die italienische von „autorità giudiziaria" sowie die niederländische von „rechterlijke instantie".

der justiziellen Zusammenarbeit ausgerichtet waren, ohne die in den Mitgliedstaaten bestehenden Regelungen zum Umgang mit wirtschaftlichem Scheitern anzutasten. Umso verwunderlicher erscheint es vor diesem Hintergrund, dass die Richtlinie ebendiese international-zivilverfahrens- und kollisionsrechtliche Ebene nur höchst unvollständig adressiert. Als einzige handfeste Aussage zur international-rechtlichen Einordnung der neu geschaffenen Restrukturierungsrahmen ergibt sich aus Erwägungsgrund (13), dass – sofern die Anwendungsvoraussetzungen erfüllt sind – die EuInsVO heranzuziehen ist, die nach Einschätzung des Unionsgesetzgebers auch wertungsgerechte Ergebnisse liefert. So weit, so selbstverständlich, obgleich ein abschließendes Urteil über die passgenaue Abstimmung von Richtlinie und EuInsVO freilich erst nach der Analyse der einzelnen Eckpfeiler des internationalen Restrukturierungsrechts im folgenden Teil III der Untersuchung getroffen werden kann. Zu der viel drängenderen und problematischeren Frage, wie aus international-rechtlicher Perspektive mit Restrukturierungsrahmen umzugehen ist, die dem Anwendungsbereich der EuInsVO gerade nicht unterfallen, verhält sich die Richtlinie – jedenfalls ausdrücklich – dagegen nicht. Insoweit liegt es an der Rechtswissenschaft, durch die Abstimmung des bestehenden internationalen Zivilverfahrens- und Privatrechts einen kohärenten Rahmen für den Umgang mit grenzüberschreitenden Restrukturierungsfällen aufzuzeigen, wobei die vorliegende Untersuchung sich für eine enge Verzahnung von EuInsVO und Brüssel-Ia-VO ausspricht.

Ob die EuInsVO anwendbar ist, richtet sich – entgegen dessen irreführender amtlicher Überschrift – nicht nach Art. 1 EuInsVO und der darin enthaltenen abstrakten Definition des Insolvenzverfahrens, sondern nach der abschließenden Aufzählung in Anhang A. Restrukturierungsrahmen nach der Restrukturierungsrichtlinie fallen daher nur dann unter die Verordnung, wenn sie im Annex aufgenommen wurden, was für die ersten mitgliedschaftlichen Umsetzungsgesetze bereits geschehen ist, darunter die öffentliche Restrukturierungssache nach dem StaRUG und das öffentliche WHOA-Verfahren.[1] Dabei ist der europäische Gesetzgeber, dem die Änderung des Anhangs im Wege des ordentlichen Gesetzgebungsverfahrens obliegt, zwar nicht an die selbstverordnete Definition in Art. 1 EuInsVO gebunden. Im Interesse einer in sich stimmigen Rechtslage ist allerdings eindringlich an die Gesetzgebungsorgane zu appellieren, nur – aber auch alle – solchen Verfahren in den Annex aufzunehmen, die dem Tatbestand des Insolvenzverfahrens in Art. 1 EuInsVO tatsächlich entsprechen. Mit Blick auf die Restrukturierungsrichtlinie muss man jedoch feststellen, dass die danach vorzuhaltenden Restrukturierungsrahmen kei-

[1] VO (EU) 2021/2260 vom 15.12.2021 zur Änderung der Verordnung (EU) 2015/848 über Insolvenzverfahren im Hinblick auf die Ersetzung der Anhänge A und B, ABl. vom 20.12.2021, L 455, S. 4.

neswegs zwingend deckungsgleich sind mit der Insolvenzverfahrens-Definition der EuInsVO. Zwar wurde die Verordnung im Zuge der Reform 2015 auch für vorinsolvenzliche und in Eigenverwaltung durchgeführte Verfahren geöffnet. Dies führt aber bei Weitem nicht dazu, dass alle Restrukturierungsverfahren nach der Richtlinie auch von der EuInsVO erfasst wären. Zuvörderst gilt dies natürlich für den vom europäischen Gesetzgeber selbst identifizierten Bereich der vertraulichen Restrukturierungsverfahren,[2] für ein Sanierungsinstrumentarium also, dessen Inanspruchnahme nicht öffentlich publik zu machen ist. Eine derartige mitgliedstaatliche Umsetzung der Richtlinie – man denke an das nicht-öffentliche StaRUG- oder WHOA-Verfahren – fällt daher von vornherein nicht in den Anwendungsbereich der Verordnung. Ein Anwendungsdefizit kann sich allerdings auch hinsichtlich anderweitiger Tatbestandsmerkmale des verordnungseigenen Insolvenzverfahrensbegriffs ergeben, insbesondere mit Blick auf das von Art. 1 Abs. 1 UAbs. 1 lit. a) bis c) EuInsVO geforderte Mindestmaß eines Vermögensbeschlags. Nachdem lit. c) wegen des ausdrücklichen Verbots eines (automatisiert) nachgeschalteten Insolvenzverfahrens in Art. 7 Abs. 7 RRL von vornherein auszuscheiden hat, kommt es für die Aufnahmefähigkeit in Anhang A maßgeblich auf die Intensität der Eigenverwaltung an. Gleichwohl ist das bedeutendste Anwendungsdefizit der Verordnung sicherlich – insofern übereinstimmend mit der Einschätzung des Richtliniengebers – in der fehlenden Öffentlichkeit einiger Verfahren zu erblicken.

Für solche Umsetzungsvarianten fällt der Fokus, da die speziell insolvenzrechtlichen Regelungen nicht greifen, auf die *lex generalis* und damit auf die Brüssel-Ia-VO. Richtigerweise deckt diese einen Großteil der nicht von der EuInsVO erfassten Sanierungsverfahren nach der Restrukturierungsrichtlinie ab. Insofern ist zunächst festzuhalten, dass es sich bei den Restrukturierungsrahmen um eine Zivil- und Handelssache handelt und damit der allgemeine Anwendungsbereich der Brüssel-Ia-VO eröffnet ist.

Besonderer Begründungsbedarf ergibt sich sodann im Hinblick auf die in Art. 1 Abs. 2 lit. b) Brüssel-Ia-VO enthaltene Bereichsausnahme, die „Konkurse, Vergleiche und ähnliche Verfahren“ vom Geltungsbereich der Verordnung ausnimmt. Dieser sog. Konkursvorbehalt ist durch eine enge Orientierung an der insoweit spezielleren EuInsVO auszufüllen. Sowohl die historische Entwicklung als auch der Wille des Gesetzgebers zwingen regelrecht zu einer engen Abstimmung der beiden Regelwerke. Geradezu paradigmatisch erscheint in diesem Zusammenhang Erwägungsgrund (13) S. 3 zur EuInsVO, der den Auftrag an den Rechtsanwender enthält, die Verordnung „so auszulegen, dass Rechtslücken zwischen den beiden [...] Rechtsinstrumenten so weit wie möglich vermieden werden“. Zurecht wird in der Literatur allerdings bisweilen auf den nachfolgenden S. 4 hingewiesen, wonach „der alleinige Umstand, dass ein nationales Verfahren nicht in Anhang A dieser Verordnung aufgeführt ist, nicht

[2] Erwägungsgrund (13) S. 2 zur RRL.

bedeuten [sollte], dass es unter die [Brüssel-Ia-VO] fällt". Die beiden Vorgaben stehen damit in einem offensichtlichen Spannungsverhältnis, das es aufzulösen gilt: Einerseits verbietet sich eine negative Abgrenzung der Konkursausnahme anhand des Anwendungsbereichs der EuInsVO, also der in Anhang A aufgenommenen Verfahren. Andererseits steht der Verordnungsgeber offenbar auch einer eigenständigen Interpretation der konkursrechtlichen Bereichsausnahme äußerst kritisch gegenüber. Immerhin wäre damit die Gefahr verbunden, einen nicht unerheblichen Spalt zwischen den Verordnungen zu belassen und damit dem national-autonomen IZVR entgegen der gesetzgeberischen Intension einen (nennenswerten) (Rest-)Anwendungsbereich zu belassen – Kompetenzkonflikte und Anerkennungshindernisse inklusive! Was aber hatte der Unionsgesetzgeber dann damit im Sinn, einerseits an der (weitestgehenden) Lückenlosigkeit der Verordnungen festzuhalten, andererseits aber einem entsprechenden Automatismus eine Absage zu erteilen? Wie gezeigt, hat die Auflösung dieses Spannungsverhältnisses durch eine Orientierung nicht an Anhang A, sondern an der abstrakten Definition des Insolvenzverfahrens in Art. 1 Abs. 1 UAbs. 1 und. 2 EuInsVO zu erfolgen. Diese Lösung wird nicht nur beiden Auslegungsappellen des Erwägungsgrunds gerecht, sondern besticht auch in methodischer Hinsicht, da sie zur Ausfüllung der bereichsspezifischen Terminologie der – europarechtlichen – *lex generalis* auf die – ebenfalls europarechtliche – *lex specialis* zurückgreift. Damit bleibt als Ergebnis festzuhalten, dass all jene Verfahren von der Brüssel-Ia-VO ausgenommen sind, die der Umschreibung des Insolvenzverfahrens in Art. 1 Abs. 1 UAbs. 1 und 2 EuInsVO entsprechen – und zwar unabhängig davon, ob sie in Anhang A aufgenommen wurden oder (noch) nicht. Im Umkehrschluss ergibt sich daraus ein weiter Anwendungsbereich der Brüssel-Ia-VO, der insbesondere auch Restrukturierungsverfahren erfasst, soweit diese etwa nicht-öffentlich konzipiert sind oder aus anderen Gründen der abstrakten Definition der EuInsVO nicht unterfallen.

Einschränkungen des Anwendungsbereichs der Brüssel-Ia-VO ergeben sich allerdings auf anderer Ebene. Denn im Gegensatz zu zahlreichen anderen Verordnungen auf dem Gebiet des IZVR – mitunter auch der EuInsVO – legt die Brüssel-Ia-VO ein enges, institutionell verstandenes Gerichtsverständnis zugrunde. Gerichte in diesem Sinne sind nur solche staatlichen Justizorgane, die in den Instanzenzug eingegliedert sind. Anwendungsdefizite können sich daraus einerseits ergeben, wenn Mitgliedstaaten bestimmte Sanierungsmechanismen komplett gerichtsfrei ausgestalten oder eine bestimmte Berufsgruppe (*insolvency* oder *restructuring practitioners*) mit der Durchführung gewisser Restrukturierungsinstrumente betrauen, was die Richtlinie insbesondere für die Aussetzung der Einzelzwangsvollstreckung zulässt. Viel schwerer ins Gewicht fällt jedoch, dass die Richtlinie, soweit sie die Beteiligung einer staatlichen Entscheidungsinstanz vorschreibt, den Mitgliedstaaten gleichermaßen eine Zuweisung an Justiz- und Verwaltungsbehörden eröffnet. Letztere stehen allerdings, wie Art. 16 RRL belegt, *per definitionem* außerhalb des gerichtlichen

Instanzenzugs und fallen daher nicht unter den Begriff des Gerichts im Sinne der Brüssel-Ia-VO; mit der Konsequenz, dass auch deren Regelungen über die internationale Zuständigkeit und insbesondere die grenzüberschreitende Anerkennung nicht herangezogen werden können. Das internationale Privatrecht mag hier zumindest insoweit Abhilfe schaffen, als durch ein europarechtlich definiertes Anknüpfungsmoment jedenfalls das anwendbare Restrukturierungsrecht unionsrechtlich determiniert ist. Das mag es für nationale Restrukturierungs(-verwaltungs-)behörden unattraktiv machen, übereifrig – Stichwort: Restrukturierungswettbewerb – ausländische Verfahren an sich zu ziehen, für die sie nach den für Gerichte geltenden Maßstäben, die es im Folgenden zu entwickeln gilt, international nicht zuständig wären. Und auch eine (materiellrechtliche) Anerkennung der Sanierungsergebnisse lässt sich über das Kollisionsrecht konstruieren, wie aus der Diskussion um das englische *Scheme of Arrangement* hinlänglich bekannt ist.[3] Misslich ist die kategorische Ausscheidung dieser – von der Richtlinie explizit vorgesehenen – Gestaltungsvariante präventiver Restrukturierungsrahmen aber allemal. Jedenfalls soweit einige Mitgliedstaaten von der Möglichkeit Gebrauch machen, Verwaltungsbehörden mit den Restrukturierungsverfahren zu betrauen oder für bestimmte Instrumente gar ganz auf die Beteiligung einer staatlichen Entscheidungsinstanz verzichten, wäre der Unionsgesetzgeber daher gut beraten, den international-verfahrensrechtlichen Rahmen zeitnah zu überdenken und entsprechend anzupassen.

Nachdem damit der international-rechtliche Rahmen zur Bewerkstelligung internationaler Unternehmensrestrukturierungen grundsätzlich abgesteckt ist, widmet sich der folgende Teil III. darauf aufbauend der Ausdifferenzierung des internationalen Restrukturierungsrechts im engeren Sinne. Beleuchtet werden die internationale Zuständigkeit (§ 11), das anwendbare Restrukturierungsrecht (§ 12) sowie die (verfahrensrechtliche) Anerkennung von Sanierungsergebnissen im Ausland (§ 13). Die in diesem Teil erarbeitete Dichotomie des internationalen Restrukturierungsrechts zwischen EuInsVO und Brüssel-Ia-VO wird sich dabei weiter fortsetzen, wobei die Darstellung sich – entsprechend der praktischen Bedeutung und der gesetzgeberischen Intension – insbesondere an der Trennlinie zwischen öffentlichen und vertraulichen Verfahren orientieren wird.

---

[3] Vgl. dazu statt vieler *Laier* GWR 2011, 252 (255); *Schümann-Kleber* IILR 2011, 447 (456); *Thole* ZGR 42 (2013) 109 (146 f.).

Teil III:

Eckpfeiler des internationalen Restrukturierungsrechts: internationale Zuständigkeit – anwendbares Recht – Anerkennung

„Ein grenzüberschreitendes Insolvenzverfahren [kann] nur dann wirksam durchgeführt werden, wenn die betreffenden Staaten die Zuständigkeit der Gerichte des Staates der Verfahrenseröffnung, die Befugnisse des Verwalters und die Wirkungen der dort ergangenen Beschlüsse anerkennen. Und sie können dies nur, wenn auch die Kollisionsnormen harmonisiert sind, weil harmonisierte Kollisionsnormen eine Gewähr dafür bieten, dass nach ihrer Rechtsordnung bestehende Rechte im Insolvenzfall in allen Vertragsstaaten anerkannt werden.“ — *Miguel Virgós*[1]

§ 11 Die internationale Restrukturierungszuständigkeit

Die internationale Restrukturierungszuständigkeit bestimmt, in welchem Forum, also vor den Institutionen welchen Staates Restrukturierungsmaßnahmen eingeleitet und durchgeführt werden können. Sie betrifft damit eine ganz wesentliche Frage des internationalen Rechtsrahmens für grenzüberschreitende Restrukturierungen. Die Bedeutung des Restrukturierungsstandorts wird dadurch noch zusätzlich verstärkt, dass sich aus ihm – wie noch zu zeigen sein wird – mittelbar auch das anwendbare Restrukturierungsrecht ableitet und er damit das verfügbare Sanierungsinstrumentarium determiniert. Je unterschiedlicher die Rechtsordnungen der Mitgliedstaaten ausgestaltet sind, umso attraktiver wird es daher für die Initiatoren von Restrukturierungsverfahren sein, ein möglichst vorteilhaftes Forum zu wählen und dadurch eine – für sie oder ihnen nahestehende Beteiligte – günstige Rechtsordnung zur Anwendung zu bringen (*forum shopping*). Umso wichtiger erscheint es daher, dass der internationale Rechtsrahmen klare Regelungen bereit hält, die die Wahl des Restrukturierungsstandorts rechtssicher ausgestaltet und dem dadurch evozierten europäischen Restrukturierungwettbewerb Konturen verleiht. Tatsächlich gewährleistet allerdings nur die EuInsVO eine solche Steuerungsfunktion, während die

---

[1] *Virgós/Schmit*, Erläuternder Bericht, Rn. 8.

Zuständigkeitsordnung der Brüssel-Ia-VO vor den Herausforderungen eines Kollektivverfahrens regelrecht kapituliert. Im Folgenden soll daher zunächst die Rechtslage unter der EuInsVO dargestellt werden, um sodann eine wertungsgerechte und systemkonforme Zuständigkeitsverteilung auch für solche Restrukturierungsrahmen zu entwickeln, die – insbesondere mangels öffentlicher Bekanntmachung – nicht unter die EuInsVO fallen.

I. Öffentlich geführte Restrukturierungsverfahren

Die EuInsVO differenziert hinsichtlich der internationalen Zuständigkeit zwischen Hauptverfahren einerseits und Partikular- bzw. Sekundärverfahren[2] andererseits. Der Unterschied liegt vor allem in der aktivseitig territorial-gegenständlichen Reichweite der Verfahren: Während sich Hauptverfahren grundsätzlich auf das gesamte Vermögen des Schuldners erstrecken können,[3] erfasst ein Partikular- oder Sekundärverfahren *per definitionem* lediglich das im Eröffnungsstaat belegene Vermögen; seine Wirkungen beziehen sich – auch wenn sie gem. Art. 20 Abs. 2 S. 1 EuInsVO im Ausland nicht in Frage gestellt werden dürfen – stets nur auf das Inlandsvermögen. Die Eröffnung von Partikular- und Sekundärverfahren bewirkt mithin eine territorial-gegenständliche (Ab-)Spaltung der Vermögensmassen, während in ein Hauptverfahren – solange nicht andernorts ein Sekundärverfahren eröffnet wurde – das gesamte schuldnerische Vermögen einbezogen werden kann. Ein Verfahren, das wie der Restrukturierungsrahmen darauf ausgelegt ist, alle fortführungsrelevanten Vermögenswerte, insbesondere die Betriebsstrukturen zusammenzuhalten und unter Einbeziehung der Gläubiger eine Gesamtlösung für die Zukunft des schuldnerischen Unternehmens zu erzielen, ist als isoliertes Partikularverfahren praktisch nicht denkbar. Wenn und soweit die internationale Zuständigkeit zur Durchführung eines Restrukturierungsverfahrens in Rede steht, liegt der Fokus demnach stets auf der Eröffnung als Hauptverfahren.

Ausschließlich zuständig für die Eröffnung des Hauptverfahrens sind gem. Art. 3 Abs. 1 UAbs. 1 EuInsVO die Gerichte des Staates, in dem sich der Mittelpunkt der hauptsächlichen Interessen des Schuldners (sog. *centre of main interest* oder COMI) befindet. Angeknüpft wird demnach an den Ort, an dem

[2] Die Unterscheidung zwischen (selbstständigem) Partikular- und (dienendem) Sekundärverfahren ist danach zu treffen, ob bereits ein Hauptverfahren eröffnet ist; in diesem Falle handelt es sich stets um ein Sekundärverfahren (Art. 3 Abs. 3, 19 Abs. 2 S. 2 EuInsVO), bereits eröffnete Partikularverfahren werden mit der Eröffnung des Hauptverfahrens in ein Sekundärverfahren umgewandelt (Art. 3 Abs. 4 S. 2 EuInsVO).

[3] Die genaue Reichweite des Insolvenzbeschlags bzw. die Abgrenzung der Insolvenzmasse richtet sich gem. Art. 7 Abs. 2 S. 2 lit. b) EuInsVO nach der *lex fori concursus*, aus deutscher Perspektive etwa nach § 38 InsO; bei Sekundär- und Partikularverfahren wird die Erstreckung des Verfahrens allerdings bereits auf europarechtlicher Ebene beschränkt.

der Schuldner gewöhnlich und nach außen sichtbar der Verwaltung seiner Interessen nachgeht. Obgleich hier – auch zwanzig Jahre nach Einführung der EuInsVO – noch immer zahlreiche Detailfragen auf ihre Klärung warten, hat sich die Ausrichtung des (europäischen[4]) internationalen Insolvenzrechts am COMI bewährt. Ist der angestrebte Restrukturierungsrahmen eines bestimmten Mitgliedstaats in Anhang A zur EuInsVO aufgeführt, kann er als Hauptverfahren nur eröffnet werden, wenn der COMI des Schuldners im betreffenden Mitgliedstaat angesiedelt ist. So steht beispielsweise ein öffentliches StaRUG-Verfahren nach §§ 84 ff. StaRUG als Hauptverfahren nur Schuldnern zur Verfügung, deren COMI im Inland belegen ist. Ebenso steht die öffentliche Verfahrensvariante des niederländischen WHOA-Verfahrens nur Schuldnern mit COMI in den Niederlanden offen.

Die EuInsVO enthält mit Art. 3 Abs. 1 damit eine einheitliche und ausschließliche Zuständigkeit für die Durchführung eines grundsätzlich unionsweit wirkenden Restrukturierungsrahmens. Für die Einbeziehung der Gläubiger kommt es mithin nicht darauf an, wo diese ihren Sitz, ihre Hauptniederlassung, ihren Interessenschwerpunkt oder ihren Wohnsitz haben. Ebenso ist belanglos, welcher Niederlassung des Schuldners die betroffenen Forderungen entstammen und welchem Recht sie unterliegen. Durch die Anknüpfung an den Interessenmittelpunkt des Schuldners wird die Zuständigkeit gegenüber allen Beteiligten an einem Ort konzentriert. Die in der EuInsVO gewählte Ausgestaltung der Gerichtspflichtigkeit ist damit geradezu prädestiniert für die Durchführung von Gesamtverfahren, wie jenen nach der Restrukturierungsrichtlinie. Die durch die Restrukturierungsrahmen bewerkstelligte Auflösung des sanierungsrechtlichen Spannungsverhältnisses zwischen individuellem Beitrag und kollektiver Werterhaltung wird damit auf internationale Sachverhalte verlängert und dadurch *hold out*-Strategien und sanierungsschädlichem Verhalten auch grenzüberschreitend effektiv vorgebeugt.

---

[4] Auch außerhalb der Europäischen Union ist der COMI als fester Bestandteil des internationalen Insolvenzrechts etabliert, wenn auch eher auf Ebene der grenzüberschreitenden Anerkennung als der internationalen Zuständigkeit, was insbesondere auf die entsprechende Differenzierung zwischen *foreign main proceedings* (am COMI des Schuldners) und *foreign non-main proceedings* (in anderen Staaten) in Art. 2 lit. b) und c) sowie Art. 20 f. des *UNCITRAL Cross-Border Insolvency*-Modellgesetzes zurückzuführen ist; zur Umsetzung vgl. nur für die Vereinigten Staaten 11 U.S.C. § 1502(4) und (5) sowie § 1520 f.; zur Implementierung im Vereinigten Königreich siehe *Cross-Border Insolvency Regulations 2006*, insb. Schedule 1, Art. 2 lit. g) und h) sowie Art. 20 f.

II. Vertraulich geführte Restrukturierungsverfahren

Im Gegensatz zur EuInsVO hat die Brüssel-Ia-VO[5] in erster Linie keine Gesamt- sondern Einzelverfahren vor Augen. Herzstück des Zuständigkeitsrechts ist dabei der Grundsatz des Beklagtengerichtsstands nach Art. 4 Abs. 1 Brüssel-Ia-VO. Danach können, soweit nicht eine ausschließliche Zuständigkeit begründet ist, jegliche Klagen in dem Mitgliedstaat erhoben werden, in dessen Hoheitsgebiet der Beklagte seinen Wohnsitz unterhält. Bei juristischen Personen und sonstigen parteifähigen Gesellschaftsformen ist gem. Art. 63 Abs. 1 Brüssel-Ia-VO alternativ der Satzungssitz, die Hauptverwaltung oder die Hauptniederlassung maßgeblich. Ausgehend von diesem bilateralen Grundkonzept der Brüssel-Ia-VO und dem Prinzip des *actor sequitur forum rei* wird sich zeigen, dass das Zuständigkeitsregime der Brüssel-Ia-VO trotz eines stellenweisen Zuschnitts auf Mehrpersonenverhältnisse im Hinblick auf die Restrukturierungsrahmen kein wertungsgerechtes Lösungsmodell vorhält.[6] Aufbauend auf diesem Befund wird daher im Folgenden unter Berücksichtigung der international-rechtlichen Ausrichtung der Restrukturierungsrichtlinie und in Anlehnung an Art. 3 Abs. 1 EuInsVO ein europarechtlich-autonomer Restrukturierungsgerichtsstand für vertrauliche Verfahren entwickelt.

1. Das bipolare Zuständigkeitssystem der Brüssel-Ia-VO

Das Zuständigkeitssystem der Brüssel-Ia-VO geht – wie auch das deutsche Zivilverfahrensrecht[7] – von einem zweiseitigen Prozessverhältnis aus.[8] Mögen an einem Verfahren auch mehrere Parteien beteiligt sein, so ist die Bestimmung der internationalen Zuständigkeit grundsätzlich für jedes Prozessrechtsverhältnis zwischen Kläger und Beklagtem einzeln zu ermitteln.[9] Will man Parallelverfahren vermeiden, wirft dies für kollektive Verfahren nicht unerhebliche Probleme auf. Insbesondere im Hinblick auf die Restrukturierungsrichtlinie wäre eine Einbeziehung aller Gläubiger nur möglich, wenn diese allesamt, jeder für sich genommen, im gleichen Mitgliedstaat gerichtspflichtig wären – sei

---

[5] Hält man die Brüssel-Ia-VO nicht für einschlägig, wird dadurch ein Rückgriff auf nationales IZVR, insbesondere eine Analogie zu § 35 StaRUG eröffnet; vgl. dazu etwa *Blankenburg* in: Morgen, StaRUG, § 35 Rn. 27; *Riedemann* in: Pannen/Riedemann/Smid, StaRUG, vor § 84 Rn. 8; *Thole* ZIP 2021, 2153 (2157).

[6] Zum gleichen Ergebnis kommt *Justice Zacaroli* in Bezug auf die im Wesentlichen gleichlautenden Art. 2 ff. LugÜ in *Re Gategroup Guarantee Ltd.* [2021] EWHC 304 (Ch.) Rn. 97 f., 100.

[7] Vgl. dazu nur *Bork* in: Stein/Jonas, ZPO, vor § 59 Rn. 3; *Derssler* in: BeckOK-ZPO, § 61 Rn. 3.

[8] *Eichel* in: BeckOK-ZPO, Brüssel-Ia-VO Art. 29 Rn. 76; spezifisch in Bezug auf Sanierungsverfahren auch *Thole/Swierczok* ZIP 2013, 550 (551).

[9] *Wagner* in: Stein/Jonas, EuGVVO Art. 6 Rn. 12; zum deutschen Recht *Weth* in: Musielak/Voit, ZPO, § 61 Rn. 4.

es nun aufgrund des allgemeinen oder eines besonderen Gerichtsstands. Insoweit bedarf es keiner besonders ausgeprägten Kreativität, um sich auszumalen, dass schon überschaubare internationale Verflechtungen der schuldnerischen Geschäftsbeziehungen ein Auseinanderfallen der jeweiligen Gerichtspflichtigkeiten mit sich bringen kann.

Für die internationale Zuständigkeit kommt der Zuweisung von Kläger- und Beklagtenrolle eine zentrale Bedeutung zu, da sie bestimmt, an welchem Ort ein allgemeiner Beklagtengerichtsstand eröffnet ist. Im Kontext der Restrukturierungsrichtlinie wird es dabei in der weit überwiegenden Zahl an Fällen – geradezu konträr zu herkömmlichen Zivilverfahren – der Schuldner sein, der ein Restrukturierungsverfahren einleitet. Damit finden sich die einbezogenen Gläubiger – zumindest abstrakt – in der Beklagtenrolle wieder, sodass für das vom Schuldner angestrengte Verfahren im Verhältnis zu jedem einzelnen Gläubiger die internationale Zuständigkeit zu prüfen ist. Zurückzuweisen ist damit auch der Einwand, bei kollektiven Sanierungsverfahren wäre ein Beklagter im Sinne der Verordnung nicht identifizierbar.[10] Denn wie bereits dargelegt wurde, muss sich das Rechtschutzbegehren des Verfahrensinitiators nicht notwendig gegen den tatsächlichen Willen der anderen Partei richten, um letzterer die Rolle des Beklagten zuzuweisen.

Neben den allgemeinen Gerichtsstand am Wohnort(-surrogat) treten die besonderen Gerichtsstände nach den Art. 7 ff. Brüssel-Ia-VO, auf die die internationale Zuständigkeit ebenfalls wahlweise gestützt werden kann. Dadurch kann in den Rechtsbeziehungen zu einigen Gläubigern ein weiterer, fakultativer Gerichtsstand hinzutreten, der bisweilen die Gerichte am Sitz des Schuldners berufen wird. Eine einheitliche Restrukturierung wäre allerdings erst dann gewährleistet, wenn alle Gläubiger im selben Forum in das Verfahren einbezogen werden könnten, was regelmäßig auch unter Rückgriff auf die besonderen Gerichtsstände des Art. 7 Brüssel-Ia-VO nicht gewährleistet sein dürfte.

2. Der Gerichtsstand der passiven Streitgenossenschaft

Besonderes Augenmerk fällt damit auf den Gerichtsstand der Streitgenossenschaft gem. Art. 8 Nr. 1 Brüssel-Ia-VO. Danach können mehrere Personen an einem Ort gemeinsam verklagt werden, wenn auch nur einer der Beklagten seinen allgemeinen Gerichtsstand in dem jeweiligen Mitgliedstaat hat und die Klagen gegen die Beklagten untereinander einen besonders engen Zusammenhang aufweisen. Im Gegensatz zum deutschen Prozessrecht, das die Problematik der Streitgenossen ohne gemeinsamen Gerichtsstand grundsätzlich durch eine gerichtliche Zuständigkeitsbestimmung adressiert,[11] sieht das europäische

---

[10] *Lüke/Scherz* ZIP 2012, 1101 (1104); in der Tendenz auch *Eidenmüller/Frobenius* WM 2011, 1210 (1214).

[11] Vgl. dazu § 36 Nr. 3 ZPO sowie – als Ausnahmevorschriften hierzu – § 603 Abs. 2 ZPO, § 56 Abs. 2 S. 2 LuftVG sowie § 232 Abs. 3 S. 2 Nr. 2 FamFG.

IZVR damit für streitgenössische Verfahren auf Beklagtenseite einen echten Gerichtsstand vor.[12]

Gerade bei Verfahren mit zahlreichen Beklagten sind die Folgen einer Bejahung der Konnexität der Prozessrechtsverhältnisse weitreichend.[13] Bereits ein einziger Beklagter mit Wohnsitz(-äquivalent) würde genügen, um für das Kollektivverfahren im jeweiligen Mitgliedstaat eine internationale Gerichtspflichtigkeit aller beteiligten Parteien zu evozieren.[14] So haben sich etwa englische Gerichte unter Berufung auf den Gerichtsstand der Streitgenossenschaft für die Durchführung von *Schemes of Arrangement* für zuständig erklärt, obwohl nur ein minimaler Bruchteil (1,58 %[15] bzw. unter 5 %[16] und 0,72 %[17]) des zu gestaltenden Gesamtforderungsvolumens von Gläubigern gehalten wurde, die im Vereinigten Königreich ansässig waren. In seiner Entscheidung in Sachen *Metinvest B. V.* brachte *Justice Newey* diese geradezu abstruse Konsequenz einer Anwendung von Art. 8 Nr. 1 Brüssel-Ia-VO auf kollektive Schuldenanpassungsverfahren auf den Punkt, als er die Behauptung aufstellte, es reiche für die Annahme seiner Zuständigkeit aus, dass nur ein einziger Gläubiger im Vereinigten Königreich domiziliert sei.[18] Dies vergegenwärtigt die

---

[12] *Thode* in: BeckOK-ZPO, Brüssel-Ia-VO Art. 8 Rn. 11.

[13] Generell kritisch daher *Kuipers* 8 (2012) JPIL 225 (239), der annimmt, mit Art. 8 Nr. 1 Brüssel-Ia-VO hätte der Unionsgesetzgeber die Prozessführung gegen zwei oder drei Streitgenossen ermöglichen wollen, keinesfalls aber die Einbeziehung einer gesamten Klasse.

[14] *Kuipers* 8 (2012) JPIL 225 (239); *Swierczok*, Das englische Scheme of Arrangement und seine Rezeption in Deutschland, S. 111 ff.; in Bezug auf die Restrukturierungsrichtlinie auch *Schlöder/Parzinger/Knebel* ZIP 2021, 1041 (1045); *Singer*, Vorinsolvenzlicher Restrukturierungsrahmen, S. 93, 403, *Skauradszun* ZIP 2019, 1501 (1506).

[15] Vgl. in der Rechtsmittelinstanz *Re CBR Fashion GmbH* [2016] EWHC 2808 (Ch.) Rn. 9; nach *Sax/Swierczok* in: Flöther, Sanierungsrecht, Rn. K.45 (Fn. 59) hatte auch die Eingangsinstanz ihre internationale Zuständigkeit bereits auf Art. 8 Nr. 1 Brüssel-Ia-VO gestützt.

[16] *Re Metinvest B.V.* [2016] EWHC 1531 (Ch.) Rn. 10 betreffend die niederländische Finanzierungsgesellschaft eines Konzerns mit Geschäftsschwerpunkt in der Ukraine.

[17] *Re DTEK Finance plc* [2016] EWHC 3563 (Ch.) Rn. 15 f.

[18] *Re Metinvest B.V.* [2016] EWHC 1531 (Ch.) Rn. 10: „[…] there is case law suggesting that it is enough that just one creditor is domiciled in the United Kingdom […]"; zum identischen Ergebnis für den neuen *Restructuring Plan* nach Part 26A CA kommt – wenn auch weniger überspitzt formuliert – *Justice Trower* in *Re Deep Ocean 1 UK Ltd.* [2020] EWHC 3549 (Ch.) Rn. 38 und in *Re Virgin Atlantic Airways Ltd.* [2020] EWHC 2191 (Ch.) Rn. 60: „if sufficient scheme creditors are domiciled in England then Article 8 (1) confers jurisdiction on the English court to sanction a scheme affecting the rights of creditors domiciled elsewhere in the EU"; siehe ferner zur Vorgängerregelung in Art. 6 Brüssel-I-VO die Entscheidung in *Re NEF Telecom Co B.V.* [2012] EWHC 2944 (Ch.) Rn. 46: „[…] where one of those defendants is domiciled in the United Kingdom, that gives the court jurisdiction under Art. 6" sowie in *Re Zlomrex International Finance SA* [2013] EWHC 4605 (Ch.) Rn. 15: „[…]Article 6 would apply because at least one of the [creditors under the Scheme] is domiciled in this jurisdiction"; *Justice Snowden* scheint immerhin auf Ebene des engen

ungeheure Sprengkraft, die Art. 8 Nr. 1 Brüssel-Ia-VO im Bereich der Kollektivverfahren mit sich bringt, und macht zugleich das bedrohliche Ausmaß der missbräuchlichen Erschleichung eines für den Antragsteller vorteilhaften Forums begreifbar, dem eine extensive Auslegung der Norm massiv Vorschub leisten würde.[19] Dies gilt in besonderem Maße für Sanierungsverfahren wie dem Restrukturierungsrahmen, im Rahmen dessen dem Schuldner bei der Auswahl der einbezogenen Gläubiger weitreichende Freiheiten zugebilligt werden.[20] Insofern genügt vorbehaltlich der – vom EuGH bisher allerdings nur äußerst zurückhaltend eingesetzten[21] – Missbrauchskontrolle bereits die Begründung und Einbeziehung einer einzigen Verbindlichkeit gegenüber einer im

Zusammenhangs i. S. d. Art. 8 Nr. 1 Brüssel-Ia-VO die Wert- und Zahlenverhältnisse englischer Gläubiger berücksichtigen zu wollen, vgl. *Re Van Gansewinkel Groep B.V.* [2015] EWHC 2151 (Ch.) Rn. 51 und *Re Global Garden Products Italy SpA* [2016] EWHC 1884 (Ch.) Rn. 25; eine solche Einschränkung des Zuständigkeitsbereichs englischer Gerichte hingegen ausdrücklich ablehnend *Re DTEK Finance plc* [2016] EWHC 3563 (Ch.) Rn. 16 f.; *Re Lecta Paper UK Ltd.* [2020] EWHC 382 (Ch.) Rn. 48; *Re Swissport Fuelling Ltd.* [2020] EWHC 1499 (Ch.) Rn. 60; *Re New Look Financing PLC* [2020] EWHC 2793 (Ch.) Rn. 46; der Sache nach auch *Re Metinvest B.V.* [2016] EWHC 79 (Ch.) Rn. 32 f.

[19] Ebenso unter Hinweis auf das Parallelphänomen im Zusammenhang mit (vor allem in den Niederlanden durchgeführten) Massenvergleichsverfahren *Kuipers* 8 (2012) JPIL 225 (240); ähnlich auch *Swierczok*, Das englische Scheme of Arrangement und seine Rezeption in Deutschland, S. 113, der die Zuständigkeit allein wegen einer kleinen Minderheit der Gläubiger in einem bestimmten Staat als absurd bezeichnet; siehe dazu auch *Hoos/Schwartz/Schlander* ZIP 2021, 2214 (2218).

[20] So auch *Husfeldt*, Das UK Solvent Scheme of Arrangement als Sanierungsinstrument für deutsche Gesellschaften, S. 153.

[21] Der EuGH betonte zwar mehrfach, dass der Gerichtsstand der Streitgenossenschaft seitens des Klägers nicht dahingehend missbraucht werden dürfe, eine Klage gegen mehrere Beklagte ausschließlich zu dem Zweck anzustrengen, einen dieser Beklagten dessen Heimatgerichtsstand zu entziehen (vgl. Urteil vom 27.09.1988, Rs. 189/87, *Kalfelis*, Slg. 1988, 5565 Rn. 9 = NJW 1988, 3088; Urteil vom 27.10.1998, Rs. C-51/97, *Réunion européenne*, Slg. 1998, I-6511 Rn. 47 = BeckRS 2004, 77522; Urteil vom 13.07.2006, Rs. C-103/05, *Reisch Montage*, Slg. 2006, I-6840 Rn. 32 = EuZW 2006, 667; Urteil vom 01.12.2011, Rs. C-145/10, *Painer*, Slg. 2011, I-12594 Rn. 78 = EuZW 2012, 182; Urteil vom 12.07.2012, Rs. C-616/10, *Solvay/Honeywell*, EuZW 2012, 837 Rn. 22; Urteil vom 21.05.2015, Rs. C-352/13, *CDC Hydrogen Peroxide*, EuZW 2015, 584 Rn. 27); zugleich betonte der EuGH indes wiederholt, dass für die Anwendbarkeit von Art. 8 Nr. 1 Brüssel-Ia-VO nicht stets positiv festgestellt werden müsse, dass die Ankerklage nicht nur zur Erschleichung des Konnexgerichtsstands erhoben sei (vgl. Urteil vom 11.10.2007, Rs. C-98/06, *Freeport*, Slg. 2007, I- 8340 Rn. 54 = EuZW 2007, 703; Urteil vom 21.05.2015, Rs. C-352/13, *CDC Hydrogen Peroxide*, EuZW 2015, 584 Rn. 28), wobei der Gerichtshof den Widerspruch dahingehend aufzulösen versucht, dass das jeweilige Gericht eine Zweckentfremdung des streitgenössichen Gerichtsstands nur dann feststellen könne, wenn „beweiskräftige Indizien vorliegen, die den Schluss zulassen, dass der Kläger die Voraussetzungen für die Anwendung dieser Bestimmung künstlich herbeigeführt oder aufrechterhalten hat" (Urteil vom 21.05.2015, Rs. C-352/13, *CDC Hydrogen Peroxide*, EuZW 2015, 584 Rn. 29, 31), vgl. zum

Zielstaat ansässigen Person, um das gesamte Sanierungsverfahren dort durchführen zu können, auch wenn das Gesamtvolumen der Restrukturierung diese Forderung um ein Vielfaches übersteigt.[22]

Nun ist die Gefahr des *forum shopping* freilich allein kein hinreichendes Argument, eine Regelung nicht anzuwenden oder sie besonders restriktiv auszulegen.[23] Die Verordnung ist zwar grundsätzlich darauf ausgelegt, eine übermäßige Zuständigkeitshäufung möglichst zu vermeiden,[24] was mit einer derart weitreichenden Wahlmöglichkeit des Restrukturierungsorts wohl kaum in Einklang zu bringen wäre. Letztendlich kann die Frage nach der Anwendbarkeit des Art. 8 Nr. 1 Brüssel-Ia-VO auf den Restrukturierungsrahmen allerdings nur durch eine methodengerechte Auslegung beantwortet werden. Entscheidend erscheint daher die Konkretisierung des Merkmals der Konnexität zwischen Anker- und Sekundärklage(n), wobei hier freilich auch teleologische Aspekte maßgeblich zu berücksichtigen sind.

a) Der Ansatzpunkt für die Bestimmung des engen Zusammenhangs

Im Ausgangspunkt gilt es dabei zunächst die Frage zu klären, was im Kontext einer Unternehmensrestrukturierung unter dem Begriff der „Klagen", also den jeweiligen, auf den engen Zusammenhang hin zu untersuchenden Rechtschutzbegehren zu verstehen ist. Art. 8 Nr. 1 Brüssel-Ia-VO ist grundsätzlich auf alle

---

Ganzen mit zahlreichen weiteren Nachweisen zur Sinnhaftigkeit eines eigenständigen Missbrauchsvorbehalts gegenüber einer wertenden Berücksichtigung bei der Konnexitätsprüfung *Stadler* in: Musielak/Voit, ZPO, EuGVVO Art. 8 Rn. 4.

[22] *Husfeldt*, Das UK Solvent Scheme of Arrangement als Sanierungsinstrument für deutsche Gesellschaften, S. 153; *Sax/Swierczok* in: Flöther, Sanierungsrecht, Rn. K.46 (Fn. 61); äußerst kritisch noch *Swierczok*, Das englische Scheme of Arrangement und seine Rezeption in Deutschland, S. 113, der in der Eröffnung eines Gerichtsstands in einem Mitgliedstaat, in dem nur eine kleine Minderheit der betroffenen Gläubiger ihren Wohnsitz unterhalten, als ein „absolut absurdes Ergebnis" sieht; jedenfalls eine gewisse Einschränkung erfährt diese Ansicht, wenn man mit *Madaus* ZIP 2022, 1233 (1234) als Ankerbeklagten nur opponierende Beteiligte zulässt, wobei freilich unklar bleibt, woran die (damit zuständigkeitsbegründende) spätere Ablehnung des vorgeschlagenen Restrukturierungsplans bereits vor der Einleitung eines entsprechenden Restrukturierungsverfahrens festzumachen ist.

[23] *Forum shopping* ist nicht per se zu missbilligen, vgl. zu den positiven Effekten der Wahl eines bestimmten Insolvenzgerichts durch *venue* oder *forum shopping* jüngst *Casey/Macey* 37 (2021) EBDJ 463 (472 ff.; 502); *Schlöder/Parzinger/Knebel* ZIP 2021, 1041 (1045) zweifeln allerdings daran, dass eine derart weitreichende Wahl- und Manipulationsmöglichkeit – insbesondere im Lichte der erfolgten Harmonisierung auf dem Gebiet des Restrukturierungsrechts – (nach wie vor) erstrebenswert ist.

[24] In diese Richtung EuGH, Urteil vom 18.07.2013, Rs. C-147/12, *ÖFAB*, EuZW 2013, 703 Rn. 41.

Klagearten anwendbar, mithin auf Leistungs-, Gestaltungs- und Feststellungsklagen.[25] Ein Restrukturierungsverfahren nimmt hierunter allerdings eine gewisse Sonderstellung ein. Das Rechtschutzziel des Antragstellers wird regelmäßig die gestaltende Wirkung der Planbestätigung sein, wie sie sekundärrechtlich durch Art. 8 Abs. 1 lit. f) Ziff. i), 15 Abs. 1 RRL vorgegeben ist. Der bestätigte Restrukturierungsplan stellt allerdings – jedenfalls nach deutschem Recht (vgl. § 71 Abs. 1 S. 1 StaRUG) – zugleich einen Vollstreckungstitel für die beteiligten Gläubiger dar. Auch das europäische Recht scheint die Möglichkeit der Vollstreckung aus dem (bestätigten) Plan vor Augen zu haben.[26] Das gerichtliche Restrukturierungsverfahren dient damit zwar in erster Linie dazu, eine bestimmte Gestaltungswirkung herbeizuführen, sodass eine Einordnung als Gestaltungsklage naheliegt.[27] Die damit einhergehende Titulierung der Ansprüche gegen den Schuldner verleihen der gerichtlichen Restrukturierung jedoch zugleich einen rechtsdurchsetzenden Charakter und rücken sie damit in die Nähe der Leistungsklage. Zwar ist es nicht der Gläubiger, der das Verfahren mit dem Ziel der Titulierung seiner Forderungen einleitet. Eine klassische Gestaltungsentscheidung stellt die Planbestätigung indes ebenfalls nicht dar, da sich eine solche unmittelbar durch die Verkündung bzw. den Eintritt der Rechtskraft auf die Rechtslage auswirken würde und – abgesehen von der Kostenentscheidung – gerade keine Vollstreckung ermöglicht.

Im Kontext des Gerichtsstands der Streitgenossenschaft besteht angesichts dieser Zwitterstellung daher bereits enormer Auslegungsbedarf dahingehend, worin die zu erhebenden Klagen denn überhaupt bestehen. Denn um eine Aussage darüber treffen zu können, ob ein enger Zusammenhang im Sinne des Art. 8 Nr. 1 Brüssel-Ia-VO vorliegt, muss zunächst feststehen, welche „Klagen" auf eine solche Beziehung zueinander zu prüfen sind. Sähe man allein die angestrebte Anpassung der Forderungen als Gegenstand des gerichtlichen Verfahrens, etwa durch Teilerlasse oder Stundungen, hätte dies auch Auswirkungen auf die Prüfung nach Art. 8 Nr. 1 Brüssel-Ia-VO. Für die Berücksichtigung der Rechtsnatur der jeweiligen Verbindlichkeit und die Einbeziehung des ihrer Entstehung zugrundeliegenden Sachverhalts bliebe nur wenig Raum. Immerhin ist das Restrukturierungsverfahren in erster Linie nicht darauf ausgerichtet, bestehende Forderungen der Gläubiger durchzusetzen, sondern vielmehr diese zu beschneiden. Das Bestehen der jeweiligen Forderungen ist gerade nicht streitig, sondern wird vielmehr vorausgesetzt, rechtfertigt doch die erdrückende Last künftig fällig werdender Verbindlichkeiten erst die mit der Re-

---

[25] *Geimer* in: Geimer/Schütze, EuZVR, EuGVVO Art. 8 Rn. 26; *Gottwald* in: MüKo-ZPO, Brüssel-Ia-VO Art. 8 Rn. 2; *Thode* in: BeckOK-ZPO, Brüssel-Ia-VO Art. 8 Rn. 13.

[26] Vgl. Erwägungsgrund (13) S. 3 zur RRL („Vollstreckung").

[27] In Bezug auf das englische *Scheme of Arrangement Bork* ZEuP 2013, 132 (141); *Freitag/Korch* ZIP 2016, 1849 (1855); *Swierczok/Sax* in: Flöther, Sanierungsrecht, Rn. K.61; *Thole* ZGR 42 (2013) 109 (137).

strukturierung einhergehenden Eingriffe in die Rechte der Gläubiger. Die Titulierung der in das Restrukturierungsverfahren einbezogenen Ansprüche tritt dabei in den Hintergrund. Sekundärrechtlich ist sie ohnehin nicht zwingend vorgesehen, obgleich Erwägungsgrund (13) S. 3 zur RRL durchaus davon auszugehen scheint, dass aus den im Rahmen des Restrukturierungsverfahrens ergehenden Urteilen – gemeint sind wohl bestätigte Pläne – eine Vollstreckung möglich ist. Für die Restrukturierung ist es – von Ausnahmetatbeständen[28] abgesehen – auch weitgehend irrelevant, aus welchen tatsächlichen Gegebenheiten die einzelnen Restrukturierungsforderungen resultieren und auf welcher rechtlichen Grundlage sie stehen. Wegen des kollektiven Charakters der Sanierung tritt die einzelne Forderung mitsamt ihrer Spezifika in den Hintergrund und findet nur noch im Zuschitt der einzelnen Gläubigerklassen und der Verteilung des Sanierungsmerhwert unter den Beteiligten(-gruppen) Niederschlag. Auslöser des Verfahrens ist demnach auch nicht die Durchsetzung eines bestimmten Anspruchs, sondern die wahrscheinliche Insolvenz als drohende wirtschaftliche Überforderung des Schuldners mit der Gesamtheit seiner Verbindlichkeiten.[29] Aus diesem Blickwinkel spräche viel dafür, zur Feststellung, ob ein enger Zusammenhang im Sinne des Art. 8 Nr. 1 Brüssel-Ia-VO besteht, nicht auf die konkrete, dem jeweiligen Gläubiger zustehende Forderung abzustellen, sondern das kollektive Moment der Sanierung in den Mittelpunkt zu rücken. Folge dieser Betonung der im Restrukturierungsverfahren angestrebten – kollektiven – Schuldenanpassung wäre, dass das Verfahren gegen alle Gläubiger in einem engen Zusammenhang stünde, da sowohl Lebenssachverhalt (die wahrscheinliche Insolvenz) als auch rechtliche Grundlage des Begehrens (der Restrukturierungsrahmen) identisch wären.[30]

---

[28] Vgl. v. a. die gem. § 4 StaRUG ausgenommenen Forderungen sowie die bereits europarechtlich ausgeschlossene Gestaltbarkeit von Ansprüchen auf eine betriebliche Altersvorsorge gem. Art. 1 Abs. 6 RRL.

[29] Vgl. dazu Art. 4 Abs. 1 RRL sowie § 29 Abs. 1 StaRUG.

[30] So etwa *Sax/Swierczok* in: Flöther, Sanierungsrecht, Rn. 48; *Skauradszun/Nijnens* 7 (2019) NIBLeJ 1 (20); ansatzweise auch *Skauradszun* in BeckOK-StaRUG, § 84 Rn. 77; ebenso zu verstehen ist wohl *Madaus* DB 2019, 592 (598); einschränkend nunmehr *ders.* ZIP 2022, 1233 (1235), wonach die Konnexität zwar grundsätzlich bezüglich aller Beteiligten zu bejahen sein soll, als Ankerbeklagte aber nur in Betracht kommt, wer (später voraussichtlich?) gegen den Plan stimmen wird; vgl. auch *Schillig*, BeckOK-InsO, Int. InsR – England, Rn. 35; im Ergebnis auch *Re Metinvest B.V.* [2016] EWHC 79 (Ch.) Rn. 33; *Re Metinvest B.V.* [2016] EWHC 1531 (Ch.) Rn. 10; *Re DTEK Finance plc* [2016] EWHC 3563 (Ch.) Rn. 17; *Re Lecta Paper UK Ltd.* [2020] EWHC 382 (Ch.) Rn. 48; *Re New Look Financing PLC* [2020] EWHC 2793 (Ch.) Rn. 46; aA *Kuipers* 8 (2012) JPIL 225 (239) sowie jedenfalls im Ergebnis noch *Swierczok*, Das englische Scheme of Arrangement und seine Rezeption in Deutschland, S. 111 ff., wo dieser mit Verweis auf die „große Vielfalt von verschiedenen und voneinander rechtlich unabhängigen Gläubigern“, die in der Regel von einem *Scheme* erfasst werden, eine Konnexität verneint.

Nähme man demnach die Identität der zugrundeliegenden Sach- und Rechtslage als Grundvoraussetzung[31] des streitgenössichen Gerichtsstands an, müsste konsequenterweise auch die Gefahr widersprüchlicher Entscheidungen bejaht werden. Denn die Alternative zur Durchführung einer zentralen Restrukturierung unter Beteiligung möglichst aller (europäischer[32]) Gläubiger unter Heranziehung des Art. 8 Nr. 1 Brüssel-Ia-VO wäre eine Vielzahl solcher Verfahren am jeweiligen Beklagtengerichtsstand der Gläubiger. Mögen sich die Ausgestaltungen der mitgliedstaatlichen Restrukturierungsverfahren auch im Einzelnen unterscheiden, wären zahlreiche Rechtsfragen doch – bereits wegen der europarechtlichen Vorgaben – in sämtlichen Verfahren zu prüfen.[33] Lässt man es mit dem EuGH ausreichen, dass sich die Begehren gegen die Beklagten auf unterschiedliche Rechtsgrundlagen stützen, erscheinen mindestharmonisierte Umsetzungsregelungen geradezu als paradigmatisch für eine dennoch zu bejahende Konnexität.[34]

b) Vorhersehbarkeit als maßgebliches Kriterium

Dieses Ergebnis würde allerdings der gebotenen restriktiven Auslegung von Art. 8 Nr. 1 Brüssel-Ia-VO widersprechen.[35] Denn ausweislich der Erwägungsgründe (15) und (16) sind sämtliche in der Verordnung vorgesehenen, vom Beklagtengerichtsstand abweichenden Zuständigkeiten als eng zu verstehende Ausnahmevorschriften konzipiert.[36] Besonders die Vorhersehbarkeit der

---

[31] So EuGH, Urteil vom 11.10.2007, Rs. C-98/06, *Freeport*, Slg. 2007, I-8340 Rn. 40 = NJW 2007, 3702; Urteil vom 13. 7. 2006, Rs. C-539/03, *Roche*, Slg. 2006, I-6569 Rn. 26 = EuZW 2006, 573; Urteil vom 01.12.2011, Rs. C-145/10, *Painer*, EuZW 2012, 182 Rn. 79.

[32] Vgl. zu dieser aus Art. 6 Abs. 1 Brüssel-Ia-VO folgenden Einschränkung EuGH, Urteil vom 11.04.2013, Rs. C-645/11, *Berlin/Sapir*, EuZW 2013, 503 Rn. 55.

[33] Zur Bejahung des engen rechtlichen Zusammenhangs bei mindestharmonisierten Rechtsgrundlagen vgl. *GA Trstenjak*, Schlussanträge vom 12.04.2011, Rs. C-145/10, *Painer*, Slg. 2011, I-12537 Rn. 98 = BeckRS 2011, 80392.

[34] Zurückhaltend noch EuGH, Urteil vom 13.07.2006, Rs. C-539/03, *Roche*, Slg. 2006, I-6569 Rn. 29 ff. = EuZW 2006, 573 hinsichtlich des lediglich im Rahmen des Münchener Abkommens vereinheitlichten Patentrechts unter Hinweis darauf, dass sich die Ausgestaltung des Patentschutzes im Wesentlichen nach dem mitgliedschaftlichen Recht richte; bereits einschränkend EuGH, Urteil vom 11.10.2007, Rs. C-98/06, *Freeport*, Slg. 2007, I-8340 Rn. 38, 40 = NJW 2007, 3702; der Sache nach gänzlich revidiert in EuGH, Urteil vom 01.12.2011, Rs. C-145/10, *Painer*, EuZW 2012, 182 Rn. 82, wonach es genügt, dass die anzuwendenden nationalen Rechtsvorschriften in den Grundzügen identisch sind.

[35] Kritisch gegenüber der Anwendung des Gerichtsstands der passiven Streitgenossenschaft auf präventive Restrukturierungsrahmen daher auch *Hoos/Schwartz/Schlander* ZIP 2021, 2214 (2218); *Schlöder/Parzinger/Knebel* ZIP 2021, 1041 (1045).

[36] EuGH, Urteil vom 13.07.2006, Rs. C-103/05, *Reisch Montage*, Slg. 2006, I-6840 Rn. 22 = EuZW 2006, 667; Urteil vom 11.10.2007, Rs. C-98/06, *Freeport*, Slg. 2007, I-8340 Rn. 34 f. = NJW 2007, 3702; Urteil vom 01.12.2011, Rs. C-145/10, *Painer*, EuZW 2012, 182 Rn. 74.

Inanspruchnahme in einem fremden Forum stellte für den Verordnungsgeber dabei eine zentrale Voraussetzung für die Etablierung besonderer Gerichtsstände dar.[37] Keinesfalls sollte sich eine Partei einem ausländischen Gerichtsverfahren ausgesetzt sehen, wenn dies nicht *ex ante* absehbar war.[38] Der EuGH folgert daraus zutreffend, dass die Zuständigkeitsvorschriften so auszulegen sind, dass „ein informierter, verständiger Beklagter vorhersehen [können muss], vor welchem Gericht er außerhalb seines Wohnsitzstaats verklagt werden könnte".[39] Dies ist unproblematisch, wenn mehrere Personen bei der Entstehung der zugrundeliegenden Rechtsverhältnisse gemeinsam auftreten – sei es in derselben Rolle (z. B. als (Gesamt-)Schuldner)[40] oder jedenfalls wirtschaftlich und tatsächlich unmittelbar zusammenhängend (z. B. als Schuldner und Sicherungsgeber). In diesem Falle ist es für die Beteiligten problemlos erkennbar, dass zwischen ihren jeweiligen Rechtsbeziehungen mit dem späteren Kläger eine enge inhaltliche Verbindung besteht, sodass sie auch mit der gemeinsamen Inanspruchnahme vor einem einzigen Gericht rechnen müssen. Befinden sich ihre Wohnsitze – bzw. bei Gesellschaften die in Art. 63 Brüssel-Ia-VO genannten Anknüpfungspunkte – in unterschiedlichen Mitgliedstaaten, so ergibt sich daraus die vorhersehbare Möglichkeit, außerhalb des Heimatlandes in ein Gerichtsverfahren verwickelt zu werden. Muss man aber als Partei eines Schuldverhältnisses auch dann mit der Zuständigkeit eines ausländischen Gerichts rechnen, wenn nur ein Gläubiger des Vertragspartners seinen Wohnsitz in einem anderen Mitgliedstaat hat? Noch dazu, wenn der ausländische Gläubiger zur eigenen Forderung möglicherweise in keinerlei inhaltlichem Zusammenhang steht, sondern seine Forderung beispielsweise aus einem anderen Geschäftszweig des Schuldners stammt? Diese Fragen stellen sich in besonderem Maße, wenn die entsprechende Verbindlichkeit des Schuldners gegenüber dem ausländischen Gläubiger erst viel später begründet wurde oder die Ansässigkeit des ausländischen Gläubigers überhaupt nicht zu erkennen war, etwa weil es sich um umlauffähige Wertpapiere handelt, deren Inhaber aufgrund der

---

[37] Erwägungsgründe (15) und (16) zur Brüssel-Ia-VO; dazu *GA Trstenjak*, Schlussanträge vom 12.04.2011, Rs. C-145/10, *Painer*, Slg. 2011, I-12537 Rn. 56 = BeckRS 2011, 80392; dies im Hinblick auf das englische *Scheme of Arrangement* besonders betonend *Kuipers* 8 (2012) JPIL 225 (239).

[38] Erwägungsgrund (16) zur Brüssel-Ia-VO.

[39] EuGH, Urteil vom 17.06.1992, Rs. C-26/91, *Handte*, Slg. 1992, I-3967 Rn. 18 = RIW 1994, 680; Urteil vom 28.09.1999, Rs. C-440/97, *GIE Groupe Concorde*, Slg. 1999, I-6307 Rn. 24 = NJW 2000, 719; Urteil vom 19.02.2002, Rs. C-256/00, *Besix*, Slg. 2002, I-1699 Rn. 26 = NJW 2002, 1407; Urteil vom 01.03.2005, Rs. C-281/02, *Owusu/Jackson*, Slg. 2005, I-1445 Rn. 40 = EuZW 2005, 345; Urteil vom 13.07.2006, Rs. C-103/05, *Reisch Montage*, Slg. 2006, I-6840 Rn. 25 = EuZW 2006, 667.

[40] Zur Parallelvorschrift des Art. 6 Nr. 1 LugÜ BGH, Urteil vom 07.06.2016 – KZR 6/15, NJW 2016, 2266 Rn. 17.

Anonymität am Sekundärmarkt nicht einmal für den Schuldner ersichtlich waren. Nun wird man argumentieren können, dass bei Unternehmen ab einer gewissen Größenordnung die internationale Vernetzung und damit auch die Ansässigkeit einiger Gläubiger in anderen Mitgliedstaaten eher die Regel ist, als die Ausnahme. Dass aber allein die kollektive Wirkung einer Restrukturierung auf die ansonsten inhaltlich unverbunden nebeneinander stehenden Forderungen der Gläubiger eine Ausnahme vom Grundsatz des Beklagtengerichtsstands zu rechtfertigen vermag, darf bezweifelt werden.[41] Denn selbst wenn dem jeweiligen Gläubiger die internationale Ausrichtung seines Schuldners bewusst gewesen sein mag, folgt für ihn hieraus allenfalls die Erkenntnis, vor den Gerichten (irgend)eines anderen Mitgliedstaats als des eigenen Heimatstaats in ein Verfahren verwickelt zu werden. Schlussfolgerungen, mit welchen ausländischen Gerichtsständen konkret zu rechnen ist, werden sich daraus hingegen nur in den seltensten Fällen ableiten lassen. Wenn aber bereits bei einer Gerichtsstandsvereinbarung das prorogierte Gericht bzw. der prorogierte Forumstaat hinreichend bestimmt werden muss,[42] hat dies erst recht für die Erkennbarkeit eines potenziellen ausländischen Gerichtsstands im Wege der Sachnähe zu gelten.[43] Es wäre ein nicht hinnehmbarer Wertungswiderspruch, wenn ein Gläubiger, dessen Gerichtspflichtigkeit sich allein aufgrund der gesetzlichen Gerichtsstände ergibt, insofern ein geringeres Schutzniveau genösse, als ein Gläubiger, der einer solchen vagen Vereinbarung ausdrücklich zustimmt. Was noch nicht einmal zum Gegenstand einer Gerichtsstandsvereinbarung gemacht werden darf, kann wohl kaum das Ergebnis einer gesetzlichen Regelung sein. Folgerichtig findet Art. 8 Nr. 1 Brüssel-Ia-VO keine Anwendung, wenn die zugrundeliegenden Rechtsverhältnisse unabhängig voneinander und ohne Kenntnis des jeweils anderen entstanden sind.[44]

Dies entspricht im Übrigen auch dem Willen des Richtliniengebers, der bei Ausgestaltung des europäischen Restrukturierungsrechts die Vorhersehbarkeit auf Seiten der Gläubiger fest im Blick hatte. So wird die Einführung eines all-

---

[41] In diese Richtung auch *Garcimartín* IILR 2011, 321 (328); *Kuipers* 8 (2012) JPIL 225 (239 f.); *Swierczok*, Das englische Scheme of Arrangement und seine Rezeption in Deutschland, S. 113; im Ergebnis auch *Eidenmüller/Frobenius* WM 2011, 1210 (1214); aA, einen Gleichlauf zwischen Vorhersehbarkeit und dem Kriterium der *sufficient connection* aus dem englischen Recht annehmend *Sax/Swierzcok* in: Flöther, Sanierungsrecht, Rn. K.49 f.

[42] Dazu *Gottwald* in: MüKo-ZPO, Brüssel-Ia-VO Art. 25 Rn. 66; *Hausmann* in: Reithmann/Martiny, Int. Vertragsrecht Rn. 7.115 ff.

[43] Ähnlich, ebenfalls auf die Erkennbarkeit des konkreten Mitgliedstaats abstellend *GA Trstenjak*, Schlussanträge vom 12.04.2011, Rs. C-145/10, *Painer*, Slg. 2011, I-12537 Rn. 91 = BeckRS 2011, 80392 („dieses Ankerbeklagten").

[44] So auch *GA Trstenjak*, Schlussanträge vom 12.04.2011, Rs. C-145/10, *Painer*, Slg. 2011, I-12537 Rn. 92 f. = BeckRS 2011, 80392 mit der Begründung, es läge kein einheitlicher Lebenssachverhalt vor; im Hinblick auf die Restrukturierungsrichtlinie ebenfalls die Vorhersehbarkeit bezweifelnd *Schlöder/Parzinger/Knebel* ZIP 2021, 1041 (1045).

gemeinen, auch für rein innerstaatliche Sachverhalte geltenden Sanierungsinstruments damit begründet, dass für die Gläubiger von Beginn an ersichtlich sein müsse, ob ein Restrukturierungsverfahren angestrengt werden könne.[45] Hätte man sich für ein Verfahren entschieden, das allein in internationalen Fällen zur Anwendung gelangt, wäre es für Anleger nicht möglich, im Voraus den grenzüberschreitenden oder rein innerstaatlichen Charakter der künftigen wirtschaftlichen Krise des Schuldners zu beurteilen, zumal es letztlich der Schuldner wäre, der den Kreis der einbezogenen Gläubiger festlegt. Dies stünde nicht nur diametral im Widerspruch zu der Zielrichtung der Richtlinie, die im Zuge einer Investitionsentscheidung anfallenden Kosten für Risikobeurteilungen im Hinblick auf Restrukturierungsszenarien zu minimieren.[46] Auch über den einzelnen Rechtsakt hinaus hat es für die Kommission – wie der neue Aktionsplan zur Kapitalmarktunion zeigt – oberste Priorität, dass grenzüberscheitend tätige Anleger die Folgen wirtschaftlicher Krisen ihrer Schuldner im Voraus abschätzen können.[47] Die erfolgte Mindestharmonisierung mag es dabei zwar mit sich bringen, dass sich die Risikobewertungen unter Zugrundelegung der nationalen Restrukturierungsrechtsregime leicht angeglichen haben. Angesichts der mannigfaltigen Ausgestaltungsoptionen, die die Richtlinie den Mitgliedstaaten gewährt, bestünden allerdings nach wie vor erhebliche Unsicherheiten, müssten Anleger und sonstige Gläubiger damit rechnen, dass ein Restrukturierungsverfahren in jedem Mitgliedstaat angestrengt werden könnte, in dem auch nur ein Gläubiger seinen Wohnsitz unterhält. Dies gilt umso mehr, als die Richtlinie den mitgliedstaatlichen Gestaltungsspielraum auch für aus Gläubigerperspektive besonders bedeutsame Aspekte eröffnet. So macht es für einen gesicherten Gläubiger durchaus einen Unterschied, ob er lediglich mit einem maximal viermonatigen Moratorium zu rechnen hat, oder die Zwangsvollstreckung in seine Sicherheiten für bis zu zwölf Monate ausgesetzt werden kann,[48] zumal auch

---

[45] Erwägungsgrund (12) S. 4 zur RRL.

[46] Erwägungsgründe (7) S. 1, (9) S. 1 und (16) S. 3 zur RRL.

[47] Mitteilung der Kommission an das Europäische Parlament, den Rat, den Europäischen Wirtschafts- und Sozialausschuss und den Ausschuss der Regionen – Eine Kapitalmarktunion für die Menschen und Unternehmen – neuer Aktionsplan – vom 24.09.2020, COM(2020) 590 final, S. 16.

[48] Vgl. zur Möglichkeit, eine Verlängerung über die ursprüngliche Höchstdauer von vier Monaten hinaus vorzusehen Art. 6 Abs. 7 RRL; Deutschland hat sich mit § 53 Abs. 3 StaRUG für einen Mittelweg entschieden und lässt über die bis zu dreimonatige Erstanordnung hinaus Verlängerungen bis zu einer Höchstgesamtdauer von acht Monaten zu; ungeachtet der gerichtlichen Zuständigkeit ist ein Vertrauensschutz hier natürlich auch auf Ebene des Kollisionsrechts möglich, wie er im Anwendungsbereich der EuInsVO etwa durch die Sonderregelungen in Art. 8 und 10 EuInsVO gewährleistet wird.

die Regelung etwaiger Ausgleichspflichten[49] und die Einführung von Härtefallklauseln[50] den Mitgliedstaaten überlassen bleibt. Besonderen Einfluss auf die *ex ante* anzustellende Risikobewertung einer Investition mit Blick auf ein etwaiges Sanierungsszenario wird auch den erforderlichen Mehrheitsanforderungen und Minderheitenschutzmechanismen zukommen, welche nach nationalem Recht für die Überstimmung anderer Klassen, aber auch der eigenen Gläubigergruppe gelten.[51]

c) Folgen für die Anwendung des Art. 8 Nr. 1 Brüssel-Ia-VO auf Restrukturierungsrahmen

Zusammenfassend bleibt daher festzuhalten, dass der Gerichtsstand der Streitgenossenschaft allenfalls für kollektive Restrukturierungsverfahren im kleinen Gläubigerkreis geeignet ist. Unproblematisch wäre eine Anwendung des Art. 8 Nr. 1 Brüssel-Ia-VO beispielsweise, wenn den Darlehensforderungen der einbezogenen Gläubiger ein einheitliches Finanzierungsengagement zugrunde liegt, wie es bei der Ausgabe von Konsortialkrediten regelmäßig der Fall sein wird. Entstehen durch den Darlehensvertrag – je nach individueller Ausgestaltung[52] – rechtlich selbstständige Verbindlichkeiten gegenüber den Kreditgebern, so hindert dies die Bejahung der Konnexität nicht. Denn bei syndizierten Finanzierungsarrangements unter Beteiligung von Instituten aus verschiedenen Mitgliedstaaten können die Beteiligten die Durchführung einer Restrukturierung ebendieser Kredite in den vertretenen Mitgliedstaaten ohne Weiteres in ihre Risikokalkulation einpreisen. Die erforderliche Vorhersehbarkeit ergibt sich mithin entsprechend der allgemein anerkannten Fallgruppe der Mitschuldnerschaft aus der einheitlichen und gemeinsamen Begründung des Schuldverhältnisses. Gleiches wird man grundsätzlich auch für sog. *Intercreditor Agreements* annehmen können, welche regelmäßig das Rangverhältnis unter bestimmten Gläubigergruppen zum Gegenstand haben.[53] Einschränkend wird

---

[49] Vgl. dazu Erwägungsgrund (37) S. 1 zur RRL sowie zur deutschen Umsetzung § 54 Abs. 1 S. 1 StaRUG.

[50] Vgl. dazu Art. 6 Abs. 9 UAbs. 1 lit. c) und d) RRL.

[51] Vgl. dazu Art. 11 Abs. 1 UAbs. 1 lit. b Ziff. ii) sowie die Öffnungsklausel in UAbs. 3 RRL, von der Deutschland mit Einführung des § 26 Abs. 1 Nr. 3 StaRUG Gebrauch gemacht hat.

[52] Einen Überblick über die Ausgestaltungsvarianten eines Konsortialkredits geben *Brandt/Sonnenhol* WM 2001, 2329 (2331 ff.); zu den internationalen Bezügen *Wenzel*, Rechtsfragen internationaler Konsortialkreditverträge, 2006, S. 398 ff.; spezifisch im Zusammenhang mit Gerichtsstandsvereinbarungen *Husfeldt*, Das UK Solvent Scheme of Arrangement als Sanierungsinstrument für deutsche Gesellschaften, S. 122 ff.

[53] Allgemein dazu sowie zur Eignung des *Intercreditor Agreements* als Sanierungsinstrument *Plank/Prusko* in: Knecht/Hommel/Wohlenberg, Handbuch Unternehmensrestrukturierung, S. 2064 ff.

man allerdings fordern müssen, dass die Fungibilität und Fluktuation der zugrundeliegenden Schuldtitel auf ein Minimum beschränkt ist. Denn andernfalls wäre die Ansässigkeit der Restrukturierungsgläubiger alles andere als vorhersehbar, insbesondere wenn das fragliche Instrument an einem etablierten Sekundärmarkt gehandelt wird und daher jederzeit mit einer Auswechslung einzelner Forderungsinhaber zu rechnen ist. Für die Etablierung eines einheitlichen Gerichtsstands unter den finanziellen Gläubigern mag der Gerichtsstand der passiven Streitgenossenschaft daher bisweilen brauchbare Ergebnisse liefern. Nachdem die Dokumentation derartiger Finanzierungsengagements allerdings regelmäßig Gerichtsstandsvereinbarungen enthält,[54] die bereits eine einheitliche internationale Zuständigkeit gewährleisten und überdies gem. Art. 25 Abs. 1 S. 2 Brüssel-Ia-VO grundsätzlich Vorrang beanspruchen, ist der praktische Nutzen jedoch beschränkt.

Angesichts der Anforderungen an die Vorhersehbarkeit, die sowohl im Rahmen der Brüssel-Ia-VO, als auch in der Restrukturierungsrichtlinie einen hohen Stellenwert einnimmt, wird sich der Gerichtsstand der Streitgenossenschaft für die Einbeziehung anderer Gläubiger indes kaum eignen. Insbesondere genügt allein die Ansässigkeit eines bestimmten Anteils an Gläubigern, geschweige denn eines einzelnen Gläubigers bei weitem nicht, um die internationale Zuständigkeit der Gerichte dieses Mitgliedstaats zur Durchführung des Restrukturierungsverfahrens für alle Gläubiger zu begründen.[55] Jedenfalls für

---

[54] Vgl. dazu mit Verweis auf *Clause 43.1* des standardmäßig verwendeten Musters der *Loan Market Association (LMA) Husfeldt*, Das UK Solvent Scheme of Arrangement als Sanierungsinstrument für deutsche Gesellschaften S. 130.

[55] Zutreffend *Thole* ZIP 2021, 2153 (2156); im Ergebnis auch *J. Schmidt* ZInsO 2021, 654 (658); ähnlich *Schlöder/Parzinger/Knebel* ZIP 2021, 1041 (1045); ansatzweise auch *Hoos/Schwartz/Schlander* ZIP 2021, 2214 (2218); aA *Skauradszun* in: BeckOK-StaRUG, § 84 Rn. 63 ff., 76 ff.; in diese Richtung auch bereits *ders.* ZIP 2019, 1501 (1506); ferner *Skauradszun/Nijnens* 7 (2019) NIBLeJ 1 (19 f.); mit Einschränkungen (nur opponierende Gläubiger) auch *Madaus* ZIP 2022, 1233 (1235) sowie *Schinkel* in: HambK-Restrukturierung, § 84 Rn. 51, die offenbar – ohne dafür allerdings einen Erklärungsansatz zu bieten – ein quantitatives Kriterium in Art. 8 Nr. 1 Brüssel-Ia-VO mit hineinlesen will („hinreichende Anzahl von Gläubigern", „Mehrheit von in Deutschland ansässigen Gläubigern"); zum englischen *Scheme of Arrangement* bereits wie hier *Kuipers* 8 (2012) JPIL 225 (239); *Swierczok*, Das englische Scheme of Arrangement und seine Rezeption in Deutschland, S. 111 ff.; aA jedenfalls bei Ansässigkeit eines – wenn auch vergleichsweise geringen – Teils der Gläubiger im Forumstaat *Sax/Swierczok* in: Flöther, Sanierungsrecht, Rn. 48; bereits einen einzigen Gläubiger als ausreichend erachtend *Re NEF Telecom Co B.V.* [2012] EWHC 2944 (Ch.) Rn. 46; *Re Zlomrex International Finance SA* [2013] EWHC 4605 (Ch.) Rn. 15; *Re Metinvest B.V.* [2016] EWHC 79 (Ch.) Rn. 32 f.; *Re Metinvest B.V.* [2016] EWHC 1531 (Ch.) Rn. 10; *Re DTEK Finance plc* [2016] EWHC 3563 (Ch.) Rn. 16 f.; *Re Lecta Paper UK Ltd.* [2020] EWHC 382 (Ch.) Rn. 48; *Re New Look Financing PLC* [2020] EWHC 2793 (Ch.) Rn. 46; *Re Deep Ocean 1 UK Ltd.* [2020] EWHC 3549 (Ch.) Rn. 38; *Re Virgin Atlantic Airways Ltd.* [2020] EWHC 2191 (Ch.) Rn. 60; in der Tendenz auch *Re Rodenstock GmbH*

weitreichende Restrukturierungsvorhaben unter Einbeziehung verschiedenster Gläubigergruppen verhilft daher auch Art. 8 Nr. 1 Brüssel-Ia-VO nicht zu einem einheitlichen Sanierungsgerichtsstand. Um dieses Ergebnis zu erreichen, bedürfte es vielmehr einer Zentralzuständigkeit, die einerseits auf das Konnexitätserfordernis verzichtet, andererseits aber durch ein gesteigertes Maß an Beständigkeit geprägt ist und die Wahl des Restrukturierungsstandorts nicht in das Belieben des Schuldners stellt. Bevor eine solche europäische Zuständigkeitsnorm hergeleitet wird, sollen zunächst noch weitere Defizite des Zuständigkeitsregimes der Brüssel-Ia-VO – auch mit Blick auf eine Restrukturierung nur unter den Kapitalgebern – dargestellt und das allgemeine Bedürfnis einer rechtsfortbildenden Zuständigkeitsregel damit weiter veranschaulicht werden.

3. Durchbrechungen der Einheit des Verfahrens: ausschließliche Gerichtsstände

Dass die Zuständigkeitsvorschriften der Brüssel-Ia-VO für kollektive Restrukturierungsverfahren ungeeignet sind, ergibt sich nicht nur aus der bipolaren Konzeption der Zuständigkeitsverteilung und der Unanwendbarkeit des Art. 8 Nr. 1 Brüssel-Ia-VO für umfassender angelegte Restrukturierungen. Auch Art. 24 Nr. 1 und 5 Brüssel-Ia-VO passen nicht so recht zum kollektiven Charakter einer Restrukturierung. Denn als ausschließliche Gerichtsstände beanspruchen sie Vorrang sowohl gegenüber den allgemeinen Zuständigkeitsregelungen als auch gegenüber Gerichtsstandsvereinbarungen (Art. 25 Abs. 4 Brüssel-Ia-VO). Verfügt der Schuldner daher über Vermögensgegenstände in mehreren Mitgliedstaaten, hätte die Anwendung der Verordnung zur Folge, dass das angerufene Gericht bereits aus diesem Grunde seine Maßnahmen in weiten Teilen auf das eigene Hoheitsgebiet beschränken müsste.

a) Gerichtsstand des unbeweglichen Vermögens

Dies gilt zunächst für unbewegliche Gegenstände im Ausland.[56] Für Streitigkeiten, die die Immobilie als solche oder dingliche Rechte an ihr betreffen, gilt

---

[2011] EWHC 1104 (Ch.) Rn. 61; einschränkend hingegen, für die Beurteilung der Konnexität das Ausmaß der Beteiligung engländischer Gläubiger heranziehend *Re Van Gansewinkel Groep B.V.* [2015] EWHC 2151 (Ch.) Rn. 51 und *Re Global Garden Products Italy SpA* [2016] EWHC 1884 (Ch.) Rn. 25; die Eröffnung des Beklagtengerichtsstands würde im Bereich der örtlichen Zuständigkeit allerdings zu erheblichen Folgeproblemen führen – freilich ohne dass sich aus diesem Defizit des deutschen Rechts Rückschlüsse auf die europäische Rechtslage ableiten ließen – die die Vertreter dieser Auffassung teilweise durch eine analoge Anwendung der europäischen Regelungen (*Skauradszun* in: BeckOK-StaRUG, § 84 Rn. 78.1), teils durch Rückgriff auf § 36 ZPO (so *Madaus* ZIP 2022, 1233 (1238)) zu lösen versuchen.

[56] Vgl. dazu auch *Madaus/Wessels*, Report on cross-border effects in European preventive restructuring, CERIL Collection I, S. 223 (238); *J. Schmidt* ZInsO 2021, 654 (658);

gem. Art. 24 Nr. 1 Brüssel-Ia-VO ein ausschließlicher Gerichtsstand des Mitgliedstaats, in dessen Staatsgebiet die Sache belegen ist. Sollen daher Kreditsicherheiten an Immobilien des Schuldners in den Restrukturierungsplan einbezogen werden, was sowohl die Richtlinie als auch die deutschen Umsetzungsnormen ermöglichen,[57] wäre der diesbezügliche ausschließliche internationale Gerichtsstand zwingend zu beachten. Der Gerichtsstand der passiven Streitgenossenschaft gem. Art. 8 Nr. 1 Brüssel-Ia-VO würde – so man die Norm überhaupt anwenden will – hierdurch ebenso verdrängt, wie allgemeine oder ggf. eröffnete besondere Gerichtsstände.[58] Gleiches gälte für die Gestaltung gruppeninterner Drittsicherheiten im Sinne des § 2 Abs. 4 S. 1 Hs. 1 StaRUG. Sobald daher dingliche Sicherheiten an unbeweglichem Vermögen in mehr als einem Mitgliedstaat in die Restrukturierung einbezogen werden sollen, bestünde auf Grundlage der Brüssel-Ia-VO eine ausschließliche internationale Zuständigkeit mehrerer Mitgliedstaaten. Die Anstrengung und Durchführung von Parallelverfahren wäre unvermeidbar.

Allerdings ist in diesem Zusammenhang daran zu erinnern, dass hinsichtlich dinglicher Sicherungsrechte auch die EuInsVO regelmäßig zur Notwendigkeit mehrerer Parallelverfahren führt, wenn das Sicherungsgut in mehreren Mitgliedstaaten belegen ist. Zwar strebt die EuInsVO im Grundsatz die Einheit und Universalität des Konkurses als möglichst umfassend wirkendes Kollektivverfahren an.[59] Dementsprechend sind gem. Art. 3 EuInsVO auch die Gerichte nur eines einzigen Mitgliedstaats zur Eröffnung des Hauptinsolvenzverfahrens ermächtigt, welches automatisch unionsweit Wirkung entfaltet. Wegen der fehlenden Harmonisierung sowohl des internationalen als auch des materiellen Sachenrechts bleiben dingliche Sicherungsrechte allerdings gem. Art. 8 EuInsVO von der *lex fori concursus* unberührt.[60] Die Anwendung der EuInsVO führt damit zwar nicht wie Art. 24 Nr. 1 Brüssel-Ia-VO zu einer (ausschließlichen) Zuständigkeit der Gerichte des Belegenheitsstaats. Erblickt man in Art. 8 EuInsVO mit der hier vertretenen und von der herrschenden Meinung

---

Skauradszun in: BeckOK-StaRUG, § 84 Rn. 79 ff.; *ders.* ZIP 2019, 1501 (1505); *Skauradszun/Nijnens* 7 (2019) NIBLeJ 1 (21 f.).

[57] Vgl. Art. 6 Abs. 2 und 9 Abs. 4 UAbs. 1 S. 2 RRL sowie § 2 Abs. 1 Nr. 2 StaRUG.

[58] *Skauradszun/Nijnens* 7 (2019) NIBLeJ 1 (22) haben insoweit zwar zutreffend die Kombinationsmöglichkeit von Art. 24 Nr. 1 und Art. 8 Nr. 1 Brüssel-Ia-VO ins Spiel gebracht, wenn ausschließlicher und besonderer Gerichtsstand in einem Mitgliedstaat zusammenfallen, zugleich aber auch auf die Unzulänglichkeiten dieses Ansatzes hingewiesen, wenn mehrere Immobiliarsicherheiten in unterschiedlichen Mitgliedstaaten gestaltet werden sollen oder das nationale Verfahrensrecht die (ausschließliche) örtliche oder sachliche Zuständigkeit für Immobiliensachen und Restrukturierungsverfahren unterschiedlichen Gerichten zuweist.

[59] Vgl. Erwägungsgrund (23) zur EuInsVO, wonach die Einheit und Universalität des Konkurses zwar wünschenswert wäre, in Anbetracht der unterschiedlichen Interessen aber der Ansatz der nur eingeschränkten Universalität gewählt wurde.

[60] Erwägungsgrund (68) zur EuInsVO.

geteilten Ansicht eine Sachnorm,[61] bedarf es jedoch regelmäßig der Eröffnung eines Sekundärinsolvenzverfahrens im jeweiligen Belegenheitsstaat, um auch diese Vermögensgegenstände den restrukturierungsrechtlichen Regelungen zu unterwerfen. Wird eine möglichst ganzheitliche Reorganisation des Schuldners einschließlich der gesicherten Forderungen angestrebt, evoziert die EuInsVO folglich ebenfalls die Notwendigkeit der Durchführung mehrerer Parallelverfahren – und dies nicht nur für unbewegliche Sicherungsmittel, sondern gleichsam für bewegliche Gegenstände, die als Kreditunterlage eingesetzt wurden.

Die ausschließliche Zuständigkeit für dingliche Rechte gem. Art. 24 Nr. 1 Brüssel-Ia-VO mag daher zwar die grenzüberschreitende Restrukturierung erschweren. Einer sachgerechten Anwendung der Verordnung auf Restrukturierungsverfahren stünde sie indes nicht im Wege. Es handelt sich dabei vielmehr um die Ausprägung eines allgemeinen Rechtsgrundsatzes, wonach dingliche Rechte und Rechte an unbeweglichen Gegenständen wegen des rückständigen Harmonisierungsgrads und der besonderen sachlichen Nähe zum Belegenheitsort regelmäßig Sonderregelungen erfordern. Demnach wäre (wohl) auch noch hinnehmbar, dass Art. 24 Nr. 1 Brüssel-Ia-VO nicht nur dingliche Rechte an Grundstücken, sondern auch bestimmte schuldrechtliche Rechtsbeziehungen, insbesondere Miet- und Pachtverhältnisse über Immobilien erfasst.

b) Gerichtsstand bei versicherungs-, verbraucher- und arbeitsrechtlichen Forderungen

Ähnliche Probleme ergäben sich allerdings mit Blick auf versicherungs-, verbraucher- und arbeitsrechtliche Forderungen.[62] Denn auf diese kann Art. 8 Nr. 1 Brüssel-Ia-VO von vornherein keine Anwendung finden. Dies ergibt sich nicht nur systematisch aus der speziellen Regelung der Gerichtsstände für die jeweiligen Rechtsgebiete in den Abschnitten 3 bis 5 des Kapitels über die internationale Zuständigkeit. Auch die Bezugnahmen auf ausgewählte Normen der ersten beiden Abschnitte des II. Kapitels in Art. 10 und 17 Abs. 1 Brüssel-Ia-VO legen den Umkehrschluss nahe, dass die übrigen Normen auf dem Gebiet des Versicherungs- und Verbraucherrechts gerade keine Anwendung finden sollen.[63] Art. 20 Abs. 1 Brüssel-Ia-VO verweist schließlich ausdrücklich darauf, dass Art. 8 Nr. 1 Brüssel-Ia-VO anwendbar ist, allerdings nur für Klagen des Arbeitnehmers. Daraus folgt einerseits, dass die Norm bei „Klagen" (Restrukturierungssachen) des Arbeitgebers keine Anwendung findet, soweit

[61] Dazu mit entsprechenden Literaturnachweisen § 12, II., 4., a) (S. 335 ff.).

[62] *J. Schmidt* ZInsO 2021, 654 (658); *Skauradszun/Nijnens* 7 (2019) NIBLeJ 1 (22 f.).

[63] *Stadler* in: Musielak/Voit, ZPO, EuGVVO Art. 8 Rn. 2; zu Art. 6 Nr. 1 Brüssel-I-VO auch OLG Frankfurt a. M., Beschluss vom 30.07.2012 – 11 AR 132/12, BeckRS 2012, 17681; KG, Beschluss vom 11.09.2006 – 28 AR 34/06, NJOZ 2007, 1975 (1976) sowie in Bezug auf die Klage eines Arbeitnehmers EuGH, Urteil vom 22.05.2008, C-462/06, *Glaxosmithkline*, Slg. 2008, I-3965 Rn. 21 = ZIP 2008, 1791.

seine Arbeitnehmer als Gläubiger betroffen sind. Andererseits bestätigt diese Formulierung aber auch für das Versicherungs- und Verbraucherrecht, dass zur Begründung einer entsprechenden Zuständigkeit gegenüber dem Versicherungsnehmer oder dem Verbraucher nicht auf den Gerichtsstand der passiven Streitgenossenschaft abgestellt werden kann.

Die besonderen Vorschriften über die Zuständigkeit für Versicherungssachen würden im Zusammenhang mit Restrukturierungsverfahren dabei wohl keine entscheidende Rolle spielen. Denn auf Versicherer finden die Restrukturierungsverfahren gem. Art. 1 Abs. 2 lit. a) RRL bereits keine Anwendung.[64] Soweit es sich bei dem zu sanierenden Unternehmen hingegen um einen Versicherungsnehmer handelt, wird regelmäßig bereits der Klägergerichtsstand des Art. 11 Abs. 1 lit. b) Brüssel-Ia-VO zu einer Zuständigkeit der Gerichte am Sitz des Unternehmensträgers selbst führen.

Ob die ausschließliche Zuständigkeit für arbeitsrechtliche Forderungen Restrukturierungen in größerem Ausmaße behindern würden, hängt in erster Linie von der Ausgestaltung der Umsetzungsgesetzgebung in den Mitgliedstaaten ab. So können Mitgliedstaaten Forderungen von Arbeitnehmern gem. Art. 1 Abs. 5 lit a) RRL generell aus dem Anwendungsbereich der Restrukturierungsrahmen ausschließen. Im Falle eines allgemeinen Moratoriums sieht Art. 6 Abs. 5 RRL sogar zwingend Ausnahmeregelungen zugunsten von Arbeitnehmern vor, soweit keine entsprechenden Schutzvorkehrungen seitens der Mitgliedstaaten getroffen werden. Bei einer Ausgestaltung des Restrukturierungsrahmens nach dem deutschen Modell (vgl. § 4 S. 1 Nr. 1 StaRUG) bereitet die ausschließliche Zuständigkeit bereits aus diesem Grund keinerlei Probleme. Im Übrigen wird es maßgeblich darauf ankommen, welche Gläubiger im Einzelfall in das Restrukturierungsverfahren einbezogen werden sollen, sodass man für eine belastbare Aussage vor allem die Entwicklungen in der Restrukturierungspraxis wird abwarten müssen. Strebt der Schuldner lediglich eine Anpassung seiner groben Finanzierungsstruktur an, wird er den Kreis der betroffenen Parteien von vornherein enger ziehen. Bei besonders personalintensiven Unternehmen und hohen Lohnrückständen kann die Einbeziehung von Arbeitnehmern aber durchaus einen wesentlichen Aspekt der angestrebten Sanierung darstellen.[65] Soweit die Arbeitnehmer ihren Wohnsitz in unterschiedlichen Ländern unterhalten (etwa in Grenzregionen) und das nationale Recht die Gestaltung arbeitsrechtlicher Forderungen zulässt, wären daher entweder mehrere Parallelverfahren durchzuführen oder Arbeitnehmerforderungen – im Interesse einer schnellen und effizienten Sanierung – unangetastet zu lassen.

Gleiches gilt für den verbraucherrechtlichen Gerichtsstand, der im Restrukturierungskontext gleich in zweierlei Hinsicht virulent werden kann. So kann

---

[64] Siehe dazu § 30 Abs. 2 StaRUG i. V. m. § 1 Abs. 19 Nr. 2 KWG.

[65] Von einer praktischen Relevanz gehen auch *Skauradszun/Nijnens* 7 (2019) NIBLeJ 1 (23) aus; zu den damit einhergehenden Problemen *Skauradszun* ZIP 2019, 1501 (1506).

es für die erfolgreiche Sanierung einerseits erforderlich sein, Haftungsansprüche von (End-)Kunden einzubeziehen, etwa bei Massenschäden durch gesundheitsgefährdende Produkte.[66] Andererseits können aber unter Umständen auch Kapitalgeber als Verbraucher zu qualifizieren sein, solange die Anlageentscheidung keinem beruflichen oder gewerblichen Zweck dient sondern lediglich eine private Vermögensanlage getätigt werden soll, wobei es weder auf die Höhe der Investition, noch die Mittelherkunft ankommt.[67] Sollen auch unprofessionelle Kapitalgeber (z. B. im Rahmen von *crowd investing* durch nachrangige Darlehen oder Genussrechte) in die Restrukturierung einbezogen werden, wäre gem. Art. 18 Abs. 2 Brüssel-Ia-VO auf deren jeweiligen Wohnort abzustellen, soweit Art. 17 Abs. 1 lit. c) Brüssel-Ia-VO erfüllt ist. Richtet ein Unternehmen seine Finanzierungsstrategie auf mehrere Staaten aus, z. B. indem es sich einer *crowd funding*-Platform mit EU-Pass nach Art. 18 ECSP-VO bedient, und beteiligen sich Privatanleger aus mehreren Mitgliedstaaten, so würden divergierende ausschließliche Gerichtsstände insoweit unvermeidbar.

c) Die Zuständigkeit zur Aussetzung der Einzelzwangsvollstreckung

Besonders problematisch stellt sich auf Grundlage der Brüssel-Ia-VO schließlich die Etablierung eines einheitlichen Gerichtsstands für die Einstellung der Zwangsvollstreckung gem. Art. 6 Abs. 1 RRL dar. Aufmerksamkeit gebührt in diesem Zusammenhang vor allem der ausschließlichen Zuständigkeit nach Art. 24 Nr. 5 Brüssel-Ia-VO. Danach sind für Verfahren, die die Zwangsvollstreckung aus Entscheidungen zum Gegenstand haben, die Gerichte des Mitgliedstaats zuständig, in dessen Hoheitsgebiet die Zwangsvollstreckung durchgeführt werden soll. Im Kontext der Restrukturierungsrichtlinie ergäben sich daraus erhebliche Verwerfungen, die in grenzüberschreitenden Sachverhalten die Wirkung des Moratoriums insgesamt in Frage stellen würden.

(1) Art. 24 Nr. 5 Brüssel-Ia-VO als Ausdruck mitgliedstaatlicher Souveränität

Die in Art. 24 Nr. 5 Brüssel-Ia-VO angeordnete ausschließliche Zuständigkeit ist letztendlich als Ausprägung mitgliedstaatlicher Souveränität zu verstehen.[68]

---

[66] Zu beachten ist bei einer rein deliktischen Haftung allerdings die Umsetzungsoption des Art. 1 Abs. 5 lit. c) RRL, im deutschen Recht etwa § 4 S. 1 Nr. 2 StaRUG.

[67] EuGH, Urteil vom 02.04.2020, C-500/18, *Reliantco Investments*, IPRax 2021, 268 Rn. 44 ff.; Urteil vom 03.10.2019, C-208/18, *Petruchová*, BeckRS 2019, 25123 Rn. 39 ff.; OLG Celle, Beschluss vom 29.01.2021 – 9 U 66/20, NZG 2021, 562 Rn 12 ff.; OLG Bremen, Urteil vom 01.07.2021 – 3 U 39/20, NZG 2021, 1366 Rn. 23 ff.; OLG Stuttgart Urteil vom 31.03.2021 – 20 U 24/20, BeckRS 2021, 17797 Rn. 34 ff.; OLG Dresden Urteil vom 03.03.2021 – 5 U 1581/20, BeckRS 2021, 17796 Rn. 27; für Kommanditisten eines Fonds auch BGH, Beschluss vom 20.10.2020 – X ARZ 124/20, ZIP 2021, 209 Rn. 25 f.

[68] *Simotta/Garber* in: Fasching/Konecny, Zivilprozessgesetze, EuGVVO, Art. 35 Rn. 58.

Wie der Begriff bereits zum Ausdruck bringt, ist Zwangsvollstreckung die Erzwingung einer bestimmten Handlung, Duldung oder Unterlassung. Berechtigterweise beansprucht in einem rechtsstaatlichen Gemeinwesen der Staat das Monopol dieser zwangsweisen Durchsetzung für sich. Innerhalb seines Staatsgebiets ist die Ausübung von Zwang den jeweiligen nationalen Hoheitsträgern vorbehalten. Von eng begrenzten Ausnahmen abgesehen steht es weder Privaten, geschweige denn fremden Staaten zu, zur Verwirklichung privater Rechte Zwangsmittel anzuwenden. Zwangsvollstreckung ist damit eine besonders einschneidende Form der Ausübung hoheitlicher Befugnisse,[69] die grundsätzlich jedem Mitgliedstaat nur auf seinem eigenen Staatsgebiet – insoweit dafür aber exklusiv – zusteht. Die Souveränität der Mitgliedstaaten gebietet es insoweit, deren Hoheit zu achten und Zwangsmaßnahmen auf das eigene Gebiet zu beschränken. Dies gilt zuvörderst für die Zwangsvollstreckungsmaßnahmen selbst – sei es die Wegnahme oder Beschlagnahme von Sachen, die Pfändung von Forderungen oder die Auferlegung sonstiger Zwangsmittel. Die Verordnung enthält hierzu freilich keine allgemeine Regelung. Dies ist auch nur konsequent, handelt es sich bei der Zwangsvollstreckung doch in der Regel um behördliche Maßnahmen und gerade nicht um gerichtliche Verfahren im Sinne der Brüssel-Ia-VO. Die Zuständigkeit der staatlichen Organe für die Zwangsvollstreckung ist daher nicht anhand der Brüssel-Ia-VO, sondern mithilfe des autonomen mitgliedstaatlichen Rechts zu bestimmen.[70] Indes können sich durchaus auch auf dem Gebiet der Zwangsvollstreckung gerichtliche Verfahren ergeben. Dies gilt insbesondere für gerichtliche Entscheidungen, welche aus Anlass der Zwangsvollstreckung über deren Zulässigkeit, Fortführung, oder ihre Art und Weise befinden.[71] Nachdem sich derartige Verfahren unmittelbar auf die hoheitliche Tätigkeit der Zwangsvollstreckungsorgane beziehen,

---

[69] *Kropholler/v. Hein*, EuZPR, EuGVO Art. 22 Rn. 59.

[70] Im Ergebnis ebenso BayObLG, Beschluss vom 01.08.2019 – 1 AR 12/19, ZEV 2019, 635 Rn. 35; die internationale Zuständigkeit für die Zwangsvollstreckung ebenfalls auf Grundlage des nationalen Rechts bestimmend BGH, Beschluss vom 03.04.2019 – VII ZB 24/17, EuZW 2019, 876 Rn. 22 ff.; zust. *Wolber* EuZW 2019, 863 (866); zur Bestimmung der Zuständigkeit zur Vollstreckung vertretbarer Handlungen hingegen auf Art. 24 Nr. 5 Brüssel-Ia-VO rekurrierend OLG Hamburg, Beschluss vom 13.12.2018 – 6 W 36/18, BeckRS 2018, 37353 Rn. 23 ff.; in der Tendenz auch OLG München, Beschluss vom 19.01.2018 – 7 W 1654/17, NJW-RR 2018, 422 Rn. 9; dies offenlassend BGH, Beschluss vom 13.08.2009 – I ZB 43/08, NJW-RR 2010, 279 Rn. 19.

[71] Nach EuGH, Urteil vom 26.03.1992, Rs. C-261/90, *Reichert/Dresdner Bank*, Slg. 1992, I-2149 Rn. 27 = EuZW 1992, 447 erfasst die Vorgängernorm des EuGVÜ „Verfahren, die sich aus der Inanspruchnahme von Zwangsmitteln, insbesondere bei der Herausgabe oder Pfändung von beweglichen oder unbeweglichen Sachen im Hinblick auf die Vollstreckung von Entscheidungen oder Urkunden ergeben"; zust. in Bezug auf Art. 24 Nr. 5 Brüssel-Ia-VO *Paulus* in: Geimer/Schütze, Int. Rechtsverkehr, B vor I, Art. 24 Rn. 142; ebenso *Kropholler/v. Hein*, EuZPR, EuGVO Art. 22 Rn. 61 die daraus ableitend einen „unmittelbaren Bezug zur Zwangsvollstreckung" fordern.

erscheint es daher nur folgerichtig, die Entscheidungshoheit über derartige Streitigkeiten ausschließlich den Gerichten des jeweiligen Mitgliedstaats zuzuweisen.[72] Es soll nicht nur den mitgliedstaatlichen Vollstreckungsorganen vorbehalten bleiben, im Hoheitsgebiet des jeweiligen Staats Zwangsvollstreckungsmaßnahmen vorzunehmen. Auch die Entscheidung über Zulässigkeit, Rechtsmäßigkeit und Begrenzung der Zwangsvollstreckung als eine der einschneidensten Ausprägungen hoheitlicher Gewalt soll allein den Gerichten des betreffenden Mitgliedstaats zustehen.[73] Insoweit kann Art. 24 Nr. 5 Brüssel-Ia-VO als Ausprägung des Prinzips nationaler Souveränität auf dem Gebiet des Zwangsvollstreckungsrechts verstanden werden.

(2) Art. 24 Nr. 5 Brüssel-Ia-VO im System der Entscheidungsanerkennung und -vollstreckung

Diese grundlegenden völkerrechtlichen Erwägungen fügen sich ein in das System der Anerkennung und Vollstreckung ausländischer Entscheidungen, wie es der Verordnung zugrunde liegt.

Wie insbesondere Art. 36 und 39 Brüssel-Ia-VO zeigen, ist der Verordnung eine strikte Aufgabentrennung zwischen Erkenntnisverfahren und Vollstreckung immanent. Bis zur Existenz eines rechtsgültigen und vollstreckbaren Urteils liegt der Ball im Feld des damit befassten Prozessgerichts im Ausgangsstaat. Ist ein solches, nach dem Recht des Ausgangsstaats vollstreckbares Urteil ergangen, so ist es gem. Art. 36 Abs. 1 Brüssel-Ia-VO automatisch kraft Gesetzes in der gesamten Union anzuerkennen. Seit dem Wegfall des Exequaturverfahrens durch Einführung von Art. 39 Abs. 1 Brüssel-Ia-VO ist es zugleich in der gesamten Union vollstreckbar. Der Titelgläubiger kann die Zwangsvollstreckung nach Belieben in jedem Mitgliedstaat einleiten, ohne dass er erneut eine gerichtliche Entscheidung im jeweiligen Vollstreckungsstaat erwirken müsste. Er hat lediglich die in Art. 42 und 43 Brüssel-Ia-VO genannten Formalitäten zu erfüllen, insbesondere eine Ausfertigung des Urteils sowie eine Vollstreckbarkeitsbescheinigung vorzulegen und letztere dem Schuldner zuzustellen. Eine Nachprüfung auf die inhaltliche Richtigkeit der Entscheidung ist dem ersuchten Mitgliedstaat (Vollstreckungsstaat) gem. Art. 52 Brüssel-Ia-VO untersagt. Dies gilt gem. Art. 45 Abs. 3 S. 1 Brüssel-Ia-VO grundsätzlich auch für die internationale Zuständigkeit des Ausgangsgerichts. Einwände gegen die inhaltliche Richtigkeit der ergangenen Entscheidung sowie die Einhaltung der Verfahrensvorschriften sind im Ursprungsland mit den dort zur Verfügung stehenden Rechtsmitteln geltend zu machen;[74] im Vollstreckungsmitgliedstaat

---

[72] *E. Peiffer/M. Peiffer* in: Geimer/Schütze, Int. Rechtsverkehr, B Vor I, Art. 41 Rn. 29.

[73] *Kropholler/v. Hein*, EuZPR, EuGVO Art. 22 Rn. 59.

[74] Dies wird zwar in der Verordnung nicht explizit ausgesprochen, ergibt sich aber insbesondere aus Art. 38 lit. a) Brüssel-Ia-VO, der hinsichtlich der Rechtsmittel auf den Ursprungsstaat verweist.

können sie nur in eng begrenzten Ausnahmefällen erhoben werden.[75] Das Vollstreckungsverfahren selbst richtet sich sodann gem. Art. 41 Abs. 1 S. 1 Brüssel-Ia-VO nach dem Recht des ersuchten Staats. Das im Ausgangsstaat ergangene Urteil ersetzt somit lediglich den Titel als Grundlage der Vollstreckung. Das Diskriminierungsverbot des Art. 41 Abs. 1 S. 2 Brüssel-Ia-VO gewährleistet, dass das ausländische Urteil wie eine im Inland ergangene vollstreckbare Entscheidung behandelt wird. Wie der EuGH wiederholt betont hat, besteht allerdings kein Anspruch darauf, dass das erstrittene Urteil im Vollstreckungsstaat exakt dieselben Wirkungen entfaltet, die ihm das Recht des Herkunftsstaats beimisst.[76] Dies ergibt sich bereits aus Art. 54 Brüssel-Ia-VO, welcher in Anbetracht der unterschiedlichen mitgliedstaatlichen Rechtssysteme eine ausdrückliche Regelung für den Fall vorhält, dass die im Urteil ausgesprochene Rechtsfolge im Vollstreckungsstaat unbekannt ist. Unter diesen Umständen ordnet die Norm eine Anpassung des Entscheidungsausspruchs an, vergleichbar der auf Ebene des materiellen Rechts bekannten Transposition.[77] Aber selbst wenn der Tenor – wie es etwa bei einem auf Geldzahlung gerichteten Zahlungsanspruch regelmäßig der Fall sein dürfte – im ersuchten Mitgliedstaat bekannt ist, hat der Titelgläubiger keinen Anspruch darauf, die Entscheidung wie im Ursprungsstaat vollstrecken zu können. Die Art und Weise der Zwangsvollstreckung, insbesondere der Umfang des verwertbaren Vermögens, das Vollstreckungsverfahren,[78] die Verwertungsarten und die Erlösverteilung, richten sich demgemäß nach dem Recht des ersuchten Mitgliedstaats, vgl. Art. 41 Abs. 2 Brüssel-Ia-VO.[79] Im deutschen Recht ergibt sich dies nicht zuletzt aus §§ 794 Abs. 1 Nr. 9, 795 S. 1 ZPO, wonach das deutsche Zwangsvollstreckungsrecht auch bei der Vollstreckung anzuerkennender EU-Entscheidungen anzuwenden ist, soweit sich nicht aus den §§ 1107 ff. ZPO etwas anderes ergibt.[80] Insofern führt Art. 24 Nr. 5 Brüssel-Ia-VO die bereits in Art. 36 und 39 Brüssel-Ia-VO angelegte Trennung zwischen dem Staat des Erkenntnisverfahrens und dem Mitgliedstaat der Wirkungserstreckung bzw.

---

[75] Vgl. insb. die Anerkennungs- und Vollstreckungsvorbehalte in Art. 45 Brüssel-Ia-VO.

[76] EuGH, Urteil vom 04.10.2018, Rs. C-379/17, *Società Immobiliare*, NJW 2019, 581 Rn. 40 zur Vollstreckungsfrist des § 929 Abs. 2 ZPO Urteil vom 13.10.2011, Rs. C-139/10, *Prism Investments*, Slg. 2011, I-9527 Rn. 38 = NJW 2011, 3506; Urteil vom 28.04.2009, Rs. C-420/07, *Apostolides*, Slg. 2009, I-3607 Rn. 66 = BeckRS 2009, 70441.

[77] *Ulrici* in: BeckOK-ZPO, Brüssel-Ia-VO Art. 54 Rn. 5; *v. Hein* in: FS Geimer, 245 (246); unmittelbar von einer Transposition sprechend *Dörner* in: Saenger, ZPO, EuGVVO Art. 54 Rn. 1.

[78] Vgl. zur Anwendung des § 929 Abs. 2 ZPO auf ausländische, im einstweiligen Rechtschutz ergangene Entscheidungen EuGH, Urteil vom 04.10.2018, Rs. C-379/17, *Società Immobiliare*, NJW 2019, 581 Rn. 27 ff.

[79] *Neumayr* in: BeckOK-ZPO, Brüssel-Ia-VO Art. 41 Rn. 2 ff.

[80] Beachte in diesem Zusammenhang aber die Vorrangklausel für unmittelbar anwendbares Verordnungsrecht in § 795 S. 3 ZPO.

Zwangsvollstreckung stringent fort. Art. 24 Nr. 5 Brüssel-Ia-VO fügt sich damit ein in die der Verordnung immanente, strikte Aufgabentrennung zwischen Erkenntnisverfahren und Vollstreckung. Das Erkenntnisverfahren obliegt den Gerichten des Ausgangsstaats. Ihnen – insbesondere den Rechtsmittelgerichten – ist auch die Nachprüfung der ausländischen Entscheidung zugewiesen. Dem ersuchten Gericht ist eine eigene Sachprüfung dagegen weitestgehend verwehrt. Demgegenüber fällt die Zuständigkeit für die Vollstreckung in den Zuständigkeitsbereich des ersuchten Mitgliedstaats. So kommt einerseits seinen Vollstreckungsbehörden die exklusive Befugnis zu, entsprechende Maßnahmen auszubringen. Andererseits sind aber die Gerichte des ersuchten Staats gem. Art. 24 Nr. 5 Brüssel-Ia-VO auch ausschließlich für gerichtliche Verfahren zuständig, die gerade aus Anlass der (drohenden[81]) Zwangsvollstreckung angestrengt werden.

(3) Reichweite des Art. 24 Nr. 5 Brüssel-Ia-VO

Vor diesem Hintergrund ist die Reichweite des in Art. 24 Nr. 5 Brüssel-Ia-VO angeordneten ausschließlichen Gerichtsstands für die Zwangsvollstreckung zu konkretisieren. Erfasst sind grundsätzlich sämtliche gerichtlich geltend zu machenden Einwendungen gegen konkrete Zwangsvollstreckungsakte, aber auch gegen die Zwangsvollstreckung als solche.[82] Kein Zweifel besteht insoweit bei Verfahren, die eine Rechtmäßigkeitskontrolle der seitens der Vollstreckungsorgane vorgenommenen Handlungen zum Gegenstand haben.[83] Gleiches muss für zwangsvollstreckungsspezifische materielle Einwände gelten, die wegen der starken Formalisierung der Zwangsvollstreckung von den Vollstreckungsorganen nicht berücksichtigt werden.[84] Art. 24 Nr. 5 Brüssel-Ia-VO unterfallen aber auch Rechtsbehelfe, die auf die Einstellung oder Aussetzung der Zwangsvollstreckung insgesamt gerichtet sind. Dies ergibt sich nicht zuletzt aus Art. 41 Abs. 2 Brüssel-Ia-VO, wonach das Recht des Vollstreckungsstaats bestimmt, ob bzw. aus welchen Gründen die Vollstreckung verweigert oder ausgesetzt werden kann. Mithin weist die Verordnung die Entscheidung über eine Einstellung oder Aussetzung der Zwangsvollstreckung grundsätzlich dem

[81] Dass auch künftige Vollstreckungsakte erfasst sind, ergibt sich aus dem Wortlaut der Norm, die für die Bestimmung der Zuständigkeit alternativ auch ein Abstellen auf den Mitgliedstaat zulässt, in dessen Hoheitsgebiet die Zwangsvollstreckung durchgeführt werden soll.

[82] *Dörner* in: Saenger, ZPO, EuGVVO Art. 24 Rn. 28.

[83] So zur Vollstreckungserinnerung gem. § 766 ZPO etwa *Geimer* in: Geimer/Schütze, EuZVR, EuGVVO Art. 24 Rn. 269; *Gottwald* in: MüKo-ZPO, Brüssel-Ia-VO Art. 24 Rn. 48.

[84] Siehe für die Drittwiderspruchklage gem. § 771 ZPO statt vieler *Geimer* in: Geimer/Schütze, EuZVR, EuGVVO Art. 24 Rn. 273; *Gottwald* in: MüKo-ZPO, Brüssel-Ia-VO Art. 24 Rn. 48.

Vollstreckungsstaat zu. Einen Freibrief, im Gewande der Vollstreckungsaussetzung durch die Hintertür eine inhaltliche Nachprüfung der ausländischen Entscheidung außerhalb der engen Grenzen des Art. 45 Brüssel-Ia-VO vorzunehmen, bedeutet das freilich nicht.[85] Vielmehr ist die Norm im Lichte der strengen Aufgabentrennung zwischen Erkenntnis- und Vollstreckungsstaat auszulegen. Dem Recht des ersuchten Mitgliedstaates – und damit korrespondierend der ausschließlichen Zuständigkeit nach Art. 24 Nr. 5 Brüssel-Ia-VO – unterliegen daher nur solche Verfahren, die spezifisch vollstreckungsrechtlicher Natur sind.

Dies ist jedenfalls dann der Fall, wenn die Gründe, aus welchen eine Aussetzung der Vollstreckung gewährt wird, unabhängig von den materiellen Fragen der zugrundeliegenden Forderung sind. Denn in diesem Falle besteht von vornherein keine Gefahr, in die den Gerichten des Erkenntnisverfahrens zugewiesene Sphäre einzudringen. Folgerichtig entspricht es der einhelligen Meinung, dass etwa ein Vollstreckungsschutzantrag gem. § 765a ZPO sowohl Art. 41 Abs. 2[86] als auch 24 Nr. 5 Brüssel-Ia-VO[87] unterfällt. Denn die begehrte Aussetzung der Zwangsvollstreckung knüpft nicht an die titulierte Forderung als solche an,[88] sondern ist letztendlich das Ergebnis einer Abwägung von Gläubiger- und Schuldnerbelangen.[89] Gegenübergestellt wird das Interesse des Gläubigers an einer möglichst raschen Zwangsvollstreckung einerseits und die besondere Härte andererseits, die der Schuldner im Falle einer zeitnahen Vollstreckung erleiden würde.[90] Als Generalklausel schließt die Norm damit Lücken, die zwischen den besonderen Schutzvorschriften verbleiben. Ebenfalls unter Art. 24 Nr. 5[91] sowie 41 Abs. 2 Brüssel-Ia-VO[92] fallen Regelungen, in welchen der Gesetzgeber eine solche Abwägungsentscheidung abstrakt selbst getroffen hat.

---

[85] *Gottwald* in: MüKo-ZPO, Brüssel-Ia-VO Art. 41 Rn. 8; *Neumayr* in: BeckOK-ZPO, Brüssel-Ia-VO Art. 41 Rn. 11; *Stadler* in: Musielak/Voit, ZPO, EuGVVO Art. 41 Rn. 2.

[86] *Gottwald* in: MüKo-ZPO, Brüssel-Ia-VO Art. 41 Rn. 8; *Neumayr* in: BeckOK-ZPO, Brüssel-Ia-VO Art. 41 Rn. 9a; *v. Hein* RIW 2013, 97 (110).

[87] *Dörner* in: Saenger, Zivilprozessordnung, EuGVVO Art. 24 Rn. 29; *Gottwald* in: MüKo-ZPO, Brüssel-Ia-VO Art. 24 Rn. 48; *Hüßtege* in: Thomas/Putzo, ZPO, EuGVVO Art. 24 Rn. 17; *Nagel/Gottwald*, IZPR, Rn. 3.337; *Paulus* in: Geimer/Schütze, Int. Rechtsverkehr, B vor I, Art. 24 Rn. 143.

[88] *Heßler* in: MüKo-ZPO, § 765a Rn. 9; *Ulrici* in: BeckOK-ZPO, § 765a Rn. 1.

[89] *Heßler* in: MüKo-ZPO, § 765a Rn. 41.

[90] *Lackmann* in: Musielak/Voit, ZPO § 765a Rn. 9.

[91] So im Hinblick auf §§ 707, 719 ZPO *Dörner* in: Saenger, ZPO, EuGVVO Art. 24 Rn. 29; lediglich § 719 ZPO erwähnend *Gottwald* in: MüKo-ZPO, Brüssel-Ia-VO Art. 24 Rn. 48; *Hüßtege* in: Thomas/Putzo, ZPO, EuGVVO Art. 24 Rn. 17; *Nagel/Gottwald*, IZPR, Rn. 3.337; *Paulus* in: Geimer/Schütze, Int. Rechtsverkehr, B Vor I, Art. 24 Rn. 143.

[92] So im Grundsatz im Hinblick auf §§ 707, 719 ZPO, allerdings unter Anmahnung einer zurückhaltenden Gewährung *E. Peiffer/M. Peiffer* in: Geimer/Schütze, Int. Rechtsverkehr, B Vor I Art. 41 Rn. 19 f.

Genau um eine solche gesetzliche Ausprägung handelt es sich allerdings bei Art. 6 Abs. 1 RRL bzw. den entsprechenden nationalen Umsetzungsregelungen. Denn hier liegt der Aussetzung der Zwangsvollstreckung die Wertungsentscheidung des Unionsgesetzgebers zugrunde, wonach das kollektive und gesamtwirtschaftliche Interesse an einer Unternehmensfortführung dasjenige einer baldigen Vollstreckung überwiegt. Insofern handelt es sich bei dem durch Art. 6 RRL vorgegebenen Moratorium um einen vollstreckungsrechtlichen Rechtsbehelf, der der ausschließlichen Zuständigkeit des Art. 24 Nr. 5 Brüssel-Ia-VO unterliegt. Sowohl die Richtlinie als auch die jeweiligen Umsetzungsnormen – im deutschen Recht etwa § 49 Abs. 1 StaRUG – gewähren dem Ziel der Sanierung des Schuldnerunternehmens den Vorrang vor den Befriedigungsinteressen einzelner Gläubiger. Der Titel als solcher sowie die ihm zugrundeliegende Forderung werden dabei gerade nicht in Frage gestellt. Gegenstand der Entscheidung ist lediglich eine bis zu zwölfmonatige Aussetzung der Zwangsvollstreckung aus der titulierten Forderung. Das zwingend als Teil der mitgliedstaatlichen Restrukturierungsrahmen vorzusehende Moratorium ist daher als zwangsvollstreckungsrechtliche Entscheidung im Sinne des Art. 24 Nr. 5 Brüssel-Ia-VO zu qualifizieren. Zuständig ist folglich allein derjenige Mitgliedstaat, auf dessen Hoheitsgebiet die beabsichtigte Vollstreckungsmaßnahme durchgeführt werden soll respektive bereits begonnen hat. Dies hat zur Folge, dass es unter der Geltung der Brüssel-Ia-VO einem mitgliedstaatlichen Gericht bereits verwehrt wäre, einen Vollstreckungsstopp im Sinne des Art. 6 Abs. 1 RRL auf solche Vermögensgegenstände zu erstrecken, die in einem anderen Mitgliedstaat belegen sind und daher dem Zugriff der dortigen Zwangsvollstreckungsorgane unterliegen.[93]

---

[93] Möglich erschiene es allenfalls noch, die Aussetzung der Zwangsvollstreckung entsprechend den obigen Ausführungen in § 9, III., 3. (S. 202 f.) als einstweilige Maßnahme anzusehen, die die in der Hauptsache angestrebte Gestaltung der Forderungen durch die Planannahme und/oder -bestätigung absichern soll; zwar weisen Maßnahmen des einstweiligen Rechtsschutzes typischerweise einen engen Bezug zum Zwangsvollstreckungsrecht auf (vgl. dazu *Meier* in: Schwander, Das Lugano-Übereinkommen, S. 172), ob dadurch Art. 24 Nr. 5 Brüssel-Ia-VO allerdings insgesamt unbeachtlich wird, muss doch stark bezweifelt werden; soweit in der Literatur angenommen wird, die in der Hauptsache eröffneten ausschließlichen Gerichtsstände hinderten Gerichte in anderen Mitgliedstaaten nicht daran, auf Art. 35 Brüssel-Ia-VO gestützte einstweilige Maßnahmen nach nationalem IZVR zu erlassen (vgl. *Dörner* in: Saenger, ZPO, EuGVVO Art. 24 Rn. 3; *Eichel* in: Wieczorek/Schütze, ZPO, Brüssel-Ia-VO Art. 35 Rn. 34; *Gottwald* in: MüKo-ZPO, Brüssel-Ia-VO Art. 35 Rn. 9; *Kropholler/v. Hein*, EuZPR, EuGVO Art. 31 Rn. 14; *E. Peiffer/M. Peiffer* in: Geimer/Schütze, Int. Rechtsverkehr, B Vor I 7, Art. 35 Rn. 8, 32) ist dies im Wesentlichen auf die Ratio der Norm zurückzuführen, der gefährdeten Partei bei akut drohenden Nachteilen neben dem zeitaufwändigen und ggf. fremdsprachigen Prozess im Ausland auch Zugang zu einem unkomplizierten und zügigen Inlandsrechtsbehelf an die Hand zu geben (vgl. *McGuire* in: Burgstaller/Neumayr/Geroldinger/Schmaranzer, IntZVR, EuGVO Art. 31 Rn. 2, 31, 33; *Simotta/Garber* in: Fasching/Konecny, Zivilprozessgesetze, EuGVVO Art. 35

Das bestehende Zuständigkeitsregime der Brüssel-Ia-VO hätte damit zur Folge, dass die Wirkung einer – gem. Art. 6 Abs. 1 RRL im mitgliedstaatlichen Restrukturierungsrahmen vorzusehenden – Aussetzung der Einzelzwangsvollstreckung stets territorial beschränkt ist. Art. 24 Nr. 5 Brüssel-Ia-VO weist insofern dem jeweiligen Vollstreckungsstaat die alleinige Kompetenz zu, die Zwangsvollstreckung aus wirtschaftlich-existenziellen Gründen zu unterbrechen. Daraus folgt, dass eine gerichtliche Anordnung der Aussetzung der Zwangsvollstreckung – schon aus kompetenziellen Gründen – auf Vollstreckungsmaßnahmen anderer Mitgliedstaaten keinerlei Auswirkungen haben dürfen und die Reichweite daher entsprechend auf im Inland vorzunehmende Maßnahmen zu beschränken wäre.

Nun setzt zumindest der Wortlaut der Richtlinie nicht notwendigerweise eine in allen Mitgliedstaaten wirkende Einstellung der Zwangsvollstreckung voraus. Gem. Art. 6 Abs. 2 RRL muss diese lediglich alle Gläubiger einschließlich der gesicherten Gläubiger erfassen können. Die Vorgabe beschränkt sich mithin auf den personellen Anwendungsbereich; sie trifft keine Aussage über den Umfang des betroffenen Vermögens des Schuldners. Letztendlich könnte eine europäische Norm denn auch nicht den Anspruch erheben, sämtliche Einzelzwangsvollstreckungsmaßnahmen zu verhindern. Denn jedenfalls soweit Vermögensgegenstände des Schuldners außerhalb der Union belegen sind, wäre eine Durchsetzung des Vollstreckungsstopps auch in diesen Ländern letztlich von der Anerkennung nach dem internationalen Zivilverfahrensrecht des betroffenen Drittstaats abhängig. Und selbst innerhalb der EU nimmt es der europäische Gesetzgeber bewusst in Kauf, dass die Einstellung der Zwangsvollstreckung nicht das gesamte Vermögen des Schuldners erfasst. Denn nach dem zutreffenden Verständnis der Art. 8 und 10 EuInsVO als Sachnorm hindert auch eine nach Art. 19 Abs. 1 UAbs. 1, 20 Abs. 1 EuInsVO anzuerkennende Eröffnung des Insolvenzverfahrens die gesicherten Gläubiger nicht daran, in ihre dinglichen Sicherheiten zu vollstrecken. Eine deutsche Eröffnungsentscheidung[94] entfaltet ihre Wirkungen somit zwar in allen Mitgliedstaaten, sodass grundsätzlich auch § 89 Abs. 1 InsO unionsweit Geltung beansprucht. Gesicherte Gläubiger werden hierdurch allerdings nicht daran gehin-

Rn. 51 f.), und außerdem im Kontext des Erfordernisses eines qualifizierten Inlandsbezugs (EuGH, Urteil vom 17.11.1998, Rs. C-391/95, *Van Uden Maritime*, Slg. 1998, I-7091 Rn. 39 = EuZW 1999, 413; Urteil vom 27.04.1999, Rs. C-99/96, *Mietz*, Slg. 1999, I-2277 Rn. 42 = ZZPInt 4 (1999) 212) sowie der fehlenden Anerkennungs- und Vollstreckungsfähigkeit im Ausland zu sehen und auf die vorliegende Konstellation daher nicht ohne Weiteres übertragbar; siehe dazu auch *Schlosser* IPRax 1985, 321 (322), der der Anordnung bestimmter im Ausland zu vollziehender Vollstreckungsmaßnahmen durch das Hauptsachegericht ebenfalls kritisch gegenüber steht.

[94] Zur Wirkungsweise von Sekundärverfahren im Zusammenhang mit der Restrukturierungsrichtlinie siehe noch § 12, II., 2. (S. 317 ff.).

dert, die ihnen bestellten Sicherheiten an im Ausland belegenen Vermögensgegenständen mithilfe der dortigen Vollstreckungsorgane zu realisieren. Ein solcher Vollstreckungsstopp ergäbe sich erst bei der Eröffnung eines Sekundärinsolvenzverfahrens im jeweiligen Mitgliedstaat, vorausgesetzt dass das dortige – gem. Art. 35 EuInsVO anwendbare – Insolvenzrecht ein derartiges allgemeines Moratorium kennt. Selbst die auf eine möglichst einheitliche Abwicklung des Konkurses bedachte EuInsVO akzeptiert demzufolge, dass die Eröffnung des Verfahrens in einem Mitgliedstaat nicht jegliche Vollstreckungsmöglichkeit in sämtlichen Mitgliedstaaten verhindert.

Die ausschließliche Zuständigkeit gem. Art. 24 Nr. 5 Brüssel-Ia-VO hätte indes nicht nur zur Folge, dass dinglich gesicherte Gläubiger weiter in Vermögensgegenstände außerhalb des Restrukturierungsstaates vollstrecken könnten. Gleiches würde auch für ungesicherte Gläubiger gelten, die aufgrund eines entsprechenden Titels die Zwangsvollstreckung in das im Ausland belegene Vermögen verfolgen. Mangels internationaler Zuständigkeit wäre das Restrukturierungsgericht daran gehindert, das Moratorium auf Gegenstände außerhalb seines Hoheitsgebiets zu erstrecken.

d) Conclusio

Die vorstehenden Ausführungen zeigen deutlich, dass die Zuständigkeitsregelungen der Brüssel-Ia-VO aufgrund ihres Zuschnitts auf Einzelverfahren für kollektiv ausgerichtete Restrukturierungsverfahren nicht geeignet sind.[95] Die von der Restrukturierungsrichtlinie auf materiell-rechtlicher Ebene andressierten sanierungsrechtlichen Problemkreise, insbesondere die Eindämmung von *hold out*-Strategien und der Vollstreckung in fortführungsnotwendiges Vermögen würde auf international-zivilverfahrensrechtlicher Ebene wieder aufgerissen. Eine Zuständigkeitsordnung, die die Gerichtspflichtigkeit für jeden Beteiligten isoliert bestimmt, wird dem Regelungsanliegen der Richtlinie damit in keinster Weise gerecht.

4. Der ausschließliche Gerichtsstand für Gesellschaftssachen

Die gleiche Problematik ergab sich freilich bereits im Zusammenhang mit dem englischen *Scheme of Arrangement*, für das einige Autoren daher unter Rückgriff auf Art. 24 Nr. 2 Brüssel-Ia-VO eine zentralisierte Zuständigkeit befürworteten, wobei teilweise dahingehend differenziert wurde, ob nur die Gesellschafter oder auch Gläubiger von den Planregelungen betroffen werden.[96] Vor

---

[95] So auch das Resumée von *Thole* ZIP 2021, 2153 (2155).

[96] Für *Schemes*, die lediglich Gesellschafter erfassen *Thole* ZGR 42 (2013) 109 (122); gänzlich ablehnend hingegen noch *ders.* in: FS Simotta, 613 (620); weitergehend, auch für solche *Schemes* befürwortend, die sich auf Gläubiger- und Gesellschafterrechte auswirken *Carli/Weissinger* DB 2014, 1474 (1477); *Swierczok*, Das englische Scheme of Arrangement

allem *J. Schmidt* hat diese Ansicht nun auch für die Restrukturierungsrahmen nach der Restrukturierungsrichtlinie ins Spiel gebracht.[97] Nach Art. 24 Nr. 2 Brüssel-Ia-VO sind die Gerichte des Sitzstaats ausschließlich zuständig für Verfahren, die die Gültigkeit, Nichtigkeit oder Auflösung der Gesellschaft oder die Gültigkeit der Beschlüsse deren Organe zum Gegenstand haben. Angesichts der klaren und eng gewählten Formulierung begründet die Vorschrift keinen ausschließlichen Gerichtsstand für sämtliche gesellschaftsinternen Streitigkeiten oder gar generell für gesellschaftsbezogene Klagen.[98] Die zweigeteilte Untergliederung in grundlegende Fragen der Existenz und des Fortbestands der Gesellschaft einerseits und die Wirksamkeit der Beschlussfassungen durch ihre Organe andererseits[99] zeigt vielmehr, dass die Vorschrift eng auszulegen ist.[100] Ihre Anwendung auf kollektive Schuldenanpassungsverfahren, insbesondere die Restrukturierungsrahmen nach der Restrukturierungsrichtlinie ist daher richtigerweise abzulehnen und zwar unabhängig davon, ob der Rahmen *in casu* dazu genutzt wird, allein die Gesellschafterpositionen zu gestalten, durch ihn ausschließlich in Gläubigerrechte eingegriffen werden soll,

---

und seine Rezeption in Deutschland, S. 107 ff.; ebenso, allerdings mit teils widersprüchlicher Argumentation *Husfeldt*, Das UK Solvent Scheme of Arrangement als Sanierungsinstrument für deutsche Gesellschaften, S. 113 ff.; allgemein eine Anwendung von Art. 24 Nr. 2 Brüssel-Ia-VO erwägend *Lüke/Scherz* ZIP 2012, 1101 (1106); aA, eine Heranziehung der Norm insgesamt ablehnend *Ho* 22 (2006) IL&P 145 (147); *Laier* GWR 2011, 252 (254); *Mankowski* WM 2011, 1201 (1206); sowie ohne weitere Begründung *Eidenmüller/Frobenius* WM 2011, 1210 (1214); *Re Rodenstock GmbH* [2011] EWHC 1104 (Ch.) Rn. 52.

[97] *J. Schmidt* ZInsO 2021, 654 (658 ff.).

[98] EuGH, Urteil vom 02.10.2008, C-372/07, *Hassett*, Slg. 2008, I-7405 Rn. 22 = EuZW 2008, 665 m. zust. Anm. *Sujecki* (667); Urteil vom 07.03.2018, Rs. C-560/16, *E.ON Czech*, EuZW 2018, 811 Rn. 33, im Ergebnis allerdings ein – dem deutschen Spruchverfahren entsprechendes – Verfahren zur Überprüfung der Angemessenheit einer *squeeze-out*-Abfindung unter Art. 24 Nr. 2 Brüssel-Ia-VO einordnend (Rn. 34 ff.); vgl. auch *Vossler* in: BeckOK-ZPO, Brüssel-Ia-VO Art. 24 Rn. 18.

[99] Ebenfalls eine Zweiteilung vornehmend *Schlosser* in: Schlosser/Hess, EuZPR, EuGVVO Art. 24 Rn. 18.

[100] Siehe nur *Kindler* NZG 2010, 576 (577); im Ergebnis auch EuGH Urteil vom 14.12.1977, Rs. 73/77, *Sanders*, Slg. 1977, 2383 Rn. 17 = BeckRS 1977, 108047; Urteil vom 02.10.2008, Rs. C-372/07, *Hassett*, Slg. 2008, I-7405 Rn. 19 = EuZW 2008, 665; Urteil vom 12.05.2011, Rs. C-144/10, *Berliner Verkehrsbetriebe*, Slg. 2011, I-3963 Rn. 30 = NZG 2011, 674; Urteil vom 07.03.2018, Rs. C-560/16, *E.ON Czech*, EuZW 2018, 811 Rn. 27; vgl. auch bereits *Jenard*, Bericht zum EuGVÜ, S. 34 wonach die Zuständigkeitsnorm nur gelten soll, wenn das Gericht über die darin genannten Rechtsfragen als Hauptsache und nicht nur als Vorfrage zu befinden hat; dies auf Grundlage einer Analyse der Sprachfassungen sowie eines überzeugenden *argumentum ad absurdum* bestätigend EuGH, Urteil vom 12.05.2011, C-144/10, *Berliner Verkehrsbetriebe*, Slg. 2011, I-3963 Rn. 26 ff., 33 = NZG 2011, 674; vgl. zu Letzterem auch bereits Urteil vom 02.10.2008, C-372/07, *Hassett*, Slg. 2008, I-7405 Rn. 23 = EuZW 2008, 665.

oder eine umfangreiche Restrukturierung angestrebt wird, von der Gesellschafter- und Gläubigerrechte gleichermaßen betroffen sind.[101]

a) Der Wortlaut des Art. 24 Nr. 2 Brüssel-Ia-VO

Dafür spricht in mehrfacher Hinsicht bereits der Wortlaut des Art. 24 Nr. 2 Brüssel-Ia-VO. Eine Subsumption unter die erste Fallgruppe hat dabei schon deshalb auszuscheiden, weil das Verfahren weder die rechtliche Existenz der Schuldnergesellschaft in Frage stellt, noch deren Auflösung bezweckt.[102] Es geht vielmehr gerade darum, den Rechtsträger zu sanieren und dadurch die Liquidation – vor allem im Rahmen eines Insolvenzverfahrens – zu vermeiden.[103] Richtigerweise ist jedoch auch die zweite Fallgruppe nicht einschlägig. Denn es handelt sich bei der Annahme eines Restrukturierungsplans weder um einen Organbeschluss, noch hat das Bestätigungsverfahren dessen Gültigkeit zum Gegenstand.

(1) Die Planannahme als Gesellschafterbeschluss?

Ein gesellschaftsrechtlicher Beschluss ist mehr als nur die Mitwirkung der durch die Organisationsverfassung berufenen Personen an einer bestimmten Entscheidung. Sie ist organschaftliche Willensbildung und -äußerung über Angelegenheiten der Gesellschaft, die dieser als eigene Willensbildung zugerechnet wird.[104] Soweit die zu treffende Entscheidung der Gesellschafter- oder Hauptversammlung obliegt, üben die Anteilseigner innerhalb des jeweiligen Gremiums zwar individuelle (Herrschafts-)Rechte aus;[105] die Wirkungen des Beschlusses finden ihre Legitimation allerdings nicht in der einzelnen Stimmausübung, sondern als Ausprägung der verbandsrechtlichen Organisation in der organschaftlichen Willensbildung. Um von einem Beschluss der Gesellschafter- oder Hauptversammlung zu sprechen, bedarf es daher mehr, als nur

---

[101] *Hoos/Schwartz/Schlander* ZIP 2021, 2214 (2218); *Schlöder/Parzinger/Knebel* ZIP 2021, 1041 (1045); *Skauradszun* in: BeckOK-StaRUG, § 84 Rn. 86; *ders.* ZIP 2019, 1501 (1506); *Thole* ZIP 2021, 2153 (2155).

[102] Vgl. dazu auch *Hoos/Schwartz/Schlander* ZIP 2021, 2214 (2218); *Skauradszun* in: BeckOK-StaRUG, § 84 Rn. 86; relativierend sogar *J. Schmidt* ZInsO 2021, 654 (660); ebenso zum *Scheme of Arrangement Freund*, Die Sanierung der Kapitalgesellschaft, S. 182; *Husfeldt*, Das UK Solvent Scheme of Arrangement als Sanierungsinstrument für deutsche Gesellschaften, S. 110; *Mankowski* WM 2011, 1201 (1206).

[103] So auch in Bezug auf das englische *Scheme of Arrangement Mankowski* WM 2011, 1201 (1206);

[104] *Hillmann* in: Henssler/Strohn, GesR, GmbHG § 47 Rn. 2; *Hüffer/Schäfer* in: H/C/L, § 47 Rn. 2; *Noack* in: Noack/Servatius/Haas, GmbHG § 47 Rn. 1 ff.

[105] Zum Stimmrecht als Ausprägung der gesellschaftsrechtlichen Verwaltungs- und Mitwirkungsrechte siehe nur statt vieler *Altmeppen*, GmbHG § 47 Rn. 36; *Derscher* in: MüKo-GmbHG, § 47 Rn. 68; *Verse* in: Henssler/Strohn, GesR, GmbHG § 14 Rn. 43.

der Mitwirkungsmöglichkeit aller Anteilseigner. Denn die Entscheidungsmacht über die Geschicke und Angelegenheiten der Gesellschaft ist nach der gesellschaftsrechtlichen Organisationsverfassung nicht den einzelnen Verbandsmitgliedern, sondern dem jeweiligen Kollektivorgan zugewiesen. Ein Abstimmungsvorgang, bei dem zwar allen Anteilseignern ein Stimmrecht zukommt, dessen Ergebnis aber maßgeblich vom Willen gesellschaftsfremder Dritter abhängt, kann daher nicht als Beschluss dieses Organs angesehen werden.[106] Die Annahme eines Restrukturierungsplans stellt somit keinen gesellschaftsrechtlichen Beschluss dar und zwar auch dann nicht, wenn – in der Praxis wohl eher untypisch – allein die Gesellschafter von den Planregelungen betroffen werden und daher auch nur diese über den Plan abstimmen. Zurückzuweisen ist damit die bisweilen zum *Scheme of Arrangement* vorgebrachte Argumentation, wonach insoweit ein bestätigter Plan jedenfalls funktional einem Beschluss der Gesellschafterversammlung als Organ des Verbands gleichkomme, sodass er auch zuständigkeitsrechtlich entsprechend zu behandeln sei.[107]

Sowohl aus dem Blickwinkel des europäischen, als auch des deutschen Rechts kann die Annahme eines Restrukturierungsplans weder im herkömmlichen Sinne, noch funktional als gesellschaftsrechtlicher Beschluss begriffen werden. Dies folgt in systematischer Hinsicht bereits aus Art. 32 RRL, wonach die Mitgliedstaaten im Hinblick auf bestimmte Vorgaben der Gesellschaftsrechtsrichtlinie (GesR-RL[108]) Ausnahmeregelungen vorzusehen haben, soweit dies für die Schaffung des Restrukturierungsrahmens erforderlich ist. Unter den suspendierten Vorschriften sind vor allem solche, die – wie etwa Art. 68 Abs. 1 GesR-RL – die Hauptversammlungszuständigkeit zur Entscheidung über Kapitalmaßnahmen europarechtlich determinieren.[109] Nach dem neu eingefügten Art. 84 Abs. 4 GesR-RL kann und soll im Kontext einer Restrukturierung von der Kompetenzzuordnung abgewichen werden. Ebenfalls in Art. 32 RRL genannt ist Art. 79 Abs. 1 lit. b) der GesR-RL, deren Regelungsgehalt sich darauf beschränkt, dass eine Zwangseinziehung von Mitgliedschaftsrechten durch einen Beschluss der Hauptversammlung erfolgt, soweit nicht die betroffenen Aktionäre einstimmig zustimmen. Im Rahmen einer Restrukturierung nach der Restrukturierungsrichtlinie sind mithin auch insoweit

---

106 Zum *Scheme of Arrangement* ähnlich *Thole* ZGR 42 (2013) 109 (122).

107 *Swierczok*, Das englische Scheme of Arrangement und seine Rezeption in Deutschland, S. 109; in der Sache ähnlich, wenn auch im Ergebnis abweichend *Mankowski* WM 2011, 1201 (1206).

108 Richtlinie (EU) 2017/1132 des Europäischen Parlaments und des Rates vom 14.06.2017 über bestimmte Aspekte des Gesellschaftsrechts (GesR-RL), ABl. vom 30.06.2017, L 169, S. 46.

109 *Sax/Swierczok* in: Flöther, Sanierungsrecht, Rn. H.9; Richtlinienvorschlag der Kommission vom 22.11.2016, COM(2016) 723 final, S. 13.

Ausnahmen zulässig, sodass es zur Einziehung eben gerade keines Hauptversammlungsbeschlusses bedarf. Daraus wird eindeutig ersichtlich, dass bereits auf europäischer Ebene im Hinblick auf die Planannahme gerade nicht von einem Beschluss des jeweils zuständigen Organs ausgegangen wird, weshalb die entsprechenden sekundärrechtlichen Vorgaben außer Kraft zu setzen waren.[110] Einer solchen Ausnahmeregelung bedurfte es allerdings nur, wenn man vorgelagert – im Einklang mit der hier vertretenen Ansicht – davon ausgeht, dass die Planannahme die Voraussetzungen der GesR-RL gerade nicht erfüllt, also keinen Hauptversammlungsbeschluss darstellt. Das gleiche Bild ergibt sich bei einem Blick auf die deutsche Umsetzung, obgleich sich daraus freilich allenfalls ein schwaches Indiz für die Auslegung einer europäischen Norm wie Art. 24 Nr. 2 Brüssel-Ia-VO herleiten lässt. Nichts desto trotz setzt sich die bereits in der Änderung der GesR-RL angelegte Konzeption fort, indem § 68 Abs. 2 StaRUG einen entsprechenden Gesellschafterbeschluss fingiert,[111] sich also kraft gesetzgeberischer Anordnung über die eigentliche Nichtexistenz eines solchen hinwegsetzt.[112]

Dass es sich bei der Planbestätigung nicht um einen Gesellschafterbeschluss handelt, bestätigen überdies auch teleologische Gesichtspunkte. Denn das Restrukturierungsrecht verdrängt in weiten Teilen die gesellschaftsrechtlichen Regelungen über die Willensbildung durch Beschluss.[113] Damit werden die Machtverhältnisse nicht nur im Verhältnis der Anteilseigner zu den Gläubigern, sondern auch der Gesellschafter untereinander neu geordnet. Das Stimmgewicht der einzelnen Gesellschafter bestimmt sich gem. § 24 Abs. 1 Nr. 3 StaRUG nach dem jeweiligen Anteil am Haftkapital der Gesellschaft, sodass einerseits Sonder- oder Mehrstimmrechte unbeachtlich werden, andererseits aber auch stimmrechtslose (Vorzugs-)Aktien zur Stimmabgabe berechtigen.[114] § 9 Abs. 2 S. 1 StaRUG ermöglicht es zudem, die Anteilseigner nach sachlich-

---

[110] Erwähnt sei allerdings, dass die Begründung des Richtlinienvorschlags auch eine entsprechende Anpassung der gesellschaftsrechtlichen Beschlussfassungsregelungen für möglich erachtet, vgl. dazu Richtlinienvorschlag der Kommission vom 22.11.2016, COM(2016) 723 final, S. 13, wobei freilich offen bleibt, wie sich eine Überstimmungsmöglichkeit durch die Gläubiger ins Gesellschaftsrecht integrieren ließe, ohne dass auch hier der restrukturierungsbedingte Ausnahmecharakter offenbar würde.

[111] *Bauch* in: Braun, StaRUG, Art. 68 Rn. 4.

[112] Auch *J. Schmidt* ZInsO 2021, 654 (660) gesteht ein, dass der Restrukturierungsplan „quasi ‚beschluss*ersetzende*' Wirkung" habe (Hervorhebung durch den Verf.).

[113] Dies erkennt auch *J. Schmidt* ZInsO 2021, 654 (659) an.

[114] *Bauch* in: Braun, StaRUG, Art. 24 Rn. 13.

rechtfertigenden Gründen – man denke an den Beteiligungsumfang[115] oder unterschiedliche Aktiengattungen[116] – auf mehrere Gruppen aufzuteilen und dadurch die Machtverhältnisse innerhalb der Gruppe der Anteilseigner zusätzlich zu verschieben. Die Auswirkungen der damit einhergehenden Stimmrechtsallokation im Vergleich zu den gesellschaftsrechtlichen Regelungen können gravierend sein. Die gesetzlich oder satzungsmäßig vorgeschriebene Organisationsverfassung wird also auch insoweit negiert, was die restrukturierungsrechtlichen Abstimmungsvorgänge weiter von einer organschaftlichen Beschlussfassung entfernt. Vielmehr verdeutlicht die Betonung des individuellen Risikoanteils eines jeden einzelnen Mitglieds eindrücklich, dass die Beteiligung der Anteilseigner an der Planannahme nicht als Teil des jeweiligen Organs, sondern als Einzelperson erfolgt.

In dieselbe Richtung zeigt schließlich auch die jüngere Judikatur des EuGH, wonach Art. 24 Nr. 2 S. 1 Alt. 4 Brüssel-Ia-VO voraussetzt, dass die Gültigkeit eines Beschlusses eines Gesellschaftsorgans „im Hinblick auf das geltende Gesellschaftsrecht oder die satzungsmäßigen Vorschriften über das Funktionieren der Organe dieser Gesellschaft" in Frage gestellt wird.[117] Nach dieser Rechtsprechungslinie gilt die ausschließliche Zuständigkeit demnach nur, wenn die begehrte Aufhebung oder Nichtigkeitsfeststellung auf eine Verletzung von gesellschaftsrechtlichen Vorschriften oder einen spezifischen Verstoß gegen die Satzung gestützt wird, wobei vor allem Kompetenz- und Verfahrensverstöße in Betracht kommen. Dadurch wird die Norm auf ihren Ausnahmecharakter zurückgeführt und zugleich der angestrebte Gleichlauf von Forum und anwendbarem Recht in den Vordergrund gerückt. Nun richtet sich aber, wie bereits gezeigt wurde, weder die Abstimmung in der Gruppe der Anteilsinhaber,

---

[115] Zur Gruppenbildung im Insolvenzplan nach § 222 InsO, der bei der Ausarbeitung des StaRUG als Vorbild diente, siehe nur die RegBegr. zum ESUG BT-Drs. 17/5712, 31 sowie *Braun/Frank* in: Braun, InsO, § 222 Rn. 9; *Lüer/Streit* in: Uhlenbruck, § 222 Rn. 40; einschränkend hingegen, Differenzierungen zwischen Mehrheits- und Minderheitsgesellschaftern aber ausdrücklich zulassend *Spahlinger* in: K/P/B, InsO § 222 Rn. 37; *Spliedt* in: K. Schmidt, InsO, § 222 Rn. 19; zur Vorbildfunktion des § 222 InsO siehe die RegBegr. BT-Drucks. 19/24181, S. 118 f.; einer Untergruppierung aufgrund des Beteiligungsumfangs steht richtigerweise auch nicht entgegen, dass nach § 9 Abs. 2 S. 4 StaRUG Kleingläubiger zu einer eigenen Gruppe zusammenzufassen sind, während sich die Vorschrift zu den – ebenfalls in § 222 Abs. 3 InsO genannten – Kleinanteilseignern nicht verhält, denn die Norm legt eine zwingend zu bildende Gruppe fest, ohne dadurch die Grenzziehung zwischen den einzelnen Gruppen im Übrigen einzuschränken.

[116] So zu § 222 InsO *Geiwitz/von Danckelmann* in: BeckOK-InsO, § 222 Rn. 35; *Spliedt* in: K. Schmidt, InsO, § 222 Rn. 19.

[117] EuGH Urteil vom 02.10.2008, Rs. C-372/07, *Hassett*, Slg. 2008, I-7450 Rn. 26 = EuZW 2008, 665; Urteil vom 23.10.2014, Rs. C-302/13, *flyLAL*, GRUR Int. 2014, 1172 Rn. 40; Urteil vom 07.03.2018, Rs. C-560/16, *E.ON Czech*, EuZW 2018, 811 Rn. 33; *Schack*, IZVR, Rn. 395; aA wohl *Mankowski* in: FS Simotta, S. 351 (361), wonach es keines Rückbezugs zu Gesetz oder Satzung bedarf.

geschweige denn die Entscheidungsfindung unter den übrigen Beteiligten nach gesellschaftsrechtlichen Vorgaben. Sowohl der Ablauf des Verfahrens als auch die Stimmberechtigung wird von den restrukturierungsrechtlichen Regelungen der §§ 17 ff. StaRUG überlagert. International-privatrechtlich ist das Restrukturierungsrecht demnach – ohne an dieser Stelle bereits den Überlegungen zur kollisionsrechtlichen Behandlung des Restrukturierungsrahmen vorzugreifen – auch nicht dem Gesellschaftsrecht zuzuschlagen.

Insgesamt wäre es daher verfehlt, die Annahme eines Restrukturierungsplans als Beschluss eines Gesellschaftsorgans einzuordnen, wie ihn Art. 24 Nr. 2 Brüssel-Ia-VO voraussetzt. Bereits die unmittelbaren Wirkungen gegenüber den Gläubigern der Gesellschaft, die ein Restrukturierungsplan in aller Regel mit sich bringen wird, hebt ihn von herkömmlichen Gesellschafterbeschlüssen ab, die zwar für die (wirtschaftliche) Position der Gläubiger ebenfalls von großer Bedeutung sein können, hierauf aber stets nur mittelbaren Einfluss haben. Keineswegs mit dem Begriff eines Organbeschlusses vereinbar ist ferner die Mitwirkung Gesellschaftsfremder an der Entscheidungsfindung, wie sie bei einem Plan, der auch Eingriffe in Gläubigerrechte vorsieht, allerdings unumgänglich wäre.[118] Aber selbst in Bezug auf – praktisch wohl höchst untypische und von der Richtlinie nicht einmal notwendig vorgeschriebene – Restrukturierungspläne, die alleine die Rechte von Gesellschaftern betreffen, stellt die Annahme des Plans richtigerweise keinen Beschluss im Sinne der Verordnung dar. Denn wie gezeigt wurde, geht sowohl die Richtlinie als auch das nationale Recht davon aus, dass die Entscheidung nicht von dem nach der Organisationsverfassung zuständigen korporationsrechtlichen Kollektivorgan getroffen wird, sondern von den ihm angehörenden Individuen.

(2) Die Gültigkeit des Plans als Gegenstand des Bestätigungsverfahrens?

Die Anwendung des Art. 24 Nr. 2 Brüssel-Ia-VO scheitert allerdings auch an anderer Stelle. Es geht bei der Bestätigung nämlich nicht, wie die Norm verlangt, um die Gültigkeit des angenommenen Plans. Rechtswirksamkeit erlangt der Restrukturierungsplan vielmehr bereits mit der Annahme durch die stimmberechtigten Parteien. Rechtsgrund des Plans selbst ist nicht etwa die gerichtliche Bestätigung, sondern die willensgetragene Annahme eines entsprechenden Planangebots durch die Planbetroffenen. Dies ergibt sich nicht zuletzt aus Art. 10 Abs. 1 RRL, der die gerichtliche Bestätigung des Plans nur in einigen eng begrenzten Fällen vorschreibt und sie im Übrigen dem Willen des Schuldners (respektive anderen, nach nationalem Recht antragsberechtigten Beteiligten) überlässt.[119] Dieselbe Konzeption liegt auch der Regelung des § 18 StaRUG zugrunde, wonach ein Planangebot im Zweifel unter der Bedingung steht,

---

[118] So zum englischen *Scheme of Arrangement Mankowski* WM 2011, 1201 (1206).
[119] *Laroche* in: Flöther, Sanierungsrecht, Rn. F.233 f.

dass es von sämtlichen Planbetroffenen angenommen oder andernfalls gerichtlich bestätigt wird. Es handelt sich dabei um eine bloße Auslegungshilfe, die die in der Praxis meist unerwünschte Bindung nur eines Teils der Planbetroffenen verhindern will. Daraus ergibt sich aber im Umkehrschluss, dass ohne diese Auslegungsregel (oder eine entsprechende ausdrückliche Regelung im Planangebot[120]) auch einem teilweise angenommenen, unbestätigten Plan durchaus Rechtswirkungen zukommen würden. Damit liegt § 18 StaRUG – wie auch der Richtlinie – der Gedanke zugrunde, dass ein Restrukturierungsplan grundsätzlich bereits allein durch die Annahme seitens der Gläubiger – und nicht erst durch die gerichtliche Bestätigung – wirksam wird; wenn auch nur gegenüber den zustimmenden Beteiligten. So wird nach Art. 10 Abs. 2, 11 Abs. 1 UAbs. 1 lit. a) RRL, in deutsches Recht umgesetzt durch § 63 Abs. 1 Nr. 2 StaRUG, zwar im Rahmen der gerichtlichen Planbestätigung die Einhaltung der gesetzlichen Anforderungen an den Inhalt und die verfahrensmäßige Behandlung des Restrukturierungsplans geprüft. Als Rechtsfolge eines Verstoßes ist der Sanierungsplan allerdings keineswegs automatisch insgesamt unwirksam; nur treten in diesem Fall die von der Bestätigung abhängigen, weiteren Wirkungen des Plans nach §§ 67 f. StaRUG nicht ein. Im Übrigen bleibt die ausgehandelte Übereinkunft – vorbehaltlich eines Bedingungsausfalls nach § 18 StaRUG – aber rechtsgültig. Zwar mögen die Versagungsgründe im Einzelfall zugleich Willensmängel der zustimmenden Beteiligten begründen, was Letztere – wie ein Gegenschluss zu § 67 Abs. 6 StaRUG belegt – zur Anfechtung berechtigen kann.[121] Die daraus resultierenden Rechtsfolgen sind indes nicht Gegenstand des Bestätigungsverfahrens, sondern in einem individuellen Rechtsstreit zwischen dem jeweiligen Gläubiger und dem Schuldner – in der Regel auf Leistung der ungekürzten Forderung – zu klären.

b) Die Vermeidung einer gespaltenen Zuständigkeitsordnung

Auch systematische Erwägungen sprechen klar gegen eine Anwendung des Art. 24 Nr. 2 Brüssel-Ia-VO auf die hier in Frage stehenden Restrukturierungsrahmen. Denn hielte man die Norm für einschlägig, so hätte dies unausweichlich eine gespaltene Zuständigkeitsordnung zur Folge, die der rechtsformunabhängigen Konzeption der Richtlinie diametral zuwiderliefe.[122]

Der Unionsgesetzgeber hat es gem. Art. 1 Abs. 4 UAbs. 2 RRL den Mitgliedstaaten überlassen, den persönlichen Anwendungsbereich des zu schaf-

---

[120] Eine Klarstellung für die Praxis trotz § 18 StaRUG anratend *Pehl* in: Braun, StaRUG, § 18 Rn. 3.

[121] Dazu etwa *Bauch* in: Braun, StaRUG, § 67 Rn. 17.

[122] So bereits *Hoos/Schwartz/Schlander* ZIP 2021, 2214 (2218); *Skauradszun* in: BeckOK-StaRUG, § 84 Rn. 86; *Thole* ZIP 2021, 2153 (2155); ansatzweise auch *Schlöder/Parzinger/Knebel* ZIP 2021, 1041 (1045).

fenden Sanierungsmechanismus auszutarieren. Danach muss der Restrukturierungsrahmen zwar zumindest für juristische Personen offenstehen; darüber hinaus lässt die Richtlinie aber durchaus auch eine rechtsformunabhängige Öffnung für sämtliche unternehmerisch tätigen Rechtssubjekte zu, wie sie etwa im deutschen Recht gewählt wurde.[123] Außerdem bleibt zu beachten, dass Art. 2 Abs. 1 Nr. 2 RRL die Gestaltbarkeit mitgliedschaftlicher Beteiligungen an der Schuldnergesellschaft ebenfalls ins Ermessen der Mitgliedstaaten stellt. Ein nationaler Restrukturierungsrahmen genügt den Vorgaben der Richtlinie daher auch dann, wenn er lediglich die Einbeziehung der schuldnerischen Verbindlichkeiten gewährleistet, ohne zugleich Planeingriffe in Gesellschafterrechte zu ermöglichen. In diesem Fall muss der nationale Gesetzgeber dem Obstruktionspotenzial der Anteilseigner nach Art. 12 RRL lediglich auf andere Weise wirksam begegnen.

Darin liegt bereits einer der gewichtigsten Unterschiede der europäischen Vorgaben zum englischen *Scheme of Arrangement*: während letzteres ausschließlich Gesellschaften vorbehalten war, steht der Restrukturierungsrahmen grundsätzlich allen Unternehmern offen, also Gesellschaften und natürlichen Personen gleichermaßen. Jedenfalls soweit im Zusammenhang mit dem englischen *Scheme of Arrangement* die Normierung im *Companies Act* und die damit einhergehende gesellschaftsrechtliche Provenienz angeführt wurde,[124] ist die Argumentation mithin nicht auf die hier in Frage stehenden Sanierungsverfahren übertragbar. Bereits aus diesem Grund muss eine Subsumption unter Art. 24 Nr. 2 Brüssel-Ia-VO für einen Teil der Restrukturierungsverfahren – soweit nämlich eine natürliche Person als Schuldner betroffen ist oder das nationale Recht überhaupt keine Gestaltungsmöglichkeit für Gesellschafterrechte vorsieht – von vornherein ausscheiden. Aus den genannten Gründen ist sie richtigerweise aber auch insoweit abzulehnen, als das jeweilige Verfahren eine Gesellschaft betrifft und das nationale Recht eine Einbeziehung der Anteilseigner gestattet.

c) *Teleologische Erwägungen*

Bleibt also zuletzt die Frage, ob das vorstehend anhand von Wortlaut und Systematik gefundene Ergebnis auch den Art. 24 Nr. 2 Brüssel-Ia-VO zugrunde liegenden teleologischen Erwägungen gerecht wird.

---

[123] § 30 Abs. 1 StaRUG verlangt demnach – entsprechend den Vorgaben der Richtlinien – eine unternehmerische Tätigkeit nur für natürliche Personen, sodass juristische Personen und rechtsfähige Personengesellschaften auch dann von den Restrukturierungsinstrumenten profitieren können, wenn sie lediglich ideelle Zwecke verfolgen; vgl. dazu *Haffa/Schuster* in: Braun, StaRUG § 30 Rn. 2 sowie die Regierungsbegründung BT-Drucks. 19/24181, S. 133.

[124] *Thole* ZGR 42 (2013) 109 (122).

Hintergrund des ausschließlichen Gerichtsstands für Fragen der Existenz und Beendigung einer Gesellschaft sowie der Beschlüsse der Gesellschaftsorgane ist in erster Linie die weitreichende Bedeutung ebendieser Rechtsfragen nicht nur für die unmittelbar am Rechtsstreit Beteiligten, sondern auch für andere Teilnehmer am Rechtsverkehr. Mit anderen Worten: den dort aufgeführten Teilbereichen des Gesellschaftsrechts ist ein gesteigertes Bedürfnis an Rechtssicherheit und -klarheit gemein.[125] Exemplifiziert wird dies durch die Parallele im materiellen deutschen Gesellschaftsrecht, das für die Frage der Existenz einer juristischen Person ebenso bestandsschützende Regelungen bereithält, wie für die Beschlüsse der Hauptversammlung als umfangreichstes und damit auch fehleranfälligstes Kollektivorgan.[126] Im Hinblick auf die Nichtigerklärung einer Kapitalgesellschaft ist das Erfordernis einer publizitätspflichtigen Gerichtsentscheidung sogar gem. Art. 11 und 14 lit. i) GesR-RL sekundärrechtlich abgesichert. Die Ratio hinter der Begründung eines ausschließlichen Gerichtsstands ist mithin in der besonderen Relevanz der betreffenden Rechtsverhältnisse als Vorfrage für eine Vielzahl daran anknüpfender Rechtsfragen zu sehen. Daraus ergibt sich das dringende, von Art. 24 Nr. 2 Brüssel-Ia-VO adressierte Bedürfnis, in den betreffenden Statussachen im Interesse der Rechtssicherheit und -klarheit widersprüchliche Entscheidungen um jeden Preis zu vermeiden.[127] Immerhin wirken die betroffenen Entscheidungen nach den mitgliedschaftlichen Gesellschaftsrechtsordnungen regelmäßig *egra omnes* und beanspruchen damit auch über die Parteien des konkreten Rechtsstreits hinaus Geltung. Die (internationale) Zuständigkeitskonzentration erscheint vor diesem Hintergrund als adäquates Mittel, um gegenläufige Urteile zuverlässig vorzubeugen.

Teilweise wird daraus abgeleitet, die Vorschrift gelte nur für solche Maßnahmen, die sich auf die innere Struktur der Gesellschaft auswirken. Darauf aufbauend wurde die Anwendung von Art. 24 Nr. 2 Brüssel-Ia-VO auf das englische *Scheme of Arrangement* teilweise mit der Begründung abgelehnt, dass Modifikationen der inneren Gesellschaftsstruktur nicht – jedenfalls nicht

---

[125] *Kropholler/v. Hein*, EuZPR, EuGVO Art. 22 Rn. 33; *Jenard*, Bericht zum EuGVÜ, S. 35.

[126] Vgl. dazu §§ 241 ff, 275 ff. AktG und §§ 75 GmbHG; ab Inkrafttreten der Personengesellschaftsreform durch das MoPeG zum 01.01.2024 außerdem §§ 110 ff. HGB n. F.

[127] So EuGH, Urteil vom 02.10.2008, Rs. C-372/07, *Hassett*, Slg. 2008, I-7450 Rn. 20 = EuZW 2008, 665; Urteil vom 07.03.2018, Rs. C-560/16, *E.ON Czech*, EuZW 2018, 811 Rn. 31; BGH, Urteil vom 12.07.2011 – II ZR 28/10, BGHZ 190, 242 Rn. 13; *Dörner* in: Saenger, ZPO, EuGVVO Art. 24 Rn. 16; *Freund*, Die Sanierung der Kapitalgesellschaft, S. 181; *Husfeldt*, Das UK Solvent Scheme of Arrangement als Sanierungsinstrument für deutsche Gesellschaften, S. 109; *Kindler* NZG 2010, 576 (577); *Laier* GWR 2011, 252 (254); *Schlosser* in: Schlosser/Hess, EuZPR, EuGVVO Art. 24 Rn. 16; *Stadler* in: Musielak/Voit, ZPO, EuGVVO Art. 24 Rn. 6; sowie bereits *Jenard*, Bericht zum EuGVÜ, S. 35.

ohne (mehrheitliche) Zustimmung der Gesellschafter – möglich sei.[128] Möge der (Fremd-)Finanzierungsstruktur auch durchaus zentrale Bedeutung für Erfolg und Fortbestand des Unternehmens zukommen, handele es sich dabei gleichwohl nicht um eine Frage der inneren Gesellschaftsstruktur, auf die Art. 24 Nr. 2 Brüssel-Ia-VO zugeschnitten sei.[129] Streitigkeiten der Gesellschaft mit ihren Gläubigern hätten auf die Gesellschaftsstruktur bereits keinerlei Auswirkung, sodass diese auch nicht *erga omnes* wirkten.[130]

Jedenfalls im Kontext der hier zu betrachtenden Restrukturierungsrahmen verfängt diese Argumentation nicht. Denn in Art. 11 RRL sieht die Richtlinie mit dem gruppenübergreifenden *cram-down* durchaus eine Möglichkeit vor, um in die Gesellschafterstellung einzugreifen, wie die deutsche Umsetzung in § 7 Abs. 4 StaRUG durch die Aufzählung zahlreicher Gestaltungsvarianten exemplifiziert. Letztlich greift das Erfordernis einer Änderung der Gesellschaftsstruktur jedoch insgesamt zu kurz. Denn vor allem die zweite Fallgruppe in Art. 24 Nr. 2 Brüssel-Ia-VO erfasst bei Weitem nicht nur Anfechtungs- und Nichtigkeitsfeststellungsklagen gegen strukturändernde Beschlüsse wie etwa Kapitalmaßnahmen, den Abschluss von Unternehmensverträgen oder den Ausschluss von Minderheitsaktionären.[131] Vielmehr schließt der insoweit eindeutige Wortlaut gleichermaßen gerichtliche Angriffe auf regelmäßig wiederkehrende Entscheidungen ein, sodass der Vorschrift beispielsweise auch die Anfechtung von Entlastungs- oder Gewinnverwendungsbeschlüssen unterfällt.[132]

Ein Argument für die Anwendung der ausschließlichen Zuständigkeit in Gesellschaftssachen auf die Restrukturierungsrahmen nach der Restrukturierungsrichtlinie lässt sich daraus gleichwohl nicht ableiten. Mit der Bindungswirkung nach Art. 15 Abs. 1 RRL entfaltet der bestätigte Restrukturierungsplan zwar auch gegenüber Beteiligten Wirkung, die gegen den Plan gestimmt oder sich im Verfahren enthalten haben. Eine echte *erga omnes* Wirkung im herkömmlichen Sinn, also eine Bindungswirkung auch gegenüber unbeteiligten Dritten ist damit allerdings gerade nicht verbunden. Im Übrigen ergibt sich

---

[128] *Husfeldt*, Das UK Solvent Scheme of Arrangement als Sanierungsinstrument für deutsche Gesellschaften, S. 110 f.; hingewiesen sei jedoch auf die jüngsten Maßnahmen des englischen Gesetzgebers durch die Einführung eines *Restructuring Plans* als Spielart des bewährten *Scheme of Arrangement*, wodurch nach Sec. 901G CA nunmehr auch klassenübergreifende Mehrheitsentscheidungen möglich werden, vgl. dazu *Tashiro* NZI-Beil. 2021, 77 (77 f.); *Stiegler* NZI 2020, 717 (718).

[129] *Mankowski* WM 2011, 1201 (1206); ähnlich *Husfeldt*, Das UK Solvent Scheme of Arrangement als Sanierungsinstrument für deutsche Gesellschaften, S. 110.

[130] *Husfeldt*, Das UK Solvent Scheme of Arrangement als Sanierungsinstrument für deutsche Gesellschaften, S. 110, 112; *Mankowski* WM 2011, 1201 (1206).

[131] Zum *squeeze out* EuGH Urteil vom 07.03.2018, Rs. C-560/16, *E.ON Czech*, EuZW 2018, 811 Rn. 45; zust. *J. Schmidt* EuZW 2018, 813 (814); unentschlossen *Mankowski* LMK 2018, 405156 mit umfangreichen weiteren Rechtsprechungs- und Literaturnachweisen.

[132] AA offenbar *Dostal* in: Münchener Anwaltshandbuch GmbH-Recht, § 26 Rn. 427.

die Notwendigkeit der kollektivierenden Betrachtung im Restrukturierungsrecht nicht aus dem rechtlichen Bedürfnis möglichst widerspruchsfreier Entscheidungen, sondern aus den adversen, vor allem wirtschaftlich motivierten Verhaltensanreizen der einzelnen Beteiligten. Das (Fort-)Bestehen einer Gesellschaft kann hingegen rein rechtlich stets nur einheitlich beurteilt werden und betrifft überdies unmittelbar die Interessen der künftigen Geschäftspartner und sonstiger Teilnehmer am Rechtsverkehr. Insofern trifft das Telos des Art. 24 Nr. 2 Brüssel-Ia-VO auf Restrukturierungsrahmen nach der Restrukturierungsrichtlinie nicht zu.[133]

Als weiterer Normzweck wird verbreitet der Gleichlauf von internationaler Zuständigkeit und anwendbarem Sachrecht hervorgehoben, der angesichts der enormen Komplexität des Gesellschaftsrechts gerade auf diesem Gebiet von Vorteil sei.[134] Besonders deutlich wird diese Ratio in der gewählten Anknüpfungsmethode, die – anders als etwa für die unbeweglichen Gegenstände in Nr. 1 – nicht von der Verordnung selbst festgelegt wird, sondern insoweit lediglich durch Verweis auf das internationale Privatrecht des jeweiligen Mitgliedstaats erfolgt. Zuständig sind die Mitgliedstaaten mithin für solche Gesellschaften, auf die kollisionsrechtlich auch ihr eigenes Gesellschaftsrecht anzuwenden ist,[135] wobei der Unterwerfung ausländischer Gesellschaftsformen unter eine andere als ihre Gründungsrechtsordnung freilich enge primärrechtliche Grenzen gesetzt sind.[136] Eng mit dem Gleichlauf von internationaler Zu-

---

[133] AA *J. Schmidt* ZInsO 2021, 654 (660), die aus der Verbindlichkeit der Planbestätigung ein „ganz spezielles Bedürfnis nach einer einheitlichen Entscheidung" ableiten will.

[134] EuGH, Urteil vom 02.10.2008, Rs. C-372/07, *Hassett*, Slg. 2008, I-7450 Rn. 21 = EuZW 2008, 665; Urteil vom 07.03.2018, Rs. C-560/16, *E.ON Czech*, EuZW 2018, 811 Rn. 30, 32; BGH, Urteil vom 12.07.2011 – II ZR 28/10, BGHZ 190, 242 Rn. 13; OLG Frankfurt a. M., Urteil vom 03.02.2010 – 21 U 54/09, NZG 2010, 581 (582); *Dostal* in: Münchener Anwaltshandbuch GmbH-Recht, § 26 Rn. 419; *Gottwald* in: MüKo-ZPO, Brüssel-Ia-VO Art. 24 Rn. 23; *Hess*, Europäisches Zivilprozessrecht, Rn. 6.137; *Kindler* NZG 2010, 576 (577); *Kropholler/v. Hein*, EuZPR, EuGVO Art. 22 Rn. 33; *Laier* GWR 2011, 252 (254); *Leible* in: Hirte/Bücker, Grenzüberschreitende Gesellschaften, § 12 Rn. 7; *Mankowski* in: Rauscher, EuZPR-EuIPR, Brüssel-Ia-VO Art. 24 Rn. 59; *Ringe* IPRax 2007, 388 (391 f.); *Schaper* IPRax 2010, 513 (514); *Schlosser* in: Schlosser/Hess, EuZPR, EuGVVO Art. 24 Rn. 16; *Swierczok*, Das englische Scheme of Arrangement und seine Rezeption in Deutschland, S. 108; *Vossler* in: BeckOK-ZPO, Brüssel-Ia-VO Art. 24 Rn. 18.

[135] *Kindler* NZG 2010, 576 (577).

[136] Der BGH wendet auf EU-Gesellschaften in Umsetzung der EuGH Judikatur einheitlich die Gründungstheorie an, ohne danach zu differenzieren, ob IPR und materielles Gesellschaftsrecht des Gründungsstaats den Wegzug gestattet, vgl. BGH, Urteil vom 12.07.2011 – II ZR 28/10, BGHZ 190, 242 Rn. 14 ff. m. w. N.; dagegen Raum für eine Anknüpfung nach der Sitztheorie lassend, soweit die Niederlassungsfreiheit keine Anwendung der Gründungstheorie gebietet *Kindler* NZG 2010, 576 (578); ausführlich zu den Implikationen der Niederlassungsfreiheit auf das deutsche internationale Gesellschaftsrecht *Behme*, Sitzverlegung

ständigkeit und anwendbarem Recht verbunden ist letztlich auch die Erwägung, durch eine Konzentration bei den Gerichten des Sitzstaates, in welchen sich typischerweise die registerführende Stelle befindet, könnte die Einhaltung zwingender Publizitätserfordernisse am effektivsten sichergestellt werden.[137] Allenfalls am Rande taugt schließlich das gelegentlich vorgebrachte, der Idee des gegenseitigen Vertrauens allerdings zuwiderlaufende Argument, der Gründungsstaat habe ein ureigenes, öffentliches Interesse daran, selbst über die internen Angelegenheiten von Gesellschaften zu befinden, die ihre Existenz allein aus seiner Gesellschaftsrechtsordnung ableiten.[138]

Vor allem der Gleichlauf mit den Publizitätsanforderungen wurde im Zusammenhang mit dem englischen *Scheme of Arrangement* bisweilen bemüht, um einer internationalen Zuständigkeit am Satzungssitz der Gesellschaft besonderen Nachdruck zu verleihen.[139] Beachtenswert erscheint in diesem Zusammenhang allerdings, dass sich insoweit ein entscheidender Unterschied zwischen Restrukturierungsrahmen und englischem *Scheme of Arrangement* auftut. Während Letzteres nämlich gem. Sec. 899 (4) CA erst durch eine entsprechende Eintragung ins Handelsregister wirksam wird, um die das Restrukturierungsgericht das registerführende *Companies House* im Falle einer Bestätigung des Plans ersucht,[140] ergibt sich ein Eintragungserfordernis unter dem (deutschen) Restrukturierungsrahmen nur bei einem entsprechend publizitätspflichtigen Planinhalt.[141] Ist Teil des angestrebten Sanierungsvorhabens etwa eine Kapitalerhöhung, möglicherweise ergänzt um eine vereinfachte Kapitalherabsetzung als Kapitalschnitt, so befreit § 68 StaRUG zwar von der gesellschaftsrechtlichen Beschlussfassung. Einer Eintragung ins Handelsregister bedürfen die Strukturmaßnahmen zu ihrer Wirksamkeit allerdings gleichwohl.[142]

---

und Formwechsel von Gesellschaften über die Grenze, S. 42 ff.; zu den Auswirkungen der EuGH-Judikatur auf das IZVR auch *Ringe* IPRax 2007, 388.

[137] *Husfeldt*, Das UK Solvent Scheme of Arrangement als Sanierungsinstrument für deutsche Gesellschaften, S. 108; *Kropholler/v. Hein*, EuZPR, EuGVO Art. 22 Rn. 33; vgl. auch bereits *Jenard*, Bericht zum EuGVÜ, S. 35 sowie EuGH Urteil vom 02.10.2008, Rs. C-372/07, *Hassett*, Slg. 2008, I-7450 Rn. 21 = EuZW 2008, 665.

[138] *Kropholler/v. Hein*, EuZPR, EuGVO Art. 22 Rn. 33; *Mankowski* in: Rauscher, EuZPR-EuIPR, Brüssel-Ia-VO Art. 24 Rn. 59.

[139] Vgl. *Eidenmüller/Frobenius* WM 2011, 1210 (1215), die daraus rechtsfortbildend eine – allerdings fakultative – Zuständigkeit der Gerichte im Mitgliedstaat des Satzungssitzes herleiten.

[140] *Sax/Swierczok* in: Flöther, Sanierungsrecht, Rn. K.24; *Swierczok*, Das englische Scheme of Arrangement und seine Rezeption in Deutschland, S. 42.

[141] Für börsennotierte Gesellschaften ist gem. § 65 Abs. 2 S. 2 StaRUG außerdem die Veröffentlichung des wesentlichen Inhalts des Plans im Internet obligatorisch, sodass insoweit ein gewisser Grad an Publizität gewährleistet wird.

[142] *Bauch* in: Braun, StaRUG § 68 Rn. 6; vgl. zur Parallelvorschrift des § 254a Abs. 2 InsO *Andres* in: Andres/Leithaus, InsO, § 254a Rn. 6; *Rühle/Ober* in: Nerlich/Römermann, InsO, § 254a Rn. 5; vgl. auch BT-Drucks. 17/5712, S. 36.

Nun ist jedoch zu bedenken, dass die Eintragung – zumindest nach deutschem Recht – nicht von Amts wegen vorgenommen wird, sondern die getroffenen Maßnahmen von den zuständigen Organen zum Handelsregister anzumelden sind. Der Mehrwert eines Gleichlaufs von zuständigem Gericht und Registerpublizität ist daher begrenzt.[143] Örtlich dürften Handelsregister- und Restrukturierungsgericht wegen der zunehmenden Spezialisierung in Insolvenz- und Restrukturierungssachen, die nicht zuletzt auch in Brüssel befürwortet wird,[144] ohnehin nur selten übereinstimmen, obgleich natürlich alleine die Beheimatung in derselben Rechtsordnung manche Komplikation vermeiden wird. Bedenkt man zudem, dass die Vorgängerregelungen des Art. 24 Nr. 2 Brüssel-Ia-VO aus einer Zeit weit vor der Ausdifferenzierung der Niederlassungsfreiheit durch den EuGH stammt,[145] so erscheint der angeblich angestrebte Gleichlauf mit den Publizitätserfordernissen als Normzweck – jedenfalls aus historischer Sicht – überhaupt zweifelhaft, dominierte doch damals in nicht wenigen Mitgliedstaaten (auch für EU-Gesellschaften) noch die Sitztheorie. Auch insoweit ergeben sich aus einer teleologischen Betrachtung heraus daher keinerlei valide Argumente, die für eine Anwendung von Art. 24 Nr. 2 Brüssel-Ia-VO auf die Restrukturierungsrahmen nach der Restrukturierungsrichtlinie ins Feld geführt werden könnten.

d) Conclusio

Zusammenfassend ergibt sich Folgendes: Für Restrukturierungsverfahren, die von einer natürlichen Person als Schuldner angestrengt werden, kann Art. 24 Nr. 2 Brüssel-Ia-VO von vornherein keine Anwendung finden. Gleiches gilt, soweit eine Einbeziehung der Anteilsrechte in die Gestaltungswirkungen des Plans nach dem mitgliedstaatlichen Recht nicht möglich oder im konkreten Fall nicht beabsichtigt ist. Sieht das mitgliedstaatliche Recht, wie es Art. 9 Abs. 3 lit. a) RRL durchaus erlaubt, einen gänzlichen Ausschluss der – an sich vom Plan betroffenen – Anteilseigner von der Abstimmung vor, so scheitert die Einordnung der Planannahme als Organbeschluss bereits daran, dass die Gesellschafter an ihr überhaupt nicht mitwirken. Aber selbst wenn ihnen – wie nach deutschem Recht – ein Teilnahme- und Stimmrecht im Erörterungs- und

---

[143] Vgl. zur praktischen Handhabbarkeit der Eintragungspflichtigkeit ausländischer Schuldenanpassungsverfahren selbst ohne die Verfügbarkeit vergleichbarer inländischer Sanierungsinstrumente (und damit einhergehend entsprechenden Register(-verfahrens-)rechts) *Eidenmüller/Frobenius* WM 2011, 1210 (1215).

[144] Vgl. dazu die Konzentration bei einzelnen Amtsgerichten für den gesamten Gerichtssprengel eines Oberlandesgerichts gem. § 34 Abs. 1 StaRUG sowie die europäischen Vorgaben an die Ausbildung und Sachkunde von Insolvenzrichtern und sonstigen staatlichen Entscheidungsträgern in Art. 25 RRL.

[145] Art. 16 Nr. 2 EuGVÜ verwies zwar nur auf den Sitz der Gesellschaft; in Zusammenschau mit Art. 53 UAbs. 2 EuGVÜ ergab sich allerdings die Maßgeblichkeit des nationalen IPR.

Abstimmungstermin zusteht, wird man das Restrukturierungsverfahren aus den genannten Gründen nicht unter Art. 24 Nr. 2 Brüssel-Ia-VO fassen können. Dies gilt wegen der Verdrängung der gesellschaftsrechtlichen Stimmrechtsallokation auch dann, wenn der Plan – was ohnehin eher die Ausnahme sein dürfte – ausschließlich die Rechte der Anteilseigner an der Schuldnerin betrifft.

Vor allem um eine ansonsten drohende, sachlich nur schwer zu rechtfertigende Ungleichbehandlung der Restrukturierungsvorhaben zu vermeiden, sprechen damit insgesamt die besseren Argumente gegen eine Anwendung von Art. 24 Nr. 2 Brüssel-Ia-VO. Immerhin steht der Restrukturierungsrahmen, wie gezeigt, auch natürlichen Personen offen; die Gestaltbarkeit der Mitgliedschaftsrechte der Anteilseigner – und damit auch deren Beteiligung an der Planabstimmung – hängt von der Ausgestaltung im nationalen Recht ab. Schließlich betrifft lediglich ein Teil des zur Umgestaltung der Gesellschafterstruktur eröffneten Arsenals Maßnahmen, die außerhalb der Restrukturierung den Organen der Gesellschaft vorbehalten wären. Insofern würde es ebensowenig einleuchten, für die internationale Zuständigkeit einen Unterschied danach zu machen, ob Gläubiger im Wege einer gesellschaftsrechtlichen Kapitalmaßnahme (z. B. eines *debt-equity swap*) an der Schuldnerin beteiligt und dadurch die Anteile der bisherigen Mitglieder verwässert werden, oder der Plan an der individuellen Rechtsstellung der Gesellschafter ansetzt, indem beispielsweise eine (teilweise) Abtretung bestehender Mitgliedschaftsrechte an Gläubiger vorgenommen wird. Derartige Verwerfungen lassen sich indes von vornherein vermeiden, wenn mit der hier vertretenen Ansicht bereits die Einordnung der Planabstimmung als Organbeschluss, jedenfalls aber die Qualifikation der gerichtlichen Planbestätigung als Verfahren über die Gültigkeit eines solchen Beschlusses abgelehnt wird. Eine Heranziehung von Art. 24 Nr. 2 Brüssel-Ia-VO muss daher insgesamt ausscheiden.[146]

5. Das Erfordernis eines einheitlichen, gesetzlichen Restrukturierungsgerichtsstands

Das dargestellte Dilemma der Unzulänglichkeit der in der Brüssel-Ia-VO vorgesehenen Zuständigkeitsordnung aber bleibt. Es bedarf daher einer wertungsgerechten und systemkonformen Ausformung des Restrukturierungszuständigkeitsrechts, um sanierungsbedürftigen Unternehmen eine rechtssichere Wahl des Restrukturierungsstandorts zu ermöglichen. Unter Berufung auf ebendiese Defizite der Brüssel-Ia-VO wurden bereits im Zusammenhang mit dem englischen *Scheme of Arrangement* verschiedene Lösungsmodelle vorgeschlagen, um zu einem einheitlichen Gerichtsstand zu gelangen. Die Ansätze reichten

[146] *Hoos/Schwartz/Schlander* ZIP 2021, 2214 (2218); *Schlöder/Parzinger/Knebel* ZIP 2021, 1041 (1045); *Skauradszun* in: BeckOK-StaRUG, § 84 Rn. 86; *ders.* ZIP 2019, 1501 (1506); *Thole* ZIP 2021, 2153 (2155).

von einem Rückgriff auf nationales IZVR[147] über die Einordnung des Schuldners als Beklagten im Sinne von Art. 4 Brüssel-Ia-VO[148] bis hin zur Entwicklung einer eigenständigen, schuldnerorientierten Zuständigkeitsnorm.[149] Alle Vorschläge verfolgten dabei letztendlich das Ziel, das grundlegende, sanierungsimmanente Kollektivierungsproblem in den Griff zu bekommen.

a) Die Unzulänglichkeit der Regelungen der Brüssel-Ia-VO

Im Ergebnis ist dem Bedürfnis einer solchen Fortentwicklung der europäisch-autonomen Zuständigkeitsregelungen für Restrukturierungsverfahren zuzustimmen. Einer fundierten Begründung bedarf allerdings nicht erst die Heranziehung des einen oder anderen Lösungsmodells, sondern – was bisweilen außer Acht gelassen wird – bereits die damit notwendig verbundene Zurückdrängung der in der Verordnung ausdrücklich vorgesehenen Gerichtsstände.[150] Denn der Ausdifferenzierung einer ungeschriebenen Restrukturierungszuständigkeit hat unabhängig von deren Herleitung ein vorgelagerter Begründungsschritt vorauszugehen, nämlich dass die Verordnung insoweit auf dem Gebiet der Kollektivverfahren eine planwidrige Regelungslücke aufweist, die es durch eine Fortentwicklung auf Grundlage der bestehenden sekundärrechtlichen Regelwerke zu schließen gilt. Allein der Befund, dass die in der Verordnung enthaltenen Regelungen in einem bestimmten Fall nicht zur gewünschten Zuständigkeit der angerufenen oder favorisierten Gerichte führen, kann kein hinreichender Anlass sein, die gesetzlich vorgesehenen Gerichtsstände zu übergehen. Denn stünde es jedem Gericht offen, sich alternativer Zuständigkeitsnormen zu bedienen, soweit die Art. 4 ff. Brüssel-Ia-VO nicht zum gewünschten Ergebnis führen, würde das Ziel der Verordnung, durch die Etablierung eines einheitlichen Zuständigkeitssystems positive und negative Kompetenzkonflikte zu vermeiden, auf ganzer Linie verfehlt.

---

[147] Unter Heranziehung des Konkursvorbehalts *Re DAP Holding NV* [2005] EWHC 2092 (Ch.) Rn. 14; *Re La Muttelles du Mans Assurances IARD* [2005] EWHC 1599 (Ch.) Rn. 11; hingegen auf Grundlage der Brüssel-Ia-VO *Re Rodenstock GmbH* [2011] EWHC 1104 (Ch.) Rn. 54, 56, 59, 61.

[148] In diese Richtung *Husfeldt*, Das UK Solvent Scheme of Arrangement als Sanierungsinstrument für deutsche Gesellschaften, S. 151 ff.; ansatzweise, Art. 2 und 60 Brüssel-Ia-Vo jedenfalls argumentativ heranziehend *Thole* ZGR 42 (2013) 109 (123).

[149] *Eidenmüller/Frobenius* WM 2011, 1210 (1214); soweit sich die Restrukturierung nicht lediglich auf Gesellschafter erstreckt auch *Thole* ZGR 42 (2013) 109 (123); für Reorganisationen, die ausschließlich in die Gläubigerrechte eingreifen, außerdem *Swierczok*, Das englische Scheme of Arrangement und seine Rezeption in Deutschland, S. 116 ff.

[150] Dies ebenfalls betonend *Sax/Swierczok* in: Flöther, Sanierungsrecht, Rn. K.41.

(1) Planwidrige Regelungslücke als methodische Grundvoraussetzung der rechtsfortbildenden Entwicklung eines eigenständigen Einheitsrestrukturierungsgerichtsstands

Werden die im geltenden Recht vorgesehenen Gerichtsstände für ein bestimmtes Verfahren für unpassend erachtet, so kann dies im Wesentlichen drei Gründe haben. Erstens könnte der Verzicht des Gesetzgebers auf spezielle Zuständigkeitsvorschriften ein Indiz dafür sein, dass die entsprechenden Verfahren nicht in den Anwendungsbereich der Verordnung fallen sollten.[151] Ein zweiter Erklärungsansatz könnte dahin gehen, dass der Gesetzgeber ganz bewusst auf die besondere – seitens des Betrachters für zweckmäßig erachtete – Zuständigkeitsnorm verzichtet hat und damit zum Ausdruck bringen wollte, dass es insofern mit den bestehenden, allgemeinen Regelungen sein Bewenden haben solle.[152] Schließlich besteht drittens die Möglichkeit, dass die jeweilige Konstellation seitens des Normgebers schlicht nicht bedacht wurde, sodass anhand der andernorts zum Ausdruck kommenden gesetzgeberischen Wertungen ein eigenständiger Gerichtsstand herauszubilden ist.

Auf Grundlage der vorangestellten Überlegungen zur Reichweite von Art. 1 Abs. 2 lit. b) Brüssel-Ia-VO kann die erstgenannte Alternative für das Fehlen eines sachgerechten Restrukturierungszuständigkeitsrechts ausgeschlossen werden.[153] Insoweit wurde im Rahmen dieser Untersuchung bereits hinlänglich dargetan, dass die hier interessierenden Restrukturierungsverfahren keinem nationalen, sondern europäischem IZVR unterfallen. Ein Rückgriff auf das subsidiäre nationale Recht kommt damit nicht in Betracht, sodass die internationale Restrukturierungszuständigkeit zwingend auf europäischer Ebene zu konkretisieren ist. Es bleiben somit nur die beiden letztgenannten Möglichkeiten: ein bewusster Verzicht des Gesetzgebers auf eine spezielle Regelung und damit ein Verweis auf die Geltung der allgemeinen Regelungen oder aber eine planwidrige Lücke im Zuständigkeitsrecht, die es durch eine wertungsgerechte Fortentwicklung des bestehenden Normgefüges zu schließen gilt.

(2) Verfahrensrechtliche Implikationen der materiell-rechtlichen Kollektivierung durch die Restrukturierungsrichtlinie

Durch die Restrukturierungsrichtlinie und ihre Umsetzung auf nationaler Ebene verfolgt die Kommission nicht nur eine Harmonisierung des mitgliedstaatlichen Rechts und – damit einhergehend – eine Angleichung der Wettbewerbsbedingungen auf dem europäischen Binnenmarkt. Sie adressiert dadurch

---

[151] So deutet insbesondere *Thole* ZIP 2021, 2153 (2155) das unpassende Regime der Brüssel-Ia-VO.

[152] Dafür *Skauradszun* ZIP 2019, 1501 (1506 f.).

[153] Offenbar aA, allerdings im Hinblick auf eine Analogie zu Art. 4, 63 Brüssel-Ia-VO *Schlöder/Parzinger/Knebel* ZIP 2021, 1041 (1045).

zugleich das eingangs geschilderte Kollektivierungsproblem, das in Sanierungsszenarios wertvernichtendes Verhalten einzelner Beteiligter begünstigt und damit die Umsetzung gesamtwirtschaftlich sinnvoller Lösungen gefährdet. Mit dem Restrukturierungsrahmen stellt der europäische Gesetzgeber bewusst ein Instrument zur Verfügung, das bei entsprechendem Bedarf das *hold out*-Problem überwinden kann und das Unternehmen mitsamt seinem betriebsnotwendigen Vermögen zusammenhält. Es ist daher gerade auf Situationen zugeschnitten, die eine Abstrahierung der einzelnen Rechtsbeziehungen zwischen Schuldner und Gläubigern notwendig machen, um den Sanierungserfolg auf Grundlage eines kollektiven Verfahrens herbeizuführen. Insofern würde es doch sehr befremdlich anmuten, wollte der europäische Gesetzgeber es für die neu zu schaffenden Restrukturierungsrahmen bei dem von der Brüssel-Ia-VO vorgegebenen, bilateralen Zuständigkeitsregime belassen. In diesem Zusammenhang sei nochmals daran erinnert, dass der Richtliniengeber sich der internationalen Dimension des Restrukturierungsrechts durchaus bewusst war, er die Komplexität des internationalen Rechtsrahmens aber offenbar nicht komplett überblickte.[154] Mit dieser Erkenntnis wäre ein Festhalten an dem statisch-zweiseitigen Zuständigkeitsregime der Brüssel-Ia-VO wohl kaum in Einklang zu bringen. Es bedarf daher, sollen die Errungenschaften der Restrukturierungsrichtlinie nicht auf international-zivilverfahrensrechtlicher Ebene weitgehend leerlaufen, eines einheitlichen Restrukturierungsgerichtsstands.

(3) Das Bedürfnis eines gesetzlichen Restrukturierungsgerichtsstands

Auch nach der Brüssel-Ia-VO wäre es dem Schuldner natürlich unbenommen, mit (allen[155]) Gläubigern entsprechende Gerichtsstandsvereinbarungen zu schließen und damit selbst für einen einheitlichen Restrukturierungsgerichtsstand zu sorgen. Von den – wie gezeigt allerdings nicht zu unterschätzenden – ausschließlichen Gerichtsständen abgesehen stünde es dem späteren Schuldner durchaus frei, bereits bei der Entstehung des Rechtsverhältnisses zu seinen jeweiligen Gläubigern durch Vereinbarung eine einheitliche Zuständigkeit der Gerichte eines bestimmten Mitgliedstaats zu begründen, etwa seines Heimatstaats. Auch nachträglich ist der Abschluss einer Gerichtsstandsvereinbarung unproblematisch möglich; theoretisch sogar im unmittelbaren Vorfeld einer anstehenden Restrukturierung. Die Betonung liegt hier allerdings auf „theoretisch“, denn aus praktischer Sicht hat sich das von der Richtlinie adressierte Kollektivierungsproblem bereits aktualisiert, wenn der Schuldner erst einmal wirtschaftlich angeschlagen ist. Bestünde gegenüber bestimmten Gläubigern

---

[154] Vgl. dazu insb. Erwägungsgrund (11) S. 2 zur RRL.

[155] Auch hier müsste man stets jedes Verfahrensverhältnis einzeln betrachten und daher gleichlaufende Gerichtsstandsvereinbarungen mit allen einzubeziehenden Gläubigern fordern, soweit sich nicht die Zuständigkeit des gewünschten Forums bereits aus den gesetzlichen Gerichtsständen ergibt; vgl. dazu bereits *Thole* ZGR 42 (2013) 109 (119).

noch kein passender Gerichtsstand, würde damit der Restrukturierungsrahmen erheblich an Durchschlagskraft verlieren und damit auch zu weiten Teilen das ihm immanente Drohpotenzial in vorausgehenden informellen Verhandlungen einbüßen. Die Gläubiger wären wohl eher zu einer *hold out*-Taktik geneigt, als sich durch eine Prorogation sehenden Auges einem bevorstehenden Restrukturierungsverfahren zu unterwerfen.[156] Immerhin besteht so die Chance, die eigene Forderung ungekürzt zu behalten, insbesondere wenn sich für den Schuldner ein Parallelverfahren am gesetzlichen Gerichtsstand des Gläubigers wegen der damit verbundenen Kosten schlicht nicht lohnt. Den Gläubigern würden damit Anreize gesetzt, sich entweder durch eine Verweigerung der kurzfristigen Gerichtsstandsvereinbarung an der Restrukturierung überhaupt nicht zu beteiligen oder jedenfalls die Begründung des Gerichtsstands von einer gewissen Gegenleistung abhängig zu machen. Ist der Schuldner daher erst einmal in der Krise, ist der Nutzen von Gerichtsstandsvereinbarungen äußerst begrenzt. Soweit überhaupt noch Gläubiger zu einer Prorogation bereit wären, so wohl nur gegen die Gewährung von Sondervorteilen und damit zulasten der Gleichbehandlung innerhalb der Klassen.[157]

Die Schaffung eines einheitlichen Restrukturierungsgerichtsstands mittels Gerichtsstandsvereinbarungen müsste daher bereits in wirtschaftlich florierenden Zeiten verfolgt werden. Schon beim Abschluss der Verträge mit den jeweiligen *Stakeholdern* müsste der Schuldner gezielt darauf hinarbeiten, flächendeckend den gleichen Gerichtsstand auszubedingen. Für Unternehmen, die sich gerade erst im Aufbau befinden, mag dies einen gangbaren Weg darstellen, obgleich in der euphorischen Gründungsphase strategische Erwägungen zur Bewältigung einer (zumindest gedanklich) weit entfernten Krise nicht die höchste Priorität in den Vertragsverhandlungen haben dürften. Ist dem Verhandlungspartner – wofür verschiedenste Gründe denkbar sind – besonderes an der Vereinbarung eines anderen Gerichtsstands gelegen, wird der Schuldner außerdem eher geneigt sein, sich diesem Wunsch zu beugen und den damit erlangten Verhandlungsvorteil zur Ausbedingung vorteilhafterer Konditionen an anderer Stelle einzusetzen. Das Restrukturierungsszenario stets zu berücksichtigen erfordert einen enormen Weitblick des Schuldners, der gerade in unternehmerisch prosperierenden Zeiten nur schwer aufrechtzuerhalten ist. Noch prekärer erweist sich allerdings die Lage existierender Unternehmen mit bestehenden, langjährigen Verträgen. Hier käme ein Appell zur Vereinbarung eines

---

[156] Dahingehend ist wohl auch die Bemerkung von *Hoos/Schwartz/Schlander* ZIP 2021, 2214 (2218) zu verstehen, es bestünde keine Möglichkeit, nachträglich einen Gerichtsstand zu begründen.

[157] In diesem Zusammenhang könnten allerdings §§ 10 Abs. 3 und 63 Abs. 4 StaRUG virulent werden, wonach die Gewährung von Sondervorteilen, die Gläubiger im Zusammenhang mit dem Restrukturierungsverfahren erhalten, nichtig ist und zur Versagung des Plans führen kann.

einheitlichen (Restrukturierungs-)Gerichtsstands denkbar spät, sind die bedeutsamen Vertragsbeziehungen wie Lieferverträge, Finanzierungen und Lizenzvereinbarungen doch bereits geschlossen. Um bei Geschäftspartnern keine Zweifel an der eigenen Kreditwürdigkeit auszulösen wird man hier dazu geneigt sein, das Thema des (Restrukturierungs-)Gerichtsstands vorerst nicht zur Sprache zu bringen – zumindest nicht bis zur nächsten Verhandlungsrunde über eine Vertragsverlängerung. Darauf, dass der Schuldner mit seiner gesamten Gläubigerschaft einen einheitlichen Restrukturierungsstandort festlegt, sollte man daher nicht vertrauen. Für die ferne Zukunft mögen Gerichtsstandsvereinbarungen daher einen Ausweg aus der Zersplitterung der internationalen Zuständigkeiten nach der Brüssel-Ia-VO bieten, wenn etwa derartige Vereinbarungen marktüblich geworden und Altverträge ausgelaufen sind. Bis dahin allerdings versagt das bipolare Zuständigkeitsmodell der Verordnung im Hinblick auf kollektive Restrukturierungsverfahren auf ganzer Linie.[158]

Letztendlich überzeugt es aber auch aus einem anderen Grund nicht, die Durchführbarkeit eines alle Gläubiger erfassenden Restrukturierungsverfahrens von der vorausgehenden Verhandlungsführung des Schuldners abhängig zu machen. Denn das Restrukturierungsverfahren soll letztendlich auch und gerade den Gläubigern zugute kommen, indem zum Preis einer moderaten Schuldenanpassung ein Insolvenzverfahren vermieden wird, in dem die Gläubiger regelmäßig nur noch einstellige Quoten zu erwarten hätten.[159] Vor diesem Hintergrund leuchtet es nicht so recht ein, warum es der Schuldner in der Hand haben soll, durch den vorausschauenden Einsatz von Gerichtsstandsvereinbarungen eine einheitliche Restrukturierung zu ermöglichen oder zur Steigerung kurzfristiger Profite – durch die Verlagerung des Verhandlungsfokus auf andere, ergebniswirksame Vertragsbedingungen – hierauf zu verzichten. Gerade die für die Mitgliedstaaten fakultative Initiativberechtigung anderer *Stakeholder* wäre wohl nicht allzu viel wert, wenn die Möglichkeit eines auch in internationaler Hinsicht kollektiven Verfahrens von den Gerichtsstandsvereinbarungen des Schuldners abhinge. An einer kraft Gesetzes bestehenden, einheitlichen internationalen Restrukturierungszuständigkeit führt daher kein Weg vorbei.

b) Europarechtliche Entwicklung eines gesetzlichen Einheitsgerichtsstands

Steht also fest, dass es einer europarechtlich-autonomen Bestimmung einer gesetzlichen Zentralzuständigkeit bedarf, stellt sich sogleich die Folgefrage, welches Anknüpfungsmoment für deren Verortung den Ausschlag geben soll. Hier bietet sich eine Analogie zu Art. 3 Abs. 1 EuInsVO an. Die sich daraus ergebende Restrukturierungszuständigkeit am Ort des schuldnerischen COMI wird

---

[158] Auf diese Problematik im Zusammenhang mit „Altfällen" haben auch *Schlöder/Parzinger/Knebel* ZIP 2021, 1041 (1045) bereits hingewiesen.

[159] Erwägungsgrund (15) S. 4 zur RRL.

dabei nicht nur der Ausrichtung des Restrukturierungsrahmens als schuldnerzentriertes Verfahren gerecht. Sie fügt sich zudem in das gesetzgeberische Konzept ein, da die Art. 3 EuInsVO zugrunde liegenden Wertungen und Interessen auch im Rahmen des Restrukturierungsrahmens aktuell werden. Sie besticht überdies durch ihre Sachnähe und vermeidet eine Zuständigkeitsverlagerung sowie – mittelbar – einen Kollisionsnorm- und damit auch Statutenwechsel, den andernfalls der Eintritt der materiellen Insolvenz bzw. die Eröffnung eines Insolvenzverfahrens mit sich bringen könnte. Schließlich ergibt sich in systematischer Hinsicht aus Art. 6 Abs. 8 UAbs. 2 RRL, dass die Richtlinie einerseits für vertrauliche Verfahren selbst an die rechtliche Kategorie des COMI anknüpft und der Norm überdies nur dann zu einem stimmigen und wertungskonsistenten Anwendungsbereich verholfen werden kann, wenn man die Restrukturierungszuständigkeit mit der hier vertretenen Ansicht im Staat des COMI verortet.

(1) Gerichtsstände als Ergebnis einer abstrakten Interessenabwägung

Das System der (internationalen) Gerichtszuständigkeit beruht – ähnlich der kollisionsrechtlichen Anknüpfungstechnik[160] – auf einer typisierten Abwägung der betroffenen Interessen durch den – nationalen, europäischen oder völkerrechtlichen – Normgeber.[161] Wird danach ein Forum eröffnet, so nur, weil die jeweilige Jurisdiktion nach ebendieser abstrakten Betrachtung zu dem jeweiligen Verfahren eine besonders enge Verbindung aufweist. Das (deutsche und europäische) internationale Zivilverfahrensrecht ist dabei freilich in gesteigertem Maße um größtmögliche Rechtssicherheit bemüht,[162] was sich im Vergleich zum internationalen Privatrecht insbesondere im Verzicht auf flexible Ausweichklauseln[163] äußert. Andererseits besteht im IZVR nicht die dringende Notwendigkeit, stets nur ein einziges Forum zu eröffnen, sodass der Kläger gelegentlich zwischen mehreren Gerichtsständen wählen kann. Gleichwohl kann sowohl das Kollisions- als auch das Zivilverfahrensrecht auf die Grundbestrebung zurückgeführt werden, dasjenige Recht zur Anwendung zu berufen

---

[160] Siehe dazu *v. Hoffmann/Thorn*, IPR, § 1 Rn. 14; speziell zum internationalen Insolvenzrecht *Kemper* in: K/P/B, EuInsVO 2000 Art. 4 Rn. 2; *M. F. Müller* in: Mankowski/M. F. Müller/J. Schmidt, EuInsVO, Art. 7 Rn. 3 f. jeweils m. w. N. sowie bereits *v. Savigny*, System des heutigen Römischen Rechts, Bd. 8, S. 27 f., 108.

[161] *Pfeiffer*, Internationale Zuständigkeit und prozessuale Gerechtigkeit, S. 166 f.; *Schack*, IZVR, Rn. 250.

[162] *Schack*, IZVR, Rn. 254.

[163] Vgl. etwa aus dem deutschen internationalen Privatrecht Art. 41, 46 EGBGB sowie im europäischen IPR Art. 4 Abs. 3, 5 Abs. 3, 7 Abs. 2 UAbs. 2 S. 2, 8 Abs. 4 Rom-I-VO sowie Art. 4 Abs. 3, 5 Abs. 2, 10 Abs. 4, 11 Abs. 4, 12 Abs. 2 lit. c) Rom-II-VO; der Sache nach die Ausweichklausel auch im IZVR zur Grundanknüpfung erheben die bereits dargestellten Anknüpfungstechniken im englischen und niederländischen Recht an die *sufficient connection*.

bzw. dasjenige Gericht für zuständig zu erklären, zu dem die engste Verknüpfung besteht. Um für die Rechtssuchenden die – gerade im IZVR – notwendige Rechtssicherheit und -klarheit zu gewährleisten, bedient sich das geltende Recht dabei der Formulierung typisierter Entscheidungsregeln. Aufbauend auf einer abstrakten Betrachtung der typischerweise tangierten Interessen werden dabei allgemeine und besondere Gerichtsstände normiert.

Gerade bei internationalen Kollektivverfahren wie dem präventiven Restrukturierungsrahmen treffen dabei vielfältigste Interessen der Beteiligten aufeinander. In der Regel werden zwar sowohl der Schuldner als auch die Gläubiger von einer zügigen und kostengünstigen Abwicklung des Verfahrens profitieren[164] und es wird ihnen insgesamt an einer erfolgreichen Sanierung durch die (auch international wirkende) Verhinderung von *hold out*-Strategien gelegen sein. Auch sollte ein sach- und beweisnaher Gerichtsstandort regelmäßig im allseitigen Interesse liegen.[165] Gleichwohl wird es jedoch grundsätzlich jeder Beteiligte bevorzugen, das Verfahren im jeweiligen Heimatstaat durchzuführen. Dadurch minimiert sich nicht nur der notwendige Reiseaufwand oder die Notwendigkeit eines unterbevollmächtigten Rechtsbeistands; auch die Vertrautheit mit der Verfahrenssprache und dem vorherrschenden Rechtssystem erleichtert eine Teilnahme sowie die effektive Geltendmachung und Durchsetzung der eigenen Position.[166] Nicht unterschätzt werden sollte auch das Vertrauen der Beteiligten in die jeweils „eigene" Justiz, während die Gerichtsbarkeiten fremder Länder womöglich eher skeptisch wahrgenommen werden.[167]

In Anbetracht des zwangsläufigen Auseinanderlaufens bei einer internationalen Gläubigerschaft muss die Zuweisung einer einheitlichen internationalen Zuständigkeit im Wege einer Schwerpunktbetrachtung erfolgen. Das Kollektivverfahren ist in dem Staat durchzuführen, zu dem insgesamt die engste Verbindung besteht.[168] Mit anderen Worten ist zur Konkretisierung der Restrukturierungszuständigkeit eine abstrakte Analyse der betroffenen Interessen vorzu-

---

[164] *Knof* in: Uhlenbruck, EuInsVO Art. 3 Rn. 9.

[165] *Knof* in: Uhlenbruck, EuInsVO Art. 3 Rn. 9; *Schack*, IZVR, Rn. 252, 256.

[166] So *Knof* in: Uhlenbruck, EuInsVO Art. 3 Rn. 9, der plastisch von der „Nähe zum Recht" spricht; vgl. auch *v. d. Fecht* in: Knecht/Hommel/Wohlenberg, Handbuch Unternehmensrestrukturierung, S. 2134.

[167] *Schack*, IZVR, Rn. 251; vgl. mit Bezug auf Sanierungen auch *Eidenmüller*, Unternehmenssanierung zwischen Markt und Gesetz, S. 352 f.

[168] *Bewick* 24 (2015) IIR 172 (178); *Ebenroth* ZZP 101 (1988) 121 (127 f.); *Mankowski* in: Mankowski/M. F. Müller/J. Schmidt, EuInsVO, Art. 3 Rn. 1; ähnlich *Swierczok*, Das englische Scheme of Arrangement und seine Rezeption in Deutschland, S. 116, der insoweit vom sachnächsten Gericht spricht.

nehmen, woran sich die Herausbildung eines Anknüpfungsmoments anzuschließen hat, an dem ebendiese Interessen bei typisierter Betrachtung am ehesten zusammenlaufen.[169]

(2) Der Schuldner als Mittelpunkt des Restrukturierungsverfahrens

Schon zum englischen *Scheme of Arrangement* wurden verschiedene Modelle für eine europarechtlich autonome Einheitszuständigkeit vorgeschlagen, wobei teilweise auf den Satzungssitz, andernorts hingegen auf den Verwaltungssitz abgestellt wurde.[170] Obwohl sich die Ansichten mithin hinsichtlich des entscheidenden Anknüpfungsmoments unterschieden, war ihnen doch gemein, den Restrukturierungsgerichtsstand beim Schuldner zu verorten.[171] Ihren zutreffenden teleologischen Ausgangspunkt fanden diese Überlegungen in der Erkenntnis, dass der Schuldner bei der angestrebten Sanierung stets im Mittelpunkt steht.[172] Es geht gerade darum, dessen Rechtsbeziehungen neu zu ordnen und dadurch die Bestandsfähigkeit des Unternehmens sicherzustellen.[173] Außerdem stehen die Restrukturierungsinstrumente gem. Art. 4 Abs. 7 und 8 sowie Art. 11 Abs. 1 UAbs. 1 RRL – wie auch das englische *Scheme of Arrangement* – in erster Linie auf Antrag des Schuldners zur Verfügung, sodass dem Schuldner in formeller Hinsicht eine entscheidende, verfahrenssteuernde Rolle zukommt.[174] Dass je nach der Ausgestaltung im nationalen Recht auch anderen *Stakeholdern* ein Initiativrecht zuteil werden kann, steht dem nicht entgegen, was insbesondere ein Vergleich mit klassischen Insolvenzverfahren belegt, die

[169] In diesem Sinne ist wohl auch *Swierczok*, Das englische Scheme of Arrangement und seine Rezeption in Deutschland, S. 116 zu verstehen, wenn dieser die Zuständigkeit zur Durchführung eines *Schemes* den Gerichten desjenigen Mitgliedstaats zuordnen will, der als am sachnächsten angesehen werden kann.

[170] Für eine Zuständigkeit im Staat des Satzungssitzes *Eidenmüller/Frobenius* WM 2011, 1210 (1214); *Husfeldt*, Das UK Solvent Scheme of Arrangement als Sanierungsinstrument für deutsche Gesellschaften, S. 151; *Swierczok*, Das englische Scheme of Arrangement und seine Rezeption in Deutschland, S. 116 ff.; dagegen (wohl) einen Gerichtsstand im Staat des Verwaltungssitzes befürwortend *Thole* ZGR 42 (2013) 109 (123).

[171] *Swierczok*, Das englische Scheme of Arrangement und seine Rezeption in Deutschland, S. 116; *Eidenmüller/Frobenius* WM 2011, 1210 (1214); *Thole* ZGR 42 (2013) 109 (120).

[172] *Eidenmüller/Frobenius* WM 2011, 1210 (1214); *Husfeldt*, Das UK Solvent Scheme of Arrangement als Sanierungsinstrument für deutsche Gesellschaften, S. 151; *Swierczok*, Das englische Scheme of Arrangement und seine Rezeption in Deutschland, S. 116; vgl. jüngst auch *Madaus* in: FS Paulus, S. 472 (478), zurückhaltender allerdings bei S. 480.

[173] *Eidenmüller/Frobenius* WM 2011, 1210 (1214); ähnlich *Swierczok*, Das englische Scheme of Arrangement und seine Rezeption in Deutschland, S. 116.

[174] *Swierczok*, Das englische Scheme of Arrangement und seine Rezeption in Deutschland, S. 116 mit Verweis auf *Re Savoy Hotel Ltd.* [1981] 3 All ER 646 (Ch.) 647 (665 f.), wonach ein Vergleichsplan nicht ohne Zustimmung der Schuldnergesellschaft bestätigt werden darf.

typischerweise ebenfalls durch einen Fremdantrag eingeleitet werden können, nach der Grundregel des Art. 3 Abs. 1 EuInsVO aber dennoch beim Schuldner durchzuführen sind.

(3) Die Restrukturierungszuständigkeit am COMI des Schuldners

Im Kontext des englischen *Scheme of Arrangement* wurde diese Restrukturierungszuständigkeit beim Schuldner teilweise dahingehend interpretiert, dass Gerichte im Sitzstaat des Schuldners als sachnächstes Forum zur Entscheidung in Restrukturierungssachen zu berufen wären.[175] Immerhin könne eine Veröffentlichung des Bestätigungsbeschlusses, wie sie Sec. 899 (4) CA als Wirksamkeitsvoraussetzung vorsieht, ihren Publizitäts- und Informationszweck nur dann sinnhaft erfüllen, wenn sie am Ort der Registrierung der restrukturierten Gesellschaft erfolge.[176] Die Argumentation ähnelt damit jener für die unmittelbare Anwendung des Art. 24 Nr. 2 Brüssel-Ia-VO. Es überrascht daher kaum, dass in systematischer Hinsicht auch auf den erzielbaren Gleichlauf mit ebendiesem gesellschaftsrechtlichen Gerichtsstand hingewiesen wird.[177] Zu begrüßen sei ferner die Parallele zur Regelzuständigkeit für die Eröffnung eines Hauptinsolvenzverfahrens, die nach der Vermutungsregel in Art. 3 Abs. 1 UAbs. 2 EuInsVO ebenfalls beim Mitgliedstaat des Satzungssitzes liege.[178] Im Übrigen sehe auch Art. 63 Abs. 1 lit. a) Brüssel-Ia-VO den Satzungssitz als alternative Anknüpfung für die Bestimmung des allgemeinen Beklagtengerichtsstands von Gesellschaften vor.[179]

Auf Grundlage ähnlicher Überlegungen, allerdings unter stärkerer Betonung der Nähe des Restrukturierungs- zum Insolvenzverfahren wurde andernorts

---

[175] *Eidenmüller/Frobenius* WM 2011, 1210 (1214); *Husfeldt*, Das UK Solvent Scheme of Arrangement als Sanierungsinstrument für deutsche Gesellschaften, S. 155; *Swierczok*, Das englische Scheme of Arrangement und seine Rezeption in Deutschland, S. 116 ff.; wohl alternativ ebenfalls auf den Satzungssitz abstellend *Thole* ZGR 42 (2013) 109 (123); sympathisierend auch bereits *ders.* KSzW 2012, 286 (289).

[176] *Eidenmüller/Frobenius* WM 2011, 1210 (1215); *Swierczok*, Das englische Scheme of Arrangement und seine Rezeption in Deutschland, S. 117 f.; vgl. auch *Thole* ZGR 42 (2013) 109 (121).

[177] *Eidenmüller/Frobenius* WM 2011, 1210 (2014 f.); ähnlich *Husfeldt*, Das UK Solvent Scheme of Arrangement als Sanierungsinstrument für deutsche Gesellschaften, S. 150 ff.; *Swierczok*, Das englische Scheme of Arrangement und seine Rezeption in Deutschland, S. 117.

[178] *Eidenmüller/Frobenius* WM 2011, 1210 (1214); *Lüke/Scherz* ZIP 2012, 1101 (1104); vgl. auch *Husfeldt*, Das UK Solvent Scheme of Arrangement als Sanierungsinstrument für deutsche Gesellschaften, S. 150 ff. und *Thole*, ZGR 42 (2013) 109 (120 f.) sowie – allerdings für eine Zuständigkeit am COMI – S. 123.

[179] *Eidenmüller/Frobenius* WM 2011, 1210 (1214 f.); ähnlich *Lüke/Scherz* ZIP 2012, 1101 (1104).

eine Analogie zu Art. 63 Abs. 1 lit. b) Brüssel-Ia-VO vorgeschlagen.[180] Die Zuständigkeit am Ort der Hauptverwaltung führe zu einer begrüßenswerten Annäherung an Art. 3 Abs. 1 EuInsVO, da es hier wie dort auf Vorhersehbarkeit und Gläubigernähe ankomme.[181] Letzterer komme in Restrukturierungsverfahren gar eine noch gewichtigere Rolle zu, da die einbezogenen Gläubigerrechte im Vergleich zu einem Insolvenzverfahren werthaltiger seien und entsprechende Eingriffe daher unter einem gesteigerten Legitimationsdruck stünden.[182]

Beide Ansichten sind mithin sichtlich bemüht, eine Parallele zwischen der Zuständigkeit zur Durchführung des Sanierungsverfahrens und der Regelung in Art. 3 Abs. 1 EuInsVO herzustellen. Das verdient insofern Beifall, als eine Übereinstimmung mit der insolvenzrechtlichen Zuständigkeitskonzentration am COMI des Schuldners durchaus systemkonform und wertungsgerecht ist.[183] Für den Restrukturierungsrahmen, dessen Insolvenzbezug im Verhältnis zum – vielseitig einsetzbaren – *Scheme of Arrangement* nicht nur deutlicher ausgeprägt, sondern in Art. 1 Abs. 1 lit. a), 4 Abs. 1 RRL auch gesetzlich fixiert ist, gilt dies umso dringlicher. Jedenfalls für den Restrukturierungsrahmen nach der Restukturierungsrichtlinie kann es allerdings nicht bei der Betonung einer – wie auch immer gearteten – Parallelität bleiben. Sachgerecht erscheint vielmehr einzig und allein eine analoge Anwendung von Art. 3 Abs. 1 EuInsVO und damit eine Übernahme der Zuständigkeitskonzentration am COMI des Schuldners für sämtliche gerichtliche vorinsolvenzliche Restrukturierungsverfahren.[184]

---

[180] *Thole* ZGR 42 (2013) 109 (123), wobei dieser an anderer Stelle – insoweit widersprüchlich – auf eine Zuständigkeit alternativ am Ort des Satzungssitzes, des Verwaltungssitzes oder des COMI abstellt (S. 123); *de lege ferenda* eine Erstreckung der EuInsVO – einschließlich der ausschließlichen Zuständigkeit am Ort des COMI – auf vorinsolvenzliche Sanierungsverfahren befürworteten *Garcimartín* IILR 2011, 321 (332) und *Mankowski* WM 2011, 1201 (1210), deren Beiträge allerdings vor der Reform 2015 erschienen sind.

[181] *Thole* ZGR 42 (2013) 109 (123).

[182] *Thole* ZGR 42 (2013) 109 (123).

[183] In diese Richtung auch *Garcimartín* IILR 2011, 321 (329), der an der Sinnhaftigkeit einer Aufspaltung von Restrukturierungs- und Insolvenzzuständigkeit zweifelt und daher *de lege ferenda* – allerdings noch vor der Reform der EuInsVO 2015 – eine Verortung der Restrukturierungszuständigkeit am schuldnerischen COMI forderte (S. 332).

[184] Ebenfalls eine Restrukturierungszuständigkeit am schuldnerischen COMI erwägend, allerdings unter anderer Herleitung (Art. 24 Nr. 2 Brüssel-Ia-VO) *Schlöder/Parzinger/Knebel* ZIP 2021, 1041 (1045); ansatzweise, zumindest für (nach Art. 1 Abs. 1 UAbs. 1 und 2 EuInsVO) in Anhang A aufnahmefähige, aber gezielt vom jeweiligen Mitgliedstaat nicht zur Aufnahme „angemeldete" Verfahren auch *Singer*, Vorinsolvenzlicher Restrukturierungsrahmen, S. 407; siehe dazu auch *v. Bismarck/Schulz* NZI-Beil. 2019, 82 (83) die ebenfalls befürchten, einige Mitgliedstaaten könnten geneigt sein, ihre Restrukturierungsrahmen angesichts des starren Zuständigkeitsregimes nicht in Anhang A aufnehmen zu lassen, um sich damit im Restrukturierungswettbewerb einen Vorteil zu verschaffen.

Im Zentrum der Restrukturierung stehen nach Art. 2 Abs. 1 Nr. 1 RRL die Zusammensetzung, die Bedingungen und die Struktur der Vermögenswerte und Verbindlichkeiten des Schuldners, die es im Rahmen der Sanierung umzugestalten gilt.[185] Dreh- und Angelpunkt sind mithin die Aktiva und Passiva des zu restrukturierenden Rechtsträgers, sodass ein rein interessenzentrierter Restrukturierungsgerichtsstand sich maßgeblich an deren Belegenheit orientieren müsste.[186] Der Belegenheitsort des wesentlichen schuldnerischen Vermögens würde allerdings den Kriterien der Vorhersehbarkeit und der rechtssicheren Bestimmbarkeit ebenso wenig gerecht, wie die Ansässigkeit einer (ggf. nur relativen) Mehrheit an Gläubigern.[187] Zugleich dient der Restrukturierungsrahmen gem. Art. 1 Abs. 1 lit. a), 4 Abs. 1 RRL dazu, die dauerhafte Bestandsfähigkeit des schuldnerischen Unternehmens zu sichern. Er ist mithin auf die (erfolgsversprechende) Fortführung der wirtschaftlichen Aktivitäten des Schuldners gerichtet. Diese ist nach der Konzeption der Richtlinie, was vor allem Art. 4 Abs. 3 und 10 Abs. 3 RRL belegen, nicht nur Ziel, sondern auch Voraussetzung der Inanspruchnahme des Sanierungsmechanismus oder zumindest einzelner Restrukturierungsinstrumente. Damit steht neben den Vermögensgegenständen und Verbindlichkeiten des Schuldners auch dessen wirtschaftliche Aktivität im Mittelpunkt des Restrukturierungsrahmens. Es bedarf daher zur Umschreibung der internationalen Restrukturierungszuständigkeit eines rechtssicher handhabbaren und objektiv feststellbaren Anknüpfungsmoments, das – abstrakt-typisierend – die soeben konkretisierte engste Verknüpfung des Restrukturierungsrahmens zu einem bestimmten Mitgliedstaat realisiert und abbildet.

Ebendieses Anknüpfungsmoment verkörpert das *centre of main interest*, wie es in Art. 3 Abs. 1 EuInsVO samt zugehöriger Vermutungsregelungen normiert und ausgestaltet wird.[188] Nach der darin enthaltenen Legaldefinition liegt

---

[185] Die Rolle sowohl der Vermögenswerte wie auch der Gläubiger für Restrukturierungsverfahren (gegenüber Liquidationsverfahren) relativierend *Berends* 53 (2006) NILR 331 (339).

[186] Für Insolvenzverfahren *Kindler* in: MüKo-BGB, EuInsVO Art. 3 Rn. 14; *Mankowski* in: Mankowski/M. F. Müller/J. Schmidt, EuInsVO, Art. 3 Rn. 2; *Virgós/Schmit*, Erläuternder Bericht, Rn. 75; dazu auch *Duursma/Duursma-Kepplinger* DZWIR 2003, 447 (448); *Duursma-Kepplinger*, in: Duursma-Kepplinger/Duursma/Chalupsky, EuInsVO, Art. 3 Rn. 12; *Eidenmüller* KTS 70 (2009) 137 (139).

[187] *Mankowski* in: Mankowski/M. F. Müller/J. Schmidt, EuInsVO, Art. 3 Rn. 99 sowie *Berends* 53 (2006) NILR 331 (339); *Fehrenbach* ZEuP 2013, 353 (367); *Herchen* ZInsO 2004, 825 (828); *Klöhn* NZI 2006, 383 (385); *Knof* ZInsO 2005, 1017 (1022).

[188] Siehe etwa die – allerdings nicht in den Verordnungstext übernommene – Formulierung in Erwägungsgrund (13) zum ersten Entwurf einer EuInsVO: „Mit dem Mittelpunkt der hauptsächlichen Interessen wird ein Ort bezeichnet, zu dem der Schuldner regelmäßig die engsten Beziehungen unterhält“, ABl. vom 03.08.1999, C 221, S. 9; zum Hergang des Gesetzgebungsverfahrens ausführlich *Kübler* in: FS Gerhardt, S. 527 (551 ff.).

der COMI an dem Ort, an dem der Schuldner gewöhnlich der Verwaltung seiner Interessen nachgeht und der für Dritte feststellbar ist. Wenn dort von „Interessen“ die Rede ist, so bezieht sich dies auf die wirtschaftliche Aktivität des Schuldners, sei es durch eine (handels-)gewerbliche, (frei-)berufliche oder sonstige wirtschaftliche Betätigung.[189] Obgleich die Darstellung des äußerst ausdifferenzierten und vielschichtigen Meinungsbilds den Rahmen dieser Arbeit bei Weitem überschreiten würde, kann jedenfalls als gesichert angesehen werden, dass sowohl der effektive Verwaltungssitz[190] als auch die Vermögensbelegenheit[191] bereits bei der tatbestandlichen Konkretisierung des Interessenmittelpunkts Bedeutung erlangen. Besonders deutlich kommt dies in Erwägungsgrund (30) zur EuInsVO zum Ausdruck. Nach dessen Satz 2 soll es für die Verortung des COMI einer Gesellschaft entscheidend auf den Verwaltungssitz ankommen, soweit dieser mit dem tatsächlichen Mittelpunkt der Verwaltung und der Kontrolle der Gesellschaft sowie der Verwaltung ihrer Interessen übereinstimmt, was es durch eine Gesamtbetrachtung aller relevanten Faktoren zu ermitteln gilt. In Satz 3 wird sodann als Abwägungsgesichtspunkt auch ausdrücklich auf die Belegenheit des (überwiegenden) Schuldnervermögens abgestellt,[192] die folglich bei der Lokalisierung des COMI ebenfalls in die Gesamtbetrachtung einbezogen werden kann,[193] obgleich der Vermögensbelegenheit – nicht zuletzt wegen den damit verbundenen Feststellungs- bzw. Identifizierungsschwierigkeiten[194] – nur eine untergeordnete Bedeutung zukommt. Letztendlich kommt es auf die tatbestandlichen Voraussetzungen zur Bestimmung des COMI allerdings gar nicht entscheidend an. Denn die international-

[189] Nach *Virgos/Schmit*, Erläuternder Bericht, Rn. 75 wurde der weitere Begriff der wirtschaftlichen Interessen verwendet, um insbesondere auch Verbraucher einzubeziehen.

[190] EuGH, Urteil vom 20.10.2011, Rs. C 396/09, *Interedil*, Slg. 2001, I-9939 Rn 48 = NZI 2011, 990.

[191] EuGH, Urteil vom 20.10.2011, Rs. C 396/09, *Interedil*, Slg. 2001, I-9939 Rn 52 f. = NZI 2011, 990.

[192] Erwägungsgrund (30) S. 3 zur EuInsVO bezieht sich freilich unmittelbar nur auf nicht unternehmerisch tätige, natürliche Personen, lässt hier allerdings alleine die Verortung des Großteils des Vermögens außerhalb des Staats des gewöhnlichen Aufenthalts für eine Widerlegung der Vermutung in Art. 3 Abs. 1 UAbs. 4 EuInsVO genügen, sodass einer Berücksichtigung der Vermögensbelegenheit als einer unter mehreren Faktoren auch bei anderen Schuldnern nichts entgegenstehen dürfte.

[193] *Mankowski* in; Mankowski/M. F. Müller/J. Schmidt, EuInsVO, Art. 3 Rn. 68; wohl auch *Kindler* in: MüKoBGB, EuInsVO Art. 3 Rn. 36, der den Verbleib einer Mehrheit an Gläubigern und Vermögenswerten im alten COMI-Staat als Indiz für einen missbräuchlichen und daher nicht anzuerkennenden COMI-*shift* wertet; ebenso *ders.* KTS 75 (2014) 25 (34); aA *Fehrenbach* ZEuP 2013, 353 (369) mit Verweis auf die Entstehungsgeschichte der Verordnung, insbesondere den seitens der Bundesrepublik und Finnland eingebrachten ersten Entwurfs, der in seinem Erwägungsgrund (13) zur Konkretisierung des COMI neben den vielfältigen Geschäftsbeziehungen des Schuldners noch ausdrücklich auf den Schwerpunkt dessen Vermögens abstellte, vgl. dazu ABl. vom 03.08.1999, Nr. C 221, S. 9.

[194] Darauf hinweisend *Mankowski* NZI 2011, 994 (995).

zivilverfahrensrechtliche Anknüpfungstechnik zeichnet sich gerade dadurch aus, das Anknüpfungsmoment von den zugrunde liegenden Interessen zu abstrahieren. Ihr Ziel ist es nicht, die in jedem Einzelfall aufeinander treffenden Interessen der Beteiligten auf ihre Bezüge zu einem bestimmten Mitgliedstaat zu prüfen und den engsten Bezug zu ermitteln. Im Gegenteil wird von einer abstrakten Abwägung der sich üblicherweise ergebenden Interessen ausgegangen, aus welcher sodann im Wege einer typisierenden Betrachtung ein – rechtssicher handhabbares – Anknüpfungsmoment festgelegt wird, das verallgemeinernd die engste Verbindung repräsentiert.

Der so gefundene Weg einer analogen Anwendung des Art. 3 Abs. 1 EuInsVO auch auf Verfahren, die nicht in den unmittelbaren Geltungsbereich dieser Verordnung fallen, ist damit aus einer teleologischen Betrachtung heraus der einzig gangbare. Der Norm liegt die gesetzgeberische Wertung zugrunde, dass für insolvenzbedingte und insolvenznahe Kollektivverfahren die engste Verknüpfung mit demjenigen Mitgliedstaat besteht, in dessen Hoheitsgebiet sich der schuldnerische COMI befindet.[195] Dahinter steht wiederum die Erwägung, dass die aufeinander treffenden Interessen der Beteiligten, also insbesondere der Gläubiger und des Schuldners dort – abstrakt betrachtet – am effektivsten verwirklicht werden können. Denn typischerweise werden am Ort des COMI als Zentrum der schuldnerischen Wirtschaftsbeziehungen nicht nur die meisten Gläubiger ansässig sein, sondern sich auch sein Vermögen schwerpunktmäßig dort befinden.[196] Mag auch im Rahmen eines Liquidationsverfahrens mit der örtlichen Nähe des verwaltungs- und verwertungsberechtigten Verwalters gegenüber Sanierungsverfahren ein weiterer Faktor hinzutreten, ist doch zu konstatieren, dass die EuInsVO insoweit nicht zwischen verschiedenen Verfahrenszwecken differenziert. Der COMI ist und bleibt maßgeblich für die gerichtliche Zuständigkeit, ungeachtet dessen, ob das Verfahren letztendlich zur Zerschlagung oder Rettung des Unternehmens führt, was im Übrigen bisweilen bei der Einleitung noch nicht einmal feststehen dürfte.[197] Diese gesetzgeberische Grundentscheidung ist auf solche Restrukturierungsverfahren zu übertragen, die – insbesondere mangels öffentlicher Bekanntmachung – nicht in den Anwendungsbereich der EuInsVO fallen. In beiden Fällen geht es um ein Sanierungsverfahren, in dessen Mittelpunkt der Schuldner steht und in dem die Rechtsbeziehungen zu den Gläubigern umgestaltet werden sollen. Die

---

[195] *Bewick* 24 (2015) IIR 172 (178); *Ebenroth* ZZP 101 (1988) 121 (127 f.); *Mankowski* in: Mankowski/M. F. Müller/J. Schmidt, EuInsVO, Art. 3 Rn. 1.

[196] *Duursma/Duursma-Kepplinger* DZWIR 2003, 447 (448); *Kindler* in: MüKo-BGB, EuInsVO Art. 3 Rn. 14; *Mankowski* in: Mankowski/M. F. Müller/J. Schmidt, EuInsVO, Art. 3 Rn. 2; *Mock* in: BeckOK-InsO, EuInsVO Art. 3 Rn. 4; *Virgós/Schmit*, Erläuternder Bericht, Rn. 75; dazu auch *Eidenmüller* KTS 70 (2009) 137 (139); *Thole* in: MüKo-InsO, EuInsVO Art. 3 Rn. 12; ausführlich auch *Knof* in: Uhlenbruck, EuInsVO Art. 3 Rn. 8.

[197] Zu Letzterem *Berends* 53 (2006) NILR 331 (339).

Interessen der Beteiligten hängen nicht entscheidend davon ab, ob das Verfahren *in concreto* amtlich bekannt gemacht oder vertraulich durchgeführt wird. Dies bereits deshalb, weil die Richtlinie zwischen den beiden Spielarten nur ganz punktuell differenziert. Handelt es sich bei beiden Verfahrensarten aber im Wesentlichen um dasselbe Verfahren, ist auch die engste territoriale Verbindung einheitlich zu bestimmen. Eine unterschiedliche Anknüpfung der internationalen Zuständigkeit wäre damit nicht vereinbar.

Nur am Rande sei noch bemerkt, dass die hier gefundene Lösung einer Anknüpfung an den COMI auch den Vorstellungen in der Generaldirektion für Justiz und Verbraucherschutz der Kommission entsprechen dürfte, in deren Ressort sowohl die EuInsVO als auch die Restrukturierungsrichtlinie fällt. Dies legt ein Dokument aus der Feder der ehemaligen EU-Kommissarin für Justiz, Verbraucher und Geschlechtergerechtigkeit *Věra Jourová* nahe, worin diese im Hinblick auf eine Vereinheitlichung des Restrukturierungsrechts forderte, dass der Standort eines Unternehmens nicht über den Zugang zu einem Restrukturierungsrahmen entscheiden solle. Ihrer Ansicht nach solle die Restrukturierungsrichtlinie dazu beitragen, dass bestandsfähige Unternehmen in finanziellen Schwierigkeiten Zugang zu einem präventiven Restrukturierungsverfahren hätten, und zwar ungeachtet ihres Standorts innerhalb der EU („wherever they are located in the EU“).[198] Daraus wird deutlich, dass die Verfügbarkeit nicht etwa von der Ansässigkeit der einbezogenen Gläubiger oder etwaigen Parteiabsprachen mit dem Schuldner über die Verfügbarkeit eines Sanierungsmechanismus entscheidet, sondern insoweit an den Standort des schuldnerischen Unternehmens anzuknüpfen ist.[199]

---

[198] Vgl. dazu das von der Justizkommissarin herausgegebene *fact sheet* „Early restructuringand a second chance for entrepreneurs – A modern and streamlined approach to business insolvency“ vom Juni 2019, S. 3 (abrufbar unter <https://ec.europa.eu/info/sites/default/files/factsheet_-_a_modern_and_streamlined_approach_to_business_insolvency.pdf>, Stand Oktober 2022).

[199] Missverständlich daher die Formulierung im Kommissionsentwurf vom 22.11.2016, COM(2016) 723 final, S. 3, wonach „ein erheblicher Prozentsatz von Unternehmen [...] gerettet werden [könnte], wenn in allen Mitgliedstaaten, in denen diese Unternehmen Niederlassungen, Vermögenswerte oder Gläubiger haben, präventive Restrukturierungsverfahren bestünden“, was eher dem Kriterium der *sufficient connection* der englischen Gerichte und des niederländischen Rechts gleichkäme, wobei sich die Aussage allerdings auf alle (nicht nur vertrauliche) Restrukturierungsrahmen bezog, und damit offensichtlich nichts über die internationale Zuständigkeit aussagen sollte.

(4) Ablehnung einer Restrukturierungszuständigkeit am Satzungssitz

Vor allem einer Verortung der Restrukturierungszuständigkeit am Satzungssitz[200] ist die hier vorgeschlagene Lösung vorzuziehen.[201] Die notwendige Rechtssicherheit wäre hierdurch sicherlich ebenso gewahrt, wie die objektive Feststellbarkeit für die Gläubiger. Ein Blick in das entsprechende Register würde genügen, um die jeweilige Jurisdiktion ausfindig zu machen, zumal Geschäftsbriefe der Gesellschaft nach Art. 26 UAbs. 1 GesR-RL einen entsprechenden Hinweis enthalten müssen. Ob sich der Satzungssitz tatsächlich eignet, die – abstrakt – engste Verbindung eines Restrukturierungsverfahrens zu einem bestimmten Mitgliedstaat festzumachen, muss allerdings bezweifelt werden. Immerhin muss eine Gesellschaft nach der äußerst liberalen Rechtsprechung des EuGH zur Niederlassungsfreiheit mit ihrer Heimatrechtsordnung nicht viel mehr verbinden, als der Registereintrag und eine inländische Geschäftsanschrift.[202] Insbesondere wird auf das Erfordernis einer wirtschaftlichen Betätigung im Gründungsstaat verzichtet, sodass die Geschäftstätigkeit auch vollständig im Ausland angesiedelt sein kann – Stichwort Briefkastengesellschaft.[203] Vermögen wie auch Gläubiger wird man hier – von Fiskus und (Steuer-)Beratern abgesehen – vor allem am Ort der wirtschaftlichen Betäti-

---

[200] So im Ergebnis *J. Schmidt* ZInsO 2021, 654 (6658 ff.); zum englischen *Scheme of Arrangement* bereits *Eidenmüller/Frobenius* WM 2011, 1210 (1214); *Husfeldt*, Das UK Solvent Scheme of Arrangement als Sanierungsinstrument für deutsche Gesellschaften, S. 155; *Swierczok*, Das englische Scheme of Arrangement und seine Rezeption in Deutschland, S. 116 ff.; wohl alternativ ebenfalls auf den Satzungssitz abstellend *Thole* ZGR 42 (2013) 109 (123).

[201] In diese Richtung, allerdings *de lege ferenda*, *Garcimartín* IILR 2011, 321 (332) sowie *Thole* ZGR 42 (2013) 109 (123).

[202] Vgl. dazu, allein auf die Registereintragung abstellend und damit Forderungen nach einem darüber hinausgehenden realwirtschaftlichen Bezug („genuine link“) eine Absage erteilend BGH, Urteil vom 12.07.2011 – II ZR 28/10, BGHZ 190, 242 Rn. 19 ff.; ebenso *Servatius* in: Henssler/Strohn, GesR, Int. Gesellschaftsrecht Rn. 27; zwischenzeitlich gehegten, durch Bemerkungen des EuGH in den Rechtssachen *Cadbury/Schweppes* (Urteil vom 12.09.2006, Rs. C-196/04, Slg. 2006, I-8031 Rn. 51, 54, 65 ff. = NZG 2006, 835) und *VALE* (Urteil vom 12.07.2012, Rs. C-378/10, NJW 2012, 2715 Rn. 34 f.) befeuerten Zweifeln an der Aufrechterhaltung dieser liberalen Rechtsprechung (vgl. nur *König/Bormann* NZG 2012, 1241; *Bayer/J. Schmidt* ZIP 2012, 1481 (1486 f.); *Kindler* NZG 2010, 576 (578); *Böttcher/Kraft* NJW 2012, 1701 (1703); *Mörsdorf/Jopen* ZIP 2012, 1398 (1399)) sollte spätestens mit der Entscheidung in der Sache *Polbud* (EuGH, Urteil vom 25.10.2017, Rs. C-106/16, NJW 2017, 3639 Rn. 38) der Boden entzogen sein, in der der EuGH sich erneut dazu bekannte, dass es auf eine wirtschaftliche Aktivität im Herkunftsstaat nicht ankomme; siehe dazu etwa *Wicke* DStR 2017, 2690 (2690 f.) sowie *Hushahn* RNotZ 2018, 23 (25 f.).

[203] EuGH Urteil vom 10.07.1986, Rs. 79/85, *Segers*, Slg. 1986, 2375 Rn. 16 = NJW 1987, 571; Urteil vom 09.03.1999, Rs. C-212/97, *Centros*, Slg. 1999, I-447 Rn. 17 = NJW 1999, 2027; EuGH, Urteil vom 30.09.2003, Rs. C-167/01, *Inspire Art*, Slg. 2003, I-10155 Rn. 95, 139 = NJW 2003, 3331 Rn. 95.

gung, also außerhalb des Gründungsstaats antreffen. Derartige Gestaltungsmodelle sind zwar zweifelsohne eher Ausnahme als Regel; andererseits handelt es sich keineswegs um vernachlässigbare Einzelfälle, wie vor allem die Zuwanderungswelle englischer Gesellschaftsformen mit unternehmerischer Tätigkeit ausschließlich in Kontinentaleuropa geradezu paradigmatisch gezeigt hat.[204]

In systematischer Hinsicht besticht eine Anlehnung an Art. 63 Brüssel-Ia-VO allenfalls vordergründig durch den Verbleib innerhalb des Regelungsgefüges der Brüssel-Ia-VO. Zu bedenken bleibt allerdings, dass es sich bei der Vorschrift lediglich um eine Hilfsnorm handelt, die für sich genommen nicht mehr aussagt, als dass der Unionsgesetzgeber bei juristischen Personen und sonstigen Gesellschaften dem Satzung- und Verwaltungssitz jeweils prägende Bedeutung zumisst. Konkrete Rechtsfolgen ergeben sich erst in Kombination mit allgemeinen oder besonderen Gerichtsständen, die ihrerseits auf das für Gesellschaften unpassende Anknüpfungsmoment des Wohnsitzes verweisen. Konsequenterweise wird denn zur Begründung eines Restrukturierungsgerichtsstands am Satzungssitz auch selten allein auf Art. 63 Abs. 1 Brüssel-Ia-VO abgestellt, sondern regelmäßig Art. 4 Abs. 1 Brüssel-Ia-VO mit herangezogen.[205] Wertungsmäßig kann dies freilich nicht überzeugen. Denn der in Art. 4 Abs. 1 Brüssel-Ia-VO verankerte, europäisch-rechtsvergleichend auch im nationalen Prozessrecht dominierende Grundsatz des Beklagtengerichtsstands würde dadurch in sein Gegenteil verkehrt, indem eine Zuständigkeit gerade am Sitz des Schuldners als (typischerweise) Antragssteller begründet wird. Alleine dass der Gesetzgeber in einer Regelung ein bestimmtes Anknüpfungsmoment gewählt hat, ist aber bei weitem kein Freifahrtschein, um damit Zuständigkeiten zu begründen, hinsichtlich derer man bei wortlautgetreuer Anwendung ebendieser Vorschrift zu diametral entgegengesetzten Ergebnissen käme.

Auch soweit auf die Wertungen in Art. 24 Nr. 2 Brüssel-Ia-VO rekurriert wird,[206] kann dem nichts abgewonnen werden. Dass dieser Gerichtsstand auf

---

[204] *Westhoff* GmbHR 2006, 525 (625) ging Ende 2005 von über 30.000 *Ltds* mit Verwaltungssitz in Deutschland und einer stark steigenden Tendenz aus; nur ein knappes Jahr später zählte *ders.* GmbHR 2007, 474 ca. 46.000 „deutsche" *Ltds*; nach *Römermann* NJW 2006, 2065 (2065) ist zwischenzeitlich etwa jede vierte Gründung einer GmbH zugunsten einer englischen *Ltd.* unterblieben.

[205] *Thole* ZGR 42 (2013) 109 (123); *Eidenmüller/Frobenius* WM 2011, 1210 (1214); siehe auch *Schlöder/Parzinger/Knebel* ZIP 2021, 1041 (1045); aufgrund einer Qualifikation der Schuldnergesellschaft als Beklagte Art. 4 Abs. 1 Brüssel-Ia-VO gar unmittelbar heranziehend *Husfeldt*, Das UK Solvent Scheme of Arrangement als Sanierungsinstrument für deutsche Gesellschaften, S. 147 ff.; dagegen auf einen Verweis auf Art. 4 Brüssel-Ia-VO verzichtend *Swierczok*, Das englische Scheme of Arrangement und seine Rezeption in Deutschland, S. 117.

[206] *Eidenmüller/Frobenius* WM 2011, 1210 (2014 f.); ähnlich *Husfeldt*, Das UK Solvent Scheme of Arrangement als Sanierungsinstrument für deutsche Gesellschaften, S. 150 ff.;

die Bestätigung von Sanierungsplänen nicht anwendbar ist, wurde bereits ausführlich argumentativ dargelegt. Bezeichnenderweise wird die Norm in ihrem unmittelbaren Bereich auch von jenen Autoren als unpassend bezeichnet, die sodann zur Begründung eines Restrukturierungsgerichtsstands am Satzungssitz die Wertungen ebendieser Vorschrift ins Feld führen.[207] Im Übrigen sei darauf hingewiesen, dass Art. 24 Nr. 2 Brüssel-Ia-VO wegen der Verweisung auf das internationale Gesellschaftsrecht des angerufenen Forums nicht notwendig eine Zuständigkeit der Gerichte im Staat des Satzungssitzes nach sich zieht. So mögen die primärrechtlichen Vorgaben der Niederlassungsfreiheit zwar die Spielräume der Mitgliedstaaten bei der Ausgestaltung des Gesellschaftskollisionsrechts zugunsten der Gründungstheorie reduzieren. Jedenfalls soweit die Gründungsrechtsordnung als „Existenzgrundlage"[208] eine Wegverlegung des effektiven Verwaltungssitzes nicht gestattet, bliebe allerdings eine Anknüpfung an den Sitz der Hauptverwaltung nach der Rechtsprechung des EuGH europarechtlich zulässig.[209] Ein vollständiger Gleichlauf mit Art. 24 Nr. 2 Brüssel-Ia-VO könnte daher ohnehin nicht erreicht werden.

Swierczok, Das englische Scheme of Arrangement und seine Rezeption in Deutschland, S. 117.

[207] *Eidenmüller/Frobenius* WM 2011, 1210 (1214); immerhin für eine nur eingeschränkte Anwendung von Art. 24 Nr. 2 Brüssel-Ia-VO *Swierczok*, Das englische Scheme of Arrangement und seine Rezeption in Deutschland, S. 107 ff.; im Ergebnis auch *Husfeldt*, Das UK Solvent Scheme of Arrangement als Sanierungsinstrument für deutsche Gesellschaften, S. 113 ff.

[208] In diesem Sinne EuGH, Urteil vom 27.09.1988, Rs. 81/87, *Daily Mail*, Slg. 1988, 5483 Rn. 19 = NJW 1989, 2186; Urteil vom 05.11.2002, Rs. C-208/00, *Überseering*, Slg. 2002, I-9919 Rn. 67, 81 = NJW 2002, 3614; Urteil vom 16.12.2008, Rs. C-210/06, *Cartesio*, Slg. 2008, I-9664 Rn. 104, 109 f. = NJW 2009, 569; Urteil vom 12.07.2012, Rs. C-378/10, *Vale*, NJW 2012, 2715 Rn. 27, 51.

[209] So zur Untersagung des Wegzugs unter Beibehaltung der bisherigen Rechtsform durch die Gründungsrechtsordnung EuGH, Urteil vom 27.09.1988, Rs. 81/87, *Daily Mail*, Slg. 1988, 5483 Rn. 23 f. = NJW 1989, 2186; Urteil vom 05.11.2002, Rs. C-208/00, *Überseering*, Slg. 2002, I-9919 Rn. 70, 81 = NJW 2002, 3614; Urteil vom 30.09.2003, Rs. C-167/01, *Inspire Art*, Slg. 2003, I-10155 Rn. 103 = NJW 2003, 3331, Urteil vom 16.12.2008, Rs. C-210/06, *Cartesio*, Slg. 2008, I-9664 Rn. 107, 109 f. = NJW 2009, 569; Urteil vom 29.11.2011, Rs. C-371/10, *National Grid Indus*, Slg. 2011, I-65 Rn. 26 f. = NZG 2012, 114; Urteil vom 12.07.2012, Rs. C-378/10, *Vale*, NJW 2012, 2715 Rn. 29; davon abzugrenzen sind die – sehr wohl unter primärrechtlichem Rechtfertigungsdruck stehenden – benachteiligenden Rechtsfolgen eines – an sich in der Gründungsrechtsordnung vorgesehenen – Wegzugs (EuGH, Urteil vom 29.11.2011, Rs. C-371/10, *National Grid Indus*, Slg. 2011, I-65 Rn. 31 f. = NZG 2012, 114) sowie der Wegzug unter grenzüberschreitendem Formwechsel (EuGH, Urteil vom 16.12.2008, Rs. C-210/06, *Cartesio*, Slg. 2008, I-9664 Rn. 111 f. = NJW 2009, 569; Urteil vom 12.07.2012, Rs. C-378/10, *Vale*, NJW 2012, 2715 Rn. 31 f.; Urteil vom 25.10.2017, Rs. C-106/16, *Polbud*, NJW 2017, 3639 Rn. 35).

Letztlich muss eine Anlehnung der internationalen Restrukturierungszuständigkeit an Art. 63 Abs. 1 Brüssel-Ia-VO für Verfahren nach der Restrukturierungsrichtlinie aber auch aus einem anderen Grund scheitern. Denn im Gegensatz zum englischen *Scheme of Arrangement*, das Gesellschaften vorbehalten ist, können sich unter dem Restrukturierungsrahmen grundsätzlich auch natürliche Personen restrukturieren.[210] Dass der Verweis auf den gesellschaftsrechtlichen Gerichtsstand des Art. 24 Nr. 2 Brüssel-Ia-VO in diesem Zusammenhang gänzlich leerläuft, ist offensichtlich. Es könnte aber auch nicht einmal auf die – für sich genommen neutrale – Vorschrift des Art. 63 Brüssel-Ia-VO rekurriert werden, die tatbestandlich bekanntlich ebenfalls an eine Gesellschaft anknüpft. Zur Begründung eines Gerichtsstands beim Schuldner wäre eine entsprechende Anwendung des Art. 4 Brüssel-Ia-VO daher wohl unumgänglich, wodurch der eigentliche Regelungsgehalt der Norm allerdings vollständig *ad absurdum* geführt würde.[211]

All diese Widersprüche vermeidet nur eine analoge Anwendung des – rechtsformunabhängigen – COMI-Prinzips, wobei Art. 3 Abs. 1 UAbs. 2 und 3 EuInsVO entsprechende Vermutungsregelungen für Gesellschaften und natürliche Personen gleichermaßen bereithält.

(5) Die Einordnung vertraulicher Sanierungsverfahren durch den Unionsgesetzgeber: Herausnahme aus dem Anwendungsbereich der EuInsVO

Diese Analogie ist auch mit dem gesetzgeberischen Willen, wie er in der Konzeption der EuInsVO, insbesondere in deren Art. 1 Abs. 1 zum Ausdruck gekommen ist, vereinbar. Die Verordnung sollte nach der Intension des Reformgesetzgebers zwar gerade nicht für vertraulich geführte Verfahren gelten, was durch die hier vorgeschlagene analoge Anwendung des Art. 3 Abs. 1 EuInsVO in der Tat punktuell revidiert würde. Wie bereits gezeigt wurde, befürchtete der Verordnungsgeber allerdings vor allem Verwerfungen im Zusammenhang mit der unionsweiten Anerkennung von vertraulich geführten Verfahren. Gläubiger und Gerichte sollten vor den Wirkungen ihnen unbekannter ausländischer Insolvenzverfahren geschützt werden, solange diese nicht öffentlich bekannt gemacht wurden.[212] Erwägungsgrund (13) zur EuInsVO begründet die Herausnahme vertraulich geführter Verfahren aus dem sachlichen Anwendungsbereich der Verordnung insoweit ausdrücklich damit, „dass es schwierig [sei],

---

[210] In dieselbe Richtung auch *Schlöder/Parzinger/Knebel* ZIP 2021, 1041 (1045).

[211] In diese Richtung allerdings unter Betonung vor allem teleologischer Erwägungen und unter Hinweis auf die Praxis des sog. *locked up agreements Husfeldt*, UK Solvent Scheme of Arrangement als Sanierungsinstrument für deutsche Gesellschaften, S. 151 ff. mit dem Vorschlag, den restrukturierungswilligen Schuldner als Beklagten anzusehen; dagegen auch *Eidenmüller/Frobenius* WM 2011, 1210 (1214).

[212] Vgl. Erwägungsgründe (12) und (13) zur EuInsVO sowie bereits ausführlich oben § 9, II., 5., b) und c) (S. 184 ff.).

ihren Wirkungen unionsweit Anerkennung zu verschaffen". Mit der internationalen Zuständigkeit hat all dies nichts zu tun. Gerade im Gegenteil muss der COMI des Schuldners nach den Maßstäben der EuInsVO für Dritte objektiv erkennbar sein, wobei besonders zu berücksichtigen ist, welchen Ort die Gläubiger – also auch ausländische – als den Ort wahrnehmen, an dem der Schuldner der Verwaltung seiner Interessen nachgeht.[213] Daraus folgt, dass die Beschränkung des Anwendungsbereichs der Verordnung auf öffentlich bekanntzumachende Verfahren einer analogen Anwendung der Zuständigkeitsvorschrift des Art. 3 EuInsVO auf – auch vertraulich geführte – Restrukturierungsverfahren nicht entgegen steht, sondern diese wegen der gleichgelagerten Interessen geradezu geboten erscheint.

(6) Die Einordnung vertraulicher Sanierungsverfahren durch den Unionsgesetzgeber: Rückschlüsse aus den internationalen Bezügen der Restrukturierungsrichtlinie

Ungleich umfangreicher muss eine Analyse der Kohärenz der hier vertretenen Lösung mit der Richtlinie selbst ausfallen. Das liegt in erster Linie daran, dass die internationale Dimension des Restrukturierungsrahmens in der Restrukturierungsrichtlinie nur höchst unvollständig adressiert wird.[214] Lediglich eine grobe Einordnung der Richtlinie in das bestehende internationale Zivilverfahrensrecht enthalten die Erwägungsgründe (12) bis (14). Darin betont der Unionsgesetzgeber zunächst den im Vergleich zur EuInsVO weitergehenden Regulierungsansatz, „über die Fragen der justiziellen Zusammenarbeit hinauszugehen und materiell-rechtliche Mindeststandards festzulegen".[215] Erwägungsgrund (13) nimmt sodann das Zusammenspiel der beiden insolvenzrechtlichen Sekundärrechtsakte in den Blick und unterstreicht die Gestaltungshoheit der Mitgliedstaaten.[216] Ihnen obliege es zu entscheiden, ob Insolvenz- und Restrukturierungsverfahren nach ihrem jeweiligen nationalen Recht eine Ausgestaltung erfahren, die eine Aufnahme in den Anhang A zur EuInsVO ermöglicht. Ziel der Richtlinie sei es aber gleichwohl, eine grenzüberschreitende An-

---

[213] Vgl. dazu Art. 3 Abs. 1 UAbs. 1 S. 2 EuInsVO sowie konkretisierend Erwägungsgrund (28) zur EuInsVO.

[214] *Paulus* in: Paulus/Dammann, European Preventive Restructuring, Intro Rn. 15; siehe dazu nur den Befund in § 7 (S. 100 ff.).

[215] Erwägungsgrund (12) S. 5 zur RRL.

[216] Diese Erwägungen fanden sich im ursprünglichen Kommissionsentwurf lediglich im Begründungsteil und wurden im Laufe des Gesetzgebungsverfahrens in die Erwägungsgründe eingegliedert, vgl. Kommissionsentwurf vom 22.11.2016, COM(2016) 723 final, S. 10.

erkennung aller Verfahren und der darin ergehenden Entscheidungen zu erleichtern. Erwägungsgrund (14) legt schließlich die (vermeintlichen[217]) Vorteile der EuInsVO im Kampf gegen eine missbräuchliche Verlegung des COMI dar. Im eigentlichen Verordnungstext hingegen findet sich zur internationalen Dimension des Restrukturierungsrahmens mit Art. 6 Abs. 8 UAbs. 2 RRL lediglich eine einzige Regelung. Nach ihr ist die maximale Dauer einer Aussetzung der Zwangsvollstreckung auf vier Monate begrenzt, wenn der in Anspruch genommene Restrukturierungsrahmen die Voraussetzungen für eine Mitteilung nach Anhang A zur EuInsVO nicht erfüllt und der Schuldner seinen COMI in den letzten drei Monaten vor Antragstellung in einen anderen Mitgliedstaat verlegt hat.

Damit sind mit Erwägungsgrund (14) und Art. 6 Abs. 8 UAbs. 2 RRL die beiden Berührungspunkte der Richtlinie mit dem aus der EuInsVO bekannten *center of main interest* bereits abgesteckt. Aus Art. 6 Abs. 8 UAbs. 2 RRL ergibt sich zunächst eindeutig, dass der Richtliniengeber dem Mittelpunkt der hauptsächlichen Interessen des Schuldners auch für solche Verfahren Bedeutung zuschreibt, die nicht unter die EuInsVO fallen. Die Lage des COMI wird folglich auch in vertraulich geführten Verfahren relevant, indem die zur Verfügung stehenden Restrukturierungsinstrumente bei einer kürzlich vorausgegangenen Verlagerung des Interessenmittelpunkts eingeschränkt werden. Die Regelung bedient sich damit zwar einer dem internationalen Zuständigkeitsrecht entlehnten Begrifflichkeit, begrenzt als Rechtsfolge aber – jedenfalls ausdrücklich – nicht den (internationalen) Zuständigkeitsbereich, sondern nur den materiell-rechtlichen Entscheidungsspielraum der Gerichte. Somit steht fest, dass die Kategorie des COMI keineswegs ausschließlich den unter die EuInsVO fallenden Verfahren vorbehalten ist. Es drängt sich aber die Frage auf, ob Art. 6 Abs. 8 UAbs. 2 RRL eine Zuständigkeit am Ort des COMI, wie sie hier vertreten wird, implizit voraussetzt, oder gerade als punktuelle Sonderregelung verstanden werden will, die den COMI nur ausnahmsweise für maßgeblich erklärt. Diese Frage ist, wie nachfolgend zu zeigen ist, im erstgenannten Sinne zu beantworten, was den hier vorgeschlagenen Analogieschluss auch in systematischer Hinsicht untermauert.

(a) Keine Beschränkung des Wortlauts auf die Wegverlegung des COMI

Setzt man zunächst am (deutschen) Wortlaut von Art. 6 Abs. 8 UAbs. 2 RRL an, so könnte eine Zuständigkeitskonzentration im Staat des Interessenmittelpunkts bereits daran scheitern, dass die Norm ausdrücklich von einer Verlegung „in einen anderen Mitgliedstaat“ spricht. Grammatikalisch legt diese Formulierung nahe, dass die Vorschrift auf Wegzugskonstellationen zugeschnitten

[217] Siehe dazu sogleich die Gegenüberstellung der gesetzgeberischen Annahmen mit dem tatsächlich existierenden Rechtsrahmen unter § 11, II, 5., b), (6), (c) (S. 289 ff.).

ist, also die maximale Anordnungsdauer einer Zwangsvollstreckungsaussetzung im ehemaligen COMI-Staat beschränkt, wenn der Interessenmittelpunkt im kritischen Zeitraum aus diesem herausverlegt wurde. Mit einer (ausschließlichen[218]) Zuständigkeit in Analogie zu Art. 3 Abs. 1 EuInsVO wäre dies nicht vereinbar, da mit dem vor Antragstellung vollzogenen Wegzug aus dem ehemaligen COMI-Staat auch dessen internationale Zuständigkeit entfiele. Sind beispielsweise deutsche Gerichte wegen einer (abgeschlossenen) Verlegung des schuldnerischen COMI nach Italien nicht mehr zuständig, bedarf es auch keiner zeitlichen Einschränkung der vor deutschen Gerichten verfügbaren Restrukturierungsinstrumente; die Regelung wäre wegen der stets zu verneinenden Zuständigkeit als vorgelagerte Zulässigkeitsfrage schlicht überflüssig.[219]

Wie vor allem eine Analyse der unterschiedlichen Sprachfassungen der Norm sowie eine systematische Zusammenschau mit der EuInsVO belegt, ist Art. 6 Abs. 8 UAbs. 2 RRL indes nicht auf eine derart enge Interpretation beschränkt. Zwar stimmen sowohl die spanische als auch die italienische Sprachfassung mit der deutschen Lesart überein, wonach es auf die Verlegung *in* einen anderen Mitgliedstaat, mithin einen Wegzug ankommt.[220] Zum entgegengesetzten Ergebnis gelangt man jedoch bei einer Betrachtung der englischen,[221] französischen,[222] portugiesischen[223] und niederländischen[224] Sprachfassung. Dort wird übereinstimmend auf die COMI-Verlagerung *aus* einem anderen

[218] Vgl. zur Ausschließlichkeit der Zuständigkeit zur Durchführung des Restrukturierungsverfahrens sogleich unter § 11, II, 5., c) (S. 302 ff.).

[219] Zu einem (Rest-)Anwendungsbereich würde man freilich gelangen, wenn man im Hinblick auf die internationale Zuständigkeit für die Aussetzung der Zwangsvollstreckung mit den in Fn. 93 zu § 11 (S. 244) dargelegten Erwägungen einen Rückgriff auf Art. 35 Brüssel-Ia-VO befürwortet, sodass die Gerichte des ehemaligen COMI-Staats für die Anordnung eines auf das eigene Hoheitsgebiet beschränkten Vollstreckungsstopps zuständig blieben.

[220] Nach der spanischen Sprachfassung greift Art. 6 Abs. 8 UAbs. 2 RRL, „si el centro de intereses principales del deudor se ha trasladado a otro Estado miembro“; die italienische Fassung setzt dafür tatbestandlich voraus, dass „il centro degli interessi principali del debitore è stato trasferito a un altro Stato membro“, wobei die Präposition „a“ jeweils mit „nach“ oder „zum“ übersetzt werden kann.

[221] Die englische Version verlangt, dass „the centre of main interests of the debtor has been transferred from another Member State”, wobei “from” als Präposition Herkunfts- oder Ausgangsorten vorausgeht.

[222] Nach der französischen Sprachfassung greift die Regelung, „si le centre des intérêts principaux du débiteur a été transféré d'un autre État membre“, wobei das mit dem Artikel „un“ zusammengezogene „de“ sich mit „von“ oder „aus“ übersetzen lässt.

[223] Die portugiesische Version der Richtlinie setzt für ein Eingreifen der Beschränkung voraus, dass „o centro dos interesses principais do devedor tiver sido transferido de outro Estado-Membro“, wobei „de“ mit „von“ oder „aus“ zu übersetzen ist.

[224] Die niederländische Fassung verlangt tatbestandlich, dass „het centrum van de voornaamste belangen van de schuldenaar vanuit een andere lidstaat is verplaatst“, wobei „vanuit“ im Deutschen ebenfalls einem „aus“ oder „von“ entspräche.

Mitgliedstaat abgestellt, die sich aus der Perspektive des angerufenen Restrukturierungsgerichts als Zuzugsszenario darstellt. Die reine Wortlautinterpretation lässt daher erhebliche Zweifel an der Absolutheit der deutschen Fassung aufkommen; ein abschließendes Ergebnis liefert sie allerdings nicht.

Der Blick ist daher vor allem auf die Parallelregelungen in Art. 3 Abs. 1 UAbs. 2 bis 4 EuInsVO zu richten. Diese Vorschriften betreffen in ihrem jeweiligen Satz 2 zwar keine Verlegung des COMI, sondern eine solche des Satzungssitzes, der Hauptniederlassung oder des gewöhnlichen Aufenthaltsorts, an die ihrerseits eine Vermutung des COMI geknüpft wird. Auch sie können aber sowohl aus Zuzugs- wie auch aus Wegzugsperspektive betrachtet werden. Interessanterweise stellen dort jedoch alle oben genannten Sprachfassungen übereinstimmend auf die Verlegung *in* einen anderen Mitgliedstaat, also das Wegzugsszenario ab.[225] Gleichwohl wird insoweit wohl niemand ernstlich vertreten, dass es für die (Nicht-)Anwendbarkeit der Vermutung einen Unterschied macht, ob sich die Verlegung des vermutungsbegründenden Elements aus der Perspektive des angerufenen Gerichts als Her- oder Wegzug darstellt. Man versetze sich zur Veranschaulichung an die Stelle eines deutschen Gerichts, das über seine internationale Zuständigkeit zur Eröffnung eines Insolvenzverfahrens über das Vermögen eines Einzelhandelskaufmanns zu befinden hat, der seine Hauptniederlassung zwei Monate vor Antragstellung von Frankreich nach Deutschland verlegt hat. Obwohl die Hauptniederlassung aus deutscher Sicht nicht *in* einen anderen Mitgliedstaat, sondern *aus* einem anderen Mitgliedstaat ins eigene Hoheitsgebiet verlegt wurde, kommt die Vermutung des Art. 3 Abs. 1 UAbs. 3 EuInsVO wegen des Ausnahmetatbestands in S. 2 nicht zum Tragen. Noch deutlicher wird die Irrelevanz der Mobilitätsrichtung bei Drittstaatenbezug, wobei sich hier die Frage des COMI freilich bereits auf Ebene der räumlichen Anwendbarkeit der Verordnung stellt.[226] Verlagert etwa ein Einzelhandelskaufmann seine Hauptniederlassung im kritischen Zeitraum von Deutschland in die Vereinigten Staaten, so greift Art. 3 Abs. 1 UAbs. 3 S. 1 EuInsVO ebenfalls nicht, obwohl das vermutungsbegründende Element nicht *in* einen Mitgliedstaat hinein, sondern *aus* einem Mitgliedstaat heraus verlegt wurde.

Diese Erkenntnis kann nun für die Auslegung von Art. 6 Abs. 8 UAbs. 2 RRL fruchtbar gemacht werden. Demnach stellt die Norm tatbestandlich ganz allgemein auf die grenzüberschreitende Verlagerung des Interessenmittelpunkts ab, ohne diesen auf eine bestimmte Richtung zu begrenzen. Bestärkt wird dieser Befund noch in Erwägungsgrund (14) zur RRL, der lediglich auf

---

[225] Vgl. dazu die englische („to“ = nach/zu), französische („dans“ = in/nach), portugiesische („para“ = nach/an) und niederländische („naar“ = nach/zu) Sprachfassung.

[226] Vgl. dazu Erwägungsgrund (25) zur EuInsVO, wonach die Verordnung nur auf Insolvenzverfahren über Schuldner mit Mittelpunkt ihrer hauptsächlichen Interessen innerhalb der Union (ausgenommen Dänemark) anwendbar ist.

die – nicht weiter spezifizierte – Verlagerung des COMI Bezug nimmt und damit hinsichtlich der Mobilitätsrichtung ebenfalls offen formuliert ist. Von Art. 6 Abs. 8 UAbs. 2 RRL gedeckt ist daher auch und gerade die Hineinverlegung des COMI im kritischen Zeitraum, für die eine Beschränkung der Befugnisse des – dann analog Art. 3 Abs. 1 EuInsVO zuständigen – Restrukturierungsgerichts durchaus sinnhaft erscheint. Davon geht im Übrigen ersichtlich auch der deutsche Gesetzgeber aus, der in § 53 Abs. 4 StaRUG – insoweit kohärent mit dem Verständnis der (internationalen) Zuständigkeit analog § 35 StaRUG[227] – die maximale Anordnungsdauer auf vier Monate begrenzt, wenn der COMI innerhalb der Drei-Monats-Frist „*aus* einem anderen Mitgliedstaat in das Inland verlegt wurde".[228] Das gleiche Verständnis liegt dem österreichischen Gesetz zur Umsetzung der Richtlinie in § 22 Abs. 4 S. 2 öReO zugrunde, wo es heißt, die maximale Aussetzungsdauer sei auf vier Monate begrenzt, wenn der Schuldner seinen COMI „vor Einbringen des Antrags auf Einleitung eines Restrukturierungsverfahrens *aus einem anderen Mitgliedstaat* der Europäischen Union oder einem Drittstaat *nach Österreich* verlegt hat".[229] Für Art. 6 Abs. 8 UAbs. 2 RRL ergeben sich mithin auch dann sinnvolle Anwendungsfälle, wenn man mit der hier vertretenen Meinung die Restrukturierungszuständigkeit am COMI des Schuldners konzentriert. Der Wortlaut des Art. 6 Abs. 8 UAbs. 2 RRL steht einem ausschließlichen Gerichtsstand am Ort des Mittelpunkts der hauptsächlichen Interessen des Schuldners somit nicht entgegen.

(b) Das Bekenntnis des Richtliniengebers zur Relevanz des COMI

Im Gegenteil wird der Ratio des Art. 6 Abs. 8 UAbs. 2 RRL nur eine Konzentrierung der Restrukturierungszuständigkeit in dem Mitgliedstaat gerecht, in

---

[227] Für eine doppelfunktionale Interpretation der Norm als Regelung der örtlichen und internationalen Zuständigkeit auch *Blankenburg* in: Morgen, StaRUG, § 35 Rn. 27; *Schlöder/Parzinger/Knebel* ZIP 2021, 1041 (1047); aA offenbar *Sax/Berkner/Saed* NZI 2021, 517 (519), die im Hinblick auf das Anerkennungshindernis des § 343 Nr. 1 InsO im Zusammenhang mit dem – dem StaRUG-Verfahren in weiten Teilen ähnlichen – Part 26A-*Restructuring Plan* als maßgebliche Zuständigkeitsnorm auf § 3 InsO analog abstellen.

[228] Hervorhebung durch den Verfasser; ob der Formulierungswahl tatsächlich eine Auseinandersetzung mit dem Wortlaut der Richtlinie vorausgegangen ist, bleibt allerdings fraglich, immerhin gibt der RegE Art. 6 Abs. 8 UAbs. 2 RRL insoweit wörtlich wieder („*in einen anderen Mitgliedstaat* der Europäischen Union verlegt wurde", Hervorhebung durch den Verfasser), nur um daran die Feststellung anzuschließen, mit § 60 Abs. 4 RegE (entspricht § 53 Abs. 4 StaRUG) werde diese Vorgabe der Richtlinie umgesetzt.

[229] Hervorhebungen durch den Verfasser; vgl. dazu auch die Erläuterungen im zugehörigen Ministerialentwurf 96/ME XXVII. GP, S. 10: „Wenn der Schuldner den Mittelpunkt seiner hauptsächlichen Interessen innerhalb von drei Monaten vor Antragstellung auf Einleitung des Restrukturierungsverfahrens *aus* einem anderen Mitgliedstaat der EU *nach Österreich* verlegt hat, so ist die Gesamtdauer mit vier Monaten begrenzt" (Hervorhebungen durch den Verfasser).

dem sich der Mittelpunkt der hauptsächlichen Interessen des Schuldners befindet. Wie Erwägungsgrund (14) S. 2 belegt,[230] bezweckt die Regelung *forum shopping* vorzubeugen, indem sie bei einer Verlegung des COMI innerhalb des kritischen Zeitraums die Dauer einer Aussetzung der Zwangsvollstreckung zeitlich begrenzt.[231] Tatbestandlich knüpft die Norm mithin an eine Verlagerung des COMI im unmittelbaren zeitlichen Vorfeld der Restrukturierung an. Was aber wäre der Zweck der Norm, wenn man davon ausginge, dass der Interessenmittelpunkt für die Bestimmung von zuständigem Gericht und anwendbarem Restrukturierungsrecht ohnehin ohne Bedeutung wäre? Und warum wird dem Schuldner ein wesentliches Element des Restrukturierungsrahmens nur in verringertem Umfang zur Verfügung gestellt, nur weil er im Vorfeld ein Anknüpfungsmoment verändert, auf das es angeblich aber doch für die Restrukturierungszuständigkeit überhaupt nicht ankommen soll?

Eine plausible Antwort auf diese Frage ist nicht ersichtlich, was entscheidend für eine Konzentration der Restrukturierungszuständigkeit im COMI-Staat spricht. Alles andere hätte gravierende Wertungswidersprüche zur Folge. Art. 6 Abs. 8 UAbs. 2 RRL setzt nämlich eine grenzüberschreitende Verlegung des Interessenmittelpunkts, also die Verlagerung des COMI voraus. Für Restrukturierungsverfahren in einem Mitgliedstaat, in dem der COMI des Schuldners weder derzeit belegen ist, noch jemals belegen war, ergeben sich aus der Norm mithin keinerlei Einschränkungen. In diesem Fall könnte das nationale Recht eine Aussetzung der Einzelzwangsvollstreckung auch über die viermonatige Maximalfrist hinaus zur Verfügung stellen. So könnte beispielsweise eine GmbH mit COMI in München bei einer Restrukturierung in den Niederlanden die dort vorgesehene Aussetzungsdauer voll ausnützen; verlegt sie dagegen innerhalb des kritischen Drei-Monats-Zeitraums ihren Interessenmittelpunkt nach Amsterdam, so steht ihr der Vollstreckungsstopp, da nun eine Verlagerung vorliegt, nur für maximal vier Monate zur Verfügung. Warum aber soll einem Unternehmen, das sich immerhin – wenn auch kurzfristig – durch die Verlegung des COMI um eine besonders enge Verknüpfung mit dem Restrukturierungsstaat bemüht, schlechter stehen, als ein Schuldner, den mit seinem Sanierungsstandort nicht viel mehr verbindet als die Ansässigkeit einiger

---

[230] Auch wenn sich Art. 6 Abs. 8 UAbs. 2 RRL und Erwägungsgrund (14) S. 2 zur RRL im Hinblick auf den relevanten Zeitraum nicht decken (dazu sogleich) kann gleichwohl davon ausgegangen werden, dass sich der Richtliniengeber dort auf die Regelung beziehen wollte.

[231] Ebenso *Paulus* in: Paulus/Dammann, European Preventive Restructuring, Art. 6 Rn. 48.

seiner Gläubiger?[232] Wertungsgerecht erscheint dies jedenfalls nicht.[233] Ähnlich absurde Ergebnisse ergäben sich auch für den Fall, dass der COMI ohne Beteiligung des Restrukturierungsstaats von einem Mitgliedstaat in einen anderen verlagert wird. Man stelle sich beispielsweise eine niederländische B.V. vor, die ihren COMI kurz vor einer Restrukturierung in den Niederlanden von München nach Wien verlegt. Dem Wortlaut nach würde Art. 6 Abs. 8 UAbs. 2 RRL hier die maximale Aussetzungsdauer auf vier Monate limitieren, während eine solche Einschränkung bei einer nur innerdeutschen Verlagerung des Interessenmittelpunkts nicht bestünde, obwohl das Restrukturierungsverfahren auch hier nicht im COMI-Staat durchgeführt wird.

Als möglicher Erklärungsansatz kämen allenfalls die mittelbaren Auswirkungen des COMI auf die Beurteilung des sog. Kriteriums des Gläubigerinteresses und die *realtive* bzw. *absolute priority rule* in Betracht. Bei Ersterer handelt es sich gewissermaßen um eine hypothetische Vergleichsbetrachtung, die zugunsten des Restrukturierungsplans ausfallen muss, damit dieser gem. Art. 10 Abs. 2 UAbs. 1 lit. d) RRL trotz opponierender Beteiligter bestätigt werden kann. Als Prüfungsmaßstab ist nach Art. 2 Abs. 1 Nr. 6 RRL auf das nächstbeste Alternativszenario im Falle eines Scheiterns der Restrukturierung abzustellen, mangels anderweitiger, vorzugswürdiger Optionen also die normale Rangfolge der Liquidationsprioritäten nach nationalem Recht. Kommt neben der anvisierten Restrukturierung – wie es regelmäßig der Fall sein dürfte[234] – nur ein reguläres Insolvenzverfahren in Betracht, ist der Restrukturierungsplan folglich inhaltlich an den dort zu erwartenden Befriedigungsquoten der jeweiligen Gläubiger zu messen. Diese gewinnen im Falle eines *cross-class cram-down* auch noch an anderer Stelle an Bedeutung. Denn sowohl die in Art. 11 Abs. 1 lit. c) RRL niedergelegte *relative priority rule* als auch die in Abs. 2 alternativ vorgesehene *absolute priority rule* rekurrieren ebenfalls auf die Liquidationsrangfolge in einem etwaigen Insolvenzszenario.

Durch ebendiese Verweisungen auf die hypothetische Stellung in einem Insolvenzverfahren kann sich der COMI damit mittelbar auf die Plangestaltung im Restrukturierungsverfahren auswirken. Denn in Anbetracht der noch ganz

---

[232] Dies aber wäre das Ergebnis der teilweise zum *Scheme of Arrangment* vertretenen und von *Skauradszun* in: BeckOK-StaRUG, § 84 Rn. 76 ff.; *ders.* ZIP 2019, 1501 (1506); *Skauradszun/Nijnens* 7 (2019) NIBLeJ 1 (19 f.) und *Madaus* ZIP 2022, 1233 (1235) auch für den Restrukturierungsrahmen vorhergesagten Anwendung des Art. 8 Nr. 1 Brüssel-Ia-VO.

[233] Siehe dazu bereits *Kratzlmeier* ZIP 2023, 455 (461 f.).

[234] Diese Einschätzung teilen *Garcimartín* in: Paulus/Dammann, European Preventive Restructuring, Art. 10, Rn. 23 und *Schönfelder* in: Flöther, Sanierungsrecht, Rn. F.308, F.311 ff. sowie *H. Schmidt* WM 2017, 1735 (1742), allerdings mit dem Hinweis, dass selbst innerhalb einer Regelinsolvenz eine Fortführung des Geschäftsbetriebs möglich ist und daher nicht ohne Weiteres auf Liquidationswerte abgestellt werden kann.

am Anfang stehenden europäischen Harmonisierung auf dem Gebiet des Insolvenzrechts[235] unterscheiden sich die mitgliedstaatlichen Insolvenzrechtsordnungen teilweise beträchtlich.[236] Damit divergiert natürlich auch die Partizipation der unterschiedlichen Gläubigergruppen am zu verteilenden Schuldnervermögen, was insbesondere in den verschiedenen Vorrechten begründet liegt, die die mitgliedstaatlichen Insolvenzrechtsordnungen vorsehen.[237] Auf welcher international-privatrechtlichen Grundlage die von Art. 2 Abs. 1 Nr. 6 und Art. 11 RRL vorgesehenen Vergleichsrechnungen anzustellen sind, insbesondere ob die hypothetische Eröffnung von Sekundärinsolvenzverfahren bzw. die potenzielle Auswirkung einer Zusicherung nach Art. 36 EuInsVO zu berücksichtigen ist, bedarf noch einer vertieften Auseinandersetzung, die an anderer Stelle geleistet werden soll.[238] Es kann allerdings vorweg genommen werden, dass das dem Alternativszenario zugrunde zu legende Recht, wenn und soweit es sich dabei um ein Insolvenzverfahren handelt, als Vorfrage grundsätzlich nach den Art. 3 und 7 EuInsVO anzuknüpfen ist. Für die inhaltlichen Anforderungen an eine Planbestätigung kommt dem schuldnerischen Interessenmittelpunkt somit im Gewande des Kriteriums des Gläubigerinteresses und der *relative* respektive *abolute priority rule* mittelbar Bedeutung zu, indem er über die rechtliche Grundlage der hypothetischen Vergleichsbetrachtung entscheidet. Strengt etwa ein Schuldner mit COMI in Deutschland eine Restrukturierung nach dem StaRUG an, so setzt eine Planbestätigung gem. § 64 Abs. 1 S. 1 StaRUG[239] voraus, dass die opponierenden Gläubiger durch den Plan nicht schlechter gestellt werden, als sie ohne diesen stünden. Maßstab ist mithin, soweit kein anderweitiges Alternativszenario ersichtlich ist, eine gesellschaftsrechtliche Liquidation, oder, wenn auch diese nicht (mehr) in Betracht

---

[235] Vgl. zu ersten Vorboten einer europäischen Harmonisierung auf dem Gebiet des Insolvenzrechts *Heese*, Die Funktion des Insolvenzrechts im Wettbewerb der Rechtsordnungen, S. 51 f.; auf europäischer Ebene wurde die gravierende binnenmarkthemmende Wirkung divergierender nationaler Insolvenzrechtsordnungen jedenfalls erkannt, vgl. dazu etwa den Bericht der Kommission vom 24.03.2017, COM(2017) 147 final, S. 11, 14 sowie jüngst die Mitteilung der Kommission an das Europäische Parlament, den Rat, den Europäischen Wirtschafts- und Sozialausschuss und den Ausschuss der Regionen – Kapitalmarktunion – Umsetzung ein Jahr nach dem Aktionsplan vom 25.11.2021, COM(2021) 702 final, S. 9 mit der Ankündigung, noch im Jahre 2022 einen Vorschlag zur Harmonisierung bestimmter Aspekte des Insolvenzrechts vorzulegen.

[236] So ausdrücklich Erwägungsgrund (22) S. 1 zur EuInsVO.

[237] Vgl. dazu etwa *Piekenbrock* KSzW 2015, 191 (196); auch dem deutschen Recht – jedenfalls historisch – nicht unbekannt sind vor allem Vorrechte zugunsten öffentlicher Gläubiger und Arbeitnehmer (vgl. §§ 59 Abs. 1 Nr. 3 und 61 Abs. 1 Nr. 1 bis 3 KO sowie aus dem geltenden Recht das „kleine Fiskusprivileg" in § 55 Abs. 4 InsO).

[238] Siehe dazu unten § 12, II., 3. (S. 331 ff.).

[239] Während § 64 Abs. 1 StaRUG auf den individuellen Gläubiger (innerhalb einer Gläubigergruppe) abstellt, ist das Kriterium des Gläubigerinteresses gem. § 26 Abs. 1 Nr. 1 StaRUG auch bei der Überstimmung ganzer Gläubigergruppen zu beachten.

kommt,[240] eine Abwicklung des Schuldners nach deutschem Insolvenzrecht.[241] Die dort für den jeweiligen überstimmten Gläubiger zu erwartende Befriedigungsquote bildet mithin die Grenze, bis zu der die Gestaltung von Forderungen gegen dessen Willen durch Mehrheitsentscheidung möglich ist. Läge der COMI indes in den Niederlanden, so wäre die Majorisierungsbarriere des § 64 StaRUG – die Restrukturierungszuständigkeit deutscher Gerichte unterstellt – auf Grundlage des niederländischen Insolvenzrechts zu ermitteln. Aufgrund der dort vorgesehenen vorrangigen Befriedigung von öffentlichen Gläubigern[242] würde so die rechtliche Grundlage der Alternativbetrachtung ausgetauscht und damit die Anforderungen an das Kriterium des Gläubigerinteresses – zugunsten der (dort) privilegierten und zulasten der einfachen Gläubigergruppen – verschoben. Insofern ist ein Zusammenhang zwischen Restrukturierung und COMI auch dann nicht gänzlich von der Hand zu weisen, wenn man die Restrukturierungszuständigkeit nicht wie hier vorgeschlagen am COMI verortete. Denn auch insoweit ergäbe sich ein – obgleich wohl eher geringes – Potenzial für missbräuchliche Verlagerungen des COMI, wenn es etwa darum geht, die Majorisierungsbarriere auf die im Einzelfall mehrheitsfähige Plangestaltung abzustimmen.

Das würde zwar erklären, weshalb der Unionsgesetzgeber ein Bedürfnis für Schutzmaßnahmen gegen die missbräuchliche Verlegung des COMI gesehen hat, auch wenn man diesen – entgegen der hier vertretenen Ansicht – nicht schon für die Restrukturierungszuständigkeit als maßgeblich erachtet. Gleichwohl bleiben zentrale Fragen offen. Warum etwa setzt die Schutzmaßnahme nicht dort an, wo sich eine Manipulierung des COMI tatsächlich auswirken würde, nämlich bei der Planbestätigung, sondern beschränkt stattdessen die Aussetzung der Einzelzwangsvollstreckung? Letztere kommt zwar funktional der Aushandlung und Annahme eines Restrukturierungsplans zugute, indem sie dem Schuldner die vielbeschworene „Verschnaufpause“[243] gönnt und damit

[240] Vgl. dazu sowie zur weiten Interpretation des in Art. 2 Abs. 1 Nr. 6 RRL genannten „Liquidationsverfahrens“, das insbesondere auch Insolvenzverfahren mit einschließt *Schönfelder* in: Flöther, Sanierungsrecht, Rn. F.308 ff.; allerdings ist stets zu bedenken, worauf *H. Schmidt* WM 2017, 1735 (1742) zutreffend hingewiesen hat, dass auch im Rahmen eines Regelinsolvenzverfahrens eine Fortführung des Unternehmens möglich ist, sodass die (höheren) hypothetischen Fortführungswerte anzusetzen sein können.

[241] Art. 2 Abs. 1 Nr. 6 RRL nennt dafür vor allem Zerschlagung und übertragende Sanierung; im Einzelfall mag aber auch eine Sanierung unter Zuhilfenahme der insolvenzrechtlichen Instrumentarien in Betracht kommen.

[242] Siehe zum Vorrecht von Sozialversicherungskassen, Finanzämtern und Arbeitnehmern *Kortmann* in: MüKo-InsO, Länderberichte Niederlande Rn. 73.

[243] *Flöther* in: FS Graf-Schlicker, 259 (262 ff.); *Haas* in: Gottwald/Haas, Insolvenzrechts-Handbuch, § 89 Rn. 48; *Jacoby* ZGR 39 (2010) 359 (372); von einer Atempause sprechend *Bork* in: FS Hopt, 1629 (1629); *ders.*, Sanierungsrecht in Deutschland und England, Rn. 10.2; *ders.* Pre-insolvency moratoria – a legal comparison (abrufbar unter <https://

den Gläubigern ein eindrucksvolles Druckmittel (vorübergehend) aus der Hand nimmt. Gleichwohl können die Vollstreckungssperre einerseits und der (bestätigte) Restrukturierungsplan andererseits durchaus als die beiden wesentlichen Säulen des neuen Restrukturierungsrahmens aufgefasst werden,[244] was sich systematisch vor allem in der strukturellen Untergliederung des restrukturierungsrechtlichen zweiten Titels der Richtlinie niederschlägt: Während das zweite Kapitel in Art. 5 bis 7 Regelungen zur Erleichterung der Planverhandlungen vorhält, betrifft das dritte Kapitel mit den Art. 8 bis 16 die Annahme und Folgen des Restrukturierungsplans. Vor diesem Hintergrund erscheint es mehr als zweifelhaft, dass der Unionsgesetzgeber mit der Schaffung von Art. 6 Abs. 8 UAbs. 2 RRL einem in der zweiten Säule ausgemachten Missbrauchspotenzial dadurch begegnen wollte, die in der ersten Säule verfügbaren Instrumentarien einzuschränken. Dies gilt insofern in besonderem Maße, als der inhaltliche Zusammenhang zwischen Majorisierungsbarriere einerseits und der maximalen Dauer des Vollstreckungsstopps andererseits wohl entfernter nicht sein könnte. Überdies hat der Richtliniengeber es den Mitgliedstaaten in Art. 4 Abs. 5 RRL ausdrücklich zur Wahl gestellt, mehrere Restrukturierungsinstrumente unabhängig voneinander zur Verfügung zu stellen. Da dementsprechend auch die Sanierung durch eine einzelne Restrukturierungsmaßnahme (z. B. die Bestätigung eines Restrukturierungsplans) in der Richtlinie angelegt ist, wird man wohl erwarten dürfen, dass die verschiedenen Bestandteile des Restrukturierungsrahmens jeweils für sich allein die betroffenen Interessen angemessen zum Ausgleich bringen und nicht erst die Inanspruchnahme weiterer Instrumente (z. B. des Vollstreckungsstopps) in einer Gesamtschau zur adequaten Berücksichtigung aller berechtigten Belange (z. B. dem Schutz vor einem kurzfristigem Austausch der für die Majorisierungsschwelle ausschlaggebenden Referenz-Liquidationsrangfolge) führt.

Insgesamt sprechen die überzeugenderen Gründe somit dafür, schon die Restrukturierungszuständigkeit am COMI des Schuldners zu verorten, sodass sich ein Gleichlauf mit der Grundanknüpfung zur Ermittlung des (inzident) anwendbaren Insolvenzrechts einstellt. In Zusammenschau mit Art. 6 Abs. 8 UAbs. 2 RRL ergibt sich damit ein stimmiges und wertungskonsistentes Bild. Die internationale Zuständigkeit zur Durchführung eines (vertraulichen) Restrukturierungsverfahrens ist nach Art. 3 Abs. 1 EuInsVO (analog) in dem Mitgliedstaat konzentriert, in dem sich der Mittelpunkt der hauptsächlichen

---

eirjournal.com/content/EIRJ-2021-9>, Stand Oktober 2022); *Medla*, Präventive Unternehmenssanierung im deutschen und im französischen Recht, S. 210; *Reinhart*, Sanierungsverfahren im internationalen Insolvenzrecht, S. 276; *J. Schmidt* DAJV-Newsletter 2010, 54 (55).

[244] Insoweit auf Grundlage des Richtlinienentwurfs von Verhandlungs- und Bestätigungsphase sprechend *Madaus* NZI 2017, 329 (330); allgemein zur Einteilung eines Restrukturierungsverfahrens in diese beiden Phasen *Reinhart*, Sanierungsverfahren im internationalen Insolvenzrecht, S. 276.

schuldnerischen Interessen befindet. Vorausgegangene Verlagerungen des COMI sind im Rahmen der Zuständigkeitsprüfung demnach – anders als kurzfristige Verlegungen der vermutungsbegründenden Anknüpfungspunkte des Art. 3 UAbs. 2 bis 4 EuInsVO – grundsätzlich[245] anzuerkennen. Auch bei einem COMI-Zuzug innerhalb der kritischen Drei-Monats-Frist sind die Gerichte des COMI-Staats mithin für das Restrukturierungsverfahren zuständig. Lediglich das Sanierungsinstrument der Einzelzwangsvollstreckungsaussetzung steht in diesem Fall nur eingeschränkt zur Verfügung.

(c) Kohärenz mit Erwägungsgrund (14) zur RRL

Schließlich steht einer ausschließlichen Zuständigkeit am COMI des Schuldners auch nicht die in Erwägungsgrund (14) anklingende Kontrastierung zwischen Verfahren, die unter die EuInsVO fallen und solchen, auf die die Verordnung nicht anwendbar ist, entgegen. Gänzlich fernliegend wäre eine solche Argumentation freilich nicht: Denn wenn dort die Vorteile der EuInsVO im Kampf gegen *forum shopping* besonders herausgestellt werden,[246] ergibt sich dann daraus nicht im Umkehrschluss, dass ebendiese Regelungen nach der Vorstellung des Unionsgesetzgebers außerhalb der EuInsVO gerade nicht greifen (sollen)? Wäre dies der Fall, so käme eine analoge Anwendung jedenfalls des gesamten Art. 3 Abs. 1 EuInsVO nicht in Betracht. Vielmehr müsste jede darin enthaltene Regelung – womöglich auch die dazu ergangene Rechtsprechung – jeweils einzeln auf ihren Zweck, *forum shopping* zu verhindern, überprüft und gegebenenfalls von der Analogie ausgenommen werden. Selbst wenn dabei überhaupt noch etwas vom Regelungsgehalt der Norm übrig bliebe, wäre wohl bereits eine nur selektive Anwendung auf vertrauliche Restrukturierungsverfahren ihrerseits geeignet, die Systemkonformität des Analogieschlusses insgesamt in Frage zu stellen.

Ein ernstlicher Wille des Gesetzgebers, die Anwendbarkeit von Schutzvorkehrungen gegen eine missbräuchliche Verlegung des COMI auf EuInsVO-Verfahren zu begrenzen, kann der Richtlinie indes nicht entnommen werden. Soweit in Erwägungsgrund (14) gegenläufige Tendenzen auszumachen sein mögen, beruhen diese, wie im Folgenden zu zeigen ist, auf einer gesetzgeberischen Fehlvorstellung im Hinblick auf den bestehenden – von der EuInsVO vorgezeichneten – international-zivilverfahrensrechtlichen Rechtsrahmen. Den der Richtlinie vorangestellten – als solchen ohnehin unverbindlichen – Erwägungen ist daher aus teleologischen Gründen nicht zu folgen, was bei Zugrundelegung des gegenwärtig tatsächlich bestehenden Rechtsrahmens auf

---

245 Zum Einwand des Rechtsmissbrauchs ausführlich *Gruber* in: FS Schilken, S. 679, 682 ff. sowie mit umfangreichen Literaturnachweisen *Kindler* in: MüKo-BGB, EuInsVO Art. 3 Rn. 36 Fn. 115.

246 Ebenso *Paulus* in: Paulus/Dammann, European Preventive Restructuring, Intro Rn. 15.

Grundlage einer zutreffenden Würdigung der EuInsVO aber ohnehin dem Willen des Richtliniengebers entsprechen dürfte.

Schon der Wortlaut von Erwägungsgrund (14) muss insgesamt als missglückt bezeichnet werden.[247] Am offensichtlichsten mögen sich die Defizite in Form der eingeschlichenen Übersetzungsfehler zeigen; der Verweis auf die „missbräuchliche Verlagerung des hauptsächlichen Interesses des Schuldners“[248] erscheint hier im Vergleich zu den bereits dargestellten (sinnverändernden!) Divergenzen der unterschiedlichen Sprachfassungen in Art. 6 Abs. 8 UAbs. 2 RRL im Hinblick auf die Mobilitätsrichtung fast schon harmlos. Wenig ausgegoren mutet auch der zweite Satz des Erwägungsgrunds an, wonach bestimmte Beschränkungen der missbräuchlichen COMI-Verlegung auch für solche Restrukturierungsverfahren greifen sollten, die nicht in den Anwendungsbereich der EuInsVO fallen. Bereits die Verwendung des Plurals „Bestimmungen“ kann an dieser Stelle nur als maßlose Übertreibung bezeichnet werden, findet sich mit Art. 6 Abs. 8 UAbs. 2 RRL doch nur eine einzige Regelung in der Richtlinie, die entsprechende Einschränkungen vorsieht. Überdies bezieht sich diese Vorschrift wiederum ausdrücklich auf Fälle, in welchen der Mittelpunkt der schuldnerischen Interessen innerhalb von drei Monaten *vor* Antragstellung verlegt wird, wohingegen Erwägungsgrund (14) auf solche *während* des laufenden Verfahrens abstellt. Für diesen Zeitraum aber enthält die Richtlinie keine einzige Regelung.

Nun handelt es sich bei derartigen sprachlichen Ungenauigkeiten freilich eher um verzeihbare Schönheitsfehler, als dass sie Anlass dazu gäben, die gesetzgeberischen Vorstellungen unbeachtet zu lassen. Tatsächlich beruht Erwägungsgrund (14) allerdings auch auf (gravierenden) Fehlannahmen hinsichtlich des Regelungsinhalts der EuInsVO und den dadurch vorgegebenen international-zivilverfahrensrechtlichen Rechtsrahmen für Restrukturierungen. So meinte der Verordnungsgeber den Vorteil einer Anwendbarkeit der EuInsVO vor allem darin auszumachen, dass Letztere Schutzvorkehrungen gegen eine missbräuchliche Verlagerung des COMI während grenzüberschreitender Insolvenzverfahren vorsehe.[249] Dies ist jedoch tatsächlich nicht der Fall. Gewiss war es 2015 eines der wesentlichen Reformziele, missbräuchliches *forum shopping* (weiter) zu unterbinden. Jedenfalls ausdrücklich sieht die Verordnung allerdings nach wie vor keinerlei Mechanismen zum Umgang mit einer Verlegung des COMI vor. Art. 3 Abs. 1 UAbs. 2 bis 4 EuInsVO enthalten in ihrem jeweiligen S. 2 zwar Regelungen zur Handhabung kurzfristiger Verlagerungen des

---

[247] *Paulus* in: Paulus/Dammann, European Preventive Restructuring bezeichnet den Erwägungsgrund als kryptisch („cryptic“).

[248] Richtig heißen müsste es „missbräuchliche Verlagerung des Mittelpunkts der hauptsächlichen Interessen des Schuldners“, vgl. dazu die englische, französische, spanische, italienische und niederländische Sprachfassung sowie die offensichtlich angestrebte Parallele zu zahllosen Erwägungsgründen und Vorschriften der EuInsVO.

[249] Erwägungsgrund (14) S. 1 zur RRL.

Satzungssitzes, der Hauptniederlassung und des gewöhnlichen Aufenthaltsorts. In diesem Fall wird jedoch lediglich die Vermutung suspendiert, dass sich an ebendiesen Orten der COMI befinde. An der Maßgeblichkeit und Beachtlichkeit des – dann ohne Rückgriff auf die Vermutungsregelungen zu bestimmenden – COMI ändert sich hingegen nichts.[250] Die Sperrfrist schließt nur die Vermutungswirkung aus, hindert den Schuldner aber nicht daran, im kritischen Zeitraum seinen Interessenmittelpunkt in einen anderen Mitgliedstaat zu verlegen. Macht etwa eine niederländische B.V. mit Satzungssitz und COMI in Amsterdam von der primärrechtlich garantierten Möglichkeit eines grenzüberschreitenden Formwechsels[251] Gebrauch und wandelt sich unter gleichzeitiger Verlegung des COMI nach Deutschland in eine GmbH mit Satzungssitz im Inland um, kann zwar in den ersten drei Monaten nicht auf die Vermutung des Art. 3 Abs. 1 UAbs. 2 EuInsVO zurückgegriffen werden; an der Beachtlichkeit des deutschen COMI und damit auch der Zuständigkeit des deutschen Insolvenzrichters ändert dies aber nichts. Im Übrigen betreffen die genannten Regelungen auch nicht – wovon Erwägungsgrund (14) S. 1 explizit ausgeht – die Verlagerung des für die Regelvermutung maßgeblichen Merkmals *während*, sondern *vor* der Antragstellung. Bezugspunkt für die Rückrechnung der

[250] So zutreffend *Kindler* in: MüKo-BGB, EuInsVO Art. 3 Rn. 36; *Knof* in: Uhlenbruck, EuInsVO Art. 3 Rn. 79; *Mankowski* in: Mankowski/M. F. Müller/J. Schmidt, EuInsVO, Art. 3 Rn. 37; *Thole* in: MüKo-InsO, EuInsVO Art. 3 Rn. 60, 64 ff. m. w. N.; *ders.* IPRax 2017, 213 (215); unter gewissen Vorbehalten auch *Kolmann/Ch. Keller* in: Gottwald/Haas, Insolvenzrechts-Handbuch, § 129 Rn. 47; enger wohl *Nerlich/Hübler* in: Nerlich/Römermann, InsO, EuInsVO Art. 3 Rn. 31, wonach der Schuldner bei der Verlegung des COMI eine „Suspektsperiode" einzuhalten habe. Der Unionsgesetzgeber erscheint hier insgesamt einem Missverständnis erlegen zu sein. So geht auch Erwägungsgrund (5) S. 2 zur RRL davon aus, Unternehmer müssten sich, um innerhalb eines angemessenen Zeitraums von drei Jahren eine Entschuldung zu erlangen, ihren Sitz in ein Land verlegen, das einen solchen Neustart unter annehmbaren Bedingungen zulässt; damit ist es aber natürlich nicht getan – die Verlegung des Satzungssitzes hilft nichts, solange der COMI noch im Staat mit dem ineffizienten, rückständigen Entschuldungsrecht belegen ist.

[251] Vgl. dazu die wegweisenden Entscheidungen des EuGH, Urteil vom 12.07.2012, Rs. C-378/10, *Vale*, NJW 2012, 2715 und Urteil vom 25.10.2017, Rs. C-106/16, *Polbud*, NJW 2017, 3639 sowie die RL (EU) 2019/2121 des Europäischen Parlaments und des Rates vom 27.11.2019 zur Änderung der Richtlinie (EU) 2017/1132 in Bezug auf grenzüberschreitende Umwandlungen, Verschmelzungen und Spaltungen, die allerdings erst zum 31.01.2023 umzusetzen ist; zur übergangsweisen Handhabung siehe etwa OLG Frankfurt a. M., Beschluss vom 03.01.2017 – 20 W 88/15, NZG 2017, 423 Rn. 32 ff.; OLG Saarbrücken, Beschluss vom 07.01.2020 – 5 W 79/19, NZG 2020, 390 Rn. 6 ff. (jeweils Herausformwechsel) sowie OLG Nürnberg, Beschluss vom 19.06.2013 – 12 W 520/13, NZG 2014, 349 (350 f.); KG, Beschluss vom 21.03.2016 – 22 W 64/15, NZG 2016, 834 Rn. 6 f.; OLG Düsseldorf, Beschluss vom 19.07.2017 – I-3 Wx 171/16, NZG 2017, 1354 Rn. 7 (jeweils Hineinformwechsel); zum Ganzen ausführlich *Schaper* ZIP 2014, 810 ff.

kritischen Drei-Monats-Frist[252] ist ja gerade die Beantragung des Insolvenzverfahrens.

Um die Ehre des Unionsgesetzgebers zu retten könnte man nun natürlich annehmen, er habe nicht auf die Rückausnahmen zu den in Art. 3 Abs. 1 EuInsVO vorgesehenen Regelvermutungen Bezug nehmen wollen, sondern sich auf die Rechtsprechung des EuGH zur *perpetuatio fori* bezogen.[253] Denn diese betrifft in der Tat eine Verschiebung des COMI *nach* Antragstellung und erklärt eine solche für unbeachtlich, soweit dadurch die Zuständigkeit des angerufenen Gerichts (wieder) entfallen würde.[254] Lag der Interessenmittelpunkt eines Schuldners zum Zeitpunkt des Insolvenzantrags beispielsweise in Deutschland, so bleiben deutsche Gerichte auch dann zur Eröffnung und Durchführung des Insolvenzverfahrens zuständig, wenn der COMI zwischen Antragstellung und Eröffnungsentscheidung ins Ausland verlagert wird. In ihrer noch zur alten Fassung der Verordnung ergangenen Entscheidung stellten die luxemburger Richter vor allem auf das Ziel der Verordnung ab, „zu verhindern, dass es für die Parteien vorteilhafter ist, Vermögensgegenstände oder Rechtsstreitigkeiten von einem Mitgliedstaat in einen anderen zu verlagern, um auf diese Weise eine verbesserte Rechtsstellung anzustreben".[255] Dem wäre es abträglich, wenn es der Schuldner in der Hand habe, den Gerichtsstand und damit auch das anwendbare Recht selbst zu bestimmen, indem er seinen Interessenmittelpunkt nach Beantragung des Insolvenzverfahrens in einen anderen Mitgliedstaat verlegt.[256] Obgleich der Ausgangsfall einen Schuldnerantrag zum Gegenstand hatte,[257] befürchtete der EuGH vor allem bei Fremdanträgen

[252] Für nicht unternehmerisch tätige Schuldner sieht Art. 3 Abs. 1 UAbs. 4 S. 2 EuInsVO eine sechsmonatige Rückrechnung vor, was für die hier interessierenden Restrukturierungsrahmen allerdings wegen Art. 1 Abs. 2 lit. h) RRL keine Relevanz haben dürfte.

[253] EuGH, Urteil vom 17.01.2006, Rs. C-1/04, *Staubitz-Schreiber*, Slg. 2006, I-719, Rn. 29 = NZI 2006, 153; bestätigt in Urteil vom 20.10.2011, Rs. C 396/09, *Interedil*, Slg. 2011, I-2123 Rn. 55 = NZI 2011, 990 Rn. 55 (jeweils zur EuInsVO 2000); nunmehr auch EuGH, Urteil vom 24.03.2022, Rs. C-723/20, *Galapagos*, ZIP 2022, 698 Rn. 29, 31 f., 40 (zur 2015 neugefassten EuInsVO).

[254] Explizit darauf bezugnehmend etwa die Ausführungen bei EuGH, Urteil vom 17.01.2006, Rs. C-1/04, *Staubitz-Schreiber*, Slg. 2006, I-719 = NZI 2006, 153 in Rn. 23 und 29 („zuständig bleibt") sowie Rn. 27 („Bestehenbleiben der Zuständigkeit").

[255] EuGH, Urteil vom 17.01.2006, Rs. C-1/04, *Staubitz-Schreiber*, Slg. 2006, I-719, Rn. 25 = NZI 2006, 153 mit Verweis auf Erwägungsgrund (4) zur EuInsVO 2000, nunmehr Erwägungsgrund (5) zur EuInsVO; vgl. dazu jüngst EuGH, Urteil vom 24.03.2022, Rs. C-723/20, *Galapagos*, ZIP 2022, 698 Rn. 32.

[256] EuGH, Urteil vom 17.01.2006, Rs. C-1/04, *Staubitz-Schreiber*, Slg. 2006, I-719, Rn. 25 = NZI 2006, 153; nun in Bezug auf die Neufassung der EuInsVO auch EuGH, Urteil vom 24.03.2022, Rs. C-723/20, *Galapagos*, ZIP 2022, 698 Rn. 32.

[257] Daher der berechtigte Hinweis von *GA Colomer*, Schlussanträge vom 06.09.2005, Rs. C-1/04, *Staubitz-Schreiber*, Slg. 2005, I-703 Rn. 77 = BeckRS 2005, 19034, dass es sich bei

ein erhebliches Missbrauchspotenzial. Hielte man eine nachträgliche Verlagerung des COMI für beachtlich, hätte dies nicht nur eine wesentlich längere (Gesamt-)Verfahrensdauer zur Folge; Gläubiger müssten gegebenenfalls auch mehrfach vor verschiedenen Foren Insolvenzanträge stellen und damit dem Schuldner, der auf der Flucht vor einem Insolvenzverfahren von einem Mitgliedstaat in den nächsten zieht, gewissermaßen „hinterherlaufen".[258] Schließlich führt der Gerichtshof an, die Kontinuität der Zuständigkeit am bisherigen Interessenmittelpunkt sei mit Rücksicht auf das berechtigte Vertrauen der Gläubiger geboten, die die insolvenzbezogenen Risiken der Geschäftsverbindung mit dem Schuldner unter Zugrundelegung des Ortes vorgenommen hätten, an dem dessen COMI bei Eingehung des Rechtsverhältnisses gelegen habe.[259] Dem letztgenannten Argument ist zwar – jedenfalls in seiner Allgemeinheit – entschieden zu widersprechen, weil danach dem Schuldner die – primärrechtlich garantierte – Möglichkeit jeder (insolvenzrechtlich beachtlichen) Verlegung des Interessenmittelpunkts abgesprochen würde, also auch fernab einer wirtschaftlichen Krise.[260] Hiervon abgesehen, vor allem aber im

---

dem Ausgangsfall nicht um einen (klassischen) Fall von *forum shopping* handele, da es gerade die Schuldnerin sei, die das Verfahren im Staat ihres bisherigen Interessenmittelpunkts beantragt habe, um dort (Deutschland) von der Restschuldbefreiung zu profitieren.

[258] EuGH, Urteil vom 17.01.2006, Rs. C-1/04, *Staubitz-Schreiber*, Slg. 2006, I-719, Rn. 26 = NZI 2006, 153 mit Verweis auf Erwägungsgründe (2) und (8) zur EuInsVO 2000, nunmehr Erwägungsgründe (3) und (8) zur EuInsVO; vgl. jüngst auch EuGH, Urteil vom 24.03.2022, Rs. C-723/20, *Galapagos*, ZIP 2022, 698 Rn. 32; treffend insoweit die Begründung von *GA Colomer*, Schlussanträge vom 06.09.2005, Rs. C-1/04, *Staubitz-Schreiber*, Slg. 2005, I-703 Rn. 82 = BeckRS 2005, 19034: Die Beachtlichkeit des COMI-*shift* „würde letztlich, um es plastisch auszudrücken, dazu führen, dass Gläubiger und Gerichte ständig hinter zahlungsunfähigen Schuldnern herlaufen müssten, in einem Teufelskreis von Anträgen auf Eröffnung des Insolvenzverfahrens und Verlegungen des Mittelpunkts der hauptsächlichen Interessen, ohne jemals einen sicheren Hafen zu erreichen, ein Schicksal, das eher der Sage vom Fliegenden Holländer entspräche als einer ernsthaften Anwendung der Verordnung über Insolvenzverfahren"; vielerorts wird zur Veranschaulichung auch der auf *Kindler* IPRax 2006, 114 (115) zurückgehende Begriff des Insolvenznomadentums verwendet, vgl. nur *Thole* in: MüKo-InsO/, EuInsVO Art. 3 Rn. 70; *Vallender* KTS 66 (2005) 283 (299 f.); *Vallender/Zipperer* in: Vallender, EuInsVO, Art. 3 Rn. 12.

[259] EuGH, Urteil vom 17.01.2006, Rs. C-1/04, *Staubitz-Schreiber*, Slg. 2006, I-719, Rn. 27 = NZI 2006, 153.

[260] Siehe dazu bereits *Brenner* ZIP 2005, 1646 (1647) und *Kratzlmeier* ZIP 2023, 455 (456) sowie *J. Schmidt* ZInsO 2006, 88 (89), die außerdem darauf aufmerksam gemacht hat, dass ein Abstellen auf den COMI zum Zeitpunkt der Begründung des jeweiligen Rechtsverhältnisses schlichtweg unpraktikabel sei, da die Insolvenzsituation regelmäßig eine Vielzahl an Verbindlichkeiten betreffen wird, die zu unterschiedlichen Zeitpunkten begründet wurden; das Argument nicht mehr aufgreifend EuGH, Urteil vom 24.03.2022, Rs. C-723/20, *Galapagos*, ZIP 2022, 698; dem Argument offen gegenüber stehen wohl *Mankowski* in: Mankowski/M. F. Müller/J. Schmidt, EuInsVO, Art. 3 Rn. 29; *Tashiro* FD-InsR 2006, 182286; *Vallender/Zipperer* in: Vallender, EuInsVO, Art. 3 Rn. 12; tendenziell auch *Knof*

Ergebnis, überzeugt die Entscheidung jedoch auf voller Linie.[261] Ihre Übertragung auf die Neufassung der EuInsVO durch das Urteil des EuGH in der Rechtssache *Galapagos*[262] ist daher ausdrücklich zu begrüßen.[263] Insbesondere kann weder den gesetzlichen Neuerungen zur weiteren Vorbeugung von *forum shopping*,[264] noch der Auslassung bei der reformimmanenten Kodifizierung weiter Teile der bisherigen Rechtsprechung ein Wille des Verordnungsgebers entnommen werden, auf die *perpetuatio fori* als etablierten, systemkohärenten und sachgerechten Schutzmechanismus verzichten zu wollen.[265] Im Gegenteil stellen die neu eingeführten Vermutungsregelungen in Art. 3 Abs. 1 UAbs. 2 bis 4 EuInsVO für die Rückrechnung der vermutungsschädlichen Zeiträume selbst auf die Antragstellung ab, was als Fortführung und Komplettierung der EuGH-Rechtsprechung durch den Unionsgesetzgeber verstanden werden kann.[266] Vor allem aber erfordern die berechtigten Interessen der Gläubiger nach wie vor eine rechtssichere Handhabung der Eröffnungszuständigkeit, die dem Schuldner die Möglichkeit nimmt, sich durch eine geschickte Flucht über die Grenze der Durchführung eines bereits beantragten Insolvenzverfahrens zu entziehen.

Man kann der Äußerung des Richtliniengebers in Erwägungsgrund (14) S. 1 RRL also einen gewissen Sinn verleihen, indem man sie nicht auf die Rege-

---

in: Uhlenbruck, EuInsVO Art. 3 Rn. 10; ihre Wurzel findet diese verbreitete, aus den genannten Gründen jedoch zu weit geratene Formulierung vermutlich in den Ausführungen von *Virgos/Schmit*, Erläuternder Bericht, Rn. 75: Internationale Zuständigkeit und anwendbares Recht seien an einen Ort zu knüpfen, den die Gläubiger erkennen können, damit sie die Ausfall- und Insolvenzrisiken – gemeint ist wohl vor der Eingehung der jeweiligen Geschäftsbeziehung – abschätzen können; auch nach der hier vertretenen Ansicht bleibt es den Gläubigern natürlich unbenommen, Verlagerungen des COMI durch entsprechende Vereinbarungen mit dem Schuldner oder – wohl wirksamer – dessen Gesellschaftern zu sanktionieren, vgl. dazu *Mankowski* ZIP 2010, 1376 (1380 ff.).

[261] Zustimmend auch die allgemeine Meinung in Deutschland, vgl. dazu nur *Brenner* ZIP 2005, 1641 (1646); *Knof* in: Uhlenbruck, EuInsVO Art. 3 Rn. 78; *Kolmann/Ch. Keller* in: Gottwald/Haas, Insolvenzrechts-Handbuch, § 129 Rn. 43; *Nerlich/Hübler* in: Nerlich/Römermann, InsO, EuInsVO Art. 3 Rn. 30; *Thole* in: MüKo-InsO, EuInsVO Art. 3 Rn. 60, 70 mit umfassenden Nachweisen zum deutschen Schrifttum sowie zur vorausgehenden, entgegenstehenden Entscheidungspraxis englischer Gerichte.

[262] EuGH, Urteil vom 24.3.2022, Rs. C-723/20, *Galapagos*, ZIP 2022, 698 Rn. 29.

[263] So bereits *Kratzlmeier* ZIP 2023, 455 (455 f.); *Mock* in: BeckOK-InsO, EuInsVO Art. 3 Rn. 6.1; *Tashiro* FD-InsR 2021, 435295; implizit auch *dies.* FD-InsR 2022, 448219; *Thole* in: MüKo-InsO, EuInsVO Art. 3 Rn. 59; ebenfalls zustimmend *Re Galapagos SA* [2022] EWHC 1633 (Ch.) Rn. 37, 54.

[264] Hierauf rekurrierte auch der BGH, Beschluss vom 17.12.2020 – IX ZB 72/19, NZI 2021, 187 Rn. 29 in seinem Vorlagebeschluss zum EuGH.

[265] Im Ergebnis ebenso *Tashiro* FD-InsR 2021, 435295.

[266] *Kratzlmeier* ZIP 2023, 455 (456); *Thole* in: MüKo-InsO, EuInsVO Art. 3 Rn. 59.

lungen der EuInsVO selbst, sondern auf die – allerdings zu ihrer Vorgängerverordnung ergangene[267] – Rechtsprechung des EuGH bezieht. Die Übertragung auf die Neufassung der EuInsVO erfolgte allerdings erst durch die Entscheidung des EuGH in der Rechtssache *Galapagos* vom 22. März 2022 und damit über zweieinhalb Jahre nach Inkrafttreten der Richtlinie.[268] Nun mag man dem europäischen Gesetzgeber unterstellen, er habe die Anwendung der *perpetuatio fori* auch auf die neue EuInsVO antizipiert; ein stimmiges Bild im Hinblick auf Erwägungsgrund (14) S. 1 zur RRL ergibt sich indes selbst damit nicht. Denn die Anwendung der *perpetuatio fori* auf Insolvenzverfahren ist – wenn auch der damalige Ausgangsfall einen Eigenantrag zum Gegenstand hatte – vor allem auf Fremdanträge zugeschnitten.[269] Die missbräuchliche Wegverlegung des schuldnerischen Interessenmittelpunkts wird insbesondere dann virulent, wenn der Schuldner sich einem aufgezwungenen Insolvenzverfahren entziehen will. Der Restrukturierungsrahmen steht allerdings gem. Art. 4 Abs. 7 RRL in erster Linie auf Antrag des Schuldners zur Verfügung. Soweit die Mitgliedstaaten weiteren Beteiligten ein Initiativrecht einräumen, geht Art. 4 Abs. 8 RRL grundsätzlich von einem Zustimmungserfordernis des Schuldners aus, von dem nur für Großunternehmen abgewichen werden kann.[270] Die aufgrund der Restrukturierungsrichtlinie eingeführten Restrukturierungsrahmen können damit durchaus als schuldnerzentriert und in der Regel auch schuldnergetrieben charakterisiert werden.[271] Warum aber sollte der Schuldner erst ein Restrukturierungsverfahren beantragen, nur um es durch eine spätere Verlegung des COMI in einen anderen Mitgliedstaat zu torpedieren, zumal er gem. Art. 7 Abs. 7 RRL keinen (automatischen) Übergang in ein Insolvenzverfahren zu befürchten hat?[272] Dies zeigt, dass das argumentativ

---

[267] Zum Zeitpunkt der Verabschiedung der Restrukturierungsrichtlinie war die Neufassung der EuInsVO nach deren Art. 92 bereits seit vier Jahren in Kraft und fand nach ihrem Art. 84 Abs. 1 bereits seit zwei Jahren Anwendung.

[268] EuGH, Urteil vom 24.3.2022, Rs. C-723/20, *Galapagos*, ZIP 2022, 698; der Vorlagebeschluss des BGH (Beschluss vom 17.12.2020 – IX ZB 72/19, NZI 2021, 187) erging ebenfalls lange Zeit nach Verabschiedung der Richtlinie.

[269] Vgl. dazu etwa *Vallender/Zipperer* in: Vallender, EuInsVO, Art. 3 Rn. 12, die die *perpetuatio fori* (wohl) nur auf den Gläubigerantrag beziehen; der Begründung des EuGH ebenfalls eine besondere Betonung dieses Problemkreises entnehmend *Kindler* IPRax 2006, 114 (115); *J. Schmidt* ZInsO 2006, 88 (90).

[270] Vgl. für den gruppenübergreifenden *cram-down* die Parallelvorschriften in Art. 11 Abs. 1 UAbs. 1 und 2 RRL sowie – etwas weiter – Art. 9 Abs. 1 RRL zur Vorlageberechtigung eines Restrukturierungsplans.

[271] Relativierend *Paulus* NZI-Beil. 2021, 9 (10 f.).

[272] Ein praktisches Anwendungsbeispiel könnte sich lediglich in solchen Situationen ergeben, in welchen die Kontrolle über die Schuldnergesellschaft nach der Beantragung des Insolvenz- oder Restrukturierungsverfahrens – etwa aufgrund einer Geschäftsanteilsverpfändung – einer anderen Beteiligtengruppe zufällt, soweit das anwendbare Recht im ursprünglichen COMI-Staat eine Zurücknahme des Antrags nicht zulässt; vgl. dazu etwa den

herangezogene Schreckensszenario, die Gläubiger müssten einem über Ländergrenzen flüchtenden Schuldner „hinterherlaufen“, in diesem Kontext fehlgeht. Im Rahmen einer Restrukturierung ist kein nennenswertes Störfeuer seitens der Schuldner durch nachträgliche Wegverlegungen des COMI zu erwarten.[273] Entsprechende, in Erwägungsgrund (14) S. 1 zur RRL anklingende Bedenken des Richtliniengebers erscheinen daher eher abwegig.

Vor dem Hintergrund der bisherigen Sanierungspraxis durchaus naheliegend ist hingegen die Migration in besonders restrukturierungsfreundliche Jurisdiktionen. Auch dahingehend könnte man Erwägungsgrund (14) S. 1 zur RRL interpretieren, der sich insgesamt auf die missbräuchliche Verlegung des COMI während grenzüberschreitender Insolvenzverfahren bezieht, ohne zwischen Hin- und Wegzug zu unterscheiden. Zu dieser (umgekehrten) Konstellation, in der die Eröffnungszuständigkeit des angegangenen Gerichts durch die Verlagerung des Interessenmittelpunkts nach Antragstellung erst begründet wird, liegt allerdings noch keine Entscheidung des EuGH vor, auf die sich der Erwägungsgrund hätte beziehen können.[274] Ob es jemals zu einer Erstreckung der *perpetuatio fori*-Doktrin auch auf Zuzugsfälle durch den EuGH kommen wird, darf als fraglich bezeichnet werden. Vor allem aus praktischen Erwägungen heraus sind gegen eine solche Perpetuierung der Nicht-Zuständigkeit erhebliche Bedenken geäußert worden.[275] Denn ist der COMI-Zuzug zum Zeitpunkt der Entscheidung über den ersten (ursprünglich unzulässigen) Antrag bereits vollzogen, hätte die zuständigkeitsbedingte Abweisung – von der Kostenbelastung des Antragstellers abgesehen – lediglich die Stellung eines neuen,

der Rechtssache in EuGH, Urteil vom 24.3.2022, Rs. C-723/20, *Galapagos*, ZIP 2022, 698 zugrunde liegenden Sachverhalt.

[273] Vgl. dazu bereits *Kratzlmeier* ZIP 2023, 455 (458).

[274] Ein ähnlicher, aber davon zu unterscheidender Sachverhalt lag der Rechtssache *Galapagos* (EuGH, Urteil vom 24.03.2022, Rs. C-723/20, ZIP 2022, 698) zugrunde: dort hatte die Schuldnerin aufgrund diverser Änderungen der gesellschaftsinternen Machtverhältnisse Eigenanträge sowohl im Vereinigten Königreich als auch – einen Tag später – in Deutschland gestellt, wobei der COMI zwischen den beiden Anträgen von Fareham (UK) nach Düsseldorf verlegt wurde; aus der Perspektive der vorlegenden deutschen Gerichte ging es daher nicht um eine nachträgliche Begründung der Zuständigkeit durch eine Verlagerung des COMI (bei Antragstellung befand sich der COMI schließlich bereits in Düsseldorf), sondern um die – vom EuGH bejahte (Rn. 40) – Frage einer Sperrwirkung allein durch die Antragstellung in einem anderen Mitgliedstaat, vgl. dazu *Kratzlmeier* ZIP 2023, 455 (460 f.).

[275] Daher für die Beachtlichkeit einer erst nach Antragstellung begründeten Zuständigkeit *Mankowski* NZI 2005, 575 (576); *ders.* in: Mankowski/M. F. Müller/J. Schmidt, EuInsVO, Art. 3 Rn. 32; *Thole* in: MüKo-InsO, EuInsVO Art. 3 Rn. 71; aA offenbar *Kolmann/Ch. Keller* in: Gottwald/Haas, Insolvenzrechts-Handbuch, § 129 Rn. 44, deren Begründung sich allerdings nur auf den Fall bezieht, dass im ursprünglichen COMI-Staat bereits ein Eröffnungsantrag anhängig ist oder zumindest war.

nunmehr zulässigen Antrags zur Folge.[276] Das Ergebnis wäre das selbe: Das Insolvenzverfahren würde im Zuzugstaat eröffnet – wenn auch etwas verspätet. Bislang ließ sich hiergegen noch einwenden, dass die zeitlich frühere Eröffnung sehr wohl einen Unterschied machen könne, wenn im ehemaligen COMI-Staat ebenfalls ein Insolvenzantrag anhängig war. Immerhin hätte in einem solchen Falle die dortige internationale Zuständigkeit fortbestanden, sodass die beiden Verfahren in einem direkten Kompetenzkonflikt zueinanderstehen. Insofern war umstritten, ob dieser durch eine Eröffnungssperre für die Gerichte des Zuzugsstaats oder nicht vielmehr nach dem Prioritätsgrundsatz auf Anerkennungsebene aufzulösen ist,[277] wobei letztere Ansicht freilich dazu hätte führen können, dass die – gewiss verfahrensökonomische[278] – Eröffnung auf den ersten (mangels Zuständigkeit unzulässigen) Antrag im Zuzugsstaat hin der Eröffnung im ehemaligen COMI-Staat zuvor kommt. Wegen der mittelbaren Auswirkungen auf Forum und anwendbares Recht wäre daher in der Diskussion um die Anwendbarkeit der *perpetuatio fori*-Doktrin aus der Zuzugsperspektive auch eine Berücksichtigung der Interessen der (ausländischen) Gläubiger angezeigt gewesen.[279] Der EuGH hat sich hingegen jüngst für einen antragsakzessorischen (und nicht – wie Art. 19 EuInsVO nahelegt – eröffnungsbezogenen) Prioritätsmechanismus entschieden, sodass ein Wettlauf von Aufnahme- und Wegzugsstaat selbst bei Berücksichtigung einer nachträglich begründeten Zuständigkeit im Zuzugsstaat nicht zu befürchten ist.[280] Die Konsequenzen einer beachtlichen Heilung der anfänglichen Unzuständigkeit beschränken sich damit auf das materielle Insolvenzrecht, soweit dieses – wie die §§ 130 ff. InsO – an den Zeitpunkt des (zur Eröffnung führenden) Antrags anknüpft. Insofern sind keine durchgreifenden Bedenken gegen die Berücksichtigung einer COMI-Verlegung in das Hoheitsgebiet des bereits zuvor mit einem Eröffnugnsantrag befassten Gerichts ersichtlich. Ohne diese Streitfrage hier entscheiden zu müssen kann aber jedenfalls konstatiert werden, dass sich mangels ausdrücklicher Regelungen in der EuInsVO oder jedenfalls einer gefestigten Rechtsprechung des EuGH auch insoweit der in Erwägungsgrund

---

[276] *Mankowski* NZI 2005, 575 (576); *ders.* in: Mankowski/M. F. Müller/J. Schmidt, EuInsVO, Art. 3 Rn. 32.

[277] Für die Lösung auf Anerkennungsebene *Mankowski* in: Mankowski/M. F. Müller/J. Schmidt, EuInsVO, Art. 3 Rn. 39; *Nerlich/Hübler* in: Nerlich/Römermann, InsO, EuInsVO Art. 3 Rn. 32; *Thole* in: MüKo-InsO, EuInsVO Art. 3 Rn. 70; dagegen eine Adressierung auf Zuständigkeitsebene erwägend BGH, Beschluss vom 17.12.2020 – IX ZB 72/19, NZI 2021, 187 Rn. 30 ff. sowie *Fuchs* GWR 2021, 81 (81); kritisch auch *Kolmann/Ch. Keller* in: Gottwald/Haas, Insolvenzrechts-Handbuch, § 129 Rn. 44.

[278] *Mankowski* NZI 2005, 575 (576).

[279] AA offenbar *Mankowski* NZI 2005, 575 (576), wonach die sofortige Eröffnung dem Gläubigerinteresse entspreche.

[280] EuGH, Urteil vom 24.03.2022, Rs. C-723/20, *Galapagos*, ZIP 2022, 698 Rn. 40; eingehend hierzu *Kratzlmeier* ZIP 2023, 455 (461).

(14) S. 1 beschworene, handfeste Vorteil der Anwendbarkeit jener Verordnung im Kampf gegen missbräuchliches *forum shopping* nicht ergibt.

Schließlich sei nur am Rande darauf hingewiesen, dass die *perpetuatio fori* keineswegs ein genuin international-insolvenzrechtliches Institut ist. Sie ist vielmehr fester Bestandteil zahlloser mitgliedschaftlicher Zivilprozessrechtsordnungen.[281] Nach einer seit längerer Zeit im Vordringen befindlichen Ansicht kann das Fortbestehen der internationalen Zuständigkeit nach Anhängigkeit des Verfahrens in Anlehnung an Art. 32 außerdem zum gesicherten Bestand ungeschriebener Grundsätze der Brüssel-Ia-VO gezählt werden.[282] Der EuGH hat hierzu zwar noch nicht konkret Stellung bezogen. In anderem Zusammenhang haben die luxemburger Richter allerdings angedeutet, dass Änderungen der tatsächlichen Umstände nach Klageerhebung eine einmal bestehende Zuständigkeit nicht entfallen ließen, da andernfalls das mit der Brüssel-Ia-VO verfolgte Ziel eines verbesserten Rechtsschutzes durch die Vorhersehbarkeit potenzieller Gerichtsstände nicht erreicht werden könne.[283]

All dies lässt nur einen Schluss zu: der Richtliniengeber unterlag bei der Formulierung des erst im Laufe des Gesetzgebungsverfahrens eingefügten[284] Erwägungsgrunds (14) offensichtlich erheblichen Fehlvorstellungen. Die in Satz 1 beschworenen Vorteile der EuInsVO bei einer Verlegung des schuldnerischen Interessenmittelpunkts *während* des laufenden Verfahrens ergeben sich weder aus den Regelungen der Verordnung, noch aus der dazu – vor Verabschiedung der Richtlinie – ergangenen Rechtsprechung. Im Kontext des Restrukturierungsrahmens besteht indes auch kein nennenswertes Risiko für eine

---

[281] *Paulus* in: Geimer/Schütze, Int. Rechtsverkehr, B Vor I 7, Vor Art. 4 Rn. 21.

[282] *Paulus* in: Geimer/Schütze, Int. Rechtsverkehr, B Vor I 7, Vor Art. 4 Rn. 19; *J. Schmidt*, ZinsO 2006, 88 (90); *Stadler* in: Musielak/Voit, ZPO, EuGVVO Art. 4 Rn. 6; *dies.* JZ 1999, 1089 (1098); *Thode* in: BeckOK-ZPO, Brüssel-Ia-VO Art. 4 Rn. 25; jedenfalls im Ergebnis für eine Orientierung an Art. 32 Brüssel-Ia-VO *Gottwald* in: MüKo-ZPO, Brüssel-Ia-VO Art. 4 Rn. 25 ff. tendenziell auch *Kropholler/v. Hein*, EuZPR, EuGVO vor Art. 2 Rn. 14 (relativierend dagegen in Rn. 12); die Gegenansicht befürwortet demgegenüber einen Rückgriff auf nationales Recht, sodass in Deutschland § 261 Abs. 3 Nr. 2 ZPO (analog) zur Anwendung käme: *Mankowski* in: Rauscher, EuZPR-EuIPR, EuGVVO Art. 4 Rn. 5 f.; *Rauscher*, IPR und IZVR, Rn. 1793; unentschieden *Dörner* in: Saenger, ZPO, EuGVVO Art. 4 Rn. 4; *Schlosser* in: Hess/Schlosser, EuZPR, EuGVVO Vor Art. 4 Rn. 7; ausdrücklich offen gelassen in BGH, Urteil vom 01.03.2011 – XI ZR 48/10, BGHZ 188, 373 Rn. 15, 22 ff.

[283] So EuGH, Urteil vom 05.02.2004, Rs. C-18/02, *Danmarks Rederiforening*, Slg. 2004, I-1441 Rn. 37 = BeckRS 2004, 74722 zu der – an sich banalen – Frage, ob eine Einstellung deliktisch relevanten Verhaltens nach Erhebung einer entsprechenden Schadensersatzklage den besonderen Gerichtsstand des Erfolgsorts entfallen ließe.

[284] Der Kommissionsentwurf enthielt lediglich in Erwägungsgrund (10) eine dem heutigen Erwägungsgrund (12) zur RRL entsprechende Formulierung sowie im Begründungsteil Ausführungen, die in Teilen dem heutigen Erwägungsgrund (13) zur RRL entsprechen, vgl. dazu den Kommissionsentwurf vom 22.11.2016, COM(2016) 723 final, S. 10.

Abwanderung des COMI nach Antragstellung. Missbrauchspotenzial ist allenfalls für Verlegungen vor Anstrengung eines Restrukturierungsverfahrens auszumachen, auf die sich Erwägungsgrund (14) allerdings nicht bezieht und für die auch die EuInsVO keinerlei Schutzmaßnahmen vorhält. Es steht zu vermuten, dass der heutige Erwägungsgrund (14) das Relikt einer – letztlich nicht übernommenen – Änderungsinitiative seitens des Europäischen Parlaments darstellt. Danach sollte dem Schuldner eine Verlegung des COMI während einer laufenden Restrukturierung untersagt werden, ohne dass der Änderungsvorschlag allerdings eine Differenzierung zwischen öffentlichen und vertraulichen Verfahren enthalten hätte.[285] Erwägungsgrund (14) kann daher wohl als Ergebnis eines politischen Kompromisses angesehen werden, auf den sich Kommission, Parlament und Rat in einem fortgeschrittenen Gesetzgebungsstadium verständigt haben, um das Projekt nicht insgesamt zu gefährden. Der Brisanz der gewählten Formulierung scheint sich der Richtliniengeber dabei nicht im Geringsten bewusst gewesen zu sein. Immerhin hat man sich offensichtlich noch nicht einmal dazu veranlasst gesehen, die EuInsVO daraufhin zu überprüfen, ob sie die hervorgehobenen und angepriesenen Schutzmaßnahmen gegen missbräuchliches *forum shopping* tatsächlich enthält. Es wäre demnach verfehlt, Erwägungsgrund (14) bei der Bestimmung der internationalen Zuständigkeit maßgeblich heranzuziehen. Vielmehr belegt der Änderungsvorschlag des Europäischen Parlaments eindrucksvoll, dass dem schuldnerischen Interessenmittelpunkt durchaus auch bei nicht unter die EuInsVO fallenden Verfahren Bedeutung zukommen sollte, was sich sinnvoll nur auf die Restrukturierungszuständigkeit und das anwendbare Recht beziehen kann.

(7) Die Vermeidung eines Statutenwechsels bei anschließender Insolvenz

Rein praktisch hätte die Zuweisung des Restrukturierungsrahmens zu den Gerichten des COMI-Staats – und damit mittelbar die Anwendbarkeit dessen Restrukturierungsrechts – aber noch einen weiteren gewichtigen Vorteil: die Vermeidung eines Statutenwechsels bei einem Scheitern der Sanierung des Schuldners und einer sich anschließenden Insolvenz.

Ausgangspunkt sind dabei Art. 17 und 18 RRL, die für bestimmte, im Zusammenhang mit einer Restrukturierung entstandene Forderungen für den Fall eines künftigen Insolvenzverfahrens eine Privilegierung vorsehen. Nach Art. 18 Abs. 1 und 5 RRL etwa dürfen Transaktionen, die zur Aushandlung oder Umsetzung des Restrukturierungsplans angemessen und unmittelbar notwendig sind, in einem nachfolgenden Insolvenzszenario nicht allein deshalb

---

[285] Änderungsvorschlag Nr. 96 des Entwurfs für eine legislative Entschließung des Europäischen Parlaments in erster Lesung: „Eine Verlegung des Mittelpunkts der hauptsächlichen Interessen des Schuldners im Sinne der Verordnung (EU) 2015/848 während eines Restrukturierungsverfahrens ist unzulässig.“, abgedruckt im Bericht des Rechtsausschusses vom 21.08.2018, A8-0269/2018, S. 74.

der Anfechtung unterliegen, weil sie die Gesamtheit der Gläubiger benachteiligen. Gleiches gilt gem. Art. 17 Abs. 1 RRL für Zwischenfinanzierungen und neue Finanzierungen, jedenfalls soweit diese einer *ex-ante* Kontrolle unterlagen und vor der Zahlungsunfähigkeit des Schuldners gewährt wurden bzw. in einem bestätigten Plan vorgesehen sind. Ebenso ist eine ausschließlich an die Gläubigerbenachteiligung solcher Finanzierungen anknüpfende zivil-, straf- oder verwaltungsrechtliche Haftung der Geldgeber ausgeschlossen. Nach der Regelung in Art. 17 Abs. 4 RRL, die ihr Vorbild in den nordamerikanischen Rechtsordnungen findet,[286] können Mitgliedstaaten Forderungen aus einer neuen Finanzierung für den Fall einer späteren Insolvenz auch weitreichendere, über die Anforderungen in Abs. 1 hinausgehende Vorzüge einräumen. Ausdrücklich erwähnt wird etwa eine Aufwertung des Rangs, die die Rückzahlungsverbindlichkeiten beispielsweise zwischen Masse- und Insolvenzforderungen platzieren könnte,[287] allerdings keinen Eingang ins deutsche Recht gefunden hat.[288] Denkbar wäre aber auch eine noch weitergehende Heraufstufung des Rangs, insbesondere vor (bestimmte) Masseforderungen (sog. *super priority*), oder die Bestellung vorrangiger Sicherheiten an bereits besicherten Vermögensgegenständen (sog. *priming liens*) .[289] Ebenfalls möglich wäre ein über

---

[286] Vorbilder finden sich vor allem im U.S.-amerikanischen (vgl. 11 U.S.C. § 364(c)(1) und (d)(1)) sowie im kanadischen Insolvenzrecht; dazu *Parzinger*, Fortführungsfinanzierung in der Insolvenz, S. 89 ff., 147 f. sowie, auch zu europäischen Regelungsmodellen, *ders.* ZIP 2019, 1748 (1751 ff.).

[287] So das in Erwägungsgrund (68) S. 8 zur RRL angeführte Beispiel.

[288] Rechtspolitisch die Übernahme ins deutsche Recht befürwortend *Parzinger* ZIP 2019, 1748 (1749, 1755 ff.); sympathisierend *Brömmekamp* ZInsO 2016, 500 (505) sowie *H. Schmidt* WM 2017, 1735 (1743); ansatzweise auch *Laroche* in: Flöther, Sanierungsrecht, Rn. F.239; für Zwischenfinanzierungen ferner *Madaus/Knauth* ZIP 2018, 149 (158); ablehnend hingegen *Bork* ZIP 2017, 1441 (1446 f.); *Hoegen/Wolf* in: Flöther, Sanierungsrecht, Rn. F.598; *Kayser* ZIP 2017, 1393 (1400); ebenfalls zurückhaltend *Brinkmann* NZI-Beil. 2019, 27 (28); *Hölzle* ZIP 2017, 1307 (1312); *Thole* ZIP 2017, 101 (111); gleichfalls ablehnend sowie mit dem Hinweis auf eine nicht hinnehmbare Ungleichbehandlung gegenüber den Warenkreditgebern, die weder die Möglichkeit einer Vertragsbeendigung hätten (vgl. Art. 7 Abs. 4 RRL), noch in den Genuss der Privilegierungen kämen, die Stellungnahme des Verbands Insolvenzverwalter Deutschlands (VID) vom 01.03.2017 zum Richtlinienvorschlag der Kommission vom 22.11.2016, S. 52, abrufbar unter <https://www.vid.de/wp-content/uploads/2017/03/vid-stn-zum-rl-vorschlag-com-2016-723-final.pdf> (Stand Oktober 2022).

[289] Für einen solchen Vorrang vor Masseverbindlichkeiten nach § 55 InsO (aber hinter den Verfahrenskosten) nach dem Vorbild der U.S.-amerikanischen Regelung in 11 U.S.C. § 364(c)(1) oder die Möglichkeit einer erstrangigen Bestellung von Sicherheiten an bereits bis zur Wertgrenze belasteten Vermögensgegenständen, wie sie unter bestimmten Voraussetzungen auch das U.S.-amerikanische Recht vorsieht (vgl. 11 U.S.C. § 364(d)(1)) *Parzinger* ZIP 2019, 1748 (1749, 1755 ff.).

die Mindestanforderungen des Art. 17 Abs. 1 RRL hinausgehender Anfechtungsschutz, wie er etwa für die Rückzahlung einer im Rahmen der Restrukturierung gewährten neuen Finanzierung vorgeschlagen wurde.[290]

Die Richtlinie adressiert das restrukturierungsrechtliche *debt overhang*-Problem damit im Wesentlichen durch Mechanismen, die ihre Schutzfunktion erst in einer möglichen späteren Insolvenz entfalten. Sie erstreckt die Wirkungen des Restrukturierungsrechts damit in den Bereich des Insolvenzrechts und rückt die beiden Rechtsgebiete dadurch in ein nicht zu übersehendes Näheverhältnis. Während das Restrukturierungsrecht und die Restrukturierungsgerichte über die Gewährung des Anfechtungsschutzes oder der Privilegierung bestimmen, verwirklichen sich die dadurch abgesicherten Gefahren erst in der Insolvenz. Die Art. 17 f. RRL liegen damit an der Schnittstelle zwischen Restrukturierungs- und Insolvenzrecht und weisen zu beiden Rechtsgebieten eine enge innere Verbindung auf. Umso misslicher wäre es daher, Insolvenz- und Restrukturierungsrecht unterschiedlichen Rechtsordnungen zu entnehmen. Hinsichtlich des Anfechtungsschutzes mag hier Art. 16 EuInsVO noch zu wertungsgerechten Ergebnissen führen, wenn man das anwendbare Restrukturierungsrecht als das für die Handlung maßgebliche Recht im Sinne von Art. 16 lit. a) EuInsVO ansieht und dadurch dem (ausländischen) restrukturierungsrechtlichen Anfechtungsschutz auch im (inländischen) Insolvenzverfahren zur Geltung verhilft. Spätestens mit Blick auf eine weitergehende, die Rangordnung im Insolvenzverfahren betreffende Privilegierung, wie sie Art. 17 Abs. 4 RRL vor Augen hat, sähe man sich allerdings konzeptionell kaum in den Griff zu bekommenden Koordinierungsproblemen zwischen Restrukturierungs- und Insolvenzstatut ausgesetzt, für die die EuInsVO keinerlei Lösungsmechanismus bereithält. Immerhin bestimmt Art. 7 Abs. 2 S. 2 lit. i) EuInsVO ausdrücklich, dass die Rangordnung der *lex fori concursus* zu entnehmen ist. Kein Wort also zur Beachtlichkeit von Vorrangregelungen, die eine fremde Restrukturierungsrechtsordnung vorsieht. Dies verdeutlicht das dringende Bedürfnis nach einer einheitlichen Anknüpfung von Restrukturierungs- und Insolvenzstatut,

[290] Vgl. dazu *Proske/Streit* NZI 2020, 969 (975) entgegen der Regierungsbegründung BT-Drucks. 19/24181, S. 182; ob Rückzahlungen (zumindest teilweise) nach § 90 Abs. 1 StaRUG insolvenzfest sind, ist noch nicht endgültig geklärt: die bisherigen Stellungnahmen lassen sich wohl dahingehend zusammenfassen, dass die Norm nur eine spätere Anfechtung der Rückzahlung mit der Begründung, bereits die Ausreichung wäre gläubigerbenachteiligend gewesen, ausschließt, im Übrigen aber eine Anfechtung der Rückgewähr möglich bleibt, so jedenfalls *Thole* ZIP 2020, 1985 (1999) und *Tashiro* in: Braun, StaRUG, § 90 Rn. 4 ff. im Anschluss an die Ausführungen von *Bitter* ZIP 2020, 685 (694), der hinsichtlich des in § 2 Abs. 1 Nr. 2 CovInsAG (nunmher SanInsKG) enthaltenen Anfechtungsausschlusses für die Rückzahlung von Darlehen, die während der pandemiebedingten Aussetzung der Insolvenzantragspflicht gewährt wurden, eine entsprechende teleologische Reduktion befürwortet.

wie sie durch die hier vorgeschlagene Anknüpfung an den COMI im Zusammenspiel mit der im Folgenden noch herzuleitenden Anwendung des örtlichen Restrukturierungsrechts auch für vertrauliche Restrukturierungsrahmen gewährleistet wird.

c) *Die Ausschließlichkeit des Einheitsgerichtsstands*

Bleibt also zu klären, ob es sich bei dem so gefundenen Einheitsgerichtsstand um einen ausschließlichen oder nur fakultativen Gerichtsstand handelt. Zum englischen *Scheme of Arrangement* wurde diese Frage – soweit ersichtlich – einstimmig in letzterem Sinne beantwortet.[291] In erster Linie geht es dabei um die Zulässigkeit von Gerichtsstandsvereinbarungen.[292] Ist es also möglich, ein Restrukturierungsverfahren vor einem anderen Forum als im COMI-Staat durchzuführen, solange nur alle einzubeziehenden Gläubiger in dem favorisierten Mitgliedstaat aufgrund einer entsprechenden Gerichtsstandsvereinbarung gerichtspflichtig sind? Auf den ersten Blick scheint hiergegen nichts einzuwenden zu sein;[293] immerhin räumt die Brüssel-Ia-VO der in Art. 25 gewährleisteten Freiheit der Parteien zur Wahl des Forums einen hohen Stellenwert

---

[291] Für einen Vorrang von Gerichtsstandsvereinbarungen etwa *Eidenmüller/Frobenius* WM 2011, 1210 (1215); im Ergebnis ebenso – insoweit wegen der Herleitung des Einheitsgerichtsstands aus der Beklagtenrolle der sanierungsbedürftigen Gesellschaft gem. Art. 4 Abs. 1 Brüssel-Ia-VO nur konsequent – *Husfeldt*, Das UK Solvent Scheme of Arrangement als Sanierungsinstrument für deutsche Gesellschaften, S. 143; *Swierczok*, Das englische Scheme of Arrangement und seine Rezeption in Deutschland, S. 118 f.; unklar *Thole* ZGR 42 (2013) 109, der einerseits Gerichtsstandsvereinbarungen für beachtlich hält (S. 119), andererseits aber anmerkt, die entwickelte Zuständigkeitsregel verhindere eine Zuständigkeit englischer Gerichte für die Restrukturierung deutscher Gesellschaften (S. 123).

[292] Tatsächlich geht die Frage der Ausschließlichkeit des rechtsfortbildend entwickelten Einheitsgerichtsstands freilich über die Zulässigkeit abweichender Gerichtsstandsvereinbarungen hinaus; sie erfasst gleichermaßen die potenzielle Verdrängung aller sonstigen, nach den Art. 4, 7 ff. Brüssel-Ia-VO eröffneten Gerichtsstände.

[293] *Skauradszun/Nijnens* 7 (2019) NIBLeJ 1 (24) führen für eine Unbeachtlichkeit von Gerichtsstandsvereinbarungen im Wesentlichen an, dass das Restrukturierungsverfahren bei Abschluss einer Gerichtsstandsvereinbarung typischerweise nicht absehbar sein wird und außerdem auf zweiseitige Verfahren zugeschnitten ist, nicht auf Restrukturierungsverfahren unter der Beteiligung einer Vielzahl an Parteien; ebenfalls gegen eine Anerkennung von Gerichtsstandsvereinbarungen *Skauradszun* in: BeckOK-StaRUG § 84 Rn. 84 mit (allerdings nur bedingt hilfreichem) Verweis auf EuGH, Urteil vom 21.05.2015, Rs. C-352/13, *CDC*, GRUR Int. 2015, 1176 Rn. 67 und BGH, Urteil vom 06.12.2018 – IX ZR 22/18, NJW 2019, 1300 Rn. 25; offener hingegen *Hoos/Schwartz/Schlander* ZIP 2021, 2214 (2218); *Schlöder/Parzinger/Knebel* ZIP 2021, 1041 (1045), die die sich daraus ergebenden Probleme allerdings – jedenfalls zum Teil – anerkennen; sichtlich offen für Gerichtsstandsvereinbarungen zeigt sich *Madaus*, Darf der StaRUG-Plan Rechtsverhältnisse gestalten, die ausländischem Recht unterliegen? (abrufbar unter <https://stephanmadaus.de/2021/08/31/darf-der-starug-plan-rechtsverhaeltnisse-gestalten-die-auslaendischem-recht-unterliegen/>, Stand

ein.[294] Was soll auch daran zu beanstanden sein, dass die von der Restrukturierung unmittelbar betroffenen Parteien – in noch wirtschaftlichen prosperierenden Zeiten oder aus akutem Anlass – die Zuständigkeit desjenigen Gerichts vereinbaren, das sie für ihr Vorhaben als am kompetentesten erachten oder das aus anderen Gründen in ihrer Gunst steht, z. B. aufgrund der Verfahrenssprache oder -dauer?

(1) Gewährleistung der Zuständigkeitskonzentration: Die Gefahr der ausschließlichen Prorogation

Der Teufel steckt hier wie so oft im Detail. Denn Gerichtsstandsvereinbarungen können eben nicht nur neue Gerichtsstände begründen; vielmehr ist mit ihnen gem. Art. 25 Abs. 1 S. 2 Brüssel-Ia-VO im Zweifel auch eine Derogation verbunden. Auf das daraus resultierende Dilemma einer Spaltung der internationalen Zuständigkeit wurde im Rahmen dieser Arbeit bereits hingewiesen.[295] Ein einheitlicher, gesetzlicher Gerichtsstand nützt eben nicht viel, wenn ihn der Schuldner mit einer einzigen (unüberlegten) Gerichtsstandsvereinbarung, die möglicherweise Jahre vor der unternehmerischen Krise geschlossen wird, zunichte machen kann. Der zentralisierte Restrukturierungsgerichtsstand am COMI würde erheblich entwertet, wenn sich einzelne Gläubiger erfolgreich auf eine ausschließliche Prorogation zugunsten der Gerichte eines anderen Staats berufen könnten.[296]

Geradezu paradigmatisch offenbarte sich die Brisanz widersprüchlicher ausschließlicher Gerichtsstandsvereinbarungen jüngst im Rahmen der bereits eingangs angerissenen Sanierung des *Gategroup*-Konzerns mit Hilfe eines *Restructuring Plan* nach dem neu eingeführten Part 26A CA. Die Fremdkapitalstruktur der Schuldnerin bestand unter anderem aus einer Finanzierungsvereinbarung (*Senior Facilities Agreement)* mit ausschließlichem Gerichtsstand in England sowie Anleihen (*Bonds*) mit einer ausschließlichen Gerichtsstandsvereinbarung zugunsten der Schweizer Gerichte.[297] Es stellte sich damit – von der bisher regelmäßig offengelassenen Einschlägigkeit des Konkursvorbehalts abgesehen[298] – vor allem die Frage nach der internationalen Zuständigkeit der englischen Gerichte im Hinblick auf die Anleihegläubiger.[299] *Justice Zacaroli*

Oktober 2022); *ders.* ZIP 2022, 1233 (1234), ohne allerdings auf die Folgeprobleme divergierender ausschließlicher Gerichtsstandsvereinbarungen einzugehen.

[294] Erwägungsgrund (19) zur Brüssel-Ia-VO.

[295] Siehe oben unter § 11, II., 5., a), (3) (S. 263 ff.).

[296] Ebenso in Bezug auf klassische Insolvenzverfahren *Mankowski* ZIP 2010, 1376 (1377).

[297] *Re Gategroup Guarantee Ltd.* [2021] EWHC 304 (Ch.) Rn. 9.

[298] Vgl. den Befund in *Re Gategroup Guarantee Ltd.* [2021] EWHC 304 (Ch.) Rn. 68 sowie die diesbezüglichen Ausführungen in § 9, II. (S. 144 f.).

[299] *Re Gategroup Guarantee Ltd.* [2021] EWHC 304 (Ch.) Rn. 69; unmittelbar hatte die Entscheidung freilich die Auslegung des Abkommens von Lugano, insbesondere dessen

erkannte insoweit zutreffend, dass selbst auf der Grundlage einer extensiven Auslegung des Gerichtsstands der passiven Streitgenossenschaft eine einheitliche Restrukturierung ausscheiden müsse, sobald mit mindestens zwei einzubeziehenden Gläubigern voneinander abweichende ausschließliche Gerichtsstände prorogiert wurden.[300] In England behalf man sich mit der Behauptung, präventive Sanierungsverfahren wie der englische *Restructuring Plan* fielen unter den Konkursvorbehalt, sodass der Vorrang der abweichenden Gerichtsstandsvereinbarung durch die Anwendung englischen Zuständigkeitsrechts überspielt werden konnte. Der Fall zeigt aber eindrucksvoll, dass derogierende Gerichtsstandsvereinbarungen mit einem Einheitsgerichtsstand nicht vereinbar sind.[301]

Wollte man den Restrukturierungsgerichtsstand am COMI des Schuldners daher nicht mit ausschließlicher Wirkung segnen, könnte man sich ebendieser Problematik allenfalls noch dadurch entziehen, dass man – soweit Restrukturierungsverfahren betroffen sind – Gerichtsstandsvereinbarungen nur auf-, aber keine abdrängende Wirkung zuschreibt. Dogmatisch ließe sich hier einzig eine Gesamtanalogie zu den Art. 25 Abs. 4, 15 Nr. 2, 19 Nr. 2 und 23 Nr. 2 Brüssel-Ia-VO in Erwägung ziehen. In einer existenziellen wirtschaftlichen Krise, in der der Schuldner mit dem Rücken zur Wand (bzw. zur Insolvenz) steht, wird man eine strukturelle Unterlegenheit, auf der die vorgenannten Regelungen allesamt beruhen,[302] vielleicht noch annehmen können. Im Zeitpunkt der Prorogation selbst,[303] die bei langfristigen Geschäftsbeziehungen Jahre zurückliegen kann, werden sich Schuldner und Gläubiger dagegen bisweilen noch ebenbürtig gegenübergestanden haben, was den Analogieschluss deutlich erschwert.

Art. 1 Abs. 2 lit. b) sowie Art. 23 Abs. 1 zum Gegenstand; die Ausführungen des *High Court* beziehen sich allerdings ausdrücklich auch auf die unionsrechtlichen Parallelregelungen.

[300] *Re Gategroup Guarantee Ltd.* [2021] EWHC 304 (Ch.) Rn. 99.

[301] In diese Richtung geht wohl auch die der Beachtlichkeit von Gerichtsstandsvereinbarungen von *Skauradszun/Nijnens* 7 (2019) NIBLeJ 1 (24) entgegengehaltene Beobachtung, dass diese auf zweiseitige Streitigkeiten zugeschnitten und für (teil-)kollektive Verfahren daher nicht geeignet seien.

[302] Allgemein *Stadler* in: Musielak/Voit, ZPO, EuGVVO Vorb. Art. 10 Rn. 1 sowie für die einzelnen Regelungsbereiche Art. 10 Rn. 1, Art. 17 Rn. 1, Vorb. Art. 20 Rn. 1; vgl. für die Verbrauchergerichtsstände auch *I. Hoffmann*, Die Verbraucherrolle, S. 43.

[303] Für den Vertragsschluss als relevanten Zeitpunkt vgl. nur die Formulierung in Art. 17 Abs. 1 Brüssel-Ia-VO („geschlossen hat") sowie OGH GRUR Int 2016, 1173 (1175); *Mankowski* EWiR 2018, 351 (352); *Stadler* in: Musielak/Voit, ZPO, EuGVVO Art. 17 Rn. 1a; ausführlich auch *Rechberger* ZfRV 2017, 222 (225 ff.); hingewiesen sei allerdings auf EuGH, Urteil vom 25.01.2018, Rs. C-498/16, *Schrems/Facebook*, EuZW 2018, 197 Rn. 38 f., wonach das nachträgliche Entfallen der Verbrauchereigenschaft bei einem Dauerschuldverhältnis auf die internationale Zuständigkeit durchschlägt.

(2) Keine Gerichtsstandsvereinbarung zu Lasten Dritter: Die Interessen der überstimmten und nicht einbezogenen Gläubiger

Abgesehen davon ist ein Vorrang von Gerichtsstandsvereinbarungen im Hinblick auf den Restrukturierungsrahmen aber auch aus teleologischen Gründen abzulehnen. Denn wie noch zu zeigen sein wird, gehen internationale Zuständigkeit und anwendbares Restrukturierungsrecht Hand in Hand.[304] Betrachtet man aber nun die Rechtswirkungen eines bestätigten Restrukturierungsplans, so betreffen diese keineswegs nur die daran beteiligten Parteien. Zu denken ist etwa an nachteilige Auswirkungen auf sonstige (Klein-)Gläubiger, die in das Verfahren nicht mit einbezogen werden und daher auf dessen Ausgang keinen Einfluss haben – und das obwohl entsprechende Pläne auch die Aktiva, also etwa die Stellung schuldnerischer Vermögensgegenstände als Sicherheiten betreffen können. Insofern führt kein Weg an der Erkenntnis vorbei, dass sich Abreden zwischen den professionellen, wirtschaftsstarken und einflussreichen Großgläubigern und dem Schuldner über dessen Finanzierungsstruktur auch auf die außen vor gelassenen Gläubigergruppen auswirken können. Dies allein rechtfertigt freilich keinen Eingriff in die Parteiautonomie, müsste man doch andernfalls Kreditsicherheiten generell kritisch gegenüberstehen, deren drittbelastende Wirkung am wohl treffendsten mit *LoPucki* als „agreement between A and B that C take nothing“[305] beschrieben werden können. Absprachen des Schuldners mit einigen – in der Regel wirtschaftlich bedeutenden und verhandlungsstarken – Gläubigern, die mittelbar zu Lasten der übrigen Gläubiger gehen, werden von der Rechtsordnung also keineswegs generell missbilligt. (Gesamt-)wirtschaftlich kann es vielmehr gute Gründe geben, solche Vereinbarungen einschließlich ihrer nachteiligen Auswirkungen für Dritte anzuerkennen,[306] etwa – um bei dem genannten Beispiel der Kreditsicherheiten zu bleiben – zur Verringerung der Finanzierungskosten. Fest steht aber auch, dass außenstehende Gläubiger im Restrukturierungsverfahren – jedenfalls reflexartig – durchaus geschützt werden, indem die Bestätigung eines Restrukturierungsplans gem. § 63 Abs. 1 Nr. 3 StaRUG zu versagen ist, wenn die nach dem gestaltenden Teil des Plans verbleibenden Zahlungspflichten zusammen mit den nicht einbezogenen Verbindlichkeiten die Leistungsfähigkeit des Schuldners offensichtlich übersteigen würden. Gleiches gilt gem. § 63 Abs. 2 StaRUG, wenn das Gericht dem Sanierungsvorhaben keine begründete Aussicht auf Erfolg zuschreibt, wenn dadurch also insbesondere die Insolvenz voraussichtlich nicht verhindert oder die Bestandsfähigkeit des Unternehmens nicht gewähr-

---

[304] Ausführlich dazu sogleich § 12, III. (S. 359 ff.).

[305] *LoPucki*, 80 (1994) Virg. L. R. 1887 (1899).

[306] AA jedenfalls in Bezug auf die RRL *Bork* ZIP 2017, 1441 (1447): „Ökonomische Notwendigkeit allein ist eine unzureichende Rechtfertigung für die Ungleichbehandlung bestimmter Gläubiger ohne deren Zustimmung“.

leistet würde. Die auf Art. 10 Abs. 3 RRL beruhende Regelung stellt damit sicher, dass aussichtslose Restrukturierungspläne gar nicht erst implementiert werden, sondern der Schuldner – das jedenfalls wird in Ermangelung eines überarbeiteten Sanierungskonzepts die praktische Konsequenz sein[307] – in einem Liquidations- oder Insolvenzverfahren abgewickelt wird, an dem dann alle Gläubiger teilnehmen. Masseschmälernde Umsetzungskosten und sonstige für die Gläubigergemeinschaft nachteilige Veränderungen auf Aktiv- wie Passivseite werden dadurch vermieden.

Besondere Aufmerksamkeit hat in diesem Zusammenhang wiederum Art. 17 Abs. 1 und 4 RRL zu gelten, wonach in einem Plan vorgesehene neue Finanzierungen einen gewissen Anfechtungsschutz genießen und das nationale Recht ihnen außerdem zusätzliche Privilegien einräumen kann. Insoweit ist an die gängigen, bereits an anderer Stelle dargestellten Schutzmechanismen für neue Finanzierungen zu erinnern. Dass eine derart privilegierte neue Finanzierung nicht nur die Interessen der Planunterworfenen, sondern die aller Gläubiger tangiert, dürfte offensichtlich sein.[308] Insbesondere wenn die neuen Kredite für eine operative Sanierung oder eine teilweise Umschuldung eingesetzt werden, kann der durch Art. 17 RRL gewährleistete Schutz der neuen Financiers für die übrigen Gläubiger eine (erhebliche) Quotenverkürzung zur Folge haben.[309] Die sich daraus ergebenden Gefahren erkennt im Übrigen sogar die Richtlinie selbst an, indem hinsichtlich der Bestätigungsanforderungen eines Restrukturierungsplans mit neuer Finanzierung in Art. 10 Abs. 2 UAbs. 1

[307] Ebenso *H. Schmidt* WM 2017, 1735 (1742); *Schönfelder* in: Flöther, Sanierungsrecht, Rn. F.308, der daher auch dem in Art. 2 Abs. 1 Nur. 6 RRL genannten „nächstbesten Alternativszenario" jegliche praktische Bedeutung abspricht.

[308] *Bork* ZIP 2017, 1441 (1446 f.), der daher bei einer angestrebten Privilegierung einer neuen Finanzierung die Einbeziehung aller (gegenwärtigen) Gläubiger fordert; ebenfalls auf die potenzielle Schlechterstellung einfacher Gläubiger hinweisend *Hoegen/Wolf* in: Flöther, Sanierungsrecht, Rn. F.597, die daher für die Möglichkeit nur *inter partes* wirkender, privatautonomer Regelungen – gemeint ist wohl eine Bestellung vorrangiger Sicherheiten gegenüber bestehenden Sicherungsrechten – eintreten; vgl. zu diesem Vorschlag auch *Hoegen* NZI-Beil. 2017, 30 (34) sowie den Hinweis von *Parzinger* ZIP 2019, 1748 (1755) auf diese bereits heute – wenn auch nicht allzu häufig – praktizierte Sicherung der Fortführungsfinanzierung.

[309] Ebenso *Laroche* in: Flöther, Sanierungsrecht, Rn. F.244, der wegen der fehlenden bzw. nur schwer umsetzbaren Einbeziehung vom Plan nicht unmittelbar betroffener Gläubiger in das Restrukturierungsverfahren eine Kompensation über Haftungsansprüche gegen die Berater und Organwalter des Schuldners befürwortet (Rn. F.245); siehe zur Schlechterstellung der Altgläubiger bei Verpuffung der neu aufgenommenen Darlehen auch *Bork* ZIP 2017, 1441 (1447) mit der Schlussfolgerung, es müssten wegen ihrer mittelbaren Betroffenheit stets alle Gläubiger in das Restrukturierungsverfahren einbezogen werden, wenn es zur Sanierung einer privilegierten neuen Finanzierung bedarf.

lit. e) RRL – entgegen der sonstigen Terminologie – explizit auf die Interessen „der", also aller Gläubiger abgestellt wird.[310]

Damit steht fest: Die internationale Restrukturierungszuständigkeit und das damit einhergehende Restrukturierungsrecht hat nicht nur Auswirkungen auf die Verfahrensbeteiligten. Die Durchführung eines Restrukturierungsrahmens kann ebenso Konsequenzen für nicht in das Verfahren einbezogene Gläubiger auslösen.[311] Soweit die Anfechtung in einem etwaigen späteren Insolvenzverfahren erschwert wird oder eine *super priority* eingeräumt wird, erstrecken sich die Folgen sogar auf die Befriedigungsaussichten künftiger Gläubiger.[312] Andererseits würde dem Zugang zur benötigten Sanierungsfinanzierung und den erzielbaren Darlehenskonditionen in einem unbeschränkten Restrukturierungsrechtswettbewerb entscheidende Bedeutung zukommen. Finanzierungskosten und Kreditdokumentation hängen letztlich maßgeblich von den jeweiligen rechtlichen Rahmenbedingungen ab.[313] Je großzügiger und rechtssicherer eine Restrukturierungsrechtsordnung neue Finanzierungsengagements behandelt, desto niedriger werden die Finanzierungskosten ausfallen und umso größer werden die Spielräume, die sich bei der Sanierung auftun. Eine niedrige Zinslast schadet nun erstmal niemandem; wohl aber die zur Sicherung der Kredite begründeten Sondervorrechte, wenn die Sanierung fehlschlägt und die Darlehenssumme (teilweise) ersatzlos aufgezehrt ist. Zur Wahrung der betroffenen Drittinteressen gebietet es diese Anreizkulisse, die Wahl des Restrukturierungsstandorts nicht allein dem Schuldner und den beteiligten (Groß-)Gläubigern zu überlassen.[314] Selbst gerichtsstandserweiternde Zuständigkeitsvereinbarungen sind für Restrukturierungsverfahren daher abzulehnen.

(3) Konzentration als Maxime: Übertragbarkeit teleologischer Erwägungen zu Art. 3 EuInsVO

Eine weitere Stütze findet dieses Ergebnis in den teleologischen Erwägungen, die der Ausgestaltung des Art. 3 EuInsVO als ausschließlichem Gerichtsstand zugrunde liegen. Art. 3 Abs. 1 EuInsVO begründet, auch ohne dass dies im

---

[310] Offenbar aA, den Versagungsgrund nur auf dissentierende und damit ins Verfahren einbezogene Gläubiger beziehend *Kayser* ZIP 2017, 1393 (1400).

[311] So auch *Dammann* in: Paulus/Dammann, European Preventive Restructuring, Art. 2 Rn. 8.

[312] Dies betont auch *Bork* ZIP 2017, 1441 (1447), der gerade für künftige gesetzliche Gläubiger an einer sachlichen Rechtfertigung für eine Privilegierung der neuen Finanzierung zweifelt.

[313] *Parzinger* ZIP 2019, 1748 (1757).

[314] Siehe zum *forum shopping* zur Erlangung eines attraktiven Finanzierungsregimes auch *Parzinger*, Fortführungsfinanzierung in der Insolvenz, S 24 f.; konkret auch in Bezug auf die Umsetzung der Restrukturierungsrichtlinie einen Wettbewerb unter den Rechtsordnungen in Sachen Fortführungsfinanzierung befürchtend *Hoegen* NZI-Beil. 2017, 30 (34).

Wortlaut der Norm zum Ausdruck kommen müsste, unstreitig einen ausschließlichen Gerichtsstand, übrigens auch in seiner analogen Anwendung auf Annex-Einzelverfahren.[315] Gerichtsstandsvereinbarungen über das *forum concursus* sind demnach unzulässig.[316] Bei einem klassischen Insolvenzverfahren, in das alle Gläubiger einbezogen sind, ergibt sich das freilich bereits daraus, dass es an einem kompetenten Verhandlungspartner zur Prorogation eines bestimmten Insolvenzstandorts fehlt.[317] Denkbar wäre allenfalls, an eine Vereinbarung mit sämtlichen Gläubigern anzuknüpfen, was wegen des Fehlens eines gemeinsamen Vertreters im Vorfeld der Insolvenz allerdings zur Folge hätte, dass *de facto* jedem von ihnen ein Veto-Recht zuteil würde.[318] Es erscheint daher nur konsequent, dass im (internationalen) Insolvenzrecht weder prorogierende noch derogierende Gerichtsstandsvereinbarungen für zulässig gehalten werden. Letztere hätten, wie bereits am Beispiel des Restrukturierungsverfahrens ausführlich erörtert wurde, zur Konsequenz, dass einige Gläubiger nicht in das Verfahren einbezogen werden können, was dem Charakter eines Insolvenzverfahrens gänzlich zuwiderliefe. *Mankowski* ist daher in seiner Schlussfolgerung zuzustimmen, die für Individualverfahren hochzuhaltende Parteiautonomie habe bei Kollektivverfahren keinen Platz.[319]

Das gilt für klassische Insolvenzverfahren ebenso wie für präventive Restrukturierungsrahmen. Auch wenn Letztere eine Beschränkung auf einen abgrenzbaren Personenkreis zulassen und damit je nach Einzelfall ein überschau-

---

[315] So erteilte der EuGH in seinem Urteil vom 14.11.2018, Rs. C-296/17, *Wiemer & Trachte*, NZI 2018, 994 Rn. 28 ff. einem etwaigen Wahlrecht des Insolvenzverwalters zwischen einer Klageerhebung am COMI des Schuldners und am Wohnort des beklagten Anfechtungsgegners eine klare Absage; in seinem Urteil vom 04.12.2019, Rs. C-493/18, *Tiger*, NZI 2020, 123 stellte er sodann klar, dass die aus Art. 3 Abs. 1 EuInsVO analog herzuleitende Zuständigkeit der Gerichte des COMI-Staats ganz im Sinne einer echten *vis attractiva concursus* (zum Begriff *Willemer*, Vis attractiva concursus und die Europäische Insolvenzverordnung, S. 9 m. w. N. sowie *Baur/Stürner*, InsR, Rn. 5.47) auch anderen ausschließlichen Gerichtsständen, etwa solchen gem. Art. 24 Brüssel-Ia-VO vorgeht; mittlerweile ergibt sich die Ausschließlichkeit des Annexgerichtsstands bereits aus einem Umkehrschluss zu Art. 6 Abs. 2 UAbs. 1 EuInsVO; zur Unbeachtlichkeit von Gerichtsstandsvereinbarungen LG Gießen, Urteil vom 06.05.2009 – 5 O 35/09, BeckRS 2014, 10148.

[316] *Brinkmann* in: K. Schmidt, InsO, Art. 3 EuInsVO Rn. 3; *Geimer*, IZPR, Rn. 3463; *Kolmann*, Kooperationsmodelle im internationalen Insolvenzrecht, S. 136; *Kolmann/Ch. Keller* in: Gottwald/Haas, Insolvenzrechts-Handbuch, § 130. Rn. 19; *Knof/Mock* ZIP 2006, 189 (189); *Mankowski* ZIP 2010, 13776 (1377); *Mock* in: BeckOK-InsO, EuInsVO Art. 3 Rn. 5.

[317] *Geimer*, IZPR, Rn. 3463; *Mankowski* ZIP 2010, 13776 (1377); *Vallender* in: FS Runkel, 373 (384).

[318] *Mankowski* ZIP 2010, 13776 (1377); *Vallender* in: FS Runkel, 373 (384).

[319] *Mankowski* ZIP 2010, 13776 (1377), der zur Begründung mitunter auch die öffentlichen Interessen an einer geordneten Abwicklung der Insolvenz anführt; ähnlich *Vallender* in: FS Runkel, 373 (384).

barer Kreis an Vertragspartnern ausgemacht werden könnte, ist eine Prorogation abzulehnen. Immerhin beheimatet die EuInsVO seit ihrer Reform auch in ihrem unmittelbaren Anwendungsbereich derartige unechte Kollektivverfahren, ohne dass der Verordnungsgeber allerdings von der Konzeption der internationalen Zuständigkeit als ausschließlichem Gerichtsstand abgewichen wäre. Die Erklärung wurde bereits geliefert: auch beschränkt wirkende Sanierungsverfahren tangieren die Interessen der Nicht-Planbetroffenen, sodass die Entscheidung über den Restrukturierungsstandort und damit das anwendbare Recht nicht allein den Sanierungsteilnehmern überlassen bleiben kann.

6. Ergebnis: Der COMI als Anknüpfungsmoment der internationalen Restrukturierungszuständigkeit

Nach alledem bleibt festzuhalten, dass Art. 3 Abs. 1 EuInsVO nicht nur in seinem unmittelbaren Anwendungsbereich die internationale Zuständigkeit zur Eröffnung eines öffentlichen Restrukturierungsverfahrens regelt. Die Norm ist vielmehr für vertraulich geführte Restrukturierungsrahmen analog anzuwenden, sodass auch diese ausschließlich in dem Mitgliedstaat durchzuführen sind, in dem der COMI des Schuldners belegen ist. Diese Lösung bietet nicht nur eine einheitliche und sachgerechte Lokalisierung der Restrukturierungszuständigkeit. Sie fügt sich auch passgenau ein in die in Verordnung und Richtlinie zum Ausdruck kommenden Wertungen des Unionsgesetzgebers.

Keine Anwendung finden demgegenüber die Art. 4 f. EuInsVO. Sie sollen als Ausgleich für den äußerst weitreichenden Anerkennungsmechanismus nach Art. 19 f. EuInsVO gewährleisten, dass die Verfahrensbeteiligten schon frühzeitig vor dem eröffnenden Gericht die Möglichkeit erhalten, dessen internationale Zuständigkeit zu überprüfen und ggf. Rechtsmittel gegen die Entscheidung einzulegen. Da sich die Anerkennung allerdings – wie noch *en detail* zu zeigen sein wird[320] – nach dem Regime der Brüssel-Ia-VO richtet, erscheint eine analoge Anwendung auch der Art. 4 f. EuInsVO auf vertrauliche Verfahren nicht angezeigt.

III. Außergerichtliche Restrukturierungen

Bleibt also die Frage, wie mit Verfahren umzugehen ist, die – vor allem mangels Gerichtsbeteiligung – weder unter die EuInsVO, noch unter die Brüssel-Ia-VO fallen. Insoweit ist richtigerweise zu unterscheiden: Sieht ein Restrukturierungsrahmen für bestimmte Sanierungsinstrumente überhaupt keine Beteiligung staatlicher Organe vor, so ist damit auch die Frage nach einer internationalen Zuständigkeit obsolet. Die international-rechtliche Zugänglichkeit einer solchen Maßnahme ist daher allein auf Grundlage des internationalen Privatrechts zu ermitteln, wobei sich allerdings zeigen wird, dass auch hier die

---

[320] Siehe dazu § 13, insb. unter III., 2. und 3. (S. 403 ff.).

(hypothetische) Restrukturierungszuständigkeit nach Art. 3 Abs. 1 EuInsVO mittelbar an Bedeutung erlangt. Handelt es sich hingegen um vertrauliche Restrukturierungsinstrumente unter Mitwirkung einer Verwaltungsbehörde, so spricht viel dafür, die gefundene Zentralisierung der internationalen Zuständigkeit auch auf solche Verfahren zu erstrecken. Jedenfalls auf Grundlage des anwendbaren Rechts ergäbe sich allerdings auch hier ein Gleichlauf mit dem COMI des Schuldners.

§ 12 Das anwendbare Restrukturierungsrecht

Damit ist das Restrukturierungskollisionsrecht angesprochen. Es beantwortet die Frage, nach welcher Rechtsordnung sich eine bestimmte Restrukturierung richtet, welche(r) der nationalen Restrukturierungsrahmen also zur Sanierung des jeweiligen Schuldners zur Verfügung steht bzw. stehen.

I. Kollisionsrechtliche Grundlegung

Setzt man bei Art. 2 Abs. 1 Nr. 1 RRL an, so ist Gegenstand der Restrukturierung in erster Linie die Neuordnung von Aktiva und Passiva des Schuldners. Im Fokus steht die Umgestaltung von Forderungen, ggf. flankiert durch die Abänderung von Sicherungsrechten und eine Modifikation der Gesellschaftsstruktur, z. B. durch die Aufnahme neuer Anteilseigner oder den Ausschluss von Altgesellschaftern. Grundsätzlich handelt es sich dabei um Rechtsfragen, die sich nach dem Forderungs-, Sach- oder Gesellschaftsstatut bestimmen. Das entsprechende Kollisionsrecht ist nur hinsichtlich Ersterem sekundärrechtlich harmonisiert und findet sich je nach Rechtsgrundlage der Verbindlichkeiten in der Rom-I-VO[1] oder der Rom-II-VO[2] wieder.[3] Das anwendbare Gesellschafts- und Sachenrecht ist hingegen mangels unionsrechtlicher Vereinheitlichung dem nationalen IPR zu entnehmen, aus deutscher Perspektive also Art. 43 ff. EGBGB und der richterrechtlich legitimierten Sitztheorie, obgleich die primärrechtlichen Vorgaben den Spielraum für die Ausgestaltung des internationalen

[1] Verordnung (EG) Nr. 593/2008 des Europäischen Parlaments und des Rates vom 17.06.2008 über das auf vertragliche Schuldverhältnisse anzuwendende Recht (Rom-I-VO), ABl. vom 04.07.2008, L 177, S. 6.

[2] Verordnung (EG) Nr. 864/2007 des Europäischen Parlaments und des Rates vom 11.07.2007 über das auf außervertragliche Schuldverhältnisse anzuwendende Recht (Rom-II-VO), ABl. vom 31.07.2007, L 199, S. 40.

[3] In Randbereichen, soweit nämlich die Ausschlusstatbestände der Rom-I-VO und der Rom-II-VO in ihrem jeweiligen Art. 1 Abs. 2 greifen, kommt subsidiär weiterhin nationalautonomes Kollisionsrecht zur Anwendung, aus deutscher Perspektive also insbesondere die Art. 40 ff. EGBGB sowie spezielle völkerrechtliche Regelungen.

Gesellschaftsrechts deutlich einschränken, sodass gegenüber EU-Gesellschaften mittlerweile nahezu ausschließlich die Gründungstheorie Anwendung findet.

Kaum eine Restrukturierung wird ohne die Kürzung, Stundung oder Umwandlung von Verbindlichkeiten in Eigenkapital auskommen. Immerhin rechtfertigt sich die Inanspruchnahme des Restrukturierungsrahmens gerade aus der (drohenden) finanziellen Überforderung des Schuldners. Regelmäßig werden die prognostizierten Erträge des Unternehmens schlicht nicht ausreichen, um die herannahenden Zahlungspflichten bei Fälligkeit zu bedienen. Da operative oder betriebswirtschaftliche Änderungen meist durch einfache Maßnahmen der Unternehmensleitung umgesetzt werden können, werden vor allem solche Schuldner die Restrukturierungsrahmen in Anspruch nehmen, die zur Vermeidung der Insolvenz weiterer Entlastungen bedürfen – sei es nun eine Reduktion der Nomonalbeträge oder einer Verlängerung der Zahlungsziele. Die Forderungsmodifikation ist damit ein ganz zentrales Instrument des Restrukturierungsrahmens. Grundsätzlich unterfallen derartige Umgestaltungen bestehender Ansprüche dem Anknüpfungsgegenstand des internationalen Schuldrechts, genauer gesagt Art. 12 Rom-I-VO und Art. 15 Rom-II-VO.[4] Danach ist die ermittelte Rechtsordnung nicht nur für Entstehung, Gültigkeit und Inhalt des Schuldverhältnisses maßgeblich; nach ihr richtet sich vielmehr auch die Fälligkeit der jeweiligen Forderungen sowie das Erlöschen. Das Forderungsstatut entscheidet damit einerseits über den ursprünglichen Fälligkeitszeitpunkt,[5] andererseits aber auch über die Zulässigkeit und rechtlichen Anforderungen an eine spätere Stundung.[6] Wie Art. 12 Abs. 1 lit. b) und d) Rom-I-VO sowie Art. 15 lit. h) Rom-II-VO eigens klarstellen, sind auch die Erlöschensgründe umfassend der *lex causae* zu entnehmen.[7] Die Kürzung von Verbindlichkeiten unterfällt damit grundsätzlich dem Schuldstatut, nach dem sich daher sowohl

---

[4] Einschränkungen können sich insbesondere aus der wertpapierrechtlichen Bereichsausnahme des Art. 1 Abs. 2 lit. d) Rom-I-VO ergeben, soweit man ihr mit der wohl herrschenden Meinung nicht nur die wertpapierspezifischen Anknüpfungsgegenstände, sondern auch die verbrieften Primäransprüche und etwaige Sekundäransprüche unterwirft; vgl. dazu statt vieler *Magnus* in: Staudinger, Int. Vertragsrecht 1, Rom-I-VO Art. 1 Rn. 69, 71.

[5] *Magnus* in: Staudinger, Int. Vertragsrecht 2, Rom-I-VO Art. 12 Rn. 35; *Spellenberg* in: MüKo-BGB, Rom-I-VO Art. 12 Rn. 72; *Spickhoff* in: BeckOK-BGB, Rom-I-VO Art. 12 Rn. 5; *Weller* in: BeckOGK-Rom-I-VO, Stand: 01.10.2020, Art. 12 Rn. 25.

[6] *Hohloch* in: Erman, Rom-I-VO, Art. 12 Rn. 7a; *Spellenberg* in: MüKo-BGB, Rom I-VO Art. 12 Rn. 72; *Spickhoff* in: BeckOK-BGB, Rom-I-VO Art. 12 Rn. 5; *Weller* in: BeckOGK-Rom-I-VO, Stand: 01.10.2020, Art. 12 Rn. 25; im Kontext des englischen *Scheme of Arrangement* auch *Husfeldt*, Das UK Solvent Scheme of Arrangement als Sanierungsinstrument für deutsche Gesellschaften, S. 216.

[7] *Ferrari* in: Ferrari/Keininger/Mankowski u. a., Internationales Vertragsrecht, Rom-I-VO Art. 12 Rn. 19; *Leible* in: Hüßtege/Mansel, BGB, Rom I-VO Art. 12 Rn. 27; *Mörsdorf-Schulte/Brödermann/Wegen* in: P/W/W, Rom-I-VO Art. 12 Rn. 38.

die Zulässigkeit als auch die rechtlichen Voraussetzungen und Wirkungen eines (Teil-)Erlasses oder Verzichts richten.[8] Dies gilt auch dann, wenn die entsprechenden Forderungsmodifikationen Gegenstand eines Vergleiches sind.[9] Soll die Kürzung durch einen neuen (Erlass-)Vertrag bewirkt werden, steht es den Parteien im Rahmen der durch die Verordnungen gewährleisteten Parteiautonomie natürlich frei, insoweit eine eigenständige Rechtswahl zu treffen und den Erlass selbst einer anderen Rechtsordnung zu unterstellen.[10] Gleiches muss richtigerweise für eine Stundungsvereinbarung gelten, für die kein Grund ersichtlich ist, vom Grundsatz der freien Rechtswahl abzuweichen. Treffen die Parteien hingegen keine Vereinbarung über die Anwendbarkeit eines bestimmten Rechts oder ist der jeweilige Erlöschensgrund in der *lex causae* als einseitiger Tatbestand ausgestaltet, so bleibt es bei der Maßgeblichkeit des auf die betroffene Forderung selbst anwendbaren Rechts.[11] Dies ergibt sich, wenn

---

[8] So zum alten deutsch-autonomen IPR BGH, Urteil vom 23.04.2002 – XI ZR 136/01, NJW-RR 2002, 1359 (1361); OLG Karlsruhe, Urteil vom 15.12.1987 – 18 U 8/87, NJW-RR 1989, 367 (368); auf Grundlage des – im Wortlaut mit Art. 12 Abs. 1 lit. d) Rom-I-VO nahezu identischen – zwischenzeitlichen Art. 32 Abs. 1 Nr. 4 EGBGB OLG Hamm, Urteil vom 23.02.1999 – 19 U 146/98, BeckRS 1999, 3877; zurückhaltender, zur Begründung allerdings auf die Auslegung der konkret in Rede stehenden Rechtswahlklausel rekurrierend BGH, Urteil vom 19.01.2000 - VIII ZR 275/98, NJW-RR 2000, 1002 (1004); wie hier *Wautelet* in: Magnus/Mankowski, ECPIL, Rom-II-VO Art. 15 Rn. 23; zum englischen *Scheme of Arrangement* auch *Bormann* NZI 2011, 892 (897); *Carli/Weissinger* DB 2014, 1474 (1479); *Eidenmüller/Frobenius* WM 2011, 1210 (1216); *Husfeldt*, Das UK Solvent Scheme of Arrangement als Sanierungsinstrument für deutsche Gesellschaften, S. 216 ff.; *Schümann-Kleber* IILR 2011, 447 (456); *Swierczok*, Das englische Scheme of Arrangement und seine Rezeption in Deutschland, S. 218 ff.; *Thole* ZGR 42 (2013) 109 (145); aA *Lüke/Scherz* ZIP 2012, 1101 (1111), die unter Art. 12 Abs. 1 lit. d) Rom-I-VO nur freiwillige Forderungsreduzierungen fassen wollen, dabei aber übersehen, dass die Norm die von ihnen argumentativ herangezogenen Begriffe des Vergleichs, Erlasses oder Verzichts überhaupt nicht nennt und anerkannterweise auch solche Erlöschensgründe unter die Regelung fallen, die – wie etwa die Unmöglichkeit oder der Rücktritt – unabhängig vom Willen des Anspruchsinhabers eintreten können; zum Restrukturierungsrahmen nach der Restrukturierungsrichtlinie wie hier auch *Hoos/Schwartz/Schlander* ZIP 2021, 2214 (2221); *Skauradszun* NZI 2021, 568 (570); wohl auch *Schlöder/Parzinger/Knebel* ZIP 2021, 1041 (1048); zweifelnd hingegen *Thole* ZIP 2021, 2153 (2159 f.).

[9] OLG München, Urteil vom 02.06.2016 – 23 U 2594/15, BeckRS 2016, 10436 Rn. 37; *Husfeldt*, Das UK Solvent Scheme of Arrangement als Sanierungsinstrument für deutsche Gesellschaften, S. 216 m. w. N.

[10] OLG Karlsruhe, Urteil vom 15.12.1987 – 18 U 8/87, NJW-RR 1989, 367 (368).

[11] *Dörner* in: Schulze, BGB, Rom II-VO Art. 15 Rn. 9; *Ferrari* in: Ferrari/Kieninger/Mankowski u. a., Internationales Vertragsrecht, Rom-I-VO, Rn. 19; *Spickhoff* in: BeckOK-BGB, Rom-II-VO Art. 15 Rn. 11; offenbar auch *Heese*, Die Funktion des Insolvenzrechts im Wettbewerb der Rechtsordnungen, S. 83 f.; ebenso zu verstehen wohl *Leible* in: Hüßtege/Mansel, BGB, Rom I-VO Art. 12 Rn. 29 sowie *Magnus* in: Staudinger, Int. Vertragsrecht 2, Rom-I-VO Art. 12 Rn. 74, der für Stundungsvereinbarungen in Rn. 35 jedoch – insoweit inkonsequent – offenbar auf die *lex causae* abstellen will; ebenso *Martiny* in:

nicht schon aus Art. 12 Abs. 1 lit. d) Rom-I-VO bzw. Art. 15 lit. h) Rom-II-VO, so jedenfalls unter Heranziehung von Art. 4 Abs. 3 respektive Abs. 4 Rom-I-VO – je nachdem ob man dem modifizierenden Rechtsgeschäft eine charakteristische Leistung zuschreibt.[12] Stundungen und Forderungskürzungen sind also grundsätzlich an der *lex causae* zu messen, es sei denn, die Modifikation erfolgt durch einen zweiseitigen Rechtsakt, der durch entsprechende Rechtswahl einer anderen Rechtsordnung unterstellt wird. Gleiches gilt übrigens gem. Art. 14 Abs. 2 Rom-I-VO auch für die Forderungsabtretung, etwa zur Einbringung gegen die Schuldnergesellschaft gerichteter Zahlungsansprüche im Rahmen eines *debt-equity swap*.

Im Kontext der Restrukturierungsrahmen ergäbe sich dadurch abermals ein Kollektivierungsproblem, das die Annahme eines einheitlichen Restrukturierungsplans gefährden und *hold out*-Strategien einzelner Gläubiger begünstigen würde. Schon nach dem gesetzlichen Kollisionsrecht sähe sich ein international tätiger Schuldner mit einem bunten Potpourri verschiedenster Schuldstatute konfrontiert, die gegenüber den Gläubigern unterschiedliche Rechtsordnungen zur Anwendung bringen. Die Lieferbeziehungen des Schuldners etwa werden wegen Art. 4 Abs. 1 lit. a) Rom-I-VO regelmäßig dem Recht am Sitz des Lieferanten unterfallen; die Kreditverhältnisse sich nach dem Recht am Sitz des Darlehensgebers richten. In der Praxis sind Rechtswahlklauseln zwar vor allem in der Kreditwirtschaft allgegenwärtig, wobei sich bei großvolumigeren Finanzierungsengagements internationaler Konsortien insbesondere das englische Recht außerordentlicher Beliebtheit erfreut. Eine Gewähr für die Wahl eines einheitlichen Rechts bietet dieser Befund allerdings noch nicht einmal im Hinblick auf Restrukturierungen, in die nur finanzielle Gläubiger einbezogen werden sollen, sehen doch etwa die AGB-Banken in Ziff. 6 Abs. 1 eine Rechtswahl zugunsten des deutschen Rechts vor. Es manifestiert sich damit ein Dilemma, das sich bereits in Bezug auf die internationale Zuständigkeit gezeigt hat. Der Restrukturierungsrahmen soll gerade gewährleisten, dass Mehrheitsentscheidungen möglich sind und es damit einzelnen Gläubigern verwehrt wird, sich

Reithmann/Martiny, Int. Vertragsrecht, Rn. 3.234; für deliktische Forderungen wird teilweise eine Aufspaltung zwischen der grundsätzlichen Möglichkeit eines Erlasses bzw. Verzichts und deren Wirkungen (insoweit *lex causae*) und den Modalitäten der Forderungsumgestaltung selbst (insoweit selbstständige Anknüpfung nach der Rom-I-VO) vertreten, vgl. dazu etwa *Junker* in: MüKo-BGB, Rom II-VO Art. 15 Rn. 25; *Nordmeier* in: Hüßtege/Mansel, BGB, Rom II-VO Art. 15 Rn. 27; für das englische *Scheme of Arrangement* ebenfalls eine eigenständige Qualifikation befürwortend *Bormann* NZI 2011, 892 (897); *Eidenmüller/Frobenius* WM 2011, 1210 (1216).

[12] Vgl. zu diesem Lösungsvorschlag für das Parallelproblem des nachträglichen Aufrechnungsvertrags *Magnus* in: Staudinger, Int. Vertragsrecht 2, Rom-I-VO Art. 17 Rn. 54 mit zahlreichen weiteren Nachweisen; für Stabilisierungsanordnungen und Planbestätigungen in vertraulichen Restrukturierungen mangels etwaiger als Rechtswahl auslegbarer Gerichtsstandsvereinbarungen auf Art. 4 Abs. 4 Rom-I-VO abstellend nunmehr *Madaus* ZIP 2022, 1233 (1238).

zum eigenen (überproportionalen) Vorteil und zu Lasten der Gläubigergemeinschaft eines Sanierungsbeitrags zu enthalten. Wenn der Schuldner aber erst einmal in der Krise ist, werden sanierungsfeindlich eingestellte Gläubiger kaum bereit sein, sich durch eine nachträgliche Rechtswahl einem bestimmten Restrukturierungsrecht zu unterwerfen.[13] Eine Fragmentierung des anwendbaren Rechts gegenüber den unterschiedlichen Gläubigern stellt die Konzeption des Restrukturierungsrahmens als Gesamtverfahren allerdings aus den genannten Gründen insgesamt in Frage. Sie hätte letztlich eine Vervielfachung der rechtlichen Anforderungen an den Restrukturierungsplan zur Folge, die je nach Kompatibilität der einzelnen mitgliedstaatlichen Ausgestaltungen dazu führt, dass eine Neuordnung der schuldnerischen Verbindlichkeiten insgesamt unmöglich wird. Unterfallen einige Forderungen einem drittstaatlichen Forderungsstatut, was die Verordnungen aufgrund ihres universellen Ansatzes problemlos zulassen, steht möglicherweise überhaupt kein Restrukturierungsinstrumentarium zur Verfügung, wenn die *lex causae* – wie bis vor kurzem auch einige Mitgliedstaaten – kein vorinsolvenzliches Restrukturierungsverfahren kennt. In Extremfällen mag hier Art. 3 Abs. 3 bzw. 4 Rom-I-VO Abhilfe schaffen. In weiten Teilen wäre aber dennoch eine einheitliche Restrukturierung durch die Annahme eines in sich stimmigen Plans nicht möglich.

II. Öffentlich geführte Restrukturierungsverfahren

Die EuInsVO zieht daraus die logische Konsequenz einer einheitlichen kollisionsrechtlichen Anknüpfung insolvenz- und damit in ihrem Anwendungsbereich auch restrukturierungsrechtlicher Rechtsfragen. Sie geht als spezielle Regelung den Rom-Verordnungen vor, wie sich ausdrücklich aus Art. 23 Rom-I-VO und Art. 27 Rom-II-VO ergibt, und beansprucht als europäisches Sekundärrecht außerdem – soweit sie inhaltlich reicht – Anwendungsvorrang vor dem nationalen Kollisionsrecht, insbesondere also dem internationalen Sachen- und Gesellschaftsrecht.

1. Die lex fori concursus

Mit Art. 7 Abs. 1 enthält die EuInsVO eine Kollisionsnorm, die für das Verfahren und seine Wirkungen grundsätzlich das Recht des Eröffnungsstaats zur Anwendung beruft, ohne dabei zwischen materiellem Recht und Verfahrensrecht zu differenzieren. Soweit die Verordnung keine abweichenden Regelungen enthält, sind sämtliche insolvenz- bzw. restrukturierungsrechtlich zu qualifizierenden Rechtsfragen nach der Beheimatung des Eröffgungsgerichts anzuknüpfen, sodass sich ein Gleichlauf mit der internationalen Zuständigkeit und

[13] Eine Rechtswahl durch das Restrukturierungsverfahren selbst (oder ein der eigentlichen Sanierung vorgelagertes Verfahren) wäre hingegen ein Zirkelschluss und ist daher nicht statthaft, vgl. dazu *Skauradszun* NZI 2021, 568 (570).

damit zugleich mit dem schuldnerischen COMI ergibt.[14] Nach Art. 7 Abs. 2 S. 1 EuInsVO ist der *lex fori concursus* insbesondere zu entnehmen, unter welchen Voraussetzungen das angestrebte Verfahren eröffnet wird und wie es durchzuführen und zu beenden ist.

Wird also ein öffentliches StaRUG-Verfahren in Deutschland beantragt, so richten sich die Eröffnungsvoraussetzungen nach den Regelungen des StaRUG: Die Restrukturierungsfähigkeit[15] ist nach Art. 7 Abs. 2 S. 2 lit. a) EuInsVO ebenso dem deutschen Recht zu entnehmen, wie die erforderliche Zugangsschwelle, die Antragsbefugnis oder etwaige formelle Anforderungen, z. B. die Anzeige des Restrukturierungsvorhabens gem. § 31 StaRUG. Gleiches gilt für Aufhebungsgründe im Sinne des Art. 4 Abs. 4 RRL, wie sie im StaRUG etwa durch § 33 Abs. 2 S. 1 Nr. 4 umgesetzt wurden. Auch die Reichweite der Eigenverwaltung bzw. die Bestellung und Befugnisse eines Restrukturierungsbeauftragten richten sich gem. Art. 7 Abs. 2 S. 2 lit. c) EuInsVO nach der *lex fori concursus*, in einem deutschen Verfahren also nach den §§ 73 ff. StaRUG. Gleiches gilt nach Art. 7 Abs. 2 S. 2 lit. e) EuInsVO für die Auswirkungen der Inanspruchnahme des Restrukturierungsrahmens auf laufende Vertragsbeziehungen, sodass insoweit §§ 44, 55 StaRUG greifen.[16] Grundsätzlich verweist Art. 7 Abs. 2 S. 2 lit. f) EuInsVO auch hinsichtlich der Anordnungsvoraussetzungen und Wirkungen eines Vollstreckungs- oder Verwertungsstopps auf das Recht des Eröffnungsstaats, bei einem (öffentlichen) StaRUG-Verfahren also auf die §§ 49 ff. StaRUG. Ebenfalls dem Insolvenzstatut ist zu entnehmen, ob während des laufenden Verfahrens entstehende Forderungen in den Restrukturierungsrahmen mit einbezogen werden (können), was das deutsche Recht in § 2 Abs. 5 StaRUG differenziert beantwortet.

Schließlich richten sich gem. Art. 7 Abs. 2 S. 2 lit. j) EuInsVO die Voraussetzungen und Wirkungen eines Vergleichs nach dem Recht des Eröffnungsstaats. Dies betrifft einerseits die Durchführung des Planverfahrens, also insbesondere das Initiativrecht, die Unterbreitung des Planangebots an die Betroffenen, den Ablauf der Planabstimmung(en), die Verfügbarkeit einer Vorprüfung und den Verfahrensablauf der Planbestätigung. Viel wichtiger noch folgen aber grundsätzlich auch die materiellen Anforderungen und Mehrheitserfordernisse aus der *lex fori concursus*. Sie ist damit einerseits maßgeblich dafür, wer überhaupt in den Plan mit einbezogen werden kann,[17] insbesondere ob der Plan auch Regelungen über die Mitgliedschaftsrechte der Anteilsinhaber enthalten kann. Die eigentlich für die Modifikation bestehender Forderungen maßgebliche *lex causae* wird insoweit vom Insolvenzstatut verdrängt. Dies gilt

---

[14] *V. Bismarck/Schulz* NZI-Beil. 2019, 82 (83).

[15] § 30 StaRUG: Unternehmer, unabhängig von der Rechtsform.

[16] So auch *Skauradszun* NZI 2021, 568 (569).

[17] Im Ergebnis ebenso, die Gestaltbarkeit von Forderungen allerdings unter Art. 7 Abs. 2 S. 2 lit. e) EuInsVO subsumierend *Skauradszun* NZI 2021, 568 (569).

richtigerweise auch für die – gem. Art. 1 Abs. 5 lit. a) RRL den Mitgliedstaaten überlassene – Gestaltbarkeit der Forderungen von Arbeitnehmern. Zwar sieht Art. 13 Abs. 1 EuInsVO für den Bereich des Arbeitsrechts eine Sonderanknüpfung an die *lex contractus* vor. Bereits aus dem Wortlaut ergibt sich allerdings, dass diese sich lediglich auf den Arbeitsvertrag und das Arbeitsverhältnis als solches bezieht. Wie mitunter eine systematische Zusammenschau mit Abs. 2 verdeutlicht, erfasst die Regelung insbesondere die zukunftsgerichtete Änderung oder Beendigung des Arbeitsverhältnisses, nicht aber die insolvenzrechtliche Behandlung bereits entstandener Forderungen.[18] Insofern stellt sich die Forderungsmodifikation im Sanierungsverfahren funktional als Äquivalent einer vor- oder nachrangigen Befriedigung im Liquidationsverfahren dar, hinsichtlich derer Erwägungsgrund (72) S. 3 zur EuInsVO einen expliziten Verweis auf das Recht des Eröffnungsstaats enthält.[19] Auch die Gestaltbarkeit von Arbeitnehmerforderungen richtet sich mithin nach dem Insolvenzstatut. Ihm sind des Weiteren die Leitlinien für die Zusammenstellung der einzelnen Gläubiger- und Gesellschafterklassen zu entnehmen. Außerdem bestimmt das Recht des Eröffnungsstaats über die zu erreichenden Mehrheiten, ob also eine einfache Nennwertmehrheit in jeder Gruppe genügt, eine qualifizierte Kopf- und Nennwertmehrheit notwendig ist, oder die Anforderungen – wie nach deutschem Recht – zwischen diesen beiden Extremen liegen.

Die Bandbreite zulässiger gesellschaftsrechtlicher Maßnahmen richtet sich hingegen nach dem Gesellschaftsstatut, sodass es insoweit zu einer selbstständigen Vorfragenanknüpfung kommt.[20] Dies ist letztlich nur konsequent, wenn man bedenkt, dass die Gesellschaft nach der durch den EuGH geprägten Formel „außerhalb ihrer Gründungsrechtsordnung keine Existenz hat".[21] Strukturmaßnahmen können demnach denknotwendig nur in Übereinstimmung mit dem Personalstatut vorgenommen und der Gesellschaft nicht von einer externen Rechtsordnung aufoktroyiert werden. Soweit etwa § 2 Abs. 3 StaRUG die

---

[18] So ausdrücklich *Bach* in: A/G/R, EuInsVO a. F. Art. 10 Rn. 12: „Umfasst werden nur insolvenzrechtliche Wirkungen auf die betreffenden Verträge selbst, nicht aber die Wirkungen der Insolvenz auf konkrete Forderungen aus dem Arbeitsverhältnis"; ähnlich *Bork* in: K/P/B, EuInsVO Art. 13 Rn. 11; insofern missverständlich daher Erwägungsgrund (72) S. 1 zur EuInsVO, wo von den „Wirkungen des Insolvenzverfahrens auf die Fortsetzung und Beendigung von Arbeitsverhältnissen *sowie auf Rechte und Pflichten* aller an einem solchen Arbeitsverhältnis beteiligten Parteien" die Rede ist (Hervorhebungen durch den Verf.).

[19] In diese Richtung auch *Liersch* in: Vallender, EuInsVO, Art. 13 Rn. 11, der sämtliche Verteilungsfragen dem Insolvenzstatut zurechnen will.

[20] Vgl. dazu in Bezug auf Insolvenzpläne *M. F. Müller* in: Mankowski/M. F. Müller/J. Schmidt, EuInsVO, Art. 7 Rn. 61; *Brinkmann* in: K. Schmidt, InsO, EuInsVO Art. 4 Rn. 35.

[21] EuGH, Urteil vom 27.09.1988, Rs 81/87, *Daily Mail*, Slg. 1988, 5483 Rn. 19 = NJW 1989, 2186; Urteil vom 05.11.2002, Rs. C-208/00, *Überseering*, Slg. 2002, I-9919 Rn. 67, 81 = NJW 2002, 3614; Urteil vom 16.12.2008, Rs. C-210/06, *Cartesio*, Slg. 2008, I-9664 Rn. 104, 109 f. = NJW 2009, 569; Urteil vom 12.07.2012, Rs. C-378/10, *Vale*, NJW 2012, 2715 Rn. 27.

Aufnahme sämtlicher „gesellschaftsrechtlich zulässige[r] Regelungen“ in den Restrukturierungsplan ermöglicht, ist zur Ermittlung ebendieses gesellschaftsrechtlichen Maßnahmenarsenals eine Vorfragenanknüpfung nach dem Gesellschaftsstatut vorzunehmen.

Die von Art. 3 EuInsVO begonnene – zuständigkeitsrechtliche – Zentralisierung am COMI des Schuldners wird mithin bezüglich des anwendbaren Rechts von Art. 7 EuInsVO weitgehend fortgeführt. Sowohl die Zugangshürden, als auch die Anordnungsvoraussetzungen und Wirkungen der Sanierungsinstrumente ergeben sich bei öffentlichen Restrukturierungsrahmen grundsätzlich aus der Restrukturierungsrechtsordnung am Ort des schuldnerischen COMI.[22]

2. *Die Grenzen der lex fori concursus bei Eröffnung eines Sekundärinsolvenzverfahrens*

Wie bereits an anderer Stelle hinlänglich dargetan wurde, wird die Einheitlichkeit der Sanierung vor allem durch die Eröffnung von Parallelverfahren durchbrochen. Im Anwendungsbereich der EuInsVO ist dabei insbesondere die Durchführung eines Sekundärrestrukturierungsverfahrens zu nennen, das dem Hauptverfahren spiegelbildlich zu seinem eigenen Geltungsbereich das im Sekundärstaat belegene Vermögen entzieht. Letzteres wird folglich von den Wirkungen der im Hauptverfahren verfügten Restrukturierungsmaßnahmen nicht betroffen. Eine im deutschen Hauptverfahren erwirkte Stabilisierungsanordnung nach §§ 49, 84 StaRUG hindert die Gläubiger mithin nicht an der Zwangsvollstreckung in österreichisches Vermögen, wenn dort ein Sekundärverfahren eröffnet wurde. Will der Schuldner den Zugriff auch auf dortiges Vermögen verhindern, muss er im Sekundärstaat ebenfalls die Aussetzung der Einzelzwangsvollstreckung beantragen, sofern die Eröffnung nicht nach der *lex fori concursus secundarii* ohnehin zu einer entsprechenden Durchsetzungssperre führt.

Die Eröffnung eines Sekundärverfahrens beschränkt damit einerseits die zivilverfahrensrechtliche Wirkungserstreckung, andererseits aber auch den Geltungsbereich der *lex fori concursus*. Die Auswirkungen sind folglich an der Schnittstelle zwischen Anerkennungs- und Kollisionsrecht angesiedelt, wobei die Trennlinie hier im Bereich des Insolvenzrechts ohnehin fließend ist. Hintergrund ist dabei vor allem die besondere Dynamik und gestreckte Durchfüh-

---

[22] Einschränkungen können sich – neben den im folgenden abzuhandelnden Themenkomplexen – auch aus dem *ordre public* der übrigen Mitgliedstaaten ergeben, der – obwohl in Art. 33 EuInsVO nur als Grenze der verfahrensrechtlichen Anerkennung nach den Art. 19 f., 32 EuInsVO statuiert – in gleicher Weise auch für das Kollisionsrecht gilt; vgl. dazu *Wenner/Schuster* in: FK-InsO, EuInsVO Art. 33 Rn. 3; insoweit gelten die Ausführungen zum verfahrensrechtlichen *ordre public* in § 13, III., 1. (S. 396 ff.) entsprechend.

rung, die Restrukturierungs- und Insolvenzverfahren von den statischen Richtersprüchen in herkömmlichen Rechtsstreitigkeiten, etwa über die punktuelle Frage eines Leistungsanspruchs unterscheidet. Trotz der systematischen Verortung des Sekundärinsolvenzverfahrens im Anerkennungsrecht ergeben sich aus der Eröffnung bereits auf der Ebene des anwendbaren Rechts weitreichende Folgen für die Durchführung von Restrukturierungsverfahren, sodass sich eine Erörterung der betreffenden Fragen bereits im Zusammenhang mit dem Restrukturierungskollisionsrecht anbietet.

Ernste Konsequenzen hat die Eröffnung eines Sekundärverfahrens vor allem für die Annahme von Sanierungsplänen.[23] Insoweit sei an die bereits dargestellte Aufspaltung der Vermögensmassen verwiesen, die mit der notwendig einheitlich zu beurteilen Existenz der schuldnerischen Verbindlichkeiten nur durch koordinierte Sanierungspläne in Einklang zu bringen ist.[24] Das geltende Recht ist hier freilich etwas liberaler und untersagt in Art. 47 Abs. 2 EuInsVO lediglich die Annahme extraterritorial wirkender Sanierungspläne im Sekundärverfahren, während man eine entsprechende Regelung für das Hauptverfahren – trotz der auch insoweit bestehenden Gefahr hinkender Rechtsverhältnisse – vergeblich sucht. An der Zulässigkeit eines isolierten Restrukturierungsplans im Hauptverfahren wird man aus den genannten Gründen dennoch zweifeln müssen.

Es bleibt damit als einzige Möglichkeit, in Haupt- und Sekundärverfahren einen einheitlichen Restrukturierungsplan durch Mehrheitsbeschluss anzunehmen. Dass das Instrument des Sanierungsplans auch bei einer Eröffnung von Haupt- und Sekundärverfahren in Frage kommt, belegt bereits Art. 41 Abs. 2 lit. b) EuInsVO, der die Verwalter zu einer entsprechenden Zusammenarbeit und Kommunikation verpflichtet. Die Ratio von Art. 47 Abs. 2 EuInsVO ist ohnehin von vornherein nicht tangiert, wenn durch eine Koordination der Plangestaltung in Haupt- und Sekundärverfahren sichergestellt wird, dass die Planbestimmungen übereinstimmen. Denn werden die Gläubigerforderungen in beiden Restrukturierungsplänen einer identischen Umgestaltung unterzogen, so besteht keine Gefahr, hinkende Rechtsverhältnisse zu schaffen. Die Pläne wirken zwar jeweils nur beschränkt auf die verfahrensrechtlich erfassten Vermögensmassen. Da sich die Geltungsbereiche von Haupt- und Sekundärverfahren nach Art. 20 Abs. 1 a. E. und 34 S. 3 EuInsVO aber lückenlos ergänzen, sind die Gläubigerforderungen durch eine derartige Koordination einheitlichen

[23] Wohl vor diesem Hintergrund ist es zu sehen, wenn teilweise die Daseinsberechtigung von Sanierungssekundärverfahren gänzlich in Frage gestellt wird, vgl. zu entsprechenden Bedenken *Thole* ZEuP 2014, 39 (51) sowie *Thole/Swierczok* ZIP 2013, 550 (551); *Skauradszun* in: BeckOK-StaRUG § 84 Rn. 51 hat allerdings zurecht darauf aufmerksam gemacht, dass der deutsche Gesetzgeber durch § 84 Abs. 2 Nr. 2 eindeutig zum Ausdruck gebracht hat, dass das StaRUG-Verfahren auch als Sekundärverfahren zur Verfügung steht.

[24] Siehe dazu die Ausführungen in § 5, II., 2., b) (S. 78 ff.).

Regeln unterworfen, sodass die Zusammenführung der unterteilten Vermögensmassen durch die Beendigung der Verfahren keine Probleme aufwirft.[25] Art. 47 Abs. 2 EuInsVO ist daher – ebenso wie die deutsche Ausführungsregel des Art. 102c § 15 EGInsO – insoweit teleologisch zu reduzieren,[26] als aufeinander abgestimmte, einheitliche Restrukturierungspläne in jedem Verfahrensstaat nach den dort vorgesehenen Regelungen durch Mehrheitsentscheid angenommen werden können, auch wenn die Pläne selbst jeweils nur eine Teilmasse des Schuldnervermögens binden.[27] Die auch insoweit bestehenden, durch die Eröffnung des Parallelverfahrens heraufbeschworenen Probleme, insbesondere die Kumulation der restrukturierungsrechtlichen Anforderungen an den Plan werden dadurch allerdings nicht beseitigt. Für das Gelingen von Restrukturierungsverfahren wird es für den Schuldner damit von zentraler Bedeutung sein, ob er die Eröffnung eines Sekundärverfahrens zu befürchten hat bzw. welche Maßnahmen er ergreifen kann, um diese zu verhindern.[28]

a) Eröffnungsvoraussetzungen

Nach Art. 3 Abs. 2 EuInsVO kann ein Sekundärinsolvenzverfahren in jedem Mitgliedstaat eröffnet werden, in dem der Schuldner eine Niederlassung unterhält. Notwendige Voraussetzung ist damit gem. Art. 2 Nr. 10 EuInsVO, dass der Schuldner im Hoheitsgebiet des betreffenden Mitgliedstaats unter dem Einsatz von Personal- und Sachmitteln einer längerfristigen wirtschaftlichen Aktivität nachgeht. Diese Definition, die zwangsläufig die Belegenheit gewisser Ressourcen voraussetzt, verdeutlicht nochmals das beträchtliche Störpotenzial,

---

[25] *Fehrenbach*, Haupt- und Sekundärinsolvenzverfahren, S. 435.

[26] Im Hinblick auf Art. 102c § 15 EGInsO erlaubt bei einer Orientierung am deutschen Begriffsverständnis des „Insolvenzplans" bereits der reine Wortlaut, die Norm auf Restrukturierungspläne nicht anzuwenden, sodass man bei der an sich gebotenen teleologischen Extension der Regelung eine Rückausnahme für einheitliche Restrukturierungspläne wertungsgerecht erscheint.

[27] *Schumann*, Virtuelle Sekundärinsolvenzverfahren im europäischen Insolvenzrecht, S. 156 f.; *Reinhart* in: MüKo-InsO, EuInsVO Art. 47 Rn. 19; *Fehrenbach*, Haupt- und Sekundärinsolvenzverfahren, S. 434 f.; *Seidl/Paulick* ZInsO 2010, 125 (129); zur deutschen Ausführungsregelung *Wenner/Schuster* in: FK-InsO, EGInsO Art. 102c § 15 Rn. 4; *Deyda*, Der Konzern im europäischen internationalen Insolvenzrecht, S. 242; zur entsprechenden Vorschrift im EuInsÜ *Gottwald*, Grenzüberschreitende Insolvenzen, S. 44; im Ergebnis identisch zur Parallelnorm des § 355 Abs. 2 InsO im deutschen autonomen Insolvenzrecht *Kindler* in: MüKo-BGB, InsO § 355 Rn. 5; *Liersch* NZI 2003, 302 (309); *Wenner/Schuster* in: FK-InsO, § 355 Rn. 8; sowie mit umfassender Würdigung des historischen Hintergrunds *Delzant* in: Braun, InsO, § 355 Rn. 17; der Sache nach wohl auch *Reinhart* in: MüKo-InsO, § 355 Rn. 10; aA *Brinkmann* in: K. Schmidt, InsO, § 355 Rn. 6; *Lüer/Knof* in: Uhlenbruck, § 355 Rn. 11; wohl auch *Dahl* in: Andres/Leithaus, InsO, § 355 Rn. 2.

[28] Die Einschätzung, dass es meist Gläubiger sein werden, die in Sanierungssituationen die Eröffnung des Sekundärverfahrens beantragen, da der Schuldner daran kein Interesse haben dürfte, teilt *Thole* ZEuP 2014, 39 (51).

das für die Sanierung des (Gesamt-)Unternehmens von der Eröffnung eines Sekundärinsolvenzverfahrens ausgehen kann. Gleichwohl begründet längst nicht jede Form betriebsnotwendigen Vermögens eine Niederlassung.[29] So stellt etwa ein Verkaufslager, von dem keinerlei werbende Geschäftstätigkeit ausgeht, schon mangels hinreichenden Personaleinsatzes keine Niederlassung im Sinne der Verordnung dar.[30] Um es mit den Worten des EuGH auszudrücken, setzt eine Niederlassung stets „ein Mindestmaß an Organisation und eine gewisse Stabilität" voraus.[31] Die Gefährlichkeit des Sekundärrestrukturierungsverfahrens für Unternehmenssanierungen ergibt sich allerdings gerade daraus, dass das Vermögen des Schuldners an den Niederlassungen bestimmungsgemäß besonders konzentriert sein wird und damit die Eröffnung eines Parallelverfahrens einen bedeutenden Teil des Gesamtunternehmens betreffen kann. Sekundärverfahren sind demnach durchaus geeignet, die Sanierung des Unternehmens zu gefährden.

Allein die Unterhaltung einer Niederlassung durch den Schuldner sagt allerdings noch nichts darüber aus, ob in dem betreffenden Mitgliedstaat auch tatsächlich ein Sekundärrestrukturierungsverfahren eröffnet werden kann. Denn die EuInsVO beschränkt sich, wie auch in der Restrukturierungsrichtlinie nochmals klargestellt wurde,[32] auf Fragen der justiziellen Zusammenarbeit und knüpft damit an die materiellen und verfahrensrechtlichen Regelungen der Mitgliedstaaten an. Zugleich geht die Verordnung allerdings in Art. 3 Abs. 2 EuInsVO davon aus, dass es sich bei Sekundärinsolvenzverfahren – wie auch der Name schon vermuten lässt – um Insolvenzverfahren im Sinne des Art. 2 Nr. 4 EuInsVO handelt. Als Sekundärrestrukturierungsverfahren kommen daher nur solche Verfahren in Betracht, die im Anhang A zur EuInsVO aufgeführt sind.[33] Hält der Niederlassungsstaat mithin kein öffentliches Restrukturierungsverfahren vor, wozu ihn die Richtlinie – es sei nochmals an Erwägungsgrund (13) erinnert – keineswegs verpflichtet, so kann auch kein Sekundärrestrukturierungsverfahren eröffnet werden.[34] Gleiches gilt, soweit die formellen Eröffnungsvoraussetzungen, die nach Art. 35 EuInsVO dem Recht des

[29] EuGH, Urteil vom 20.10.2011, Rs. C-396/09, *Interedil*, Slg. 2011, I-9939 Rn. 62 = EuZW 2011, 912; BGH, Beschluss vom 08.03.2012 – IX ZB 178/11, NZI 2012, 377 Rn. 6 sowie Beschluss vom 21.06.2012 – IX ZB 287/11, NZI 2012, 725 Rn. 6; *Kindler* in: MüKo-BGB, EuInsVO Art. 2 Rn. 23; *Paulus* NZI 2001, 505 (510).

[30] *Virgós/Schmidt*, Erläuternder Bericht, Rn. 71; vgl. auch *Leible/Staudinger* KTS 61 (2000) 533 (547); *Lehr* KTS 61 (2000) 577 (578); *Kindler* in: MüKo-BGB, EuInsVO Art. 2 Rn. 23.

[31] EuGH, Urteil vom 20.10.2011, C-396/09, *Interedil*, Slg. 2011, I-9939 Rn. 62 = EuZW 2011, 912.

[32] Erwägungsgründe (12) S. 1 und 5 sowie (13) zur RRL.

[33] So ausdrücklich zu den Restrukturierungsrahmen nach der Restrukturierungsrichtlinie *Hermann* in: Uhlenbruck, EuInsVO Art. 34 Rn. 38.

[34] Ein Sekundärliquidationsverfahren, dessen Eröffnung die im Hauptverfahren angestrebte Sanierung gänzlich in Frage stellen würde, wird regelmäßig mangels Erfüllung der

Niederlassungsstaats zu entnehmen sind,[35] nicht erfüllt werden, sei es, weil dem Schuldner der Zugang in das Restrukturierungsverfahren Kraft seiner Rechtsform verwehrt ist,[36] oder wegen des Eingreifens von Ablehnungsgründen, etwa eine vorausgegangene Inanspruchnahme eines Restrukturierungsrahmens innerhalb des im nationalen Recht festgelegten Zeitabschnitts im Sinne des Art. 4 Abs. 4 RRL. Da für das Hauptrestrukturierungsverfahren gerade keine Insolvenz vorausgesetzt wird, kann ein Sekundärrestrukturierungsverfahren *e contrario* Art. 34 S. 2 EuInsVO auch daran scheitern, dass im Niederlassungsstaat die „Wahrscheinlichkeit der Insolvenz" restriktiver umgesetzt wurde als im COMI-Staat und damit eine höhere Zugangsschwelle besteht, die der Schuldner noch nicht erfüllt.[37] Die wohl gewichtigste Einschränkung aber ergibt sich gem. Art. 4 Abs. 7 RRL aus dem grundsätzlichen Antragsmonopol des Schuldners, sodass (torpedierende) Gläubigeranträge auf Durchführung eines Sekundärrestrukturierungsverfahrens nur drohen, soweit der betreffende (Sekundär-)Mitgliedstaat von der Möglichkeit des Art. 4 Abs. 8 S. 2 RRL Gebrauch gemacht hat. In einigen Fällen wird die Eröffnung eines Sekundärrestrukturierungsverfahrens demnach schon von vornherein ausscheiden.

b) Möglichkeiten zur Vermeidung eines Sekundärverfahrens

Steht dagegen die Eröffnung eines Sekundärverfahrens zu befürchten, so wird sich in der Praxis häufig die Frage nach einer erfolgversprechenden Vermeidungstaktik stellen. Die Thematik ist keineswegs neu. Auch außerhalb des hier

---

Zugangsvoraussetzungen (insb. der materiellen Insolvenz) noch nicht offenstehen; hingewiesen sei insoweit aber auf die Umwandlungsmöglichkeit in ein Sanierungsverfahren nach Art. 38 Abs. 4 und 51 Abs. 1 EuInsVO.

[35] *Knof* in: Uhlenbruck, EuInsVO Art. 3 Rn. 91.

[36] Vgl. dazu *Kindler* in: MüKo-BGB, EuInsVO Art. 34 Rn. 19; *Mankowski* in: Mankowski/M. F. Müller/J. Schmidt, EuInsVO, Art. 34 Rn. 18, die die Frage der Insolvenzfähigkeit als Pendant zur Restrukturierungsfähigkeit ebenfalls der *lex concursus secundarii* unterstellen.

[37] *Commandeur/Hübler* in: Nerlich/Römermann, InsO, EuInsVO Art. 34 Rn. 8; *Delzant* in: Braun, InsO, EuInsVO Art. 34 Rn. 2, 8; ebenso, allerdings mit insoweit etwas unklaren Ausführungen zu den Restrukturierungsrahmen nach der RRL *Hermann* in: Uhlenbruck, EuInsVO Art. 34 Rn. 35 f., 38; siehe auch *Reinhart* in: MüKo-InsO, EuInsVO Art. 34 Rn. 21 ff., der das praktische Ergebnis einer abzulehnenden Eröffnung des Sekundärverfahrens allerdings – mit guten Gründen – für wenig überzeugend hält; aA noch *Mankowski* in: Mankowski/M. F. Müller/J. Schmidt, EuInsVO, Art. 34 Rn. 2 ff. sowie *Mock* in: BeckOK-InsO, EuInsVO Art. 34 Rn. 15, wobei die Ausführungen – obgleich zur EuInsVO 2015 – offenbar noch auf der Vorgängerregelung beruhen, die in Art. 27 S. 1 EuInsVO 2000 tatsächlich eine Prüfung des Insolvenzgrunds ausgeschlossen hatte; mit der aktuellen Fassung ist dies schlicht nicht vereinbar; fragwürdig gerade vor dem Hintergrund dieser Änderung im Zuge der Erweiterung des Anwendungsbereichs daher der Vorstoß von *Skauradszun* in: BeckOK-StaRUG, § 84 Rn. 52, dem Sekundärverfahrensstaat auch dann eine eigenständige Prüfung zu untersagen, wenn das Hauptverfahren keine materielle Insolvenz erfordert.

betrachteten Kontexts wurden Sekundärverfahren bisweilen als (sanierungs-)störend, teilweise auch als einer größtmöglichen Gläubigerbefriedigung abträglich wahrgenommen.[38] Als Vermeidungsstrategien haben sich insbesondere die 2015 neu eingeführte Zusicherung gem. Art. 36 EuInsVO sowie die vorübergehende Aussetzung der Entscheidung über den Sekundäreröffnungsantrag nach Art. 38 Abs. 3 EuInsVO aufgetan.[39]

(1) Die Zusicherung in Form eines virtuellen Restrukturierungsverfahrens?

Die Möglichkeit einer Zusicherung wurde mit dem Ziel eingeführt, die Sanierung des schuldnerischen Unternehmens zu erleichtern, indem die Unterteilung in mehrere unabhängig voneinander verwaltete Vermögensmassen vermieden und stattdessen nur ein sog. virtuelles Sekundärverfahren durchgeführt wird.[40] Im Hinblick auf dasjenige Vermögen des Schuldners, das andernfalls dem Sekundärverfahren unterfiele, ermächtigt Art. 36 EuInsVO den Hauptverwalter, die Einhaltung der lokalen Verteilungs- und Vorzugsregelungen zu beachten. Mit der Anwendung der *lex fori concursus secundarii* auf die Verteilungsrangfolge, die bei der Billigung der Zusicherung durch die (lokalen) Gläubiger verbindlich wird, sollte den Gläubigern der dringendste Grund zur Beantragung eines Sekundärverfahrens genommen und der entsprechende Anreiz damit insgesamt gesenkt werden. Überdies sind Eröffnungsanträge nach der – gem. Art. 36 Abs. 5 EuInsVO auch durch Mehrheitsentscheid möglichen – Billigung der Zusicherung gem. Art. 37 Abs. 2 EuInsVO nur innerhalb von 30 Tagen zulässig; und selbst innerhalb dieser Frist kann das zuständige Gericht die Eröffnung des Sekundärverfahrens auf Antrag gem. Art. 38 Abs. 2 EuInsVO ablehnen, wenn es überzeugt davon ist, dass die Zusicherung die Interessen der lokalen Gläubiger angemessen schützt.

Für rechtsträgererhaltende Sanierungsverfahren, wie sie die Restrukturierungsrichtlinie vorsieht, ist die Zusicherung allerdings kaum geeignet. Dabei soll an dieser Stelle dahinstehen, ob ein Schuldner in Eigenverwaltung, der

---

[38] *Kolmann/Ch. Keller* in: Gottwald/Haas, Insolvenzrechts-Handbuch, § 129 Rn. 181, § 130 Rn. 185.

[39] *Kolmann/Ch. Keller* in: Gottwald/Haas, Insolvenzrechts-Handbuch, § 129 Rn. 181, § 130 Rn. 181 nennen als weitere Vermeidungsstrategien die Aussetzung der Verwertung nach Art. 46 Abs. 1 EuInsVO, die allerdings die Eröffnung des Sekundärverfahrens nicht verhindert und daher im vorliegenden Kontext untauglich ist, eine (operativ wohl nur selten mögliche) vorausschauende Zusammenziehung des fortführungsrelevanten Vermögens im COMI-Staat sowie eine Stillhaltevereinbarung mit den Gläubigern, das Sekundärinsolvenzverfahren erst nach der (Gesamt-)Verwertung zu beantragen.

[40] Vgl. dazu den Kommissionsentwurf vom 12.12.2012, COM(2012) 744 final, S. 3, 8; auch *Kindler* in: Kindler/Nachmann/Bitzer, Insolvenzrechts-Handbuch, § 3 Rn. 124 wertet die Einführung von Art. 36 EuInsVO als „Ausdruck einer sanierungsfreundlichen Grundtendenz der EuInsVO", bezieht sich dabei allerdings eher auf übertragende Sanierungen, als die Restrukturierung des Rechtsträgers; ebenso *Fehrenbach* GPR 2017, 38 (38).

nach Art. 5 Abs. 1 RRL immerhin den konzeptionellen Grundtypus darstellt, überhaupt dazu berechtigt wäre, eine Zusicherung abzugeben und ggf. die Abweisung eines dennoch gestellten Gläubigerantrags nach Art. 38 Abs. 2 EuInsVO zu beantragen. Angesichts des systematisch differenzierten Wortlauts der Verordnung, die andernorts den eigenverwaltenden Schuldner explizit nennt, in Art. 38 Abs. 2 EuInsVO aber allein auf den jeweiligen Verwalter Bezug nimmt, sprechen gewichtige Argumente gegen eine entsprechende Ausweitung auf eigenverwaltende Schuldner[41] – auch durch nationale Ausführungsvorschriften.[42] Nach Art. 5 Abs. 3 lit. c) Alt. 1 EuInsVO hätte es der Schuldner allerdings in der Hand, das (kleinere) Übel der Bestellung eines Restrukturierungsbeauftragten auf sich zu nehmen und durch ihn eine entsprechende Antragstellung herbeizuführen.

Das Hauptproblem des Art. 36 EuInsVO in der Anwendung auf rechtsträgererhaltende Sanierungsverfahren liegt an einer ganz anderen Stelle, nämlich dem Bezugspunkt der Zusicherung. Sie betrifft, wie aus zahlreichen Detailregelungen der insgesamt elf Absätze hervorgeht, stets die Vorzugsrechte und Verteilungsrangfolge der (hypothetischen) *lex fori concursus secundarii* und damit eine Materie, der im Restrukturierungsverfahren keine unmittelbare Bedeutung zukommt. Wurde eine Zusicherung abgegeben, so ist gem. Art. 36 Abs. 2 EuInsVO in Bezug auf solches Vermögen, das andernfalls Gegenstand des Sekundärverfahrens wäre, „für die Verteilung des Erlöses aus der Verwertung [...], für den Rang der Forderungen und für die Rechte der Gläubiger" das lokale Recht anzuwenden. Aus der – ohne Sekundärverfahren einheitlich verwertbaren – Masse sind zum Zwecke der Verteilung rechnerische Untermassen zu bilden, die nach unterschiedlichen rechtlichen Vorzugsregelungen und Rangordnungen auf die Gläubiger aufgeteilt werden. Der Hauptverwalter erhält damit die Möglichkeit, das schuldnerische Unternehmen (oder nach Branchen abgegrenzte Unternehmensteile) als Ganzes zu verkaufen, was regelmäßig einen höheren Erlös verspricht, der infolge der Zusicherung zunächst auf die Untermassen und sodann unter den Gläubigern verteilt wird. Die Gläubiger erhalten also eine Auszahlung, die sich aus zwei Berechnungsmodi zusammensetzt, nämlich einmal – bezogen auf das Vermögen im Niederlassungsstaat – eine nach der *lex fori concursus secundarii* berechnete und einmal – hinsichtlich des üblichen Vermögens – nach der *lex fori concursus* ermittelte Quote. Bereits im Falle einer übertragenden Sanierung kann freilich die Zuweisung

[41] So auch *Reinhart* in: MüKo-InsO, EuInsVO Art. 36 Rn. 18, Art. 38 Rn. 8; *Schuster* NZI 2017, 873 (874); *Wenner/Schuster* in: FK-InsO, EuInsVO Art. 36, Rn. 12; aA *Commandeur/Hübler* in: Nerlich/Römermann, InsO, EuInsVO Art. 36 Rn. 5; *Delzant* in: Braun, InsO, EuInsVO Art. 36 Rn. 5, Art. 38 Rn. 30; implizit auch *Wimmer* in: Wimmer/Bornemann/Lienau, Die Neufassung der EuInsVO, Rn. 436.

[42] Zurecht kritisch zu Art. 102c § 11 Abs. 2 EGInsO daher *Schuster* NZI 2017, 873 (874) Fn. 11.

des Erlöses zu den Untermassen erhebliche Probleme (und damit auch Streitpotenzial) aufwerfen. Art. 36 Abs. 2 S. 2 EuInsVO verlangt daher, den auf das Inlandsvermögen entfallenden Wert[43] bereits in der Zusicherung anzugeben, sodass die lokalen Gläubiger bei ihrer Entscheidung über die Billigung absehen können, worauf sie sich einlassen. Als (sanierendes) Liquidationsverfahren kommt es bei der übertragenden Sanierung aber – wie von Art. 36 EuInsVO vorausgesetzt – zur Verteilung des Verkaufserlöses unter den Gläubigern und damit auch zur Anwendung der zugesicherten Verteilungsregelungen und Rangordnung.

Ganz anders stellt sich die Lage hingegen bei den hier im Fokus stehenden rechtsträgererhaltenden Sanierungsverfahren dar. Auch wenn die Restrukturierung funktional teilweise als „Verkauf des Unternehmens an die Gläubiger"[44] beschrieben wird, ist doch festzustellen, dass eine Verteilung des Verwertungserlöses gerade nicht stattfindet. Das Unternehmen wird nicht veräußert, sondern von demselben Rechtsträger fortgeführt – wenn auch unter reduzierter Schuldenlast und ggf. mit neuen Eigentümern. Der vor allem in Art. 36 Abs. 1, 2 und 7 EuInsVO enthaltene Verweis auf die Vorzugsrechte und Verteilungsregeln der (hypothetischen) *lex fori concursus secundarii* kommt damit (jedenfalls unmittelbar) von vornherein nicht zum Tragen. Bedeutung erlangen sie lediglich im Rahmen des Kriteriums des Gläubigerinteresses gem. Art. 10 Abs. 2 lit. d) i. V. m. Art. 2 Abs. 1 Nr. 6 RRL sowie bei der Anwendung der *relative* respektive *absolute priority rule*. Was also sollte in einem Restrukturierungsverfahren Gegenstand einer Zusicherung sein?[45] Immerhin sollen die Restrukturierungsrahmen nach der Restrukturierungsrichtlinie gerade keine feste Rangordnung etablieren oder eine bestimmte Verteilungsquote vorgeben, sondern vielmehr einen Rechtsrahmen für die Verhandlung der Gläubiger(-gruppen) über den verteilungsfähigen Fortführungswert bieten. Im Rahmen des Restrukturierungsverfahrens stellt sich damit nicht nur die von der übertragenden Sanierung bekannte Frage, nach welchen Maßstäben ein nur

---

[43] Vgl. zu diesem Problemkreis ausführlich *Skauradszun* ZIP 2016, 1563, 1570 f., der sich überzeugend dafür ausspricht, die Wahl zwischen Liquidations- und Fortführungswerten daran auszurichten, ob die Betriebsstrukturen im Niederlassungsstaat, um deren Verwertung es in einem Sekundärverfahren ginge, allein, also ohne das Restunternehmen, überlebensfähig und damit (gegenüber der Zerschlagung rentabel) veräußerbar wäre, sich für den Fall der Gesamtveräußerung im Wege der übertragenden Sanierung aber auch gegenüber *going concern*-Werten offen zeigt; im Ansatz ähnlich, aber systemwidrig auf die Fortführung im Hauptverfahren abstellend *Wimmer* in: Wimmer/Bornemann/Lienau, Die Neufassung der EuInsVO, Rn. 428.

[44] Grundlegend dazu *Jackson*, The Logic and Limits of Bankruptcy Law, S. 211; ähnlich *Baird*, 165 (2017) U. Pa. L. R. 785 (790).

[45] Diese Frage wirft auch *Fehrenbach* GPR 2017, 38 (42) auf und versucht sie dahingehend zu beantworten, dass die Gläubiger ihre Verfahrensrechte behielten, sodass auch im Planverfahren Haupt- und Sekundärinsolvenzverfahrensrecht zusammenwirken müssten, bleibt letztlich aber einer stringenten Lösung schuldig.

durch die Fortführung des Unternehmens und den Verkauf als wirtschaftliche Funktionseinheit realisierbarer Gesamterlöses zwischen den Untermassen aufzuteilen wäre. Mangels Verwertung des Schuldnervermögens wird ein solcher „Erlös" tatsächlich auch nie erzielt. Folglich findet auch keine Erlösverteilung statt, sodass eine (unmittelbare) Anwendung der Vorzugs- und Prioritätsregeln nicht in Betracht kommt. Mittelbar kommt die Rangfolge des Niederlassungsstaats im Gewande des Kriteriums des Gläubigerinteresses ohnehin schon zur Anwendung,[46] sodass auch insofern eine Zusicherung keinen Mehrwert bieten würde.

Die Einführung des virtuellen Sekundärverfahrens mag damit die Sanierung in grenzüberschreitenden Unternehmenskrisen insofern begünstigt haben, als sie den Weg ebnen kann für eine Gesamtverwertung des schuldnerischen Unternehmens. Sie eignet sich damit in erster Linie für eine übertragende Sanierung, indem eine Aufspaltung der Verwaltungsbefugnisse über das Betriebsvermögen verhindert und damit die Veräußerung „aus einer Hand" ermöglicht wird. Für rechtsträgererhaltende Sanierungsbestrebungen ist das Instrument hingegen weder konzipiert noch brauchbar.[47] Schon der Grundgedanke des Art. 36 EuInsVO, namentlich die Zusicherung der Verteilungs- und Vorrangregelungen des Niederlassungsstaats, passt nicht so recht zu einem Verfahren, das keinen Erlös verteilt, sondern die Passivseite an die Ertragskraft des Unternehmens anpasst. Insofern findet die in Art. 36 EuInsVO angelegte Spaltung zwischen Verwertungs- und Verteilungsrechtsordnung[48] im rechtsträgererhaltenden Restrukturierungsverfahren schlichtweg kein Pendant. Auf der Suche nach einer erfolgversprechenden Vermeidungsstrategie wird sich der restrukturierungsbedürftige Schuldner daher anderweitig umsehen müssen.

(2) Aussetzungsantrag nach Art. 38 Abs. 3 EuInsVO

Damit ist Art. 38 Abs. 3 EuInsVO angesprochen, der für einen Zeitraum von drei Monaten Schutz vor der Eröffnung eines Sekundärinsolvenzverfahrens bieten kann. Die Norm ermöglicht es dem angerufenen Gericht im Niederlassungsstaat, die Eröffnung des Sekundärverfahrens auf Antrag des Hauptinsolvenzverwalters oder des Schuldners in Eigenverwaltung für bis zu drei Monate auszusetzen. Dadurch erhielte der Schuldner gewissermaßen einen Vorsprung, den er nutzen kann, um im Hauptverfahren die Annahme eines Sanierungsplans voranzubringen und damit der Eröffnung eines Sekundärverfahrens den Boden zu entziehen.[49] Der zeitliche Rahmen entspricht der Höchstdauer einer erstmaligen Stabilisierungsanordnung nach § 53 Abs. 1 StaRUG, die offenbar jeden-

---

[46] Siehe dazu ausführlich solgeich § 12, II, 3., a) (S. 331 ff.).

[47] *Fehrenbach* GPR 2017, 38 (42).

[48] *Skauradszun* ZIP 2016, 1563 (1571).

[49] Darin den eigentlichen Zweck der Norm sehend *Fehrenbach* GPR 2017, 38 (43).

falls der deutsche Gesetzgeber für ausreichend erachtete, um bei der Aushandlung des Restrukturierungsplans erhebliche Fortschritte zu erzielen.[50] Eine ähnliche Einschätzung lässt sich auch Art. 6 Abs. 6 RRL entnehmen, wo die Dauer einer Erstanordnung auf höchstens vier Monate begrenzt wird, wenngleich der Richtliniengeber durchaus anerkannt hat, dass komplexe Restrukturierungen bisweilen auch mehr Zeit in Anspruch nehmen werden.[51] Das Zeitfenster von drei Monaten, das Art. 38 Abs. 3 EuInsVO öffnet, erscheint damit für die Durchführung eines Restrukturierungsverfahrens relativ knapp bemessen, sollte aber vor allem in einfacher gelagerten Fällen durchaus ausreichen.

Voraussetzung einer Aussetzung der Eröffnung ist, dass im Hauptverfahren eine vorübergehende Aussetzung der Einzelzwangsvollstreckung gewährt wurde, um Verhandlungen zwischen dem Schuldner und seinen Gläubigern zu ermöglichen. Welche konkreten Anforderungen an einen solchen Vollstreckungsstopp zu stellen sind, regelt Art. 38 Abs. 3 UAbs. 1 EuInsVO nicht. Die Vorschrift deutet lediglich an, dass sie die Durchführung von Sanierungsverhandlungen ermöglichen sollen, es sich beim Hauptverfahren also um ein Sanierungsverfahren handeln muss.[52] Allerdings muss nicht jedes Sanierungsverfahren eine Aussetzung der Einzelzwangsvollstreckung mit sich bringen. Gerade die Restrukturierungsrichtlinie und ihre Umsetzung im „Baukastenprinzip" des StaRUG belegen, dass ein (zwingender) Vollstreckungsstopp keineswegs notwendiger Bestandteil eines Sanierungsverfahrens sein muss, sondern gleichfalls als fakultatives Instrument zur Absicherung der Verhandlungsführung verstanden werden kann. Man wird sich vor diesem Hintergrund durchaus die Frage stellen müssen, warum der Verordnungsgeber die Förderungswürdigkeit von Sanierungsbemühungen in Art. 38 Abs. 3 EuInsVO offensichtlich davon abhängig macht, dass die *lex fori concursus* einen automatischen Vollstreckungsstopp vorsieht oder sich der Schuldner zumindest eines solchen bedient. Immerhin wurde bereits hinlänglich dargetan, dass von der Eröffnung von Sekundärverfahren stets sanierungserschwerende Wirkungen ausgehen. Auch die Erwägungsgründe tragen nicht zu einer Erhellung der Hintergründe eines solchen Erfordernisses bei. Zur Begründung des Art. 38 Abs. 3 EuInsVO wird dort angeführt, dass die Wirksamkeit der im Hauptverfahren gewährten vorläufigen Aussetzung der Einzelzwangsvollstreckung gewahrt werden solle.[53] In erster Linie störte sich der Verordnungsgeber offenbar daran, dass die Eröffnung des Sekundärverfahrens die internationale Reichweite des Vollstreckungsstopps gem. Art. 20 Abs. 1 EuInsVO a. E. unterbrechen würde. Diese Befürchtung ist zwar durchaus berechtigt, denn dem Zugriff auf das

[50] So die RegBegr zum StaRUG, BT-Drucks. 19/24181, S. 157.

[51] Erwägungsgrund (35) S. 2 RRL.

[52] Vgl. dazu Erwägungsgrund (45) S. 3 zur EuInsVO, wo die Verhandlung über einen Sanierungsplan explizit genannt wird.

[53] Erwägungsgrund (45) S. 1 zur EuInsVO.

schuldnerische Vermögen im Niederlassungsstaat stünde nichts mehr entgegen, wenn mit der Eröffnung des Sekundärverfahrens keine entsprechenden Beschränkungen nach der *lex fori concursus secundarii* in Kraft treten. Allerdings ist die Reichweite des Vollstreckungsstopps eben nur ein Aspekt, den eine territoriale Spaltung der Vermögensmassen und – damit einhergehend – der Verfahrenswirkungen mit sich bringt.[54] Nicht weniger Gewicht kommt aus den genannten Gründen den durch die Verfahrenspluralität getrübten Aussichten auf die erfolgreiche Annahme und Bestätigung eines Restrukturierungsplans zu. Insofern sollte man *de lege ferenda* tatbestandlich die Verfolgung eines Sanierungsvorhabens im Hauptverfahren ausreichen lassen und mit *Mankowski* einen Verzicht auf die Voraussetzung des vorläufigen Vollstreckungsstops anregen.[55] *De lege lata* ändert dieser Befund zwar nichts am Erfordernis einer vorläufigen Aussetzung der Einzelzwangsvollstreckung im Hauptverfahren. Aus einer teleologischen Betrachtung heraus müssen diese Erkenntnisse aber Eingang in die Auslegung des Tatbestandsmerkmals finden, das demnach tendenziell weit zu begreifen ist. Es genügt folglich bereits eine nur gegen bestimmte Gläubiger oder auf gewisse Vermögensgegenstände beschränkte Aussetzung der Einzelzwangsvollstreckung,[56] sodass sich insofern ein Gleichlauf mit dem Umsetzungsspielraum des Art. 6 Abs. 3 RRL ergibt. Zudem ist es ohne Belang, ob der Vollstreckungsstopp im Hauptverfahren kraft Gesetzes eintritt oder vom zuständigen Gericht – ggf. auf Antrag – angeordnet werden muss.[57] Auch insoweit ist Art. 38 Abs. 3 EuInsVO also auf sämtliche richtlinienkonformen Ausgestaltungen im nationalen Recht anwendbar. Zwar mag der Wortlaut hier eher eine aktive Anordnung nahelegen; wie sich aus Art. 1 Abs. 1 UAbs. 1 lit. c) EuInsVO ergibt, kann allerdings auch eine kraft Gesetzes eintretende Vollstreckungssperre „gewährt" werden. Zudem darf die im Wortlaut angelegte Einschränkung auf den vorläufigen Charakter der Aussetzung der Zwangsvollstreckung nicht überbewertet werden. Es wäre daher verfehlt,

---

[54] Ganz im Sinne der hier vertretenen Meinung sieht *Garcimartín* ZEuP 2015, 694 (727) Sinn und Zweck des Art. 38 Abs. 3 EuInsVO in der Wirksamkeit des Vollstreckungsstopps und insbesondere im Erfolg der Verhandlungen („preserve the effectiveness of the moratorium and in particular the success of the negotiations").

[55] *Mankowski* in: Mankowski/M. F. Müller/J. Schmidt, EuInsVO, Art. 38 Rn. 17.

[56] *Ch. Keller* in: Vallender, EuInsVO, Art. 38 Rn. 23; *Mankowski* in: Mankowski/M. F. Müller/J. Schmidt, EuInsVO, Art. 38 Rn. 14; aA unter Verweis auf die englische und französische Sprachfassung *Fehrenbach* GPR 2017, 38 (43) sowie *Kindler* in: MüKo-BGB, EuInsVO Art. 38 Rn. 20, die dabei allerdings verkennen, dass allein die Verwendung des Plurals („stay of individual enforcement *proceedings*", „suspension provisoire *des poursuites* individuelles") noch nichts darüber aussagt, ob tatsächlich alle Gläubiger von einem entsprechenden Vollstreckungsstopp betroffen sein müssen.

[57] *Delzant* in: Braun, InsO, EuInsVO Art. 38 Rn. 16; *Fritz* DB 2015, 1882 (1888); *Ch. Keller* in: Vallender, EuInsVO, Art. 38 Rn. 23; *Mankowski* in: Mankowski/M. F. Müller/J. Schmidt, EuInsVO, Art. 38 Rn. 14; in der Tendenz wohl auch *Hermann* in: Uhlenbruck, EuInsVO Art. 38 Rn. 28.

den Anwendungsbereich von Art. 38 Abs. 3 EuInsVO auf vorläufige Eröffnungsverfahren zu beschränken.[58] In systematischer Hinsicht legt eine Zusammenschau mit Art. 1 Abs. 1 UAbs. 1 lit. c) EuInsVO vielmehr nahe, dass der Verordnungsgeber Sanierungsverhandlungen generell als vorübergehenden Zustand verstand und daher begleitende Instrumente, insbesondere einen unterstützend wirkenden Vollstreckungsstopp stets als „vorläufig“ auffasste. Da die Restrukturierungsrahmen nach der Restrukturierungsrichtlinie eine „Entlassung“ des Schuldners aus dem Verfahren anstreben, sobald der Restrukturierungsplan angenommen und ggf. bestätigt ist, ist eine dort gewährte Aussetzung der Zwangsvollstreckung allerdings ohnehin stets als zeitlich begrenzte Maßnahme konzipiert. Sie ist damit zwar nicht in dem Sinne „vorläufig“, dass ihr eine endgültige Aussetzungsanordnung nachfolgen würde, hat aber gleichwohl vorläufigen Charakter, indem sie das Vermögen des Schuldners bis zur eigentlichen Sanierung durch die Planannahme einstweilen sichert. Wird demnach im COMI-Staat ein Hauptrestrukturierungsverfahren nach der Restrukturierungsrichtlinie eröffnet und die Zwangsvollstreckung – allgemein oder auch nur partiell – ausgesetzt, so besteht grundsätzlich die Möglichkeit, die Eröffnung eines Sekundärverfahrens nach Art. 38 Abs. 3 EuInsVO um bis zu drei Monate zu verzögern.[59]

Nach Art. 38 Abs. 3 UAbs. 1 EuInsVO handelt es sich bei der Aussetzung der Eröffnung des Sekundärverfahrens allerdings nicht um eine gebundene, sondern um eine im Ermessen des Gerichts stehende Entscheidung. In jedem Falle darf es die Entscheidung über die Eröffnung des Sekundärverfahrens nur aussetzen, wenn die Interessen der lokalen Gläubiger durch anderweitige Maßnahmen ausreichend geschützt sind. Damit sind vor allem die einstweiligen Sicherungsanordnungen angesprochen, zu deren Erlass Art. 38 Abs. 3 UAbs. 2 EuInsVO die Gerichte des Niederlassungsstaats ermächtigt.[60] Von zentraler Bedeutung ist dabei die Verhinderung substanzieller Vermögensverschiebungen aus dem Niederlassungsstaat. Regelmäßig wird das Gericht dem Schuldner demnach untersagen, außerhalb des gewöhnlichen Geschäftsbetriebs Vermögensgegenstände aus dem Hoheitsgebiet zu entfernen. Im Rahmen des Sanierungskonzepts beschlossene Strukturmaßnahmen müssen demnach ggf. bis nach der Beendigung des Verfahrens aufgeschoben werden. Im Übrigen dürften sich aus den Sicherungsanordnungen aber keine prohibitiven Belastungen für die angestrebte Sanierung ergeben.

---

[58] So aber wohl *Mankowski* in: Mankowski/M. F. Müller/J. Schmidt, EuInsVO, Art. 38 Rn. 16, allerdings in Rn. 19 offenbar von einer Anwendbarkeit der Norm auch im eröffneten Hauptverfahren ausgehend; wie hier *Delzant* in: Braun, InsO, EuInsVO Art. 38 Rn. 16; *Fritz* DB 2015, 1882 (1888); notfalls auch für eine analoge Anwendung des Art. 38 Abs. 3 EuInsVO eintretend *Ch. Keller* in: Vallender, EuInsVO, Art. 38 Rn. 24.

[59] So auch *Kindler* in: MüKo-BGB, EuInsVO Art. 38 Rn. 19.

[60] Siehe dazu *Hermann* in: Uhlenbruck, EuInsVO Art. 38 Rn. 34.

c) Conclusio

Als Ergebnis kann somit festgehalten werden, dass die Eröffnung eines Sekundärrestrukturierungsverfahrens die gesamte Sanierung ins Wanken bringen kann.[61] Durch sie kommt es zu einer gespaltenen Rechtslage und zur Anwendbarkeit mehrerer Restrukturierungsrechtsordnungen. Während die Folgen im Hinblick auf einen etwaigen Vollstreckungsstopp in der Regel zu bewältigen sein werden, bringt die Eröffnung mit Blick auf die Gestaltung der Passivseite mittels eines Restrukturierungsplans nicht nur einen erheblichen Koordinierungsaufwand mit sich, sondern führt auch zu einer Kumulation der rechtlichen Anforderungen, die bisweilen zum Scheitern der Sanierung führen wird.

Vor diesem Hintergrund sollte man *de lege ferenda* die Berechtigung von Sekundärrestrukturierungsverfahren insgesamt auf den Prüfstand stellen.[62] Die nur eingeschränkte Universalität mag im Bereich der Liquidationsverfahren angesichts der noch immer weit divergierenden mitgliedstaatlichen Insolvenzrechtsordnungen ihre Berechtigung haben. Ob sie aber auch in einem mindestharmonisierten Restrukturierungsrecht weiterhin Geltung beanspruchen sollte, darf durchaus bezweifelt werden. Schon die Abgrenzung nach den zu einem bestimmten Zeitpunkt im jeweiligen Hoheitsgebiet belegenen Vermögensmassen verträgt sich nicht mit einem vorwiegend auf die Gestaltung der Passivseite ausgerichteten Sanierungsverfahren. Wie sogleich aufgezeigt wird, werden die nationalen Vorrechte und Verteilungsordnungen des Belegenheitsstaats bereits über das Kriterium des Gläubigerinteresses im Restrukturierungsverfahren abgebildet, sodass die Insolvenzrechtsordnung des Niederlassungsstaats auf diesem Wege mittelbar Geltung erlangt. Ob der mit Art. 34 ff. EuInsVO bezweckte Schutz der lokalen Gläubiger, der sich jüngst ohnehin erheblicher Kritik ausgesetzt sah,[63] tatsächlich eines Sekundärrestrukturierungsverfahrens bedarf, ist vor diesem Hintergrund mehr als fragwürdig.

Die Praxis wird sich einstweilen mit Art. 38 Abs. 3 EuInsVO behelfen und auf den guten Willen der Gerichte im Niederlassungsstaat vertrauen müssen.

---

[61] In diese Richtung auch *Madaus* in: FS Paulus, S. 472 (481 f.); *Madaus/Wessels*, Report on cross-border effects in European preventive restructuring, CERIL Collection I, S. 223 (230 f.); *Schlöder/Parzinger/Knebel* ZIP 2021, 1041 (1042).

[62] *Thole* ZEuP 2014, 39 (51) sowie *Thole/Swierczok* ZIP 2013, 550 (551); kritisch offenbar auch *Schlöder/Parzinger/Knebel* ZIP 2021, 1041 (1042).

[63] Umfassend *Schumann*, Virtuelle Sekundärinsolvenzverfahren im europäischen Insolvenzrecht, S. 142 ff.; siehe auch *Mock* in: BeckOK-InsO, EuInsVO Art. 34 Rn. 5 f.; *Oberhammer* in: Hess/Oberhammer/Pfeiffer, Vienna Report, Rn. 893 ff.; *Wenner/Schuster* in: FK-InsO, EuInsVO Art. 34 Rn. 2 m. w. N. sowie bereits *Camacho/Nunez-Lagos Burguera* IILR 2013, 140; selbst die Kommission machte in ihrem Bericht an das Europäische Parlament, den Rat und den Europäischen Wirtschafts- und Sozialausschuss über die Anwendung der Verordnung (EG) Nr. 1346/2000 des Rates vom 29.05.2000 über Insolvenzverfahren, COM(2012) 743 final, S. 16 im Zusammenhang mit der Einleitung von Sekundärinsolvenzverfahren beträchtliche Missbrauchstendenzen aus.

Die richtigerweise weit auszulegende Vorschrift verschafft dem Schuldner ein eng bemessenes Zeitfenster von drei Monaten, innerhalb dessen er den Plan durch das Hauptverfahren bringen muss, ehe ihn der Gläubigerantrag auf Eröffnung eines Sekundärverfahrens einholt. Für einige, vor allem einfach gelagerte Restrukturierungen wird diese Zeitspanne ausreichen; für viele wird sie sich aber als zu kurz erweisen. Nicht umsonst sieht Art. 6 Abs. 8 UAbs. 1 EuInsVO für das vollstreckungsrechtliche Unterstützungsinstrumentarium eine Höchstdauer von bis zu einem Jahr vor. Der deutsche Gesetzgeber hat die Richtlinie zwar insoweit etwas restriktiver umgesetzt; auch hier stehen dem Schuldner aber gem. § 53 Abs. 2 und 3 StaRUG bis zu vier Monate für die Annahme des Plans und weitere vier Monate für die Planbestätigung zur Verfügung. Das Regime der EuInsVO und das ihr zugrunde liegende Konzept der nur eingeschränkten Universalität macht damit einen Teil der Errungenschaften der Restrukturierungsrichtlinie zunichte. Insbesondere eröffnet sie sanierungsunwilligen Gläubigern die schon im Insolvenzkontext vielerprobte[64] Taktik, sich einen angedrohten Sekundärantrag unter Gewährung eines „Lästigkeitsbonus" teuer abkaufen zu lassen und sich dadurch eines Sanierungsbeitrags zu enthalten. Dabei handelt es sich um nichts anderes, als *hold out*-Strategien, welchen durch die Restrukturierungsrichtlinie zwar auf materiell-rechtlicher Grundlage der Boden entzogen ist, die auf international-rechtlicher Ebene aber nach wie vor möglich bleiben. Soweit Mitgliedstaaten sich für ein eigenständiges Gläubigerantragsrecht nach Art. 4 Abs. 8 S. 2 RRL entscheiden, wären sie daher gut beraten, den in Art. 37 Abs. 1 lit. b) EuInsVO eröffneten Gestaltungsspielraum zu nutzen und dadurch Gläubigeranträgen auf Eröffnung sabotierender Sekundärrestrukturierungsverfahren entgegenzuwirken.[65] Damit

---

[64] Vgl. dazu nur den Befund bei *Thole/Swierczok* ZIP 2013, 550 (555) und *Thole* ZEuP 2014, 39 (65 f.), der insoweit von "räuberischen Gläubigern" spricht, sowie die Einschätzung von *Wimmer* in: Wimmer/Bornemann/Lienau, Die Neufassung der EuInsVO Rn. 399; auch die Kommission konstatierte in ihrem Bericht an das Europäische Parlament, den Rat und den Europäischen Wirtschafts- und Sozialausschuss über die Anwendung der Verordnung (EG) Nr. 1346/2000 des Rates vom 29.05.2000 über Insolvenzverfahren vom 12.12.2012, COM(2012) 743 final, S. 13, dass die Beantragung des Sekundärinsolvenzverfahrens oftmals missbräuchlich erfolgt.

[65] Da die EuInsVO insoweit keine eigenen Regelungen vorhält, gestattet Art. 35 EuInsVO auch (diskriminierungsfreie) sekundärverfahrensrechtliche Sonderregelungen durch nationale Ausführungsvorschriften, vgl. Art. 102c ff. EGInsO; auch für Mitgliedstaaten, die von Art. 4 Abs. 8 S. 2 RRL keinen Gebrauch gemacht haben, wäre eine Einschränkung des gläubigerseitigen Sekundärantragsrechts im Bereich des Insolvenzrechts erwägenswert, nämlich für den Fall, dass der Schuldner das Restrukturierungsverfahren bei (nur) wahrscheinlicher Insolvenz beantragt hat, nach Eröffnung aber tatsächlich insolvent (i. S. d. potenziellen *lex fori concursus secundarii*) geworden ist und das Restrukturierungsverfahren im Hauptverfahrensstaat im Einklang mit der *lex fori concursus* (z. B. gem. § 33 Abs. 2 S. 1 Nr. 1 Hs. 2 StaRUG) dennoch fortgeführt wird.

bliebe es bei der Anwendbarkeit eines einheitlichen Restrukturierungsrechts, das allerdings an einigen Stellen gleichwohl Durchbrechungen erfährt.

3. Die Vorfragenanknüpfung der liquidationsrechtlichen Rangfolge

Besondere Aufmerksamkeit hat dabei – neben dem altbekannten Streitthema der ausländischen Sicherungsrechte – der liquidationsrechtlichen Rangfolge zu gelten. Denn mittelbar erlangt die Verteilungsordnung, nach der die Gläubiger im Falle einer Liquidation am erzielbaren Erlös partizipieren würden, sowohl im Gewande des Kriteriums des Gläubigerinteresses als auch im Rahmen eines *cross-class cram-down* an Bedeutung.

a) Das Kriterium des Gläubigerinteresses

Nach Art. 10 Abs. 2 lit. d) RRL dürfen überstimmte Beteiligte durch die Planregelungen nicht schlechter gestellt werden, als sie bei Scheitern des Planverfahrens im nächstbesten Alternativszenario stünden. Nachdem die Handlungsoptionen je nach Krisenstadium oftmals begrenzt sein werden, wird als Vergleichsmaßstab nicht selten die geordnete Abwicklung des Schuldners in einem Insolvenzverfahren anzulegen sein. Die Regelung stellt damit sicher, dass den überstimmten Planbetroffenen zumindest der Liquidationswert verbleibt. Zur Bezifferung dieser Majorisierungsbarriere ist mithin ein Insolvenzszenario zu simulieren und auf dessen Grundlage der Auszahlungsbetrag zu ermitteln, den der Betroffene bei einer Liquidation – ggf. auch in Form einer übertragenden Sanierung – für sich beanspruchen könnte. Dabei dürfte zwar im Grundsatz gleichfalls von der Anwendbarkeit des Rechts am schuldnerischen COMI auszugehen sein, da insoweit mit Art. 7 EuInsVO dieselbe Kollisionsnorm zu bemühen wäre. Vor allem etwaige Vorrechte sowie die Verteilungsrangordnung – beides besonders einflussreiche Faktoren für den hypothetischen Auszahlungsbetrag – richten sich mithin grundsätzlich nach dem Restrukturierungsstatut. Gleichwohl greift ein pauschaler Verweis auf Art. 7 Abs. 2 S. 2 lit. i) EuInsVO, wonach sich die Rangfolge nach der *lex fori concursus* bestimmt, an dieser Stelle zu kurz.[66] Denn soweit darin der insolvenzrechtliche Anknüpfungsgegenstand durch die beispielhafte Nennung der Verteilungsrangordnung konkretisiert wird, bezieht sich diese zunächst nur auf die Verteilung im eröffneten Verfahren selbst. Im Rahmen des Kriteriums des Gläubigerinteresses geht es aber – obgleich mittelbar die Partizipation am verteilungsfähigen Sanierungswert betreffend – nicht um die Rangfolge im Restrukturierungsverfahren, sondern um diejenige in einem hypothetischen Insolvenzszenario. Dieses besteht jedoch nicht zwangsläufig nur aus einem einzigen Hauptinsolvenzverfahren. Um einer Verzerrung der Majorisierungsbarriere

---

[66] So aber *Skauradszun* NZI 2021, 568 (569).

vorzubeugen, müsste man konsequenterweise die Durchführung von Sekundärinsolvenzverfahren[67] mit in die Vergleichsrechnung einstellen, wenn der Schuldner Niederlassungen in anderen Mitgliedstaaten unterhält. Denn nach Art. 35 EuInsVO wäre bei Eröffnung eines Sekundärverfahrens für die dort belegenen Vermögensgegenstände bzw. hinsichtlich des daraus erzielbaren Verwertungserlöses die Anwendung der *lex fori concursus secundarii* zu unterstellen. Immerhin könnte sich für einige Gläubiger dadurch eine (ggf. erheblich) höhere (Gesamt-)Quote ergeben. In diesem Fall aber erschiene es mit Blick auf den durch Art. 10 Abs. 2 lit. d) RRL zu gewährleistenden Minderheitenschutz unbillig, die betroffenen Gläubiger unter Verweis auf die für sie ungünstigere Verteilungsordnung des COMI-Staats auch unterhalb des (realistischen) Insolvenzerwartungswerts der Mehrheitsmacht zu unterwerfen. Zwar ist zuzugeben, dass die Richtlinie eine enge, nur auf die Rangfolge der *lex fori concursus* verweisende Auslegung durchaus zuließe. Schließlich bezieht sich Art. 2 Abs. 1 Nr. 6 RRL zur Umschreibung des Kriteriums des Gläubigerinteresses auf die „Rangfolge der Liquidationsprioritäten *nach nationalem Recht*". Bedenkt man, dass die EuInsVO als Maßnahme auf dem Gebiet der justiziellen Zusammenarbeit in Zivilsachen selbst keine Rangfolge etabliert, sondern insoweit auf die mitgliedstaatlichen Regelungen verweist, sollte es doch an sich selbstverständlich gewesen sein, dass die Liquidationsprioritäten nur im nationalen Recht zu suchen sein können.[68] Gleichwohl muss bezweifelt werden, dass der Richtliniengeber mit dieser Formulierung tatsächlich eine entsprechende Vorfragenanknüpfung ausschließen und stattdessen einen Verbleib in der Restrukturierungsrechtsordnung anordnen wollte. So wird die Formulierung „nach nationalem Recht" in der Richtlinie regelmäßig verwendet, wenn auf die Regelungshoheit der Mitgliedstaaten Bezug genommen werden soll.[69] Auch in den Erwägungsgründen fehlt trotz einer langatmigen und detaillierten Umschreibung des Kriteriums des Gläubigerinteresses jegliche Bezugnahme auf das nationale Recht.[70] Abgestellt wird dort lediglich auf das, was der betroffene Planunterworfene voraussichtlich „im Falle der Liquidation" oder „im

---

[67] Auf eine Zusicherung nach Art. 36 EuInsVO, die wegen der Möglichkeit der Verwertung „aus einer Hand" und den nur einmal anfallenden Verfahrenskosten bisweilen zu einem höheren verteilungsfähigen Haftungsfonds und damit auch zu höheren Quoten nach der *lex fori concursus secundarii* führen wird, kann daher richtigerweise nicht abgestellt werden, da ihre Abgabe dem Hauptinsolvenzverwalters vorbehalten ist und der opponierende Gläubiger auf sie daher keinen Einfluss hat.

[68] Dementsprechend ging auch der Richtlinienvorschlag der Kommission vom 22.11.2016 davon aus, dass die Rangfolgen unter den Mitgliedstaaten (noch) nicht harmonisiert sind, ohne indes bei der Umschreibung des Kriteriums des Gläubigerinteresses in Art. 2 Nr. 9 auf das nationale Recht zu verweisen, vgl. COM(2016) 723 final, S. 6.

[69] Vgl. etwa Art. 3 Abs. 2 lit. c), Art. 4 Abs. 3 und 5, Art. 6 Abs. 7 lit. c) und Abs. 9 lit. a), Art. 7 Abs. 1 und 6, Art. 8 Abs. 1 lit. c) und e), Art. 9 Abs. 3 lit. c), Art. 11 As. 1 UAbs. 1 lit. b) ii) und Art. 15 Abs. 2 RRL.

[70] Vgl. dazu die Erwägungsgründe (49) und (52) zur RRL.

Falle des nächstbesten Alternativszenarios“ erhalten würde, also stets auf eine umfassende Würdigung der wirtschaftlichen Stellung des Gläubigers ohne den angestrebten Plan. Würde die – ohnehin schon arbeits- und zeitintensive – Vergleichsrechnung durch die Berücksichtigung hypothetischer Sekundärinsolvenzverfahren auch zusätzlich an Komplexität gewinnen, ist gleichwohl an der partiellen Heranziehung der hypothetischen *lex fori concursus secundarii* festzuhalten. Denn eine Beschneidung der Forderungen überstimmter Planbetroffener unterhalb des – realisierbaren, auf Grundlage des geltenden internationalen Insolvenzrechts ermittelten – Liquidationserwartungswerts würde einen kaum zu rechtfertigenden Eingriff in die Rechtsposition der Betroffenen darstellen. Schließlich legitimiert sich die vergleichsweise frühe Unterwerfung der Gläubiger unter den Mehrheitsmechanismus nicht zuletzt daraus, dass die Betroffenen in einem alternativen Liquidationsszenario auch nicht mehr erhalten würden als ihnen im Plan zugewiesen wird. Richtigerweise ist der Bezugnahme auf das „nationale Recht“ in Art. 2 Abs. 1 Nr. 6 RRL demnach keinerlei kollisionsrechtlicher Gehalt beizumessen und die Vergleichsrechnung daher auch unter Berücksichtigung etwaiger in Sekundärverfahren erzielbarer Quoten anzustellen.[71] Die durch das Kriterium des Gläubigerinteresses markierte Majorisierungsbarriere setzt sich damit ggf. durch mehrere zu erwartende Auszahlungsbeträge zusammen. Für jeden Niederlassungs(-mitglied-)staat ist basierend auf der lokalen *lex fori concursus secundarii* ein bestimmter Erwartungswert zu ermitteln, der zu demjenigen in einem – auf das übrige Vermögen beschränkten – Hauptverfahren hinzuzuaddieren ist.

b) *Die Berücksichtigung der Priorisierung beim cross-class cram-down*

Ähnliche Fragen stellen sich bei der Bestätigung eines nicht in allen Klassen angenommenen Plans hinsichtlich der zusätzlichen Hürde in Form der – je nach Umsetzung – *absolute* oder *relative priority rule*. Es geht hier zwar um die Verteilung eines anderen Werts, nämlich des über den (hypothetischen) Liquidationswert hinausgehenden Sanierungsmehrwerts. Auch an dieser Stelle knüpft der Richtliniengeber allerdings in beiden Varianten – einmal streng, einmal etwas großzügiger – an die in einem Liquidationsszenario geltende Verteilungsordnung an. Welche der beiden Regelungen zum Einsatz kommt, richtet sich – insoweit noch unproblematisch – gem. Art. 7 Abs. 2 S. 2 lit. j) EuInsVO nach der *lex fori concursus*. In einem öffentlichen StaRUG-Verfahren gilt mithin das (leicht abgeschwächte) Prinzip der absoluten Priorität: Die Überstimmung einer ganzen Gruppe von Gläubigern ist nach §§ 26 Abs. 1 Nr. 2, 27 Nr. 2 StaRUG – von vereinzelten, in § 28 StaRUG normierten Ausnahmen abgesehen – nur möglich, wenn nach dem darstellenden Teil des Plans weder (im Verhältnis zur überstimmten Klasse) nachrangige Gläubiger noch

---

[71] AA offenbar *Skauradszun* NZI 2021, 568 (569), wonach hinsichtlich des Rangs stets auf die *lex fori concursus* abzustellen sei.

Anteilseigner Werte zugewiesen bekommen bzw. behalten dürfen. § 27 Abs. 1 Nr. 3 StaRUG statuiert außerdem ein – in der Richtlinie nur für die *relative priority rule* vorgesehenes – Gleichbehandlungsgebot für Planbetroffene, die zwar in unterschiedliche Klassen eingeteilt wurden, in einem Insolvenzverfahren aber gleichrangig zu befriedigen wären.

Auch hier wird also – in der Richtlinie ebenso wie in der deutschen Umsetzung – auf die Prioritäten in einem alternativen Insolvenzszenario abgestellt. Und auch hier stellt sich damit die Frage, welchem Recht diese Rangordnung zu entnehmen ist. Gewiss fällt der Blick abermals zunächst auf die *lex fori concursus*, wäre doch ein (Haupt-)Insolvenzverfahren ebenfalls am COMI des Schuldners durchzuführen und damit das Insolvenzrecht des Restrukturierungsstandorts zur Anwendung berufen. Allerdings könnte wiederum die Eröffnung von Sekundärinsolvenzverfahren dazu führen, dass für einen Teil des schuldnerischen Vermögens abweichende Priorisierungsregelungen anwendbar wären. Ein Gläubiger, dem beispielsweise nach der Rechtsordnung des Restrukturierungsstaats eine einfache Insolvenzforderung zusteht, könnte nach der *lex fori concursus secundarii* womöglich bevorzugt Befriedigung verlangen oder aber – auch das wäre durchaus denkbar – in einem Sekundärinsolvenzverfahren nur nachrangig zu befriedigen sein.

In beiden Fällen stellt sich die Frage, wie mit einer unterschiedlichen Priorisierung einzelner Forderungen unter dem (hypothetischen) Haupt- und Sekundärinsolvenzstatut im Restrukturierungsverfahren umzugehen ist. Im Gegensatz zum Kriterium des Gläubigerinteresses ist für die Anwendung der *priority rules* allerdings kein Grenzwert zu errechnen, mit dem die überstimmten Betroffenen mindestens an dem Plan zu beteiligen sind. Es geht vielmehr um die Wertzuweisung in einem beweglichen System der unterschiedlichen Gruppen, die untereinander um die Partizipation am Sanierungsmehrwert konkurrieren. Die Betrachtung nimmt nicht den einzelnen Gläubiger und dessen – konkret ermittelte – Erwartungswerte in unterschiedlichen Szenarien in den Blick, sondern die Verteilung des Gesamtwerts auf die verschiedenen Klassen im Verhältnis zueinander. Die Zuweisung konkreter Beträge spielt – jenseits des Kriteriums des Gläubigerinteresses, das auch beim gruppenübergreifenden *cram-down* Geltung beansprucht – überhaupt keine Rolle. Maßgeblich ist stets nur die quotenmäßige Partizipation in Relation zur Behandlung anderer Gruppen. Eine solche Betrachtung setzt aber zwingend eine einzige, ausnahmslos zugrunde zu legende Verteilungsrangordnung voraus. Vor allem der kategorische Ausschluss von Wertzuweisungen an nachrangige Beteiligte durch die *absolute priority rule* wäre mit einer differenzierten Betrachtung, etwa einem Vergleich der für jede Gläubigergruppe zu erwartenden liquidationsrechtlichen Befriedigungsquote mit der im Plan vorgesehenen anteiligen Forderungskürzung nicht vereinbar. Eine kombinierte Anwendung von Haupt- und Sekundärinsolvenzstatut durch Addition der im jeweiligen Verfahren zu erwartenden

Auszahlungswerte, wie sie für das Kriterium des Gläubigerinteresses vorgeschlagen wurde, kommt für die Ausfüllung der *priority rules* dementsprechend nicht in Betracht. Richtigerweise bleibt es daher für die Zwecke der *relative* und *absolute priority rule* allein bei der *lex fori concursus.*

4. Kreditsicherheiten an ausländischen Vermögensgegenständen

Das zweite große Problemfeld stellt die Behandlung von Gläubigern mit Sicherheitsrechten an ausländischen Vermögensgegenständen dar, da diese nach Art. 8 Abs. 1 und 10 Abs. 1 EuInsVO von der Durchführung des Verfahrens unberührt bleiben. Bei der Auslegung dieser Normen, die (nahezu) wortgleich aus Art. 5 und 7 EuInsVO 2000 übernommen wurden, handelt es sich um einen der wohl meist diskutierten Streitpunkte des internationalen Insolvenzrechts, der in Bezug auf die Restrukturierungsrahmen neu entfacht ist.[72] Im Kern geht es um die Frage, ob die Sicherheitsrechte tatsächlich – wie es der Wortlaut nahelegt – „unberührt", also von insolvenz- bzw. restrukturierungsrechtlichen Einschränkungen gänzlich verschont bleiben. In diesem Falle fungierten Art. 8 Abs. 1 und 10 Abs. 1 EuInsVO als Sachnormen.[73] Die Gegenansicht ordnet die

---

[72] Für eine Interpretation als Sachnorm etwa *Schelo* WM 2022, 556 (557); *Skauradszun* NZI 2021, 568 (569 f.); *ders.* in: BeckOK-StaRUG, § 84 Rn. 41; angesichts der (Mindest-)Harmonisierung auf dem Gebiet des Restrukturierungsrechts hingegen zweifelnd *Westpfahl/Dittmar* NZI-Beil. 2021, 46 (46).

[73] *Bach* in: A/G/R, EuInsVO a. F. Art. 5 Rn. 36; *Duursma-Kepplinger* in: Duursma-Kepplinger/Duursma/Chalupsky, EuInsVO Art. 5 Rn. 21; *Drobnig* 33 (1998) Texas Int. L. J. 53 (68); *Ehricke/Ries* JuS 2003, 313 (315); *Hausmann* in: Reithmann/Martiny, Int. Vertragsrecht, Rn. 6.701; *Herchen*, Das Übereinkommen über Insolvenzverfahren der Mitgliedstaaten der EU vom 23.11.1995, 2000, S. 76 ff.; *ders.* ZInsO 2002, 345 (347); *Huber* ZZP 114 (2001) 133 (156 ff.); *Ingelmann* in: Pannen, EuInsVO Art. 5 Rn. 16; *Kindler* in: MüKo-BGB, EuInsVO Art. 8 Rn. 22; *ders.* in: Kindler/Nachmann/Bitzer, Insolvenzrechts-Handbuch, § 4 Rn. 23; *Knof* in: Uhlenbruck, EuInsVO Art. 8 Rn. 33 ff., insb. Rn. 41; *Kolmann/Ch. Keller* in: Gottwald/Haas, Insolvenzrechts-Handbuch, § 131 Rn. 43; *Leible/Staudinger* KTS 61 (2000) 533 (551); *Liersch* NZI 2002, 15 (16 ff.); *ders.* Sicherungsrechte im Internationalen Insolvenzrecht, S. 50 f.; *Mäsch* in: Rauscher, EuZPR-EuIPR, EuInsVO Art. 5 Rn. 21 ff.; *Nerlich/Hübler* in: Nerlich/Römermann, InsO, EuInsVO Art. 8 Rn. 16; *Paulus*, EuInsVO, Art. 8 Rn. 1; *Piekenbrock* in: Hess/Oberhammer/Pfeiffer, Vienna Report, Rn. 678; *Reinhart* in: MüKo-InsO, EuInsVO Art. 8 Rn. 17a; *ders.* IPRax 2012, 417 (419); *Roßmeier*, Besitzlose Mobiliarsicherheiten in grenzüberschreitenden Insolvenzverfahren, S. 138; *J. Schmidt* EWiR 2015, 151 (152); *dies.* in: Mankowski/M. F. Müller/J. Schmidt, EuInsVO, Art. 8 Rn. 34; *Schmitz*, Dingliche Mobiliarsicherheiten im internationalen Insolvenzrecht, S. 79; *Strickler* EuZW 2016, 946 (947); *Taupitz* ZZP 111 (1998) 315 (334); *v. Wilmowsky*, Europäisches Kreditsicherungsrecht, S. 297 f.; *Wessels/Markell/Kilborn*, International Cooperation in Bankruptcy, S. 137; *Wimmer*, NJW 2002, 2427 (2429 ff.); *ders.*, ZInsO 2001, 97 (100); unentschlossen *Smid*, Internationales Insolvenzrecht, § 11 Rn. 2, 6, der die Verwertung durch den Insolvenzverwalter zwar einerseits von der Eröffnung eines Sonderinsolvenzverfahren im Belegenheitsstaat abhängig machen will, andererseits in Art. 5

Vorschriften hingegen als Kollisionsnormen ein und versteht sie lediglich als Sonderanknüpfungen zu Art. 7 EuInsVO, die nicht das Insolvenz- und Restrukturierungsrecht insgesamt suspendieren wollen, sondern nur dasjenige des Eröffnungsstaats.[74] Sie entfernt sich damit allerdings nicht nur bedenklich weit vom Wortlaut der Regelungen, sondern setzt ihre eigenen teleologischen Überzeugungen an die Stelle des eindeutigen Willens des europäischen Normgebers. Zweifelsohne begegnet die in Art. 8 Abs. 1 und 10 Abs. 1 EuInsVO getroffene Wertentscheidung des Verordnungsgebers erheblichen rechtspolitischen Bedenken.[75] Das gilt umso mehr für restrukturierende Verfahren, die schon wegen des Kriteriums des Gläubigerinteresses zu keiner substanziellen Aushölung der dinglichen Sicherheiten bzw. ihres wirtschaftlichen Werts führen können. Eine Auslegung *contra legem* vermag (allein) dieser Befund aber – vor allem angesichts des erst 2015 aktualisierten Bekenntnisses des Unionsgesetzgebers zur Interpretation als Sachnormen – unter keinen Umständen zu rechtfertigen.

Der EuGH hat sich zu der Streitfrage noch nicht abschließend positioniert. Soweit seinen bisherigen Entscheidungen überhaupt Aussagen über die sach- oder kollisionsrechtliche Einordnung von Art. 8 Abs. 1 und 10 Abs. 1

EuInsVO a. F. aber auch eine „Sonderanknüpfung" sieht; explizit offen gelassen wurde die Frage hingegen in BGH, Beschluss vom 03.02.2011 – V ZB 54/10, BGHZ 188, 177 Rn. 19.

[74] Grundlegend *Flessner* in: FS Drobnig, 1998, 277 (282 ff.); *ders.* in: Stoll, Vorschläge und Gutachten, S. 219 (222); zum autonomen deutschen internationalen Insolvenzrecht ebenso *ders.* IPRax 1997, 1 (7); siehe ferner *Berger* KTS 68 (2007) 433 (448 f.); *Brinkmann* in: K. Schmidt, InsO, EuInsVO Art. 5 Rn. 17 f.; *Fritz/Bähr* DZWIR 2001, 221 (227 f.); *Gottwald*, Grenzüberschreitende Insolvenzen, S. 33; *Haas* in: FS Gerhardt, S. 319 (329); *Kemper* ZIP 2001, 1609 (1616); *dies.* in: K/P/B, EuInsVO 2000 Art. 5 Rn. 14; *Kodek* IILR 2015, 10 (14); *Lehr* KTS 61 (2000) 577 (580); *Mankowski* in: Kölner Schrift zur Insolvenzordnung, Kap. 47 Rn. 98; *ders.* RIW 2017, 93 (96 f.); *Mock* in: BeckOK-InsO, EuInsVO Art. 8 Rn. 25 und 25.1 ff.; *Oberhammer* ZInsO 2004, 761 (772); *v. Bismarck/Schümann-Kleber* NZI 2005, 147 (148 f.); der Sache auch tendenziell auch *Hess*, EuZPR, § 9 Rn. 42 f.; differenzierend *Geimer/Garber* in: Geimer/Schütze, EuZVR, EuInsVO Art. 5 Rn. 27; in der Tendenz wohl ebenfalls für eine kollisionsrechtliche Einordnung BGH, Beschluss vom 08.12.2016 – V ZB 41/14, NZI 2017, 457 Rn. 7, der infolge der Qualifikation des in Frage stehenden Rechts als dingliche Sicherheit im Sinne des Art. 5 EuInsVO 2000 (Art. 8 EuInsVO) das deutsche Insolvenzrecht (also die *lex rei sitae*) für maßgeblich erklärte; vgl. ferner *Moss/Fletcher/Isaacs*, The EU Regulation on Insolvency Procedures, Rn. 8.216 („in accordance with local law").

[75] *Bork* in: K/P/B, EuInsVO Art. 8 Rn. 29; *Bornemann* in: Wimmer/Bornemann/Lienau, Die Neufassung der EuInsVO, Rn. 289; *Ehret* in: Braun, InsO, EuInsVO Art. 8 Rn. 17; *Ingelmann* in: Pannen, EuInsVO, Art. 5 Rn. 11, 13; *Kolmann/Ch. Keller* in: Gottwald/Haas, Insolvenzrechts-Handbuch, § 131 Rn. 43; *Reinhart* in: MüKo-InsO, EuInsVO Art. 5 Rn. 18; *Wenner/Schuster* in: FK-InsO, EuInsVO Art. 8 Rn. 1.

EuInsVO zu entnehmen sind,[76] handelt es sich dabei eher um beiläufige Erwägungen,[77] die sich noch dazu untereinander widersprechen. So legen die Ausführungen in der Rechtssache *ERSTE Bank Hungary Nyrt* ein kollisionsrechtliches Verständnis nahe, wenn dort für dingliche Rechte i. S. d. Art. 8 EuInsVO die Notwendigkeit einer „vom Recht des Eröffnungsstaats abweichende[n] Sonderanknüpfung" ausgemacht wird, die es erlaubt, „auf das dingliche Recht [...] das Recht des Mitgliedstaats anzuwenden, in dessen Gebiet sich der fragliche Vermögensgegenstand befindet".[78] Andererseits wird die inhaltlich und semantisch identische Regelung des Art. 10 Abs. 1 EuInsVO in der Rechtssache *German Graphics* als „materiell-rechtliche Vorschrift" bezeichnet, was eher für eine sachrechtliche Einordnung spräche.[79] Dass aber Art. 8 Abs. 1 EuInsVO und Art. 10 Abs. 1 EuInsVO eine einheitliche Rechtsnatur teilen,[80] wird man kaum bezweifeln können, wenn man bedenkt, dass letztere Regelung nur mit Blick auf die nationalen Unterschiede bei der Konstruktion des Rechtsinstituts Eigentumsvorbehalt aufgenommen wurde und den Gleichlauf mit anderen Sicherungsrechten sicherstellen sollte.[81] Unklar bleiben hingegen die Ausführungen in der Rechtssache *Lutz*, wo der EuGH in Bezug auf Art. 8

---

[76] EuGH, Urteil vom 26.10.2016, C-195/15, *Senior Home*, NZI 2016, 1011 betraf – entgegen vereinzelter Deutungsversuche im Schrifttum – lediglich den Tatbestand des Art. 5 EuInsVO 2000 (nunmehr Art. 8 EuInsVO) – bei kollisionsrechtlicher Einordnung der Norm also eine Erstfrage – während die Rechtsfolge, wie eindeutig aus dem Vorlagebeschluss (BGH, Beschluss vom 12.03.2015 – V ZB 41/14, NZI 2015, 668 Rn. 27) hervorgeht – gerade nicht entscheidungserheblich war, vgl. dazu *Mankowski* RIW 2017, 93 (97 f.).

[77] Vgl. dazu die ausdrückliche Feststellung in EuGH, Urteil vom 10.09.2009, C-292/08, *German Graphics*, Slg. 2009, I-8424 Rn. 36 = NZI 2009, 741, dass Art. 10 Abs. 1 EuInsVO mangels Belegenheit der Sache außerhalb des Hauptverfahrensstaats ohnehin nicht anwendbar sei.

[78] EuGH, Urteil vom 05.07.2012, C-527/10, *ERSTE Bank Hungary Nyrt*, ZInsO 2012, 1470 Rn. 41 f.

[79] EuGH, Urteil vom 10.09.2009, C-292/08, *German Graphics*, Slg. 2009, I-8424 Rn. 35 = NZI 2009, 741; beachtenswert erscheint allerdings der Kontext des Urteils, in dem der EuGH nicht über die Einordnung als Kollisions- oder Sachnorm zu befinden hatte, sondern über die Frage, ob die Entscheidung über eine Aussonderungsklage als konkursrechtliche Angelegenheit dem Anwendungsbereich der Brüssel-Ia-VO (und damit deren Anerkennungsregime) entzogen sei; es ging damit um eine zivilverfahrensrechtliche Fragestellung, sodass die Qualifizierung als „materiell-rechtlich" durchaus auch in Abgrenzung zum Zivil*verfahrens*recht verstanden werden könnte, dass sich also aus Art. 10 Abs. 1 EuInsVO keinerlei Aussagen im Hinblick auf die verfahrensrechtliche Einordnung einer Aussonderungsklage ergeben.

[80] Vgl. insofern auch *Virgós/Schmidt*, Erläuternder Bericht, Rn. 112.

[81] Exemplarisch für die Überflüssigkeit der Norm aus englischer Perspektive etwa *Moss/Fletcher/Isaacs*, The EU Regulation on Insolvency Procedures, Rn. 8.236: „Although the seller's right will be rights in rem and therefore already covered by Art. 5, the separate mention in Article 7 settles any doubt which may arise in any Member State's law".

EuInsVO konstatiert, dass „ein Gläubiger sein dingliches Recht (…) nach Eröffnung des Insolvenzverfahrens grundsätzlich in Anwendung der *lex causae* geltend machen können“ müsse und die Bestimmung „nicht nur Handlungen schützen soll, die vor Eröffnung des Insolvenzverfahrens vorgenommen wurden, sondern auch und vor allem Handlungen, die nach Eröffnung dieses Verfahrens erfolgen“.[82] Relativiert wird die Aussagekraft der Entscheidungen außerdem dadurch, dass die entsprechenden Passagen für die Beantwortung der jeweiligen Vorlagefragen eher nebensächliche Aspekte betrafen und demnach eine nähere Begründung, vor allem aber eine Auseinandersetzung mit den seit Jahrzehnten ausgetauschten Argumenten vermissen lassen. Wissenschaft und Praxis müssen sich bis zur erhellenden und letztverbindlichen Klärung der Frage durch den EuGH also noch gedulden.

a) Art. 8 Abs. 1 und 10 Abs. 1 EuInsVO – Sach- oder Kollisionsnorm?

Die Einordnung als Kollisionsnorm ist im Wesentlichen von der Bestrebung getrieben, eine unglückliche, aber – wie noch zu zeigen ist – bewusste Entscheidung des Verordnungsgebers zu korrigieren. Den in Art. 8 Abs. 1 und 10 Abs. 1 EuInsVO vorgesehenen Ausnahmen von der *lex fori concursus* liegt die Erkenntnis zugrunde, dass das Insolvenzrecht noch ganz am Anfang des Harmonisierungsprozesses steht und die mitgliedstaatlichen Rechtsordnungen daher auf diesem Gebiet noch gravierende Unterschiede aufweisen.[83] Der Verordnungsgeber folgerte daraus, dass – so erstrebenswert dies auch wäre – die Zeit (noch) nicht reif sei, für die uneingeschränkte Wirkungserstreckung eines einzigen zentralisierten Verfahrens: „Die ausnahmslose Anwendung des Rechts des Staates der Verfahrenseröffnung würde [hier] häufig zu Schwierigkeiten führen“; dies gelte vor allem bei den „in den Mitgliedstaaten sehr unterschiedlich ausgeprägten nationalen Regelungen zu den Sicherungsrechten“.[84] Dabei gilt es zu bedenken, dass die Vorschriften aus einer Zeit stammen, zu der gesicherten Gläubigern vielfach – übrigens auch im deutschen Konkursrecht – noch eine weitaus stärkere Rechtsposition zugestanden wurde, die durch Konkurseröffnung oder Vergleichsverfahren keine nennenswerten Einschränkungen erfahren hatte. Hinter Art. 8 Abs. 1 und 10 Abs. 1 EuInsVO steht damit letztlich die Erwägung, das schützenswerte Vertrauen der Sicherungsnehmer in die Geltung der *lex rei sitae* nicht zu enttäuschen und sie davor zu bewahren, von einem fremden Insolvenzregime überrumpelt zu werden.[85] Die Begründung, Gültigkeit und Tragweite von Kreditsicherheiten richtet sich

[82] EuGH, Urteil vom 16.04.2015, C-557/13, *Lutz/Bäuerle*, NZI 2015, 478 Rn. 40; *Tashiro* FD-InsR 2015, 369013 fasst die Ausführungen als Bekenntnis zu einem „umfassende[n] Schutz“ auf, der (wohl) nur durch eine Sachnorm vermittelt werden kann.

[83] Erwägungsgrund (22) S. 1 zur EuInsVO.

[84] Erwägungsgründe (22) S. 2 und 3 zur EuInsVO.

[85] Vgl. dazu auch *Virgós/Schmit*, Erläuternder Bericht, Rn. 92, 97.

regelmäßig – das IPR ist insoweit noch nicht vereinheitlicht – nach der Belegenheit der Sache.[86] Es erschiene daher durchaus wertungsgerecht, die Geltung ebendieser Rechtsordnung auch in den Bereich der Insolvenz (oder Restrukturierung) zu verlängern.[87] Eine Besserstellung gegenüber einer inländischen Insolvenz (oder Restrukturierung) rechtfertigt dies allerdings keineswegs. Zu einer solchen aber kommt es bei einem sachrechtlichen Verständnis der Normen, wenn – vor allem mangels Niederlassung im Belegenheitsstaat – die Eröffnung eines Sekundärinsolvenzverfahrens ausscheidet.[88] Es vermag aus teleologischer Sicht unter keinem Gesichtspunkt einzuleuchten, warum der Inhaber inländischer dinglicher Sicherungsrechte in der Insolvenz eines inländischen Schuldners schlechter stehen soll, als in derjenigen eines ausländischen Schuldners, was bei einer Anwendung von Art. 8 Abs. 1 und 10 Abs. 1 EuInsVO als Sachnorm aber der Fall wäre. Das schützenswerte Vertrauen kann sich allein auf die Geltung der Belegenheitsrechtsordnung beziehen, also auch dessen Insolvenz- bzw. Restrukturierungsrecht, nicht aber auf die Freiheit von jeglichen Einschränkungen! Zu weit geht daher *J. Schmidt*, die zur teleologischen Rettung der Sachnormtheorie davon ausgeht, Sinn und Zweck der Normen sei es zu gewährleisten, dass die Sicherungsgeber auf die (absolute[89]) Insolvenzfestigkeit ihrer Sicherheiten vertrauen könnten.[90] Denn schützenswert

---

[86] Dies erkannte auch der Verordnungsgeber, vgl. dazu Erwägungsgrund (68) S. 2 zur EuInsVO sowie *Virgós/Schmit*, Erläuternder Bericht, Rn. 95; aus deutscher Perspektive richtet sich das anwendbare Sachenrecht nach dem Belegenheitsort, vgl. Art. 43 EGBGB; aus der Nennung der „Tragweite" des Sicherungsrecht ableitend, dass davon nicht zuletzt auch die Durchsetzung – auch im Rahmen der Insolvenz – erfasst sein müsse *Flessner* in: FS Drobnig, 1998, 277 (284); aA *Knof* in: Uhlenbruck, EuInsVO Art. 8 Rn. 34; auf die fehlende Vereinheitlichung des internationalen Sachenrechts – und nicht etwa auf die Freiheit ausländischer Kreditsicherheiten von insolvenzrechtlichen Einschränkungen (so aber *Duursma-Kepplinger* in: Duursma-Kepplinger/Duursma/Chalupsky, EuInsVO, Art. 5 Rn. 18) oder die Möglichkeit einer Transposition bei einem Statutenwechsel während oder nach der Entstehung (so aber *Mankowski* RIW 2017, 93 (97)) – dürfte sich im Übrigen auch die Formulierung in Erwägungsgrund (68) S. 2 zur EuInsVO beziehen, wonach sich die Begründung, Gültigkeit und Tragweite nur „regelmäßig" nach dem Recht des Belegenheitsorts richten.

[87] Ob die in Erwägungsgrund (68) S. 1 zur EuInsVO angeführte Bedeutung der dinglichen Sicherheiten für die Kreditgewährung hierfür allerdings als Argument genügt, sei an dieser Stelle dahingestellt – immerhin werden auch die übrigen Gläubiger ihre Befriedigungsaussichten beizeiten anhand der eigenen Rechtsordnung kalkulieren.

[88] Dessen waren sich die Verfasser des EuInsÜ allerdings – wie *Balz* ZIP 1996, 948 (950), dort Fn. 15 berichtet – durchaus bewusst; Probleme ergeben sich vor allem, wenn die Auslandsaktivität über lokale Tochtergesellschaften abgewickelt wird und deren Geschäftsanteile verpfändet sind, vgl. *Reinhart* in: MüKo-InsO, EuInsVO Art. 8 Rn. 18.

[89] Anm. des Verf.; mit dem Anfechtungsrecht des Eröffnungsstaats ergibt sich freilich eine wesentliche, für das Restrukturierungsrecht aber weitgehend irrelevante Einschränkung der Insolvenzfestigkeit zwingend aus dem Wortlaut des Art. 8 Abs. 4 EuInsVO.

[90] *J. Schmidt* in: Mankowski/M. F. Müller/J. Schmidt, EuInsVO, Art. 8 Rn. 34; ähnlich *Kindler* in: MüKo-BGB, EuInsVO Art. 8 Rn. 22, der sich auf die angebliche Bedeutung der

ist das Vertrauen auf die Insolvenzfestigkeit eben nur soweit, als die eigene Rechtsordnung diese auch gewährt.[91] Ein sachrechtliches Verständnis der Normen führt mithin dazu, dass dinglichen Sicherungsrechten in grenzüberschreitenden Sachverhalten eine Privilegierung zukommt, die keine der betroffenen Rechtsordnungen vorsieht.[92] Qua sekundärrechtlicher Anordnung stellt sich folglich eine Situation ein, die derjenigen des – wertungsmäßig überwiegend für korrekturbedürftig gehaltenen[93] – Normmangels im Kollisionsrecht gleicht. Man mag sich daher durchaus dazu verleitet fühlen, die Erwägungsgründe (22) S. 6 und (68) S. 1 beim Wort zu nehmen und Art. 8 Abs. 1 und 10 Abs. 1 EuInsVO eine „abweichende Sonderanknüpfung" im kollisionsrechtlichen Sinn zu entnehmen.[94] Damit aber setzte man sich nicht nur über den klaren Wortlaut der Vorschriften hinweg, sondern ignorierte zugleich die insoweit stimmige Systematik und den erklärten Willen von historischem Normverfasser und Reformgesetzgeber.

Bereits der Wortlaut von Art. 8 Abs. 1 und 10 Abs. 1 EuInsVO ist eindeutig. Die Sicherheitsrechte bleiben nicht von der nach Art. 7 Abs. 1 EuInsVO anwendbaren *lex fori concursus* unberührt, sondern von der Verfahrenseröffnung – und damit von allen insolvenzrechtlichen Wirkungen einer solchen Eröffnung![95] Der Befund wird bestärkt durch einen Blick in andere Sprachfassun-

---

Insolvenzfestigkeit für die Kreditvergabe beruft und ein (offenbar nur für ausländische Sicherheitsrechte bestehendes?) Bedürfnis nach Rechtssicherheit proklamiert, dem die Geltung der *lex rei sitae* entgegenstünde.

[91] So zutreffend *Bork* in: K/P/B, EuInsVO Art. 8 Rn. 29; *Brinkmann* in: K. Schmidt, InsO, EuInsVO Art. 5 Rn. 19; *Veder* IILR 2011, 285 (292).

[92] *Bach* in: A/G/R, EuInsVO a. F. Art. 5 Rn. 31; *Flessner* in: FS Drobnig, 1998, 277 (280).

[93] Vgl. dazu exemplarisch *Rauscher*, IPR und IZVR, Rn. 565 f., 569 ff.

[94] An dieser Stelle sprechen übrigens auch andere Sprachfassungen nicht mehr von der Irrelevanz der Verfahrenseröffnung, sondern von einer Abweichung von der *lex fori concursus*, vgl. etwa die englische („special reference diverging from the law of the opening State"), französische („un rattachement particulier qui déroge à la loi de l'État d'ouverture") und spanische Fassung („norma especial distinta a la ley del Estado de apertura"); dazu *Mankowski* RIW 2017, 93 (96) sowie *Piekenbrock* in: Hess/Oberhammer/Pfeiffer, Vienna Report, Rn. 678; eine deutsche Besonderheit dürfte hingegen die in S. 3 verwendete Terminologie darstellen, wenn dort von einem „Recht zur Aus- bzw. Absonderung" die Rede ist, sodass hieraus keine Schlüsse gezogen werden können; aA, aus den Begriffen eine Unterwerfung unter insolvenzrechtliche Regelungen ableitend *Fritz/Bähr* DZWIR 2001, 221 (227).

[95] Ähnlich formuliert Erwägungsgrund (68) S. 2 zur EuInsVO: „[...] von der Eröffnung des Insolvenzverfahrens nicht berührt werden"; siehe auch den Bericht von *Virgós/Schmit* Rn. 94: „[...] von den Wirkungen des Verfahrens ausgeschlossen"; *Kolmann*, Kooperationsmodelle, S. 308 hat vor diesem Hintergrund darauf hingewiesen, dass es dem Unionsgesetzgeber unbenommen gewesen wäre, eine entsprechende Kollisionsnorm eindeutig zu normieren.

gen, etwa die englische, französische oder spanische, die allesamt darauf abstellen, dass *die Eröffnung* auf die Sicherungsrechte keinerlei Auswirkungen haben soll.[96] Suspendiert wird nicht das Insolvenzstatut, sondern die Wirkungen des Insolvenzverfahrens, und zwar ungeachtet dessen welchem Recht sie entnommen werden. Zwar formuliert auch Art. 9 EuInsVO, dass eine Aufrechnung von der Eröffnung „nicht berührt" wird, wenn das auf die Forderung des Schuldners anwendbare Recht die Aufrechnung zulässt – und diese Regelung wird nahezu einhellig als Kollisionsnorm verstanden. Im Gegensatz zu Art. 8 Abs. 1 und 10 Abs. 1 EuInsVO verweist Art. 9 EuInsVO allerdings – wenn auch nur mittelbar durch Bezugnahme auf die *lex contractus* – auf eine bestimmte Rechtsordnung. Art. 8 Abs. 1 und 10 Abs. 1 EuInsVO ist indes nicht zu entnehmen, welches Insolvenzrecht anstelle der *lex fori concursus* zur Anwendung gelangen sollte,[97] was eindeutig gegen einen kollisionsrechtlichen Charakter spricht. Insofern fehlt den Regelungen gerade die für Kollisionsnormen typische Formulierung eines Anknüpfungsmoments, anhand dessen das anwendbare Recht zu ermitteln wäre.

Die historische Auslegung, die sich vor allem auf den Bericht von *Virgós* und *Schmit* zum EuInsÜ als Vorgängerentwurf zur EuInsVO stützt, spricht ebenfalls eindeutig für eine Interpretation als Sachnormen. Dort heißt es in Bezug auf den heutigen Art. 8 EuInsVO wörtlich:

> „Dingliche Rechte können ihre Funktion nur dann richtig erfüllen, wenn sie durch die Eröffnung eines Insolvenzverfahrens in anderen Vertragsstaaten nicht stärker beeinträchtigt werden als dies bei Eröffnung eines innerstaatlichen Insolvenzverfahrens der Fall wäre. Für die Erreichung dieses Ziels boten sich Alternativlösungen an, über die in der Gruppe auch beraten wurde. Zur Vereinfachung der Vermögensverwaltung zog allerdings die Mehrheit der Delegationen die einfache Lösung nach dem jetzigen Artikel 5 vor: Insolvenzverfahren berühren nicht die dinglichen Rechte an in anderen Vertragsstaaten belegenem Vermögen."[98]

---

[96] Vgl. im englischen „The opening of insolvency proceedings shall not affect", im französischen „L'ouverture de la procédure d'insolvabilité n'affecte pas" und im spansichen „La apertura del procedimiento de insolvencia no afectará".

[97] Während sich die Anhänger der Kollisionsnormtheorie im Ergebnis weitgehend einig darin sind, dass sich die insolvenzrechtlichen Einschränkungen der dinglichen Rechte nach der *lex rei sitae* zu richten haben, unterscheidet sich die Begründung im Einzelnen doch erheblich: teilweise wird im Wege des Analogieschlusses aus Art. 11 Abs. 1 EuInsVO unmittelbar die – europarechtlich determinierte – Geltung der Belegenheitsrechtsordnung abgeleitet (vgl. etwa *Mock* in: BeckOK-InsO, EuInsVO Art. 8 Rn. 25.2), teilweise eine Heranziehung des mitgliedstaatlichen IPR erwogen (so wohl *Flessner* in: FS Drobnig, S. 277 (282 ff.)); wieder andere sehen in der Anordnung der Unberührtheit eine Gesamtverweisung auf die Rechtsordnung des Belegenheitsstaats, sodass das anwendbare Recht letztlich – im Ergebnis daher weitgehend gleichlaufend mit der vorgenannten Ansicht – von einer Annahme oder Weiterverweisung des nationalen IPR abhängt (so jedenfalls im Hinblick auf Art. 10 Abs. 1 EuInsVO *Fritz/Bähr* DZWIR 2001, 221 (228)).

[98] *Virgós/Schmit*, Erläuternder Bericht, Rn. 97 zum späteren Art. 5 EuInsVO 2000 (nunmehr Art. 8 EuInsVO).

Die Verfasser des EuInsÜ erkannten demnach durchaus, dass man ihrem Regelungsanliegen auch – eventuell sogar sachgerechter – durch eine kollisionsrechtliche Lösung hätte begegnen können. Sie wollten die entsprechenden Vorschriften aber gleichwohl als Sachnormen verstanden wissen. Hintergrund waren offenbar die andernfalls notwendigen, für die Insolvenzpraxis aber als zu kompliziert erachteten Anpassungsprobleme, die sich in Anbetracht der gravierenden Unterschiede in den nationalen Insolvenzrechtsordnungen bei einer kollisionsrechtlichen Lösung ergeben hätten.[99] Ein Vorstoß, die Behandlung ausländischer Kreditsicherheiten einer (eindeutig) kollisionsrechtlichen Regelung zu unterwerfen, fand unter den Delegationen dementsprechend keine Mehrheit.[100] Besonders deutlich kommt die Konzeption der Art. 8 Abs. 1 und 10 Abs. 1 EuInsVO als Sachnormen zum Ausdruck, wenn *Virgós/Schmit* in ihrem Bericht Reichweite und Grenzen der Wirkungen eines Hauptinsolvenzverfahrens in den übrigen Vertragsstaaten beschreiben: Zum Schutz der inländischen Interessen würden „bestimmte Rechte an in einem anderen Vertragsstaat befindlichen Vermögenswerten von den Wirkungen des Hauptinsolvenzverfahrens ausgenommen bzw. [würde] festgestellt, dass diese Wirkungen sich nach dem Insolvenzrecht der betreffenden Staaten und nicht nach dem Recht des Staates der Verfahrenseröffnung richten".[101] Die inländischen Interessen der Nicht-Eröffnungsstaaten sollen also sowohl durch sachrechtliche als auch kollisionsrechtliche Mechanismen Berücksichtigung finden. Diese konzeptionelle Unterscheidung zwischen einer Suspendierung des gesamten Insolvenzrechts einerseits und der kollisionsrechtlichen Sonderanknüpfung andererseits wird in dem Bericht sodann – systematisch in zwei Absätze untergliedert – weiter ausgeführt. Dingliche Sicherungsrechte (einschließlich Eigentumsvorbehalte) werden dabei der ersten Kategorie zugeordnet, die „von den Wirkungen des Hauptinsolvenzverfahrens ausgenommen" bleiben; um den insolvenzrechtlichen Zugriff hierauf zu erstrecken, „muss der Insolvenzverwalter [...] die Eröffnung eines inländischen Insolvenzverfahrens beantragen".[102] Nur bei

---

[99] Vgl. dazu *Piekenbrock* in: Hess/Oberhammer/Pfeiffer, Vienna Report, Rn. 677 sowie *Flessner* in: FS Drobnig, 1998, 277 (279, 281, 285 f.), der allerdings die Einfachheit der Sachnorm-Lösung – wohl zurecht – bezweifelt, immerhin wird der Insolvenzverwalter keineswegs von der Prüfung fremden Insolvenzrechts befreit, sondern diese lediglich in die durchzuführende Kosten-Nutzenrechnung über die Sinnhaftigkeit der Beantragung eines Sekundärinsolvenzverfahrens integriert; will er hinsichtlich nicht gesicherter Vermögensgegenstände tätig werden, hat er sich nach Art. 21 Abs. 3 S. 1 EuInsVO ohnehin über das Recht des Lageorts zu informieren; ähnlich auch *Plappert*, Dingliche Sicherungsrechte in der Insolvenz, S. 289; *Snowden* in: Bork/van Zwieten, EIR, Rn. 8.12.

[100] *Balz* ZIP 1996, 948 (950).

[101] *Virgós/Schmit*, Erläuternder Bericht, Rn. 22.

[102] *Virgós/Schmit*, Erläuternder Bericht, Rn. 23.1, insoweit deutlicher als Rn. 98, der lediglich auf die Möglichkeit des Insolvenzverwalters verweist, ein Sekundärinsolvenzverfahren zu eröffnen, um die Sicherungsrechte dem lokalen Insolvenzrecht zu unterwerfen und damit den sachrechtlichen Charakter nur mittelbar zum Ausdruck bringt.

Durchführung eines solchen Sekundärverfahrens stünden die gesicherten Gläubiger wie in einem reinen Inlandsfall.[103] Diese sachrechtlich behandelten Rechtsinstitute werden sodann gegenüber jenen der zweiten (kollisionsrechtlichen) Kategorie kontrastiert, hinsichtlich derer „nicht das normalerweise anwendbare Recht des Staates der Verfahrenseröffnung, sondern das Recht des betroffenen Staats gilt".[104] Als Beispiele werden nachfolgend eben jene Regelungsgegenstände genannt, die in den Art. 11 ff. EuInsVO als echte Kollisionsnormen unter Formulierung eines Anknüpfungsmoments ausgestaltet sind. Ausgehend von der Unterteilung in sachrechtliche und kollisionsrechtliche Regelungen sollten Art. 8 Abs. 1 und 10 Abs. 1 EuInsVO mithin der ersten, sachrechtlichen Gruppe zugeordnet werden.

Dieses Verständnis des historischen Normgebers muss auch den Ausgangspunkt der systematischen Auslegung bilden. Der vielerorts als Ausprägung des kollisionsrechtlichen Charakters angeführte Hinweis auf den Standort von Art. 8 Abs. 1 und 10 Abs. 1 EuInsVO in unmittelbarem Anschluss an die zentrale – eindeutig kollisionsrechtliche – Regelung des Art. 7 EuInsVO geht insoweit fehl. Denn nach dem oben Gesagten können die Art. 7 bis 18 EuInsVO nicht undifferenziert als (einheitliches) Insolvenzkollisionsrecht aufgefasst werden. Sie sind vielmehr in drei systematisch getrennte Regelungskomplexe aufzuteilen: Art. 7 EuInsVO enthält unter Verweis auf das Recht des Eröffnungsstaates die kollisionsrechtliche Grundregel; Art. 8 bis 10 normieren sachrechtliche Begrenzungen der Wirkungen des Insolvenzverfahrens und Art. 11 bis 18 EuInsVO formulieren sodann kollisionsrechtliche Sonderanknüpfungen.[105] Den systematischen Fremdkörper bilden mithin nicht Art. 8 und Art. 10 EuInsVO, dessen Abs. 2 im Übrigen unbestritten sachrechtlicher Natur ist,[106] sondern die kollisionsrechtliche Regelung des Art. 9 EuInsVO inmitten der Sachnormen der Art. 8 bis 10 EuInsVO.[107] Überdies spricht auch die – allein für Verträge über unbewegliches Vermögen normierte – Sonderanknüpfung in Art. 11 Abs. 1 EuInsVO, die ebenfalls auf die *lex rei sitae* verweist, angesichts der gravierenden Unterschiede in der Formulierung entscheidend gegen eine

---

[103] *Virgós/Schmit*, Erläuternder Bericht, Rn. 23.1.

[104] *Virgós/Schmit*, Erläuternder Bericht, Rn. 23.2.

[105] *Virgós/Schmit*, Erläuternder Bericht, Rn. 92 sowie in der Tendenz auch Rn. 22; aA *Flessner* in: FS Drobnig, 1998, 277 (282), der in Art. 8 Abs. 1 und 10 Abs. 1 EuInsVO, ebenso wie in den Art. 9 und Art. 11 ff. EuInsVO Sonderanknüpfungen erkennen will, die im Hinblick auf ausländische Kreditsicherheiten nicht jegliches Insolvenz- und Restrukturierungsrecht suspendieren, sondern lediglich die allgemeine Anknüpfung an den Eröffnungsort und damit an den COMI insoweit einschränkend korrigieren.

[106] Siehe statt vieler m. w. N. *J. Schmidt* in: Mankowski/M. F. Müller/J. Schmidt, EuInsVO, Art. 10 Rn. 17.

[107] Die Verortung des Art. 9 EuInsVO im unmittelbaren Anschluss an Art. 8 EuInsVO dürfte auf die Erwägungen der Übereinkommensverfasser zurückzuführen sein, die Aufrechnung wegen seinem vergleichbaren wirtschaftlichen Wert einem Sicherungsrecht gleichzustellen, vgl. dazu *Balz* ZIP 1996, 948 (950).

entsprechende Interpretation von Art. 8 Abs. 1 und 10 Abs. 1 EuInsVO. Bleibt damit die Frage, ob sachrechtlich verstandene Beschränkungen der Wirkungen eines Insolvenzverfahrens auf ausländische Sicherungsrechte nicht im Regelungskomplex der Anerkennung und Wirkungserstreckung besser aufgehoben wären als inmitten des Insolvenzkollisionsrechts. Insofern ist zuzugeben, dass eine Verortung in den Art. 19 ff. EuInsVO jedenfalls nicht fernliegend gewesen wäre.[108] Dort wird immerhin auf Art. 8 und 10 EuInsVO Bezug genommen, etwa soweit es in Art. 21 Abs. 1 EuInsVO um das Recht des Hauptinsolvenzverwalters geht, Vermögensgegenstände aus anderen Mitgliedstaaten in den Eröffnungsstaat zu verschaffen. Angesichts des fließenden Übergangs von (kollisionsrechtlich) anwendbarem Insolvenzrecht und (verfahrensrechtlicher) Erstreckung der Verfahrenswirkungen[109] wird man aus der systematischen Stellung insoweit aber ohnehin keinen argumentativen Mehrwert ziehen können.

Art. 8 Abs. 1 und 10 Abs. 1 EuInsVO werden daher zutreffend nicht nur in Deutschland, sondern auch in den meisten anderen europäischen Staaten mehrheitlich als Sachnormen eingeordnet.[110] Der Wortlaut der Normen selbst ist insoweit eindeutig, ebenso wie die Vorstellungen der Verfasser der Vorschrift, die sich auch in der Systematik widerspiegeln. Selbst wenn die Regelung damit rechtspolitisch kritikwürdig bleibt, verbietet sich vor diesem Hintergrund eine Auslegung als Kollisionsnorm. Die Urheber der Regelungen haben die verschiedenen Lösungsmechanismen abgewogen und sich für die (vermeintlich)

---

[108] Art. 8 EuInsVO daher in erster Linie als Beschränkung der in Art. 21 EuInsVO angeordneten Wirkungserstreckung interpretierend *Ehret* in: Braun, InsO, EuInsVO Art. 8 Rn. 17.

[109] Hingewiesen sei nur exemplarisch auf die dogmatische Einordnung der Erstreckung der Verwalterbefugnisse nach Art. 21 EuInsVO, in der teilweise ein „key effect" der Anerkennung gesehen wird (so *Veder* in: Bork/van Zwieten, EIR, Art. 21 Rn. 1; ähnlich *Hänel* in: Vallender, EuInsVO, Art. 21, Rn. 1; *Kemper* in K/P/B, EuInsVO 2000 Art. 18 Rn. 1; *Paulus*, EuInsVO, Art. 21 Rn. 1; *Skauradszun* in: K/P/B, EuInsVO Art. 21 Rn. 1), wohingegen andererseits die Nähe zum Kollisionsrecht betont wird (so *Knof* in: Uhlenbruck, EuInsVO Art. 21, Rn. 1; *M. F. Müller* in: Mankowski/M. F. Müller/J. Schmidt, EuInsVO, Art. 21, Rn. 1; *Thole* in: MüKo-InsO, EuInsVO Art. 18 Rn. 1), in ihr vereinzelt aber auch eine Ausprägung sowohl der automatischen Anerkennung als auch der Anwendbarkeit der *lex fori concursus* nach Art. 7 EuInsVO gesehen wird (dazu *Tashiro* in: Braun, InsO, EuInsVO Art. 21 Rn. 2); unentschlossen *Kindler* in: MüKo-BGB, EuInsVO Art. 21 Rn. 2; *Pannen/Riedemann* in: Pannen, EuInsVO, Art. 18 Rn. 4.

[110] Vgl. aus dem deutschen Schrifttum nur die obigen Nachweise in Fn. 73 zu § 12 (S. 335); zur Interpretation in den übrigen Mitgliedstaaten siehe das Fazit von *Bělohlávek*, EU and international insolvency proceedings, Rn. 8.43 und *Piekenbrock* in: Hess/Oberhammer/Pfeiffer, Vienna Report, Rn. 687 sowie den Bericht der Kommission an das Europäische Parlament, den Rat und den Europäischen Wirtschafts- und Sozialausschuss über die Anwendung der Verordnung (EG) Nr. 1346/2000 des Rates vom 29.05.2000 über Insolvenzverfahren vom 12.12.2012, COM(2012) 743 final, S. 12; mit Nachweisen aus dem ausländischen Schrifttum auch *Mankowski* RIW 2017, 93 (96).

einfachste Lösung entschieden, die der Unionsgesetzgeber als Verordnung übernommen hat. Schon bislang war der Hinweis auf den völkerrechtlichen Ursprung als Übereinkommen nach Art. 220 EG und die spätere – aufgrund der Änderungen durch den Vertrag von Amsterdam möglich gewordene – Verabschiedung als Verordnung nur ein schwaches Argument, um dieses eindeutige Auslegungsergebnis zu relativieren.[111] Spätestens mit der Reform der EuInsVO ist diesem Begründungsansatz allerdings jeglicher Boden entzogen. Denn entgegen zahlreicher Änderungsappelle[112] zugunsten einer kollisionsrechtlichen Lösung hat sich der Unionsgesetzgeber 2012 im Schulterschluss mit der herrschenden Meinung ausdrücklich zur sachrechtlichen Eiordnung von Art. 8 Abs. 1 und 10 Abs. 1 EuInsVO bekannt.[113] Der darin zum Ausdruck kommende Wille des Reformverordnungsgebers zur Beibehaltung der schon bislang zutreffenden Interpretation ist daher vom Rechtsanwender zu akzeptieren. Ist auch *de lege ferenda* eine kollisionsrechtliche Regelung wünschenswert, führt gleichwohl bis zu einem entsprechenden Sinneswandel seitens des europäischen Gesetzgebers an der sachrechtlichen Einordnung von Art. 8 Abs. 1 und 10 Abs. 1 EuInsVO kein Weg vorbei.

b) Die Einordnung von Art. 8 Abs. 1 und 10 Abs. 1 EuInsVO im Kontext der Restrukturierungsrichtlinie

Daran haben – allen Wertungswidersprüchen zum Trotz – weder die Annäherungstendenzen der mitgliedstaatlichen Insolvenz- und Restrukturierungsrechtsordnungen, noch die Annahme der Restrukturierungsrichtlinie etwas geändert.

Wie bereits an anderer Stelle ausgeführt wurde, beruhen Art. 8 Abs. 1 und 10 Abs. 1 EuInsVO in erster Linie auf den großen Unterschieden im materiellen Insolvenzrecht der Mitgliedstaaten. Die bisherige Einordnung als Sachnorm könnte daher vor dem Hintergrund eines ersten materiellen Harmonisierungsschubs auf dem Gebiet des Insolvenz- bzw. Restrukturierungsrechts neu

---

[111] Aufgrund schon zu Zeiten des EuInsÜ bestehenden Unsicherheiten im Hinblick auf die Bedeutung der „Unberührtheit" in der unterlassenen Klarstellung im Rahmen des Gusses der Regelungen in Verordnungsform einen Ansatzpunkt für einen entsprechenden Willen des Unionsgesetzgebers erkennend *Bach* in: A/G/R, EuInsVO a. F. Art. 5 Rn. 30.

[112] *Kolmann* IILR 2011, 272 (280); *Tollenaar* IILR 2011, 252 (260 f.); *v. Galen/André/Fritz u.a.*, INSOL Europe – Revision of the European Insolvency Regulation S. 50 ff.; *Veder* IILR 2011, 285 (292).

[113] Vgl. dazu den Bericht der Kommission an das Europäische Parlament, den Rat und den Europäischen Wirtschafts- und Sozialausschuss über die Anwendung der Verordnung (EG) Nr. 1346/2000 des Rates vom 29.05.2000 über Insolvenzverfahren vom 12.12.2012, COM(2012) 743 final, S. 12 f., wo die Kontroverse um die Auslegung von Art. 8 Abs. 1 und 10 Abs. 1 EuInsVO – ebenso wie die Positionierung der herrschenden Meinung zugunsten einer sachrechtlichen Einordnung – explizit angesprochen, ein entsprechender Handlungsbedarf aber verneint wird.

zu überdenken sein. Die Bedeutung der Einbeziehungsfähigkeit auch ausländischer Sicherungsrechte für die Unternehmenssanierung ist enorm, denn zu ihrer Realisierung bedarf es regelmäßig nicht nur des inländischen, sondern auch des im Ausland belegenen und dort ggf. mit Sicherheitsrechten belasteten Vermögens. Blieben die Rechte an diesen Gegenständen von (jeglichen) insolvenz- und restrukturierungsrechtlichen Einschränkungen verschont, stünde weiterhin zu befürchten, dass gesicherte Gläubiger auf ihr Sicherungsgut im Ausland zugreifen. So würde etwa eine in Deutschland verfügte Stabilisierungsanordnung nach § 49 Abs. 1 StaRUG die gesicherten Gläubiger nicht daran hindern, sich aus dem Verwertungserlös sicherungsübereigneter, in Frankreich belegener Produktionsmaschinen zu befriedigen, und zwar selbst dann, wenn das französische Recht unter denselben Voraussetzungen ebenfalls entsprechende Restrukturierungsmaßnahmen zuließe. Dass eine Unternehmensfortführung dadurch nicht gerade wahrscheinlicher wird, liegt auf der Hand. Insofern greift das vielerorts vorgebrachte Argument, die übrigen Gläubiger seien auch bei einer Einordnung als Sachnorm nicht schutzlos gestellt, da nur das dingliche Recht, nicht aber der Vermögensgegenstand als solcher von den Wirkungen des Insolvenzrechts unberührt bliebe, zu kurz.[114] Ist das (fortführungsrelevante) Sicherungsgut erst einmal verwertet, so wird der Betriebsablauf damit im besten Falle lediglich beeinträchtigt, im *worst case* kommt das Unternehmen sogar gänzlich zum Erliegen. Damit sinkt unweigerlich auch der Fortführungswert und mit ihm die Erfolgsaussichten der angestrebten Sanierung und die Befriedigungschancen der übrigen Gläubiger. Dass der verwertende Sicherungsnehmer einen etwaigen Übererlös an den Schuldner herauszugeben hat, ist da nur ein schwacher Trost. Neben einer Auslösung des Gegenstands durch die Befriedigung des Sicherungsnehmers,[115] die angesichts der ohnehin bestehenden finanziellen Krise regelmäßig an mangelnder Liquidität scheitern dürfte, bliebe dem Schuldner als einzige Möglichkeit die Flucht in ein Sekundärverfahren. Er müsste also überall dort, wo er über (betriebsnot-

---

[114] Siehe nur *Kindler* in: Kindler/Nachmann/Bitzer, Insolvenzrechts-Handbuch, § 4 Rn. 24; *ders.* in: MüKo-BGB, EuInsVO Art. 8 Rn. 24.

[115] Dies als Ausweg aufzeigend *Kindler* in: Kindler/Nachmann/Bitzer Insolvenzrechts-Handbuch, § 4 Rn. 24; *ders.* in: MüKo-BGB, EuInsVO Art. 8 Rn. 24; *Nerlich/Hübler* in: Nerlich/Römermann, InsO, EuInsVO Art. 8 Rn. 16; *Reinhart* in: MüKo-InsO, EuInsVO Art. 8 Rn. 19; siehe auch bereits *Virgos/Schmit*, Erläuternder Bericht, Rn. 99; auf den Streit, ob dieses Vorgehen eine entsprechende Befugnis in der *lex fori concursus* voraussetzt (so *Plappert*, Dingliche Sicherungsrechte in der Insolvenz, S. 265) wird es dabei wegen des eigenverwaltenden Charakters des Restrukturierungsverfahrens nicht auf kompetenzieller Ebene, sondern allenfalls mit Blick auf die Verhaltenspflichten des Schuldners ankommen, vgl. dazu etwa § 32 Abs. 1 S. 3 StaRUG, wonach die Zahlung auf Forderungen, die durch (nach Art. 8 EuInsVO) vom Restrukturierungsrahmen unberührt bleibende Auslandssicherheiten gesichert sind, allerdings zulässig sein dürfte.

wendiges) Vermögen verfügt und Zugriffe durch gesicherte Gläubiger befürchtet, die Durchführung eines Sekundärverfahrens beantragen – so er denn in den betreffenden Mitgliedstaaten eine Niederlassung unterhält und das jeweilige Recht ein öffentliches Restrukturierungsverfahren kennt.[116] Dadurch käme zwar gem. Art. 35 EuInsVO die lokale *lex concursus secundarii*, also das dortige Insolvenz- bzw. Restrukturierungsrecht zur Anwendung, einschließlich etwaiger Vollstreckungs- und/oder Verwertungsverbote. Zugleich gewinnt eine Sanierung durch die Eröffnung von Sekundärverfahren und die damit verbundene Aufspaltung des schuldnerischen Vermögens in getrennte Massen allerdings erheblich an Komplexität, sodass sich für die Annahme eines Restrukturierungsplans nahezu unüberwindbare Hürden aufbauen.[117] Der Schuldner hat dementsprechend die sprichwörtliche Wahl zwischen Pest und Cholera: Macht er nichts, läuft er Gefahr, dass betriebsnotwendiges Vermögen verwertet und die Fortführungsaussichten damit zunichte gemacht oder jedenfalls erheblich gefährdet werden; beantragt er die Eröffnung eines Sekundärverfahrens, so kann er zwar sein ausländisches Vermögen vor einem vorschnellen Zugriff der gesicherten Gläubiger retten, riskiert aber zugleich, dass das Zustandekommen eines Restrukturierungsplans scheitert – und damit die Sanierung insgesamt.

Mit dem Geiste der Richtlinie ist dies zugegebenermaßen nur schwer vereinbar, stellt sie doch aus gutem Grund sowohl das Instrument des Restrukturierungsplans als auch ein – auch gegenüber gesicherten Gläubigern wirkendes – Moratorium zur Verfügung. Die Aussetzung der Zwangsvollstreckung verwirklicht denn, wie sich aus der Überschrift des zweiten Kapitels im zweiten Titel der Richtlinie ergibt, auch keinen Selbstzweck, sondern dient gerade der Erleichterung der Verhandlungen über präventive Restrukturierungspläne. Vor diesem Hintergrund kann es kaum gewollt sein, dass der Schuldner, um das schützende Moratorium zu erhalten, eine erhebliche Schmälerung der Aussichten auf die erfolgreiche Annahme des Restrukturierungsplans in Kauf nehmen muss. Im Kontext der Restrukturierungsrichtlinie gewinnen die von den Verfechtern einer kollisionsrechtlichen Einordnung vorgebrachten teleologischen Argumente damit zusätzlich an Gewicht. Obwohl die Richtlinie sichtlich bemüht ist, die Einbeziehung aller gesicherten Gläubiger zu gewährleisten, um dadurch die unternehmerischen Strukturen möglichst vollumfassend zu schützen, müsste man bei im Ausland belegenen und mit Sicherungsrechten belasteten Gegenständen kapitulieren. Soweit ein Sekundärverfahren mangels Niederlassung oder Verfügbarkeit eines öffentlichen Restrukturierungsrahmens

---

[116] Vgl. zu den Voraussetzungen zur Eröffnung eines Sekundärverfahrens bereits § 12, II, 2., a) (S. 319 ff.).

[117] Dies übersieht *Knof* in: Uhlenbruck, EuInsVO Art. 8 Rn. 39; die sanierungsfeindlichen Wirkungen eines Sekundärinsolvenzverfahrens wurden bereits unter § 5, II., 2. (S. 76 ff.) dargestellt; vgl. zu der restrukturierungsfeindlichen Wirkung von Art. 8 und 10 Abs. 1 EuInsVO auch *Madaus/Wessels*, Report on cross-border effects in European preventive restructuring, CERIL Collection I, S. 223 (230).

im Belegenheitsstaat nicht eröffnet werden kann, bestünde – von der liquiditätsintensiven Auslösung abgesehen – keine Möglichkeit, das Vermögen gegen den Zugriff der gesicherten Gläubiger abzuschirmen. Und selbst soweit dem Schuldner der Weg ins Sekundärinsolvenzverfahren offensteht, legt dies der angestrebten Sanierung nur unnötig Steine in den Weg.

Gleichwohl ist auch insofern an der sachrechtlichen Einordnung als klarer gesetzgeberischer Entscheidung festzuhalten. Schließlich wäre es dem europäischen Gesetzgeber frei gestanden, entsprechende Änderungen der EuInsVO gemeinsam mit der Richtlinie auf den Weg zu bringen. Immerhin enthält die Restrukturierungsrichtlinie auch eine Änderung der Gesellschaftsrechtsrichtlinie, um die neuen Restrukturierungsrahmen, insbesondere die Eingriffsmöglichkeiten in die Mitgliedschaftsrechte der Gesellschafter auf das bestehende gesellschaftsrechtliche Sekundärrecht abzustimmen.[118] Andererseits wurde bereits hinlänglich dargetan – und wird sich im weiteren Verlauf der Untersuchung noch an verschiedenen Stellen *en detail* offenbaren – dass der Richtliniengeber einen solchen Blick fürs Detail in Bezug auf die international-rechtliche Dimension der Richtlinie vermissen ließ. Man wird demnach bezweifeln müssen, dass der Unionsgesetzgeber bei Schaffung der Richtlinie die Implikationen der Art. 8 Abs. 1 und 10 Abs. 1 EuInsVO auf die Anwendung der neuen Restrukturierungsrahmen und die damit einhergehenden Probleme gänzlich überblickt hat. Eine kollisionsrechtliche Einordnung von Art. 8 Abs. 1 und Art. 10 Abs. 1 EuInsVO rechtfertigt dies gleichwohl nicht – weder allgemein, noch sachlich beschränkt auf den Anwendungsbereich der Richtlinie.[119] Denn das primär liquidationsrechtliche Verständnis, auf dem noch das EuInsÜ und demnach auch die EuInsVO 2000 beruhte,[120] wurde bereits im Rahmen der Reform 2015 zugunsten eines modernen Ansatzes aufgegeben, der die Sanierung als gleichberechtigten Krisenbewältigungsmechanismus anerkennt. Vor allem mit der Einbeziehung hybrider Sanierungsverfahren sollte die unternehmenserhaltende Reorganisation finanziell angeschlagener Schuldner auch auf international-rechtlicher Ebene einen angemessenen Rechtsrahmen erhalten. Dass der Unionsgesetzgeber sich trotz entsprechender Appelle dennoch nicht veranlasst sah, Art. 8 Abs. 1 und 10 Abs. 1 EuInsVO zugunsten einer kollisions-

---

[118] Vgl. dazu auch *v. Bismarck/Schulz* NZI-Beil. 2019, 82 (83).

[119] Dies aber offenbar andenkend *Westpfahl/Dittmar* NZI-Beil. 2021, 46 (46); dagegen am Verständnis als Sachnorm festhaltend *Skauradszun* NZI 2021, 568 (569 f.).

[120] Veranschaulichen lässt sich diese überkommene Konzeption der EuInsVO vor allem darin, dass die (offenbar dringendste oder gar einzige) Motivation des Insolvenzverwalters, einen nach Art. 8 oder 10 EuInsVO von den Insolvenzwirkungen unberührten Vermögensgegenstand auszulösen, darin gesehen wird, die (zusätzlichen) Kosten eines gesonderten Verwertungsprozesses zu vermeiden, ohne einer möglichen Fortführungsrelevanz des Gegenstands auch nur einen Gedanken zu schenken; vgl. dazu *Virgós/Schmit*, Erläuternder Bericht, Rn. 99; *Flessner* in: FS Drobnig, 277 (285).

rechtlichen Lösung abzuändern, zeigt, dass er offenbar auch für Sanierungsverfahren an deren sachrechtlichen Charakter festhalten wollte. Insofern lässt weder die im Verhältnis zur Liquidation gesteigerte Bedeutung der Einbeziehung ausländischer Vermögenswerte im Sanierungskontext, noch die sich daraus ergebenden Probleme bei der Implementierung der Restrukturierungsrahmen nach der Restrukturierungsrichtlinie eine anderweitige Schlussfolgerung zu.

c) Gestaltbarkeit ausländischer dinglicher Sicherheiten und gesicherter Forderungen

Damit ist freilich noch nichts darüber gesagt, inwieweit nun die ausländischen Kreditsicherheiten dem Zugriff der *lex fori concursus* entzogen sind. Von Relevanz für den Erfolg einer Restrukturierung ist dabei vor allem, ob die Sicherungsrechte oder jedenfalls die zugrunde liegenden Forderungen durch einen Restrukturierungsplan gestaltet werden können. Ergeben sich hinsichtlich auslands-gesicherter Gläubiger also diesbezüglich Einschränkungen, obwohl § 2 Abs. 2 StaRUG – vermeintlich vorbehaltslos – die Gestaltung von Absonderungsanwartschaften vorsieht und auch Art. 9 Abs. 4 UAbs. 1 S. 2 RRL offenbar von einer Einbeziehungsfähigkeit (aller) gesicherter Gläubiger ausgeht? Diese Frage ist zunächst unabhängig von der Einordnung von Art. 8 Abs. 1 und 10 Abs. 1 EuInsVO als Kollisions- oder Sachnorm – nur die Folge einer Verneinung der soeben aufgeworfenen Frage wäre eine andere. Denn bei einem kollisionsrechtlichen Verständnis könnte immerhin noch eine Gestaltung nach dem Restrukturierungsrecht des Belegenheitsstaates in Betracht gezogen werden, während die Einbeziehung bei dem hier zugrunde gelegten sachrechtlichen Verständnis schlicht ausgeschlossen wäre.

Das Meinungsspektrum, vor allem aber die Argumentationstiefe zu dieser Fragestellung ist bislang überschaubar.[121] Unter Anstellung teleologischer Erwägungen wird Art. 8 Abs. 1 und 10 Abs. 1 EuInsVO teilweise eine umfassende Wirkung zugesprochen, die sowohl unmittelbare als auch mittelbare Eingriffe in die Rechtsposition der auslands-gesicherten Gläubiger untersagt.[122]

---

[121] Eine vertiefte Auseinandersetzung ist jedenfalls im deutschen Schrifttum – soweit ersichtlich – nur bei *Herchen*, Das Übereinkommen über Insolvenzverfahren der Mitgliedstaaten der Europäischen Union vom 23.11.1995, S. 94 ff. zu finden; siehe aber auch die umfangreiche Darstellung von *Snowden* in: Bork/van Zwieten, EIR, Rn. 8.41 ff. und *Moss/Fletcher/Isaacs*, The EU Regulation on Insolvency Proceedings, Rn. 6.62, 6.136 und 6.145.

[122] *Ehret* in: Braun, InsO, EuInsVO Art. 8 Rn. 18; wohl auch *Plappert*, Dingliche Sicherungsrechte in der Insolvenz, S. 290; vgl. aus dem englischsprachigen Schrifttum ferner *Marshall* IILR 2011, 263 (269); *Smart* 15 (2006) IIR 17 (33); *Snowden* in: Bork/van Zwieten, EIR, Rn. 8.45 ff.; *Wessels*, International Insolvency Law, Rn. 10634; *Moss/Fletcher/Isaacs*, The EU Regulation on Insolvency Proceedings, Rn. 6.62, 6.136 und 6.145; in der Tendenz wohl auch *Piekenbrock* in: Hess/Oberhammer/Pfeiffer, Vienna Report, Rn. 683 und Rn. 699; sowie die Kommission in ihrem Bericht an das Europäische Parlament, den

Andere sprechen sich für eine Gestaltbarkeit immerhin der gesicherten Forderungen in einem Insolvenzplan nach der *lex fori concursus* aus.[123] Art. 8 Abs. 1 und 10 Abs. 1 EuInsVO schütze nicht vor mittelbaren Eingriffen in die Sicherungsrechte, sodass eine Modifikation der zugrundeliegenden Forderung ohne Weiteres möglich sei – mitsamt all ihren Auswirkungen auf Bestand und Durchsetzbarkeit der Kreditsicherheit. In Anschluss an die Vorarbeiten von *Herchen* tritt die (wohl) herrschende Meinung im deutschen Schrifttum allerdings – noch weitergehend – für eine Gestaltbarkeit auch der dinglichen Sicherheiten selbst ein.[124]

(1) Keine Beschränkung auf Wirkungen der „Eröffnung des Verfahrens“

Ausgehend vom Wortlaut der Art. 8 Abs. 1 und 10 Abs. 1 EuInsVO nehmen ihre Vertreter eine Differenzierung danach vor, ob sich die Einschränkungen des dinglichen Sicherungsrechts aus dem Eröffnungsbeschluss ergeben oder ihren Ursprung im weiteren Verfahrensablauf finden.[125] Die Regelungen stellten darauf ab, dass die Kreditsicherheiten „von der Eröffnung des Verfahrens“ nicht berührt würden. Aus dem Anerkennungsregime, insbesondere Art. 19 f.

Rat und den Europäischen Wirtschafts- und Sozialausschuss über die Anwendung der Verordnung (EG) Nr. 1346/2000 des Rates vom 29.05.2000 über Insolvenzverfahren vom 12.12.2012, COM(2012) 743 final, S. 12; besonderes (historisches) Gewicht könnte man der Stellungnahme von *Balz* 70 (1996) Am. Bankr. L. J. 485 (509) zuschreiben, der insoweit davon ausgeht, dass gesicherte Gläubiger (nicht: deren Auslandssicherheiten) durch Insolvenzpläne nicht beeinträchtigt werden dürften („These creditors [...] may not be impaired by a plan“) und immerhin selbst an der Ausarbeitung des EuInsÜ mitgewirkt hat.

[123] So wohl – allerdings mit einer Begründung, die auch Eingriffe in das Sicherungsrecht selbst erlaubte – *Bach* in: A/G/R, EuInsVO a. F. Art. 5 Rn. 39; ebenso *Kolmann/Ch. Keller* in: Gottwald/Haas, Insolvenzrechts-Handbuch, § 131 Rn. 46 und *Wenner* in: Mohrbutter/Ringstmeier, Handbuch Insolvenzverwaltung, § 20 Rn. 301, 373.

[124] Grundlegend *Herchen*, Das Übereinkommen über Insolvenzverfahren der Mitgliedstaaten der Europäischen Union vom 23.11.1995, S. 94 ff., 101 ff. und 107 ff.; ebenso *Duursma-Kepplinger* in: Duursma-Kepplinger/Duursma/Chalupsky, EuInsVO, Art. 5 Rn. 37; *Ingelmann* in: Pannen, EuInsVO, Art. 5 Rn. 28; *Kindler* in: MüKo-BGB, EuInsVO Art. 8 Rn. 24; *ders.* in: Kindler/Nachmann/Bitzer, Insolvenzrechts-Handbuch, § 4 Rn. 25; *Pannen* in: Runkel/Schmidt, Anwalts-Handbuch Insolvenzrecht, § 16 Rn. 179; *Leible/Staudinger* KTS 61 (2000) 533 (551).

[125] Mit ausführlicher Wortlautanalyse *Herchen*, Das Übereinkommen über Insolvenzverfahren der Mitgliedstaaten der Europäischen Union vom 23.11.1995, S. 94 ff.; siehe ferner *Duursma-Kepplinger* in: Duursma-Kepplinger/Duursma/Chalupsky, EuInsVO, Art. 5 Rn. 36 f.; *Wenner* in: Mohrbutter/Ringstmeier, Handbuch Insolvenzverwaltung, § 20 Rn. 301; zum deutschen autonomen internationalen Insolvenzrecht ebenso *Flessner* IPRax 1997, 1 (8); im Ansatz – aber mit unklarer Schlussfolgerung – auch *Bach* in: A/G/R, EuInsVO a. F. Art. 5 Rn. 39; siehe auch *Wessels* 18 (2003) JIBL&Reg 135 (140); aA *Kodek* IILR 2015, 10 (15), der – obgleich ohne weitere Begründung – davon ausgeht, die Regelung fänden nicht nur auf die Eröffnung Anwendung, sondern gleichermaßen auf Pläne und Entschuldungsentscheidungen.

und Art. 32 EuInsVO ergebe sich aber, dass die Verordnung terminologisch und systematisch sehr wohl zwischen dem Eröffnungsbeschluss selbst und anderen Entscheidungen im Zusammenhang mit dem Insolvenzverfahren unterscheide.[126] Die Freistellung von insolvenzrechtlichen Einschränkungen in Art. 8 Abs. 1 und Art. 10 Abs. 1 EuInsVO beziehe sich daher nur auf solche Regelungen, die unmittelbar an die Eröffnungsentscheidung anknüpfen. Der Abschluss eines Sanierungsplans werde von der Verordnung allerdings, wie die beispielhafte Nennung in Art. 7 Abs. 2 S. 2 lit. j) EuInsVO verdeutliche, der Beendigung des Verfahrens zugeordnet.[127] Die Ausnahmeregelungen für ausländische Kreditsicherheiten seien daher nicht einschlägig, sodass es bei der Geltung des Insolvenzstatuts bleibe. Daraus erkläre sich auch die Normierung der Rückausnahmen in Art. 8 Abs. 4 und Art. 10 Abs. 3 EuInsVO, derer es gerade deshalb bedurft habe, weil Anfechtungsansprüche bereits mit der Eröffnungsentscheidung entstünden.[128]

Dieses durchaus spitzfindige Wortlautargument wird bei einem Blick in den Bericht von *Virgós* und *Schmit* freilich sogleich relativiert, ist dort doch die Rede davon, dass die Sicherheiten von (sämtlichen) Wirkungen des (Insolvenz-)*Verfahrens* unberührt bleiben.[129] Eine Differenzierung nach der inhaltlichen Anknüpfung an den Eröffnungsbeschluss selbst oder ein späteres Verfahrensereignis wäre aber auch mit der Konzeption der neu eingeführten Restrukturierungsrahmen kaum zu vereinbaren. Denn der Richtliniengeber hat es in Art. 4 Abs. 5 UAbs. 1 RRL ausdrücklich ins Ermessen der Mitgliedstaaten gestellt, den Rahmen wahlweise als zusammenhängendes Verfahren oder einzelne, voneinander unabhängige Sanierungsinstrumente auszugestalten. Die Richtlinie zeigt sich damit offen für eine Umsetzung, die die Planbestätigung (auch) als isoliertes Restrukturierungstool zur Verfügung stellt. So ist es etwa bei einer „deutschen" Restrukturierung durchaus denkbar, dass der Bestätigungsbeschluss die erste Entscheidung in einem öffentlichen Restrukturierungsverfahren darstellt. Aus der Warte der EuInsVO handelt es sich bei der Planbestätigung in diesem Fall mithin um die „Eröffnungsentscheidung", was

---

[126] *Herchen*, Das Übereinkommen über Insolvenzverfahren der Mitgliedstaaten der Europäischen Union vom 23.11.1995, S. 95; *Duursma-Kepplinger* in: Duursma-Kepplinger/Duursma/Chalupsky, EuInsVO, Art. 5 Rn. 37.

[127] *Herchen*, Das Übereinkommen über Insolvenzverfahren der Mitgliedstaaten der Europäischen Union vom 23.11.1995, S. 102; *Duursma-Kepplinger* in: Duursma-Kepplinger/Duursma/Chalupsky, EuInsVO, Art. 5 Rn. 37; in systematischer Hinsicht des Weiteren die Nennung des Sanierungsplans als verfahrensbeendigende Maßnahme in Art. 34 EuInsVO 2000 (nunmehr, allerdings mit veränderter amtlicher Überschrift, Art. 47 EuInsVO) anführend *Pannen* in: Runkel/Schmidt, Anwalts-Handbuch Insolvenzrecht, § 18 Rn. 179 (dort Fn. 7).

[128] *Herchen*, Das Übereinkommen über Insolvenzverfahren der Mitgliedstaaten der Europäischen Union vom 23.11.1995, S. 96.

[129] *Virgós/Schmit*, Erläuternder Bericht, Rn. 92 und 94; darauf hinweisend *Snowden* in: Bork/van Zwieten, EIR, Rn. 8.13.

nicht zuletzt den deutschen Gesetzgeber dazu bewogen hat, durch die Regelungen in § 84 Abs. 2 StaRUG die Einhaltung der – nach Art. 4 Abs. 1 EuInsVO (nur) für Eröffnungsentscheidungen vorgesehenen – Formalien sicherzustellen. Der Bestätigungsbeschluss wäre also Eröffnungsentscheidung und (verfahrensbeendigender) Vergleich in einem, was bereits die Sinnhaftigkeit einer entsprechenden Differenzierung erheblich in Frage stellt. Bliebe man der besonders eng am Wortlaut orientierten Interpretation treu, müsste man dazu gelangen, dass ausländische Kreditsicherheiten vor Beeinträchtigungen abgeschirmt sind – immerhin handelt es sich (auch) um die Eröffnungsentscheidung. Beantragt der Schuldner hingegen im Vorfeld eine Stabilisierungsanordnung, die Bestellung eines Restrukturierungsbeauftragten oder schlicht die Vorprüfung nach §§ 47 f. StaRUG, so wäre schon die daraufhin ergehende Entscheidung als Eröffnung anzusehen; die Planbestätigung damit eine Folgeentscheidung und Art. 8 Abs. 1 und 10 Abs. 1 EuInsVO nicht mehr einschlägig. Daran offenbart sich dreierlei: erstens der Willkürvorwurf, dem sich eine solche rechtliche Handhabe – völlig zurecht – ausgesetzt sähe,[130] zweitens das offensichtliche Missbrauchspotenzial, durch die Beantragung (eigentlich unnötiger) Sanierungsinstrumente eine erste Eröffnungsentscheidung zu erwirken um die Planbestätigung zur Folgeentscheidung zu machen, und damit unumgänglich drittens die Tatsache, dass die Unterscheidung zwischen der Eröffnungsentscheidung und sonstigen Insolvenzwirkungen mit der Konzeption des europäischen Insolvenz- und Restrukturierungsrechts schlicht nicht vereinbar ist. Der Wortlaut von Art. 8 Abs. 1 und 10 Abs. 1 ist daher richtigerweise dahingehend auszulegen, dass die ausländischen Sicherungsrechte von dem gesamten *Verfahren* nicht berührt werden.[131]

(2) Unmittelbare und mittelbare Eingriffe in dingliche Rechte

Wodurch würde aber nun ein solches Kreditsicherungsrecht „berührt“? Bezogen auf den Sanierungsplan sind im Wesentlichen drei verschiedene Eingriffe in die Rechte gesicherter Gläubiger möglich.[132]

---

[130] Aus der Perspektive anderer Rechtsordnungen ergaben sich solche Ungereimtheiten auch schon vor der Einführung von Restrukturierungsrahmen, vgl. dazu etwa die niederländische sog. *fkoelingsperiode* (wörtlich: Abkühlungsphase) nach Art. 63a Fw., ein Vollstreckungs- und Verwertungsstopp, der zwar zeitgleich mit der Eröffnungsentscheidung verhängt werden kann, aber auch als isolierte Entscheidung des Gerichts möglich ist; gleiches galt im Übrigen auch in Deutschland, soweit unbewegliches Vermögen betroffen ist (vgl. § 30d ZVG) oder das Insolvenzgericht im laufenden Vorverfahren eine Ausdehnung der einstweiligen Maßnahmen nach § 21 InsO vornimmt.

[131] Ebenso *Kodek* IILR 2015, 10 (15).

[132] Streng genommen existiert bei nicht-akzessorischen Sicherheiten mit der Sicherungsabrede sogar noch ein weiterer Ansatzpunkt, um dingliche Sicherheiten zu modifizieren; da es sich bei der Modifikation von Sicherungsabreden aber (wohl) weder um eine Änderung der Zusammensetzung der Vermögensstruktur, noch eine solche der Verbindlichkeiten oder

Einerseits kann ein Restrukturierungsplan unmittelbar in das Sicherungsrecht selbst eingreifen; Art. 2 Abs. 1 Nr. 1 RRL spricht insoweit von der „Änderung der Zusammensetzung oder Struktur der Vermögenswerte“. Die Rechtsverhältnisse an den schuldnerischen Vermögensgegenständen, wozu auch eine Belastung desselben mit Sicherungsrechten zu zählen ist, können durch einen Restrukturierungsplan modifiziert werden. Neben der vollständigen Aufhebung des Rechts kommt dabei insbesondere die Herabsetzung des Haftungsbetrags oder eine Hinausschiebung der Fälligkeit des dinglichen Rechts in Betracht.

Das dingliche Sicherungsrecht kann allerdings auch – mittelbar – durch Eingriffe auf schuldrechtlicher Ebene betroffen sein, wenn und soweit der Inhaber zugleich persönlicher Gläubiger des gesicherten Anspruchs ist.[133] Denn eine Umgestaltung der zugrundliegenden Forderung wirkt sich stets auch auf die dingliche Rechtsposition des Gläubigers aus. Steht eine akzessorische Sicherheit in Rede, herrscht zwischen der Forderung einerseits und dem Bestand bzw. der Durchsetzbarkeit des Sicherungsrechts andererseits ein strenges Abhängigkeitsverhältnis: wird die gesicherte Forderung gekürzt, erlischt zugleich das dingliche Recht; im Falle einer Stundung der persönlichen Forderung ist auch die Durchsetzbarkeit der Kreditsicherheit zeitweise gesperrt. Zum gleichen Ergebnis gelangt man bei nicht-akzessorischen Sicherheiten, wenn auch über den Umweg der Sicherungsabrede und der sich daraus ergebenden Einreden.

Mit der Privilegierung neuer Finanzierungen existiert schließlich noch eine dritte Kategorie denkbarer Maßnahmen, wie sich Restrukturierungspläne auf dingliche Sicherheitsrechte auswirken können. Art. 17 Abs. 4 RRL ermächtigt die Mitgliedstaaten ausdrücklich, neue Finanzierungen in einer etwaigen späteren Insolvenz besserzustellen als gleich- oder sogar höherrangige Forderungen. In Betracht kommt damit nicht nur eine gegenüber Insolvenz- oder auch Massegläubigern privilegierte sog. *super priority* der neu ausgegebenen Kreditlinien. Um eine Sanierungsfinanzierung selbst bei (nahezu) wertausschöpfender Besicherung zu gewährleisten, können die Mitgliedstaaten für neue Finanzierungen alternativ auch die Möglichkeit vorrangiger Kreditsicherheiten an bereits belasteten Vermögensgegenständen des Schuldners, sog. *priming liens* vorsehen. Die bestehenden Sicherungsrechte an solchen Gegenständen werden dadurch faktisch im Rang herabgestuft, da sie ihren Inhabern künftig nur noch eine nachrangige Partizipation am Verwertungserlös vermitteln.

Kapitalstruktur handeln dürfte, ist fraglich, ob eine Gestaltung im Rahmen eines Restrukturierungsplans zulässig wäre.

[133] Gleiches gilt für Drittsicherheiten im Sinne des § 2 Abs. 4 StaRUG, die *per definitionem* einen gegen den Schuldner gerichteten Anspruch sichern.

(3) Unmittelbare Eingriffe in das dingliche Recht

Dass unmittelbare Eingriffe, also die Aufhebung, Reduzierung oder Stundung des dinglichen Rechts selbst dieses nicht unberührt lassen, bedarf keiner weiteren Begründung. Der Normgeber dürfte bei Schaffung der Regelungen zwar vor allem die Verwertungs- und Befriedigungsmöglichkeit des Inhabers ausländischer Sicherheitsrechte im laufenden Liquidationsverfahren vor Augen gehabt haben. Diese setzen allerdings den fortwährenden Bestand der Kreditsicherheiten, also letztendlich die Insolvenzfestigkeit nicht nur der Durchsetzung, sondern des dinglichen Rechts selbst, denknotwendig voraus. Hat man die Beschränkung der verbotenen Eingriffe auf unmittelbare Wirkungen der Eröffnungsentscheidung als mit dem geltenden europäischen Recht unvereinbar hinter sich gelassen, kann daher kein ernstlicher Zweifel daran bestehen, dass Art. 8 Abs. 1 und 10 Abs. 1 einer unmittelbaren Plangestaltung der dinglichen Sicherungsrechte an ausländischen Vermögensgegenständen entgegenstehen.

Gleiches muss richtigerweise für die Privilegierung einer Zwischenfinanzierung oder neuen Finanzierung durch die Bestellung vorrangiger Kreditsicherheiten an bereits besicherten Vermögensgegenständen gelten. Auch hier wird in das dingliche Recht selbst eingegriffen, indem es im Rang hinter das neue Sicherungsrecht subordiniert wird. Durch eine Rangrückstufung wird die bestehende dingliche Rechtsposition des gesicherten Gläubigers faktisch in ihrem Inhalt verändert und damit unmittelbar beeinträchtigt; sie würde damit „berührt“ im Sinne von Art. 8 Abs. 1 und 10 Abs. 1 EuInsVO. Soweit die *lex fori concursus* damit in Umsetzung von Art. 17 Abs. 4 RRL die Möglichkeit vorrangiger Sicherungsrechte für neue Finanzierungen vorsieht, dürfen diese keine im (europäischen) Ausland belegenen Gegenstände betreffen, an welchen bereits anderweitige Kreditsicherheiten bestellt sind.

(4) Mittelbare Eingriffe durch Gestaltungen der gesicherten Forderung

Ungleich komplexer stellen sich die Dinge im Hinblick auf mittelbare Eingriffe, vor allem also Modifikationen der zu sichernden Forderung dar. Das dingliche Recht selbst ist hier nicht Gegenstand des insolvenz- oder restrukturierungsrechtlichen Zugriffs, sodass das Sicherheitsrecht aus einer formalen Betrachtung „unberührt“ bleibt. Wirtschaftlich wird es gleichwohl entwertet, da eine dingliche Rechtsposition – soweit sie durch die Forderungskürzung (wie bei akzessorischen Sicherheiten) nicht ohnehin erlischt – keinen großen Schutz (mehr) bietet, wenn der Sicherungsvertrag eine Verwertung verbietet oder zur Rückübertragung verpflichtet. Aus einer funktional-wirtschaftlichen Betrachtung wird die Kreditsicherheit mithin sehr wohl „berührt“, wenn die zugrundeliegende Forderung in einem Sanierungsplan Einschränkungen unterworfen wird.

Man könnte sich nun auf den Standpunkt stellen, Art. 7 Abs. 2 S. 2 lit. j) und k) EuInsVO beriefen für die Voraussetzungen und Wirkungen eines Sanierungsplans und die Rechte der Gläubiger nach Beendigung des Verfahrens die *lex fori concursus*, und daraus ableiten, dass die Einschränkung von Forderungen – gesichert oder ungesichert – ausschließlich Sache des Insolvenzstatuts sei.[134] Dabei würde allerdings übersehen, dass die allgemeine Verweisung in Art. 7 Abs. 1 EuInsVO nach deren ausdrücklichen Wortlaut nur insoweit gilt, als die Verordnung nicht an anderer Stelle etwas Abweichendes bestimmt. Gerade das aber ist die Gretchenfrage, die es zu beantworten gilt: ob eben Art. 8 Abs. 1 und 10 Abs. 1 EuInsVO insofern eine vorrangige Aussage zu entnehmen ist. Allein mit dem Hinweis auf Art. 7 Abs. 2 S. 2 lit. j) und k) EuInsVO ist es also nicht getan. Letztendlich ist somit entscheidend, ob sich nun das konkrete Regelbeispiel der *lex generalis* in lit. j) und k) gegenüber den – durchaus abstrakt formulierten – *leges specialis* in Art. 8 Abs. 1 und 10 Abs. 1 EuInsVO durchzusetzen vermag. Die Systematik weist hier ganz klar in Richtung eines Vorrangs der *leges specialis*. Denn ergäbe sich die Möglichkeit einer Anfechtung nach der *lex fori concursus* bereits aus dem anfechtungsrechtlichen Regelbeispiel in Art. 7 Abs. 2 S. 2 lit. m) EuInsVO, wäre die Bezugnahme in Art. 8 Abs. 4 und 10 Abs. 3 EuInsVO schlicht überflüssig. Außerdem schützen Art. 8 Abs. 1 und 10 Abs. 1 EuInsVO nach einhelliger Meinung vor allem die Befriedigungs- und Verwertungsrechte des gesicherten Gläubigers, überschneiden sich also auch insofern mit den Regelbeispielen in Art. 7 Abs. 2 S. 2 lit. c) und f) EuInsVO. Dass sich in dieser Hinsicht Art. 8 Abs. 1 und 10 Abs. 1 EuInsVO gegen die allgemeine Kollisionsnorm – trotz konkreter Regelbeispiele – durchsetzen, dürfte jedoch gänzlich außer Frage stehen. Aus Art. 7 Abs. 2 S. 2 lit. j) und k) EuInsVO kann daher nicht abgeleitet werden, dass eine Gestaltung (auch) gesicherter Forderungen nach der *lex fori concursus* statthaft wäre. Anders herum ergibt sich aus dem Vorrang der Art. 8 Abs. 1 und 10 Abs. 1 EuInsVO aber nicht zwingend, dass eine solche (gänzlich) ausgeschlossen wäre.

Auch und gerade wegen des unpräzise formulierten Wortlauts der Regelungen sind daher teleologische Erwägungen in den Vordergrund zu stellen. Hintergrund der Ausnahmen von der *lex fori concursus* ist der Schutz des lokalen Wirtschaftsverkehrs.[135] Sie beruhen letztlich auf der überragenden Bedeutung der Kreditsicherheiten – und ihrer Insolvenzfestigkeit – für die Kreditvergabe, insbesondere die Verfügbarkeit zinsgünstigen Fremdkapitals.[136] Der gesicherte Gläubiger soll im Sicherungsfall die ihm aus der Kreditsicherheit zustehenden

---

[134] So *Flessner* in: FS Drobnig, 277 (285); *Kolmann/Ch. Keller* in: Gottwald/Haas, Insolvenzrechts-Handbuch, § 131 Rn. 46.

[135] *Virgós/Schmit*, Erläuternder Bericht, Rn. 97.

[136] Erwägungsgrund (68) S. 1 zur EuInsVO; *Virgós/Schmit*, Erläuternder Bericht, Rn. 97.

Rechte durchsetzen, also den Gegenstand – ggf. im Wege der Einzelzwangsvollstreckung – verwerten und sich aus dem Erlös befriedigen dürfen.[137] In erster Linie gewährleisten die Regelungen damit, dass die bestellte Kreditsicherheit erstens im Forumstaat auch dann anerkannt wird, wenn die dortige Rechtsordnung eine entsprechende Sicherheit nicht kennt, und zweitens, dass die Verwertungs- und Befriedigungsrechte nicht durch das Insolvenzstatut (übermäßig) beschnitten werden.[138] Gerade durch den Verweis auf die wirtschaftliche Bedeutung für die Kreditvergabe wird aber deutlich, dass es mit einem rein formalen Schutz des Sicherungsrechts nicht getan sein kann. Denn der von *Virgós/Schmit* ausdrücklich genannten Gewährung zinsgünstiger Kredite geht zwangsläufig eine Risikoprüfung voraus, die sich vor allem auf einen möglichen Forderungsausfall in einer finanziellen Krise des Schuldners beziehen wird. Das Regelungsanliegen von Art. 8 Abs. 1 und 10 Abs. 1 EuInsVO würde daher eine ganz wesentliche Schutzlücke aufweisen, müssten sich im Ausland gesicherte Gläubiger die Reduzierung ihrer Forderung nach dem Insolvenzstatut (grenzenlos) gefallen lassen. Die Vorschriften verbieten damit nicht nur Eingriffe in die dinglichen Rechte selbst, sondern vermitteln – jedenfalls in gewissem Maße – auch einen Schutz gegen die mittelbare Beeinträchtigung durch Gestaltung der zugrundeliegenden Forderungen.

Soweit eine Gestaltung ausländischer Sicherheiten und/oder der gesicherten Forderungen in Sanierungsplänen für zulässig gehalten worden ist, wurde die damit einhergehende Zurückdrängung des durch Art. 8 Abs. 1 und 10 Abs. 1 EuInsVO vermittelten Schutzes ausländischer Kreditsicherheiten wertungsmäßig vor allem durch das im Sanierungsplanverfahren gesteigerte Maß an Gläubigerautonomie gerechtfertigt.[139] Nicht der Insolvenzverwalter schränkt durch seine Verwertungshandlungen oder ähnliche Maßnahmen die Rechte der Gläubiger ein, sondern es ist die Gläubigergemeinschaft selbst, die die gesicherten Forderungen beschneidet. Aufgrund der dadurch vermittelten Einflussmöglichkeiten der (gesicherten) Gläubiger auf die Entscheidung falle das Schutzbedürfnis entsprechend geringer aus.[140] In ihrer Allgemeinheit kann diese Aussage allerdings nicht überzeugen. Denn Gläubigerautonomie ist nicht gleich Gläubigerautonomie. Die Verteilung der Stimm- und damit Machtverhältnisse zwischen den Beteiligten hängt ganz wesentlich von der Ausgestaltung des

---

[137] BGH, Beschluss vom 03.02.2011 – V ZB 54/10, BGHZ 188, 177 Rn. 20; *Leible/Staudinger* KTS 61 (2000) 533 (552).

[138] *Bach* in: A/G/R, EuInsVO a. F. Art. 5 Rn. 1.

[139] *Herchen*, Das Übereinkommen über Insolvenzverfahren der Mitgliedstaaten der Europäischen Union vom 23.11.1995, S. 95 f., 102.

[140] Als weiteren Grund für die verminderte Schutzwürdigkeit nennt *Herchen*, Das Übereinkommen über Insolvenzverfahren der Mitgliedstaaten der Europäischen Union vom 23.11.1995, S. 95 f., 102 f., dass dem gesicherten Gläubiger bei der Reorganisation das Haftungssubjekt erhalten bleibe.

mitgliedschaftlichen Insolvenz- bzw. Restrukturierungsrechts ab. Eine Herabsetzung des Schutzes auslands-gesicherter Gläubiger unter Berufung auf die Stärkung der Gläubigerautonomie erscheint daher nur dann wertungsgerecht und überzeugend, wenn entweder den gesicherten Gläubigern eine hinreichende Einflussnahmemöglichkeit auf die Beschlüsse der Gläubiger zukommt oder die Berücksichtigung ihrer Interessen durch anderweitige Schutzmechanismen in angemessenem Maße gewährleistet wird.

Können Klassen gesicherter Gläubiger – wie nach Art. 11 Abs. 1 RRL – durch andere Beteiligtengruppen überstimmt werden, wäre die abstrakt gewährleistete Gläubigerautonomie nur ein schwacher Trost für die Aberkennung des durch Art. 8 Abs. 1 und 10 Abs. 1 EuInsVO vermittelten Schutzes. In diesem Fall erscheint eine Gestaltung der gesicherten Forderungen daher mit den hinter den Regelungen stehenden teleologischen Erwägungen nur vereinbar, wenn das betreffende Restrukturierungsrecht hinreichende Regelungen vorhält, um eine unangemessene Aushöhlung des wirtschaftlichen Werts der Sicherungsrechte zu verhindern. Einen solchen wertmäßigen Bestandsschutz gewährleisten Art. 10 Abs. 2 lit. d) und 11 Abs. 1 UAbs. 1 lit. a) RRL durch das Kriterium des Gläubigerinteresses. Der wirtschaftliche Wert des Sicherungsrechts wird dadurch auch gegen Modifikationen der zu sichernden Forderung geschützt, indem der Gläubiger durch den Plan nicht schlechter gestellt werden darf, als er ohne Plan stünde. Die Forderung eines (im Ausland gesicherten) Gläubigers darf demnach nach den Vorgaben der Richtlinie nicht über den Betrag hinaus beschnitten werden, der in einem Liquidationsszenario auf ihn entfallen würde.[141]

Bis zur Grenze des Liquidationserwartungswerts hindern die Art. 8 Abs. 1 und 10 Abs. 1 EuInsVO mithin nicht an einer Umgestaltung der durch ausländisches Sicherungsgut gesicherten Forderung. Erwägenswert erscheint höchstens, in diesem Zusammenhang vom Rügeerfordernis des Art. 10 Abs. 2 UAbs. 2 RRL abzusehen und bei einer Unterschreitung des Liquidationserwartungswerts für auslands-gesicherte Gläubiger die Bestätigung bereits von Amts wegen zu versagen. *De facto* enthalten Art. 8 und 10 Abs. 1 EuInsVO daher im Hinblick auf die Kürzung gesicherter Forderungen in einem Restrukturierungsplan keinerlei Einschränkungen der *lex fori concursus.* Denn dass die Ansprüche der Sicherungsnehmer ohne deren Zustimmung nicht weiter reduziert werden dürfen, als diese in einem Liquidationsszenario befriedigt würden, ergibt sich bereits aus der Richtlinie und damit aus dem mitgliedstaatlichen Restrukturierungsrecht selbst. Mittelbar kommt Art. 8 und 10 Abs. 1 EuInsVO hier

---

[141] Eine im Ergebnis parallel laufende Ansicht wurde auch bislang bereits für sog. Ablösungsrechte vertreten, die es – wie etwa das niederländische *lossingrecht* – dem Insolvenzverwalter gestattet, das Sicherungsrecht durch die Zahlung eines angemessenen Betrags auszulösen; vgl. dazu *Moss/Fletcher/Isaacs*, The EU Regulation on Insolvency Proceedings, Rn. 8.222, die davon ausgehen dass solche Rechte die Sicherheit nicht „berühren".

allerdings erneut Bedeutung zu, da der Liquidationserwartungswert maßgeblich davon abhängen wird, ob der Gläubiger in einem solchen Zerschlagungsszenario ungestört auf sein Sicherungsgut zugreifen kann oder – bei Eröffnung eines Sekundärinsolvenzverfahrens – insolvenzrechtliche Einschränkungen hinnehmen müsste.

5. Bewertung des Restrukturierungskollisionsrechts der EuInsVO

Eine Bewertung des Kollisionsrechts der EuInsVO im Hinblick auf die Restrukturierungsrahmen nach der Restrukturierungsrichtlinie muss differenziert ausfallen. Außerordentlich zu begrüßen ist die einheitliche Anknüpfung an ein zentrales, schuldnerbezogenes Moment wie den Eröffnungsort und damit mittelbar an den COMI des Schuldners. Der ansonsten drohenden Fragmentierung des anwendbaren Rechts mit all ihren sanierungsschädlichen Auswirkungen wird dadurch wirksam vorgebeugt. Ein Kollektivmechanismus braucht Verallgemeinerung, will er nicht an der Koordinierung der mannigfaltigen Beziehungen unter den einzelnen Beteiligten scheitern. Insofern ist die Anwendung von Art. 7 EuInsVO auf präventive Restrukturierungsrahmen außerordentlich zu begrüßen, führt sie doch die materiell-rechtlichen Neuerungen der Restrukturierungsrichtlinie konsequent auf kollisionsrechtlicher Ebene fort.

Kritischer ist hingegen das Konzept der nur eingeschränkten Universalität zu bewerten. Die Eröffnung eines Sekundärverfahrens bringt begriffsnotwendig die Durchführung mehrerer Parallelverfahren mit sich, was nach der EuInsVO wiederum zwingend die Aufspaltung des schuldnerischen Vermögens in verschiedene Massen zur Folge hat. Für Restrukturierungsverfahren, die darauf angelegt sind, das gesamte (betriebsnotwendige) Vermögen des Schuldners zusammenzuhalten, ist eine solche Untergliederung allerdings wesentlich gefährlicher als für Liquidationsverfahren, auf die Sekundärverfahren ursprünglich zugeschnitten waren. Und auch ihren Schutzzweck verfehlen die Sonderverfahren im Restrukturierungskontext, schlagen doch die örtlichen Vorrechte bereits über das Kriterium des Gläubigerinteresses durch, sodass die Gläubiger jedenfalls davor geschützt werden, weniger zu erhalten, als ihnen in einem alternativen Haupt- und Sekundärinsolvenzverfahren zustünde. Jedenfalls für Restrukturierungsverfahren sollte man *de lege ferenda* daher auf das Institut der Partikular- und Sekundärverfahren verzichten.

Aus ähnlichen Erwägungen ist dem Unionsgesetzgeber außerdem nahezulegen, die Regelungen der Art. 8 und 10 Abs. 1 EuInsVO zu überdenken. Auf die massiven Wertungswidersprüche, die die – methodisch zwingende – Interpretation als Sachnormen hervorruft, wurde im international-insolvenzrechtlichen Schrifttum seit jeher hingewiesen. Dass sie keinen Rückgriff auf die im lokalen Recht vorgesehenen Einschränkungen der dinglichen Rechtsposition zulassen, ist bereits im Bereich des – national äußerst unterschiedlich ausgestalteten – Insolvenzrechts kaum zu erklären. Warum aber auslands-gesicherte

Gläubiger auch von Restrukturierungsverfahren (teilweise) verschont bleiben sollen, die seit der Umsetzung der Richtlinie in der gesamten Union zur Verfügung stehen, entbehrt schlicht jeglicher Logik. Der Verordnungsgeber wäre daher gut beraten, die entsprechenden Regelungen zu überarbeiten und sich ausdrücklich zu einem kollisionsrechtlichen Verständnis zu bekennen. Jedenfalls auf dem Gebiet des Restrukturierungsrechts stellt sich angesichts der durch die Restrukturierungsrichtlinie bewirkten Rechtsangleichung und der Bezugnahme auf die Liquidationserwartungswerte (durch das Kriterium des Gläubigerinteresses) aber ohnehin die Frage, ob mittlerweile nicht die Zeit (und der Grad europäischer Harmonisierung) reif ist, das Restrukturierungsrecht am Ort des schuldnerischen COMI auch auf ausländische Sicherungsrechte zu erstrecken.

III. Vertraulich geführte Restrukturierungsverfahren

Die gewonnenen Erkenntnisse über die kollisionsrechtliche Behandlung von Restrukturierungsrahmen unter der EuInsVO gilt es nun für die Ausdifferenzierung des anwendbaren Restrukturierungsrechts für solche Verfahren fruchtbar zu machen, die nicht unter die EuInsVO fallen. Die Brüssel-Ia-VO hilft hier nicht weiter, denn anders als ihre insolvenzrechtliche Schwesterverordnung enthält sie lediglich international-zivilverfahrensrechtliche Regelungen und damit kein internationales Privatrecht. In ihrem Anwendungsbereich ist das anwendbare Recht vielmehr regelmäßig auf Grundlage des allgemeinen Kollisionsrechts zu ermitteln, bei schuldrechtlichen Streitigkeiten etwa unter Heranziehung der Rom-Verordnungen.

1. Das Erfordernis eines einheitlich bestimmbaren Restrukturierungsrechts

Es drängt sich damit die Frage auf, ob dies auch für Restrukturierungsrahmen gelten kann, das anwendbare Restrukturierungsrecht also in Bezug auf jede umzugestaltende Forderung dem individuell zu bestimmenden Schuldstatut folgt. Es wäre die logische – aber nur selten ausgesprochene[142] – Konsequenz der bereits zum englischen *Scheme of Arrangement* postulierten Anerkennung ausländischer Sanierungsergebnisse auf international-privatrechtlicher Ebene über die jeweilige *lex causae*,[143] die mit Blick auf die Restrukturierungsrahmen

[142] Eine entsprechende Schlussfolgerung findet sich lediglich bei *Eidenmüller/Frobenius* WM 2011, 1210 (1217) sowie bei *Lüke/Scherz* ZIP 2012, 1101 (1110); ansatzweise auch *Swierczok*, Das englische Scheme of Arrangement und seine Rezeption in Deutschland, S. 223 f.

[143] *Laier* GWR 2011, 252 (255); *Petrovic* ZInsO 2021, 265 (272); *Schümann-Kleber* IILR 2011, 447 (456); *Thole* ZGR 42 (2013) 109 (146 f.), der ausdrücklich auf den insoweit bestehenden Unterschied zur verfahrensrechtlichen Anerkennung hinweist, von der nach seinen Ausführungen auf S. 135 ff. auch deutsche Forderungen profitieren; dagegen kritisch,

nach der Restrukturierungsrichtlinie derzeit eine Renaissance erlebt.[144] Es entspricht nach wie vor der nahezu einhelligen Meinung im deutschen Schrifttum, dass bei einem Scheitern der verfahrensrechtlichen Anerkennung eines englischen *Scheme of Arrangement* zumindest solche Gläubiger die dort erzielten Ergebnisse gegen sich gelten lassen müssen, deren Forderungen englischem Recht unterliegen.[145] Die Aussage ist in ihrem Kern simpel und auf den ersten Blick plausibel: unterliegt ein Anspruch englischem Schuldrecht, kann er auch nach englischem Restrukturierungsrecht modifiziert werden.

Im englischen Recht hat dieses Verständnis Tradition. Es gilt dort nicht nur für vorinsolvenzliche Restrukturierungs-, sondern auch für Insolvenzverfahren. Nach der sog. *Gibbs rule*,[146] die jüngst erst wieder vom *High Court* bestätigt wurde,[147] können englischem Recht unterliegende Forderungen (gegen den

---

eine Differenzierung zwischen schuld- und insolvenz- bzw. gesellschaftsrechtlichem Anknüpfungsgegenstand anmahnend *Lüke/Scherz* ZIP 2012, 1101 (1109 f.), sich anschließend (S. 1111 f.) aber – insoweit inkonsequent – für eine Kumulation von Gesellschafts- und (gewähltem) Schuldstatut aussprechend; zweifelnd auch *Bormann* NZI 2011, 892 (897).

[144] *Hoos/Schwartz/Schlander* ZIP 2021, 2214 (2221); *Schlöder/Parzinger/Knebel* ZIP 2021, 1041 (1048); vgl. auch *Hoegen/Kranz* NZI 2021, 105 (109); offenbar alternativ zur *lex fori* auch eine Anwendung der jeweiligen *lex causae* zulassend *Skauradszun* in: BeckOK-StaRUG § 84 Rn. 103; der lex causae bereits auf Ebene des anwendbaren Rechts fokusierend *Madaus* in: FS Paulus, S. 472 (483 ff.).

[145] Vor allem *Sax/Swierczok* ZIP 2017, 601 (602 f.) und *Sax/Berkner/Saed* NZI 2021, 517 (521) treten auch nach dem Vollzug des *Brexit* für eine Anerkennung des englischen *Scheme of Arrangement* auf international-privatrechtlicher Ebene ein und verweisen dazu insbesondere auf den universellen Ansatz der Rom-Verordnungen in Art. 2 Rom-I-VO und Art. 3 Rom-II-VO.

[146] *Antony Gibbs & Sons v. La Société Industrielle et Commerciale des Métaux* [1890] LR 25 QBD 399 (403): „These contracts were English contracts, made and to be performed in England. There is no authority to shew that a party to such a contract in England can be discharged by the law of a foreign country, whether the country of his domicil or not"; eine ausführliche Darstellung der *Gibbs Rule* findet sich etwa bei *Sachdev* 93 (2019) Am. Bankr. L. J. 343 (351 ff.) sowie bei *Ramesh* 29 (2017) Sing. Acad. L. J. 42 (43 ff.): "a discharge of any debt or liability under the bankruptcy law of a foreign jurisdiction [is recognized] as a discharge therefrom in England if, and only if, it is a discharge under the law applicable to the contract" (S. 44).

[147] Siehe etwa *Re Bakhshiyeva v Sberbank of Russia et al.* [2018] EWHC 59 (Ch.) Rn. 44, wo *Justice Hildyard* die Kernaussage der *Gibbs Rule* wie folgt zusammenfasst: „[…] a debt governed by English law cannot be discharged or compromised by a foreign insolvency proceeding. Indeed, the proposition goes further: discharge of a debt under the insolvency law of a foreign country is only treated as a discharge therefrom in England if it is a discharge under the law applicable to the contract."; vgl. auch die Berufungsentscheidung *Bakhshiyeva v Sberbank of Russia et al.* [2018] EWCA Civ 2802 Rn. 23: „It is common ground that this court is bound, as was the judge, by a rule of English private international law which is often referred to as ‚the Gibbs rule' or ‚the rule in Antony Gibbs'."

Willen des Betroffenen) nicht auf Grundlage einer ausländischen (Insolvenz-)Rechtsordnung modifiziert werden.[148] Die jeweilige *lex causae* entscheide demnach über insolvenz- und restrukturierungsrechtliche Umgestaltungen. Interessant erscheint in diesem Zusammenhang allerdings, welche Bedeutung die englischen Gerichte dem anwendbaren Recht bei der Bestätigung eines *Schemes of Arrangement* zugeschrieben haben – und welche gerade nicht. Insoweit legen einige Judikate nahe, dass die Anwendbarkeit englischen Rechts kein eigenständiges Erfordernis für die Bestätigung eines *Scheme of Arrangement* darstellt, sondern lediglich als (alternative) Voraussetzung begriffen wird, um die Zuständigkeit (*jurisdiction*) für ausländische Gesellschaften zu begründen.[149] Am deutlichsten wurde dies in der Entscheidung in Sachen *Magyar Telecom B.V.* über das *Scheme of Arrangement* eines hauptsächlich in Ungarn tätigen Telekommunikationsdienstleisters. Obwohl es eine Gestaltung von Anleihen zum Gegenstand hatte, die unter dem Recht des U.S.-Bundesstaats New York ausgegeben wurden, bestätigte *Justice Richards* das *Scheme of Arrangement.*[150] Zur Begründung führte er aus, die kurz zuvor erfolgte Verlegung des COMI nach England und die voraussichtliche (verfahrensrechtliche) Anerkennung der Sanierungsergebnisse in den Vereinigten Staaten nach *Chapter 15* des *U.S. Bankruptcy Code*[151] reichten aus, um eine – die Zuständigkeit englischer Gerichte begründende – hinreichende Verbindung (*sufficient connection*) zu England herzustellen.[152] Ganz ähnlich stellte sich der Fall in der Sache *Zlomrex International Finance SA* dar, in der die französische Finanzierungsgesellschaft eines überwiegend in Polen tätigen Metallkonzerns Anleihen nach New Yorker Recht ausgegeben hatte und nunmehr – nach einer Verlegung ihres COMI nach London – die Bestätigung eines *Scheme of Arrangement* begehrte. Hier warf *Justice Mann* in seiner Entscheidung ausdrücklich die Frage auf, ob das *Scheme of Arrangement* die New Yorker Recht unterliegenden Ansprüche der Anleihegläubiger berühren könnte, ging in der weiteren

[148] Zu den sich daraus ergebenden Problemen im Zusammenhang mit der Anerkennung von Restrukturierungsrahmen in Großbritannien *post Brexit* siehe *Schlöder/Parzinger/Knebel* ZIP 2021, 1041 (1049 f.).

[149] *Re Apcoa Parking UK Ltd. et. al.* [2014] EWHC 997 (Ch.) Rn. 20, 24; vgl. auch *Re Rodenstock GmbH* [2011] EWHC 1104 (Ch.) Rn. 64; *Re PrimaCom Holdings* [2011] EWHC 3746 (Ch.) Rn. 63 f.; vgl. ganz in diesem Sinne auch *Madaus*, Darf der StaRUG-Plan Rechtsverhältnisse gestalten, die ausländischem Recht unterliegen? (abrufbar unter <https://stephanmadaus.de/2021/08/31/darf-der-starug-plan-rechtsverhaeltnisse-gestalten-die-auslaendischem-recht-unterliegen/>, Stand Oktober 2022), der trotz dieses befremdlichen Befunds („Interessanterweise wird also aus dem anwendbaren Recht auf das Forum, nicht aber aus dem Forum auf das anwendbare Recht geschlossen") eine Übertragung dieser Rechtsprechung auf vertrauliche Restrukturierungsverfahren vorschlägt; kritischer gegenüber der selektiven Besinnung auf dieBedeutung der *lex causae* nun *ders.* in: FS Paulus, S. 472 (478 f.).

[150] *Re Magyar Telecom B.V.* [2013] EWHC 3800 (Ch.) Rn. 16.

[151] 11 U.S.C. §§ 1501 ff.

[152] *Re Magyar Telecom B.V.* [2013] EWHC 3800 (Ch.) Rn. 19 ff.

Begründung seiner Entscheidung allerdings nicht mehr näher auf die Problematik ein.[153]

Das zeigt erneut, dass der Themenkreis des anwendbaren Rechts häufig allein auf das international-privatrechtliche Anerkennungsszenario reduziert wird, obwohl sich dieselben Fragen bereits während der Restrukturierung stellen müssten. Bei Geltung desselben Kollisionsrechtsregimes aus Restrukturierungs- und Anerkennungsperspektive hätte eine für die Anerkennung postulierte Akzessorietät zur *lex causae* die unausweichliche Konsequenz, dass das anwendbare Restrukturierungsrecht schon im Verfahren für jede Forderung einzeln zu bestimmen wäre und dem jeweiligen Schuldstatut folgen müsste. Ein Ergebnis, dessen massiv sanierungsfeindliche Wirkung und fundamentale Wertungswidersprüche zum Regelungsanliegen der Restrukturierungsrichtlinie bereits aufgezeigt wurden. Damit ist deutlich geworden: mit dem allgemeinen internationalen Privatrecht, wie es insbesondere in den Rom-Verordnungen niedergelegt ist, kann es zur Ausdifferenzierung des anwendbaren Restrukturierungsrechts in vertraulichen Verfahren kein Bewenden haben. Ein Verfahren, das als kollektiver Mechanismus konzipiert ist, braucht auch auf international-rechtlicher Ebene ein einheitliches Recht, das die Rechtsbeziehungen zu den einzelnen Beteiligten in den Hintergrund stellt.

2. *Der COMI als Anknüpfungsmoment zur Ermittlung des Restrukturierungsstatus*

Richtigerweise ist zur Bestimmung des Restrukturierungsstatuts daher auch in vertraulich geführten Verfahren an den COMI des Schuldners anzuknüpfen.[154]

---

[153] *Re Zlomrex International Finance SA* [2013] EWHC 4605 (Ch.) Rn. 17: “Would the Scheme affect New York law-governed Notes […]?”.

[154] Ebenfalls – allerdings unter analoger Heranziehung von § 335 InsO – zur Anwendung der *lex fori* gelangend *Skauradszun* NZI 2021, 568 (571 f.); *ders.* in: BeckOK-StaRUG, § 84 Rn. 100; kritisch *Madaus* ZIP 2022, 1233 (1239 f.); hingegen will *Thole* ZIP 2021, 2153 (2159) eine eigenständige, ungeschriebene Kollisionsnorm herleiten, die ebenfalls das Ortsrecht zur Anwendung beruft, angesichts der dort vertretenen ausufernden Zuständigkeit aber nicht notwendig auf das Recht des COMI-Staats verweist; kollisions- und zivilverfahrensrechtliche Aspekte vermengt schließlich *Madaus*, Darf der StaRUG-Plan Rechtsverhältnisse gestalten, die ausländischem Recht unterliegen? (abrufbar unter <https://stephanmadaus.de/2021/08/31/darf-der-starug-plan-rechtsverhaeltnisse-gestalten-die-auslaendischem-recht-unterliegen/>, Stand Oktober 2022), wenn er die Anwendbarkeit einer bestimmten Restrukturierungsordnung davon abhängig machen will, dass die erzielten Sanierungsergebnisse für die Mehrheit der beteiligten Gläubiger wirksam sind, also die internationale Zuständigkeit zu bejahen ist und die Wirkungen (voraussichtlich) in den relevanten Jurisdiktionen anerkannt werden, was *de facto* die bisherige Handhabung durch die englischen Gerichte übernimmt; vgl. zu dieser Einschätzung auch *Thole* ZIP 2021, 2153 (2159); für eine gesellschaftsrechtliche Qualifikation plädiert – unter der Prämisse der von ihr vorgeschlagenen Subsumption der Restrukturierungsrahmen unter Art. 24 Nr. 2 Brüssel-Ia-VO nur konsequent – *J. Schmidt* ZInsO 2021, 654 (661).

Dass es sich dabei abstrakt betrachtet um die engste Verknüpfung handelt, um deren Berücksichtigung auch das internationale Privatrecht stets bemüht ist, wurde bereits hinlänglich dargetan. Für eine Anknüpfung am COMI spricht ferner, dass das angerufene Restrukturierungsgericht damit in einem ohnehin durch Zeitdruck geprägten Verfahren sein eigenes verfahrensrechtliches und materielles Ortsrecht anwenden kann und sich nicht mit der Ermittlung eines fremden Restrukturierungsrechts aufhalten muss. Schließlich führt die Anwendung der *lex fori* dazu, dass ein Gleichlauf zwischen materiellem und Verfahrensrecht hergestellt wird. Damit wird der insoweit bestehenden und vom Insolvenzrecht bekannten Zwitterstellung des Restrukturierungsrechts Rechnung getragen und potenzielle Widersprüche von vornherein vermieden.

3. Die dogmatische Herleitung im Wege einer Analogie zu Art. 7 EuInsVO

Bleibt also die Frage, auf welchem Wege die Herleitung einer solchen COMI-basierten Kollisionsnorm zu bewerkstelligen ist. Richtigerweise ist Art. 7 EuInsVO analog auch auf vertrauliche Verfahren anzuwenden, um damit die offensichtlich bestehende Regelungslücke zu schließen.

Eine unmittelbare Anwendung von Art. 7 EuInsVO auf vertrauliche Verfahren kommt nicht in Betracht. Dies ergibt sich einerseits bereits aus dem durch Art. 1 EuInsVO beschränkten Anwendungsbereich der Verordnung als solcher, andererseits aber auch aus dem Wortlaut der Norm selbst. Denn wenn dort von Insolvenzverfahren die Rede ist, bezieht sich dies gem. Art. 2 Nr. 4 EuInsVO eben nur auf solche Verfahren, die in Anhang A aufgenommen wurden. Andererseits wurde bereits aufgezeigt, dass eine Orientierung am Schuldstatut zu Ergebnissen führt, die weder mit dem Ziel, noch mit der Konzeption der Restrukturierungsrichtlinie kompatibel wären. Für Restrukturierungsrahmen, die nicht unmittelbar unter die EuInsVO fallen, fehlt es damit offensichtlich an einer passenden Kollisionsnorm; es besteht eine Regelungslücke.[155]

Die Gretchenfrage besteht letztlich darin, ob es sich dabei um einen unbeabsichtigten Webfehler des europäischen Restrukturierungskollisionsrechts handelt oder der Unionsgesetzgeber bewusst auf eine Regelung zur Ermittlung des anwendbaren Rechts verzichtet hat. Nimmt man das „große Ganze“ in den

[155] Zu pauschal daher die Verneinung einer Regelungslücke bei *Skauradszun* in: BeckOK-StaRUG, § 84 Rn. 96, der lediglich auf die Erwägungsgründe (12) bis (14) zur RRL verweist, ohne die Systemkohärenz des bestehenden europäischen Restrukturierungskollisionsrechts tiefer zu hinterfragen, dann aber auf Ebene des deutschen Rechts eine Regelungslücke annimmt (Rn. 100); ebenfalls eine Regelungslücke verneinend *Madaus*, Darf der StaRUG-Plan Rechtsverhältnisse gestalten, die ausländischem Recht unterliegen? (abrufbar unter <https://stephanmadaus.de/2021/08/31/darf-der-starug-plan-rechtsverhaeltnisse-gestalten-die-auslaendischem-recht-unterliegen/>, Stand Oktober 2022), der sich dabei allerdings auf das deutsche, nicht auf das europäische Recht bezieht.

Blick, ist dieser Aspekt eingebettet in eine wesentlich breitere und ganz grundlegende Thematik des internationalen Insolvenzrechts: ist das in Art. 7 EuInsVO verankerte COMI-Prinzip tatsächlich auf Verfahren nach Anhang A beschränkt, oder ist es nicht vielmehr im Sinne einer allgemeinen insolvenz- und restrukturierungsrechtlichen Kollisionsnorm zu verstehen?

a) *Rechtsaktübergreifende Analyse der Systematik des Insolvenzkollisionsrechts in der EuInsVO*

Grundsätzlich lässt sich bei einer vergleichenden Umschau des europäischen internationalen Privat- und Zivilverfahrensrechts feststellen, dass das Repertoire des Unionsgesetzgebers im Wesentlichen aus zwei unterschiedlichen Regelungsmodellen besteht. Einerseits existiert mit der Brüssel-Ia-VO ein allgemeines Verfahrenswerk, mit dem auf kollisionsrechtlicher Ebene mehrere Rechtsgebiete korrespondieren, darunter insbesondere das harmonisierte internationale Schuldrecht, bestehend aus den beiden Rom-Verordnungen, aber auch das nach wie vor den Mitgliedstaaten überlassene internationale Sachen- und Gesellschaftsrecht. Andererseits gibt es vor allem im Bereich des Familien- und Erbrechts eine Vielzahl von Regelwerken, die – wie im Ausgangspunkt auch die EuInsVO – zugleich zivilverfahrens- und kollisionsrechtliche Vorschriften enthalten. Zu nennen sind neben der europäischen Erbrechtsverordnung[156] vor allem die jüngst verabschiedeten Verordnungen über den Güterstand.[157] Ebenfalls sowohl kollisions- als auch international-zivilverfahrensrechtlicher Natur ist die europäische Unterhaltsverordnung,[158] deren Art. 15 allerdings zur Ermittlung des anwendbaren Rechts in Unterhaltsfragen auf eine

---

[156] Verordnung (EU) Nr. 650/2012 des Europäischen Parlaments und des Rates vom 04.07.2012 über die Zuständigkeit, das anzuwendende Recht, die Anerkennung und Vollstreckung von Entscheidungen und die Annahme und Vollstreckung öffentlicher Urkunden in Erbsachen sowie zur Einführung eines Europäischen Nachlasszeugnisses (EuErbVO), ABl. vom 27.07.2012, L 201, S. 107.

[157] Verordnung (EU) 2016/1103 des Rates vom 24.06.2016 zur Durchführung einer Verstärkten Zusammenarbeit im Bereich der Zuständigkeit, des anzuwendenden Rechts und der Anerkennung und Vollstreckung von Entscheidungen in Fragen des ehelichen Güterstands (EuGüVO), ABl. vom 08.07.2016, L 183, S. 1, sowie dazu parallel Verordnung (EU) 2016/1104 des Rates vom 24.06.2016 zur Durchführung der Verstärkten Zusammenarbeit im Bereich der Zuständigkeit, des anzuwendenden Rechts und der Anerkennung und Vollstreckung von Entscheidungen in Fragen güterrechtlicher Wirkungen eingetragener Partnerschaften (EuPartVO), ABl. vom 08.07.2016, L 183, S. 30.

[158] Verordnung (EG) Nr. 4/2009 des Rates vom 18.12.2008 über die Zuständigkeit, das anwendbare Recht, die Anerkennung und Vollstreckung von Entscheidungen und die Zusammenarbeit in Unterhaltssachen (EuUntVO), ABl. vom 10.01.2009, L 7, S. 1.

völkerrechtliche Regelung weiterverweist. Beiden Regelungsbereichen widmet sich schließlich auch das Haager Kinderschutzübereinkommen,[159] das zwar keinen Rechtsakt der EU darstellt, dem aber alle 27 Mitgliedstaaten der Union beigetreten sind, sodass dadurch *de facto* ebenfalls eine Harmonisierung des mitgliedstaatlichen Rechts erfolgt ist.

All diese Rechtsakte adressieren die Problemkreise der internationalen Zuständigkeit einerseits und des anwendbaren Rechts andererseits abstrakt voneinander. Sie stellen damit ein Kollisionsrecht zur Verfügung, das nicht davon abhängt, dass auch ein entsprechendes Verfahren eröffnet wurde, und unterscheiden sich damit fundamental von der Konzeption der EuInsVO. Bereits deren amtlicher Titel als „Verordnung über Insolvenz*verfahren*“[160] deutet auf ein vorrangig verfahrensrechtliches Verständnis hin. Stellt man hier einen Vergleich mit den bereits erwähnten übrigen europäischen Rechtsakten auf dem Gebiet des internationalen Zivilverfahrens- und Privatrechts an, so weisen die EuUntVO, die EuErbVO sowie die EuGüVO und die EuPartVO allesamt in ihren amtlichen Titeln auf die – weitgehend voneinander unabhängigen – verfahrens- und kollisionsrechtlichen Regelungsbereiche hin. Insoweit kommt klar zum Ausdruck, dass die international-privatrechtlichen Regelungen auch dann Geltung beanspruchen, wenn ein entsprechendes gerichtliches Verfahren (z. B. ein Unterhaltsverfahren) nicht eingeleitet wird. Dementsprechend folgen die Definitionen der allgemeinen Anwendungsbereiche dieser Verordnungen auch – im Gegensatz zur EuInsVO – dem materiellen Recht. So stellt Art. 1 EuUntVO auf bestimmte Unterhaltspflichten ab. In Art. 1 EuErbVO wird als zentrale Anwendbarkeitsvoraussetzung die Rechtsnachfolge von Todes wegen, mithin die materiell-rechtliche Vermögensnachfolge im Todesfall[161] in den Mittelpunkt der Vorschrift gerückt; in Art. 1 EuGüVO der eheliche Güterstand. Inhaltlich enthält die EuErbVO mit Art. 4 und 21 – obgleich in der Sache identisch jeweils auf den gewöhnlichen Aufenthalt Bezug nehmend – zwei separate Vorschriften für die Bestimmung der internationalen Zuständigkeit und die Grundanknüpfung für das anwendbare Recht.[162] Besonders plakativ wird die Geltung des international-privatrechtlichen Anwendungsbefehls auch außerhalb eines entsprechenden Verfahrens im KSÜ. Das Kollisionsrecht wird hier

---

[159] Vgl. dazu das Gesetz zu dem Haager Übereinkommen vom 19.10.1996 über die Zuständigkeit, das anzuwendende Recht, die Anerkennung, Vollstreckung und Zusammenarbeit auf dem Gebiet der elterlichen Verantwortung und der Maßnahmen zum Schutz von Kindern vom 25.06.2009, BGBl. II, S. 602.

[160] Hervorhebung durch den Verf.; gleiches gilt für andere Sprachfassungen der Verordnung, z. B. „insolvency proceedings“ (engl.), „procedimientos de insolvencia“ (span.), „procédures d'insolvabilité“ (franz.) oder „procedure di insolvenza“ (ital.).

[161] Erwägungsgrund (9) zur EuErbVO.

[162] Eine der Regelungstechnik des Art. 7 EuInsVO entsprechende Verweisung in Art. 4 wäre gleichwohl wegen der – zwar nur begrenzten aber doch bestehenden – Möglichkeit einer Gerichtsstandsvereinbarung nach Art. 5 EuErbVO mit Problemen verbunden gewesen.

regelmäßig – insoweit ganz ähnlich zum Insolvenzrecht – im Zusammenhang mit behördlichen oder gerichtlichen Maßnahmen virulent. Art. 5 ff. KSÜ legen dafür die Zuständigkeit der Behörden der einzelnen Vertragsstaaten fest;[163] ebenso wie Art. 3 EuInsVO die internationale Zuständigkeit zur Durchführung des Insolvenzverfahrens regelt. Das für staatliche Maßnahmen anwendbare Recht folgt dabei aus Art. 15 KSÜ, wonach – im Ergebnis deckungsgleich mit Art. 7 EuInsVO – grundsätzlich jede zuständige staatliche Einrichtung ihr eigenes Recht anwendet. Das KSÜ erkennt allerdings an, dass darüber hinaus auch für solche Sachverhalte ein Bedürfnis nach der Ermittlung des anwendbaren Rechts existiert, in welchen keine Behörde tätig wird. Folgerichtig enthält die Übereinkunft in Art. 16 f. KSÜ Bestimmungen über das im Übrigen, also jenseits der Durchführung oder Ergreifung staatlicher Maßnahmen auf die elterliche Sorge anzuwendende Recht. Derartige Regelungstechniken lassen durch die Abstrahierung von Zuständigkeitsbestimmung und Anknüpfungsmoment keinen Zweifel daran aufkommen, dass die entsprechenden internationalprivatrechtlichen Regelungen auch außerhalb eines staatlichen Verfahrens Anwendung finden sollen. Für die Rechtsbereiche, in welchen internationales Privat- und Zivilverfahrensrecht auf unterschiedliche Rechtsakte verteilt ist, ist diese Abstrahierung ohnehin selbstverständlich. Niemand würde ernstlich auf die Idee kommen, die Rom-Verordnungen unangewendet zu lassen, nur weil kein unter die Brüssel-Ia-VO fallendes Verfahren anhängig ist.

Die EuInsVO nimmt damit unter den international-rechtlichen Sekundärrechtsakten eine Sonderstellung ein, die darauf beruht, dass das Insolvenzkollisionsrecht weder Anknüpfungsmoment, noch Anknüpfungsgegenstand anhand einer materiell-rechtlichen Kategorie, sondern in Abhängigkeit von einem bestimmten Verfahrensereignis formuliert. Damit ist allerdings noch keineswegs zugleich gesagt, dass der Unionsgesetzgeber Rechtsfragen, die an sich ebenfalls insolvenz- bzw. restrukturierungsrechtlich zu qualifizieren wären, sich aber außerhalb eines solchen Verfahrens stellen, dem kollisionsrechtlichen Nirwana überlassen wollte.

b) Die Erstreckung von Art. 7 EuInsVO auf vorinsolvenzliche Haftungstatbestände

Dass Art. 7 EuInsVO entgegen seines Wortlauts und seiner systematischen Stellung einer extensiven Auslegung zugänglich ist, zeigt wohl am deutlichsten die Rechtsprechung des EuGH zur Qualifikation vorinsolvenzlicher Haftungstatbestände. Bisheriger Höhepunkt der Rechtsentwicklung ist die Entscheidung in der Rechtssache *Kornhaas.*[164] Dort hatten die Luxemburger Richter über die

---

[163] Für die Behörden der Mitgliedstaaten der Europäischen Union mit Ausnahme des Königreichs Dänemark werden diese Zuständigkeiten allerdings durch die Art. 7 ff. Brüssel-IIb-VO überlagert, vgl. Art. 97 Brüssel-IIb-VO.

[164] EuGH, Urteil vom 10.12.2015, Rs. C-594/14, *Kornhaas*, NJW 2016, 223.

Frage zu befinden, ob die Geschäftsleiterhaftung nach § 64 Abs. 2 S. 1 GmbHG a. F.[165] nach Art. 4 EuInsVO 2000[166] insolvenzrechtlich einzuordnen sei. Die Direktorin einer englischen *Ltd.* mit COMI in Deutschland hatte nach Insolvenzreife pflichtwidrige Zahlungen vorgenommen und wurde nun vom Insolvenzverwalter auf deren Erstattung in Anspruch genommen. Der Gerichtshof nahm in seiner überraschend knapp begründeten Entscheidung in weiten Teilen Bezug auf das erst wenige Monate zuvor ergangene Judikat in der Rechtssache *G T GmbH*, in dem er in einem ähnlich gelagerten Fall über die Zuständigkeit der Gerichte am COMI der Schuldnergesellschaft zu befinden hatte.[167] Auch dort ging es um verbotene Zahlungen und auch dort machte der Insolvenzverwalter Erstattungsansprüche nach § 64 S. 1 GmbHG a. F. gegen den Geschäftsleiter geltend. In Bezug auf die internationale Zuständigkeit kam der Gerichtshof in Anlehnung an seine zuvor zu Anfechtungsklagen ergangene Rechtsprechung zu dem Ergebnis, dass vorinsolvenzliche Haftungstatbestände wie ein mit Insolvenzreife eintretendes Zahlungsverbot dem Insolvenzgerichtsstand zuzuschlagen seien.[168] Der Zahlungsanspruch gegen den Geschäftsleiter werde aus Anlass eines Insolvenzverfahrens erhoben und stelle einen vom allgemeinen Zivil- und Handelsrecht abweichenden, insolvenzrechtlichen Sondertatbestand dar, sodass im COMI-Staat in analoger Anwendung von Art. 3 EuInsVO 2000 – der heutige Art. 6 EuInsVO war noch nicht in Kraft getreten – ein Gerichtsstand eröffnet sei.[169]

In Anbetracht dieser Entscheidung war es kaum verwunderlich, dass die Rechtssache *Kornhaas*, die dem EuGH nur zwei Tage vor dem Urteil in der Rechtssache *G T GmbH* vorgelegt wurde, mit identischem Ergebnis endete.[170] Der Gerichtshof knüpfte dort ausdrücklich an die Entscheidung in der Rechtssache *G T GmbH* an und stellte fest, dass sich letztlich bereits daraus eindeutig eine insolvenzrechtliche Einordnung des Zahlungsverbots ergebe.[171] Er betonte sodann erneut die insolvenzrechtliche Provenienz des Zahlungsverbots,

---

[165] Zwischenzeitlich (u. a. im für die Rechtssache *G T GmbH* relevanten Zeitraum) § 64 S. 1 GmbHG, mittlerweile § 15b Abs. 1 S. 1 InsO.

[166] Nunmehr Art. 7 EuInsVO.

[167] EuGH, Urteil vom 04.12.2014, Rs. C-295/13, *G T GmbH*, NZG 2015, 154.

[168] EuGH, Urteil vom 04.12.2014, Rs. C-295/13, *G T GmbH*, NZG 2015, 154 Rn. 26.

[169] EuGH, Urteil vom 04.12.2014, Rs. C-295/13, *G T GmbH*, NZG 2015, 154 Rn. 19, 23.

[170] EuGH, Urteil vom 10.12.2015, Rs. C-594/14, *Kornhaas*, NJW 2016, 223 Rn. 17, 21; auch *Swierczok* NZI 2016, 50 (51) maß dem vorausgegangenen Judikat bereits eine „starke Indizwirkung" bei; vgl. ferner *Müller* LMK 2016, 376110.

[171] EuGH, Urteil vom 10.12.2015, Rs. C-594/14, *Kornhaas*, NJW 2016, 223 Rn. 17, wo es insoweit wörtlich heißt, der EuGH habe „auch wenn seine Antwort auf das [vorangegangene] Vorabentscheidungsersuchen [in der Rechtssache *G T GmbH*] Art. 3 [EuInsVO 2000] und die internationale Zuständigkeit eines nationalen Gerichts zur Entscheidung über eine Klage, die auf eine nationale Bestimmung wie § 64 Abs. 2 S. 1 GmbHG gestützt ist, betraf, diese Bestimmung des nationalen Rechts gleichwohl eindeutig als insolvenzrechtliche Norm eingestuft".

durch das pflichtwidrige Verstöße gegen die Antragspflicht sanktioniert und damit die praktische Wirksamkeit des Insolvenzverfahrens, insbesondere dessen zügige Einleitung sichergestellt würden.[172] Außerdem führte er die funktionelle Nähe der Geschäftsleiterhaftung nach § 64 Abs. 2 S. 1 GmbHG a. F. zu der in Art. 7 Abs. 2 lit. m) EuInsVO explizit aufgeführten Insolvenzanfechtung ins Feld.[173] Die beiden Entscheidungen liegen damit auf derselben Linie: Bei vorinsolvenzlichen Haftungstatbeständen handelt es sich um insolvenzrechtliche Institute, die sowohl zuständigkeitsrechtlich als auch kollisionsrechtlich nach der EuInsVO zu beurteilen sind. Insofern stellt die Entscheidung in der Rechtssache *Kornhaas* die konsequente Fortführung des Judikats in der Rechtssache *G T GmbH* dar.

Interessant ist dabei allerdings, was der EuGH gerade nicht in die Begründung seiner *Kornhaas* Entscheidung übernommen hat, nämlich die Ausführungen zur Relevanz eines (nicht) eröffneten Insolvenzverfahrens. Ausgangspunkt ist dabei, dass die Erstattungspflicht der Geschäftsleiter wegen verbotener Zahlungen materiell-rechtlich nicht die Eröffnung eines Insolvenzverfahrens voraussetzt. Zwar ist im Einzelnen umstritten, wann exakt der entsprechende Anspruch der Gesellschaft gegen den Geschäftsführer entsteht, insbesondere ob seine Entstehung oder nur die Einklagbarkeit aufschiebend bedingt ist.[174] Einigkeit besteht indes darin, dass die Ersatzpflicht nicht nur bei Eröffnung eines Insolvenzverfahrens aktuell wird, sondern ebenso bei der Abweisung des Insolvenzantrags mangels Masse.[175] Was aber bedeutet es für die internationalrechtliche Einordnung des Zahlungsverbots, dass seine Rechtsfolgen nach materiellem Recht eben nicht nur in einem eröffneten Insolvenzverfahren, sondern auch außerhalb eines solchen virulent werden können? Sowohl in der Rechtssache *G T GmbH* als auch in *Kornhaas* war tatsächlich ein Insolvenzverfahren eröffnet worden, sodass die Frage – so sie nicht insgesamt auf die Einordnung des § 64 GmbHG a. F. durchschlägt, was der EuGH verneint[176] – im konkreten Fall nicht zu entscheiden war. Gleichwohl hielt sich der EuGH in der erstgenannten Entscheidung gewissermaßen einen Ausweg offen, indem er konstatierte, dass eine auf § 64 GmbHG a. F. gestützte Klage, die außerhalb eines Insolvenzverfahrens erhoben wird, außerhalb des Anwendungsbereichs der EuInsVO liegen und sich die internationale Zuständigkeit in einem solchen

[172] EuGH, Urteil vom 10.12.2015, Rs. C-594/14, *Kornhaas*, NJW 2016, 223 Rn. 18 f.

[173] EuGH, Urteil vom 10.12.2015, Rs. C-594/14, *Kornhaas*, NJW 2016, 223 Rn. 20.

[174] Vgl. dazu nur mit Kritik an der widersprüchlichen Judikatur des BGH *Haas* in: Noack/Servatius/Haas, GmbHG, § 64 Rn. 34, 37.

[175] BGH, Urteil vom 11.09.2000 – II ZR 370/99, NJW 2001, 304 (305); Beschluss vom 02.12.2014 – II ZR 119/14, NZI 2015, 85 Rn. 8.

[176] EuGH, Urteil vom 04.12.2014, Rs. C-295/13, *G T GmbH*, NZG 2015, 154 Rn. 20 ff.

Falle nach der Brüssel-Ia-VO bestimmen *könne*.[177] Das Judikat sollte zunächst also nur für Erstattungsansprüche gelten, die innerhalb eines Insolvenzverfahrens erhoben werden. Hinsichtlich der zivilverfahrensrechtlichen Einordnung einer Inanspruchnahme des Geschäftsleiters außerhalb eines Insolvenzverfahrens wollten sich die luxemburger Richter hingegen nicht festlegen. Ganz anders die Entscheidung in der Rechtssache *Kornhaas*. Hier verliert der EuGH kein Wort darüber, dass die Zahlungsverbote nicht notwendig eine Verfahrenseröffnung voraussetzen, sondern auch außerhalb eines Insolvenzverfahrens geltend gemacht werden können. Obgleich sich der Tenor zur Beantwortung der Vorlagefrage – entsprechend dem konkret zu beurteilenden Sachverhalt – nur auf erstere Konstellation bezieht, beanspruchen die Ausführungen im Übrigen offenbar unabhängig davon Geltung, ob ein Insolvenzverfahren eröffnet wurde oder nicht.[178] Gerade der Verweis auf das Zahlungsverbot als Effektuierung der Insolvenzantragspflichten erschiene doch eher fragwürdig, wäre die gravierendste und gläubigerschädlichste Verzögerung des Antrags, nämlich eine Verschleppung bis zur Masselosigkeit, nicht mehr erfasst.[179] Eine ausdrückliche Einschränkung, wie sie die Entscheidung in *G T GmbH* noch enthielt, dass also die Frage außerhalb eines Insolvenzverfahrens anders zu beurteilen sein könne, sucht man in *Kornhaas* vergeblich. Dies verwundert umso mehr, als der Vorlagebeschluss in der Rechtssache *G T GmbH* die Problematik der Ersatzpflichtigkeit auch außerhalb eines Insolvenzverfahrens überhaupt nicht aufgreift,[180] während der BGH in seiner Vorlage im *Kornhaas*-Verfahren auf diesen Aspekt explizit hingewiesen hat.[181]

In Teilen des Schrifttums wurde der Verzicht auf eine entsprechende Einschränkung hinsichtlich des Kollisionsrechts zutreffend dahingehend interpretiert, dass der EuGH durch seine Entscheidung den Weg geebnet hat, Art. 7 EuInsVO zu einer eigenständigen, von der (insolvenz-)verfahrensrechtlichen Konzeption der EuInsVO abgekoppelten, allgemein-insolvenzrechtlichen Kollisionsnorm fortzuentwickeln.[182] In einem immer weiter ausdifferenzierten,

---

[177] EuGH, Urteil vom 04.12.2014, Rs. C-295/13, *G T GmbH*, NZG 2015, 154 Rn. 25; an einer ausführlichen Deutung dieser Formulierung versucht sich *Wedemann* IPRax 2015, 505 (507).

[178] AA *Luke* IWRZ 2016, 122 (123), die die Ausführungen spezifisch für den – konkret auch vorliegenden – Fall der Eröffnung eines Insolvenzverfahrens verstanden wissen will; unentschlossen *Müller* LMK 2016, 376110; im Vorfeld der Entscheidung für eine verfahrensrechtliche Einschränkung auch im kollisionsrechtlichen Kontext plädierend *Servatius* DB 2015, 1087 (1089 f.).

[179] In diese Richtung auch *Schall* ZIP 2016, 289 (290) sowie *Swierczok* NZI 2016, 50 (51).

[180] LG Darmstadt, Beschluss vom 15.05.2013 – 15 O 29/12, NZI 2013, 712.

[181] BGH, Beschluss vom 02.12.2014 – II ZR 119/14, NZI 2015, 85 Rn. 19.

[182] *H.-F. Müller* EWiR 2015, 99 (100); *M. Müller* LMK 2016, 376110; *Scholz* ZEuP 2016, 963 (968 ff.); *Thole* ZIP 2016, 1399 (1400); *Wansleben* EWS 2016, 72 (75); ähnlich *Kindler* in: MüKoBGB, EuInsVO Art. 7 Rn. 91; in diesem Sinne ist wohl auch *ders.* EuZW

modernen Insolvenzrecht, das sich zunehmend nicht nur der Liquidation, sondern auch präventiven Zwecken verschrieben hat, knüpfen längst nicht mehr alle insolvenzrechtlichen Regelungen an ein (klassisches) Insolvenzverfahren an. Gläubigerschutz erfolgt heute nicht zuletzt auch durch eine gezielte Verhaltenssteuerung der Entscheidungsträger im Vorfeld der materiellen Insolvenz oder jedenfalls außerhalb klassischer Insolvenzverfahren. Dabei handelt es sich übrigens um eine Rechtsentwicklung, die sich keineswegs nur im mitgliedstaatlichen Recht vollzieht, sondern – wie Art. 19 RRL belegt – auch in Brüssel zunehmend forciert wird.

Man könnte sich nun auf den Standpunkt stellen, die Mitgliedstaaten hätten es selbst in der Hand, ihr Recht so auszugestalten, dass ein – streng insolvenzverfahrensakzessorisch verstandener – Art. 7 EuInsVO Anwendung finde.[183] Im Hinblick auf vorinsolvenzliche Haftungstatbestände etwa könnte man ins Feld führen, dass sich der Unionsgesetzgeber offensichtlich bewusst war, dass einige Mitgliedstaaten die Eröffnung des Insolvenzverfahrens von einer hinreichenden Massedeckung abhängig machen. Dies belegt nicht zuletzt Art. 40 EuInsVO, der – wenn auch für Sekundärinsolvenzverfahren[184] – explizit an das in einigen nationalen Insolvenzrechtsordnungen vorgesehene Erfordernis der hinreichenden Masse anknüpft. Es wäre allerdings verfehlt, daraus zu folgern, dass es der Verordnungsgeber den Mitgliedstaaten überantworten wollte, das

2016, 136 (137 ff.) zu verstehen, wenn er darauf hinweist, dass sich die kollisionsrechtliche Qualifikation nicht auf Klagen, sondern auf Institute des formellen und materiellen Insolvenzrechts bezöge und daher solche Ansprüche als insolvenzrechtlich zu qualifizieren seien, die die Zahlungsfähigkeit oder Überschuldung der Gesellschaft voraussetzen; in *Kornhaas* ebenfalls einen Hinweis auf die Verdichtung von Art. 7 EuInsVO hin zu einer allgemeinen Kollisionsregel erblickend *Schall* ZIP 2016, 289 (290); siehe auch bereits *ders.* ECFR 2015, 280 (289); in der Tendenz, allerdings ohne ausdrückliche Bezugnahme auf die Entscheidung des EuGH auch *M. F. Müller* in: Mankowski/M. F. Müller/J. Schmidt, EuInsVO, Art. 7 Rn. 81; verhaltener dagegen *Korherr*, Funktional-teleologische Qualifikation und Gläubigerschutz, S. 204; aA *Mankowski* NZG 2016, 281 (284) sowie *Servatius* DB 2015, 1087 (1089 ff.).

[183] In diese Richtung mit Blick auf die Restrukturierungsrahmen *Madaus*, Darf der StaRUG-Plan Rechtsverhältnisse gestalten, die ausländischem Recht unterliegen? (abrufbar unter <https://stephanmadaus.de/2021/08/31/darf-der-starug-plan-rechtsverhaeltnisse-gestalten-die-auslaendischem-recht-unterliegen/>, Stand Oktober 2022).

[184] Bei Haupt- und Sekundärinsolvenzverfahren handelt es sich in erster Linie um international-zivilverfahrensrechtliche Kategorien, sodass das materielle Insolvenzrecht – von Sondervorschriften, wie sie sich aus deutscher Perspektive insbesondere in Art. 102c EGInsO finden, abgesehen – grundsätzlich gleichermaßen für Haupt- und Sekundärinsolvenzverfahren gelten, so auch das Erfordernis der Massedeckung in § 26 InsO; vgl. dazu *Ch. Keller* in: Vallender, EuInsVO, Art. 35 Rn. 2; vgl. auch *Undritz* in: HambK-InsO, § 354 Rn. 1.

nationale Insolvenzrecht so auszugestalten, dass eine restriktiv zu handhabende, von der Insolvenzverfahrenseröffnung abhängende Kollisionsnorm wie Art. 7 EuInsVO Anwendung finde.[185]

In Anbetracht der – teilweise fundamentale Unterschiede aufweisenden – Konzeption der einzelstaatlichen Insolvenzrechtsordnungen sah der Unionsgesetzgeber auf dem Gebiet des Insolvenzrechts vergleichsweise früh einen entsprechenden Handlungsbedarf zur internationalen Koordinierung der Maßnahmen in Bezug auf das Vermögen eines insolventen Schuldners.[186] Ein solches Bedürfnis ergibt sich indes nicht nur bei massehaltigen Insolvenzfällen, sondern auch und gerade dann, wenn das Unternehmen bereits derart heruntergewirtschaftet wurde, dass die verfügbaren Vermögenswerte noch nicht einmal zur Deckung der Verfahrenskosten genügen. Dies gilt im gesamteuropäischen Kontext vor allem deshalb, weil die mitgliedstaatlichen Rechtsordnungen mit masselosen Insolvenzen höchst unterschiedlich verfahren.[187] Die rechtssichere Ermittlung des anwendbaren Insolvenzrechts ist auch keineswegs allein im Interesse des jeweiligen Mitgliedstaats, der sein Recht angewandt wissen will.[188] Er dient gleichermaßen den Rechtsunterworfenen, die ihr Handeln und ihre Risikobewertungen an einer Rechtsordnung ausrichten, das sie anhand eines klaren und vereinheitlichten Kollisionsrechts ermitteln können. Auch die Binnenmarktrelevanz[189] des internationalen Insolvenzrechts beschränkt sich eben nicht nur auf Rechtsfragen, die sich im eröffneten Insolvenzverfahren stellen. Allein die Möglichkeit der Nationalparlamente, das Insolvenzrecht an eine allzu starre und offensichtlich zu eng geratene Kollisionsnorm anzupassen, taugt damit nicht als schlagendes Argument gegen eine extensive Anwendung von Art. 7 EuInsVO.

c) Art. 7 EuInsVO als Kollisionsnorm für vertrauliche Restrukturierungsverfahren

Nichts anderes gilt für die Ausdifferenzierung des Restrukturierungskollisionsrechts soweit es sich um vertrauliche Verfahren handelt. Damit ist vor allem *Skauradszun* zu widersprechen, der eine Analogie zu Art. 7 EuInsVO mit der

---

[185] In diesem Sinne aber offenbar *Skauradszun* NZI 2021, 568 (571); ansatzweise auch *ders.* in: BeckOK-StaRUG, § 84 Rn. 96.

[186] Erwägungsgrund (4) S. 2 zur EuInsVO.

[187] *Heese*, Gläubigerinformation in der Insolvenz, S. 436 ff.; *Merle*, Insolvenzzwecke in Deutschland und Frankreich, S. 267; vgl. auch *Virgós/Schmit*, Erläuternder Bericht, Rn. 228; *Wessels*, International Insolvency Law, Rn. 10843.

[188] In diese Richtung aber offensichtlich *Skauradszun* NZI 2021, 568 (571); *Madaus*, Darf der StaRUG-Plan Rechtsverhältnisse gestalten, die ausländischem Recht unterliegen? (abrufbar unter <https://stephanmadaus.de/2021/08/31/darf-der-starug-plan-rechtsverhaeltnisse-gestalten-die-auslaendischem-recht-unterliegen/>, Stand Oktober 2022).

[189] Vgl. dazu insb. Erwägungsgründe (4) und (5) zur EuInsVO.

Begründung ablehnt, der Richtliniengeber habe es den Mitgliedstaaten freigestellt, Restrukturierungsrahmen so auszugestalten, dass sie die Anwendungsvoraussetzungen der EuInsVO erfüllen.[190] Erwägungsgründe (13) und (14) legten es den nationalen Gesetzgebern nahe, Restrukturierungsrahmen zu schaffen, die in Anhang A aufgenommen werden können und damit von den Regelungen der EuInsVO profitieren. Dabei schwingt gewissermaßen der Vorwurf mit, die Mitgliedstaaten seien an der Unanwendbarkeit von Art. 7 EuInsVO „selbst schuld", wenn sie sich für eine Umsetzung entschieden hätten, die die Voraussetzungen für eine Aufnahme in Anhang A nicht erfüllt. Diese Sichtweise verdeutlicht, dass das Bild der mitgliedstaatlichen Konkurrenten im Wettbewerb um die Stellung als Marktführer auf dem Gebiet der Unternehmensrestrukturierung längst Eingang in den wissenschaftlichen Diskurs und die Wahrnehmung des internationalen Restrukturierungsrechts gefunden hat. Dabei wird allerdings übersehen, dass ein stimmiges, harmonisiertes und rechtssicheres Kollisionsrecht eben nicht nur im Interesse des Staats selbst liegt, in dessen Rechtsordnung der jeweilige (vertrauliche) Restrukturierungsrahmen beheimatet ist, sondern mindestens ebenso im Interesse der Parteien und sonstigen Verfahrensbeteiligten. Jedenfalls ist eine Analogie zu Art. 7 EuInsVO einer solchen zu § 335 InsO, wie insbesondere *Skauradszun* sie stattdessen vorgeschlagen hat,[191] vorzuziehen. Denn Letztere wäre schwerwiegen-

[190] *Skauradszun* NZI 2021, 568 (571); *ders.* in: BeckOK-StaRUG, § 84 Rn. 96; *Madaus*, Darf der StaRUG-Plan Rechtsverhältnisse gestalten, die ausländischem Recht unterliegen? (abrufbar unter <https://stephanmadaus.de/2021/08/31/darf-der-starug-plan-rechtsverhaeltnisse-gestalten-die-auslaendischem-recht-unterliegen/>, Stand Oktober 2022); ablehnend gegenüber einer Heranziehung des Art. 7 EuInsVO auch *ders.* ZIP 2022, 1233 (1238).

[191] *Skauradszun* NZI 2021, 568 (571 f.); *ders.* in: BeckOK-StaRUG, § 84 Rn. 100; hingegen hätten sich *Schlöder/Parzinger/Knebel* ZIP 2021, 1041 (1041) ein Anerkennungsregime im StaRUG selbst gewünscht, das allerdings den gleichen Bedenken ausgesetzt wäre; *de lege lata* sympathisieren sie offenbar ebenfalls eher mit einer Anwendung von § 335 InsO (vgl. S. 1048); *Thole* ZIP 2021, 2153 (2159) und *Madaus*, Darf der StaRUG-Plan Rechtsverhältnisse gestalten, die ausländischem Recht unterliegen? (abrufbar unter <https://stephanmadaus.de/2021/08/31/darf-der-starug-plan-rechtsverhaeltnisse-gestalten-die-auslaendischem-recht-unterliegen/>, Stand Oktober 2022) entwickeln jeweils eigene Kollisionsnormen, die sich – trotz inhaltlicher Unterschiede – beide am Verfahrensstaat orientieren, wobei es sich ebenfalls eher um eine Fortentwicklung des deutschen als des europäischen Rechts handeln dürfte; differenzierter und offenbar im europäischen Sekundärrecht wurzelnd nunmehr *ders.* ZIP 2022, 1233 (1240), wonach einer Gerichtsstandsvereinbarung regelmäßig die Wahl des dortigen Restrukturierungsrechts immanent sein soll, während sich das Recht bei einer auf Art. 8 Nr. 1 Brüssel-Ia-VO gestützten Zuständigkeit aus Art. 4 Abs. 4 Rom-I-VO nach der engsten Verbindung bestimmen soll, wobei allerdings wegen der Zuweisung der Kompetenz zum „Vertragsdiktat" durch das Restrukturierungsrecht allein an die inländischen Gerichte ein Auseinanderfallen von *forum* und *ius* nicht hinnehmbar und in einem solchen Falle die Restrukturierungssache daher – vor deutschen Gerichten nach § 33 Abs. 2

den Bedenken ausgesetzt. Dies gilt zunächst im Hinblick darauf, dass sich daraus zwar aus deutscher Perspektive ein stimmiges und wertungsgerechtes Bild ergeben mag. Die insoweit komfortable Lage, auf ein kodifiziertes autonomes internationales Insolvenzrecht zurückgreifen zu können, dürfte allerdings eher eine deutsche Besonderheit sein. In anderen Mitgliedstaaten würde die Suche nach einer geeigneten Ausdifferenzierung des Restrukturierungskollisionsrechts wohl der freien Rechtsfindung der Rechtspraxis und Richterschaft überlassen, was – jedenfalls für einen Übergangszeitraum – naturgemäß eine erhebliche Rechtsunsicherheit mit sich brächte. Eine Analogie zu § 335 InsO ist aber aus einem noch viel fundamentaleren Grund abzulehnen: Er widerspräche – jedenfalls für sich allein betrachtet – der Normhierarchie und wäre daher schlicht europarechtswidrig. Denn wie bereits gezeigt wurde und im Übrigen auch *Skauradszun* selbst zugrunde legt,[192] ist das Schicksal einer Forderung grundsätzlich eine Frage des – europarechtlich zu ermittelnden – Schuldstatuts. Insofern mutet es doch etwas kühn an, das Anknüpfungsmoment der sekundärrechtlich determinierten *lex causae* durch die analoge Anwendung einer national-autonomen Kollisionsnorm zu überlagern. Die Begründung müsste hier bei den normhierarchisch vorrangigen Normen der Art. 12 Abs. 1 lit. d) Rom-I-VO und 15 lit. h) Rom-II-VO ansetzen.[193] Erst eine teleologische Reduktion ebendieser Regelungen im Hinblick auf restrukturierungsrechtliche Sachverhalte eröffneten überhaupt Spielraum für die Heranziehung nationalen Rechts – ob nun unmittelbar oder im Wege der Analogie. Damit aber wäre das Zugeständnis verbunden, dass der Unionsgesetzgeber im Bereich der vertraulichen Verfahren offenbar nicht mit der Stringenz vorgegangen ist, die *Skauradszun* der – zweifellos naheliegenderen – Analogie zu Art. 7 EuInsVO entgegenhält. Auch insofern zeigt sich abermals die Vorzugswürdigkeit der hier vertretenen Ansicht. Als speziell auf insolvenz- und restrukturierungsrechtliche Sachverhalte zugeschnittene, europarechtliche *lex specialis* geht Art. 7 EuInsVO – auch in seiner analogen Anwendung – den allgemeineren europäischen Kollisionsnormen vor, was in Art. 23 Rom-I-VO und Art. 27 Rom-II-VO ausdrücklich vorgesehen ist.

Nr. 2 StaRUG – einzustellen sei; warum es dann allerdings noch auf die Annahme der Verweisung durch das IPR des Forumstaats ankommen soll, erschließt sich nicht, handelt es sich bei der Rom-I-VO nach deren Art. 20 doch durchweg um Sachnormverweisungen.

[192] *Skauradszun* NZI 2021, 568 (570); vgl. außerdem auch die Ausführungen in *ders.* in: BeckOK-StaRUG, § 84 Rn. 103, die auf ein Alternativitätsverhältnis zwischen *lex fori* und *lex causae* schließen lassen.

[193] Insoweit nicht zu beanstanden daher die gesellschaftsrechtliche Qualifikation bei *J. Schmidt* ZInsO 2021, 654 (661), der insoweit die Bereichsausnahmen in Art. 1 Abs. 2 lit. f) Rom-I-VO und Art. 1 Abs. 2 lit. d) Rom-II-VO zugute kommen.

4. Conclusio

Die Betrachtung der Rechtsentwicklung, die das internationale Insolvenzrecht in jüngerer Zeit durchlaufen hat und in die die Ausdifferenzierung des Restrukturierungskollisionsrechts eingebettet ist, hat gezeigt, dass der Wortlaut von Art. 7 EuInsVO ebenso wie seine systematische Stellung zu eng geraten sind. Die Vorschrift ist daher von der Eröffnung eines in Anhang A aufgeführten Insolvenzverfahrens zu abstrahieren und zu einer allgemeinen insolvenzrechtlichen Kollisionsnorm fortzuentwickeln. Daraus folgt, dass auf Art. 7 EuInsVO auch für Restrukturierungsrahmen zurückgegriffen werden kann, die nicht in Anhang A aufgenommen wurden, insbesondere also solche, die nicht öffentlich bekanntzumachen sind. Art. 7 EuInsVO ist damit auch auf vertrauliche Restrukturierungsrahmen anzuwenden; insoweit gelten die obigen Ausführungen zur Reichweite der *lex fori concursus* entsprechend. Hinsichtlich der Durchbrechungen des Insolvenzstatuts, insbesondere also Art. 35 EuInsVO, sollte man hingegen Zurückhaltung walten lassen. Dass Sekundärverfahren im Restrukturierungskontext unpassend sind und dem Geiste der Richtlinie diametral zuwiderlaufen, wurde bereits hinlänglich dargetan. Während Sonderverfahren im Anwendungsbereich der EuInsVO nach der *lex lata* allerdings hinzunehmen sind, eröffnet die insoweit bestehende Regelungslücke im Hinblick auf vertrauliche Verfahren hinreichende Spielräume, um von einer Übertragung der entsprechenden Regelungen abzusehen. Richtigerweise sind daher Partikular- und Sekundärverfahren außerhalb des Anwendungsbereichs der EuInsVO abzulehnen. Ähnliche Vorbehalte bestehen gegenüber der Herausnahme ausländischer Kreditsicherheiten, wie sie für öffentliche Restrukturierungsverfahren durch Art. 8 und 10 Abs. 1 EuInsVO gewährleistet werden.[194] Mit Blick auf die Ziele der Restrukturierungsrichtlinie wäre auch hier eine weitreichendere Geltung der *lex fori* begrüßenswert.

IV. Außergerichtliche Restrukturierungen

Damit ist zugleich geklärt, wie mit (vertraulichen) Restrukturierungsinstrumenten zu verfahren ist, die keine Gerichtsbeteiligung kennen und daher weder unter die Brüssel-Ia-VO, noch in den unmittelbaren Anwendungsbereich der EuInsVO fallen. Im Anschluss an die Herausarbeitung des allgemein-kollisionsrechtlichen Charakters von Art. 7 EuInsVO kann es für die Geltung der Regelung nicht darauf ankommen, ob die entsprechenden Rechtsfragen in ein gerichtliches – öffentliches oder vertrauliches – Verfahren eingebettet sind, oder das jeweilige Recht keine Gerichtsbeteiligung vorsieht. Begreift man die Norm zutreffend als allgemeine international-privatrechtliche Entscheidungsregel,

[194] AA, in der damit verbundenen über das Modell der EuInsVO hinausreichenden Anerkennung einen Wertungswiderspruch erkennend *Blankenburg* in: Morgen, StaRUG, § 86 Anh. Rn. 82.

die auch außerhalb eines gerichtlichen Verfahrens zur Anwendung gelangt, so gilt sie beispielsweise auch dann, wenn *in casu* nur eine Verwaltungsbehörde befasst oder überhaupt keine staatliche Stelle mit der Sache betraut ist. Restrukturierungsrechtliche Regelungen sind danach analog Art. 3, 7 EuInsVO allgemein nach dem COMI des Schuldners anzuknüpfen, ohne dass es auf die – wie auch immer geartete – Beteiligung eines staatlichen Organs ankommt.

§ 13 Die verfahrensrechtliche Anerkennung der Restrukturierungsergebnisse im Ausland

Die wohl drängendste Frage grenzüberschreitender Restrukturierungen ist die der internationalen Anerkennung. In den vorausgehenden Kapiteln zur internationalen Zuständigkeit und zum anwendbaren Recht hat sich offenbart, dass Restrukturierungen nur dann gelingen können, wenn die jeweiligen rechtlichen Instrumente nicht nur materiell-rechtlich als Gesamtverfahren konzipiert sind, sondern der kollektivierende Ansatz auf der international-rechtlichen Ebene fortgeführt wird. Der Mehrwert einer Einbeziehung aller Gläubiger in ein Verfahren und der Anwendung eines einheitlichen Restrukturierungsrechts wäre allerdings äußerst überschaubar, wären die dort erzielten Sanierungsergebnisse auf das Territorium des COMI-Staats beschränkt. Während der laufenden Restrukturierungen drohten Vollstreckungsversuche im Ausland, womöglich gar in fortführungsrelevantes Vermögen, obwohl im Restrukturierungsstaat die Einstellung der Zwangsvollstreckung verfügt wurde. Auch nach der erfolgreichen Restrukturierung stünde zu befürchten, dass einzelne Gläubiger vor ausländischen Foren ihre Forderungen in der ursprünglichen Höhe einklagen, obwohl diese im inländischen Verfahren gekürzt wurden. All das zeigt die fundamentale Bedeutung, die der Anerkennung im Ausland gerade in Restrukturierungsszenarien zukommt. Englische Gerichte gingen sogar so weit, die wohlwollende Ausübung des ihnen zukommenden Bestätigungsermessens davon abhängig zu machen, dass das *Scheme of Arrangement* in anderen für den Schuldner bzw. dessen Unternehmen wichtigen Jurisdiktionen anerkannt würde.[1] Und selbst im deutschen Schrifttum wurde im Zusammenhang mit

[1] *Re Rodenstock GmbH* [2011] EWHC 1104 (Ch.) Rn. 73 ff.; *Re Apcoa Parking UK Ltd. et. al.* [2014] EWHC 3849 (Ch.) Rn. 257 ff; siehe auch *Re Apcoa Parking UK Ltd. et. al.* [2014] EWHC 1867 (Ch.) Rn. 25; in diese Richtung geht auch der Vorschlag von *Madaus*, Darf der StaRUG-Plan Rechtsverhältnisse gestalten, die ausländischem Recht unterliegen? (abrufbar unter <https://stephanmadaus.de/2021/08/31/darf-der-starug-plan-rechtsverhaeltnisse-gestalten-die-auslaendischem-recht-unterliegen/>, Stand Oktober 2022), die Zuständigkeit für vertrauliche Restrukturierungsverfahren u. a. von der (wahrscheinlichen) Anerkennung in den relevanten Jurisdiktionen abhängig zu machen; im Ergebnis – jedenfalls aus deutscher Perspektive – ähnlich, aber dogmatisch überzeugender nun *ders.* ZIP 2022, 1233

dem angelsächsischen Sanierungsinstrument vor allem die Anerkennungsfähigkeit thematisiert, was freilich teilweise auch darauf zurückzuführen war, dass das deutsche Recht selbst kein entsprechendes Verfahren kannte und die Bundesrepublik daher stets als Anerkennungs- und nie als Restrukturierungsstaat fungierte.[2]

I. Kollisionsrechtliche und verfahrensrechtliche Anerkennung

Bereits in der Debatte um das englische *Scheme of Arrangement* wurde der zutreffende Ausgangspunkt eingenommen, dass eine Anerkennung der Sanierungsergebnisse im Ausland im Wesentlichen auf zwei Arten erfolgen kann. Einerseits kann die Wirkungserstreckung auf materiell-rechtlicher Ebene über das Restrukturierungskollisionsrecht bewirkt werden. Wie in § 12 gezeigt wurde, sind restrukturierungsrechtlich zu qualifizierende Regelungen gem. Art. 7 EuInsVO (ggf. analog) nach dem schuldnerischen COMI anzuknüpfen. Kommt dieselbe international-privatrechtliche Anknüpfungsregel auch im Anerkennungsstaat zur Anwendung, handelt es sich – um bei Art. 7 EuInsVO zu bleiben – also um einen EU-Mitgliedstaat,[3] so gilt das COMI-Prinzip aus der Perspektive sowohl des Ausgangs- als auch des Anerkennungsstaats. Liegt etwa der COMI des kriselnden Unternehmens in Deutschland, so gilt deutsches Restrukturierungsrecht, mithin die Regelungen des StaRUG. Durchläuft nun der Schuldner ein entsprechendes Verfahren, das mit der Bestätigung eines Restrukturierungsplans endet, so kann dieser auf kollisionsrechtlicher Ebene auch in anderen Ländern Wirkung entfalten, wenn und soweit deren internati-

---

(1240), wonach die mangelnde Anerkennung in für die angestrebte Restrukturierung relevanten Jurisdiktionen das Rechtsschutzbedürfnis entfallen ließe und die Restrukturierungssache nach § 33 Abs. 2 Nr. 2 StaRUG einzustellen sei.

[2] Vgl. nur die Titel der Beiträge von *Fischer* in: FS Vallender, S. 137 („Rechtliche Anerkennung eines Scheme of Arrangement, das eine Gesellschaft mit Sitz in Deutschland betrifft"), *Lüke/Scherz* ZIP 2012, 1101 („Zu den Wirkungen eines Solvent Scheme of Arrangement in Deutschland") und *Mankowski* WM 2011, 1201 („Anerkennung englischer Solvent Schemes of Arrangement in Deutschland), sowie neuerdings *Sax/Berkner/Saed* NZI 2021, 517 („Anerkennungsmöglichkeiten des englischen Part. 26A-Restrukturierungsplans in Deutschland post Brexit"); die seit Inkrafttreten der Restrukturierungsrichtlinie und des StaRUG veröffentlichten Beiträge sind dementsprechend wesentlich offener betitelt und greifen regelmäßig auch die Zuständigkeit und das anwendbare Recht als eigenständige Diskussionspunkte auf.

[3] Nachdem sich Dänemark nicht an der Annahme der EuInsVO beteiligt hat, erscheint gegenüber einer Erstreckung des in der Verordnung enthaltenen Kollisionsrechts auf das Königreich Zurückhaltung geboten, sodass insoweit das national-autonome IPR über eine etwaige kollisionsrechtliche Anerkennung ausländischer Sanierungsergebnisse zu befragen ist.

onales Restrukturierungsrecht ebenfalls die deutsche Rechtsordnung für anwendbar erklärt.[4] Die Harmonisierung des Restrukturierungskollisionsrechts bringt es dabei mit sich, dass die übrigen Mitgliedstaaten das anwendbare Restrukturierungsrecht allesamt nach Art. 7 EuInsVO (analog), also nach dem schuldnerischen COMI ermitteln. Liegt dieser daher tatsächlich in der Bundesrepublik, werden auch ausländische Gerichte zur Geltung deutschen Rechts kommen – und damit in der Regel zur kollisionsrechtlichen Anerkennung der erreichten Sanierungsergebnisse. Die Befassung der ausländischen Richter mit den sich stellenden Rechtsfragen bringt allerdings die Gefahr mit sich, dass diese die zugrunde liegenden Tatsachen anderweitig würdigen, oder aus sonstigen Gründen zu anderen Ergebnissen kommen, als das deutsche Restrukturierungsgericht.

Diesem Risiko entgeht eine verfahrensrechtliche Anerkennung. Dort wird der Umweg über das Restrukturierungsstatut vermieden.[5] Gegenstand der Anerkennung ist eine gerichtliche Entscheidung, mithin der Tenor selbst. Im Anerkennungsstaat wird die materielle Rechtslage grundsätzlich nicht mehr hinterfragt, sondern schlicht die Wirkungen der ausländischen Entscheidungen ins Inland verlängert. Kollisionsrechtliche und verfahrensrechtliche Anerkennung stehen dabei nebeneinander. Scheitert eine verfahrensrechtliche Anerkennung – insbesondere an der Inexistenz einer gerichtlichen Entscheidung – kann gleichwohl der Weg über das Kollisionsrecht offenstehen.[6]

II. Der Gegenstand der verfahrensrechtlichen Anerkennung

Die verfahrensrechtliche Anerkennung setzt einen verfahrensrechtlichen Akt voraus, dessen Inhalt Gegenstand der Wirkungserstreckung ins Ausland sein kann. Im Hinblick auf die Anerkennung von Restrukturierungsrahmen ist dabei

---

[4] Eine kollisionsrechtliche Anerkennung wäre sogar möglich, wenn das jeweilige IPR ein anderes Statut zur Anwendung beruft, dessen Voraussetzungen aber – ggf. im Wege der Substitution – *in casu* als erfüllt anzusehen sind; so wohl auch *Kaubisch/Riewe/Hilpert* SanB 2021, 13 (17).

[5] Ein Rückgriff auf die materiell-rechtliche Anerkennung bleibt freilich dort unumgänglich, wo die entsprechenden Wirkungen nicht Gegenstand einer Entscheidung sein können, wie etwa im Hinblick auf das Wiederaufleben der Forderungen nach § 69 StaRUG; siehe dazu *Skauradszun* in: BeckOK-StaRUG, § 84 Rn. 101.

[6] Siehe dazu nur *Hoegen/Kranz* NZI 2021, 105 (109); *Hoos/Schwartz/Schlander* ZIP 2021, 2214 (2221); *Schlöder/Parzinger/Knebel* ZIP 2021, 1041 (1048); zurückhaltender hingegen *Thole* ZIP 2021, 2153 (2160) mit dem Hinweis, dass die Knüpfung der Forderungsmodifikation an eine gerichtliche Entscheidung im Rahmen einer kollisionsrechtlichen Anerkennung schwerwiegende Folgeprobleme aufwerfen kann, die allerdings weitgehend vermieden werden, wenn – wie hier zugrunde gelegt – Restrukturierungsstatut und Restrukturierungszuständigkeit zusammenfallen (und daher die Gerichte im Staat der verwiesenen Rechtsordnung stets auch aus der Perspektive des Anerkennungsstaats zuständig sind); Bedenken äußert auch *Madaus* ZIP 2022, 1233 (1241) für den Fall, dass anwendbares Restrukturierungsrecht und *lex causae* auseinanderfallen.

wiederum zwischen den Art. 19 ff. EuInsVO einerseits und den Art. 36 ff. Brüssel-Ia-VO andererseits zu differenzieren, die jeweils ein ausdifferenziertes Anerkennungsregime enthalten.

1. Die Anerkennung öffentlicher Restrukturierungsrahmen

Öffentliche Restrukturierungsrahmen, die in Anhang A aufgenommen wurden, partizipieren an der von Art. 19, 20 EuInsVO gewährleisteten Wirkungserstreckung.[7] Die Sanierungsergebnisse sind danach in allen anderen Mitgliedstaaten (außer Dänemark) anzuerkennen: Stabilisierungsanordnungen gelten – vorbehaltlich der Art. 8 und 10 EuInsVO – auch für die Vollstreckung in dort belegenes Vermögen; die Kürzung oder Stundung von Forderungen bindet die Gerichte anderer Mitgliedstaaten ebenso wie deutsche,[8] sodass eine auf die volle Summe erhobene Klage in Höhe des gekürzten Betrags abzuweisen wäre.[9] Hatte der betroffene Gläubiger seine Forderung gegen den Schuldner bereits im Vorfeld des Sanierungsverfahrens titulieren lassen, so kann der Schuldner dem Vollstreckungsgläubiger die Reduzierung durch den Restrukturierungsplan als Einwendung entgegenhalten und dadurch eine überquotale oder im Widerspruch zu einer ergangenen Stabilisierungsanordnung stehende Vollstreckung verhindern.[10] Kurzum: die Wirkungen der Restrukturierungsinstrumente entfalten unionsweit Wirkung und sind für die Beteiligten ebenso verbindlich, wie für ggf. angerufene staatliche Organe, insbesondere ausländische Gerichte.[11]

---

[7] So auch die Motivation des deutschen StaRUG-Gesetzgebers, das öffentliche Verfahren zur Aufnahme in den Anhang A anzumelden, vgl. BT-Drucks. 19/24181, S. 178.

[8] *V. Bismarck/Schulz* NZI-Beil. 2019, 82 (83).

[9] Stellt der Restrukturierungsplan – wie nach § 71 StaRUG – einen Vollstreckungstitel dar, so wäre regelmäßig die Klage insgesamt abzuweisen, da sie in Höhe des fortbestehenden Betrags bereits unzulässig wäre.

[10] *Kolmann/Ch. Keller* in: Gottwald/Haas, Insolvenzrechts-Handbuch, § 131 Rn. 133; *Linke* IPRax 2000, 8 (9); in diesem Sinne auch EuGH, Urteil vom 29.04.1999, Rs. C-267/97, *Coursier/Fortis Bank SA*, Slg. 1999, I-2543 Rn. 32 = IPRax 2000, 18, dessen Verweis auf das nationale IZVR und IPR auf dem Gebiet des Konkursrechts allerdings – jedenfalls nach der hier vertretenen Meinung – überholt ist.

[11] Ungeklärt ist bislang, ob dies auch für gruppeninterne Drittsicherheiten gilt, insbesondere im Hinblick auf die insoweit fehlende Öffentlichkeit des Verfahrens (die Veröffentlichung erfolgt – jedenfalls nach deutschem Verständnis – rechtsträgerspezifisch; andererseits zeichnen sich Dirttsicherheiten gerade dadurch aus, dass sie Verbindlichkeiten des Schuldners sichern, sodass die Sicherungsnehmer zugleich Gläubiger des Schuldners sind und demnach von der Verfahrenseröffnung bereits auf diesem Wege in Kenntnis gesetzt werden); vgl. zu dieser Problematik ansatzweise auch *Hoegen/Kranz* NZI 2021, 105 (109); vorgelagert stellt sich freilich die Frage, ob solche Drittsicherheiten, soweit sich die entsprechenden Gegenstände im Ausland befinden (und vor allem dann wird die Frage der Anerkennung virulent), von dem Restrukturierungsrahmen überhaupt berührt werden, wobei *Schlöder/Parzinger/Knebel* ZIP 2021, 1041 (1042) vorgeschlagen haben, Art. 8 und 10

Dies gilt auch dann, wenn die Bestätigung des Restrukturierungsplans die erste und einzige Befassung des Gerichts mit dem Restrukturierungsrahmen darstellt.[12] Das deutsche Recht etwa lässt es durchaus zu, dass der Schuldner die Sanierung zunächst außergerichtlich vorantreibt, auf eine Stabilisierungsanordnung verzichtet und die Planabstimmung außergerichtlich durchführt. Begehrt er sodann die Bestätigung des Plans, insbesondere um dissentierende Gläubiger zu binden und/oder den Eintritt der nach § 18 StaRUG regelmäßig vorbehaltenen Bedingung herbeizuführen, so ist die Bestätigung des Plans zugleich die erste Entscheidung in der Restrukturierungssache. Richtigerweise ist auch in diesem – durchaus praxisrelevanten – Fall die Anerkennung gewährleistet. Es ist allerdings zuzugeben, dass man hieran bei einer unbedarften, allzu kleinteiligen Lesart der Vorschriften durchaus zweifeln könnte. Immerhin wird der gerichtlich bestätigte Vergleich in Art. 32 Abs. 1 UAbs. 1 S. 1 EuInsVO – zusammen mit Entscheidungen zur Durchführung oder Beendigung des Insolvenzverfahrens – gesondert erwähnt, was zu der Annahme verleiten könnte, dass ihm notwendig eine Eröffnung des eigentlichen Restrukturierungsverfahrens vorausgehen müsse.[13] Die deutsche Umsetzungsgesetzgebung geht hier offenbar davon aus, dass die erste Restrukturierungsentscheidung stets als „Eröffnung“ im Sinne der Verordnung anzusehen ist.[14] Dies ergibt sich insbesondere aus der gem. § 84 Abs. 2 S. 1 Nr. 1 StaRUG angeordneten Begründungspflicht und der in § 84 Abs. 2 S. 2 StaRUG i. V. m. Art. 102c § 4 EGInsO gewährleisteten Rechtsmittelmöglichkeit, die nach Art. 4 und 5 EuInsVO (europarechtlich zwingend) nur für die Eröffnungsentscheidung vorzusehen sind. Dieser Einschätzung ist vollumfänglich zuzustimmen. Die Anwendbarkeit des Anerkennungsregimes in Art. 19 ff. EuInsVO hängt nicht davon ab, dass das jeweilige Verfahren förmlich eröffnet wird. Bereits der Wortlaut spricht insoweit nicht von einer – in Art. 2 Nr. 7 EuInsVO legaldefinierten – „Entscheidung zur Eröffnung eines Insolvenzverfahrens“, sondern schlicht von der Eröffnung. Die Rechtsnatur der Verordnung als Instrument der justiziellen Zusammenarbeit in Zivilsachen legt es außerdem nahe, dass nicht formelle Eigenheiten des jeweiligen nationalen Rechts über

---

EuInsVO insoweit unangewendet zu lassen, da es sich nicht um Gegenstände „des Schuldners“ handle; auf Verwerfungen bei der Zuständigkeitsprüfung hat bereits *Thole* ZIP 2021, 2153 (2161 f.) hingewiesen.

[12] Im Ergebnis wohl ebenso, allerdings ohne ein entsprechendes Problembewusstsein erkennen zu lassen, *v. Bismarck/Schulz* NZI-Beil. 2019, 82 (83); wohl auch *Skauradszun* in: BeckOK-StaRUG § 84 Rn. 44.

[13] So leitet etwa *Kindler* in: MüKo-BGB, EuInsVO Art. 19 Rn. 6 aus dem Zusammenspiel von Art. 19 f. und 32 EuInsVO ab, dass hinsichtlich der Anerkennung zwischen dem Eröffnungsbeschluss selbst und den sonstigen Entscheidungen zur Durchführung und Beendigung eines Insolvenzverfahrens zu differenzieren sei; ähnliche Tendenzen finden sich bei *Blankenburg* in: Morgen, StaRUG, § 86 Anh. Rn. 40.

[14] So ausdrücklich BT-Drucks. 19/24181, S. 179.

die Anwendbarkeit der unionsrechtlichen Regelungen entscheiden sollen.[15] Schließlich fallen unter die EuInsVO erklärtermaßen auch Verfahren, die zunächst ohne weitere Prüfung anlaufen und erst nachträglich durch ein Gericht bestätigt werden. Im Übrigen erfolgt selbst im vorläufigen Insolvenzverfahren für gewöhnlich keine formelle Eröffnung des Sicherungsverfahrens, obwohl auch die im vorläufigen Insolvenzverfahren verfügten einstweiligen Maßnahmen nach § 21 InsO anerkanntermaßen von der Wirkungserstreckung profitieren.[16] Insoweit ist der Wortlaut in Art. 32 Abs. 1 UAbs. 1 S. 1 EuInsVO missverständlich, wenn dieser auf Vergleiche „eines Gerichts, dessen Eröffnungsentscheidung nach Artikel 19 anerkannt wird", abstellt. Zu beachten ist allerdings, dass die Vorschrift das Präsens verwendet und damit keine zeitlich vorausgegangene Eröffnungsentscheidung fordert. Richtigerweise kann die Bestätigung des Restrukturierungsplans daher funktional eine Eröffnungsentscheidung beinhalten, sodass eine Anerkennung des Vergleichs auch ohne eine vorausgehende (formelle) Eröffnungsentscheidung möglich ist.

Die EuInsVO bietet also ein umfangreiches Anerkennungsregime, an dem grundsätzlich alle innerhalb eines öffentlichen Restrukturierungsrahmens ergehenden Restrukturierungsmaßnahmen partizipieren.

2. Die Anerkennung vertraulicher Restrukturierungsrahmen

Gleiches gilt im Ergebnis für vertrauliche Restrukturierungsrahmen, soweit sie dem Anwendungsbereich der Brüssel-Ia-VO unterfallen. Wenn und soweit dieser nach den obigen Ausführungen eröffnet ist, gewährleistet auch die Brüssel-Ia-VO grundsätzlich die unionsweite Anerkennung der jeweiligen Restrukturierungsmaßnahmen.[17] Ausgangspunkt ist auch hier der Begriff der gerichtlichen Entscheidung, wie er in Art. 2 lit. a) Brüssel-Ia-VO zugrunde gelegt wird.

---

[15] In diesem Sinne auch EuGH, Urteil vom 02.05.2006, Rs. C-341/04, *Eurofood*, Slg. 2006, I-3854 Rn. 51 = EuZW 2006, 337.

[16] Siehe – allerdings zur EuInsVO 2000 – EuGH, Urteil vom 02.05.2006, Rs. C-341/04, *Eurofood*, Slg. 2006, I-3854 Rn. 54 = EuZW 2006, 337; mittlerweile werden vorläufige Verfahren explizit in Art. 1 Abs. 1 UAbs. 1 EuInsVO erwähnt und dem eröffneten Verfahren gleichgestellt.

[17] Hält man die Brüssel-Ia-VO auf vertrauliche Restrukturierungsverfahren für unanwendbar, muss man der Frage der international-zivilverfahrensrechtlichen Anerkennung auf Ebene des nationalen Rechts begegnen, wobei aus deutscher Perspektive insb. § 328 ZPO (so *Blankenburg* in: Morgen, StaRUG § 86 Anh. Rn. 45; ebenso für den neuen englischen *Restructuring Plan* nach Part 26A CA, der in weiten Teilen den Vorgaben der Restrukturierungsrichtlinie gerecht wird, *Hoos/Schwartz/Schlander* ZIP 2021, 2214 (2221)) und § 343 InsO (dafür *Paulus/Bähr/Hackländer* ZIP 2021, 1085 (1090); *Thole* ZIP 2021, 2153 (2156)) in Betracht kommen; unklar *Madaus* ZIP 2022, 1233, der einerseits das Anerkennungsregime der Brüssel-Ia-VO heranziehen will (S. 1237 f.), andererseits aber auf Anerkennungsregelungen im nationalen Recht verweist, freilich ohne sich dahingehend zu positionieren, ob diese – aus deutscher Perspektive – nun in der ZPO oder der InsO zu suchen sind (S. 1243).

Dass die Restrukturierungsrahmen ein kontradiktorisches Verfahren darstellen, wurde bereits aufgezeigt. Entsprechende Vorbehalte, wie sie insbesondere der Anerkennung der Bestätigung englischer *Schemes of Arrangement* entgegen gehalten wurden,[18] sind daher zurückzuweisen.

a) Abgrenzung zum gerichtlichen Vergleich

Tatsächlich ist die Qualifizierung eines gerichtlichen Planbestätigungsbeschlusses als Entscheidung im Sinne von Art. 2 lit. a) Brüssel-Ia-VO aus einem anderen Grund kritisch zu hinterfragen. Eine Entscheidung im besagten Sinne läge nämlich dann nicht vor, wenn es sich um einen gerichtlichen Vergleich handelt.[19] Dass die Verordnung insoweit zwischen den beiden Titelarten differenziert, ergibt sich nicht nur aus den unterschiedlichen Definitionen in Art. 2 lit. a) und b) Brüssel-Ia-VO, sondern auch daraus, dass in Art. 39 ff. und Art. 59 Brüssel-Ia-VO zwei separate Regelungskomplexe zur Vollstreckbarkeit in anderen Mitgliedstaaten bereitgehalten werden.[20] Während es sich bei der Anordnung der Einstellung von Einzelzwangsvollstreckungsmaßnahmen eindeutig um eine Entscheidung handelt, liegen die Dinge hinsichtlich der gerichtlichen Bestätigung eines Restrukturierungsplans ungleich komplizierter. Dies insbesondere deshalb, weil seit der Debatte um das *Scheme of Arrangement* durch die Überarbeitung der Brüssel-I-VO der Begriff des gerichtlichen Vergleichs neu definiert wurde, was zusätzliche Abgrenzungsprobleme zur gerichtlichen Entscheidung hervorgerufen hat.

Ein gerichtlicher Vergleich im Sinne des Art. 2 lit. b) Brüssel-Ia-VO erfordert, dass er von einem Gericht eines Mitgliedstaats gebilligt oder von einem solchen Gericht im Laufe eines Verfahrens geschlossen wurde. Die zweite Alternative entspricht damit der bisherigen Rechtslage unter Art. 58 Brüssel-I-VO, die auf eine eigenständige Definition noch verzichtet hatte.[21] Im Zuge der Reform 2012 wurde mithin die Variante des gerichtlich gebilligten Vergleichs neu eingefügt, wobei der Verordnungsgeber vor allem neuere Entwicklungen auf dem Gebiet des Kollektivrechtsschutzes im Blick hatte.[22]

---

[18] Vgl. insb. OLG Celle, Urteil vom 08.09.2009 – 8 U 46/09, ZIP 2009, 1968 (1971 f.); *Schnepp/Janzen*, VW 2007, 1057.

[19] *Ambach*, Reichweite und Bedeutung von Art. 25 EuInsVO, S. 94; das englische *Scheme of Arrangement* hingegen weder als Entscheidung noch als Vergleich einordnend *Heese*, Die Funktion des Insolvenzrechts im Wettbewerb der Rechtsordnungen, S. 83.

[20] *Pfeiffer* in: Prütting/Gehrlein, ZPO, Brüssel-Ia-VO Art. 2 Rn. 10; *Stadler* NJW 2020, 265 (269); im Ergebnis auch *Nagel/Gottwald*, IZPR, Rn. 12.20; aus dem Blickwinkel des deutschen IZVR auch Rn. 12.167.

[21] *E. Peiffer/M. Peiffer* in: Geimer/Schütze, Int. Rechtsverkehr, B Vor I 7, Art. 2 Rn. 31.

[22] Gleichwohl die Unzulänglichkeit der Brüssel-Ia-VO im Hinblick auf kollektive Rechtschutzverfahren kritisierend *Stadler* in: Musielak/Voit, ZPO, EuGVVO Art. 2 Rn. 5.

Konkret stellt sich damit die Frage, ob die in Art. 10 Abs. 1 und 11 Abs. 1 RRL vorgesehene Bestätigung eines Restrukturierungsplans einen gerichtlichen Vergleich im Sinne von Art. 2 lit. b) Var. 1 Brüssel-Ia-VO darstellt. Die Folgen wären gravierend. Denn für gerichtliche Vergleiche sieht die Verordnung lediglich die Möglichkeit der Vollstreckbarkeitserstreckung in anderen Mitgliedstaaten vor.[23] Die Regelungen über die grenzüberschreitende Anerkennung in Kapitel III. Abschnitt 1. sind von dem Stufenverweis in Art. 59 i. V. m. Art. 58 Abs. 1 UAbs. 2 Brüssel-Ia-VO dagegen nicht mit umfasst und gelten daher nicht für gerichtliche Vergleiche.[24] Nun ist es aber gerade die Entscheidungsanerkennung, auf die es im Kontext der internationalen Restrukturierung ankommt. Denn nur die Wirkungserstreckung des gerichtlich bestätigten Restrukturierungsplans hindert die Gläubiger daran, im Ausland auf Leistungen zu klagen, die ihnen nach dem Planinhalt nicht (mehr) zustehen. Die Vollstreckbarkeit lässt hingegen allenfalls in dem Umfang, in dem die Forderung dem Gläubiger nach dem Plan (noch) zusteht, das Rechtsschutzbedürfnis einer etwaigen Leistungsklage vor ausländischen Foren entfallen.[25] Für den Teil der Gläubigerrechte, der durch den Restrukturierungsplan gestaltet wurde – und nur auf den kommt es zum Gelingen der Restrukturierung an[26] – ergeben

[23] *Koch* in: FS Schumann, S. 267 (270 f.); *Mäsch* in: Kindl/Meller-Hannich, Zwangsvollstreckung, Brüssel-Ia-VO Art. 2 Rn. 10; *E. Pfeffer/M. Pfeffer* in: Geimer/Schütze, Int. Rechtsverkehr, B Vor I 7, Art. 2 Rn. 35, Art. 59 Rn. 5; *Stadler* in: Musielak/Voit, ZPO, EuGVVO Art. 2 Rn. 5; *dies.* NJW 2020, 265 (269); *Swierczok*, Das englische Scheme of Arrangement und seine Rezeption in Deutschland, 177 f.; *Thole* ZGR 42 (2013) 109 (131); *Wassermann* 86 (2011) Notre Dame L. R. 313 (343); implizit auch EuGH, Urteil vom 02.06.1994, Rs C-414/92, *Solo Kleinmotoren*, Slg. 1994, I-2237 Rn. 22 = NJW 1995, 38 Rn. 22; aA wohl *Eidenmüller/Frobenius* WM 2011, 1210 (1217); *Petrovic* ZInsO 2010, 265 (269 f.) sowie *Pfeiffer* in: Prütting/Gehrlein, ZPO, Brüssel-Ia-VO Art. 2 Rn. 10, die offenbar von einer Anerkennungsfähigkeit gerichtlicher Vergleiche ausgehen; vgl. auch *Cranshaw* ZInsO 2022, 2345 (2354), der zwar bereits die Anwendbarkeit der Brüssel-Ia-VO ablehnt, daraus aber schlussfolgert, dass demnach auch die „Anerkennung [...] als Vergleich i. S. d. Art. 58, 59 Brüssel-Ia-VO (wohl) nicht möglich“ sei; terminologisch ungenau allerdings auch die Kommissionsbegründung zum Vorschlag für die Brüssel-Ia-VO vom 14.07.1999, COM(1999) 348 final, S. 26.

[24] *Stadler* in: Musielak/Voit, ZPO, EuGVVO Art. 2 Rn. 5; *dies.* NJW 2020, 265 (269).

[25] Weitergehend, auch Klagen auf den überschießenden Betrag aus dieser Erwägung heraus für unzulässig haltend *Petrovic* ZInsO 2010, 265 (269); *Swierczok*, Das englische Scheme of Arrangement und seine Rezeption in Deutschland, 178; allgemein zu den Auswirkungen eines vollstreckbaren Vergleichs auf die Zulässigkeit einer entsprechenden Leistungsklage etwa *Gottwald* in: MüKo-ZPO, § 322 Rn. 39; *Kindl* in: Saenger, ZPO, § 794 Rn. 18.

[26] *Mankowski* WM 2011, 1201 (1207); *Thole* ZGR 42 (2013) 109 (131); allgemein zur Wesentlichkeit der (grenzüberschreitenden) Anerkennung von Vergleichen in Kollektivverfahren *Stadler* NJW 2020, 265 (269).

sich aus Art. 59 Brüssel-Ia-VO indes keinerlei Rechtsfolgen.[27] An sich ist diese Beschränkung des Art. 59 Brüssel-Ia-VO auf die grenzüberschreitende Vollstreckbarkeit von gerichtlichen Vergleichen denn auch nur konsequent, entspricht sie doch der einhelligen Auffassung zum deutschen Zivilprozessrecht, wonach ein gerichtlicher Vergleich nicht der materiellen Rechtskraft fähig ist.[28]

Was aber unterscheidet den gerichtlich gebilligten Vergleich von einer gerichtlichen Entscheidung, die den Inhalt eines zwischen den Parteien erzielten Verhandlungsergebnisses (z. B. über die Verteilung des Fortführungsmehrwerts) in sich aufnimmt? Bleibt vor dem Hintergrund des Art. 2 lit. b) Var. 1 Brüssel-Ia-VO überhaupt Raum für eine gerichtliche Entscheidung, die eine zwischen den Parteien geschlossene Vereinbarung schlicht in die Form einer gerichtlichen Entscheidung gießt? Die in der Literatur hierzu bislang vertretenen Lösungsansätze sind überschaubar. *Antomo* etwa will einen gerichtlich gebilligten Vergleich nur annehmen, wenn dieser außergerichtlich zustande kommt und anschließend von einem Gericht geprüft und genehmigt wird.[29] Keine Vergleiche im Sinne des Art. 2 lit. b) Var. 1 Brüssel-Ia-VO seien dagegen solche, die außergerichtlich geschlossen und sodann von einem Gericht inhaltlich geprüft und in eine Entscheidung überführt werden, wie es etwa beim *Scheme of Arrangement* der Fall sei.[30] Wann eine solche Überführung in eine gerichtliche Entscheidung vorliegen soll, bleibt dabei freilich ungewiss.

(1) Erfordernis der Erledigung eines anhängigen Verfahrens

Zur Vorgängervorschrift des Art. 59 Brüssel-Ia-VO wurde mit Blick auf das englische *Scheme of Arrangement* das Vorliegen eines gerichtlichen Vergleichs teilweise mit der Begründung abgelehnt, die gerichtliche Bestätigung ergehe nicht in einem Gerichtsverfahren, sondern stelle selbst den Gegenstand eines solchen Verfahrens dar.[31] Der Vergleich führe nicht, wie die Norm verlange, zu einer Erledigung des bereits anhängigen Rechtsstreits, sondern bringe

---

[27] Ähnlich im Bezug auf das englische *Scheme of Arrangement Lüke/Scherz* ZIP 2012, 1101 (1109); *Mankowski* WM 2011, 1201 (1207); *Thole* ZGR 42 (2013) 109 (131); aA, eine Leistungsklage auf die Forderung insgesamt für unzulässig haltend, allerdings ohne entsprechende Begründung *Petrovic* ZInsO 2010, 265 (269 f.) sowie *Swierczok*, Das englische Scheme of Arrangement und seine Rezeption in Deutschland, 178.

[28] Vgl. aber *Frische*, Verfahrenswirkungen und Rechtskraft gerichtlicher Vergleiche, S. 24 ff. zu den Tendenzen in anderen Mitgliedstaaten, gerichtlichen Vergleichen Rechtskraft zukommen zu lassen.

[29] *Antomo* in: BeckOK-ZPO, Brüssel-Ia-VO Art. 2 Rn. 44.

[30] *Antomo* in: BeckOK-ZPO, Brüssel-Ia-VO Art. 2 Rn. 45.

[31] *Bormann* NZI 2011, 892 (896 f.); ähnlich *Lüke/Scherz* ZIP 2012, 1101 (1109) sowie *Thole* ZGR 42 (2013) 109 (130); im Ergebnis auch *Heese*, Die Funktion des Insolvenzrechts im Wettbewerb der Rechtsordnungen, S. 82.

das gerichtliche Verfahren erst ins Rollen.[32] Gegenstimmen betonten, das gerichtliche Verfahren beginne in Wahrheit bereits mit dem Antrag auf Einberufung der Gläubigerversammlungen, welcher der Abstimmung über das *Scheme of Arrangement* und damit auch der gerichtlichen Bestätigung desselben notwendigerweise vorausgehe.[33] Übertragen auf die Bestätigung eines Restrukturierungsplans nach der Restrukturierungsrichtlinie würde es nach dieser Ansicht auf die jeweilige Ausgestaltung im nationalen Recht ankommen. Maßgeblich würde die mitgliedstaatliche Umsetzung des Restrukturierungsrahmens als Einheitsverfahren oder als Baukasten mehrerer voneinander unabhängiger Restrukturierungsinstrumente, wobei Art. 4 Abs. 5 RRL den Mitgliedstaaten diesbezüglich eine weitreichende Gestaltungsfreiheit einräumt. Außerdem bliebe unklar, wie mit vermittelnden Modellen umzugehen ist, wenn etwa die einzelnen Restrukturierungsinstrumente – wie nach § 31 StaRUG – zwar einen losen, gemeinsamen verfahrensrechtlichen Rahmen erhalten, gleichwohl aber der Inanspruchnahme der Planbestätigung nicht mehr vorauszugehen hat, als eine Anzeige der Restrukturierung, insbesondere also die Abstimmung auch ohne Gerichtsbeteiligung vonstatten gehen kann.[34] Soll hier die Einordnung als gerichtlicher Vergleich wirklich davon abhängen, ob der Schuldner das Instrument der gerichtlichen Planabstimmung gem. §§ 45 ff. StaRUG in Anspruch genommen oder die Abstimmung außergerichtlich durchgeführt hat? Diese Problematik soll an dieser Stelle nicht weiter vertieft werden, denn jedenfalls seit der Reform der Brüssel-Ia-VO kann zur Abgrenzung zwischen Vergleich und Entscheidung nicht mehr auf das Erfordernis eines vorangegangenen streitigen Verfahrens abgestellt werden.

Wie bereits erwähnt brachte die Neufassung 2012 eine Erweiterung des Begriffs des gerichtlichen Vergleichs mit sich: erfasst werden seither auch von einem Gericht gebilligte Vergleiche. Bezeichnenderweise verzichtet die geltende Definition in Art. 2 lit. b) Brüssel-Ia-VO für diese Variante auf den Zusatz, dass der Vergleich *im Laufe* eines (anderweitig anhängigen) Verfahrens gebilligt werden muss. Hatte der Kommissionsentwurf noch für beide Alternativen des Art. 2 lit. b) Brüssel-Ia-VO auf einen *im Laufe des Verfahrens* gebilligten oder geschlossenen Vergleich abgestellt,[35] findet sich dieses Merkmal hinsichtlich der Billigungsvariante bereits im Standpunkt des Parlaments in

---

[32] *Bormann* NZI 2011, 892 (897) sowie *Mankowski* WM 2011, 1201 (1206) unter Hinweis auf den – mittlerweile inhaltlich in Art. 60 Brüssel-Ia-VO überführten – Art. 58 S. 2 Brüssel-Ia-VO, der noch ausdrücklich von einem „Prozessvergleich" sprach; ähnlich *Schnepp/Janzen* VW 2007, 1057.

[33] *Petrovic* ZInsO 2010, 265 (270); *Swierczok*, Das englische Scheme of Arrangement und seine Rezeption in Deutschland, S. 179.

[34] Vgl. zu Letzterem § 60 Abs. 1 S. 3 StaRUG sowie *Fendel* in: Braun, StaRUG, § 60 Rn. 1; *Vallender*, ZInsO 2020, 2677 (2677 f.).

[35] Art. 2 lit. d) des Kommissionsentwurfs für die Neufassung der Brüssel-I-VO vom 14.12.2012, COM(2010) 748 final., S. 24.

erster Lesung nicht mehr wieder.[36] Ob dies tatsächlich auf einen entsprechenden Willen des Gesetzgebers zurückgeht, kann nicht zweifelsfrei festgestellt werden, zumal den Materialien keinerlei Motiv für die Abänderung der Bestimmung während des Gesetzgebungsverfahrens zu entnehmen ist. So könnte es sich ebenso um eine Ungenauigkeit in der Übersetzung handeln, wird der Zusatz „im Laufe des Verfahrens" doch in zahlreichen anderen Sprachfassungen – darunter auch die Hauptarbeitssprachen Englisch und Französisch[37] – den beiden Alternativen lediglich nachgestellt. Die englische Fassung etwa spricht von einem „settlement which has been approved by a court of a Member State or concluded before a court of a Member State *in the course of proceedings*"; im Französischen ist die Rede von einer „transaction approuvée par une juridiction d'un État membre ou conclue devant une juridiction d'un État membre *en cours de procédure*".[38] Gleiches gilt für die italienische und spanische Sprachfassung. Ihnen ist allensamt gemein, dass das Erfordernis des Vergleichsschlusses *im Laufe des Verfahrens* grammatikalisch ohne Weiteres auf beide vorausgehenden Tatbestandsvarianten bezogen werden könnte. Andererseits ergibt sich aus der niederländischen Sprachfassung, deren Struktur insoweit der deutschen entspricht, dass nur der vor einem Gericht geschlossene Vergleich im Laufe eines Verfahrens zustande kommen muss, nicht aber der gerichtlich bestätigte. Insofern stimmt der letztendlich verabschiedete niederländische Text im Übrigen mit dem Kommissionsentwurf überein,[39] was ebenfalls gegen einen reinen Übersetzungsfehler in der deutschen Sprachfassung spricht. Letzte Zweifel daran werden schließlich durch einen Vergleich mit dem Wortlaut eines weiteren Sekundärrechtsakts auf dem Gebiet des internationalen Zivilverfahrensrechts ausgeräumt: der Vollstreckungstitelverordnung (EuVTVO).[40] Denn in Art. 3 Abs. 1 UAbs. 2 lit. a) Alt. 2 und 3 sowie Art. 24 Abs. 1 EuVTVO findet sich der Wortlaut des Art. 2 lit. b) Brüssel-Ia-VO nahezu identisch wieder. Und auch hier erfolgt nur hinsichtlich der vor Gericht geschlossenen Vergleiche die Beschränkung auf laufende Verfahren, nicht aber für gerichtlich gebilligte Vergleiche. Gerichtlich gebilligte Vergleiche

---

[36] Art. 2 lit. b) des Standpunkts des Europäischen Parlaments in erster Lesung zur Neufassung der Brüssel-I-VO vom 20.11.2012, EP-PE_TC1-COD(2010)0383, S. 23; anders dagegen noch Art. 2 lit. d) des Berichts des Rechtsausschusses des Europäischen Parlaments zur Neufassung der Brüssel-I-VO vom 15.10.2012, A7-0320/2012, S. 29.

[37] Vgl. zu den Hauptamtssprachen in den europäischen Gesetzgebungsorganen *Yvon* EuR 2003, 681 (685).

[38] Hervorhebungen jeweils durch den Verfasser.

[39] Im Laufe des Gesetzgebungsverfahrens ergaben sich lediglich die gekennzeichneten Veränderungen infolge der Streichung der eigenständigen Gerichtsdefinition: „een schikking die door een gerecht [van een lidstaat] is goedgekeurd of tijdens een procedure voor een gerecht [van een lidstaat] is getroffen".

[40] Verordnung (EG) Nr. 805/2004 des Europäischen Parlaments und des Rates vom 21.04.2004 zur Einführung eines europäischen Vollstreckungstitels für unbestrittene Forderungen (EuVTVO), ABl. vom 30.04.2004, L 143, S. 15O.

können daher auch dann als gerichtliche Vergleiche im Sinne der Brüssel-Ia-VO angesehen werden, wenn die Billigung nicht im Rahmen eines laufenden Verfahrens erfolgt. Dies gilt demnach auch für Verfahren, die von vornherein lediglich auf die gerichtliche Billigung eines Vergleichs gerichtet sind.[41]

Für die Einordnung der gerichtlichen Bestätigung eines Restrukturierungsplans erscheint bereits dem Wortsinn nach eine Qualifikation als gerichtlich gebilligter Vergleich weitaus naheliegender als eine Subsumption unter den Begriff des vor einem Gericht geschlossenen Vergleichs.[42] Nur für letzteren fordert Art. 2 lit. b) Brüssel-Ia-VO die Einbettung in ein vorangegangenes, streitiges Verfahren. Für die Variante des gerichtlich gebilligten Vergleichs wurde auf diese Voraussetzung indes verzichtet, sodass darunter durchaus auch Verfahren fallen könnten, deren Gegenstand gerade die gerichtliche Bestätigung eines zuvor geschlossenen Vergleichs ist. Daraus folgt, dass das Merkmal der – zumindest teilweisen – Erledigung eines bereits anderweitig anhängigen Verfahrens keine trennscharfe Abgrenzung zwischen Entscheidung und gerichtlichem Vergleich gewährleisten kann und diese noch zum *Scheme of Arrangement* vertretene Ansicht daher (jedenfalls nunmehr) abzulehnen ist.

(2) Materielle Prüfung und Ermessensausübung als Abgrenzungsmerkmal

Als weiteres Abgrenzungsmerkmal zwischen gerichtlichen Vergleichen und Entscheidungen wurde unter der Geltung des Art. 58 Brüssel-I-VO teilweise auf das Ausmaß des gerichtlichen Prüfungsumfangs und Ermessensspielraums abgestellt.[43] Während dem Gericht bei einem Vergleich lediglich eine Beurkundungsfunktion zukomme, zeichne sich eine Entscheidung dadurch aus, dass das Gericht eine materielle Prüfung vornehme und eigenes Ermessen ausübe.[44] Jedenfalls seit der Reform der Brüssel-Ia-VO ist auch dieses Abgrenzungskriterium jedoch nicht mehr tragbar – jedenfalls nicht als einziges Kriterium.[45] Denn der neuen Tatbestandsalternative des gerichtlich gebilligten Vergleichs kommt bereits nach ihrem Wortsinn eindeutig ein Element der eigenständigen Abwägung und Beurteilung des vorgeschlagenen Vergleichs zu. „Billigen" impliziert die Zustimmung in einer Situation, in der auch eine Ablehnung möglich

---

[41] *Stadler* NJW 2020, 265 (269).

[42] In diesem Zusammenhang „Billigung" und „Bestätigung" gar gleichsetzend *M. F. Müller* in: Mankowski/M. F. Müller/J. Schmidt, EuInsVO, Art. 32 Rn. 21.

[43] *Eidenmüller/Frobenius* WM 2011, 1210 (1217); *Gebler* NZI 2010, 665 (668); *Laier* GWR 2011, 252 (255); *Thole* ZGR 42 (2013) 109 (130); *Westpfahl/Knopp* ZIP 2011, 2033 (2045); vgl. dazu allgemein *Kropholler/v. Hein*, EuZPR, EuGVO Art. 58 Rn. 1b; *Frische*, Verfahrenswirkungen und Rechtskraft gerichtlicher Vergleiche, S. 134; ablehnend *E. Peiffer/M. Peiffer* in: Geimer/Schütze, Int. Rechtsverkehr, B Vor I 7, Art. 59 Rn. 8.

[44] *Eidenmüller/Frobenius* WM 2011, 1210 (1217); *Westpfahl/Knopp* ZIP 2011, 2033 (2045); in diesem Sinne wohl auch *Schnepp/Janzen* VW 2007, 1057.

[45] So auch *Stadler* in: Musielak/Voit, ZPO, EuGVVO Art. 2 Rn. 5; *dies.* NJW 2020, 265 (269).

wäre; es ist notwendigerweise mit einer eigenen Wertungsentscheidung verbunden und geht daher deutlich über den reinen notariellen Akt der Beurkundung eines fremden Willens hinaus.[46]

Das deutsche Recht kennt solche Ermessensentscheidungen der Gerichte über die Zulässigkeit von Vergleichen vor allem im kollektiven Rechtsschutz, namentlich dem Kapitalanlegermusterverfahren sowie der Musterfeststellungsklage.[47] Sowohl nach § 611 Abs. 3 S. 2 ZPO als auch gem. § 18 KapMuG hängt das Zustandekommen des gerichtlichen Vergleichs davon ab, dass das erkennende Gericht den Einigungsvorschlag unter Berücksichtigung des bisherigen Sach- und Streitstandes als angemessene gütliche Beilegung des Rechtsstreits erachtet. Dabei hat das Gericht die Interessen der Verbraucher respektive der Anleger umfassend zu würdigen und die aus seiner Sicht derzeit bestehenden Prozessaussichten dem abgeschlossenen Vergleich gegenüberzustellen.[48] Gerade auf solche Situationen scheint Art. 2 lit. b) Var. 1 Brüssel-Ia-VO zugeschnitten, kommt doch der Vergleich nicht (nur) mit dem Musterkläger zustande, sondern – soweit auf individueller Ebene ein *opt out* unterbleibt – mit einer Vielzahl an angemeldeten Klägern. Bezogen auf die angemeldeten bzw. ausgesetzten Klagen wird der Vergleich nicht vor einem Richter geschlossen, sodass eine Einordnung unter Art. 2 lit. b) Var. 2 Brüssel-Ia-VO von vornherein ausscheidet. Folgerichtig werden sowohl Vergleiche nach § 18 KapMuG als auch solche nach § 611 ZPO überwiegend unter Art. 2 lit. b) Var. 1 Brüssel-Ia-VO subsumiert.[49]

Jedenfalls seit der Neufassung der Brüssel-Ia-VO kann die Ausübung einer eigenen Prüfungs- und Entscheidungskompetenz zur Abgrenzung zwischen gerichtlichem Vergleich und Entscheidung nicht mehr – jedenfalls nicht als alleinige Voraussetzung – herangezogen werden. Im Ausgangspunkt ist zwar zuzustimmen, dass sich die Mitwirkung des Gerichts bei vor ihm geschlossenen Vergleichen in der Regel auf eine rein beurkundende Tätigkeit beschränkt. In Bezug auf Vergleiche im Sinne des Art. 2 lit. b) Var. 2 Brüssel-Ia-VO mag

---

[46] AA, auch die reine Feststellung des Vergleichs durch das Gericht genügen lassend *Mäsch* in: Kindl/Meller-Hannich, Zwangsvollstreckung, Brüssel-Ia-VO Art. 2 Rn. 10; implizit auch *Gottwald* in: MüKo-ZPO, Brüssel-Ia-VO Art. 2 Rn. 26 f.; unklar *Stadler* in: Musielak/Voit, EuGVVO Art. 2 Rn. 5, wonach das Merkmal des Billigens auch die förmliche Genehmigung durch Gerichtsentscheidung einschließt.

[47] So zu § 18 KapMuG BT-Drs. 17/8799, 24; kritisch zum Begriff des Ermessens in diesem Zusammenhang etwa *Wigand* in: Vorwerk/Wolf, KapMuG, § 18 Rn. 1.

[48] *Röthemeyer*, Musterfeststellungsklage, § 611 Rn. 34; den Prüfungsumfang und Ermessensspielraum des Gerichts im KapMuG-Verfahren hingegen aus teleologischen Gründen bis an die Grenze einer reinen Gesetzmäßigkeitskontrolle verkürzend *Wigand* in: Vorwerk/Wolf, KapMuG, § 18 Rn. 3 f.

[49] *Stadler* in: Musielak/Voit, ZPO, EuGVVO Art. 2 Rn. 5; *Antomo* in: BeckOK-ZPO, Brüssel-Ia-VO Art. 2 Rn. 44

sich das Kriterium daher zu einer sachgemäßen und trennscharfen Umgrenzung des Tatbestands eignen. Wie die Alternative des gerichtlich gebilligten Vergleichs zeigt, können allerdings auch gerichtliche Vergleiche eine inhaltliche Prüfung und/oder Ermessensentscheidung des Gerichts beinhalten. Für die Abgrenzung zwischen jenen zu gerichtlichen Entscheidungen ist daher auf anderweitige Lösungsansätze zurückzugreifen.

(3) Aufnahme des Vergleichsinhalts in den Tenor

Allzu formalistisch erscheint es dabei, auf das Erfordernis einer Überführung in die gerichtliche Entscheidung abzustellen, was wohl nur dahin verstanden werden kann, dass es auf die wörtliche Übernahme des Vergleichsinhalts in den gerichtlichen Entscheidungstenor ankomme.[50] Eine derartige Handhabung würde zu gänzlich willkürlichen Ergebnissen führen, indem – bestenfalls – die gesetzgeberische Entscheidung der Mitgliedstaaten über eine reine Formalität über die Einordnung und international-verfahrensrechtliche Behandlung des Vergleichs entschiede. Nachdem § 65 Abs. 1 StaRUG als Entscheidungsinhalt lediglich die Bestätigung des Restrukturierungsplans vorsieht, während dessen Inhalt den Planbetroffenen nach Abs. 2 gesondert zugänglich zu machen ist, wäre danach ein deutscher Restrukturierungsplan als gerichtlicher Vergleich einzuordnen.[51] Finden sich im geltenden nationalen Recht hingegen keine (eindeutigen) Regelungen über den Inhalt des Entscheidungstenors, käme es gar auf die bloße praktische Handhabung der Gerichte an. Das überzeugt nicht. Vielmehr bringt Art. 2 lit. a) Brüssel-Ia-VO unmissverständlich zum Ausdruck, dass es für das Vorliegen einer Entscheidung im Sinne der Verordnung – und damit auch für die Abgrenzung zum gerichtlichen Vergleich – gerade nicht auf das äußere Erscheinungsbild oder die jeweilige Bezeichnung nach dem nationalen Prozessrecht ankommen soll.[52]

(4) Über die Gestaltung der materiellen Rechtslage hinausgehende Rechtswirkungen

Richtigerweise hat die Abgrenzung zwischen Vergleich und Entscheidung anhand teleologischer Erwägungen zu erfolgen, die insbesondere die Unter-

---

[50] Vgl. dazu mit Verweis auf die Rechtstraditionen einiger Mitgliedstaaten *Geimer* in: Zöller, ZPO § 328 Rn. 76; zust. wohl *Petrovic* ZInsO 2010, 265 (268).

[51] Vgl. zu ersten Entscheidungen aus der Praxis etwa den Tenor des Beschlusses des AG Hamburg, Beschluss vom 12.04.2021 – 61a RES 1/21, BeckRS 2021, 7959: „In der Restrukturierungssache [...] der im Handelsregister des Amtsgerichts Hamburg unter HRB [...] eingetragenen C. GmbH [...] vertreten durch den Geschäftsführer [...] wird der Restrukturierungsplan vom 02.03.2021 bestätigt".

[52] *E. Peiffer/M. Peiffer* in: Geimer/Schütze, Int. Rechtsverkehr, B Vor I 7, Art. 59 Rn. 6.

schiede zwischen den Art. 36 ff. einerseits und Art. 59 Brüssel-Ia-VO andererseits in den Blick nehmen.[53] Ausgangspunkt dieser Betrachtung ist die Erkenntnis, dass Art. 59 Brüssel-Ia-VO eben nur eine Vollstreckung im ersuchten Mitgliedstaat ermöglicht, nicht aber eine grenzüberschreitende Anerkennung der Verfahrensergebnisse. Der Verordnungsgeber ging offenbar davon aus, dass gerichtliche Vergleiche bereits wegen der ihnen immanenten privatautonomen (Um-)Gestaltung der Rechtslage keiner (verfahrensrechtlichen) Anerkennung in anderen Mitgliedstaaten bedürften. Dies passt allerdings nur für solche gerichtliche Vergleiche, welchen nach dem Recht des Ausgangsstaats – von der verfahrensbeendigenden Wirkung und ihrer Eignung als Vollstreckungstitel abgesehen – keine über die Neuordnung der materiellen Rechtslage zwischen den Parteien hinausgehenden Wirkungen zukommen. Aus der deutschen Perspektive mag sich diese Frage nicht stellen. Verschiedene mitgliedstaatliche Rechtsordnungen sehen allerdings schon für den vermeintlich einfach gelagerten Fall eines gerichtlichen Vergleichs zwischen Kläger und Beklagtem erweiterte Rechtswirkungen vor, insbesondere eine (verglichen mit streitigen Entscheidungen ggf. modifizierte) Rechtskraft.[54] Nimmt man das Ziel der Brüssel-Ia-VO ernst, den freien Verkehr von Entscheidungen in Zivil- und Handelssachen zu gewährleisten,[55] wird man sich daher zur Ausdifferenzierung der Abgrenzung zwischen Art. 36 ff. und Art. 59 Brüssel-Ia-VO vor allem am Prinzip der Wirkungserstreckung zu orientieren haben. Misst die Rechtsordnung des Ausgangsgerichts einer gerichtlichen Handlung im Zusammenhang mit der gütlichen Einigung der Beteiligten eine Wirkung bei, die über die Beendigung des Verfahrens, die Eignung als Vollstreckungstitel und die materiell-rechtliche Umgestaltung der Rechtsverhältnisse zwischen den Beteiligten hinaus geht, so ist dem auf international-verfahrensrechtlicher Ebene Rechnung zu tragen. Die Einordnung in die Kategorien gerichtlicher Vergleich und Entscheidung hat sich demnach vor allem daran zu orientieren, ob die Ursprungsrechtsordnung Rechtsfolgen vorsieht, welche über die nach Art. 59 Brüssel-Ia-VO gewährleistete Vollstreckbarkeit hinausgeht.[56]

---

[53] Kritisch dazu *Swierczok*, Das englische Scheme of Arrangement und seine Rezeption in Deutschland, S. 178.

[54] Dazu umfassend *Frische*, Verfahrenswirkungen und Rechtskraft gerichtlicher Vergleiche, S. 24 ff.

[55] Erwägungsgründe (6) und (27) zur Brüssel-Ia-VO.

[56] So für Präklusionswirkungen *Schulze* in: Wieczorek/Schütze, ZPO, Brüssel-Ia-VO Art. 2 Rn. 20; *E. Peiffer/M. Peiffer* in: Geimer/Schütze, Int. Rechtsverkehr, B vor I 7, Art. 2 Rn. 35, Art. 59 Rn. 9.

Der Restrukturierungsplan bindet in Folge einer gerichtlichen Bestätigung gem. Art. 15 RRL nicht nur diejenigen Gläubiger, die dem Vergleich zugestimmt haben, sondern ebenso opponierende Beteiligte.[57] Durch die Bestätigung erstrecken sich die vereinbarten Sanierungsmaßnahmen auf sämtliche betroffene Parteien. Zwar steht – wie gezeigt – neben dem internationalen Zivilverfahrensrecht auch das Kollisionsrecht bereit, um diesen Wirkungen grenzüberschreitend Geltung zu verschaffen. Daraus abzuleiten, es bedürfe keiner verfahrensrechtlichen Anerkennung, greift jedoch zu kurz, wird es doch dem Ziel des freien Verkehrs von Gerichtsentscheidungen innerhalb der Union in keinster Weise gerecht.[58] Zwar hängt das anwendbare Sachrecht wegen der stetig fortschreitenden Harmonisierung des internationalen Privatrechts auf europäischer Ebene in immer weniger Fällen vom angerufenen Forum ab. Dass Gerichte verschiedener Mitgliedstaaten zur Beurteilung ein und desselben Sachverhalts die identischen materiellen Rechtsnormen heranziehen, dürfte daher eher Regel als Ausnahme sein. Gleichwohl wird die internationale Entscheidungsanerkennung dadurch keineswegs in Frage gestellt, bietet sie für die Beteiligten doch durch den konkreten Entscheidungsausspruch einen erheblichen Zugewinn an Rechtssicherheit. Eine im Ausland ergangene Entscheidung hängt im Gegensatz zur kollisionsrechtlichen Wirkungserstreckung nicht mehr von der Beweisbarkeit des Sachverhalts und der Auslegung und Anwendung des jeweils anwendbaren Rechts ab, sondern legt die Rechtsfolgen für die Parteien verbindlich fest. Weist die Ausgangsrechtsordnung der Ausübung gerichtlicher Entscheidungsmacht daher bestimmte Wirkungen zu, so sind diese grundsätzlich innerhalb der Union anzuerkennen, unabhängig davon, ob dasselbe Ergebnis auch auf international-privatrechtlicher Ebene zu erreichen wäre.[59] Oder, um diese Erkenntnis auf die hier interessierenden Fragen zu übertragen: bewirkt die Bestätigung eines Restrukturierungsplans, wie es Art. 15 Abs. 1 RRL vorgibt, auf nationaler Ebene eine Wirkungserstreckung der vereinbarten Sanierungsmaßnahmen auf sämtliche betroffenen Parteien, so gebietet der Grundsatz der gegenseitigen Anerkennung, diesen Rechtswirkungen auch in anderen Mitgliedstaaten Geltung zu verschaffen.[60] Die Bestätigung eines Restrukturierungsplans stellt damit jedenfalls dann keinen Vergleich im

---

[57] Zur Einordnung als Entscheidung i. S. d. Brüssel-Ia-VO ebenfalls maßgeblich auf die Bindungswirkung abstellend *Hoos/Schwartz/Schlander* ZIP 2021, 2214 (2218).

[58] In diese Richtung aber *Swierczok*, Das englische Scheme of Arrangement und seine Rezeption in Deutschland, S. 179; dagegen zutreffend, die Bedeutung auch der verfahrensrechtlichen Anerkennung betonend *Mankowski* WM 1201 (1207); *Thole* ZGR 42 (2013) 109 (138).

[59] Ähnlich *Thole* ZGR 42 (2013) 109 (138).

[60] Vgl. dazu auch *Thole* ZGR 42 (2013) 109 (137 f.), der in der Bindungswirkung der Bestätigung eines englischen *Scheme of Arrangement* eine Parallele zu den gängigen Gestaltungsentscheidungen sieht, deren Wirkungen ebenfalls anzuerkennen sind.

Sinne von Art. 2 lit. b) Brüssel-Ia-VO dar, wenn dadurch opponierende Beteiligte an die Sanierungsergebnisse gebunden werden sollen.[61]

(5) Die Einvernehmlichkeit als unverzichtbares Merkmal eines Vergleichs im Sinne des Art. 2 lit. b) Brüssel-Ia-VO

Darüber hinaus ergeben sich bereits auf Ebene des Wortlauts erhebliche Bedenken daran, die Bestätigung eines Restrukturierungsplans als gerichtlichen Vergleich zu qualifizieren. Immerhin erfordert ein Vergleich zumindest nach deutschem Begriffsverständnis eine Einigung aller Personen, deren Rechtsstellung von dem ausgehandelten Kompromiss betroffen sein sollen. Durch ihn wird die Rechtslage einvernehmlich umgestaltet. Bei der – grundsätzlich autonomen – Auslegung europäischen Sekundärrechts ist dies freilich nicht mehr als ein Indiz. Jedoch ging auch der Unionsgesetzgeber bei Schaffung der EuVTVO erklärtermaßen davon aus, dass es sich bei einem gerichtlichen Vergleich um einen Vollstreckungstitel handle, der „die ausdrückliche Zustimmung des Schuldners erfordert".[62] Mit anderen Worten: ein (gerichtlicher) Vergleich liegt *per definitionem* nur dann vor, wenn ihm all jene zugestimmt haben, deren Rechtsstellung durch den Vergleich, und sei es nur durch einzelne darin enthaltene Regelungen unmittelbar (negativ) betroffen ist.

Nun könnte man natürlich einwenden, das Dogma der Einvernehmlichkeit eines Vergleichs gelte nur außerhalb eines (drohenden) Insolvenzszenarios. Exemplifiziert anhand des deutschen Rechts könnte etwa das terminologisch verwandte Vergleichsverfahren ins Feld geführt werden, das keineswegs einen Konsens zwischen allen Gläubigern erforderte.[63] Auch das europäische Recht scheint im insolvenzrechtlichen Kontext von dem Erfordernis der Zustimmung aller betroffenen Parteien abzuweichen. Das gilt natürlich einerseits für die bereits ausführlich erörterte Bereichsausnahme in Art. 1 Abs. 2 lit. b) Brüssel-Ia-VO, die bei Berücksichtigung ihres historischen Kontexts und der Nennung des Vergleichsverfahrens in Anhang A zur EuInsVO nur als Verweis auf ebendieses insolvenzrechtliche Verfahren verstanden werden kann. Andererseits erstreckt Art. 32 Abs. 1 UAbs. 1 S. 1 EuInsVO das Regime der automatischen Anerkennung nicht nur auf Entscheidungen, die zur Durchführung oder Beendigung des Insolvenzverfahrens ergehen, sondern nennt als eigene Kategorie explizit auch gerichtlich bestätigte Vergleiche. Nun bezieht sich diese Begriff-

[61] Gleiches wird man richtigerweise annehmen müssen, wenn mit dem Plan sonstige Drittwirkungen einhergehen, insbesondere im Hinblick auf die Privilegierung bestimmter Finanzierungen.

[62] Erwägungsgrund (5) zur EuVTVO.

[63] Vgl. § 74 Abs. 1 VerglO, dessen Mehrheitsanforderungen im Wesentlichen jenen des heutigen § 244 InsO entsprachen, allerdings ohne in verschiedene Gläubigergruppen zu unterscheiden; vgl. dazu *Hintzen* in: MüKo-InsO, § 244 Rn. 2 f.

lichkeit nach einhelliger und zutreffender Meinung mitunter auf Instrumentarien, die – wie der deutsche Insolvenzplan – Mehrheitsentscheidungen zulassen und daher gerade keine Zustimmung aller betroffenen Parteien erfordern.[64] Teilweise wird gar noch weitergehend vertreten, es komme überhaupt nicht auf eine Einigung der Gläubiger an, sodass auch allein durch das Gericht angeordnete Schuldenanpassungspläne unter die Norm fielen.[65] Das ist angesichts der damit verbundenen Emanzipation vom Wortlaut des Art. 32 Abs. 1 UAbs. 1 S. 1 EuInsVO durchaus zweifelhaft,[66] bedarf an dieser Stelle allerdings keiner weiteren Vertiefung. Festzuhalten bleibt: der Begriff des Vergleichs wird im europäischen Sekundärrecht nicht einheitlich verwendet, wobei sich Unterschiede vor allem hinsichtlich des Beteiligungserfordernisses aller betroffenen Parteien ergeben.

Für die Auslegung des Art. 2 lit. b) Brüssel-Ia-VO ist gleichwohl an der Voraussetzung der Einvernehmlichkeit festzuhalten. Denn die Vollstreckbarkeit gem. Art. 59 Brüssel-Ia-VO und damit auch die Subsumption unter die Definition des gerichtlichen Vergleichs setzt voraus, dass die Verordnung in sachlicher Hinsicht anwendbar ist. Sowohl die Begrifflichkeiten in Art. 1 Abs. 2 lit. b) Brüssel-Ia-VO als auch die Verweisung auf gerichtlich bestätigte Vergleiche in Art. 32 Abs. 1 UAbs. 1 S. 1 EuInsVO betreffen allerdings einen Bereich, der von vornherein aus dem Anwendungsbereich der Verordnung ausgenommen ist. Zwischen dem dort zugrunde gelegten, weiten Verständnis des Vergleichs und der Begriffsbestimmung in Art. 2 lit. b) Brüssel-Ia-VO ergibt sich daher keinerlei Überschneidung, sodass davon die Auslegung der in der Brüssel-Ia-VO verwendeten Begrifflichkeiten nicht tangiert wird. Vielmehr bietet sich eine enge Orientierung an der EuVTVO an, welche hinsichtlich ihres Anwendungsbereichs eine erhebliche Schnittmenge mit der Brüssel-Ia-VO aufweist. Immerhin steht es der aus einem gerichtlichen Vergleich berechtigten Partei zur Wahl, im ersuchten Mitgliedstaat eine Vollstreckung nach der Brüssel-Ia-VO zu betreiben, oder die verglichene Forderung als europäischen Voll-

---

[64] *Brinkmann* in: K. Schmidt, InsO, EuInsVO Art. 25 Rn. 9; *Balz* ZIP 1996, 948 (952); *Leible* in: Münchener Handbuch des Gesellschaftsrechts, VI, § 36 Rn. 176; *Mäsch* in: Rauscher, EuZPR/EuIPR, EuInsVO Art. 25 Rn. 3; *M. F. Müller* in: Mankowski/M. F. Müller/J. Schmidt, EuInsVO, Art. 32 Rn. 20; *Wenner/Schuster* in: FK-InsO, EuInsVO Art. 25 Rn. 3; *Ambach*, Reichweite und Bedeutung von Art. 25 EuInsVO, S. 105; unklar *Riedemann* in: Pannen, EuInsVO Art. 25 Rn. 11 und 20, die die Bestätigung des Insolvenzplans sowohl als Entscheidung zur Beendigung des Insolvenzverfahrens als auch als Annexverfahren einordnet.

[65] So etwa *Ambach*, Reichweite und Bedeutung von Art. 25 EuInsVO, S. 94, allerdings in sich widersprüchlich auf die vertragsrechtliche Natur des Vergleichs und dessen Abhängigkeit vom Willen der Parteien abstellend; zweifelhaft daher auch *Nerlich/Hübler* in: Nerlich/Römermann, InsO, EuInsVO Art. 32 Rn. 9.

[66] Ablehnend daher *M. F. Müller* in: Mankowski/M. F. Müller/J. Schmidt, EuInsVO, Art. 32 Rn. 20.

streckungstitel nach der EuVTVO bestätigen zu lassen und auf deren Grundlage die Vollstreckung einzuleiten.[67] Schließlich spricht auch die weitgehend an Art. 3 Abs. 1 UAbs. 1 lit. a) EuVTVO angelehnte Formulierung in Art. 2 lit. b) Brüssel-Ia-VO für ein Festhalten am Erfordernis der Zustimmung sämtlicher betroffener Parteien, wie sie der Unionsgesetzgeber bei Erlass der EuVTVO vor Augen hatte.

Dass ein Vergleich stets die willentliche Annahme der Vereinbarung durch alle Beteiligten voraussetzt, ergibt sich im Übrigen auch aus teleologischen Erwägungen. Im Rahmen der Vollstreckbarkeit gerichtlicher Vergleiche hat der Verordnungsgeber auf nahezu alle Vollstreckbarkeitshindernisse verzichtet. Der Vollstreckungsschuldner ist gem. Art. 59 i. V. m. Art. 58 Abs. 1 UAbs. 1 S. 2 Brüssel-Ia-VO gegenüber gerichtlichen Vergleichen auf den Einwand des *ordre public* beschränkt. Insbesondere ein mangelndes rechtliches Gehör (Art. 45 Abs. 1 lit. b)) sowie die fehlende internationale Zuständigkeit des angerufenen Ausgangsgerichts (Art. 45 Abs. 1 lit. e) Brüssel-Ia-VO) bilden daher keine eigenständigen Versagungsgründe, sondern können allenfalls als Verletzung des *ordre public* geltend gemacht werden. Gerade diese Beschränkung der zulässigen Einwände lässt sich jedoch nur aus der Erwägung heraus rechtfertigen, dass es sich bei einem Vergleich um eine Vereinbarung handelt, die allseits freiwillig eingegangen wurde. Wer an einer gütlichen Einigung mit gerichtlicher Beteiligung mitwirkt, muss denknotwendig von der Befassung des Gerichts mit dem jeweiligen Fall Kenntnis erlangt haben. Auch wäre es widersprüchlich, gegen die Durchsetzung einer willentlich geschlossenen Absprache nachträglich einzuwenden, die Vereinbarung wäre vor dem falschen Forum zustande gekommen.[68] Der Verzicht auf die – den Schutz des Vollstreckungsschuldner bezweckenden – Versagungsgründe des Art. 45 Abs. 1 lit. b) und e) Brüssel-Ia-VO erscheinen daher nur für den Fall systemkonform, dass die betroffenen Parteien willentlich an dem Vergleichsschluss mitgewirkt und diesem zugestimmt haben.

(6) Conclusio

Die Einführung der Alternative des gerichtlich gebilligten Vergleichs, die im Kontext der gerichtlichen Planbestätigung von besonderer Bedeutung ist, hat einige der bislang vorgebrachten Abgrenzungskriterien erheblich entwertet. Unveränderter Bestandteil der Definition ist aber nach wie vor der Begriff des

[67] Vgl. Art. 27 EuVTVO i. V. m. Art. 80 S. 2 Brüssel-Ia-VO.

[68] Der gleiche Rechtsgedanke liegt letztlich auch Art. 26 Brüssel-Ia-VO zugrunde, wobei die zuständigkeitsrechtliche Rügepräklusion im Zusammenhang mit der Vollstreckbarkeit gerichtlicher Vergleiche deutlich über diese Norm hinausgeht, sind dadurch doch auch Verstöße gegen die (halbseitig) ausschließlichen Gerichtsstände der Abschnitte 3 bis 5 und Art. 24 Brüssel-Ia-VO unbeachtlich (vgl. demgegenüber für eine rügelose Einlassung Art. 26 Abs. 1 S. 2, Abs. 2 Brüssel-Ia-VO).

Vergleichs selbst, der nach seinem Wortsinn und dem Telos des Art. 59 Brüssel-Ia-VO nur dahin verstanden werden kann, dass er eine Zustimmung aller von ihm betroffenen Parteien erfordert.[69] Demgegenüber hat die gerichtliche Bestätigung eines Restrukturierungsplans gem. Art. 15 Abs. 1 RRL zur Folge, dass auch diejenigen Parteien an die Sanierungsergebnisse gebunden sind, die sich an der Abstimmung nicht beteiligt oder der Annahme des Plans widersprochen haben. Es handelt sich daher nicht um einen Vergleich im Sinne des Art. 2 lit. b) Brüssel-Ia-VO, sondern vielmehr um eine Entscheidung im Sinne der lit. a).

b) Zwangsvergleich als Institut sui generis?

Diesem Ergebnis steht auch nicht die terminologische Differenzierung in Art. 32 Abs. 1 UAbs. 1 EuInsVO zwischen (Zwangs-)Vergleichen einerseits und gerichtlichen Entscheidungen andererseits entgegen. Insofern ergeben sich nur rein vordergründig Friktionen, die letztlich darin ihren Ursprung finden, dass der Vergleich in Art. 32 Abs. 1 UAbs. 1 EuInsVO offenbar nicht als Unterfall einer solchen Entscheidung zur Durchführung oder Beendigung des Insolvenzverfahrens aufgefasst wird, sondern als ein Anerkennungsgegenstand eigener Art.[70] Der gerichtlich bestätigte Vergleich wird gerade nicht durch eine entsprechende Konkretisierungsfloskel wie „insbesondere" oder „einschließlich" als besondere Fallgruppe der Durchführungs- oder Beendigungsentscheidungen eingeleitet. Vielmehr spricht die Verwendung des Konnektors „sowie" für die eigenständige Bedeutung der nachstehenden Alternative. Nun fällt aber die Bestätigung eines Restrukturierungsplans – so die Anwendungsvoraussetzungen der EuInsVO erfüllt sind – zweifellos unter die Vergleichs-Alternative des Art. 32 Abs. 1 UAbs. 1 S. 1 EuInsVO und damit nicht unter die Tatbestandsvariante der gerichtlichen (Durchführungs- oder Beendigungs-)Entscheidung. Dazu stünde es vordergründig in einem gewissen Widerspruch, qualifizierte man die Bestätigung des Restrukturierungsplans, soweit er der Brüssel-Ia-VO unterfällt, als gerichtliche Entscheidung.

Gleichwohl ergeben sich daraus keine durchgreifenden Bedenken, die Bestätigungsentscheidung nicht als Vergleich, sondern als Entscheidung im Sinne

---

[69] Aus dieser Erwägung eine Einordnung des *Scheme of Arrangement* als Vergleich ablehnend *Eidenmüller/Frobenius* WM 2011, 1210 (1217); *Lüke/Scherz* ZIP 2012, 1101 (1109); *Mankowski* WM 2011, 1201 (1207); *Swierczok*, Das englische Scheme of Arrangement und seine Rezeption in Deutschland, S. 179; ansatzweise auch *Laier* GWR 2011, 252 (254).

[70] Offenbar von einer solchen Alternativität von Vergleich und Entscheidung ausgehend *M. F. Müller* in: Mankowski/M. F. Müller/J. Schmidt/Müller, EuInsVO, Art. 32 Rn. 20; aA, die gerichtliche Bestätigung lediglich als Unterfall der Entscheidung zur Beendigung des Verfahrens einordnend *Riedemann* in: Pannan, EuInsVO, Art. 25 Rn. 11.

von Art. 2 lit. a) Brüssel-Ia-VO einzuordnen. So bezieht sich etwa die Verweisung in Art. 32 Abs. 1 UAbs. 1 S. 2 EuInsVO, der die Vollstreckbarkeit nach dem Regime der Brüssel-Ia-VO anordnet, auf „diese Entscheidungen“, womit in grammatikalischer und systematischer Hinsicht nur jene des voranstehenden Satzes gemeint sein können. Nähme man daher die Differenzierung zwischen Durchführungs- und Beendigungsentscheidungen einerseits und gerichtlich bestätigten Vergleichen andererseits ernst, so wäre die grenzüberschreitende Vollstreckbarkeit von Insolvenzplänen ebenso wenig gewährleistet wie diejenige von unter die EuInsVO fallenden Restrukturierungsplänen. Das aber entspricht soweit ersichtlich weder dem historischen Willen des Verordnungsgebers noch der Meinung im Schrifttum.[71] Angesichts der rechtsvergleichend nicht unüblichen und seitens des Richtliniengebers anerkannten[72] Ausgestaltung der jeweiligen Sanierungspläne als Vollstreckungstitel – das deutsche Recht liefert hier mit § 257 InsO und § 71 StaRUG eingängiges Anschauungsmaterial – überzeugt es nicht, diese in anderen Mitgliedstaaten lediglich anzuerkennen, aus ihnen aber keine Vollstreckung zu ermöglichen. Im Übrigen handelt es sich bei der Brüssel-Ia-VO und der EuInsVO zwar um aufeinander abgestimmte Regelwerke; eine stets einheitliche Terminologie hat dies aber nicht notwendig zur Folge, wie gerade im Hinblick auf den Begriff des „Vergleichs“ bereits an anderer Stelle gezeigt wurde. Insofern steht der Wortlaut des Art. 32 Abs. 1 UAbs. 1 EuInsVO der Einordnung der Planbestätigung als Entscheidung im Sinne der Brüssel-Ia-VO nicht entgegen.[73]

III. Anerkennungshindernisse

Es bleibt damit festzuhalten, dass sowohl die EuInsVO als auch die Brüssel-Ia-VO grundsätzlich eine grenzüberschreitende, verfahrensrechtliche Anerkennung der erzielten Sanierungsergebnisse gewährleistet. Beide Regelwerke sehen allerdings in unterschiedlichem Umfang Durchbrechungen ebendieser

---

[71] *Kindler* in: MüKo-BGB, EuInsVO Art. 32 Rn. 6; *Thole* in: MüKo-InsO, EuInsVO Art. 32 Rn. 13; *Virgos/Schmit*, Erläuternder Bericht, Rn. 192; siehe ferner *Nerlich/Hübler* in: Nerlich/Römermann, InsO, EuInsVO Art. 32 Rn. 9, wonach Art. 32 Abs. 1 UAbs. 1 EuInsVO Anerkennung und Vollstreckbarkeit gewährleistet; wohl auch *Ehret* in: Braun, InsO, EuInsVO Art. 32 Rn. 7; unklar *Hermann* in: Uhlenbruck, EuInsVO Art. 32 Rn. 42, der lediglich von der Vollstreckbarkeit der anzuerkennenden Entscheidungen spricht sowie *Ambach*, Reichweite und Bedeutung von Art. 25 EuInsVO, S. 264 und *Mock* in: BeckOK-InsO, EuInsVO Art. 32 Rn. 15; ebenfalls für eine Anwendung von Art. 32 Abs. 1 UAbs. 1 S. 2 EuInsVO auf Vergleiche, allerdings unter Anführung eines unpassenden, da die Anerkennung betreffenden Anwendungsbeispiels *Kolmann/Ch. Keller* in: Gottwald/Haas, Insolvenzrechts-Handbuch, § 131 Rn. 133.

[72] Erwägungsgrund (13) S. 3 zur RRL.

[73] So wohl auch *Laier* GWR 2011, 252 (255), der die Vorgängernorm als Argument für die Qualifizierung des *Scheme of Arrangement* als Entscheidung in Abgrenzung zum gerichtlichen Vergleich anführt.

Wirkungserstreckung vor, wobei vor allem ein möglicher Verstoß gegen den *ordre public*, eine ungerechtfertigte Bejahung der internationalen Zuständigkeit durch das Restrukturierungsgericht und die Unkenntnis einzelner Restrukturierungsbeteiligter von der Durchführung des Verfahrens zu beleuchten sind.

1. Der ordre public-Vorbehalt

Sowohl öffentliche als auch vertrauliche Restrukturierungsrahmen müssen sich dabei am sog. *ordre public*-Vorbehalt messen lassen, der sich in Art. 45 Abs. 1 lit. a) Brüssel-Ia-VO und Art. 33 EuInsVO wiederfindet.[74] Danach ist es dem Anerkennungsstaat gestattet, die Wirkungserstreckung ausnahmsweise zu durchbrechen, wenn die Anerkennung zu einem Ergebnis führen würde, das mit den fundamentalen Grundprinzipien seiner Rechtsordnung offensichtlich nicht vereinbar wäre.[75] Der *ordre public*-Vorbehalt, der sich in nahezu allen international-zivilverfahrens- und -privatrechtlichen Regelwerken wiederfindet, soll den Anerkennungsstaat davor bewahren, zu einer Umsetzung von Entscheidungen gezwungen zu sein, die – im konkreten Fall – gegen die Grundfeste der eigenen Werteordnung, insbesondere gegen grundlegende Verfassungsprinzipien verstoßen. Als Ausnahme vom Grundsatz der gegenseitigen Anerkennung und angesichts der damit einhergehenden Beschränkung des freien Entscheidungsverkehrs ist die Anwendung des *ordre public* dabei auf Extremfälle zu beschränken. Insbesondere stellt nicht jede Abweichung vom heimischen Recht einen Verstoß gegen den *ordre public* dar. Erst recht eröffnet der Versagungsgrund des *ordre public* keine *révision au fond*, keine Nachprüfung in der Sache, wie vor allem Art. 45 Abs. 3 S. 2 und 52 Brüssel-Ia-VO ausdrücklich klarstellen, für Art. 33 EuInsVO aber gleichermaßen gilt.

---

[74] Dem *ordre public*-Vorbehalt im internationalen Restrukturierungsrecht offenbar ebenfalls einen gewissen Anwendungsbereich einräumend *J. Schmidt* ZInsO 2021, 654 (655); siehe auch *Abel/Herbst* in: Morgen, StaRUG, § 86 Anh. Rn. 80; zurückhaltend hingegen insbesondere eine *ordre public*-Relevanz von Eingriffen in gesellschaftsrechtliche Rechtspositionen verneinend *Skauradszun* in: K/P/B, EuInsVO Art. 33 Rn. 22.

[75] Soweit vertrauliche Restrukturierungsrahmen betroffen sind, ist der *ordre public*-Einwand nur auf einen entsprechenden Antrag hin zu prüfen, wie sich aus Art. 36 Abs. 2, 45 Abs. 4 Brüssel-Ia-VO ergibt, während ein Verstoß gegen den *ordre public* durch einen öffentlichen Restrukturierungsrahmen gem. Art. 33 EuInsVO stets von Amts wegen zu berücksichtigen ist, da Art. 32 Abs. 1 UAbs. 1 S. 2 EuInsVO insoweit nur bezüglich der Vollstreckung, nicht aber hinsichtlich der Anerkennung auf die Brüssel-Ia-VO verweist; vgl. dazu *Hermann* in: Uhlenbruck, EuInsVO Art. 33 Rn. 27; vgl. auch *Mankowski* KTS 72 (2011) 185 (212).

a) Der Einfluss der Harmonisierung auf den ordre public

In der Debatte um die Wirkungen eines englischen *Scheme of Arrangement* wurde der *ordre-public*-Vorbehalt mit Verweis auf die damit verbundenen gravierenden Einschnitte in die Forderungsrechte der Gläubiger teilweise für einschlägig befunden.[76] Das deutsche Recht habe (zum damaligen Zeitpunkt) außerhalb der Insolvenz keine Mehrheitsentscheidungen zu Lasten der überstimmten Gläubiger zugelassen.[77] Lediglich § 5 SchVG habe eine entsprechende Unterwerfung unter die Mehrheitsmacht erlaubt, allerdings nur bei einer entsprechenden Bestimmung in den Anleihebedingungen und damit letztlich nur aufgrund einer antitzpierten privatautonomen Entscheidung der Betroffenen. Die Bindung dissentierender Gläubiger an einen mehrheitlich angenommenen Sanierungsplan sei daher als unverhältnismäßiger Eingriff in die über Art. 14 GG grundrechtlich geschützte Rechtsposition der betroffenen Gläubiger mit den Grundwerten der deutschen Rechtsordnung nicht zu vereinen.[78] Dem Bestätigungsbeschluss eines englischen Gerichts sei daher in Deutschland die Anerkennung zu versagen. Andere argumentierten hingegen, § 5 SchVG belege, dass dem deutschen Recht schon vor Einführung des StaRUG eine Bindung der überstimmten Minderheit an Mehrheitsbeschlüsse nicht fremd gewesen sei.[79] Und auch Art. 14 GG sei nicht in unhinnehmbarer Weise

---

[76] *Schnepp/Janszen* VW 2007, 1057; skeptisch auch *Bormann* NZI 2011, 892 (897); *Schümann-Kleber* IILR 2011, 447 (458); ansatzweise auch *Lüke/Scherz* ZIP 2012, 1101 (1112) sowie *Wimmer* PR-InsR 5/2011, Anm. 1, der jedenfalls implizit die Kompatibilität eines Sanierungsverfahrens nach Vorbild des *Scheme of Arrangements* mit deutschen verfassungsrechtlichen Grundwerten anzweifelt.

[77] Dem hält *Mankowski* WM 2011, 1201 (1208) überzeugend entgegen, dass Mehrheitsentscheidungen auch dem deutschen Recht keineswegs unbekannt, sondern vielmehr überall dort anzutreffen seien, wo es Kollektivprobleme zu lösen gälte, mitunter auch mit besonders gravierenden Konsequenzen für die Minderheit, etwa beim aktienrechtlichen *squeeze-out*, wo die ausgeschlossenen Aktionäre – wenn auch gegen eine angemessene Entschädigung – ihre gesamte Rechtsposition einbüßen; siehe dazu auch *Carli/Weissinger* DB 2014, 1474 (1480).

[78] *Schümann-Kleber* IILR 2011, 447 (458) erweitert den grundrechtlichen Aspekt noch um eine Dimension und sieht in der *Scheme*-Bestätigung nicht nur eine potenzielle Verletzung von Art. 14 GG (hinsichtlich der Einwirkung auf die gestaltete Forderung), sondern auch von Art. 2 Abs. 1 GG (bzgl. der Umgestaltung des Vertragsverhältnisses).

[79] *Petrovic* ZInsO 2010, 265 (269); *Laier* GWR 2011, 252 (155), der außerdem auf § 19 KredReorgG verweist; neben Anleihegläubigern auch konzernrechtliche Eingliederungskonstellationen sowie den aktienrechtlichen *squeeze-out* anführend *Maier* NZI 2011, 305 (306 f.); in der Tendenz auch *Cranshaw* DZWIR 2012, 223 (231) sowie *Eidenmüller/Frobenius* WM 2011, 1210 (1218), die zudem argumentieren, ein Verstoß gegen kollisionsrechtliche Regelungen führe noch nicht zu einem Verstoß gegen den *ordre public*, dabei aber verkennen, dass für Letzteren nicht entscheidend ist, ob das Ausgangsgericht einen Fehler gemacht hat, sondern schlicht eine Ergebniskontrolle stattfindet.

betroffen.[80] Die Entschuldung finanziell überforderter Rechtssubjekte sei vielmehr ein legitimes Anliegen, sei es nun zur Ermöglichung eines *fresh start* durch eine Restschuldbefreiung oder zur Sicherung der Unternehmensfortführung in einem Reorganisationsszenario.[81] Jedenfalls wirtschaftlich betrachtet würde den betroffenen Gläubigern nicht eine Rechtsposition entschädigungslos entzogen, sondern vielmehr eine sicherere und schnellere Befriedigung gewährleistet.[82]

Mittlerweile ist der Streit in weiten Teilen allenfalls noch von rechtshistorischem Interesse. Insoweit dürfte der *ordre public*-Vorbehalt mit der Harmonisierung des Restrukturierungsrechts weitgehend an Bedeutung verloren haben.[83] Mit Ablauf der Umsetzungsfrist sehen nun alle mitgliedstaatlichen Rechtsordnungen einen Mehrheitsmechanismus vor, der es erlaubt, einzelne Gläubiger oder – und insoweit geht die Restrukturierungsrichtlinie sogar über ihr englisches Vorbild hinaus – ganze Klassen zu überstimmen. Die persönliche Reichweite der Bindungswirkung eines bestätigten Restrukturierungsplans ist durch Art. 15 Abs. 1 RRL ebenso europarechtlich determiniert, wie die Möglichkeit und die Mindestanforderung einer – ggf. auch gruppenübergreifenden – Mehrheitsentscheidung nach Art. 10 und 11 RRL. Diese Vereinheitlichung der mitgliedstaatlichen Rechtsordnungen hat zur Folge, dass sich die Restrukturierungsrahmen der Mitgliedstaaten teilweise nur in Nuancen unterscheiden werden, was eine Anwendung des *ordre public*-Vorbehalts praktisch ausschließt. Was nach dem eigenen Recht zulässig ist – und sei es auch aufgrund entsprechender europarechtlicher Vorgaben – kann wohl kaum in offensichtlicher Weise den Grundwerten der heimischen Rechtsordnung widersprechen.[84]

b) Mindestharmonisierung und Umsetzungsspielräume im Lichte des ordre public

Raum für die Bejahung eines Verstoßes gegen den *ordre public* bliebe damit lediglich im Hinblick auf jene Aspekte, die die Richtlinie ausdrücklich oder implizit der Regelungsmacht der Mitgliedstaaten überlässt. Zu denken wäre

---

[80] *Mankowski* WM 2011, 1201 (1209); *Schaloske* VersR 2009, 23 (28 f.); offen gelassen in OLG Celle, Urteil vom 08.09.2009 – 8 U 46/09, ZIP 2009, 1968 (1973) ebenfalls unentschlossen *Kuipers* 8 (2012) JPIL 225 (247).

[81] Diese Parallele zieht vor allem *Mankowski* WM 2011, 1201 (1209).

[82] *Laier* GWR 2011, 252 (255); *Schaloske* VersR 2009, 23 (29).

[83] Diese Einschätzung teilt *Skauradszun* ZIP 2019, 1501 (1502); ähnlich im Hinblick auf die Anerkennung eines englischen Part 26A *Restructuring Plan* nach deutschem IZVR (§ 343 InsO) *Sax/Berkner/Saed* NZI 2021, 517 (519).

[84] Ganz in diesem Sinne argumentierte bereits *Mankowski* WM 2011, 1201 (1209) mit Blick auf das englische *Scheme of Arrangement*, es könne nichts gegen Kernwerte des deutschen Rechts widersprechen, was sich in ähnlicher Weise im (deutschen) Insolvenzplanverfahren wiederfände.

dabei insbesondere an die Modalitäten, Anforderungen und Schutzmechanismen bestimmter Restrukturierungsmaßnahmen, aber auch an zusätzliche, über den Mindestrahmen der Richtlinie hinausgehende Sanierungsinstrumente.

Ersteres könnte der Fall sein, wenn das Restrukturierungsrecht eines Mitgliedstaats einerseits die in Art. 6 Abs. 8 UAbs. 1 RRL vorgesehene Höchstdauer für Vollstreckungsaussetzungen voll ausschöpft, andererseits aber keinerlei Entschädigungen für davon betroffene gesicherte Gläubiger vorsieht. Würden von einem solchen Vollstreckungsstopp auch ausländische Kreditsicherheiten betroffen, was mit Blick auf Art. 8 Abs. 1 und 10 EuInsVO allerdings nur für vertrauliche Restrukturierungsrahmen in Betracht kommt, so könnten die Gerichte des Belegenheitsstaats geneigt sein, die Anerkennung zu verweigern.[85] Auch eine außergewöhnlich weite Vorverlagerung der Zugangsschwelle, deren Ausjustierung nach Art. 2 Abs. 2 lit. a) RRL den Mitgliedstaaten überlassen ist, könnte Anlass für die Erwägung eines entsprechenden Anerkennungshindernisses geben. Immerhin sind die – teils schwerwiegenden – restrukturierungsrechtlichen Eingriffe in die Grundrechte der Beteiligten umso schwieriger zu rechtfertigen, je weiter das zu vermeidende Szenario der materiellen Insolvenz (bzw. des Zusammenbruchs des Unternehmens) noch entfernt liegt. Besonders brisant erscheinen schließlich die in den nationalen Restrukturierungsrechtsordnungen unterschiedlich hohen Voraussetzungen für die Bestätigung eines Restrukturierungsplans. Wie bereits herausgearbeitet wurde, formuliert weder Art. 10 Abs. 2 noch Art. 11 Abs. 1 RRL die Anforderungen an einen Restrukturierungsplan abschließend, sodass die Mitgliedstaaten hier durchaus zusätzliche Erfordernisse aufstellen, im Übrigen aber auch an mehreren Stellen aus verschiedenen Gestaltungsoptionen wählen können. Insbesondere die Wahlfreiheit zwischen der *absolute* und der *relative priority rule* als Grundvoraussetzung für einen *cross-class cram-down* bringt es mit sich, dass die Restrukturierungsrechtsordnungen hier doch recht fundamental und vor allem – und darauf kommt es für den *ordre public* an – ergebniswirksam voneinander abweichen können. Und das ausgerechnet in einer Frage, die sich in gravierender Weise auf die Forderungsrechte der Gläubiger auswirkt, die ihrerseits den Schutz der verfassungsrechtlich garantierten Eigentumsfreiheit genießen. Insoweit erscheint es jedenfalls nicht ausgeschlossen, dass ein Mitgliedstaat, der sich – womöglich grundrechtlich determiniert – für die Umsetzung einer strengen *absolute priority rule* entschieden hat, seine fundamentalen Grundwerte als verletzt ansehen würde, müsste er einen auf der *relative*

[85] Vgl. zur verfassungsrechtlichen Zulässigkeit vorübergehender entschädigungsloser Vollstreckungssperren zur Unternehmensfortführung BVerfG, Beschluss vom 22.03.2012 – 1 BvR 3169/11, NJW-RR 2012, 1071 Rn. 21, wo die geringe Eingriffsintensität allerdings maßgeblich damit begründet wird, dass § 21 Abs. 1 S. 2 Nr. 5 InsO die entschädigungslose Nutzung nur während der ersten drei Monate zulässt.

priority rule beruhenden Restrukturierungsplan aus einem anderen Mitgliedstaat anerkennen.[86]

Dass die Richtlinie die *relative priority rule* – oder jede andere Umsetzungsoption – insoweit als gleichberechtigte Alternative zur Verfügung stellt, hindert den Anerkennungsstaat dabei nicht darin, in ihr einen offensichtlichen Verstoß gegen seine fundamentalen Grundprinzipien, insbesondere gegen die grundrechtlich garantierte Eigentumsfreiheit zu erblicken. Soweit die Richtlinie zwingende Vorgaben enthält, ist die entsprechende Umsetzungsgesetzgebung zwar der Kontrolle anhand der nationalen Grundrechte entzogen.[87] Soweit die Richtlinie den Mitgliedstaaten aber eine gewisse Gestaltungsfreiheit zubilligt, muss sich der nationale Gesetzgeber an den eigenen verfassungsrechtlichen Vorgaben orientieren und innerhalb eines solchen Spielraums diejenige Umsetzung wählen, die mit den nationalen Grundrechten vereinbar ist.[88] Nichts anderes gilt – mittelbar – für den *ordre public*-Vorbehalt. Soweit die Richtlinie zwingende Vorgaben macht, ist ein Verstoß gegen den *ordre public per se* ausgeschlossen, schlicht weil die Rechtsordnungen von Ausgangs- und Anerkennungsstaat ohnehin übereinstimmen (müssten). Lässt die Richtlinie den Mitgliedstaaten aber Raum bei der Umsetzung, so ist die Wahl der einen

---

[86] Insofern kann man etwa dem deutschen Gesetzgeber kaum unterstellen, er habe durch die Verabschiedung des StaRUG zum Ausdruck gebracht, dass er Mehrheitsentscheidungen unter Gläubigern *per se* als gerechtfertigte Inhalts- und Schrankenbestimmung im Sinne von Art. 14 Abs. 1 S. 2 GG ansehe; in diese Richtung aber *Sax/Berkner/Saed* NZI 2021, 517 (519) in Bezug auf die Anerkennungsfähigkeit eines englischen Part 26A *Restructuring Plans*, für den die *absolute priority rule* gerade nicht gilt (vgl. dazu *Hoos/Schwartz/Schlander* ZIP 2021, 2214 (2216)).

[87] Vgl. dazu insbesondere die Rechtsprechungslinie des BVerfG, das nach der *Solange I*-Entscheidung (Beschluss vom 29.05.1974 – 2 BvL 52/71, BVerfGE 37, 271 (281)) zunächst auch Sekundärrechtsakte einer Kontrolle anhand der deutschen Grundrechte unterzog, später in seiner *Solange-II*-Entscheidung (Beschluss vom 22.10.1986 – 2 BvR 197/83, BVerfGE 73, 339 (387), bestätigt im Beschluss vom 07.06.2000 – 2 BvL 1/97, BVerfGE 102, 147 (161 ff.)) im Lichte eines gestärkten Grundrechtsschutzes auf europäischer Ebene bis auf Weiteres generell von einer Überprüfung am Maßstab der deutschen Verfassung absah, sich aber nach wie vor die Einzelfallkontrolle bestimmter Verstöße gegen das Grundgesetz vorbehalten hat, insbesondere – wie jüngst in der Entscheidung zur Vollziehung eines europäischen Haftbefehls (Beschluss vom 15.12.2015 – 2 BvR 2735/14, BVerfGE 140, 317 (336)) – bei Verstößen gegen die in Art. 1 Abs. 1 GG garantierte Menschenwürde; dazu ausführlich *Kingreen*, JZ 2013, 801 (806 f.).

[88] BVerfG, Beschluss vom 09.01.2001 – 1 BvR 1036/99, NJW 2001, 1267 (2168) sowie Beschluss vom 11.03.2008 – 1 BvR 256/08, NVwZ 2008, 543 Rn. 135 f.; insoweit ist lediglich umstritten, ob neben den nationalen zusätzlich auch die europäischen Grundrechte als – dann doppelter – Maßstab heranzuziehen sind; in diesem Sinne wohl EuGH, Urteil vom 27.06.2006, Rs. C-540/03, *Parlament/Rat*, Slg. 2006, I-5809 Rn. 105 f. = EuZW 2006, 566; vgl. zum ganzen *Calliess* JZ 2009, 113 (118 ff.); *Gondel* in: Pechstein/Nowak/Häde, FK-Europarecht, AEUV Art. 288 Rn. 29; *Kingreen* EuR 2010, 338 (357 f.); *ders.* JZ 2013, 801 (802 ff.); *Papier* DVBl. 2009, 473 (480 f.).

oder anderen Umsetzungsoption durchaus an den Grundrechten des Anerkennungsstaats zu messen und kann bei einem offensichtlichen und schwerwiegenden Verstoß den *ordre public*-Vorbehalt auslösen.[89]

c) Autonome Restrukturierungsinstrumente als Anwendungsfall des ordre public?

Schließlich könnte der *ordre public* noch mit Blick auf solche Restrukturierungsinstrumente virulent werden, die die Restrukturierungsrichtlinie selbst nicht vorsieht. Den Mitgliedstaaten bleibt es nach dem mindestharmonisierenden Ansatz, wie er insbesondere in Art. 4 Abs. 5 RRL zum Ausdruck kommt, unbenommen, neben dem Vollstreckungsstopp und dem Restrukturierungsplan (inklusive seiner Privilegien für neue Finanzierungen) auch weitere Sanierungstools zur Verfügung zu stellen.[90]

Praxisrelevantestes Beispiel ist dabei wohl die Möglichkeit der einseitigen Vertragsbeendigung, wie ihn insbesondere das niederländische Recht in Art. 373 Fw. vorsieht; kombiniert mit der Möglichkeit, etwaige durch die Beendigung evozierte Ersatzansprüche durch den Plan zu gestalten. Der deutsche Entwurf des StaRUG sah in seinen §§ 51 ff. ebenfalls ein vergleichbares Regime vor, das, wie sich aus den Gesetzesmaterialien ergibt, maßgeblich von den Regelungen unserer niederländischen Nachbarn inspiriert wurde.[91] Nach massiver Kritik im Schrifttum[92] und auf eine entsprechende Stellungnahme des Bundesrats[93] sowie die Empfehlung des Rechtsausschusses[94] hin hat der Gesetzgeber schlussendlich allerdings von dem Sanierungsinstrument Abstand

---

[89] AA *Singer*, Vorinsolvenzlicher Restrukturierungsrahmen, S. 405, der bei auf die Richtlinie zurückgehenden Maßnahmen und Verfahren die Annahme eines *ordre public*-Verstoß sogar für offensichtlich ausgeschlossen hält; allgemein auch *Völker*, Zur Dogmatik des ordre public, S. 151; zum kollisionsrechtlichen *ordre public* ferner *Stürner* in: BeckOGK-EGBGB, Stand: 01.08.2022, Art. 6 Rn. 231; wie hier, wenn auch eine besondere Zurückhaltung anmahnend *Spickhoff* in: BeckOK-BGB, Rom-I-VO Art. 21 Rn. 3.

[90] So auch die Einschätzung des Umsetzungsgesetzgebers, vgl. BT-Drucks. 24181, S. 149.

[91] Vgl. dazu BT-Drucks. 24181, S. 150; *Thole* ZIP 2020, 1985 (1995) führt dies vor allem auf befürchtete Nachteile im Restrukturierungswettbewerb zurück.

[92] *Bork* ZRI 2020, 457 (461 ff.); *Fritz/Scholtis* BB 2019, 2051 (2056); *Goetker/Schulz* ZIP 2016, 2095 (2104); *Hofmann* NZI 2020, 871 (873 ff.); *ders.* NZI-Beil. 2019, 22 (25); *H.-F. Müller* ZIP 2020, 2253 (2257); *Thole* ZIP 2017, 101 (108); *ders.* ZIP 2020, 1985 (1995); vgl. auch die Stellungnahmen der Deutschen Kreditwirtschaft vom 02.10.2020, S. 11 (abrufbar unter <https://die-dk.de/media/files/201002_-_StN_DK_-_SanInsFoG.pdf>, Stand: Oktober 2022), der BRAK, S. 4 f. (Stellungnahme Nr. 61/2020, abrufbar unter <https://brak.de/zur-rechtspolitik/stellungnahmen-pdf/stellungnahmen-deutschland/2020/oktober/stellungnahme-der-brak-2020-61.pdf>, Stand: Oktober 2022) sowie des *Gravenbrucher Kreises* (ZInsO 2020, 260 (261)); kritisch auch *Vallender* in: FS Wimmer, S. 537 (553).

[93] BT-Drucks. 19/24903, S. 7 f.

[94] BT-Drucks. 19/25303, S. 44; BT-Drucks. 19/25353 S. 9.

genommen. Als dramatischer Eingriff in den Grundsatz *pacta sunt servanda* als wohl wichtigstes Prinzip des deutschen Vertragsrecht sei eine Vertragsbeendigung außerhalb eines Insolvenzverfahrens unter keinen Umständen angemessen.[95] Die finanzielle Notlage des Schuldners sei allein dessen Risikosphäre zuzuordnen und dürfe daher nur unter strengen Voraussetzungen dazu führen, dass dem betreffenden Gläubiger ein Sonderopfer auferlegt werden könne.[96] Nur in einem Insolvenzverfahren seien diese Bedingungen erfüllt, da der jeweilige Vertragspartner hier zwar die Vertragsbeendigung in Kauf nehmen müsse, zugleich aber von den Schutzmechanismen des Insolvenzrechts, insbesondere der Vermögensfremdverwaltung durch einen unabhängigen Verwalter, profitiere.[97]

Insofern kann die Argumentation durchaus dahingehend interpretiert werden, die Vereinbarkeit der restrukturierungsrechtlichen Vertragsbeendigung mit dem verfassungsrechtlich garantierten Schutz privater Forderungsrechte generell in Frage zu stellen.[98] Wenn es etwa in der Stellungnahme des Bundesrats heißt, derartige Eingriffe in die Vertragsbeziehung seien „nur im Rahmen eines eröffneten Insolvenzverfahrens [...] gerechtfertigt",[99] impliziert dies im Umkehrschluss, dass sich eine Vertragsbeendigung außerhalb des Insolvenzverfahren eben nicht (verfassungsrechtlich) rechtfertigen lasse. Legt man nun diese – zugegebenermaßen keineswegs zwingende – Einschätzung zugrunde, so bliebe durchaus Raum, entsprechenden ausländischen Restrukturierungsinstrumenten im Inland die Anerkennung zu versagen. Andererseits ist der *ordre public* als Durchbrechung der anerkennungsfreundlichen Grundkonzeption beider Verordnungen grundsätzlich restriktiv zu handhaben und setzt überdies einen offensichtlichen und gravierenden Verstoß voraus. Insgesamt bleibt so-

---

[95] BT-Drucks. 19/24903, S. 7; nur geringfügig schwächer formulieren *Goetker/Schulz* ZIP 2016, 2095 (2104), ein Vertragsbeendigungsmechanismus habe im vorinsolvenzlichen Bereich „keine Berechtigungsgrundlage"; in der Tendenz auch die Stellungnahme des *Gravenbrucher Kreises* ZInsO 2020, 260 (261), der unter dem Slogan „leichter Einstieg, leichte Folgen" aus der europarechtlich determiniert niedrigen Eintrittsbarriere folgert, dass das Verfahren keine besonders einschneidenden, insolvenzrechtlichen Vorrechte begründen dürfe, insb. keine Vertragsbeendigung.

[96] BT-Drucks. 19/24903, S. 7.

[97] BT-Drucks. 19/24903, S. 8; relativierend ist allerdings anzumerken, dass auch die Insolvenzordnung sich der eigenverwaltenden Durchführung des Insolvenzverfahrens mehr und mehr öffnet, was erst jüngst in der erneuten Reform der §§ 270 ff. InsO Ausdruck gefunden hat.

[98] Hingegen auf rein rechtspolitischer Ebene argumentierend *Thole* ZIP 2020, 1985 (1995); *Hofmann* NZI-Beil. 2019, 22 (25); auf die praktischen Umsetzungsprobleme hinweisend *ders.* NZI 2020, 871 (873 ff.) sowie *H.-F. Müller* ZIP 2020, 2253 (2257).

[99] BT-Drucks. 19/24903, S. 7; dies unterschlagen *Abel/Herbst* in: Morgen, StaRUG, § 86 Anh. Rn. 90, die einen Verstoß gegen den *ordre public* mit dem Argument ablehnen, im deutschen Insolvenzrecht griffen ähnliche Mechanismen.

mit abzuwarten, wie die deutsche Jurisprudenz mit ausländischen Vertragsbeendigungen umgehen wird, ob etwa ein deutscher Geschäftspartner weiter vor den hiesigen Gerichten die ihm gebührenden Leistungen einklagen kann, obwohl der Vertrag in einem niederländischen Restrukturierungsverfahren vom Schuldner einseitig (mit Bestätigung des Gerichts) aufgekündigt wurde.[100]

2. *Verstoß gegen internationale Zuständigkeitsvorschriften*

Ein Verstoß gegen ausschließliche Zuständigkeitsvorschriften kann nur bei vertraulichen Restrukturierungsverfahren zur Anerkennungsversagung führen. Nach Art. 45 Abs. 1 lit. e) Brüssel-Ia-VO ist die Anerkennung zu versagen, wenn das Ausgangsgericht gegen die zwingenden Zuständigkeitsvorschriften der Abschnitte 3 bis 6 des sich mit der internationalen Zuständigkeit befassenden zweiten Kapitels der Verordnung verstoßen hat. Den in Bezug genommenen Vorschriften ist es dabei allensamt gemein, dass sie für bestimmte Sachverhalte ausschließliche Gerichtsstände begründen, wie etwa für die bereits erwähnten Bereiche der gesellschaftsrechtlichen Streitigkeiten, des Arbeits-, Versicherungs- und Grundstücksrechts oder der Zwangsvollstreckung. Sinn und Zweck der Regelung besteht in einer Verlängerung der mit ebendiesen zwingenden Gerichtsständen verfolgten Schutzanliegen in das Anerkennungsstadium.[101]

Angesichts der Herausarbeitung des COMI als maßgeblichem Anknüpfungsmoment für eine ausschließlich zu verstehende Restrukturierungszuständigkeit auch für vertrauliche Verfahren liegt es nahe, Art. 45 Abs. 1 lit. e) Brüssel-Ia-VO analog anzuwenden. Insoweit steht Art. 45 Abs. 3 S. 1 Brüssel-Ia-VO nicht entgegen, da sich dieser von vornherein nur auf solche Gerichtsstände beziehen kann, die die Verordnung selbst ausdrücklich eröffnet. Gleichwohl wird Art. 45 Abs. 1 lit. e) Brüssel-Ia-VO nach einer starken Meinung im Schrifttum als nicht analogiefähig eingestuft.[102] Seinen Ursprung dürfte dieser kategorische Ausschluss eines Analogieschlusses allerdings weniger in dogmatischen Erwägungen finden, als vielmehr in generellen rechtspolitischen Vorbehalten gegenüber einer Anerkennungsdurchbrechung wie sie in Art. 45 Abs. 1 lit. e) Brüssel-Ia-VO vorgesehen ist.[103] Eine solche Abkehr von der

---

[100] Kritisch insofern *Kaubisch/Riewe/Hilpert* SanB 2021, 13 (19); einen *ordre public*-Verstoß – allerdings anhand von § 328 Abs. 1 Nr. 4 ZPO – ebenfalls ablehnend *Abel/Herbst* in: Morgen, StaRUG, § 86 Anh. Rn. 90; ebenso in Bezug auf den kollisionsrechtlichen *ordre public*-Vorbehalt *Hoos/Schwartz/Schlander* ZIP 2021, 2214 (2222 f.).

[101] *Stadler* in: Musielak/Voit, ZPO, EuGVVO Art. 45 Rn. 16; *Hess* in: Schlosser/Hess, EuZPR, EuGVVO Art. 45 Rn. 38.

[102] *Gottwald* in: MüKo-ZPO, Brüssel-Ia-VO Art. 45 Rn. 63; *Mäsch* in: Kindl/Meller-Hannich, Zwangsvollstreckung, Brüssel-Ia-VO Art. 45 Rn. 46; *Kropholler/v. Hein*, EuZPR, EuGVO Art. 35 Rn. 5.

[103] Besonders deutlich wird dies bei *Gottwald* in: MüKo-ZPO, Brüssel-Ia-VO Art. 45 Rn. 63.

(eingeschränkten) Nachprüfung der internationalen Zuständigkeit steht jedoch allein im Ermessen des Unionsgesetzgebers, der sich hierzu bei der letzten Überarbeitung der Verordnung trotz entsprechender Vorstöße nicht dazu durchringen konnte, von der gegenwärtigen Regelung Abstand zu nehmen.[104] Insoweit ist die in Art. 45 Abs. 1 lit. e) Brüssel-Ia-VO getroffene Wertentscheidung – Integrationshemmnis hin oder her – zu akzeptieren und die Rechtsordnung und -fortbildung an ihr auszurichten. Mit *Hess* ist dabei festzustellen, dass die Vorschrift augenfällig eng auf das Zuständigkeitssystem der Art. 3 ff. Brüssel-Ia-VO abgestimmt ist.[105] Die Zweiteilung in (teils halbseitig) zwingende Zuständigkeitsvorschriften einerseits, deren Missachtung eine Anerkennungsversagung nach sich ziehen, und allgemeine und besondere Gerichtsstände andererseits, deren fälschliche Bejahung anerkennungsrechtlich unbeachtlich ist, ist nicht zu übersehen. Verallgemeinernd lässt sich daraus ableiten, dass ausschließliche Zuständigkeitsnormen einer Nachprüfung im Anerkennungsstaat zugänglich sein sollen, wobei der Gesetzestext verständlicherweise nur jene Gerichtsstände ausdrücklich nennt, die die Verordnung in ihrem Zuständigkeitsteil auch selbst vorsieht. Für Bereiche, in welchen anderweitige Zuständigkeitsnormen zur Anwendung gelangen – seien sie nun spezialgesetzlich normiert oder im Wege eines Analogieschlusses hergeleitet – erscheint es demnach naheliegend, die Norm analog anzuwenden.[106] Es spricht daher viel dafür, einem vertraulichen Restrukturierungsrahmen auf einen entsprechenden Antrag hin die Anerkennung zu versagen, wenn das Ausgangsgericht seine Zuständigkeit unberechtigterweise angenommen hat, wobei die Nachprüfung freilich gem. Art. 45 Abs. 2 Brüssel-Ia-VO anhand der tatsächlichen Feststellungen des Ausgangsgerichts zu erfolgen hat.

Soweit der Restrukturierungsrahmen in Anhang A aufgeführt ist, insbesondere also öffentlich bekannt zu machen ist, begründet eine fälschlicherweise bejahte Zuständigkeit des Ausgangsgerichts hingegen keinen Versagungsgrund. Der Verzicht auf eine entsprechende Versagung wird dabei auf verfahrensrechtlicher Ebene im Restrukturierungsstaat ausgeglichen. Gem. Art. 4 EuInsVO – in Deutschland zusätzlich in § 84 Abs. 2 S. 1 Nr. 1 StaRUG verankert – unterliegt das Restrukturierungsgericht einer gesonderten Begründungspflicht im Hinblick auf die internationale Zuständigkeit. Die betroffenen Gläubiger, die wegen der öffentlichen Bekanntmachung in der Lage sind, sich über

---

[104] Der Kommissionsentwurf vom 14.12.2010 sprach sich noch für einen Verzicht auf das Anerkennungshindernis aus, von dem im Laufe des Gesetzgebungsverfahrens allerdings wieder Abstand genommen wurde, vgl. COM(2010) 748 final, S. 48.

[105] *Hess* in: Schlosser/Hess, EuZPR, EuGVVO Art. 45 Rn. 37.

[106] Anders nur, wenn dem Gesetz eine eindeutig gegenteilige Wertung zu entnehmen ist, wie es etwa im Zusammenhang mit dem Annexgerichtsstand nach Art. 6 EuInsVO der Fall ist, für den Art. 32 Abs. 1 UAbs. 1 S. 2 EuInsVO auf die Brüssel-Ia-VO verweist, dabei aber Art. 45 explizit ausnimmt; vgl. dazu *M. F. Müller* in: Mankowski/M. F. Müller/J. Schmidt, EuInsVO, Art. 32 Rn. 30; *Thole* in: MüKoInsO, EuInsVO Art. 32 Rn. 10, 23.

die Entscheidung und das Verfahren zu informieren, erhalten dadurch die Möglichkeit, die Annahme der internationalen Zuständigkeit kritisch zu hinterfragen.[107] Haben sie in diesem Punkt Zweifel an der gerichtlichen Entscheidung, so gewährleistet Art. 5 EuInsVO – wiederum wiederholt in § 84 Abs. 2 S. 1 StaRUG i. V. m. Art. 102c § 4 EGInsO – die Verfügbarkeit eines entsprechenden Rechtsmittels. In einem öffentlichen Restrukturierungsverfahren wird die Nachprüfung der internationalen Zuständigkeit mithin in das Verfahren selbst verlagert. Dass im Anerkennungsstadium ein entsprechender Einwand nicht mehr zur Verfügung steht, ist nach Meinung des Gesetzgebers dadurch gerechtfertigt, dass das öffentliche Verfahren allen Gläubigern bekannt sein könnte und daher jeder die Chance hatte, die internationale Zuständigkeit bereits auf dieser Ebene anzufechten. Diese Weichenstellung darf folglich auch nicht dadurch unterlaufen werden, dass eine zu Unrecht erfolgte Bejahung der internationalen Zuständigkeit im Ausgangsstaat als Verstoß gegen den *ordre public* in Art. 33 EuInsVO eingestuft würde.[108]

3. *Verstoß gegen das rechtliche Gehör*

Ein ähnliches Bild zeichnet sich im Hinblick auf die Unkenntnis bestimmter Verfahrensbeteiligter von der Durchführung des Restrukturierungsverfahrens. Ein Kollektivverfahren wie der Restrukturierungsrahmen erfasst naturgemäß eine Vielzahl an Beteiligten. Die Flexibilität der Richtlinienvorgaben, insbesondere die Freiheit des Planerstellers, die jeweiligen Gruppen und damit auch den Kreis der Planbetroffenen – freilich unter Beachtung des Gleichbehandlungsgrundsatzes – nach seinen individuellen Bedürfnissen festzulegen, bringt es mit sich, dass die Zahl der Beteiligten nach oben praktisch offen ist. Von einer Sanierung im kleinen Kreis, in die nur finanzielle Großgläubiger einbezogen werden, bis hin zum Rundumschlag unter Beteiligung nahezu aller Gläubiger ist unter der Restrukturierungsrichtlinie alles möglich. Je größer der betroffene Personenkreis, desto eher steht zu befürchten, dass einzelne Beteiligte von dem Verfahren keine Kenntnis erlangen, mit der Folge, dass sie ihre Teilnahmerechte, insbesondere ihr Stimmrecht in der Klassenversammlung nicht wahrnehmen können. Dies gilt umso mehr, als die Planbetroffenen nach Art. 8 Abs. 1 lit. c) bis e) RRL nicht unbedingt namentlich zu bezeichnen sind, sondern die Gruppenbildung gleichermaßen durch eine sachliche Umschreibung der jeweiligen Schuldkategorien möglich ist. Gleichwohl versucht schon das materielle Recht zu gewährleisten, dass alle unmittelbar betroffenen *Stakeholder* von der Durchführung des Verfahrens in Kenntnis gesetzt werden. So setzt die Bestätigung eines Restrukturierungsplans nach Art. 10 Abs. 2 lit. c) ggf. i. V. m. Art. 11 Abs. 1 UAbs. 1 lit. a) RRL voraus, dass der zur Abstimmung

[107] Erwägungsgrund (12) zur EuInsVO.

[108] *Mankowski* KTS 72 (2011) 185 (211); *Virgós/Schmidt*, Erläuternder Bericht, Rn. 202.

gestellte Sanierungsplan allen betroffenen Parteien übermittelt wurde. Jedenfalls soweit eine Aussetzung der Einzelzwangsvollstreckung nur bestimmte Gläubiger betrifft, stellt außerdem Art. 6 Abs. 3 UAbs. 2 RRL sicher, dass ebendiese Gläubiger davon benachrichtigt werden. Nach § 51 Abs. 4 S. 1 StaRUG etwa ist die Stabilisierungsanordnung grundsätzlich allen Gläubigern zuzustellen, die von ihr betroffen sind.

Gleichwohl erscheint es durchaus möglich, dass einige Betroffene von dem Restrukturierungsrahmen bzw. den darin getroffenen Maßnahmen nicht (rechtzeitig) in Kenntnis gesetzt werden. Diese Problematik wird unter der EuInsVO und Brüssel-Ia-VO sehr unterschiedlich adressiert, sodass sich die Rechtslage maßgeblich danach unterscheidet, ob ein öffentlicher oder ein vertraulicher Restrukturierungsrahmen in Rede steht. Soweit es sich um öffentliche Restrukturierungsrahmen handelt, trägt nach der Konzeption der EuInsVO bereits das Erfordernis der öffentlichen Bekanntmachung hinreichende Gewähr dafür, dass die Beteiligten von dem Verfahren erfahren und dort ihre Rechte geltend machen können. Insoweit wird die gesetzgeberische Intension vor allem durch Erwägungsgrund (13) erhellt, wonach eine (derart weitreichende) Anerkennung nur bei einer öffentlichen Bekanntmachung des jeweiligen Verfahrens angemessen sei. Denn in diesem Falle sei gewährleistet, dass „Gläubiger Kenntnis von dem Verfahren erlangen und [...] dadurch der kollektive Charakter des Verfahrens sichergestellt ist“.[109]

Anders bei vertraulich geführten Restrukturierungsrahmen.[110] Hier findet gerade keine öffentliche Bekanntmachung des Verfahrens statt, sodass die Betroffenen darauf angewiesen sind, auf direktem Wege von der Durchführung zu erfahren. Schlagen die materiell-rechtlichen Mechanismen insoweit fehl, etwa weil das Mitglied einer abstrakt umschriebenen Gläubigerklasse schlicht übersehen wird, so greift Art. 45 Abs. 1 lit. b) Brüssel-Ia-VO. Gegenüber dem übergangenen Planbetroffenen wäre danach die Anerkennung auf Antrag zu versagen, wenn zum Zeitpunkt der Kenntniserlangung die Frist für eine im Recht des Restrukturierungsstaats vorgesehene Beschwerde bereits abgelaufen ist. Die Planbestätigung entfaltete in diesem Fall für nur in ihrem Ursprungsstaat Wirkung, während der betroffene Gläubiger in den übrigen Mitgliedstaaten – nach einer entsprechenden Entscheidung über die Anerkennungsversagung – nicht (mehr) an die Planregelungen gebunden wäre.

---

[109] Erwägungsgrund (12) zur EuInsVO.

[110] Die Anerkennung (nach nationalem IZVR) wegen der Vertraulichkeit der Verfahren rechtspolitisch insgesamt ablehnend *Garcimartín* ZEuP 2015, 694 (698 f.).

Ergebnisse der Untersuchung

§ 14 Zusammenfassung der Ergebnisse

1. Die Restrukturierungsrichtlinie hat die Restrukturierungslandschaft in Europa neu geformt. Bislang hielten längst nicht alle Mitgliedstaaten effiziente Mechanismen zur Rettung kriselnder Unternehmen bereit, sodass sanierungswillige Schuldner bisweilen offenbar den einzigen Ausweg in der Inanspruchnahme ausländischer Rechtsinstitute sahen. Spätestens seit dem 17. Juli 2022 stehen nun in allen 27 Mitgliedstaaten Sanierungsinstrumente zur Verfügung, die es Inhabern eines fortführungsfähigen und -würdigen Unternehmens bei drohender Insolvenz ermöglichen, deren Eintritt abzuwenden. Während die Ausgestaltung der Restrukturierungsrahmen im Einzelnen den Mitgliedstaaten überlassen bleibt, legt die Richtlinie einen gewissen Mindestumfang fest, der insbesondere einen Restrukturierungsplan und die übergangsweise Aussetzung der Zwangsvollstreckung umfasst. Die dadurch auf materiell-rechtlicher Ebene ermöglichte Kollektivierung der einbezogenen Gläubiger wirkt dabei bestehenden Anreizen zu unkooperativem Verhalten einzelner Beteiligter, insbesondere sog. *hold out*-Strategien entgegen und gewährleistet damit effiziente und insgesamt wirtschaftlich vorteilhafte Ergebnisse.

2. Obwohl die Richtlinie nur einen mindestharmonisierenden Ansatz verfolgt, der absehbar Unterschiede in den nationalen Restrukturierungsrechtsordnungen nach sich zieht, werden die sich in diesem Zusammenhang stellenden international-rechtlichen Fragen in der Richtlinie weitgehend ausgeblendet. Angesichts der mannigfaltigen wirtschaftlichen Verflechtungen zwischen den europäischen Volkswirtschaften, die bei Unternehmen aller Größen mittlerweile Einzug gefunden haben, offenbart sich darin ein gravierendes Defizit der Richtlinie. Ein Regelwerk, das bestehende Fehlanreize im Spannungsfeld zwischen kollektivem Nutzen und individuellem Vorteil adressiert, kann sich – will es in einem zunehmend internationalisierten Wirtschaftsraum bestehen – nicht auf materiell-rechtliche Lösungsansätze beschränken. Im Gegenteil ist die Einbettung in einen stimmigen internationalen Rechtsrahmen unverzichtbar, um in grenzüberschreitenden Sachverhalten eine rechtssichere und effiziente Bewältigung von Unternehmenskrisen zu gewährleisten.

3. Bei der Untersuchung des bestehenden international-rechtlichen Rahmens auf seine Eignung zur Ordnung und Koordination grenzüberschreitender Sanierungsvorhaben offenbart sich, dass die Regelwerke in vielerlei Hinsicht nicht auf die neuartigen Restrukturierungsrahmen abgestimmt sind. Selbst bei Betrachtung der seitens des Richtliniengebers favorisierten EuInsVO ergeben sich Unstimmigkeiten. In Bezug auf die internationale Zuständigkeit, die Grundanknüpfung des anwendbaren Rechts und die automatische Anerkennung führt die Anwendung der Verordnung zwar zu wertungsgerechten Ergebnissen. Allerdings wird – neben den Durchbrechungen der *lex fori* im Bereich der dinglichen Sicherungsrechte an ausländischen Vermögensgegenständen – insbesondere das Institut des Sekundärverfahrens die angestrebte Sanierung nicht selten vor erhebliche Herausforderungen stellen. Dies vor allem deshalb, weil die territorial-gegenständliche Aufspaltung der Aktivseite in unterschiedliche Vermögensmassen nur bedingt vereinbar ist mit einem Restrukturierungsrahmen, der vorwiegend auf die Bereinigung der Passivseite ausgerichtet ist. *De lege ferenda* sollte das Institut der Sekundärverfahren und seine Berechtigung im Bereich der Unternehmensrestrukturierung daher überdacht werden. Die Praxis kann einstweilen auf eine wohlwollende Handhabung der entsprechenden Aussetzungsmöglichkeit durch die nationalen Gerichte hoffen, muss sich aber auch in diesem Fall auf eine empfindliche Verkürzung des für die Restrukturierung zur Verfügung stehenden Zeitfensters einstellen.

4. Längst nicht alle Restrukturierungsrahmen, wie sie nach der Richtlinie möglich sind und sie in den Mitgliedstaaten umgesetzt wurden, fallen in den Anwendungsbereich der EuInsVO. Vor allem vertraulich geführte Verfahren, deren Einleitung nicht öffentlich bekannt zu machen ist, liegen außerhalb der Definition in Art. 1 Abs. 1 UAbs. 1 und 2 EuInsVO. Sie werden daher aller Voraussicht nach nicht in Anhang A zur EuInsVO aufgenommen, was wegen dessen abschließenden Charakters allerdings Grundvoraussetzung für die Anwendung der EuInsVO wäre. Populär erscheint insbesondere die niederländische Lösung, der sich auch der deutsche StaRUG-Gesetzgeber angeschlossen hat, dem Schuldner die Wahl zwischen einem öffentlichen und einem (nahezu identischen) vertraulichen Verfahren zu überlassen. Für vertrauliche Restrukturierungsrahmen enthält die Richtlinie allerdings – von programmatischen Apellen zur Ermöglichung einer grenzüberschreitenden Anerkennung abgesehen – keinerlei Hinweise darauf, anhand welcher alternativer Regelwerke die international-rechtliche Einordnung vorzunehmen ist.

5. Richtigerweise unterfallen nicht-öffentliche Restrukturierungsrahmen, soweit es sich dabei um gerichtliche Verfahren handelt, der Brüssel-Ia-VO. Dem steht der konkursrechtliche Vorbehalt in Art. 1 Abs. 2 lit. b) Brüssel-Ia-VO nicht entgegen, der – ganz im Sinne der seitens des Unionsgesetzgebers beabsichtigten „Lückenlosigkeit“ der beiden Verordnungen – anhand der Definition

des Insolvenzverfahrens in Art. 1 Abs. 1 UAbs. 1 und 2 EuInsVO zu konkretisieren ist. Die Bereichsausnahme erfasst daher nur öffentliche Gesamtverfahren, sodass vertrauliche Restrukturierungsrahmen, auch wenn sie die übrigen in Art. 1 Abs. 1 UAbs. 1 und 2 EuInsVO genannten Charakteristika erfüllen, der Brüssel-Ia-VO unterfallen.

6. Der internationale Gerichtsstand für die Durchführung eines vertraulichen Restrukturierungsrahmens ist anhand einer rechtsfortbildend zu entwickelnden, einheitlichen internationalen Zuständigkeitsnorm zu ermitteln. Das in der Brüssel-Ia-VO vorgesehene Zuständigkeitsregime ist auf die neuen Verfahren nach der Restrukturierungsrichtlinie offensichtlich nicht zugeschnitten und führte zu wertungsinkonsistenten Ergebnissen. In analoger Anwendung von Art. 3 Abs. 1 EuInsVO ist das zuständige Restrukturierungsforum daher am COMI des Schuldners zu verorten, was sich letztlich auch nahtlos in die Konzeption der Richtlinie einfügt, die im Zusammenhang mit vertraulichen Restrukturierungsrahmen selbst auf das hier zugrunde gelegte Anknüpfungsmoment abstellt. Wegen der betroffenen Drittinteressen muss es sich bei der so entwickelten Restrukturierungszuständigkeit am schuldnerischen COMI schließlich um einen ausschließlichen Gerichtsstand handeln, der durch Gerichtsstandsvereinbarungen mit den betroffenen Gläubigern weder beschränkt, noch zugunsten anderweitiger Foren erweitert werden kann.

7. Zur Ermittlung des in vertraulichen Restrukturierungsrahmen anwendbaren Rechts ist ebenfalls auf die entsprechende Regelung der EuInsVO zurückzugreifen. Eine Orientierung an den allgemeinen Kollisionsnormen, insbesondere des internationalen Schuldrechts führte andernfalls zu einer nicht hinnehmbaren Zersplitterung des anwendbaren Rechts, wodurch die Restrukturierungsmechanismen im grenzüberschreitenden Kontext massiv an Wirksamkeit einbüßen würden. Es bedarf daher einer einheitlichen restrukturierungsrechtlichen Kollisionsnorm, die aus Art. 7 EuInsVO herzuleiten ist. Schon im Kontext vorinsolvenzlicher Haftungstatbestände hat sich insoweit gezeigt, dass der Wortlaut der Regelung, insbesondere die Anknüpfung an die Eröffnung eines Insolvenzverfahrens zu eng geraten ist und eine wortlautgetreue Auslegung den Herausforderungen eines modernen Insolvenz- und Restrukturierungsrechts nicht gerecht wird. Diese Rechtsentwicklung hin zu einer Interpretation als allgemeine Kollisionsnorm gilt es im vorliegenden Zusammenhang konsequent fortzuführen, sodass auf Art. 7 EuInsVO unabhängig davon zurückgegriffen werden kann, ob ein Insolvenzverfahren im Sinne der Verordnung eröffnet ist.

8. Die (verfahrensrechtliche) Anerkennung vertraulicher Restrukturierungsrahmen in den übrigen Mitgliedstaaten erfolgt nach Art. 36 ff. Brüssel-Ia-VO. Auszugehen ist demnach vom Grundsatz einer automatischen Wirkungserstreckung der Sanierungsergebnisse in der gesamten EU, die ihre Grenzen in den

Versagungsgründen des Art. 45 Brüssel-Ia-VO findet. Anerkennungshindernisse können sich dabei insbesondere aus einer unterlassenen Benachrichtigung einzelner Beteiligter von der Durchführung des Verfahrens im Ausgangsstaat oder einem Verstoß gegen die internationale Restrukturierungszuständigkeit am COMI des Schuldners ergeben; in Extremfällen können die grenzüberschreitenden Wirkungen vertraulicher Restrukturierungsverfahren ihre Grenzen auch im *ordre public*-Vorbehalt finden.

9. Außerhalb des bestehenden europäischen international-zivilverfahrensrechtlichen Rechtsrahmens stehen damit insbesondere vertrauliche Restrukturierungsrahmen, die – was die Richtlinie als Umsetzungsoption explizit zulässt – nicht die Beteiligung eines Gerichts, sondern einer Verwaltungsbehörde voraussetzen. Hier richtet sich sowohl der Zugang zum entsprechenden Verfahren als auch die Anerkennung in anderen Mitgliedstaaten – von etwaigen nationalen Regelungen abgesehen – allein nach dem Kollisionsrecht, welches analog Art. 3, 7 EuInsVO wiederum dem COMI des Schuldners folgt.

§ 15 Ausblick

Die vorliegende Untersuchung hat aufgezeigt, dass der bestehende kollisions- und international-zivilverfahrensrechtliche Rahmen unter Einsatz der anerkannten (europarechtlichen) Methodik problemlos auf die Restrukturierungsrichtlinie und die daraus resultierenden mitgliedstaatlichen Restrukturierungsrahmen abgestimmt werden kann. Das Ergebnis ist ein sekundärrechtlicher Regelungsrahmen, der wirtschaftlich angeschlagene Unternehmen in die Lage versetzt, Restrukturierungen auch grenzüberschreitend zu verwirklichen. Deutlich wurde aber auch, dass an einigen Stellen noch Raum für legislative Nachschärfungen verbleibt. Dies gilt einerseits für die EuInsVO, die wegen der Verwirklichung nur eingeschränkter Universalität sanierungsfeindliche Abweichungen von der einheitlichen Grundanknüpfung des internationalen Restrukturierungsrechts zulässt, insbesondere im Falle einer Sekundärrestrukturierung. Darüber hinaus gäbe spätestens die durch die Richtlinie bewirkte Mindestharmonisierung des Restrukturierungsrechts Anlass, die Privilegien für Inhaber von Sicherheiten an ausländischen Vermögensgegenständen aufzugeben und der *lex fori* insoweit den Vorrang einzuräumen. Ein noch weitergehendes Optimierungspotenzial ergibt sich im Bereich der vertraulichen Restrukturierungsverfahren. Wie gezeigt wurde, kann bereits die vollständige Herausnahme der entsprechenden Verfahren aus dem Anwendungsbereich der EuInsVO und dem dort verfolgten Regelungskonzept nicht überzeugen. Die in der Konsequenz zur Anwendung gelangende Brüssel-Ia-VO führt zwar hinsichtlich der Anerkennung zu überzeugenden und wertungskonsistenten Ergebnissen. Was die internationale Zuständigkeit und das anwendbare Recht betrifft, klaffen durch die Unanwendbarkeit der EuInsVO allerdings Lücken auf, die nur mittels Analogien zu ebendieser Verordnung wieder geschlossen werden können.

Die vorliegende Arbeit hat insoweit gezeigt, dass bereits auf dem Stand des geltenden Rechts ein wertungsgerechter und systemkohärenter Rechtsrahmen für – öffentliche wie vertrauliche – grenzüberschreitende Sanierungsverfahren besteht, der durch die umfassende Implementierung des COMI-Prinzips zugleich die wesentlichen Grundregeln für einen (geordneten) Wettbewerb der Restrukturierungsrechtsordnungen definiert. Insoweit fungiert das internationale Restrukturierungsrecht als Regulierungsinstrument, das die Spielregeln am Markt bestimmt und dadurch mittelbar auch Ausmaß und Dynamik des Wettbewerbs steuert. Gerade vor diesem Hintergrund besteht allerdings ein erhöhtes Bedürfnis nach Rechtssicherheit, wären die Transaktionskosten einer undurchsichtigen Rechtslage in Bezug auf die Wahl des Sanierungsstandorts und/oder die Anerkennung in den relevanten Jurisdiktionen doch (prohibitiv) hoch; immerhin sind die jeweiligen Entscheidungsträger in der Krisensituation – noch mehr als in anderen grenzüberschreitenden Sachverhalten – darauf angewiesen, dass das angestrebte Ergebnis (die erfolgreiche Sanierung) bereits im ersten Anlauf gelingt. Will man nicht auf die sukzessive Beseitigung der bestehenden Rechtsunsicherheiten durch entsprechende Judikate des EuGH warten, so böte sich insbesondere die Einführung einer europäischen Restrukturierungsverordnung an, die als Bindeglied zwischen EuInsVO und Brüssel-Ia-VO treten könnte und im Zuge derer auch die bestehenden Defizite der EuInsVO im Zusammenhang mit Restrukturierungsverfahren behoben werden könnten.[1] Vor allem der Aspekt der Sekundärverfahren zeigt, dass die Aufnahme vorinsolvenzlicher Präventivverfahren in die EuInsVO zwar von einem begrüßenswerten Willen getragen wurde, die Modernisierung des Insolvenzrechts auch auf Ebene des internationalen Rechtsrahmens zu vollziehen, die ursprünglich auf Liquidationsverfahren zugeschnittenen Regelungen aber an

---

[1] Ähnlich *Madaus*, Auf in die Moderne! Das SanInsFoG macht den Restrukturierungsstandort Deutschland 2021 wettbewerbsfähig (abrufbar unter <https://stephanmadaus.de/2020/10/02/auf-in-die-moderne-das-saninsfog-macht-den-restrukturierungsstandort-deutschland-2021-wettbewerbsfaehig/>, Stand Oktober 2022) sowie *ders.* in: K/P/B, EuInsVO Art. 1 Rn. 24; einen anderen Ansatz verfolgend hingegen bei Rn. 27, wo lediglich eine Überarbeitung der beiden Regelwerke vorgeschlagen wird, verbunden mit der Etablierung gewisser Mindeststandards, die die jeweiligen Verfahren erfüllen müssen, um anerkannt zu werden; ebenfalls eine eigenständige Restrukturierungsverordnung erwägend *Schlöder/Parzinger/Knebel* ZIP 2021, 1041 (1041); sympathisierend wohl auch *Skauradszun* in: BeckOK-StaRUG, § 84 Rn. 68.1; generell eine Überarbeitung des europäischen Rechtsrahmens für grenzüberschreitende Restrukturierungen fordernd *Madaus/Wessels*, Report on cross-border effects in European preventive restructuring, CERIL Collection I, S. 223 (243 f.); ein konzeptionelles Grundgerüst für ein reformiertes internationales Restrukturierungsrecht mit Fokus auf der jeweiligen *lex causae* findet sich bei *Madaus* in: FS Paulus, S. 472 ff.

einigen Stellen für Restrukturierungen unpassend sind. Dies gilt umso mehr für das Zuständigkeitsregime der Brüssel-Ia-VO, das im Ausgangspunkt offensichtlich bipolare Prozessrechtsverhältnisse vor Augen hatte und daher nicht auf Kollektivverfahren abgestimmt ist – von dem Defizit eines entsprechenden Restrukturierungskollisionsrechts ganz zu schweigen.

Die vorliegende Arbeit versteht sich daher einerseits als Anstoß, den bestehenden europäischen Rechtsrahmen für grenzüberschreitende Restrukturierungen auf legislativer Ebene zu überdenken und gegebenenfalls mit Blick auf die neue Restrukturierungslandschaft in Europa nachzujustieren. Andererseits wird aber auch ein stimmiges und wertungskonsistentes System des europäischen Restrukturierungsrechts präsentiert, anhand dessen internationale Restrukturierungen auch unter Zugrundelegung des geltenden Rechts erfolgreich durchgeführt werden können.

Literaturverzeichnis

Adler, Barry/Casey, Anthony/Morisson, Edward: Baird and Jackson's Bankruptcy: Cases, Problems, and Materials, 5. Auflage, St. Paul, MN 2020

Ahrens, Martin/Gehrlein, Markus/Ringstmeier, Andreas (Hrsg.): Insolvenzrecht Kommentar, 4. Auflage, Köln 2020, zitiert als: *Bearbeiter* in: A/G/R

Altmeppen, Holger: GmbHG – Kommentar, 10. Auflage, München 2021

Ambach, Jördis: Reichweite und Bedeutung von Art. 25 EuInsVO, Berlin 2009

Andres, Dirk/Grund, Andreas: Die Flucht vor deutschen Insolvenzgerichten nach England – Die Entscheidungen in dem Insolvenzverfahren Hans Brochier Holdings Ltd., NZI 2007, 137–143

Andres, Dirk/Leithaus, Rolf/Dahl, Michael (Hrsg.): Insolvenzordnung – Kommentar, 4. Auflage, München 2018

Arnold, Stefan: Zur Trennung des öffentlichen vom privaten Recht – Vollstreckung von Ordnungsgeldern im europäischen Justizraum, ZEuP 2012, 315–331

Arnold, Yannic/Slawik, Simone: „La boîte à outils française" und seine Einflüsse auf das StaRUG, NZI-Beil. 2021, 79–82

Baird, Douglas: Priority matters: Absolute Priority, Relative Priority, and the Cost of Bankruptcy, 165 U. Pa. L. R. 785–829 (2017)

–: The Uneasy Case for Corporate Reorganizations, 15 J. Leg. Stud. 127–147 (1986)

Baird, Douglas/Berstein, Donald: Absolute Priority, Valuation Uncertainty, and the Reorganization Bargain, 115 Yale L. J. 1930–1970 (2006)

Baird, Douglas/Jackson, Thomas: Corporate Reorganizations and the Treatment of Diverse Ownership Interests: A Comment on Adequate Protection of Secured Creditors in Bankruptcy, 51 Chicago L. R. 97–130 (1984)

Balthasar, Helmut: Allgemeine Zugangsvoraussetzungen zu den Restrukturierungsinstrumenten, NZI-Beil. 2021, 18–22

Balz, Manfred: Das neue Europäische Insolvenzübereinkommen, ZIP 1996, 948–955

–: The European Convention on Insolvency Proceedings, 70 Am. Bankr. L. J. 485–531 (1996)

–: Logik und Grenzen des Insolvenzrechts, ZIP 1988, 1438–1445

Baur/Stürner – Zwangsvollstreckungs-, Konkurs- und Vergleichsrecht, bearb. v. Stürner, Rolf, Bd. 2, 12. Auflage, Heidelberg 1990, zitiert als: *Baur/Stürner*, InsR

Bayer, Walter/Schmidt, Jessica: Das Vale-Urteil des EuGH: Die endgültige Bestätigung der Niederlassungsfreiheit als „Formwechselfreiheit", ZIP 2012, 1481–1492

Beck-online.Großkommentar zum EGBGB, hrsg. v. Budzikiewicz, Christine/Harke, Jan/Kessen, Martin/Köndgen, Johannes/Lorenz, Stephan/Schmidt, Hubert/Weller, Marc-Philippe/Wurmnest, Wolfgang, München, zitiert als: *Bearbeiter* in: BeckOGK-EGBGB

Beck-online.Großkommentar zur Rom-I-VO, hrsg. v. Budzikiewicz, Christine/Weller, Marc-Philippe/Wurmnest, Wolfgang, München, zitiert als: *Bearbeiter* in: BeckOGK-Rom-I-VO

Beck'scher Onlinekommentar zum Insolvenzrecht, hrsg. v. Fridgen, Alexander/Geiwitz, Arndt/Göpfert, Burkhard, 28. Edition, Stand 15.07.2022, München, zitiert als: *Bearbeiter* in: BeckOK-InsO

Beck'scher Onlinekommentar zum StaRUG, hrsg. v. Skauradszun, Dominik/Frisgen, Alexander, 6. Edition, Stand 01.10.2022, München, zitiert als: *Bearbeiter* in: BeckOK-StaRUG

Beck'scher Onlinekommentar zur Zivilprozessordnung, hrsg. v. Vorwerk, Volkert/Wolf, Christian, 46. Edition, Stand 01.07.2022, München, zitiert als: *Bearbeiter* in: BeckOK-ZPO

Becker, Moritz: Kooperationspflichten in der Konzerninsolvenz, Köln 2012

Behme, Caspar: Sitzverlegung und Formwechsel von Gesellschaften über die Grenze – Ein Beitrag zum Prinzip der gegenseitigen Anerkennung im europäischen Gesellschaftsrecht, Tübingen 2015

Beissenhirtz, Volker: Plädoyer für ein Gesetz zur vorinsolvenzlichen Sanierung von Unternehmen, ZInsO 2011, 57–71

Bělohlávek, Alexander: EU and International Insolvency Procedings. Regulation (EU) 2015/848 on Insolvency Proceedings, Den Haag 2020

Berends, André: The Eurofood Case: One Company, Two Main Insolvency Proceedings: Which One Is The Real One?, 53 NILR 331–361 (2006)

Berger, Christian: Die Verwertung von Absonderungsgut – im Spannungsverhältnis von Bürgerlichem Recht, Insolvenzrecht und Europäischem Recht, KTS 68 (2007) 433–450

Bewick, Samantha: The EU Insolvency Regulation, Revisited, 24 IIR 172–191 (2015)

Bitter, Georg: Corona und die Folgen nach dem COVID-19-Insolvenzaussetzungsgesetz (COVInsAG), ZIP 2020, 685–699

–: Sanierung in der Insolvenz, ZGR 39 (2010) 147–200

Bitter, Georg/Laspeyres, Anne: Rechtsträgerspezifische Berechtigungen als Hindernis übertragender Sanierungen, ZIP 2010, 1157–1165

Bork, Reinhard: Erstreckung der §§ 103 ff. InsO auf die präventive Restrukturierung?, ZRI 2020, 457–463

–: Präventive Restrukturierungsrahmen: „Komödie der Irrungen“ oder „Ende gut, alles gut“?, ZIP 2017, 1441–1450

–: Anmerkung zu BGH, Urteil vom 15.02.2012 – IV ZR 194/09, ZEuP 2013, 136–146

–: The Scheme of Arrangement, IILR 2012, 477–490

–: Vorinsolvenzliches Sanierungsverfahren: Schuldverschreibungsgesetz analog?, ZIP 2011, 2035

–: Sanierungsrecht in Deutschland und England, Köln 2011

–: Das Moratorium in: Grundmann, Stefan/Haar, Brigitte/Merkt, Hanno/Mülbert, Peter/Wellenhofer, Marina et. al. (Hrsg.), Unternehmen, Markt und Verantwortung – Festschrift für Klaus J. Hopt, Berlin/New York 2010, S. 1629–1646, zitiert als: *Bork* in: FS Hopt

–: Grundfragen des Restrukturierungsrechts, ZIP 2010, 397–413

–: Pre-insolvency moratoria – a legal comparison, abrufbar unter <https://eirjournal.com/content/EIRJ-2021-9>, Stand Oktober 2022

Bork, Reinhard/van Zwieten, Kristin (Hrsg.): Commentary on the European Insolvency Regulation, Oxford 2016, zitiert als: *Bearbeiter* in: Bork/van Zwieten, EIR

Bormann, Jens: Kreditreorganisationsgesetz, ESUG und Scheme of Arrangement – Insolvenzrechtliche Neuerungen im Spannungsverhältnis zwischen erleichterter Unternehmenssanierung und Beschneidung von Gläubiger- und Gesellschafterrechten, NZI 2011, 892–898

Böttcher, Leif/Kraft, Julia: Grenzüberschreitender Formwechsel und tatsächliche Sitzverlegung – Die Entscheidung VALE des EuGH, NJW 2012, 2701–2704

Brandt, Sven/Sonnenhol, Jürgen: Verträge für Konsortialkredite, WM 2001, 2329–2337

Braun, Andrea: Die vorinsolvenzliche Sanierung von Unternehmen, Baden-Baden 2015

Braun, Eberhard (Hrsg.): Insolvenzordnung – InsO mit EuInsVO (2015) – Kommentar, 9. Auflage, München 2022

– (Hrsg.): Unternehmensstabilisierungs- und Restrukturierungsgesetz – Kommentar, München 2021

Braun, Eberhard/Heinrich, Jens: Finanzdienstleister in der „grenzüberschreitenden" Insolvenz – Lücken im System? – Ein Beitrag zu der Verordnung (EG) Nr. 1346/2000 des Rates vom 29.05.2000 über Insolvenzverfahren, NZI 2005, 578–583

Brenner, Barbara: Anmerkung zu GA Colomer, Schlussanträge vom 06.09.2005, Rs. C-1/04, Staubitz-Schreiber, ZIP 2005, 1641–1648

Brinkmann, Moritz: Der präventive Restrukturierungsrahmen als trojanisches Pferd für Finanzinvestoren, NZI-Beil. 2019, 27–29

–: Grenzüberschreitende Sanierung und europäisches Insolvenzrecht, KTS 75 (2014) 381–400

–: Die relative Vorrangregel aus Art. 11 (1) (c) der Insolvenzrichtlinie: nicht nur untauglich, sondern brandgefährlich!, abrufbar unter <https://www.tax-legal-excellence.com/relative-vorrangregel-art-11-1-c-insolvenzrichtlinie-brandgefaehrlich>, Stand Oktober 2022

Bris, Arturo/Schwartz, Alan/Welch, Ivo: Who Schould Pay for Bankruptcy Costs?, 34 J. Leg. Stud. 295–341 (2005)

Brömmerkamp, Utz: Vorinsolvenzliches Sanierungsverfahren "ante portas", ZInsO 2016, 500–505

Brünkmans, Christian/Thole, Christoph (Hrsg.): Handbuch Insolvenzplan, 2. Auflage, Köln 2020

Bulgrin, Gerrit: Die strategische Insolvenz – Zwischen Missbrauch und kunstgerechter Handhabung des Insolvenzplanverfahrens als gesellschaftsrechtliches Gestaltungsinstrument, Tübingen 2016

Burger, Benedikt: Die Anerkennung von Solvent Schemes of Arrangement in Deutschland in: Ebke, Werner/Olzen, Dirk/Sandrock, Otto (Hrsg.), Festschrift für Siegfried H. Elsing, Frankfurt a. M. 2015, S. 771–786, zitiert als: *Burger* in: FS Elsing

Burgstaller, Alfred/Neumayr, Matthias/Geroldinger, Andreas/Schmaranzer, Gerhard: Internationales Zivilverfahrensrecht, 21. EgzL, Stand Dezember 2020, Wien

Calliess, Christian: Europäische Gesetzgebung und nationale Grundrechte – Divergenzen in der aktuellen Rechtsprechung von EuGH und BVerfG?, JZ 2009, 113–121

Calliess, Christian/Ruffert, Matthias (Hrsg.): EUV/AEUV – Das Verfassungsrecht der Europäischen Union mit Europäischer Grundrechtecharta, 6. Auflage, München 2022

Camacho, Teresa /Nunez-Lagos Burguera, Alberto: Secondary proceedings: are cross-border insolvencies in the EU dealt with efficiently?, IILR 2013, 140–148

Carli, Winfried/Weissinger, Matthias: Das Scheme of Arrangement: Neue Einsatzmöglichkeiten für deutsche Kreditnehmer, DB 2014, 1474–1480

Casey, Anthony: The Creditors' Bargain and Option-Preservation Priority in Chapter 11, 78 Chicago L. R. 759–807 (2011)

Casey, Anthony/Macey, Joshua: Bankruptcy Shopping: Domestic Venue Races and Global Forum Wars, 37 EBDJ 463–507 (2021)

CODIRE-Report – Best Practices in European Restructuring: Contractualised Distress Resolution in the Shadow of the Law, bearb. v. *Stanghellini, Lorenzo/Mokal, Riz/Paulus, Christoph/Tirado, Ignacio*, Mailand 2018

Cranshaw, Friedrich: Bemerkungen zur ‚Cross border'-Vollstreckung in der EU, im EWR, im Rechtsverkehr mit dem Vereinigten Königreich und Drittstaaten, ZInsO 2021, 2345–2363

–: Solvent Scheme of Arrangement, ein Sanierungsinstrument des englischen Rechts in der inländischen Rechtspraxis – Zugleich eine Anmerkung zu dem Urteil ‚Equitable Life' des BGH, DZWIR 2012, 223–232

Cranshaw, Friedrich/Portisch, Wolfgang: Paradigmen des Unternehmensstabilisierungs- und -restrukturierungsgesetzes (StaRUG) nach dem Regierungsentwurf aus Gläubigersicht – Teil 1, ZInsO 2020, 2561–2579

Dahl, Michael/Linnenbrink, Frank: Die Umsetzung der EU-Richtlinie durch den deutschen Gesetzgeber – Zur Richtlinie (EU) 2019/1023 des Europäischen Parlaments und des Rates vom 20.06.2019, NZI-Beil. 2019, 45–47

Dellit, Kai/Hamann, Hanjo: Forderungserlass und Insolvenzplan – Zur Entmystifizierung „der Naturalobligation" durch systematische und funktional-teleologische Auslegung, ZIP 2015, 308–316

Derksen, Nils: Die Unternehmenssanierung innerhalb und außerhalb der Insolvenz, Baden-Baden 2017

Desch, Wolfram (Hrsg.): Das neue Restrukturierungsrecht – Praxisfragen des StaRUG, München 2021

Deyda, Stephan: Der Konzern im europäischen internationalen Insolvenzrecht, Baden-Baden 2008

Dowdell, Eva: The Chapter 11 ‚Shuttle' – Cooincidence or Competitive Strategy?, 71 J. Air L. & Com. 669–689 (2006)

Drobnig, Ulrich: Secured Credit in International Insolvency Law, 33 Texas Int. L. J. 53–70 (1998)

Drukarczyk, Jochen: Theorie und Politik der Finanzierung, 2. Auflage, München 1993

Dutta, Anatol: Anmerkung zu EuGH, Urteil vom 15.02.2007, C-292/05, Eirini Lechouritou, ZZPInt 11 (2006) 208–220

Duursma, Dieter/Duursma-Kepplinger, Henriette-Christine: Gegensteuerungsmaßnahmen bei ungerechtfertigter Inanspruchnahme der internationalen Zuständigkeit gemäß Art. 3 Abs. 1 EuInsVO, DZWIR 2003, 447–452

Duursma-Kepplinger, Henriette-Christine/Duursma, Dieter/Chalupsky, Enst (Hrsg.): Europäische Insolvenzverordnung, Wien 2002

Ebenroth, Carsten: Inlandswirkungen der ausländischen lex fori concursus bei Insolvenz einer Gesellschaft, ZZP 101 (1988) 121–151

Eckelt, Florian: Der präventive Restrukturierungsrahmen – Europäische Vorgaben und Umsetzungsspielräume für die EU-Mitgliedstaaten, Baden-Baden 2020

Eckhardt, Diederich: Die Ausübung von Mobiliarsicherheiten in der Unternehmenskrise, ZIP 1999, 1734–1744

Ehricke, Ulrich/Ries, Julian: Die neue europäische Insolvenzverordnung, JuS 2003, 313–320

Eidenmüller, Horst: The Rise and Fall of Regulatory Competition in Corporate Insolvency Law in the European Union, 20 EBOR 547–566 (2019)

–: What is an Insolvency Proceeding?, 92 Am. Bankr. L. J. 53–72 (2018)

–: Contracting for a European Insolvency Regime, 18 EBOR 273–304 (2017)

–: Die Restrukturierungsempfehlung der EU-Kommission und das deutsche Restrukturierungsrecht, KTS 75 (2014) 401–422

–: Die Eigenverwaltung im System des Restrukturierungsrechts, ZHR 175 (2011) 11–37

–: The Transnational Law Market, Regulatory Competition, and Transnational Corporations, 18 Ind. J. Gl. L. Stud. 707–749 (2011)
–: Reformperspektiven im Restrukturierungsrecht, ZIP 2010, 649–660
–: Sanierung im Vorfeld von Insolvenzverfahren – Vorträge der gemeinsamen Tagung des BMWi und des BMJ, WM 2010, 1337–1347
–: Rechtsmissbrauch im Europäischen Insolvenzrecht, KTS 70 (2009) 137–161
–: Finanzkrise, Wirtschaftskrise und das deutsche Insolvenzrecht, Berlin 2009
–: Recht als Produkt, JZ 2009, 641–653
–: Regulierung von Finanzinvestoren, DStR 2007, 2116–2121
–: Unternehmenssanierung zwischen Markt und Gesetz, Köln 1999
–: Die Banken im Gefangenendilemma: Kooperationspflichten und Akkordstörungsverbot im Sanierungsrecht, ZHR 160 (1996) 343–373
Eidenmüller, Horst/Frobenius, Tilmann: Die internationale Reichweite eines englischen Scheme of Arrangement, WM 2011, 1210–1219
Eidenmüller, Horst/Frobenius, Tilmann/Prusko, Wolfram: Regulierungswettbewerb im Unternehmensinsolvenzrecht: Ergebnisse einer empirischen Untersuchung, NZI 2010, 545–550
Eifinger, Maxim: Deutsche Gerichte unzuständig für Anordnung nach § 101 IX UrhG bei Sitz des Internet-Service-Providers in Großbritannien – Besprechung von OLG München, Beschluss vom 12.09.2011 – 29 W 1634/11, GRUR-Prax 2011, 474
Eisenhardt, Moritz: Sanierung statt Liquidation – Die Geschichte des Vergleichs zur Abwendung des Konkurses unter besonderer Berücksichtigung der Vergleichsordnung von 1927 und 1935, Frankfurt a. M. 2011
Erman BGB, hrsg. v. Westermann, Harm/Grunewald, Barbara/Maier-Reimer, Georg, Bd. 2, 16. Auflage, Köln 2020
Fasching, Hans/Konecny, Andreas (Hrsg.): Zivilprozessgesetze, Bd. 5/1, 2. Auflage, Wien 2008
Fehrenbach, Markus: Die reformierte Europäische Insolvenzverordnung (Teil II), GPR 2017, 38–50
–: Haupt- und Sekundärinsolvenzverfahren – Zur sachgerechten Verfahrenskoordination bei grenzüberschreitenden Unternehmensinsolvenzen, Tübingen 2014
–: Die Rechtsprechung des EuGH zur Europäischen Insolvenzverordnung: Der Mittelpunkt der hauptsächlichen Interessen und andere Entwicklungen im Europäischen Insolvenzrecht, ZEuP 2013, 353–383
Ferrari, Franco/Kieninger, Eva-Maria/Mankowski, Peter/Otte, Karsten/Saenger, Ingo/Schulze, Götz/Staudinger, Ansgar (Hrsg.): Internationales Vertragsrecht, 3. Auflage, München 2018
Finch, Vanessa/Milman, David: Corporate Insolvency Law: Perspectives and Principles, 3. Auflage, Cambridge 2017
Fischer, Gero: Rechtliche Anerkennung eines Scheme of Arrangement, das eine Gesellschaft mit Sitz in Deutschland betrifft in: Graf-Schlicker, Marie Luise/Prütting, Hanns/Uhlenbruck, Wilhelm (Hrsg.), Festschrift für Heinz Vallender, München 2014, S. 137–149, zitiert als: *Fischer* in: FS Vallender
Flessner, Axel: Insolvenzverfahren ohne Insolvenz? – Vorteile und Nachteile eines vorinsolvenzlichen Reorganisationsverfahrens nach französischem Vorbild, KTS 71 (2010) 127–148
–: Dingliche Sicherungsrechte nach dem Europäischen Insolvenzübereinkommen in: Basedow, Jürgen/Hopt, Klaus/Kötz, Hein (Hrsg.), Festschrift für Ulrich Drobnig, Tübingen 1998, S. 277–287, zitiert als: *Flessner* in: FS Drobnig

–: Internationales Insolvenzrecht in Deutschland nach der Reform, IPRax 1997, 1–10

–: Das künftige Internationale Insolvenzrecht im Verhältnis zum Europäischen Insolvenzübereinkommen – Anwendbares Recht, Reichweite der Anerkennung, Insolvenzplan und Schuldbefreiung in: Stoll, Hans (Hrsg.), Vorschläge und Gutachten zur Umsetzung des EU-Übereinkommens über Insolvenzverfahren im deutschen Recht, Tübingen 1997, S. 219–231, zitiert als: *Flessner* in: Stoll, Vorschläge und Gutachten

–: Insolvenzplan und Restschuldbefreiung im Internationalen Konkursrecht – Stellungnahme zu den Art. 15 und 16 des Vorentwurfs in: Stoll, Hans (Hrsg.), Stellungnahmen und Gutachten zur Reform des deutschen internationalen Insolvenzrechts, Tübingen 1992, S. 201–209, zitiert als: *Flessner* in: Stoll, Stellungnahmen und Gutachten

Flöther, Lucas (Hrsg.): Sanierungsrecht, München 2019

–: Präventiver Restrukturierungsrahmen nach dem Richtlinienvorschlag der Europäischen Kommission vom 22. November 2016 – Weg zu einer deutschen Restrukturierungsordnung? in: Czerwenka, Beate/Korte, Matthias/Kübler, Bruno (Hrsg.), Festschrift zu Ehren von Marie-Luise Graf-Schlicker, Köln 2017, S. 259–275, zitiert als: *Flöther* in: FS Graf-Schlicker

Flöther, Lucas/Wilke, Anna: Auswirkungen des präventiven Restrukturierungsrahmens auf die Insolvenzantragstellung – Zur Richtlinie (EU) 2019/1023 des Europäischen Parlaments und des Rates vom 20.06.2019, NZI-Beil. 2019, 80–82

Förster, Karsten: Klartext: Von Böcken und Gärtnern, ZInsO 1999, 153–154

Frankfurter Kommentar zum Europarecht, hrsg. v. Pechstein, Matthias/Nowak, Carsten/Häde, Ulrich, Bd. 4, Tübingen 2017, zitiert als: *Bearbeiter* in: FK-Europarecht

Frankfurter Kommentar zur Insolvenzordnung, hrsg. v. Wimmer, Klaus, 9. Auflage, Köln 2019, zitiert als: *Bearbeiter* in: FK-InsO

Franks, Julian/Torous, Walter: A Comparison of the U.K. and U.S. Bankruptcy Codes, 6 J. Appl. Corp. Fin. 95–103 (1993)

Freitag, Robert: Grundfragen der Richtlinie über präventive Restrukturierungsrahmen und ihrer Umsetzung in das deutsche Recht, ZIP 2019, 541–552

Freitag, Robert/Korch, Stefan: Gedanken zum Brexit – Mögliche Auswirkungen im Internationalen Insolvenzrecht, ZIP 2016, 1849–1857

Freund, Thomas: Die Sanierung der Kapitalgesellschaft: eine Analyse des reformierten deutschen Rechts im Vergleich zum englischen Recht, Hamburg 2014

Frind, Frank/Pollmächer, Frank: Anmerkungen zu den "Thesen des Gravenbrucher Kreises zum vorinsolvenzlichen Sanierungsverfahren in Deutschland" – think twice, before it's all right, ZInsO 2016, 1290–1295

Frische, Tobias: Verfahrenswirkungen und Rechtskraft gerichtlicher Vergleiche: nationale Formen und ihre Anerkennung im internationalen Rechtsverkehr, Heidelberg 2006

Fritz, Daniel: Die Neufassung der Europäischen Insolvenzverordnung: Erleichterung bei der Restrukturierung in grenzüberschreitenden Fällen? (Teil 1), DB 2015, 1882–1889

Fritz, Daniel/Scholtis, Lorenz: Anregungen für eine mutige und praxistaugliche Umsetzung der Restrukturierungsrichtlinie, BB 2019, 2051–2057

Fritz, Daniel/Bähr, Rainer: Die Europäische Verordnung über Insolvenzverfahren – Herausforderung an Gerichte und Insolvenzverwalter, DZWIR 2001, 221–235

Fuchs, Felix: Internationale Zuständigkeit für Insolvenzeröffnung bei Verlegung des Mittelpunkts der hauptsächlichen Interessen nach Insolvenzantragstellung – Besprechung von BGH, Beschluss vom 17.12.2020 – IX ZB 72/19, GWR 2021, 81

Garcimartín, Francisco: The Review of the Insolvency Regulation: Hybrid Procedures and other issues, IILR 2011, 321–335

Gebler, Olaf: Ausländische Insolvenzverfahren zur Sanierung deutscher Unternehmen, NZI 2010, 665–669
Geimer, Reinhold: Internationales Zivilprozessrecht, 8. Auflage, Köln 2020
Geimer, Reinhold/Schütze, Rolf (Hrsg.): Internationaler Rechtsverkehr in Zivil- und Handelssachen, 65. EgzL, Stand Mai 2022, München, zitiert als: *Bearbeiter* in: Geimer/Schütze, Int. Rechtsverkehr
– (Hrsg.): Europäisches Zivilverfahrensrecht, 4. Auflage, München 2020
Geldmacher, Christoph: Das präventive Sanierungsverfahren als Teil eines reformierten Insolvenz- und Sanierungsrechts in Deutschland, Köln 2012, zitiert als: *Geldmacher*, Das präventive Sanierungsverfahren
Goetker, Uwe/Schulz, Benedikt: Vorinsolvenzliches Sanierungsverfahren – Warum braucht die Praxis ein solches und wie könnte es aussehen?, ZIP 2016, 2095–2107
Gottwald, Peter: Grenzüberschreitende Insolvenzen: europäische und weltweite Tendenzen und Lösungen, München 1997
Gottwald, Peter/Haas, Ulrich (Hrsg.): Insolvenzrechts-Handbuch, 6. Auflage, München 2020
Grabitz/Hilf/Nettesheim – Das Recht der Europäischen Union, hrsg. v. Nettesheim, Martin, 76. EgzL, Stand Mai 2022, München
Graf-Schlicker, Marie (Hrsg.): Kommentar zur Insolvenzordnung, 6. Auflage, Köln 2022
Grau, Jörg/Pohlmann, Ulrich/Radunz, Isabell: Erste Praxiserfahrungen mit dem StaRUG – Zugleich Besprechung von AG Hamburg, NZI 2021, 544, NZI 2021, 522–527
Gravenbrucher Kreis: Gravenbrucher Thesen: ESUG und präventiver Restrukturierungsrahmen – Ergänzung oder Gegensatz?, ZInsO 2020, 260–264
–: Appell gegen die Verabschiedung der Insolvenzrechtsreform, ZIP 1994, 585–587
Gruber, Urs: Die europäische Insolvenzzuständigkeit und der Einwand des Rechtsmissbrauchs in: Meller-Hannich, Caroline/Haertlein, Lutz/Gaul, Hans/Becker-Eberhard, Ekkehard (Hrsg.), Rechtslage – Rechtserkenntnis – Rechtsdurchsetzung – Festschrift für Eberhard Schilken zum 70. Geburtstag, München 2015, S. 679–691, zitiert als: *Gruber* in: FS Schilken
Gullifer, Louise/Payne, Jennifer: Corporate Finance Law, 2. Auflage, Oxford/Portland, OR 2015
Haas, Ulrich: Die Verwertung der im Ausland belegenen Insolvenzmasse im Anwendungsbereich der EuInsVO in: Schilken, Eberhard/Kreft, Gerhart/Wagner, Gerhard/Eckardt, Diederich (Hrsg.), Festschrift für Walter Gerhardt, Köln 2004, S. 319–340, zitiert als: *Haas* in: FS Gerhardt
Habersack, Mathias/Caspar, Matthias/Löbbe, Marc (Hrsg.): GmbHG – Großkommentar, Bd. 2, 3. Auflage, Tübingen 2020, zitiert als: *Bearbeiter* in: H/C/L
Hamburger Kommentar zum Restrukturierungsrecht, hrsg. v. Schmidt, Andreas, 3. Auflage, Köln 2022, zitiert als: *Bearbeiter* in: HambK-Restrukturierung
Hamburger Kommentar zur Insolvenzordnung, hrsg. v. dems., 9. Auflage, Köln 2021, zitiert als: *Bearbeiter* in: HambK-InsO
Hanisch, Hans: Stellungnahme zu der Frage, ob und gegebenenfalls in welcher Weise ein in seiner Wirkungsweise territorial beschränktes Sonderinsolvenzverfahren über das Inlandsvermögen eines Schuldners vorzusehen ist, wenn dieser den Mittelpunkt seiner hauptsächlichen Interessen im Ausland hat in: Stoll, Hans (Hrsg.), Vorschläge und Gutachten zur Umsetzung des EU-Übereinkommens über Insolvenzverfahren im deutschen Recht, Tübingen 1997, S. 202–218, zitiert als: *Hanisch* in: Stoll, Vorschläge und Gutachten
Häsemeyer, Ludwig: Insolvenzrecht, 4. Auflage, Köln 2007

Haubold, Jens: Europäisches Zivilverfahrensrecht und Ansprüche im Zusammenhang mit Insolvenzverfahren – Zur Abgrenzung zwischen Europäischer Insolvenzverordnung und EuGVO, EuGVÜ und LugÜ, IPRax 2002, 157–164

Hax, Herbert: Economic Aspects of Bankruptcy Law, 141 JITE 80–98 (1985)

Heckschen, Heribert: Die neue Insolvenzordnung – Teil 1: Einführung, NotBZ 1998, 201–207

Heese, Michael: Die Funktion des Insolvenzrechts im Wettbewerb der Rechtsordnungen, Baden-Baden 2018

–: Gläubigerinformation in der Insolvenz: eine vergleichende Untersuchung des U.S.-amerikanischen und deutschen Rechts zur Verbesserung des Gläubigerschutzes im Insolvenzverfahren, Tübingen 2008, zitiert als: *Heese*, Gläubigerinformation

Heilmann, Hans: Grundzüge des Insolvenzrechts, München 1983

Henssler, Martin/Strohn, Lutz (Hrsg.): Gesellschaftsrecht, Beck'sche Kurzkommentare, 5. Auflage, München 2021, zitiert als: *Bearbeiter* in: Henssler/Strohn, GesR

Herchen, Axel: Aktuelle Entwicklungen im Recht der internationalen Zuständigkeit zur Eröffnung von Insolvenzverfahren: Der Mittelpunkt der (hauptsächlichen) Interessen im Mittelpunkt der Interessen, ZInsO 2004, 825–831

–: Die Befugnisse des deutschen Insolvenzverwalters hinsichtlich der "Auslandsmasse" nach In-Kraft-Treten der EG-Insolvenzverordnung (Verordnung des Rates Nr. 1346/2000), ZInsO 2002, 345–352

–: Das Übereinkommen über Insolvenzverfahren der Mitgliedstaaten der EU vom 23.11.1995, Würzburg 2000

Herding, Franz/Kranz, Christopher: Dutch Scheme und UK Restructuring Plan – Wie gut sind die neuen Sanierungstools?, ZRI 2021, 123–129

Hess, Burkhard: Europäisches Zivilprozessrecht, 2. Auflage, Heidelberg 2021

Hess, Burkhard/Oberhammer, Paul/Pfeiffer, Thomas (Hrsg.): European Insolvency Law – The Heidelberg-Luxembourg-Vienna Report on the Application of Regulation No. 1346/2000/EC on Insolvency Procedures – External Evaluation JUST/2011/JCIV/PR/0049/A4, München 2014, zitiert als: *Bearbeiter* in: Hess/Oberhammer/Pfeiffer, Vienna Report

Hirte, Heribert/Bücker, Thomas (Hrsg.): Grenzüberschreitende Gesellschaften: ein Praxishandbuch, 2. Auflage, Köln 2006

Ho, Look Chan: A rational basis of jurisdiction over EEA insurers' solvent schemes that the WFUM decision could be, but isn't, 22 IL&P 145–149 (2006)

Hoegen, Peter: Schutz für Sanierungsfinanzierungen – Zu Art. 16 und 17 des Richtlinienvorschlags der Europäischen Kommission vom 22.11.2016, COM(2016) 723 final, NZI-Beil. 2017, 30–34

Hoegen, Peter/Kranz, Christopher: Neue Möglichkeiten der Konzernsanierung durch SanInsFoG und StaRUG, NZI 2021, 105–109

–: Die Auswirkungen des präventiven Restrukturierungsrahmens auf die außergerichtliche Unternehmenssanierung – droht die Bedeutungslosigkeit?, NZI-Beil. 2019, 53–56

Hofmann, Matthias: Vertragsbeendigung nach §§ 49 ff. StaRUG-E – praktisches Sanierungstool oder untaugliches Ungetüm?, NZI 2020, 871–874

–: Der Restrukturierungsplan im künftigen deutschen Restrukturierungsverfahren – Restrukturierungs- vs. Insolvenzplan?, NZI-Beil. 2019, 22–26

Hoffmann, Isabel: Die Verbraucherrolle – Zur Frage nach den maßgeblichen Kriterien im materiellen Recht und im Prozessrecht, Tübingen 2019

Hoffmann, Thomas/Giancristofano, Isabel: Das englische Scheme of Arrangement als taugliches Sanierungsinstrument für deutsche Unternehmen – Zweifel bleiben – Zugleich Duplik auf Sax/Swierczok, ZIP 2016, 1945, ZIP 2016, 1951–1953

–: Ist das englische Scheme of Arrangement (noch) ein taugliches Sanierungsinstrument für deutsche Unternehmen? Neue Tendenzen in der englischen Rechtsprechung und das Problem der positiven Fortführungsprognose, ZIP 2016, 1151–1155

Hölzle, Gerrit: Präventiver Restrukturierungsrahmen – Beitrag zu einer Verbesserung der Restrukturierungskultur in Europa und ergänzende Sanierungsoption oder „Schlachtbank" für die Motive des ESUG?, ZIP 2017, 1307–1313

Hoos, Jan-Philipp/Schwartz, Daniel/Schlander, Hendrik: Handlungsoptionen für Unternehmen – Internationale Zuständigkeit und Anerkennung von präventiven Restrukturierungsverfahren, ZIP 2021, 2214–2223

Huber, Herwart: Bankenkrisen und das neue Insolvenzrecht, ZBB 1998, 193–199

Huber, Peter: Internationales Insolvenzrecht in Europa, ZZP 114 (2001) 133–166

Humpenöder, Leo: Der Sanierungsgedanke im deutschen Insolvenzrecht, Frankfurt a. M. 2019

Husfeldt, Angela: Das UK Scheme of Arrangement als Sanierungsinstrument für deutsche Gesellschaften, Hamburg 2015

Hushahn, Johannes: Der isolierte grenzüberschreitende Formwechsel – Zugleich Anmerkung zum Urteil des EuGH vom 25.10.2017 in der Rechtssache Polbud, RNotZ 2018, 23–25

Hüßtege, Rainer/Mansel, Heinz-Peter (Hrsg.): Nomoskommentar zum BGB, Bd. 6, 3. Auflage, Baden-Baden 2019

Ipsen, Jörn: Allgemeines Verwaltungsrecht, 11. Auflage, München 2019

Jackson, Thomas: The Logic and Limits of Bankruptcy Law, Cambridge, MA/London 1986

Jacobi, Christoph: Das Präventive Restrukturierungsverfahren – Richtlinienvorschlag der EU-Kommission vom 22.11.2016, COM(2016) 723 final, ZInsO 2017, 1–13

Jacoby, Florian: Vorinsolvenzliches Sanierungsverfahren, ZGR 39 (2010) 359–384

Jaeger, Ernst: Lehrbuch des Deutschen Konkursrechts, 8. Auflage, Berlin/Leipzig 1932

Jaffé, Michael/Friedrich, Andreas: Verbesserung der Wettbewerbsfähigkeit des Insolvenzstandorts Deutschland, ZIP 2008, 1849–1858

Jauernig – Bürgerliches Gesetzbuch, hrsg. v. Stürner, Rolf, 18. Auflage, München 2021

Jayme, Erik/Kohler, Christian: Europäisches Kollisionsrecht 2005: Hegemonialgesten auf dem Weg zu einer Gesamtvereinheitlichung, IPRax 2005, 481–494

Jenard, Paul: Bericht zu dem Übereinkommen über die gerichtliche Zuständigkeit und die Vollstreckung gerichtlicher Entscheidungen in Zivil- und Handelssachen, ABl. vom 05. März 1979, C 59, S. 1–59, zitiert als: *Jenard*, Bericht zum EuGVÜ; Seitenangaben beziehen sich auf die die Fundstelle im ABl.

Kahlert, Günter/Schumann, Marius: Einbeziehung von in- und ausländischen Steuerforderungen in einen Restrukturierungsplan oder Sanierungsvergleich, DStR 2021, 2741–2750

Kaubisch, Arndt/Riewe, Anne/Hilpert, Christian: Is there a Dutch way? – Möglichkeiten und Grenzen der Vertragsbeendigung für deutsche Unternehmen durch Anwendung des niederländischen WHOA, SanB 2021, 13–19

Kayser, Godehard: Eingriffe des Richtlinienvorschlags der Europäischen Union in das deutsche Vertrags-, Insolvenz- und Gesellschaftsrecht, ZIP 2017, 1393–1401

–: Rechtzeitige Insolvenzantragstellung vor dem Hintergrund des Brüsseler Aktionsplans für ein vorinsolvenzliches Restrukturierungsverfahren, ZIP 2016, Beil. zu Heft 22, 40–43, zitiert als: *Kayser* ZIP 2016, S40

Kayser, Godehard/Thole, Christoph (Hrsg.): Heidelberger Kommentar zur Insolvenzrecht, 10. Auflage, Heidelberg 2020

Kebekus, Frank: Anmerkung zu AG Nürnberg, Beschl. vom 01.10.2006 – 8034 IN 1326/06, ZIP 2007, 83–87

Kegel, Gerhard/Thieme, Jürgen (Hrsg.): Vorschläge und Gutachten zum Entwurf eines EG-Konkursübereinkommens, Tübingen 1988

Keller, Christoph: Rechtsverkehr in Insolvenzsachen mit Großbritannien, ZInsO 2022, 733–741

Keller, Ulrich: Insolvenzrecht, 2. Auflage, München 2020

Kemper, Jutta: Die Verordnung (EG) Nr. 1346/2000 über Insolvenzverfahren – Ein Schritt zu einem europäischen Insolvenzrecht, ZIP 2001, 1609–1621

Kern, Christoph: Ein Wettbewerb der Rechtsordnungen? – Vergleich des niederländischen und des deutschen Umsetzungsgesetzes zur Restrukturierungsrichtlinie, NZI-Beil. 2021, 74–76

Kilger, Joachim: Der Konkurs des Konkurses, KTS 36 (1975) 142–166

Kindl, Johann/Meller-Hannich, Caroline (Hrsg.): Nomoskommentar – Gesamtes Recht der Zwangsvollstreckung, 4. Auflage, Baden-Baden 2021, zitiert als: *Bearbeiter* in: Kindl/Meller-Hannich, Zwangsvollstreckung

Kindler, Peter: Insolvenzrecht als Tätigkeitsausübungsregel – Die sachliche Reichweite der Niederlassungsfreiheit nach dem Kornhaas-Urteil des EuGH, EuZW 2016, 136–139

–: Hauptfragen der Reform des Europäischen Internationalen Insolvenzrechts, KTS 75 (2014) 25–44

–: Zuständigkeitsfragen beim Binnenstreit in der Auslandsgesellschaft, NZG 2010, 576–578

–: Sitzverlegung und internationales Insolvenzrecht, IPRax 2006, 114–116

Kindler, Peter/Nachmann, Josef/Bitzer, Fabian (Hrsg.): Handbuch Insolvenzrecht in Europa, 11. EgzL, Stand Mai 2022, München, zitiert als: *Bearbeiter* in: Kindler/Nachmann/Bitzer, Insolvenzrechts-Handbuch

Kingreen, Thorsten: Die Grundrechte des Grundgesetzes im europäischen Grundrechtsföderalismus, JZ 2013, 801–811

–: Grundrechtsverbund oder Grundrechtsunion? – Zur Entwicklung der subjektiv-öffentlichen Rechte im europäischen Unionsrecht, EuR 2010, 338–363

Klein, Christian: Die Haftung der Geschäftsleitung in Frankreich, RIW 2010, 352–358

Klöhn, Lars: Supranationale Rechtsformen und vertikaler Wettbewerb der Gesetzgeber im europäischen Gesellschaftsrecht: Plädoyer für ein marktimitierendes Rechtsformangebot der EU, RabelsZ 76 (2012) 276–315

–: Statische oder formale Lebenssachverhalte als „Interessen" i. S. des Art. 3 I 1 EuInsVO? – Zum Mittelpunkt der hauptsächlichen Interessen einer im Ausland gegründeten Gesellschaft bei Einstellung ihrer werbenden Tätigkeit im Inland, NZI 2006, 383–386

Klupsch, Tobias/Schulz, Patrick: Der Vorschlag der EU-Kommission für eine Richtlinie zu präventiven Restrukturierungsrahmen, EuZW 2017, 85–90

Knecht, Thomas/Hommel, Ulrich/Wohlenberg, Holger (Hrsg.): Handbuch Unternehmensrestrukturierung, 2. Auflage, Wiesbaden 2018

Knof, Béla: Europäisches Insolvenzrecht und Schuldbefreiungs-Tourismus – Zugleich Anmerkung AG Celle, Beschluss vom 18.04.2005 – 29 IN 11/05, ZInsO 2005, 1017–1026

Knof, Béla/Mock, Sebastian: Anmerkung zu EuGH, Urteil vom 17.01.2006, C-1/04, Staubitz-Schreiber, ZIP 2006, 189–192

Knops, Kai-Oliver/Bamberger, Heinz Georg/Lieser, Jens (Hrsg.): Recht der Sanierungsfinanzierung, 2. Auflage, Berlin 2019

Koch, Asja: Die Eigenverwaltung nach der Insolvenzordnung, Frankfurt a. M. 1998

Koch, Harald: Anerkennungsfähigkeit ausländischer Prozessvergleiche in: Gottwald, Peter/Roth, Herbert (Hrsg.), Festschrift für Ekkehard Schumann zum 70. Geburtstag, Tübingen 2001, S. 267–282, zitiert als: *Koch* in: FS Schumann

Kodek, Georg: The Treatment of Security Rights – The Austrian Perspective, IILR 2015, 1–17

Kölner Schrift zur Insolvenzordnung, hrsg. v. Arbeitskreis für Insolvenzwesen Köln e.V., 3. Auflage, Münster 2009

Kohler, Christian: Abschied von der autonomen Auslegung des Begriffs „Zivil- und Handelssachen“ in Art. 1 EuGVVO?, IPRax 2015, 52–56

Koller, Christian: Zielkonflikt im Europäischen Insolvenzrecht: Präventive Sanierung versus territoriale Liquidation, IPRax 2014, 490–498

Kolmann, Stephan: Thoughts on the governing insolvency law, IILR 2011, 272–284

–: Kooperationsmodelle im internationalen Insolvenzrecht, Bielefeld 2001, zitiert als: *Kolmann*, Kooperationsmodelle

Kolmann, Stephan/Kurz, Birgit: Neues Sanierungsrecht – Das Dilemma zwischen Gesellschafter und Gläubiger bleibt, abrufbar unter <https://www.lto.de/recht/kanzleien-unternehmen/k/starug-regelung-unternehmenssanierung insolvenz interesse gesellschafter glaeubiger ausgleich dilemma/?ref=https://kjk-law.com>, Stand Oktober 2022

König, David/Bormann, Jens: „Genuine Link“ und freie Rechtsformwahl im Binnenmarkt – Trendwende bei der Anerkennung von „Scheinauslandsgesellschaften“ durch die VALE-Entscheidung des EuGH?, NZG 2012, 1241–1244

Korherr, Linus: Funktional-teleologische Qualifikation und Gläubigerschutz: eine Untersuchung zur Anwendbarkeit insolvenznaher Gläubigerschutzinstrumente auf EU-Auslandsgesellschaften mit inländischem Verwaltungssitz, München 2019

Köth, Christopher: Vorinsolvenzliches Sanierungsverfahren und alternative Reformmodelle: Überlegungen zur verfahrensrechtlichen Effektivierung und Incentivierung von Sanierungsbemühungen, Baden-Baden 2020

Kratzlmeier, Fabian: Insolvenzrechtliche Zuständigkeiten und grenzüberschreitende Mobilität – zugleich Besprechung von EuGH, Urteil vom 24. März 2022 – C-723/20, Galapagos, ZIP 2022, 698, ZIP 2023, 455–462

Kräft, David: Deutsche Gerichtsbarkeit erstreckt sich nicht auf Schadensersatzklage gegen ausländischen Staat wegen hoheitlicher Umschuldung von Staatsanleihen – Besprechung von BGH, Urteil vom 08.03.2016 – VI ZR 516/14, GWR 2016, 189

Kropholler, Jan/von Hein, Jan: Europäisches Zivilprozessrecht, 9. Auflage, Frankfurt a. M. 2011

Kübler, Bruno: Der Mittelpunkt der hauptsächlichen Interessen nach Art. 3 Abs. 1 EuInsVO in: Schilken, Eberhard/Kreft, Gerhart/Wagner, Gerhard/Eckardt, Diederich (Hrsg.), Festschrift für Walter Gerhardt, Köln 2004, S. 527–562, zitiert als: *Kübler* in: FS Gerhardt

Kübler, Bruno/Prütting, Hanns/Bork, Reinhard (Hrsg.): Kommentar zur Insolvenzordnung, 93. EgzL, Stand September 2022, Köln, zitiert als: *Bearbeiter* in: K/P/B

Kuipers, Jan-Jaap: Schemes of Arrangement and Voluntary Collective Redress: A Gap in the Brussels I Regulation, 8 JPIL 225–249 (2012)

Laier, Matthias: Die stille Sanierung deutscher Gesellschaften mittels eines „Scheme of Arrangement“, GWR 2011, 252–255

Lange, Christian/Swierczok, Artur: Neues aus Brüssel: Der finale Text der Restrukturierungsrichtlinie lässt grüßen!, BB 2019, 514–520

Lehr, Wolfgang: Die neue EU-Verordnung über Insolvenzverfahren und deren Auswirkungen für die Unternehmenspraxis, KTS 61 (2000) 577–585

Leible, Stefan/Staudinger, Ansgar: Die europäische Verordnung über Insolvenzverfahren, KTS 61 (2000) 533–575

Leipold, Dieter: Zum künftigen Weg des deutschen Internationalen Insolvenzrechts (Anwendungsbereich, internationale Zuständigkeit, Anerkennung und Vollstreckung) in: Stoll, Hans (Hrsg.), Vorschläge und Gutachten zur Umsetzung des EU-Übereinkommens über Insolvenzverfahren im deutschen Recht, Tübingen 1997, S. 186–201, zitiert als: *Leipold* in: Stoll, Vorschläge und Gutachten

–: Insolvenzrecht im Umbruch: Analysen und Alternativen, Köln/München 1991

Lieder, Solveig: Grenzüberschreitende Unternehmenssanierung im Lichte der EuInsVO: unter Berücksichtigung der Entwicklungen im deutschen, österreichischen, englischen und spanischen Insolvenzrecht, Berlin 2007

Liersch, Oliver: Deutsches Internationales Insolvenzrecht, NZI 2003, 302–311

–: Sicherungsrechte im Internationalen Insolvenzrecht, NZI 2002, 15–19

–: Sicherungsrechte im Internationalen Insolvenzrecht, Frankfurt a. M. 2001

Linke, Hartmut: Zur grenzüberschreitenden Wirkung konkursbedingter Vollstreckungsbeschränkungen – Entscheidungsrezension zu EuGH, Urteil vom 29.04.1999, Rs. C-267/97, Coursier/Fortis Bank SA, IPRax 2000, 8–11

Liscow, Zachary: Counter-cyclical Bankruptcy Law: An Efficiancy Argument for Employment-preserving Bankruptcy Rules, 116 Columbia L. Rev. 1461–1501 (2016)

LoPucki, Lynn: The Unsecured Creditor's Bargain, 80 Virg. L. R. 1887–1965 (1994)

Lorenz, Manuel: Der Regierungsentwurf eines Gesetzes zur Restrukturierung und geordneten Abwicklung von Kreditinstituten – Überblick und erste Einordnung, NZG 2010, 1046–1053

Luke, Antje: Anmerkung zu EuGH, Urteil vom 10.12.2015, C-594/14, Kornhaas, IWRZ 2016, 122–124

Lüke, Wolfgang: Das europäische internationale Insolvenzrecht, ZZP 111 (1998) 275–314

Lüke, Wolfgang/Scherz, Alexander: Zu den Wirkungen eines Solvent Scheme of Arrangement in Deutschland, ZIP 2012, 1101–1112

Lürken, Sacha: Totgesagte leben länger – Neuer Anstoß aus Brüssel für die Einführung eines vorinsolvenzlichen Sanierungsverfahrens, NZI 2015, 3–9

Luz, Günther/Neus, Werner/Schaber, Mathias/Scharpf, Paul/Schneider, Peter/Weber, Max (Hrsg.): KWG, 2. Auflage, Stuttgart 2011

Madaus, Stephan: The Cross-border Effects of Restructurings in: de la Durantaye, Katharina/Paulus, David/Tirado, Ignacio/Westbrook, Jay/Zenker, Wolfgang (Hrsg.), Verbindungslinien im Recht – Festschrift für Christoph Paulus, München 2022, S. 472–487, zitiert als: *Madaus* in: FS Paulus

–: Die Vorgaben der EU-Richtlinie über präventive Restrukturierungsrahmen an den deutschen Gesetzgeber – Handlungsspielräume und -grenzen, DB 2019, 592–598

–: Leaving the Shadows of US Bankruptcy Law: A Proposal to Divide the Realms of Insolvency and Restructuring Law, 19 EBOR 615–647 (2018)

–: As simple as it can be? – Anregungen zum Gesetzentwurf der Bundesregierung zur Durchführung der Verordnung (EU) 2015/848 über Insolvenzverfahren (BT-Drs. 18/10823), NZI 2017, 203–208

–: Restrukturierungsverfahren mit Insolvenzprinzipien und Insolvenzverfahren mit Restrukturierungsziel? – Eine Betrachtung der Grundannahmen des Insolvenz- und Restrukturierungsrechts in: Paulus, Christoph/Wimmer-Amend, Angelika (Hrsg.), Festschrift für Klaus Wimmer, Baden-Baden 2017, S. 446–474, zitiert als: *Madaus* in: FS Wimmer

–: Einstieg in die ESUG-Evaluation – Für einen konstruktiven Umgang mit den europäischen Ideen für einen präventiven Restrukturierungsrahmen, NZI 2017, 329–334

–: Vorinsolvenzliche Sanierungsverfahren – Perspektiven einer europäisch geprägten Rechtsentwicklung, KSzW 2015, 183–190

–: Der Insolvenzplan: Von seiner dogmatischen Deutung als Vertrag und seiner Fortentwicklung in eine Bestätigungsinsolvenz, Tübingen 2011

–: Auf in die Moderne! Das SanInsFoG macht den Restrukturierungsstandort Deutschland 2021 wettbewerbsfähig, abrufbar unter <https://stephanmadaus.de/2020/10/02/auf-in-die-moderne-das-saninsfog-macht-den-restrukturierungsstandort-deutschland-2021-wettbewerbsfaehig/>, Stand Oktober 2022

–: Darf der StaRUG-Plan Rechtsverhältnisse gestalten, die ausländischem Recht unterliegen?, abrufbar unter <https://stephanmadaus.de/2021/08/31/darf-der-starug-plan-rechtsverhaeltnisse-gestalten-die-auslaendischem-recht-unterliegen/>, Stand Oktober 2022

–: Die Niederlande beginnen mit der Umsetzung – das „Dutch Scheme" ist im Gesetzgebungsverfahren, abrufbar unter <https://stephanmadaus.de/2019/07/12/die-niederlande-beginnen-mit-der-umsetzung-das-dutch-scheme-ist-im-gesetzgebungsverfahren/>, Stand Oktober 2022

–: Ein vorinsolvenzliches Sanierungsverfahren in Deutschland? – Die Diskussion ist neu entbrannt., abrufbar unter <https://stephanmadaus.de/2016/02/25/ein-vorinsolvenzliches-sanierungsverfahren-in-deutschland-die-diskussion-ist-neu-entbrannt/>, Stand Oktober 2022

–: Rechtsunsicherheit als Restrukturierungshindernis – Wettbewerbsnachteile der neuen Restrukturierungsoptionen in Deutschland und den Niederlanden gegenüber England, abrufbar unter <https://www.tax-legal-excellence.com/rechtsunsicherheit-restrukturierungsoptionen-deutschland-niederlande-england/>, Stand Oktober 2022

–: Stellungnahme zum Regierungsentwurf eines Gesetzes zur Fortentwicklung des Sanierungs- und Insolvenzrechts (SanInsFoG) vom 12. November 2020 vor dem Rechtausschuss des deutschen Bundestags, abrufbar unter <https://www.bundestag.de/resource/blob/806302/5235168ddc676b9436c8540322e53865/madaus-data.pdf>, Stand Oktober 2022

Madaus, Stephan/Knauth, Philipp: Die Wirkungsweise des Schutzes von Sanierungsfinanzierungen durch eine Restrukturierungsrichtlinie am Beispiel des unechten Massekredits, ZIP 2018, 149–159

Madaus, Stephan/Wessels, Bob: Report on cross-border effects in European preventive restructuring, CERIL Collection I – Improving European Restructuring and Insolvency Law, Report 02/2022, S. 223–245

–: Best Practice der Unternehmenssanierung in Europa – der "Business Rescue Report" des European Law Institute, KTS 79 (2018) 247–276

Magnus, Ulrich/Mankowski, Peter (Hrsg.): European Commentaries on Private International Law, Bd. 3, Köln 2019, zitiert als: *Bearbeiter* in: Magnus/Mankowski, ECPIL

Maier, Daniel: Die praktische Wirksamkeit des Schemes of Arrangement in Bezug auf englischrechtliche Finanzierungen, NZI 2011, 305–310

Mankowski, Peter: Anmerkung zu EuGH, Urteil vom 04.12.2019, C-493/18, Tiger, NZI 2020, 125–126

–: Zur internationalen Zuständigkeit für eigene Klage eines Verbrauchers bzw. „unechte Sammelklage" gegen Facebook („Schrems") – Kurzkommentar zu EuGH, Urteil vom 25.01.2018, C-498/16, Schrems/Facebook, EWiR 2018, 351–352

–: Zuständigkeit für Abfindungsklage eines Minderheitsaktionärs – Besprechung von EuGH, Urteil vom 07.03.2018 – C-560/16, E.ON Czech Holding, LMK 2018, 405156

–: Öffentliche Lasten als dingliche Rechte im Sinne von Art. 5 EuInsVO 2000 bzw. Art. 8 EuInsVO 2015 – Zugleich Besprechung von EuGH, RIW 2016, 839, SCI Senior Home, RIW 2017, 93–98

–: Insolvenzrecht gegen Gesellschaftsrecht 2:0 im europäischen Spiel um § 64 GmbHG – Anmerkung zu EuGH, NZG 2016, 115, Kornhaas, NZG 2016, 281–286

–: Der ordre public im europäischen und im deutschen Internationalen Insolvenzrecht, KTS 72 (2011) 185–218

–: Klagen um Organisationsgeschäfte von Gesellschaften (Art. 22 Nr. 2 EuGVVO) in: Geimer, Reinhold/Schütze, Rolf/Garber, Thomas (Hrsg.), Europäische und internationale Dimension des Rechts – Festschrift für Daphne-Ariane Simotta, Wien 2011, S. 351–370, zitiert als: *Mankowski* in: FS Simotta

–: Anerkennung englischer Solvent Schemes of Arrangement in Deutschland, WM 2011, 1201–1210

–: Anmerkung zu EuGH, Urteil vom 20.10.2011, C 396/09, Interedil, NZI 2011, 994–995

–: Insolvenznahe Verfahren im Grenzbereich zwischen EuInsVO und EuGVVO – Zur Entscheidung des EuGH in Sachen German Graphics, NZI 2010, 508–512

–: Gläubigerstrategien zur Fixierung des schuldnerischen Centre of Main Interests (COMI), ZIP 2010, 1376–1386

–: Reicht das Vertragsrecht für einen angemessenen Schutz der Gesellschaftsgläubiger und ihrer Interessen aus? in: Lutter, Marcus (Hrsg.), Das Kapital der Aktiengesellschaft in Europa, Berlin 2006, S. 488–507, zitiert als: *Mankowski* in: Lutter, Das Kapital der Aktiengesellschaft in Europa

–: Anmerkung zu Shiersin v. Vlieland-Boddy [2005] EWCA Civ 974, NZI 2005, 575–576

Mankowski, Peter/Müller, Michael/Schmidt, Jessica (Hrsg.): EuInsVO 2015 – Europäische Insolvenzverordnung 2015 – Kommentar, München 2016

Marshall, Jennifer: The Future of the European Insolvency Regulation – Rights in rem, IILR 2011, 263–271

Medla, Natalia: Präventive Unternehmenssanierung im deutschen und im französischen Recht: Rechtsvergleichende Analyse unter Berücksichtigung der Reform des Code de Commerce durch das Gesetz vom 26. Juli 2005, Baden-Baden 2008, zitiert als: *Medla*, Präventive Unternehmenssanierung im deutschen und im französischen Recht

Merle, Saskia: Insolvenzzwecke in Deutschland und Frankreich, Baden-Baden 2019

Mohr, Franz: Die Richtlinie in der Fassung der allgemeinen Ausrichtung, INDat-Report 8/2018, 20–29

Mohrbutter, Harro/Ringstmeier, Andreas (Hrsg.): Handbuch der Insolvenzverwaltung, 10. Auflage, Köln 2021

Morgen, Christoph (Hrsg.): Kommentar zum Gesetz über den Stabilisierungs- und Restrukturierungsrahmen für Unternehmen, Köln 2022, zitiert als: *Bearbeiter* in: Morgen, StaRUG

Morrison, Edward: Bankruptcy Decision Making: An Empirical Study of Continuation, 50 J. L. & Econ. 381–419 (2007)

Mörsdorf, Oliver/Jopen, Christian: Anmerkung zu EuGH, Urteil vom 12.07.2012, C-378/10, Vale, ZIP 2012, 1398–1401

Moss, Gabriel/Fletcher, Ian/Isaacs, Stuart: The EU Regulation on Insolvency Procedures, 3. Auflage, Oxford 2016

Müller, Hans-Friedrich: Die Umsetzung der EU-Richtlinie über präventive Restrukturierungsrahmen – Kritische Anmerkungen zum StaRUG-RegE, ZIP 2020, 2253–2259

–: Sanierung nach der geplanten EU-Restrukturierungs-Richtlinie – Eine Analyse aus gesellschaftsrechtlicher Perspektive, ZGR 47 (2018) 56–87

–: EuGH-Vorlage zur Anwendbarkeit des § 64 GmbHG auf EU-Auslandsgesellschaften, hier: den Director einer Ltd. – Anmerkung zu BGH, Beschluss vom 02.12.2014 – II ZR 119/14, EWiR 2015, 99–100

Müller, Matthias: Anmerkung zu BGH, Urteil vom 08.03.2016 – VI ZR 516/14, NJW 2016, 1662

–: Qualifikation der Geschäftsführerhaftung im Insolvenzfall – Besprechung von EuGH, Urteil vom 10.12.2015 – C-594/14, Kornhaas, LMK 2016, 376110

Münchener Anwaltshandbuch zum GmbH-Recht, hrsg. v. Römermann, Volker, 4. Auflage, München 2018

Münchener Handbuch des Gesellschaftsrechts, hrsg. v. Leible, Stefan/Reichert, Jochem, Bd. 6, 5. Auflage, München 2022

Münchener Kommentar zum Bürgerlichen Gesetzbuch, hrsg. v. Säcker, Franz-Jürgen/Rixecker, Roland/Oetker, Hartmut/Limperg, Bettina, Bd. 13, 8. Auflage, München 2021, zitiert als: *Bearbeiter* in: MüKo-BGB

Münchener Kommentar zum GmbHG, hrsg. v. Fleischer, Holger/Goette, Wulf, Bd. 2, 3. Auflage, München 2019, zitiert als: *Bearbeiter* in: MüKo-GmbHG

Münchener Kommentar zur Insolvenzordnung, hrsg. v. Stürner, Rolf/Eidenmüller, Horst/Schoppmeyer, Heinrich, Bd. 1, 4. Auflage, München 2019, zitiert als: *Bearbeiter* in: MüKo-InsO

Münchener Kommentar zur Insolvenzordnung, hrsg. v. dens., Bd. 2, 4. Auflage, München 2019, zitiert als: *Bearbeiter* in: MüKo-InsO

Münchener Kommentar zur Insolvenzordnung, hrsg. v. dens., Bd. 3, 4. Auflage, München 2020, zitiert als: *Bearbeiter* in: MüKo-InsO

Münchener Kommentar zur Insolvenzordnung, hrsg. v. dens., Bd. 4, 4. Auflage, München 2021, zitiert als: *Bearbeiter* in: MüKo-InsO

Münchener Kommentar zur Zivilprozessordnung, hrsg. v. Rauscher, Thomas/Krüger, Wolfgang, Bd. 2, 6. Auflage, München 2020, zitiert als: *Bearbeiter* in: MüKo-ZPO

Münchener Kommentar zur Zivilprozessordnung, hrsg. v. dens., Bd. 3, 6. Auflage, München 2022, zitiert als: *Bearbeiter* in: MüKo-ZPO

Musielak, Hans-Joachim/Voit, Wolfgang (Hrsg.): Zivilprozessordnung mit Gerichtsverfassungsgesetz – Kommentar, 19. Auflage, München 2022, zitiert als: *Bearbeiter* in: Musielak/Voit, ZPO

– (Hrsg.): Zivilprozessordnung mit Gerichtsverfassungsgesetz – Kommentar, 18. Auflage, München 2021, zitiert als: *Bearbeiter* in: Musielak/Voit, ZPO^{18}

Nagel, Heinrich/Gottwald, Peter (Hrsg.): Internationales Zivilprozessrecht, 8. Auflage, Köln 2020

Nerlich, Jörg/Römermann, Volker (Hrsg.): Insolvenzordnung Kommentar, 44. EgzL, Stand November 2021, München

Nielsen, Peter: Brussels I and Denmark, IPRax 2007, 506–509

Noack, Ulrich/Servatius, Wolfgang/Haas, Ulrich (Hrsg.): GmbHG – Beck'scher Kurzkommentar, 23. Auflage, München 2022

Oberhammer, Paul: Europäisches Insolvenzrecht in praxi – "Was bisher geschah", ZInsO 2004, 761–773

Obermüller, Manfred: Verwertung von Mobiliarsicherheiten im Insolvenzantragsverfahren, DZWIR 2000, 10–15

Pannen, Klaus (Hrsg.): Europäische Insolvenzverordnung, Berlin 2007

Pannen, Klaus/Riedemann, Susanne/Smid, Stefan (Hrsg.): Unternehmensstabilisierungs- und -restrukturierungsgesetz, München 2021

Papier, Hans-Jürgen: Verhältnis des Bundesverfassungsgerichts zu den Fachgerichten, DVBl. 2009, 473–481
Parzinger, Josef: Der Vorrang für neues Geld nach der Restrukturierungsrichtlinie, ZIP 2019, 1748–1759
–: Die neue EuInsVO auf einen Blick, NZI 2016, 63–68
–: Fortführungsfinanzierung in der Insolvenz, München 2013
Paulus, Christoph: EuInsVO – Europäische Insolvenzverordnung – Kommentar, 6. Auflage, Frankfurt a. M. 2021
–: Der Wandel von einem gläubigerzentrierten zum einem schuldnerzentrierten Sanierungsansatz unter dem StaRUG, NZI-Beil. 2021, 9–11
–: StaRUG und die Internationalität Deutschen Rechts, ZIP 2020, 2363
–: Ziele und EU-rechtliche Rahmenbedingungen, NZI-Beil. 2017, 5–7
–: Internationales Restrukturierungsrecht, RIW 2013, 577–583
–: Das englische Scheme of Arrangement – ein neues Angebot auf dem europäischen Markt für außergerichtliche Restrukturierungen, ZIP 2011, 1077–1083
–: Deutschlands langer Weg in die insolvenzrechtliche Moderne – Auf der Suche nach einer Sanierungskultur (Rescue Culture), WM 2011, 2205–2210
–: Die EuInsVO – wo geht die Reise hin?, NZI 2008, 1–6
–: Die europäische Insolvenzverordnung und der deutsche Insolvenzverwalter, NZI 2001, 505–516
Paulus, Christoph/Bähr, Biner/Hackländer, Philipp: Konzernweite Restrukturierungen – Hilft das StaRUG?, ZIP 2021, 1085–1090
Paulus, Christoph/Dammann, Reinhard (Hrsg.): European Preventive Restructuring, München 2021
Paulus, Christoph/Knecht, Thomas (Hrsg.): Gerichtliche Sanierung, München 2018
Petrovic, Radmila: Die rechtliche Anerkennung von Solvent Schemes of Arrangement in Deutschland – Eine Chance für die Restrukturierungspraxis, ZInsO 2010, 265–272
Pfeiffer, Thomas: Internationale Zuständigkeit und prozessuale Gerechtigkeit, Frankfurt a. M. 1995
Piekenbrock, Andreas: Das Europäische Insolvenzrecht im Umbruch, KSzW 2015, 191–197
Plappert, Alexander: Dingliche Sicherungsrechte in der Insolvenz, Baden-Baden 2008
Pluta, Michael: Insolvenzgründe im Kontext von StaRUG und InsO, NZI-Beil. 2021, 22–25
–: Das Verhältnis der präventiven Restrukturierung zur Eigenverwaltung nach ESUG, NZI-Beil. 2019, 57–58
–: Die Eigenverwaltung – Eintritt in präventive Restrukturierungsverfahren ohne Beteiligung von Gerichten und Verwaltern, NZI-Beil. 2017, 20–21
Prager, Martin/Keller, Christoph: Der Entwicklungsstand des Europäischen Insolvenzrechts, WM 2015, 805–813
–: Der Vorschlag der Europäischen Kommission zur Reform der EuInsVO, NZI 2013, 57–64
Proske, Stefan/Streit, Georg: Rettende Restrukturierung durch Rechtsrahmen? Lob und Kritik zum Regierungsentwurf des StaRUG, NZI 2020, 969–975
Prütting, Hanns/Gehrlein, Markus (Hrsg.): Kommentar zur Zivilprozessordnung, 14. Auflage, Köln 2022
Prütting, Hanns/Wegen, Gerhard/Weinreich, Gerd (Hrsg.): Bürgerliches Gesetzbuch – Kommentar, 17. Auflage, Köln 2022, zitiert als: *Bearbeiter* in: P/W/W
Ramesh, Kannan: The Gibbs Principle – a Tether on the Feet of Good Forum Shopping, 29 Sing. Acad. L. J. 42–74 (2017)
Rauhut, Tilman: Die Gesellschafter unter dem StaRUG, NZI-Beil. 2021, 52–54

Rauscher, Markus/Leichtle, Holger/Mucha, Martin/Schäffler, Franz/Wagner, Martin: Das vorinsolvenzliche Sanierungsverfahren – Eckpunkte für eine gesetzliche Regelung, ZInsO 2016, 2420–2424

Rauscher, Thomas: Internationales Privatrecht mit internationalem Zivilverfahrensrecht, 5. Auflage, Heidelberg 2017

– (Hrsg.): Kommentar zum Europäischen Zivilprozess- und Kollisionsrecht, Bd. 1, 4. Auflage, Köln 2016, zitiert als: *Bearbeiter* in: Rauscher, EuZPR-EuIPR

– (Hrsg.): Kommentar zum Europäischen Zivilprozess- und Kollisionsrecht, Bd. 2, 4. Auflage, Köln 2015, zitiert als: *Bearbeiter* in: Rauscher, EuZPR-EuIPR

Rechberger, Walter: Rechtsfragen zum Verbrauchergerichtsstand gem. Art 15 f. EuGVVO a. F. – Zum Vorabentscheidungsverfahren (Art 267 AEUV) in der Rs. Maximilian Schrems vs. Facebook Irland Ltd, ZfRV 2017, 222–236

Reinhart, Stefan: Die Durchsetzung im Inland belegener Absonderungsrechte bei ausländischen Insolvenzverfahren oder Qualifikation, Vorfrage und Substitution im internationalen Insolvenzrecht – Besprechung von BGH, Urteil vom 03.02.2011 – V ZB 54/10, IPRax 2012, 417–422

–: Die neue Insolvenzordnung, MDR 1999, 203–207

–: Sanierungsverfahren im internationalen Insolvenzrecht: eine rechtsvergleichende Untersuchung über die besonderen internationalrechtlichen Probleme liquidationsabwendender Insolvenzverfahren, Berlin 1995

Reithmann/Martiny – Internationales Vertragsrecht, hrsg. v. Martiny, Dieter, 9. Auflage, Köln 2022

Reuter, Peter: Besonders fündig bei kreativen Lösungen, INDat-Report 9/2013, 22–25

Richter, Tomáš/Thery, Adrian: INSOL Europe Guidance Note in the Implementation of Preventive Restructuring Frameworks under EU Directive 2019/1023 – Claims, Classes, Voting, Confirmation and the Cross-Class Cram-Down, abrufbar unter <https://www.insol-europe.org/download/documents/1705>, Stand Oktober 2022, zitiert als: *Richter/Thery*, INSOL Europe Guidance Note

Riggert, Rainer: Allgemeine Grundsätze der Stabilisierung nach dem StaRUG, NZI-Beil. 2021, 40–43

Ringe, Wolf-Georg: „Überseering im Verfahrensrecht" – Zu den Auswirkungen der EuGH-Rechtsprechung zur Niederlassungsfreiheit von Gesellschaften auf das Internationale Zivilprozessrecht, IPRax 2007, 388–395

Römermann, Volker: Die Limited in Deutschland – eine Alternative zur GmbH?, NJW 2006, 2065–2069

Roßmeier, Daniela: Besitzlose Mobiliarsicherheiten in grenzüberschreitenden Insolvenzverfahren, Frankfurt a. M. 2003

Roth, Herbert: Vollstreckungsbefehle kroatischer Notare und der Begriff "Gericht" in der EuGVVO und der EuVTVO – Besprechung von EuGH, Urteile vom 09.03.2017, C-551/15, Pula Parking sowie C-484/15, Ibrica Zulfikarpaš, IPRax 2018, 41–44

Röthemeyer, Peter (Hrsg.): Musterfeststellungsklage, 2. Auflage, Baden-Baden 2020

Rumberg, Carsten: Entwicklungen der "Rescue Culture" im englischen Insolvenzrecht – Neue Gründe für ein "Forum Shopping" in Insolvenzverfahren, RIW 2010, 358–367

Runkel, Hans-Peter/Schmidt, Jens (Hrsg.): Anwalts-Handbuch Insolvenzrecht, 4. Auflage, Köln 2021

Sachdev, Varoon: Choice of Law in Insolvency Proceedings – How the English courts' Continued Reliance on the Gibbs Principle Threatens Universalism, 93 Am. Bankr. L. J. 343–375 (2019)

Saenger, Ingo (Hrsg.): Zivilprozessordnung – Handkommentar, 9. Auflage, Baden-Baden 2021

Sax, Stefan/Berkner, Maria/Saed, Joseph: Anerkennungsmöglichkeiten des englischen Part 26A-Restrukturierungsplans in Deutschland post Brexit, NZI 2021, 517–522

Sax, Stefan/Ponseck, Joachim/Swierczok, Artur: Ein vorinsolvenzliches Restrukturierungsverfahren für europäische Unternehmen, BB 2017, 323–329

Sax, Stefan/Swierczok, Arthur: Die Anerkennung des englischen Scheme of Arrangement in Deutschland post Brexit, ZIP 2017, 601–607

–: Das englische Scheme of Arrangement – ein taugliches Sanierungsinstrument für deutsche Unternehmen! – Zugleich Replik zum Beitrag Hoffmann/Giancristofano, ZIP 2016, 1151, ZIP 2016, 1945–1951

Schack, Heimo: Internationales Zivilverfahrensrecht mit internationalem Insolvenz- und Schiedsverfahrensrecht, 8. Auflage, München 2021, zitiert als: *Schack*, IZVR

Schäfer, Carsten: Muss die Hauptversammlung einem Schutzschirmverfahren zustimmen?, ZIP 2020, 1950–1953

Schall, Alexander: Das Kornhaas-Urteil gibt grünes Licht für die Anwendung des § 64 GmbHG auf eine Limited mit Sitz in Deutschland – Alles klar dank EuGH! – Zugleich Besprechung von EuGH, Urteil vom 10.12.2015, Rs. C-594/14, Kornhaas, ZIP 2016, 289–295

–: The Forthcoming ECJ Decision of the Kornhaas Case (C-594/14) – The Final Chapter of the European Traveller's Tales?, ECFR 2015, 280–298

Schaloske, Henning: Abwicklung von Versicherungsbeständen durch Solvent Schemes of Arrangement, VersR 2009, 23–30

Schaper, Martin: Grenzüberschreitender Formwechsel und Sitzverlegung: Die Umsetzung der Vale-Rechtsprechung des EuGH – Zugleich Besprechung OLG Nürnberg vom 19.6.2013 – 12 W 520/13, ZIP 2014, 810–816

–: Internationale Zuständigkeit nach Art. 22 Nr. 2 EuGVVO und Schiedsfähigkeit von Beschlussmängelstreitigkeiten – Implikationen für den europäischen Wettbewerb der Gesellschaftsrechte, IPRax 2010, 513–520

Schelo, Sven: Internationale Restrukturierung unter dem StaRUG, WM 2022, 556–561

Schlegel, Ursula: Das Scheme of Arrangement – global tief verwurzelter Evergreen in: Czerwenka, Beate/Korte, Matthias/Kübler, Bruno (Hrsg.), Festschrift zu Ehren von Marie-Luise Graf-Schlicker, Köln 2018, S. 381–393, zitiert als: *Schlegel* in: FS Graf-Schlicker

–: Sanierung im Vorfeld von Insolvenzverfahren – Vorträge der gemeinsamen Tagung des BMWi und des BMJ, WM 2010, 1337–1347

Schlöder, Christopher/Parzinger, Josef/Knebel, Leonhard: Der Restrukturierungsplan nach dem StaRUG im Lichte grenzüberschreitender Restrukturierungen – praxistaugliches Anerkennungsregime oder ein Fall für die obersten Gerichte?, ZIP 2021, 1041–1051

Schlosser, Peter: Grenzüberschreitende Vollstreckung von Maßnahmen des einstweiligen Rechtsschutzes im EuGVÜ-Bereich, IPRax 1985, 321–322

–: Bericht zu dem Übereinkommen vom 09.10.1978 über den Beitritt des Königreichs Dänemark, Irlands und des Vereinigten Königreichs Großbritannien und Nordirland zum Übereinkommen über die gerichtliche Zuständigkeit und die Vollstreckung gerichtlicher Entscheidungen in Zivil- und Handelssachen sowie zum Protokoll betreffend die Auslegung dieses Übereinkommens durch den Gerichtshof, ABl. vom 05. März 1979, C 59, S. 71–151, zitiert als: *Schlosser*, Bericht zum EuGVÜ

Schlosser, Peter/Hess, Burkhard (Hrsg.): EU-Zivilprozessrecht – Kommentar, 5. Auflage, München 2021, zitiert als: *Bearbeiter* in: Schlosser/Hess, EuZPR

Schluck-Amend, Alexandra: Vorinsolvenzliche Unternehmenssanierung – Richtlinienentwurf der EU-Kommission als Chance, ZRP 2017, 6–9

Schmidt, Holger: Der Richtlinienvorschlag für präventive Restrukturierungsrahmen aus Bankensicht, WM 2017, 1735–1744

Schmidt, Jessica: Präventiver Restrukturierungsrahmen: Internationale Zuständigkeit, Anerkennung und anwendbares Recht, ZInsO 2021, 654–661

–: Anmerkung zu EuGH, Urteil vom 07.03.2018, C-560/16, E.ON Czech, EuZW 2018, 813–814

–: Zur Insolvenzanfechtung bei Ablauf der Ausschlussfrist im Staat des Rechtsgeschäfts – Anmerkung zu GA Szpungar, Schlussanträge vom 29.11.2014, C-557/13, Lutz, EWiR 2015, 151–152

–: Schnellverschlusskappe: Grundsatzurteil des BGH zur Anerkennung von Verfahren nach Chapter 11 US Bankruptcy Code, DAJV-Newsletter 2010, 54–59

–: Perpetuatio fori im europäischen internationalen Insolvenzrecht – Anmerkung zu EuGH, Urteil vom 17.01.2006, Rs. C-1/04, Susanne Staubitz-Schreiber, ZInsO 2006, 88–90

Schmidt, Karsten (Hrsg.): Insolvenzordnung, Beck'scher Kurzkommentar, 19. Auflage, München 2016

–: Möglichkeiten der Sanierung von Unternehmen durch Maßnahmen im Unternehmens-, Arbeits-, Sozial- und Insolvenzrecht – Gutachten D für den 54. Deutschen Juristentag in: Ständige Deputation des Deutschen Juristentages, Verhandlungen des 54. Deutschen Juristentages, Band 1: Gutachten, München 1982, zitiert als: *K. Schmidt*, Gutachten für den 54. DJT, D

–: Organverantwortlichkeit und Sanierung im Insolvenzrecht der Unternehmen, ZIP 1980, 328–337

Schmitz, Jan: Dingliche Mobiliarsicherheiten im internationalen Insolvenzrecht, Baden-Baden 2011

Schnepp, Winfried/Janzen, Dorothée: Rückversicherung: Wirken Solvent Schemes auf deutsche Vertragsbestände?, VW 2007, 1057–1060

Scholz, Philipp: Anmerkung zu EuGH, Urteil vom 10.12.2015, C-594/14, Kornhaas, ZEuP 2016, 963–975

Schopper, Alexander: Die Sanierung österreichischer Gesellschaften mittels Scheme of Arrangement in: Fitz, Hanns/Kalss, Susanne/Kautz, Reinhard/Kucsko, Guido/Lukas, Meinhard/Torggler, Ulrich (Hrsg.), Festschrift für Hellwig Torggler, Wien 2013, S. 1091–1103, zitiert als: *Schopper* in: FS Torggler

Schülke, Thilo: Überwindung der Krise: Die Restrukturierung mit dem neuen StaRUG – ein Überblick, DStR 2021, 621–626

Schulz, Dirk: Treuepflichten unter Insolvenzgläubigern, Köln 2003

Schulze, Reiner (Hrsg.): Bürgerliches Gesetzbuch – Handkommentar, 11. Auflage, Baden-Baden 2022

Schumann, Kevin: Virtuelle Sekundärinsolvenzverfahren im europäischen Insolvenzrecht, Baden-Baden 2020

Schümann-Kleber, Kirsten: Recognition of English solvent schemes of arrangements affecting dissenting creditors of German companies, IILR 2011, 447–459

Schuster, Michael: Die Abgabe der Zusicherung nach Art. 36 I 2 EuInsVO durch den Hauptinsolvenzverwalter – Inhalt, Beschränkungs- und Erweiterungsmöglichkeiten, Formulierung und Haftung für Fehler bei der Abgabe der Zusicherung, NZI 2017, 873–880

Schwander, Ivo (Hrsg.): Das Lugano-Übereinkommen: europäisches Übereinkommen über die gerichtliche Zuständigkeit und die Vollstreckung gerichtlicher Entscheidungen in Zivil- und Handelssachen, geschlossen in Lugano am 16. September 1988, St. Gallen 1990

Schwarz, Günter: Insolvenzverwalterklagen bei eigenkapitalersetzenden Gesellschafterleistungen nach der Verordnung (EG) Nr. 44/2001 (EuGVVO), NZI 2002, 290–298

Schwennicke, Andreas/Auerbach, Dirk (Hrsg.): Kreditwesengesetz mit Zahlungsdiensteaufsichtsgesetz – Kommentar, 4. Auflage, München 2021, zitiert als: *Bearbeiter* in: Schwennicke/Auerbach, KGW

Seidl, Andrew/Paulick, Andreas: Sekundärinsolvenz und Sanierungsinsolvenzplan: Das Zustimmungserfordernis des Art. 34 Abs. 2 EuInsVO, ZInsO 2010, 125–130

Servatius, Wolfgang: Insolvenznahe Geschäftsleiterhaftung bei EU-Auslandsgesellschaften – Zugleich eine Besprechung von BGH, Vorlagebeschluss vom 02.12.2014 – II ZR 119/14, DB 2015, 1087–1094

–: Gläubigereinfluss durch Covenants: Hybride Finanzierungsinstrumente im Spannungsfeld von Fremd- und Eigenfinanzierung, Tübingen 2008

Siemon, Klaus: Das Konzept für ein vorinsolvenzliches Sanierungsverfahren, NZI 2016, 57–63

Singer, Jan: Vorinsolvenzlicher Restrukturierungsrahmen für Deutschland unter dem Einfluss der EU-Restrukturierungsrichtlinie, Baden-Baden 2022, zitiert als: *Singer*, Vorinsolvenzlicher Restrukturierungsrahmen

Skauradszun, Dominik: Grundfragen zum StaRUG – Ziele, Rechtsnatur, Rechtfertigung, Schutzinstrumente, KTS 82 (2021) 1–74

–: Restrukturierungsverfahren und das Internationale Privatrecht, NZI 2021, 568–572

–: Die Restrukturierungsrichtlinie und das „verschwitzte" internationale Zivilverfahrensrecht, ZIP 2019, 1501–1507

–: Ein Umsetzungskonzept für den präventiven Restrukturierungsrahmen, KTS 80 (2019) 161–192

–: Die „tatsächlichen Annahmen" der Zusicherung nach Art. 36 Abs. 1 Satz 2 EuInsVO n. F., ZIP 2016, 1563–1574

–: Anmerkungen zum RefE des BMJV für ein Durchführungsgesetz zur neuen EuInsVO 2015, DB 2016, 2165–2166

Skauradszun, Dominik/Nijnens, Walter: The Toolbox for Cross-Border Restructurings Post-Brexit – Why, What & Where?, 7 (2019) NIBLeJ 1–25

–: Brussels Ia or EIR Recast? The Allocation of Preventive Restructuring Frameworks, ICR 2019, 193–201

Smart, Philip: Rights in rem, Article 5 and the EC Insolvency Regulation: An English Perspective, 15 IIR 17–55 (2006)

Smid, Stefan: Internationales Insolvenzrecht, Berlin 2009

Spahlinger, Andreas: Gruppen, Stimmrechte und erforderliche Mehrheiten, NZI-Beil. 2021, 32–35

Spellenberger, Ulrich: Das Verhältnis eines EG-Konkursübereinkommens zum GVÜ und zu anderen Staatsverträgen – Stellungnahme zu den Artt. 56 und 67 sowie Artt. 76 und 78 des Entwurfs von 1980 in: Kegel, Gerhard/Thieme, Jürgen (Hrsg.), Vorschläge und Gutachten zum Entwurf eines EG-Konkursübereinkommens, Tübingen 1988, S. 391–401, zitiert als: *Spellenberger* in: Kegel/Thieme, Vorschläge und Gutachten

Stadler, Astrid: Grenzüberschreitende Wirkung von Vergleichen und Urteilen im Musterfeststellungsverfahren, NJW 2020, 265–270

–: Erlass und Freizügigkeit einstweiliger Maßnahmen im Anwendungsbereich des EuGVÜ, JZ 1999, 1089–1099

Staudinger – Kommentar zum Bürgerlichen Gesetzbuch – Internationales Vertragsrecht 1 – Internationales Devisenrecht, Neubearbeitung 2021, Berlin, zitiert als: *Bearbeiter* in: Staudinger, Int. Vertragsrecht 1

Staudinger – Kommentar zum Bürgerlichen Gesetzbuch – Internationales Vertragsrecht 2 – Internationaler Verbraucherschutz und Interntionales Vertragsverfahrensrecht, Neubearbeitung 2021, Berlin, zitiert als: *Bearbeiter* in: Staudinger, Int. Vertragsrecht 2

Steffek, Felix: Gläubigerschutz in der Kapitalgesellschaft, Tübingen 2011

Stein/Jonas – Großkommentar zur Zivilprozessordnung, hrsg. v. Bork, Reinhard/Roth, Herbert, Bd. 1, 23. Auflage, Tübingen 2014, zitiert als *Bearbeiter* in Stein/Jonas

Stein/Jonas – Großkommentar zur Zivilprozessordnung, hrsg. v. dens., Bd. 10, 22. Auflage, Tübingen 2011, zitiert als *Bearbeiter* in Stein/Jonas

Stiegler, Sascha: Coronabedingte Reform des britischen Sanierungs- und Insolvenzrechts, NZI 2020, 717–719

Streinz, Rudolf (Hrsg.): EUV/AEUV – Beck'sche Kurzkommentare, 3. Auflage, München 2018

Strickler, Peter: Anmerkung zu EuGH, Urteil vom 26.10.2016, C-195/15, Senior Home, EuZW 2016, 946–947

Strohrer, Katrin: Der Gläubigerschutz im präventiven Restrukturierungsrahmen, ZInsO 2018, 660–668

Sturm, Wolfgang/Schulz, Michael: Vorinsolvenzliche Unternehmenssanierung – Richtlinienentwurf der EU-Kommission als Chance, ZRP 2019, 71–75

Sujecki, Bartosz: Anmerkung zu EuGH, Urteil vom 02.10.2008, C-372/07, Hassett, EuZW 2008, 667–668

Swierczok, Arthur: Anmerkung zu AG Nürnberg, Beschl. vom 01.10.2006 – 8034 IN 1326/06, NZI 2016, 50–51

–: Das englische Scheme of Arrangement und seine Rezeption in Deutschland, Baden-Baden 2014

Tashiro, Annerose: Das StaRUG im Vergleich zum Restructuring Plan – dem neuen „Super-Scheme", NZI-Beil. 2021, 77–79

–: COMI Verlegung nach Antragstellung – Anmerkung zu BGH, Beschluss vom 17.12.2020 – IX ZB 72/19, FD-InsR 2021, 435295

–: Auch sämtliche Formvorschriften und Fristen richten sich bei der Insolvenzanfechtung nach der lex causae – Anmerkung zu EuGH, Urteil vom 16.04.2015, C-557/13, Lutz/Bäuerle, FD-InsR 2015, 369013

–: Einmal zuständig – immer zuständig II – Anmerkung zu EuGH, Urteil vom 17.01.2006, C-1/04, Staubitz-Schreiber, FD-InsR 2006, 182286

Taupitz, Jochen: Das (künftige) europäische Internationale Insolvenzrecht – insbesondere aus international-privatrechtlicher Sicht, ZZP 111 (1998) 315–350

Thierhoff, Michael/Müller, Renate (Hrsg.): Unternehmenssanierung, 3. Auflage, Heidelberg 2022

Thole, Christoph: Vertrauliche Restrukturierungsrahmen: Internationale Zuständigkeit, anwendbares Recht und Anerkennung, ZIP 2021, 2153–2162

–: Der Entwurf des Unternehmensstabilisierungs- und Restrukturierungsgesetzes (StaRUG-RefE), ZIP 2020, 1985–2000

–: Die neue Europäische Insolvenzverordnung, IPRax 2017, 213–222

–: Der Richtlinienvorschlag zum präventiven Restrukturierungsrahmen, ZIP 2017, 101–112

–: Anmerkung zu OLG Wien, Beschl. vom 18.04.2016 – 1 R 50/16d, ZIP 2016, 1399–1401

–: Die Reform der Europäischen Insolvenzverordnung – Zentrale Aspekte des Kommissionsvorschlags und offene Fragen, ZEuP 2014, 39–76

–: Sanierung mittels Scheme of Arrangement im Blickwinkel des Internationalen Privat- und Verfahrensrechts – Zugleich ein Beitrag zur internationalen Reichweite des Schutzschirmverfahrens (§270b InsO n. F.) und von Mehrheitsbeschlüssen nach SchVG, ZGR 42 (2013) 109–163

–: Der Trend zur vorinsolvenzlichen Sanierung, KSzW 2012, 286–291

–: Die Anerkennung von (außerinsolvenzlichen) Sanierungs- und Restrukturierungsverfahren im Europäischen Verfahrensrecht in: Geimer, Reinhold/Schütze, Rolf/Garber, Thomas (Hrsg.), Europäische und internationale Dimension des Rechts – Festschrift für Daphne-Ariane Simotta, Wien 2012, S. 613–623, zitiert als: *Thole* in: FS Simotta

–: Vom Totengräber zum Heilsbringer? – Insolvenzkultur und Insolvenzrecht im Wandel, JZ 2011, 765–774

Thole, Christoph/Swierczok, Arthur: Der Kommissionsvorschlag zur Reform der EuInsVO, ZIP 2013, 550–558

Thomas/Putzo – Zivilprozessordnung, hrsg. v. Reichold, Klaus/Nordmeier, Carl/Hüßtege, Rainer/Seiler, Christian, 42. Auflage, München 2021

Tollenaar, Nicolaes: Proposal for Reform: Improving the ability to rescue multinational Enterprises under the European Insolvency Regulation, IILR 2011, 252–262

Uhrenbruck – Kommentar zur Insolvenzordnung, hrsg. v. Hirte, Heribert/Vallender, Heinz, Bd. 1, 15. Auflage, München 2019, zitiert als: *Bearbeiter* in: Uhlenbruck

Uhlenbruck, Wilhelm: Gerichtliche oder außergerichtliche Sanierung? – Eine Schicksalsfrage Not leidender Unternehmen, BB 2001, 1641–1648

–: Zur Krise des Insolvenzrechts, NJW 1975, 897–903

Undritz, Sven-Holger: Sekundärinsolvenzverfahren nach der Europäischen Insolvenzverordnung in: Graf-Schlicker, Marie Luise/Prütting, Hanns/Uhlenbruck, Wilhelm (Hrsg.), Festschrift für Heinz Vallender, München 2015, S. 745–773, zitiert als: *Undritz* in: FS Vallender

Vallender, Heinz (Hrsg.): EuInsVO Kommentar, 2. Auflage, Köln 2020

–: Aufgaben und Befugnisse des Restrukturierungsgerichts nach dem Gesetz über den Stabilisierungs- und Restrukturierungsrahmen für Unternehmen (Teil 2), ZInsO 2020, 2677–2688

–: Harmonisierung des Insolvenzrechts in der EU schreitet voran – Zum Kommissionsentwurf einer Richtlinie für ein vorinsolvenzliches Sanierungsverfahren in: Paulus, Christoph/Wimmer-Amend, Angelika (Hrsg.), Festschrift für Klaus Wimmer, Baden-Baden 2017, S. 537–554, zitiert als: *Vallender* in: FS Wimmer

–: Das vorgerichtliche Sanierungsverfahren – muss Deutschland sich bewegen?, ZIP 2016, Beil. zu Heft 22, 82–85, zitiert als: *Vallender* ZIP 2016, S82

–: Plädoyer für einen Konzerninsolvenzgerichtsstand in: Weber, Norbert/Schmidt, Jens (Hrsg.), Festschrift für Hans Peter Runkel, Köln 2009, S. 373–391, zitiert als: *Vallender* in: FS Runkel

–: Gefahren für den Insolvenzstandort Deutschland, NZI 2007, 129–137

–: Aufgaben und Befugnisse des deutschen Insolvenzrichters im Verfahren nach der EuInsVO, KTS 66 (2005) 283–329

Van Galen, Robert/André, Marc/Fritz, Daniel/Gladel, Vincent/van Koppen, Frans/Marks, David/Wouters, Nora: INSOL Europe – Revision of the European Insolvency Regulation, abrufbar unter <https://www.insol-europe.org/download/resource/87>, Stand Oktober 2022

Veder, Michael: The Future of the European Insolvency Regulation – Applicable law, in particular security rights, IILR 2011, 285–297

Virgós, Miguel/Schmit, Etienne: Erläuternder Bericht zu dem EU-Übereinkommen über Insolvenzverfahren, Doc. 6500/1/96 REV 1, zitiert als: *Virgós/Schmit*, Erläuternder Bericht
Völker, Christian: Zur Dogmatik des ordre public, Berlin 1998
von Bar, Christian/Mankowski, Peter: Internationales Privatrecht, Bd. I – Allgemeine Lehren, 2. Auflage, München 2003, zitiert als: *v. Bar/Mankowski*, IPR I
von Bismarck, Kolja/Schulz, Patrick: Grenzüberschreitende Restrukturierungen nach Umsetzung der EU-Richtlinie über präventive Restrukturierungsrahmen – Das Verhältnis der Richtlinie zur EuInsVO, NZI-Beil. 2019, 82–84
von Bismarck, Kolja/Schümann-Kleber, Kirsten: Insolvenz eines ausländischen Sicherungsgebers - Anwendung deutscher Vorschriften auf die Verwertung in Deutschland belegener Kreditsicherheiten, NZI 2005, 147–152
von der Fecht, Wolf-Rüdiger: Anmerkung zu Re Rodenstock GmbH [2011] EWHC 1104 (Ch.), NZI 2011, 565–567
von Hein, Jan: Die Anpassung unbekannter Maßnahmen und Anordnungen nach Art. 54 EuGVVO n. F. in: Schütze, Rolf (Hrsg.), Fairness, Justice, Equity – Festschrift für Reinhold Geimer, München 2017, S. 245–254, zitiert als: *v. Hein* in: FS Geimer
–: Die Neufassung der Europäischen Gerichtsstands- und Vollstreckungsverordnung (EuGVVO), RIW 2013, 97–111
von Hofmann, Bernd/Thorn, Karsten: Internationales Privatrecht, 9. Auflage, München 2007
von Savigny, Friedrich: System des heutigen Römischen Rechts, Bd. 8, Berlin 1849
von Wilmowsky, Peter: Europäisches Kreditsicherungsrecht, Tübingen 1996
Vorwerk, Volkert/Wolf, Christian (Hrsg.): Kapitalanleger-Musterverfahrensgesetz – Kommentar, 2. Auflage, München 2020
Wagner, Rolf: Anmerkung zu EuGH, Urteil vom 11.06.2015, C-226/13, C-245/13, C-247/13, C-578/13, Fahnenbrock ua/Hellenische Republik, EuZW 2015, 636–637
–: EU-Kompetenz in der justiziellen Zusammenarbeit in Zivilsachen – Résumé und Ausblick nach mehr als fünfzehn Jahren, RabelsZ 79 (2015) 521–545
–: Zur Vereinheitlichung des Internationalen Privat- und Zivilverfahrensrechts sieben Jahre nach In-Kraft-Treten des Amsterdamer Vertrags, EuZW 2006, 424–428
Walker, Rebeccy/Mielke, Sebastian/Bombe, Bertram: Vorinsolvenzliches Sanierungsverfahren oder SoA – Sanierungsmöglichkeiten außerhalb der Insolvenz vor dem Hintergrund des Brexits, ZIP 2018, 815–821
Wansleben, Till: Die feine Linie zwischen Gesellschafts- und Insolvenzstatut im Unionsrecht – EuGH-Urteil "Kornhaas", EWS 2016, 72–78
Warren, Elizabeth: Bankruptcy Policy, 54 Chicago L. R. 775–814 (1987)
Wassermann, Rhonda: Transnational Class Actions and Interjurisdictional Preclusion, 86 Notre Dame L. R. 313–380 (2011)
Wedemann, Frauke: EuGVVO oder EuInsVO bei gesellschaftsrechtlichen Haftungsklagen?, IPRax 2015, 505–509
Weller, Marc-Philippe: Die Verlegung des Center of Main Interest von Deutschland nach England, ZGR 37 (2008) 835–866
Weller, Matthias/Fischer, Anna: Anmerkung zu BGH, Urteil vom 08.03.2016 – VI ZR 516/14, IWRZ 2016, 172–173
Wenzel, Jens: Rechtsfragen internationaler Konsorzialkreditverträge, Baden-Baden 2006
Wessels, Bob: Energising courts to continue breaking new ground in insolvency and restructuring cases, 29 IIR 393–417 (2020)
–: International Insolvency Law, 3. Auflage, Deventer 2012
–: The Secured Creditor in Cross-Border Finance Transactions under the EU Insolvency Regulation, 18 JIBL&Reg 135–141 (2003)

Wessels, Bob/Madaus, Stephan: Rescue of Business in Insolvency Law, abrufbar unter <https://www.europeanlawinstitute.eu/fileadmin/user_upload/p_eli/Publications/Instrument_INSOLVENCY.pdf>, Stand Oktober 2022

Wessels, Bob/Markell, Bruce/Kilborn, Jason: International Cooperation in Bankruptcy and Insolvency Matters, a Joint Research Project of American College of Bankruptcy and International Insolvency Institute, New York, NY 2009, zitiert als: *Wessels/Markell/Kilborn*, International Cooperation in Bankruptcy

Westhoff, André: Die Verbreitung der englischen Limited mit Verwaltungssitz in Deutschland, GmbHR 2007, 474–480

–: Die Verbreitung der Limited mit Sitz in Deutschland, GmbHR 2006, 525–528

Westpfahl, Lars: Vorinsolvenzliches Sanierungsverfahren, ZGR 39 (2010) 385–436

Westpfahl, Lars/Dittmar, Tom: Die Behandlung gruppeninterner Sicherheiten im StaRUG, NZI-Beil. 2021, 46–48

Westpfahl, Lars/Knapp, Marvin: Die Sanierung deutscher Gesellschaften über ein englisches Scheme of Arrangement, ZIP 2011, 2033–2047

Wicke, Hartmut: Anmerkung zu EuGH, Urteil vom 25.10.2017, C-106/16, Polbud, DStR 2017, 2690–2691

Wieczorek, Bernhard/Schütze, Rolf (Hrsg.): Großkommentar zur Zivilprozessordnung, Bd. 13/2, 4. Auflage, Berlin/Boston, MA 2018

Wilkens, Jochen: Der präventive Restrukturierungsrahmen – Eine Bestandsaufnahme aus Sicht der Finanzgläubiger, WM 2021, 573–585

Willemer, Charlotte: Vis attractiva concursus und die Europäische Insolvenzverordnung, Tübingen 2006

Wimmer, Klaus: Das Gesetz zur Durchführung der Verordnung (EU) 2015/848 über Insolvenzverfahren, PR-InsR 11/2017, Anm. 1

–: Der Gesetzesentwurf zur weiteren Erleichterung der Sanierung von Unternehmen, PR-InsR 05/2011, Amn. 1

–: Die EU-Verordnung zur Regelung grenzüberschreitender Insolvenzverfahren, NJW 2002, 2427–2431

–: Die Verordnung (EG) Nr. 1346/2000 über Insolvenzverfahren, ZInsO 2001, 97–103

Wimmer, Klaus/Bornemann, Alexander/Lienau, Marc (Hrsg.): Die Neufassung der EuInsVO, Köln 2016

Wittig, Arne: Beseitigung der Insolvenzgründe mit Bankenbeiträgen als Voraussetzung der freien Unternehmenssanierung, NZI 1998, 49–57

Wolber, Johannes: Die Pfändbarkeit eines Gesellschaftsanteils an einer britischen LLP im Inland – Zugleich ein Beitrag zu den Grundlagen des Europäischen Zwangsvollstreckungsrechts, EuZW 2019, 863–868

Yvon, Yannik: Sprachenvielfalt und europäische Einheit – Zur Reform des Sprachenregimes der Europäischen Union, EuR 2003, 681–695

Zipperer, Helmut: Der präventive Restrukturierungsrahmen – ein flankierendes Projekt der Kommission zur Effektivierung der EuInsVO, ZInsO 2016, 831–840

Zöller – Kommentar zur Zivilprozessordnung, hrsg. v. Althammer, Christoph/Feskorn, Christian/Geimer, Reinhold/Greger, Reinhard/Herget, Kurt/Heßler, Hans-Joachim/Lorenz, Arndt/Lückemann, Clemens/Schultzky, Hendrik/Seibel, Mark/Vollkommer, Gregor, 34. Auflage, Köln 2022, zitiert als: *Bearbeiter* in: Zöller, ZPO

Sachverzeichnis